공자가어통해 상

孔子家語通解

이 책은 "孔子研究院 尼山学者"의 2016년 研究成果로 출판되었다.

안동대학교공자학원 학술총서(CIFY-2016-002)

안동대학교공자학원
학술총서

공자가어통해
孔子家語通解

양조명 楊朝明
송입림 宋立林
주편

이윤화 李潤和
번역

學古房

서序

이학근李學勤

곡부사범대학(曲阜師範大學) 양조명(楊朝明) 교수 주편(主編) 『공자가어통해(孔子家語通解)』의 출판은 지금의 학술계가 『공자가어』를 깊이 연구해야 한다고 요구하는 추세에 따른 것이다.

모든 사람이 이해하는 바와 같이 『공자가어』는 『한서(漢書)』「예문지(藝文志)」에 수록되었으며, 「육예략(六藝略)」 가운데 『논어』 다음에 배열되었는데 27권이나 된다. 그러나 당대(唐代)에 이르러 안사고(顔師古)가 『한서』를 주석하면서 「예문지」에 수록된 『가어』는 "지금 전하는 『가어』가 아니다."라는 견해를 제시했다. 그래서 『가어』의 진위문제는 학술사의 큰 논쟁거리가 되었다.

안사고가 말한 '지금의 『가어』'는 현재까지 전해져 통용되고 있는 판본으로 삼국시대 위(魏)나라 왕숙(王肅)이 주석한 것이다. 그러나 안사고가 말한 의미에는 다소 모호함이 있다. 한대(漢代)의 『가어』가 후세에 전하는 『가어』가 '아니다'라고 했는데 도대체 어떻게 '아니다'라는 것인가? 지금 세상에 전하는 『가어』가 모두 위조된 것인지 아닌지, 한대의 『가어』와 어떤 관계가 있는지에 대해 분명하게 설명하지 않았다.

같은 시기인 당대(唐代)에 나온 공영달(孔穎達)의 『예기정의(禮記正義)』에 비교적 명확한 견해가 있다. 『예기』「악기(樂記)」에서 "옛날 순(舜) 임금이 오현(五弦)의 거문고를 만들어 「남풍(南風)」을 노래했다."라고 말했다.

정현(鄭玄)은 이를 주석하면서 "그 말은 듣지 못했다."라고 했다. 왕숙은 「성증론(聖證論)」을 지어 정현을 비판하면서 『시자(尸子)』와 『가어』의 「남풍」에 나오는 가사를 인용했다. 공영달의 소(疏)에서는 마소(馬昭)의 말을 인용해 "『가어』에 왕숙이 첨가한 부분은 정현이 본 것이 아니다."라고 했다. 이는 세상에 전하는 『가어』는 왕숙이 고친 부분이 있다고 생각하는 것으로 송대(宋代) 이래 많은 학자가 『가어』는 모두 위조되었다고 주장하는 것과 다르다.

청대(淸代) 『사고전서총목제요(四庫全書總目提要)』에서 송(宋)나라 왕백(王柏)의 『가어고(家語考)』를 인용해 세상에 전하는 『가어』는 왕숙이 『좌전』·『국어』·『맹자』·『순자』와 이대례기(二戴禮記)를 나누어 구성한 것으로 "거듭 고증해보니 의심할 것 없이 왕숙에 의해 나온 것이다. 특히 그것이 세상에 전해진지 오래되었고 유문(遺文), 일화가 가끔 보이기 때문에 당대(唐代) 이래 위서임을 알면서도 폐기할 수 없었다."라고 했다. 그래서 내용이 모두 위조되었다는 학설이 정론이 되었다. 1930년대에 세계서국(世界書局)에서 『제자집성(諸子集成)』을 편집해 인쇄할 때 '간행취지'에서 여전히 『가어』는 '후세 사람이 지은 것'이기 때문에 배제하고 수록하지 않았다고 말했다.

당시 다른 의견을 가진 학자도 있었다. 예컨대 『공자가어소증(孔子家語疏證)』을 지은 진사가(陳士珂)와 같은 학자이다. 그는 호북(湖北) 기수현(蘄水縣) 사람으로 호가 탁헌(琢軒)이다. 일가였던 진시(陳詩)가 가경(嘉慶) 23년(1818)에 써준 『공자가어소증』의 서문에 의하면, 진사가는 건륭(乾隆) 58년(1793)에 일이 있어 기주[蘄州: 현재의 호북성 기춘(蘄春)]를 지날 때 진시가 그에게 『공자가어』에 관한 일을 물으며, "이 책은 주자(朱子)께서 『사서장구집주(四書章句集注)』에서 여러 차례 인용했고, 안사고가 『한서』「예문지」를 주석하면서 '지금 전하는 『가어』가 아니다.'라고 했으며, 혹자는 왕숙이 내용을 보탠 것이라 생각하며 근래의 한학자들이 무시하고 있으니 과연 그러한가?"라고 말했다. 그러자 진사가는 다음과 같이 대답했다. "무릇 일은 반드시 두 가지 증거가 있을 때 시비가 분명해진다. 안사고는 공안국이 예전에 쓴 책을 본 적이 없는데 어찌 당시 전해지던 『가어』가 본래의 책이 아닌 것을 알겠는가? 또한 그대가 주나라 말기에서 한나라 초기에 이르는 제자서를 살펴보면 찬양한 공자의 말은 대부분 서로 보완하고 영향을 주면서 문장을 이루었다. 심지어 문답의 글은 이야기한 사람의 이름이 각기 다르다. 예컨대 『남화(南華)』의 '중언(重言)'과 비교하면 더욱 좋거나 더욱 나쁜 문장이 때때로 존재한다. 그러나 그러한 책이 모두 유행했으며 지금까지 폐기되지 않고 있는데 어찌 유독 이 편만 의심하는 것인가?" 진사가의 『공자가어소증』은 지금 전해지는 『가어』를 중심으로 각 장의 뒤에 기타 문헌을 참고해 보충 설명했다. 때문에 독자들이 비교해서 이해할 수 있으며 오늘날 우리가 『가어』를 연구하는데 매우 유용하다. 하지만 많은 학자가 진사가의 관점을 받아들이지 않는다.

최근 전한(前漢)시대의 죽간이 두 무더기 발견되면서 관련 문제를 다시 살피는 계기가 되었다. 하나는 1973년에 발굴한 하북성(河北省) 정현(定縣) 팔각랑(八角廊) 40호묘에서 출토되었다. 묘지의 주인은 전한 말기의 중산회왕(中山懷王) 유수(劉修)로 추정된다. 죽간에 그것을 정리한 부서에서 「유가자언(儒家者言)」(定縣漢墓竹簡整理組:『「儒家者言」釋文』,『文物』1981-8)이라 이름 지은 죽간 27장(章)이 보존되어있다. 다른 하나는 1977년 안휘성(安徽省) 부양(阜陽) 쌍고퇴(雙古堆) 1호묘에서 발견된 것이다. 묘지의 주인은 전한 초기 여음후(汝陰侯) 하후조(夏侯竈)이다. 이 죽간에도 그것을 정리한 부서에서 『유가자언』((韓自江:『阜陽漢簡「周易」研究』, 附錄—『阜陽西漢汝陰侯一號木牘「儒家者言」章題』, 上海古籍出版社,2004.)이라 이름 지은 죽간이 있다. 이는 사실상 목록이 새겨진 목판이었는데 거기에 47장의 제목이 있어 정현 팔각랑의 죽간과 대조할 수 있는 것이 적지 않다. 1987년 나는 「竹簡『家語』與漢魏孔氏家學」(『孔子研究』1987年第2期. 『李學勤集』, 黑龍江教育出版社, 1987에 재수록)이라는 짧은 문장에서 이 두 『유가자언』의 성격은 비슷하고 내용은 모두 공자와 제자들의 언행을 위주로 되어 있으며, 또한 대부분 『설원(說苑)』, 『신서(新序)』 및 현재 전해지는 『가어』와 관련 있어 당연히 모두 『가어』의 원형이라 생각했다.

적지 않은 학자들이 새로 발견된 간백(簡帛)의 일적(佚籍)을 연구할 때 세상에 전하는 문헌을 참고하고 비교하면서 『가어』 특유의 장점을 살피고, 새로운 안목으로 『가어』를 다시 연구할 필요가 있음을 제시했다. 그러나 오랫동안 위서로 분류되었던 다른 고적과 마찬가지로 『가어』 역시 훌륭한 교정이나 주석이 없어서 진일보한 연구에 불리하다.

양조명 교수가 『공자가어통해』는 "학술성을 가장 중요하게 생각하는 원칙아래 현재의 상황을 충분히 고려해 『공자가어』의 머리말을 쓰고, 단락을 나누고, 낱말과 문장의 뜻을 풀이하고 번역해 많은 독자의 요구에 부응할 수 있도록 했으며, 공자와 초기 유학, 그리고 중국 '원전(元典)'문화의 연구를 촉진하는데 도움이 되기를 바란다."라고 말한 바와 같이, 이 책이 출간된 후 더 많은 학자들이 『가어』를 집중적으로 연구하고 토론해 『가어』의 내용과 성격, 편찬과정, 학술가치 등등의 문제에 대해 점점 많은 사람의 공감대를 형성할 수 있으리라 믿는다.

2004년 10월 29일

청화대학(清華大學) 사상문화연구소에서

『공자가어』의 편찬과 신뢰성 연구
- 서문을 대신하여[代前言] -

양조명楊朝明

『공자가어』는 전문적으로 공자와 제자들의 사상과 언행을 기록한 저작이다. 이 책은 공자의 수많은 언론(言論)을 모아 공자와 제자 그리고 당시 사람이 문제를 이야기한 수많은 모습을 재현했으며, 또한 정리를 거친 공자의 가문, 생애, 사적 및 공자제자들의 자료가 있다. 『논어』와 비교해 이 책은 내용이 풍부하고 구체적이고 생동적이며 처음부터 끝까지 잘 정리되어 있다. 다만 이 책은 오래 동안 푸대접을 받았으며, '위서(僞書)'로 간주되어 방치되었다. 그러나 위로가 되는 것은 지하의 문헌이 발견되고 연구되어 이 귀중한 전적이 결국 다시 빛을 발하게 되었다는 점이다. 어떤 학자는 이 책을 매우 잘 연구해 그 기록들이 매우 귀중하다는 것을 발견했으며, 이 책은 "맹자 이전의 유물이지 후세 사람이 위조한 것이 결코 아니다."라고 생각해 원래의 선입견을 크게 타파했다.[1)] 『논어』를 포함한 수많은 문헌들과 비교해도 이 책은 '공자연구에 있어서 가장 중요한 책'이라 말할 수 있다. 그러나 이처럼 중요한 책에 대해 여전히 많은 학자가 의심하고 있으며, 여전히 많은 전통적인 관점이 매우 큰 영향을 미치고 있다. 그런 까닭에 이 글은 『공자가어』의 편찬과 신뢰성 문제를 조심스럽게 논의해보고자 한다. 타당하지 않은 점은 삼가 지도편달을 바란다.

1) 龐朴, 「話說 '五至三無'」, 『文史哲』, 2004-1.

1. 『공자가어』 자료의 유래와 편찬

『공자가어』는 공자의 말과 사적을 기록한 것이다. 그러나 이렇게 중요한 저작이 어찌 팔자가 이처럼 기구한가? 이 문제를 분명히 하려면 먼저 이 책의 자료의 유래를 이해해야 하고, 세상에 전해지고 편찬된 과정을 이해해야 한다.

(1) 『공자가어』 자료의 유래

현재 전하는(이하 '금본(今本)'이라 표기함) 『공자가어』에 한대(漢代) 공안국(孔安國)의 서문이 있다. 공안국의 서문에 의하면 『공자가어』는 "당시의 공(公)·경(卿)·사(士)·대부(大夫) 및 72제자들이 자문을 구하기 위해 방문해 서로 대답하고 질문한 말이다. 이미 여러 제자들이 각자 물어본 것을 기록해놓은 것이며, 『논어』·『효경』과 같은 시기의 저서이다. 제자들은 그 가운데 진실한 것과 사실에 부합하는 것을 뽑아 따로 『논어』로 편찬했으며, 나머지는 함께 기록해 『공자가어』라고 했다."라고 했는데, 우리의 연구에 의하면 공안국의 견해는 당연히 아무런 문제가 없다.

공자는 살아있을 때 오랫동안 교육활동에 종사했다. 당시 공자와 교류하는 과정에서 제자들은 모두 수시로 공자의 말을 기록하고 정리하는 습관이 있었다. 예컨대 『논어』 「위령공(衛靈公)」편에서 공자의 말을 "자장이 예복의 띠에 적어두었다.[子張書諸紳]"라고 말한 것과 같다. 사실 공자의 제자들은 공자의 말을 제때에 기록하고 정리했다. 『공자가어』에 이러한 예가 매우 많다. 예를 들면 다음과 같다.

> 자장은 공자의 긴 설명을 듣자 물러가서 이것을 자세히 기록했다[子張既聞孔子斯言, 遂退而記之.]. 「입관(入官)」

> 자하는 듣고 나자 놀란 듯이 일어서서 담을 등지고 서서 말했다. "저희들이 이

말씀을 감히 기록하지 않을 수 있겠습니까[子夏蹶然而起, 負墻而立曰 : "弟子敢不誌之.]?"「논례(論禮)」

염유는 공자의 이 말을 듣고 놀란 듯이 자리를 옮겨 서서 말하기를, "말씀은 아름답사오나 저는 일찍이 들어보지 못한 일입니다."라고 말하고 물러나서 이 일을 기록했다[冉有跪然免席曰 : "言則美矣, 求未之聞, 退而記之.].「오형해(五刑解)」

자공은 들은 대로 공자에게 가서 고했다. 공자가 말했다. "소자야! 기록해 두어라. 학정(虐政)은 사나운 호랑이보다 더 무서운 것이다[子貢以告孔子. 子曰 : "小子識之, 苛政猛於暴虎.]."「정론해(正論解)」

공자가 이 소문을 듣고 말했다. "제자들아! 이 사실을 기록해라. 계씨의 부인은 허물된 일을 하지 않을 것이다[孔子聞之曰 : "弟子誌之, 季氏之婦, 可謂不過矣.]."「정론해(正論解)」

한편으로 공자의 제자들은 공자의 훌륭하고 좋은 말을 자발적으로 기록했고, 다른 한편으로 공자는 중요한 문제를 만나면 항상 제자들에게 주의하게 하고 확실하게 기억하도록 일깨웠다.

위에서 인용한 자료 중에 '지(志)'·'식(識)' 등은 모두 '기(記)'의 의미를 지닌다. 예컨대『예기』「예운(禮運)」편에 다음과 같은 공자의 말을 기록했다. "대도가 행해지던 그 시대와 삼대의 성현에게 공구가 미치지 못했지만, (성현이 행한 바를) 행할 뜻이 있었다.[大道之行, 與三代之英, 丘未之逮也, 而有志焉]" 이 문장에 나오는 '지(志)'가『공자가어』의「예운(禮運)」편에 '기(記)'로 되어있다.「예운」편에서 '기(記)'나 '지(志)'는 모두 '기재'·'기록'·지서(志書)'의 뜻이 있다. 주빈(朱彬)은『예기훈찬(禮記訓纂)』에서 유태공(劉台拱)이 이러한 글자를 해석한 것을 인용해 "식(識)이란 글을 기록하는 것이다.[識也, 識記之書]"라고 했다.

공자의 제자들이 스승의 언행을 기록하는 방면에서 특히 주의할 만한 것은『공자가어』「칠십이제자(七十二弟子解)」편에 나오는 관련 기록이다.

숙중회(叔仲會)는 노나라 사람이며 자는 자기(子期)이다. 공자보다 50세가 적었으며 공선(孔琁)과 나이가 비슷했다. 어릴 때부터 붓을 잡고 공자의 일을 기록했으며 공선과 함께 교대로 공자를 좌우에서 모시고 있었다. 맹무백(孟武伯)이 공자를 뵙고 "이 두 사람은 모두 어린 나이에 공부를 하고 있는데 그들이 장성한 이후의 상황을 어떻게 알 수 있겠습니까?"라고 물었다. 공자가 말하기를, "알 수 있습니다. 어릴 적에 이룬 것은 마치 천성과 같아 익숙해지면 자연에 맞게 될 것입니다."라고 했다.[叔仲會, 魯人, 字子期, 少孔子五十歲, 與孔琁年相比, 每孺子之執筆記事於夫子, 二人疊侍左右. 孟武伯見孔子而問曰 : "此二孺子之幼也, 於學豈能識於壯哉 ?"孔子曰 : "然少成則若性也, 習慣若自然也."]

이는 당시 오직 공자의 언행을 기록하는 책임을 맡은 사람이 있었음을 설명한다. 공자의 사적을 기록한 『논어』·『가어』 등의 책이 당연히 공문(孔門) 제자들의 실제기록임을 알 수 있다.

공자와 교류하면서 제자들은 많은 것을 배웠으며, 적지 않은 제자가 관련 기록을 스스로 정리하고 보존했다는 것을 짐작할 수 있다. 그렇다면 이러한 자료가 언제 한데 모이고 또한 어떻게 모이게 된 것일까?

『논어』의 편찬 시대에 관해 학계에서 좋은 연구를 많이 진행했다. 학계의 연구를 종합하고 새로 출토된 자료와 결합해 연구해보면 『논어』는 당연히 공자의 손자 자사(子思)가 마지막으로 주관해 편찬한 것이다.[2)] 이러한 기초에서 우리는 『공자가어』의 편찬 역시 반드시 자사와 밀접한 관련이 있다고 판단할 수 있다. 또한 어느 정도 주목할 필요가 있는 것은, 공자가 세상을 떠난 후 많은 제자가 스승을 잊을 수 없어 동문가운데 '공자와 꼭 닮은' 유약(有若)을 추천해 스승을 대신하게 했다. 그러나 얼마 지나지 않아 유약은 동문이 제기한 문제에 만족스럽게 대답하지 못했기 때문에 스승의 자격이 부정되었다. 이 역시 공자가 세상을 떠난 이후 제자들이 분열되었음을

---

2) 楊朝明, 「新出竹書與『論語』成書問題再認識」, 『中國哲學史』2003-3. 또 黃懷信 等主編, 『儒家文獻硏究』, 齊魯書社, 2004년에 보임.

나타내는 것이며, 대체로 이와 같은 시기에 공자가 남긴 말을 편찬하자는 말이 제기되었을 것이다. 분석에 의하면 이 시기와 조금 지난 시기에 가장 자격과 능력이 있고 호소력을 갖춘 공문 후학은 바로 증자(曾子)와 공자의 손자 자사였다. 『공자가어』가 마지막에 자사의 주도로 편찬되었다는 것은 아무런 문제가 되지 않는다.[3]

여기에서 중요한 것은 『공자가어』가 어떻게 '가어(家語)'라 불리게 되었으며, 이 책의 최초 형태는 어떠했는가의 문제이다. 어떤 사람은 『가어』라는 이름이 이후에 붙여진 것이라 생각하지만 우리는 그렇지는 않다고 생각한다. 『공자가어』 공안국의 서문에서 순자(荀子)가 진(秦)나라에 오면서 가지고 온 서적을 언급했는데 그 가운데 '공자가어'라는 이름이 없었고, "공자의 말과 여러 나라의 일, 그리고 72제자들의 말"이라 불렀다. 다시 진시황의 '분서(焚書)'를 이야기할 때 비로소 '공자가어'라는 이름을 앞에 덧붙였다. 그리하여 사람들이 본래 '공자가어'라는 이름이 없었다고 생각한 것이다. 이후 이 책이 흩어지고 없어지는 우여곡절을 몇 차례 겪었는데 이를 공안국의 서문에서 "여러 나라의 일과 72제자들의 말이 터무니없이 뒤섞여 있다."라고 했다. 마지막에 공안국이 다시 얻어 부문별로 나누어 44편의 『가어』를 편찬했다. 책의 뒷부분에 있는 공안국의 서문에도 선진(先秦)시기에 이미 『공자가어』가 있었다는 이야기가 없다. 자양(子襄)이 벽 속에 숨겨놓았던 책 가운데 『가어』가 있었다고 했는데 청대(淸代) 손지조(孫志祖)는 서곤(徐鯤)의 말을 인용해 "이 '가어(家語)'라는 두 글자는 후세 사람이 함부로 덧붙인 것이다."라고 지적했다. 지금도 사람들은 공연(孔衍)의 상주문에 두 차례 공안국이 "공씨가어(孔氏家語)를 수집하고 기록했다.", "또 공자가어를 편찬했다."라고 언급한 것을 보아 공연 역시 『공자가어』가 공안국에 의해 편찬

3) 楊朝明, 「孔門師徒與原始儒家學派的構成」, 『出土文獻與儒家學術研究』, 臺灣古籍出版社, 2007, pp.177-208.

된 것이고 '가어(家語)'라는 이름도 공안국과 관련 있을 것이라 생각했다.

사실 이 같은 추단은 이해하기 어렵다. 순자가 진나라에 들어오면서 가지고 온 서적이 한 가지만 아니었기에 『공자가어』라는 책 이름을 언급하지 않은 것은 매우 정상적이다. 이는 전국시기에 『가어』가 이미 편찬되었다는 견해와 모순되지 않는다. 『가어』 공안국의 서문과 공연의 상주문에서 모두 공안국과 『공자가어』는 밀접한 관계가 있다고 말했는데 이는 당연히 아무런 문제가 없다. 그러나 만약 공안국 이전에 『가어』라는 책이 없었다고 말한다면 이는 성립하기 어렵고 본다. 공안국이 편찬한 『가어』는 한대에 내내 유행되지 않았다. 그러나 『한서(漢書)』「예문지(藝文志)」에서 『가어』를 『논어』 12가(家) 중의 하나로 배열하고 있는데, 이는 『공자가어』라는 이름이 일찌감치 있었음을 설명하는 것이다.

사실 『공자가어』의 이름은 『사기(史記)』「공자세가(孔子世家)」에서 그 단서가 이미 드러났다. 사마천의 서술에 따르면 공자가 죽은 후 '공자가(孔子家)'는 학생들이 예(禮)를 연마하고 이야기하는 장소가 되었고, 제자와 후학이 은사를 추억하고 기리는 장소가 되었다. 「공자세가」에서 다음과 같이 기록하고 있다.

> 노나라에서는 대대로 새해를 맞을 때마다 공자의 무덤에 제사를 지냈으며, 많은 유생이 이곳에 모여 예의를 논하고 향음례(鄕飮禮)를 행하고 활쏘기를 했다. 공자의 무덤은 크기가 1경(頃)이나 되었다. 공자가 살던 집과 제자들이 쓰던 내실은 훗날 공자의 사당이 되어……[魯世世相傳以歲時封祀孔子冢, 而諸儒亦講禮 鄕飮大射於孔子冢. 孔子冢大一頃. 故所居堂, 弟子內, 後世因廟……].

어떤 학자는 위의 문장에 나오는 '총(冢)'은 '가(家)'를 잘못 표기한 것이며, 세 군데 보이는 '공자총(孔子冢)'은 마땅히 '공자가(孔子家)'라 해야 한다고 지적했다.[4] 이는 뒤에 나오는 "많은 유생이 때때로 공자의 집에서 예를 익혔다.[諸生以時習禮其家]"라는 말과 일치한다. 술을 마시고 활을 쏘는 예는

‘무덤’에서 거행할 수 없기 때문이다.

제자와 후학은 공자가 원래 살던 집에 들어가 때에 맞추어 예의를 거행하는 일 이외에 그들은 각자 정리해서 보관하던 공자의 ‘수업기록’을 한데 모았다. 우리는 공자가 세상을 떠나면서 제자와 후학이 은사를 잃고 또한 정신적으로 의탁할 곳을 잃었기 때문에 그들은 곧 공자의 언론을 모으고 학설을 간추렸으며, 마지막에 공자의 후손 자사(子思)의 주관아래 함께 『공자가어』를 편집하게 되었음을 상상할 수 있다.

『설문해자(說文解字)』에서 “어는 논이다.[語, 論也]”라고 했고, 『광아(廣雅)』에서 “어는 언이다.[語, 言也]”라고 했다. ‘공자가어(孔子家語)’는 당연히 ‘공자가(孔子家)’의 논설집 혹은 언론집이며, 또한 ‘공자가’에서 편집해 완성한 논설집이고 언론집이다. 『공자가어』와 『논어』는 내용과 성격방면에서 완전히 같음을 어렵지 않게 이해할 수 있다.

(2) 『공자가어』의 초기 전래

공자의 제자들은 각자 기록해 정리한 공자관련 자료를 한데 모아 ‘집록(集錄)’했는데 이것이 바로 『공자가어』의 원형이다. 매우 분명한 것은 이후 적지 않은 유가의 제자와 후학이 이러한 비교적 완전한 ‘집록’본을 돌려가며 베꼈기 때문에 유행하게 되었다는 것이다.

『가어』 공안국의 서문에서 공안국은 비교적 분명하게 『공자가어』가 전해진 상황을 서술하고 있는데 그 가운데 몇 가지 비교적 중요한 부분은 다음과 같다.

---

4) 韓兆琦의 『史記箋證』에서 “살피건대 구절 중의 ‘冢’은 ‘家’라고 해야 한다.”라고 했고, 閻若璩의 말을 인용해 “ ‘諸儒亦講禮鄉飮大射於孔子冢’에서 ‘冢’은 잘못 쓴 것이고, 여기에서 ‘家’ 자는 찬(贊)에서 말한 ‘以時習禮其家’와 맞다.”고 했다. 또 郭嵩燾의 말을 인용해 “이 ‘冢’ 자는 ‘家’라고 해야 한다.”라고 했다.(이상 『史記箋證』, 江西人民出版社 2004, p.3272. 이외에 王叔珉, 『史記斠證』 등에도 이와 같은 말이 있다.

첫째, 전국시대에 맹자와 순자는 모두 유학을 익혔는데 전해지고 있었던 『공자가어』의 판본이 하나가 아니었을 것이다. “공자가 죽은 뒤 미언이 끊어졌고, 72제자가 죽은 뒤 대의가 변질되었다. 육국(六國)의 시절 유학의 도는 나누어 흩어졌고 유세객들은 각자 교묘한 뜻을 가지고 지엽적인 것만 행하고 있었다. 오직 맹자와 순자만 그들이 익힌 유자의 학문을 고수하고 있었다.[孔子旣沒而微言絶, 七十二弟子終而大義乖, 六國之世, 儒道分散, 遊說之士各以巧意而爲枝葉, 唯孟軻, 孫卿守其所習.]

둘째, 순자가 진나라에 들어와 “공자의 말과 여러 나라의 일, 그리고 72제자의 말 100여 편”을 진나라 소왕(昭王)에게 바쳤다. 『가어』는 이로 인해 진나라에 전해졌고, 또한 여러 가지 원인으로 인해 이후 진시황의 ‘분서’사건이 일어났을 때 화를 면하게 되었다. 공안국이 보기에 선진시대에 비록 적지 않은 『가어』의 자료가 전해지고 있었고 적지 않은 사람이 『공자가어』를 익히고 있었지만, 순자는 자신이 배운 유자의 학문을 지켰을 뿐만 아니라 『가어』가 진나라에 전래되고 또한 한나라에 전해지도록 했다. 이렇게 『공자가어』자료의 ‘순수함’이 보장되었고 “각자 교묘한 뜻을 가지고 지엽적인 것만 행하는 유세객”의 영향을 받지 않을 수 있었다.

셋째, 한나라 초기 유방(劉邦)이 진나라를 멸망시킨 후 “빠짐없이 거두어 모두 2자의 죽간에 기재했는데 대부분 고문자였다[悉斂得之, 皆載於二尺竹簡, 多有古文字.]” 이후 여후(呂后)가 그것을 손에 넣어 소장했다. 여후가 피살된 이후 『가어』는 민간에 흩어졌으며, 『가어』의 여러 판본이 나타나게 되었다. 『가어』후서에서 “참견하기 좋아하는 사람이 더러는 각자의 생각으로 그 말을 보태거나 뺐기 때문에 같은 사실에 대해서도 늘 전해지는 말이 한결같지 않았다.[好事者或各以意增損其言, 故使同是一事而輒異辭.]”라고 말했다.

공안국이 “빠짐없이 거두었다.”라고 말한 것은 한나라가 진나라를 멸망시킬 때 얻은 『공자가어』가 결본이 없는 완전히 갖추어진 것임을 설명하는 것이다. 그는 또한 이러한 자료는 “모두 2자의 죽간에 기재했는데 대부분 고대 문자였다."라고 말했다. 이러한 말은 직접 본 사람이 아니면 하기 어렵다. 공안국이 이러한 죽간을 보았다는 것은 아무런 문제가 없다. 왜냐하면 한나라에서 얻은 자료를 여후가 구해 소장했고, 공안국이 살았던 시기에 이러한 자료가 계속 전해지고 있었기 때문이다.

넷째, 경제(景帝) 말기에 천하의 책을 널리 구했을 때 경사(京師)의 사대부들은 모두 책을 관청으로 보냈으며, 이로 인해 여씨가 전한 『공자가어』를 얻게 되었다. 그러나 이들 자료는 "여러 나라의 일, 72제자의 말과 함부로 뒤섞였으며", "『곡례(曲禮)』의 여러 편과 제멋대로 합해져 비부(秘府)에 보관되었다."

여기에서 드러난 정보는 매우 중요하다. 경제 말년에 천하의 책을 널리 구했을 때 관청에 분명 적지 않은 『공자가어』의 자료들이 모였다. 다시 말하면 경제 시기 비부에 이미 『공자가어』라는 책이 있었다는 것이다. 당연히 이 『공자가어』(혹은 『공자가어』의 자료)는 적지 않은 문제가 있었을 것이다. 왜냐하면 이들은 오로지 『가어』의 죽간이 아니라 다른 관련기록들과 함부로 뒤섞여있었기 때문이다.

(3) 공안국이 완성한 『공자가어』

전한의 비부(秘府)에 『공자가어』가 수장되어 있었지만 다른 자료들과 어지럽게 뒤섞여있었으므로 '장서(掌書)'는 단지 보관을 책임지고 있었을 뿐이었다. 그러므로 반드시 이 책의 이용에 큰 영향을 미쳤다. 바로 이러한 이유 때문에 이후 두 가지 문제가 나타났다. 첫째, 관청에 보관되었던 『공자가어』는 이후 전해지지 않았다. 둘째, 공안국이 여러 방법을 강구해 『공자가어』를 새로 정리했다.

『한서』「예문지」에 의하면 전한의 비부에 수장된 『공자가어』는 27권이 있었다. 비록 이후 어떤 사람이 이러한 자료를 사용했을 가능성이 있지만, 이러한 책에는 일정한 문제가 있었기 때문에 공안국의 손자 공연(孔衍)이 상주해 공안국이 정리한 『공자가어』를 학관(學官)에 두려할 때 유향(劉向) 역시 동의했던 것이다. 다시 그 뒤에 비부에 보관된 『공자가어』가 베껴졌을 가능성이 있지만 공안국이 정리한 판본에 미치지 못하므로 없어지게 되었을 것이다.

한 무제(武帝) 원봉(元封, BC 110-105)시기에 공안국은 경사(京師)에서 관직을 맡고 있었다. 공자의 후손인 공안국은 비부에 있던 『공자가어』의 상황을 잘 알고 "선인의 훌륭한 말씀이 없어질까" 매우 염려했다. 그리하여 그는 이러한 자료를 구해 베끼고 정리해 44편의 『공자가어』를 편집했다. 이것이 지금까지 전해져 우리가 오늘날 보는 『가어』의 판본이다.

공안국은 자신이 『가어』를 편찬한 과정을 다음과 같이 서술했다.

> 여러 공·경·사대부를 통해, 또한 개인적으로 사람을 부려 이 책의 부본(副本)을 모아 모두 가지게 되었다. 이에 사류(事類)별로 차서를 매기고 찬집(撰集)하여 44편을 만들었다. 또 '증자문례(曾子問禮)' 1편이 있는데, 따로 '증자문(曾子問)'에 넣었기에 기록하지 않았다. 제자들의 글에 공자를 호칭한 말은 본래 『가어』에는 존재하지 않고 또한 이미 전한 것이 있기 때문에 모두 취하지 않았으니 장래의 군자들이 거울삼지 않으면 안 될 것이다.[因諸公卿士大夫, 私以人事, 募求其副, 悉得之, 乃以事類相次, 撰集爲四十四篇. 又有曾子問禮一篇, 自別屬曾子問, 故不錄. 其諸弟子書所稱孔子之言者, 本不存乎家語, 亦以其已自有所傳也, 是以皆不取也, 將來君子不可不鑑.]

공안국은 개인적인 관계를 통해 『공자가어』의 자료를 구하고 정리했다. 그는 자료를 찾으면서 분명하게 "빠짐없이 구했다."라고 말했다. 이를 보면 이러한 『공자가어』의 자료는 비교적 완전한 것이었다. 이러한 기초위에 그는 사건의 종류에 따라 순서를 배열하고 44편으로 나누었다. 금본『공자가어』를 보면 각 편 사이에 논리적 관계가 있고 또한 새로 순서를 배열한 흔적이 있다.

예를 들면, 이 책은 「상노(相魯)」가 제1편이며 공자가 노나라에서 벼슬한 시기부터 시작한다. 이어서 「시주(始誅)」편은 공자가 대사구(大司寇)로 있을 때의 일을 기록했다. 제3편「왕언(王言)」은 공자와 증자(曾子)의 대화를 기록했다. 그 이유는 단지 자사(子思)가 증자의 제자였기 때문이 아니라『논어』에서 증자의 지위가 매우 특별했던 것과 마찬가지로『공자가어』는 자사가 섬긴 증자의 언론을 매우 중시했기 때문이다. 더욱 중요한 것은 공자가 왕도(王道)를 제기했는데 이편의 '왕언'이란 바로 공자가 말한 '왕도'의 다스림을 기술한 것이다. 제1권에서 앞의 3편 이외에 다른 각 편은 모두 공자가 제후국 군주의 질문에 대답한 내용이며, 주로 노나라 애공(哀公)과 이야기한 내용이다. 그 다음 각 편에서 비로소 공자와 제자들의 이야기를 기술했다. 뒷부분은 내용의 차이에 따라 구분했다. 예컨대 제8권에서 관례(冠禮), 묘제(廟制), 음악 등을 한 곳에 모았는데 분명 일정한 고려가 있었던 것으로 보인다. 관련 자료의 기본적인 배열이 끝난 후 제9권에서 공자의 제자, 공자의 가문, 공자의 임종상황 등을 단편으로 나누어 서술했다. 또한 공자의 일부 흩어진 이야기를 '정론(正論)'으로 삼아 한 권으로 배열했다. 마지막 제10권의 3편은 모두 곡례(曲禮)에 관한 공자와 제자들의 문답이다. 이와 같은 논리적 연계는『사고전서총목제요(四庫全書叢目提要)』의 기록에서 어느 정도 증명될 수 있다.『사고전서총목제요』에 수록된 청나라 강조석(姜兆錫)의 10권 본『가어정의(家語正義)』에서 다음과 같이 말하고 있다.

> 이 책은 공자 연표의 맞는 것과 틀린 것을 배열하였는데, 44편의 차례는 갈내본을 따르고 있어서,「정론」과「문례」세 편을 제9권으로 하고,「본성」,「종기」,「칠십이제자」편을 제10권으로 하였다.[是書列至聖年表正訛, 其四十四篇之次, 則從葛鼐本. 以「正論」與三「問禮」篇爲卷九, 以「本姓」,「終記」,「七十二弟子」篇爲卷十.]

이처럼「상노(相魯)」에서 시작해「종기해(終記解)」,「칠십이제자」편까지 이르는 편명순서는 금본『공자가어』와 다르다. 그러므로 이 판본의『공자가어』는 '정치참여[從政]'를 주제로 하는 공자전의 성격을 강하게 띠고 있어 더욱 구체적이고 체계적이다. 그러나 금본의 순서는 오히려「정론(正論)」과

「곡례(曲禮)」세 편이 『가어』의 부록이었을 것이라는 점을 설명한다.[5)]

공안국이 원래의 자료를 배열할 때 약간의 좋지 않은 분류가 있었다. 그렇기 때문에 금본『공자가어』에 본래 같은 편에 속하면 안 될 자료들이 함께 들어가 있는 것을 어렵지 않게 볼 수 있다. 공안국의 새로운 배열은 당연히 처음의 배열순서와 다르다. 그러나 그 배열이 어떠하든지 그는 최선을 다해 이러한 자료의 순서가 일정한 논리에 부합하도록 했다. 의심의 여지없이 공안국의 배열은 『공자가어』를 다시 정리하는 과정이었다. 그러나 확실한 것은 그가 반드시 힘을 다해 『공자가어』의 진실한 자료를 보존하려 했다는 것이다. 다시 말하면, 설령 그가 새로 배열하는 일을 했지만 『공자가어』자료의 진실성은 그다지 영향을 받지 않았다.

그밖에 공안국은 여씨가 피살된 이후 『공자가어』가 민간에 흩어졌다. 따라서 『공자가어』에 "같은 사실에 대해서도 늘 전해지는 말이 달라지는" 현상이 나타났다. 이는 분명 "말하기 좋아하는 사람이 더러는 각자의 생각으로 그 말을 보태거나 빼버렸기 때문에" 조성된 것이라고 말했다. 이러한 점은 당연히 공안국이 『공자가어』의 순서를 정리할 때 발견한 문제였다. 우리가 추측하기에 그는 분명 부본(副本)을 기록할 때 고려한 점과 취사선택한 부분이 있었을 것이다. 매우 분명한 것은, 공안국은 우리에게 공자와 초기 유학연구의 귀중한 자료를 물려주었다. 뿐만 아니라 진지하게 분석하고 정리했기 때문에 그가 『공자가어』를 정리한 공을 없앨 수는 없다.

2. 『공자가어』의 가전(家傳), 주해(注解) 그리고 '위서(僞書)'의 문제

『공자가어』를 말하면서 이 책의 진위논쟁을 말하지 않을 수 없다. 오랫동안 『공자가어』는 '위서'의 전형적인 대표로 간주되었기 때문에 이 책을 연구

---

5) 魏瑋, 「『孔子家語』"三序"研究」, 曲阜師範大學孔子文化學院2009年碩士學位論文.

하고 이용하는데 심각한 영향을 주었다.

『공자가어』가 '위서'라는 말이 나타난 것은 그 책이 어떻게 편찬되고 전파되었는가의 문제와 밀접한 관련이 있다. 금본『가어』는 공안국이 정리한 이후 집안대대로 전해지는 과정을 거쳤으며, 이후 삼국시대 왕숙(王肅)이 그 책을 얻어 주석을 달면서 유행하기 시작했다. 그러나 금본『공자가어』외에도 원래 관청에서 보관하던 『가어』판본이 있었을 가능성이 있다. 뿐만 아니라 공안국이 『가어』를 정리하면서 일부 자료를 버렸는데, 예를 들면 공안국이 언급한 '「증자문례(曾子問禮)」1편'과 '여러 제자들의 글에 인용된 공자의 말' 등이었다. 사람들은 이러한 자료가 『가어』라 생각하고 사용했다. 따라서 후대 학자들이 금본『가어』를 인식하는데 영향을 미쳤다. 이로 인해 후대 사람은 『공자가어』에 심각한 문제가 있다고 생각하게 되었고, 그 이후 『공자가어』는 '위서'가 되었다. 사람들은 공안국이 "위조했다."라고 생각하지 않고 왕숙이 "위조했다."라고 생각했다. 청대 이후 고대를 의심하는 사조의 심각한 영향을 받아 『공자가어』는 '위조품'이 되었으며, 어떤 학자들의 마음 속에서 이미 전혀 언급할 가치가 없는 책이 되었다. 『공자가어』를 진짜라 생각하고 이 책을 진지하게 대해야 한다는 소리는 의고(疑古)라는 큰 물결에 완전히 파묻히게 되었다.

(1) 『공자가어』는 공씨가문에서 전해졌다.

한 무제시기 공안국은 비록 조정의 관리가 되었지만 손자 공연(孔衍)의 말에 의하면 그는 "경학으로 이름이 났고, 유학에 조예가 깊어 관리가 되었으며, 도의를 밝혀 전조(前朝)에서도 유명했다." 그러나 그가 『공자가어』를 정리한 주관적인 목적은 결국 '선인의 전적'을 보존하는 사적인 성격을 띠고 있었다. 그래서 그가 『가어』를 배열하는데 매우 큰 노력을 했지만 그것을 정리하면서부터 삼국시대 왕숙에 이를 때까지 3, 400년간 『가어』는 줄곧 가문에서 전해지는 도서로 존재했다.

한대에 금본『공자가어』가 단지 가문의 판본으로 전해졌다는 가장 중요한 증거는, 그 책이 『예기(禮記)』나 『대대례기(大戴禮記)』처럼 한(漢)을 위한 피휘(避諱)가 없고, 대, 소 『예기』처럼 한나라 사람이 분명 편집한 흔적이 없다는 것이다.

『사고전서』에 있는 『공자가어』 본은 어제(御制) 송초본(宋鈔本)을 영인한 것으로 모진(毛晉) 급고각(汲古閣)의 수장본이다. 이 판본의 뒤에 공안국의 『공자가어』「후서」뿐만 아니라 공안국의 후손이 쓴 「후서」가 있다. 이 두 편 서문에서 공안국 이후 한대에 『공자가어』가 가문에서 전해진 상황을 비교적 자세하게 소개하고 있다.

분명하게 밝힐 필요가 있는 것은, 적지 않은 학자들이 공안국의 후손이 쓴 후서를 오해해 그 내용은 자체모순이 있다고 생각했으며, 그 문장의 신뢰성을 의심했다. 사람들의 오해는 주로 『공자가어』가 공자의 집 벽에서 나온 것인지 아닌지에 관한 것이었다. 이러한 문제에 대해 서문에서 다음과 같이 말했다.

> 자양(子襄)은 경서(經書)를 좋아하여 박학했는데, 진(秦)의 법이 각박하고 모진 것을 두려워하여 결국 가어(家語)인 『효경(孝經)』·『상서(尙書)』 및 『논어(論語)』를 부자(夫子) 구당(舊堂)의 벽에 숨겼다. - (중략) - 한 무제(漢武帝) 천한(天漢) 이후 노 공왕(魯恭王)이 부자(夫子)의 고택을 허물다가 벽에서 『시』와 『서』를 얻게 되어 모두 자국(子國)에게 돌아왔다. 자국은 이에 고문(古文)과 금문(今文) 문자를 상고, 논의하고, 중사(衆師)들의 뜻을 가려 『고문논어훈(古文論語訓)』11편, 『효경전(孝經傳)』2편, 『상서전(尙書傳)』58편을 만들었으니 모두 벽에서 나온 과두본(蝌蚪本)이었다. 또 『공씨가어(孔氏家語)』를 집록(集錄)하여 44편을 만들었는데...[子襄以好經書博學, 畏秦法峻急, 乃壁藏其家語孝經·尙書及論語於夫子之舊堂壁中. .....天漢後, 魯恭王壞夫子古宅, 得壁中詩書, 悉以歸子國. 子國乃考論古今文字, 撰衆師之義, 爲古文論語訓十一篇·孝經傳二篇·尙書傳五十八篇, 皆所得壁中科斗本也. 又集錄孔氏家語爲四十四篇....]

서문에서 그 다음 공연(孔衍)의 상주문을 인용해 다시 말했다.

> 당시 노나라 공왕이 공자의 고택을 허물다가 고문(古文) 과두본(蝌蚪本) 『상서』·『효경』·『논어』를 얻었지만 당시 사람들은 그것을 능히 말할 수 있는 자가 없었습니다. 안국은 그것을 위해 금문(今文)을 독음하여 그 의미를 훈전(訓傳)으로 달았습니다. 또 『공자가어』를 가려 차서를 매겼습니다.[時魯恭王壞孔子故宅, 得古文蝌蚪尙書·孝經·論語, 世人莫有能言者, 安國爲之今文, 讀而訓傳其義. 又撰次孔子家語.]

사람들은 서문에 나오는 "벽속에 숨겨 놓았던 가어(家語) 『효경』·『상서』 및 『논어』는 공자의 옛집 벽속에서"라는 글을 보고 '가어'가 바로 『공자가어』라 생각했다. 사실 여기서 말한 '가어'는 '공자 집안의 언어, 논설, 서적'을 아울러 이르는 말로 벽속에 감추어두었던 '『효경』·『상서』 및 『논어』'등 모든 자료를 포괄하는 것이었다. 서문에 자양(子襄)이 벽속에 숨겨놓은 서적 가운데 『공자가어』가 있었다는 말이 없다. 이는 『한서』「예문지」, 『한서』「노공왕전(魯恭王傳)」 등의 자료에 보이는 관련 기록과 완전히 일치한다.

공안국은 공자의 옛집 벽속에 숨겨놓았던 책을 정리한 적이 있지만 두 편의 서문에서 그가 정리한 서적에 『공자가어』가 포함되었다는 것을 말하지 않았다. 공안국은 서문에서 『가어』가 전해진 과정을 명확하게 서술했지만 『가어』와 공자 옛집의 벽이 어떤 연관성이 있는지 말하지 않았다. 공안국의 후손이 쓴 서문에서도 마찬가지로 공안국이 공자의 옛집 벽속의 책을 정리한 사실과 『공자가어』를 모아서 기록하고 가려서 순서를 정한 사실을 구분해서 말했다.

공안국의 후손이 쓴 서문이 도대체 누구의 손에서 나왔는지 자료가 없어 자세히 알 수 없다. 하지만 서문에서 서술한 관련 상황은 충분히 중시할 만한 가치가 있다. 서문에서 먼저 공자에서 공안국에 이르는 12대의 가계를 기록하고 있다. 또한 전체 문장은 공안국의 손자 공연(孔衍)이 한나라 성제(成帝)에게 올린 상주문을 인용하며 서술하고 있다. 서문의 소개이든 공연의 상주문이든 모두 공안국이 『공자가어』를 정리한 이후 이 책을 조정에 바쳤다고 하지 않았다.

들은 바에 의하면, 공안국은 『공자가어』를 정리한 이후 무고(巫蠱)사건을 만났기 때문에 조정에 바칠 시간이 없었다. 얼마 후 공안국은 경사에서 물러났으며, 그 뒤 세상을 떠났기 때문에 『가어』를 조정에 바치지 못했다. 이는 공안국의 후손이 서문에서 "제때 시행하지 못했습니다.[寢不施行]"라고 말한 것과 같다. 이후 한나라 성제(成帝)가 유향(劉向)에게 조서를 내려 여러 서적을 교정하게 하면서 예전에 공안국이 교정한 각 서적들을 경시했다. 따라서 이러한 서적이 "폐기되어 당시에 유행하지 못했다." 그 중에 당연히 『공자가어』가 포함되었다. 따라서 공연은 조정이 이처럼 중요한 자료를 "기록해 별도로 보아야 한다."라고 희망했으며, 한 성제에게 상서를 올려 다음과 같이 말했다.

> 광록대부 유향은 그때 그것이 시행되지 못한 것으로 여겼기에 (공안국의) 『상서』는 별록(別錄)에 기록하지 않았고, 『논어』는 한 가(家)로 명칭하게 하지 않았습니다. 신은 가만히 그러한 점이 애석하였고, 또 백가(百家)의 장구(章句)들은 모두 기록하지 않은 것이 없는데 더구나 공자가(孔子家) 고문의 정실한 책을 의심해서야 되겠습니까? 또 대성(戴聖)과 근세의 소유(小儒)들은 『곡례(曲禮)』의 부족한 점을 가지고 결국 『공자가어』의 잡다하고 어지러운 것들과 자사(子思)·맹가(孟軻)·순경(荀卿)의 글을 취해 보태고 더하여 종합한 책의 이름을 『예기(禮記)』라고 하였습니다. 지금 오히려 그것이(『가어』의 말들이) 이미 『예기』에 있게 되었지만, 『가어』의 본편을 멋대로 제거하였으니 이는 근원을 없애고 말단만 존재하게 된 꼴인지라 또한 근심이 아니겠습니까? 신의 어리석음으로 말씀드리자면 마땅히 이와 같은 점을 모범 삼아 모두 기록하여 별도로 보아야 한다고 여기기에 감히 어리석음을 무릅쓰고 아룁니다."[光祿大夫向以爲其時所未施之, 故尙書則不記於別錄, 論語則不使名家也. 臣竊惜之. 且百家章句, 無不畢記, 況孔子家古文正實而疑之哉! 又戴聖近世小儒, 以曲禮不足, 而乃取孔子家語雜亂者, 及子思·孟軻·荀卿之書以裨益之, 總名曰禮記. 今尙見其已在禮記者, 則便除家語之本篇, 是爲滅其原而存其末也, 不亦難乎? 臣之愚, 以爲宜之本篇, 是爲滅其原而存其末也, 不亦難乎? 臣之愚, 以爲宜如此爲例, 皆記錄別見, 故敢冒昧以聞.]

공연이 생각하기에, 공안국이 베껴 쓴 『공자가어』는 본래 "2자의 죽간에 기재되었는데 대부분 고문자였다." 비록 "당시에 시행하지 못했지만" 대덕(戴德)과 대성(戴聖)이 자신들이 편집한 『대대례기(大戴禮記)』와 『예기』에 『가어』의 자료를 수록했다. 그래서 사람들은 『공자가어』를 모르고 단지 그들이 편집한 서적만 알게 되었다. 사실 공연의 상주문에 나오는 "지금 오히려[尙] 그것이 이미 『예기』에 있는 것을 보고"라는 구절은 명나라 학자 매정조(梅鼎祚)가 쓴 『서한문기(西漢文紀)』에서 "지금 향(向)은 그것이 이미 『예기』에 있는 것을 보고"라고 기록했는데, '향'은 곧 유향(劉向)이다. 다시 말하면, 유향이 비부(秘府)에서 소장하던 『공자가어』의 자료를 교정할 때 그 가운데 "이미『예기』에 있던 내용"이 있었으므로 "근원을 없애고 말단만 존재하는 꼴이 되었다." 따라서 공연은 상주문에서 유향의 교정 방법에 불만을 표시했으며, "상주문을 올리자 천자가 이를 허락했다."라는 태도에서 보면 공연이 상주한 내용은 근거 없는 말은 아니었다.[6]

안타까운 것은 공연이 상주한 말이 비록 성제의 허락을 받았지만 최종 연구가 확정되기 전에 성제가 갑자기 사망했다. 이와 동시에 교서(校書)를 관장하던 유향 역시 병으로 세상을 떠나 공연의 뜻은 "결국 이루어지지 않았다."

두 편의 서문을 깊이 살피고 전체 과정을 종합해보면, 공안국이건 공연이건 모두 『공자가어』가 학관(學官)에 세워져 세상에 유행하기를 희망했다는 점을 어렵잖게 알 수 있다. 그러나 매우 우연한 여러 변수로 인해 『공자가어』는 한대에 시종 가학(家學)의 형식으로 전해졌다. 공안국 이후 『공자가어』는 손자 공연에게 전해졌고, 공연은 조정이 "기록해 별도로 볼 수 있기를" 희망했지만 뜻을 이루지 못했으며 『공자가어』는 계속 집안에서 전해졌다. 공연 이후 어떤 사람이 공연의 상주문을 포함한 『공자가어』의 후서를

6) 魏瑋, 『「孔子家語」"三序"研究』, 曲阜師範大學孔子文化學院, 2009年 碩士學位論文.

지었는데, 이 사람은 분명 『가어』를 계승한 사람이었을 것이다. 그렇다면 이 서문은 누가 썼는가? 서문에서 저자는 직접 공연의 '상주문'을 인용해 서술하고 있는데, 공연은 단지 유향만 언급하고 있으며 그 가운데 유흠(劉歆) 등이 『가어』를 어떻게 대했는지에 대해 보충 설명한 글이 없다. 서문의 어투와 서술에 근거하면 이 사람은 공연과 시간적으로 거리가 그다지 멀지 않았다는 것을 쉽게 추측할 수 있다. 그가 만약 공연과 같은 시대 사람이 아니라면 역시 가까운 후손이었을 것이다.

삼국시대에 이르러 『가어』가 집안에서 전해진 역사는 공자의 22세손 공맹(孔猛)이 『가어』를 왕숙(王肅)에게 바치면서 끝나게 된다. 『가어』의 왕숙 서문에서 "공자의 22대손 공맹의 집에 선조의 서적이 있으므로 그 옛날 서로 좇아서 배웠고, 그 뒤 얼마 안 되어 내가 집에 돌아와서 그 유래를 찾아보았더니[孔子二十二世孫有孔猛者, 家有其先人之書, 昔相從學, 頃還家, 方取已來]"라고 했다. 이 말에 비추어 보면 왕숙이 『가어』를 주석하기 전에 공씨 가문에서 소장하던 『공자가어』는 줄곧 세상에서 유행하지 못했다. 다행히 공맹은 왕숙의 제자였고, 그 책에서 한 말과 왕숙이 "규구(規矩)가 중복된 것 같다.[有若重規疊矩.]"라고 말한 것으로 보아 『공자가어』는 왕숙이 정리한 후에 비로소 유행하기 시작했으며, 이는 이전에 공안국이 정리한 판본이 단지 공씨의 가문에서 전해지던 판본의 형식을 갖추었을 뿐이라는 것을 증명한다.

(2) 왕숙이 주석한 『공자가어』

금본 『공자가어』는 공안국이 정리한 이후 양한(兩漢)시기 공씨 가문에서 전해지는 과정을 거쳐 삼국시대 위나라의 왕숙에 이르러 마침내 세상에 공포되었다. 경학자였던 왕숙의 관점은 당시 유행하던 정현(鄭玄)의 학문과 약간 달랐다. 공자의 22세손 공맹은 가문에서 전해지던 『공자가어』를 왕숙에게 보여주었고, 왕숙은 이러한 자료가 자신의 학설과 일치하며 정현의 학문을 바로잡는 근거로 삼을 수 있다고 보았다. 그래서 그는 이러한 자료가 세상에 알려지기를 희망했으며, 이 책에 주석을 달아 세상에 유행하도록 했다. 왕숙이 『가어』를 주석한 것은 『공자가어』를 정식으로 연구하는 시작이었으며, 왕숙의 주석 또한 『공자가어』의 첫 번째 주석본이 되었다. 그는 금본(공안국본)『가어』가 유행하는데 특별한 공헌을 했다.

왕숙이 정현의 학문에 반대한 것은 왕숙과 다른 특별한 주장을 내세우기 위함이 결코 아니었다. 그러나 왕숙의 시대에 세상 사람은 이미 그를 많이 오해하고 있었다. 이러한 점에 대해 왕숙은 다음과 같이 말했다. "나는 어릴 때부터 학문에 뜻을 두고 정씨의 학문을 배웠다. 그러나 문리(文理)를 찾고 사실을 구해 위와 아래를 상고해 본 결과 의리(義理)가 타당하지 않았고 이리저리 뒤섞인 곳이 많아 순서를 찾아 바꿔놓게 되었다. 하지만 세상에서 나의 정성을 알지 못하고 도리어 이전의 스승을 반박한다 하여 괴이한 사람으로 지목한다.[自肅成童, 始志於學, 而學鄭氏學矣. 然尋文責實, 考其上下, 義理不安, 違錯者多, 是以奪而易之. 然世未明其款情, 而謂其苟駁前師, 以見異於人.]" 사실 삼국시대에 이르러 정현의 학문은 이미 그 폐단이 드러났다. 특히 번잡하고 신비적인 성격의 폐해는 이미 시대와 맞지 않았다. 이 때문에 "위진(魏晉)시기 청담(淸談)이 유행하던 전기에 정현에 반대하는 학설이 무성하게 일어났다. 장제(蔣濟)는 정현이 주석한 『제법(祭法)』을 비난했고, 왕찬(王粲) 또한 정현의 『상서(尙書)』에 대한 일을 비난했으며, 우번(虞翻)은 정현이 주석한 『상서』의 잘못을 상주했다."[7] 정현을 반대한 학자가운데 왕숙은 비교적 영향력이 있었을 뿐이었다.

학술은 언제나 끊임없이 발전한다. 당시 정현은 고금에 정통했고 많은 경전을 주석해 경학 발전에 중요한 공헌을 했다. 따라서 그는 경학사에서 매우 중요한 위치에 오르게 되었다. 왕숙의 시기에 이르기까지 정현의 학문

7) 賀昌群, 『魏晉淸談思想初論』, 商務印書館, 1999, p.20

은 이미 50여년이나 유행했으며, 그 결함이 계속해서 드러났다. 이러한 배경에서 왕숙은 정현의 잘못을 바로잡기 시작했다. 왕숙은 "내 어찌 논란을 좋아하랴마는 부득이해서 하는 일이다. 성인의 문화가 바야흐로 막히고 통할 수 없게 되자 공씨의 길에 가시나무가 차게 되었으니, 이 가시나무를 쳐 버리지 않을 수 있겠는가?[予豈好難哉? 予不得已也. 聖人之門, 方壅不通, 孔氏之路, 枳棘充焉, 豈得不開而辟之哉?]"라고 말했다. 학술방면에서 드러나는 왕숙과 정현의 관점 차이에 대해 『진서(晉書)』「예의지(禮儀志)」에서 다음과 같이 분명하게 기재하고 있다. "3년의 상기(喪期)를 정현은 27개월이라 했고, 왕숙은 25개월이라 했다. 개장(改葬) 후의 상복을 정현은 3개월의 시복(緦服)을 입는다고 했고, 왕숙은 장사(葬事)를 마치면 입지 않는다고 했다. 개가한 계모가 죽은 후에 정현은 당연히 복상해야 한다고 했고, 왕숙은 계모를 따라 다른 집에 기거하면서 양육을 받았을 경우 비로소 복상한다고 했다. 8세가 되지 않아 요절한 아이의 경우 정현은 아이가 태어난 후 1개월이 되었으면 하루 곡을 한다고 했고, 왕숙은 곡의 일수를 복상 1개월로 고쳤다. 이와 같은 상황은 매우 많았다.[三年志喪, 鄭云二十七 月, 王云二十五月; 改葬之服, 鄭云服緦三月, 王云葬訖而除; 繼母出嫁, 鄭云皆服, 王云從乎繼寄育乃爲之服; 無服之殤, 子生一月哭之一日, 王云以哭之日易服之月. 如此者甚衆.]" 당연히 그 두 사람의 차이가 여기에 그치는 것이 아니었다.

왕숙은 정현을 반대하면서 첫째, 『성증론(聖證論)』을 지어 "정현의 단점을 비방했고", 둘째, 『상서박의(尙書駁議)』·『모시의박(毛詩義駁)』·『모시주사(毛詩奏事)』 등을 지어 정현을 비난했으며, 셋째, 『공자가어』를 빌어 정현을 반박하고 배척했다. 정현을 반박하고 비난하는 과정에서 『가어』는 '날카로운 칼'이 되었으며 그 '살상력'을 짐작할 수 있다. 이에 대해 왕숙 또한 자신이 공씨 집안에 전해지던 『공자가어』를 얻을 수 있었던 것은 뜻밖의 기쁜 일이었다고 거리낌 없이 말했다.

공자의 22대손 공맹(孔猛)의 집에 선인(先人)의 서적이 있으므로 그 옛날 서로 좇아서 배웠고, 그 뒤 얼마 안되어 내가 집에 돌아와서도 그 유래를 찾아봤더니 나의 하는 바와는 규구(規矩)가 중복된 듯 싶다. 옛날 중니(仲尼)가 말하기를, "문왕(文王)은 이미 죽었으나 그 문장은 여기 있지 않은가? 하늘이 장차 이 문장을 없애 버린다면 뒤에 죽는 자로서는 이 문장에 간여할 수 없겠거니와 하늘이 이 문장을 없애 버리지 않는다면 아무리 광(匡) 지방 사람이기로 나에게 어찌할 수 있겠는가?" 하였다. 이 말은 하늘이 이 문장이 없어질까 염려하여 짐짓 자기로 하여금 이 문장을 천하에 전하도록 한다고 중니가 자부해서 한 말이다. 오늘날에도 혹 하늘이 이 문장을 어지럽게 하지 않고자 하기 때문에 나로 하여금 이 문장을 따라 배우게 하고 또 공맹을 좇아 이러한 의논을 얻게 하여 서로 공씨를 배우는 데 어김없음을 밝히게 하는 것이나 아닐까? 이런 까닭에 나는 성인의 실사(實事)가 장차 끊어져 버릴까 두려워하여 특별히 여기에 해설을 써서 일을 좋아하는 사람들에게 물려주려는 것이다.[孔子二十二世孫有孔猛者, 家有其先人之書, 昔相從學, 頃還家, 方取已來, 與予所論, 有若重規疊矩. 昔仲尼曰 : "文王旣歿, 文不在玆乎 ? 天之將喪斯文也 ! 後死者不得與於斯文也 ! 天之未喪斯文, 匡人其如予何." 言天喪斯文, 故令已傳斯文於天下, 今或者天未欲亂斯文, 故令從予學, 而予從猛得斯論, 以明相與孔氏之無違也.]

말할 필요도 없이 새로운 학술사상은 원래 영향이 매우 큰 학술사조에서 탄생하며, 매우 힘겨운 투쟁의 과정을 거친다. 왕숙은 이러한 과정에서 뜻밖에 공자에 관한 새로운 자료로 자신의 학설을 증명할 수 있었으니 그가 매우 흥분했다는 것을 어렵지 않게 이해할 수 있다. 그래서 왕숙은 "이는 모두 성인의 사실적인 논술이니 그것이 장차 없어질까 두려워 특별히 주석을 달아 좋은 일을 하는 군자에게 물려주려는 것이다.[斯皆聖人實事之論, 而恐其將絶, 故特爲解, 以貽好事之君子.]"라고 말했으며, 힘써 『공자가어』의 주석 작업을 했던 것이다.

특히 주의해야 할 것은, 왕숙은 『가어』주석의 많은 부분에서 『가어』의 잘못을 바로잡았다는 사실이다. 통계에 의하면 왕숙이 『가어』의 주석에서 『가어』의 내용에 회의를 드러내거나 잘못된 부분을 교정한 부분이 모두 19곳이었다. 「왕언해(王言解)」편을 예로 들면, 원문에 나오는 "1000보를 1정(井)으로 삼았고, 3정을 1날(埒)로 삼았다.[千步爲井, 三井而埒.]"라는 문장에 대해 왕숙은 앞뒤 문장에 근거해 주해하면서 "이 말에 나오는 숫자는 정(井)을 말할 수 없다. 정은 방과 리의 명칭에서 나온 것이다. 이 부분은 잘못된 것으로 의심된다.[此說裏數, 不可以言井, 井自方裏之名. 疑此誤]"라고 말했다. 「육본(六本)」편에 나오는 "영성기가 성(郕) 땅에 다닐 때[榮聲期, 行乎郕之野]"라는 문장을 예로 들면, 왕숙은 "성(聲)은 마땅히 계(啓)가 되어야 한다. 혹은 영익기라 말해야 한다.[聲, 宜爲啓. 或曰榮益期也]"[8]라고 주석을 달았다. 이러한 부분을 통해 왕숙의 객관적인 태도를 짐작할 수 있다.

(3) 금본 『공자가어』의 유전과 연구

왕숙 이전에 『공자가어』는 비록 한나라 조정의 중시를 받지 못했고 학관에 세우지 못했지만 도리어 의심할 부분이 없었다. 사실상 역대로 『공자가어』를 귀중하게 생각하고 특별한 가치가 있는 책이라 생각했던 유생이나 장서가들이 있었다. 또한 어떤 학자는 이 책을 세밀하게 연구했으며 『공자가어』를 중시해야 한다고 호소했다. 그러나 이와 동시에 왕숙의 주석본이 세상에 알려진 이후 대대로 전해지고 연구되는 과정에서 끊임없이 이 책에 대한 회의와 비난이 일어나고 이 책이 '위서'라고 인정하는 관점이 나타났다. 사실은 이러한 관점이 나타난 것은 특정한 학술사조와 관련 있다. 『공자가어』를 회의하고 부정하는 여러 관점을 분석해보면 그 결론은 모두 성립하기 어려운 것이다.

먼저 마소(馬昭)는 왕숙이 『가어』에 "내용을 보태었다."라고 주장했다.

왕숙이 정현을 반대한 것은 경학 내부의 자아변혁에 속하는 것이었지 그가 '덮어놓고' 정현을 반대한 것이 아니었다. 왕숙의 학문은 위로 양한 경학

8) 王政之, 『王肅「孔子家語注研究』, 曲阜師範大學孔子文化學院, 2006年, 碩士學位論文, pp.25-26.

을 계승하고 아래로 위진 현학을 열어 이성 발전의 추세에 순응했다. 그의 비판 속에 담긴 과도기적 성격이 바로 가치가 있는 부분이었다.

왕숙이 주석한 『공자가어』가 세상에 알려지고 널리 유행하자 정현의 후학인 마소(馬昭)가 즉시 왕숙이 『공자가어』에 내용을 보태었다고 공격했으며, 금본 『공자가어』에 어두운 그림자가 드리우기 시작했다.

> 『예기』「악기(樂記)」에서 "순 임금은 오현의 거문고를 타면서 남풍의 시를 노래했다."라고 말했다. 정현은 주(注)에서 "남풍은 기르고 양육하는 바람으로 부모님이 기르고 양육하는 것을 말한 것이다. 그 말은 듣지 못했다."라고 말했다. 공영달(孔穎達)은 소(疏)에서 다음과 같이 말했다. "살펴보니『성증론(聖證論)』에서 『시자(尸子)』와 『공자가어』를 인용해 정현을 비난하면서 말하길, '옛날 순 임금이 오현의 거문고를 타면서 했던 그 말씀은 남풍이 솔솔 불어 우리 백성의 근심을 풀어주고, 남풍이 제때 불어 우리 백성의 제물을 풍성하게 한다는 말씀이다. 정현은 그 말은 듣지 못했고 그 뜻을 잃었다고 말했다.' 지금 마소가 살펴보고 '『가어』는 왕숙이 보탠 것이며 정현이 본 것이 아니다.' 또한 '『시자』는 잡설이며 경전을 바로잡는 증거로 취할 수 없다. 그러므로 그 말은 듣지 못했다.'라고 말했다."[『禮記』「樂記」: "舜弹五弦之琴, 以歌南風." 郑注 : "南風, 長養之風也, 以言父母之長養也. 其詞未聞." 孔颖达疏 : "案 : 『聖證論』引『尸子』及『孔子家語』難郑云 : '昔者舜弹五弦之琴, 其辞曰 : 南風之熏兮, 可以解吾民之愠兮 ; 南風之時兮, 可以阜吾民之財兮. 郑云 : 其辞未聞, 失其義也.' 今案馬昭云 : '『家语』, 王肃所增加, 非郑所見.' 又'『尸子』雜説, 不可取證正經, 故言未聞也.'"][9]

마소는 "『공자가어』는 왕숙이 보탠 것으로 정현이 보았던 것이 아니다."라고 말했다. 『통전(通典)』권91에서도 마소의 말을 인용해 "『공자가어』의 말은 분명 믿을 수 없다."라고 말했다.

이는 『공자가어』를 위서라 주장하는 사람이 늘 증거로 인용하는 자료이다. 사실 "그 말은 듣지 못했다."라는 말은 정현에 대해 말하면 사실이며,

---

9) 李學勤 主編, 『禮記正義』(『十三經注疏』, 標點本), 北京大學出版社, 1999, p.1099

왕숙이 『시자(尸子)』와 『공자가어』를 인용해 「남풍」의 가사를 쓴 것 역시 사실이다. 만약 『공자가어』의 내용 일부가 왕숙이 어떤 의도를 가지고 보탠 것이라 말한다면, 『시자』는 『한서』「예문지」에 분명하게 기재되어 있으며, 비록 잡가의 전적과 함께 배열되어 있지만 여전히 선진시대의 고적이다. 여러 학설을 융합하는 것이 시대의 조류인데 어찌 "『시자』가 잡설이며 경전을 바로잡는 증거로 취할 수 없다."라고 말하는 것인가? 가장 중요한 것은 "『시자』 역시 왕숙이 위조한 것이란 사실을 증명한 사람이 없다."[10]라는 것이다. 어떤 학자는 『수서(隋書)』「경적지(經籍志)」에 기재된 『시자』20권, 『목(目)』1권을 언급하고 주석에서 "양(梁)나라 때 19권과 그 9편이 없어졌다가 위(魏)나라 황초(黃初) 연간에 이어졌다.[梁十九卷, 其九篇亡, 魏黃初中续.]"라고 말했으며, 이로 인해 「남풍」의 가사가 실려 있는 『작자(綽子)』는 마땅히 속작(續作)으로 분류되어야 한다고 생각했다.[11] 사실상 이는 별 의미가 없다. 왜냐하면 설령 『시자』의 일부 편과 장이 위나라 황초 연간의 속작이라 하더라도, 적어도 왕숙이 지은 것이 아니란 것을 인정하는 것이기 때문이다.

『시자』에서 『가어』에 이르기까지 왕숙이 "남풍이 제때 불어 우리 백성의 제물을 풍성하게 한다."라는 구절을 보태어 정현을 반박했다고 생각하는 것은 일종의 선입견을 드러내는 것이며, 왕숙을 과소평가하는 것이다. 정현이 "그 말은 듣지 못했다."라고 했다면 왕숙은 『시자』에 근거해 정현을 반박하면 되는데 하필 자신이 다시 한 구절을 더해 쓸데없는 일을 했겠는가? 청대 전복(錢馥)이 마소의 말을 따라 왕숙이 원래 『공자가어』27편의 기초 위에서 다시 17편을 더했다고 단정하며, 편(篇)과 권(卷)의 구별이 없다고 생각하는

10) 胡平生, 「阜陽雙古堆漢簡與『孔子家語』」, 『國學研究』第7卷, 北京大學出版社, 2000, p.527

11) 王承略, 「論『孔子家語』的眞僞及其文獻價值」, 『烟台師範學院學報』, 2001年第3期.

것은 억측에 불과하다.[12] 역사상 비록 편(篇)을 권(卷)으로 하는 사례가 있었지만 전복은 오히려 왕숙이 『가어』를 개조했다는 것을 전제로 논하므로 당연히 근거로 삼기에 부족하다. 여기에서 분명하게 알 수 있는 것은, 마소에서 비롯된 왕숙이 『공자가어』를 위조했다는 설의 기초가 이미 존재하지 않는다는 것이다. 옛사람이 명확한 증거를 위해 인용한 마소의 말은 단지 편견에서 나온 억측이었다.

『예기(禮記)』「악기(樂記)」소(疏)에서 인용한 마소의 말은 『공자가어』이후에 나온 말로 이해할 수 있으며, "왕숙이 첨가했다."라는 것은 반드시 왕숙이 '위조'했다는 것이 아니다. 그래서 마소는 이후에 다시 "정현이 본 것이 아니다."라고 말한 것이다. 그러나 어찌되었든 이후에 영향을 미친 마소의 관점을 과소평가할 수 없다. 이른바 '첨가설'은 역대로 모든 사람이 믿었다. 어떤 사람은 이로 인해 왕숙이 『가어』를 주석할 때 본래 없었던 내용을 보태 정현의 학문에 반대했다고 생각했으며 지금까지 많은 사람이 그렇게 생각하고 있다. 정현의 후학인 마소가 온갖 방법을 강구해 정현을 보호하려 했던 것은 충분히 이해할 수 있다. 마소가 『가어』는 "정현이 본 것이 아니다."라고 말한 것이 분명 사실이라 하더라도 "왕숙이 내용을 보태었다." "분명 믿을 수 없다."라고 말한 것은 순전히 추측에 불과한 말이다.

후세에 많은 학자가 왕숙이 『가어』와 많은 저작을 '위조'했다는 학설을 받아들였다. 그 이유는 단 하나이다. 바로 왕숙이 정현을 반대했기 때문이다. 왕숙이 "정현을 반대했다."라는 것은 틀린 말이 아니지만, 왕숙이 "고의로 정현과 맞섰다."라는 것은 정확하지 않다. 그러나 이러한 견해를 견지하는 사람이 의외로 많았다. 예를 들어 손흠선(孫欽善) 선생은 『중국고문헌학사(中國古文獻學史)』에서 왕숙이 고대 문헌학에서 두 가지 특징을 보인다고 분명하게 주장했다. 하나는 오로지 정현의 학문에 맞섰으며 좋은 점과 나쁜

12) (淸) 錢馥, 『「孔子家語」疏證序』, 孫志祖撰, 『孔子家語疏證』, 式訓堂叢書本.

점이 동시에 있었다는 것이다. 다른 하나는 위서(僞書)를 많이 지었다는 것이다.[13] 이러한 주장은 많은 사람의 견해를 대표했다.

그러나 어떤 학자는 한말(漢末)이래의 학술사를 연구해 당시의 주요 경향이 "오직 도의만 따르는 것이었다."라는 점을 제기했다. 따라서 정현은 고문(古文)과 금문(今文)에서 좋은 부분을 선택해 따랐으며 한 쪽으로 치우치지 않았다. 후세 학자는 대부분 왕숙이 고의로 정현의 학문과 맞섰다고 생각했지만 사실 정현의 학문과 왕숙의 학문에 같은 견해가 많이 있었다. 만약 왕숙이 고의로 맞섰다면 두 사람 사이에 존재하는 비슷한 견해는 어떻게 해석해야 하는가? 정현의 학문을 반대하는 사람이 보기에 정현의 학문은 "근본에서 벗어나고 바르지 않은" 학문이었기 때문에 왕숙은 자신이 "어지러움을 바로잡아 올바름을 회복한다."라고 생각했다.

왕숙이 받아들인 학술적 성향은 기본적으로 모두 정현의 학문에 반대하는 진영의 것이었다. 항상 보고 들어 익숙해지면서 자연히 정현의 학문과 다른 많은 견해가 형성되었던 것이다. 후세 사람이 왕숙의 학문과 정현의 학문은 비교적 큰 차이가 있었기 때문에 왕숙이 고의로 다른 학설을 세웠다고 주장하는 것은 분명 타당하지 않다.[14] 사실 한말(漢末) 이래 제창한 독립적 사고경향은 왕숙이 『공자가어』를 주석한 태도에서 이미 분명하게 드러났다. 따라서 그는 "경전의 예(禮)를 찬술하면서 그 의(義)를 밝히려 했고, 조정에서 제도를 논할 때 직접 보고 들은 대로 말하려 했다."

왕숙이 주석한 다른 서적에서 어떤 부분은 『공자가어』에 나오는 내용과 다르다. 예를 들어 『공자가어』「교문(郊問)」에 공자가 노나라는 오직 하나의 교제(郊祭)만 있다고 주장한 말을 기록했다. 그러나 『예기』「교특생(郊特牲)」공영달(孔穎達)의 소(疏)에서 "노나라의 교제에 대해 스승의 말씀이 다

---

13) 孫欽善, 『中國古文獻學史』, 中華書局, 1994, pp.119-220.

14) 王志平, 『中國學術史』(魏晉南北朝卷), 江西教育出版社, 2001, pp.142-144.

르다. 최씨(崔氏)와 황씨(皇氏)는 왕숙의 설을 인용해 노나라는 동지에 하늘에 제사를 지내고 음력 정월에 또한 농사가 잘 되기를 기원하며 제사를 지낸다."라고 말했다. 『가어』와 왕숙의 관점은 분명 다르다. 또한 묘제를 예로 들면, 『공자가어』「묘제(廟制)」에서 "천자는 7묘(廟)를 세우는데, 삼소(三昭)와 삼목(三穆) 그리고 태조묘를 합해 일곱이다."라고 말했다. 정현은 천자의 7묘는 태조묘 하나, 문왕(文王)과 무왕(武王)의 묘 각각 하나, 즉 2조(二祧)라 하며, 친묘(親廟) 넷을 합해 7묘라 생각했다. 왕숙은 『성증론(聖證論)』에서 2조(祧)를 고조의 부(父)와 고조의 조(祖)라 하고 태조와 사친묘(四親廟)를 더해 7묘(廟)라 생각했다. 문왕과 무왕의 묘는 7묘에 포함되지 않았다.[15] 왕숙의 말에 의하면 천자는 당연히 9묘가 있어야 한다. 이는 분명 『가어』의 기록과 일치하지 않는다. 만약 왕숙이 『가어』를 '위조'하거나 내용을 고쳐 정현에 맞서고자 했다면 왜 자신의 논점에 불리하게 자료를 날조했겠는가? 그는 어째서 『가어』에 나오는 자신에게 매우 불리한 중요 자료를 삭제하지 않았겠는가?

학술적으로 마소(馬昭)는 자신의 개성과 편견이 있었을 것이다. 한(漢) 말기부터 비록 주류 경향이 "오직 도의만 따르는 것"이었지만 마소는 예외였을 것이다. 어떤 학자가 다음과 같이 지적했다. "마소는 매우 강렬하게 스승으로서 마땅히 지켜야할 존엄한 도를 지키려는 사람이었지만, 더욱 정확하게 말하면 마소는 스승의 존엄을 지키려 한 것이었지 도의 존엄을 지키려 한 것이 아니었다. 만약 도의 존엄을 지키려 했다면 마땅히 냉정하게 왕숙이 반박해서 바로잡은 정현 주석의 잘못을 인정하면 되지 교묘하게 궤변을 늘어놓거나 여러 방법으로 이리저리 꾸며서 안 된다. 이러한 점에서 말하면 마소의 말은 "오직 도의만 따라야 한다." "오직 도의만 존재한다."라는 말과 거리가 매우 멀다.[16] 같은 정현의 후학으로서 어떤 사람은 더욱 객관적이었

15) [魏]王肅, 『聖徵論』, 馬國翰輯,『玉函山房輯佚書』, 上海古籍出版社, 1990, pp.208-209.

다. 예컨대 위(魏)나라 박사 전경(田琼)은 『공자가어』에 의거해 예를 의론했다. 만약 모두가 『가어』를 의심하고 왕숙이 주를 붙인 『가어』가 정현의 학문을 공격하기 위해 제멋대로 내용을 보탰다고 믿었다면 전경은 분명 『가어』를 인용하지 않았을 것이다.

청대의 어떤 사람은 다른 문제를 제기했다. 만약 문제가 없다면 왕숙이 왜 이처럼 중요한 저작을 학관에 세워야한다고 상주하지 않았겠는가? 설마 왕숙이 마음에 꺼림칙한 것이 있어 일을 그르칠까 걱정했겠는가? 범가상(范家相)이 바로 이처럼 생각했다. 그는 다음과 같이 말했다. "지금의 『가어』가 위나라 명제(明帝)시기에 나타났을 때 왕숙이 지은 『상서』·『시』·『삼례(三禮)』·『논어』 및 『역전(易傳)』 등이 모두 학관에 세워졌는데 『공자가어』만 홀로 상주되지 않았다. 만약 이 44편이 과연 공씨에게서 나왔다면 어찌 널리 드러내어 조정에서 들을 수 있도록 하지 않았겠는가? 아니면 장패지(張霸之)의 위서(僞書)에 교훈을 얻어 감히 그렇게 하지 못했던 것이 아닐까?"[17] 이는 "죄를 씌우려고 한다면 어찌 구실이 없음을 걱정하겠는가."라는 의미를 지닌다. 이렇게 중요한 서적은 공자 후손이 여러 차례 노력하고 여러 차례 희망해서 상주했지만 모두 성공하지 못했는데, 어떻게 왕숙 시기에 다른 원인이 있을 수 없었으며, 어째서 왕숙이 위조했다는 것을 의미하겠는가? 만일 왕숙이 단지 일이 폭로될까 걱정했다고 말한다면, 그가 이 책에 주석을 단 후 유행하게 한 것이 "널리 드러내어 조정에서 들을 수 있도록"해 학관에 세우려는 것과 무엇이 다른 것인가?

왕숙이 『공자가어』를 위조했던지 아니면 고쳤든지 모두 왕숙과 그의 제자 공맹의 '공동작업'에 속한다. 생각해보면 영향력 있는 학자였던 왕숙이 설마 어리석게 혹은 뻔뻔스럽게 이러한 지경까지 이르렀겠는가? 설마 그가

16) 王志平, 『中國學術史』(魏晉南北朝卷), 江西敎育出版社, 2001, p.147.
17) (淸) 范家相, 『讀家語札記』, 載『家語證訛』, 會稽徐氏鑄學齋本, 淸朝 光緖15年.

정현을 비난하기 위해 이러한 일까지 했겠는가? 왕숙이 공자의 후손 공맹 혹은 공씨의 후손이 일의 진상을 들추어낼까 두려워하지 않았겠는가?

보아하니 왕숙이 『공자가어』를 위조하거나 고쳤다는 말이 성립되기 어려울 뿐만 아니라 마소가 『공자가어』는 왕숙이 첨가했다고 언급한 것도 충분한 근거가 없이 왕숙이 마음대로 『공자가어』의 내용을 첨가했다고 말한 것임을 알 수 있다.

둘째, 안사고(顔師古)가 주석하면서 말한 "지금 전하는『가어』가 아니다."

왕숙이 『공자가어』를 주해한 이후 이 44편의 『공자가어』판본이 유행하기 시작했다. 이로 인해 수·당 시기의 정사(正史)에 수록된 『공자가어』는 모두 왕숙의 주석본이었다. 그러나 당대에 『공자가어』의 다른 판본이 있었는지 없었는지는 논쟁이 되는 문제이다. 왜냐하면 당대 초기 안사고는 마치 왕숙이 주석한 판본 이외의 『가어』 판본을 본 것 같았다. 그는 『한서』「예문지」에 수록된 '『공자가어』 27권'을 주석하면서 "지금 전하는 『가어』가 아니다." 라고 말했다. 안사고의 주석은 우리에게 당대의 『공자가어』와 한대의 것이 다르다는 것을 말해준다. 안사고는 왜 『한서』「예문지」에 수록된 27권 본 『공자가어』가 "지금 전하는 『가어』가 아니다."라고 말했을까? 그 근거는 무엇일까? 안사고는 더 자세한 설명을 하지 않았다.

안사고의 말에 대해 후세 사람들은 서로 다르게 해석했다.

첫째, 안사고는 편과 권이 나눠지거나 합해지는 문제를 분명하게 하지 않고 『한서』「예문지」에 실린 27권 본 『공자가어』가 당연히 금본『가어』라 생각했다는 것이다.

둘째, 안사고의 말은 근거가 없는 것이고 그의 견해는 억측에 불과하다는 것이다.

셋째, 안사고는 분명 믿을 만한 『공자가어』를 보았으며 따라서 이는 왕숙이 주해한 책이 '위서'에 속함을 증명한다고 생각하는 것이다.

첫 번째 견해에 대해 주의가 필요한 것은, 안사고가 명확하게 "지금 전하는 것이 아니다."라고 말한 부분이다. 『한서』「예문지」에 실린 27권 본에서 『수서(隋書)』「경적지(經籍志)」에 기록된 21권 본까지 비록 '7'과 '1'의 차이가 있지만 『수서』「경적지」는 명확하게 이 21권 본 『공자가어』가 왕숙이 주해한 것이라 말하고 있다. 『공자가어』의 권수에 대해 많은 학자가 당대 이전에는 모두 27권이었고, 당대 이후에는 10권으로 합해졌다고 생각했다. 『수서』「경적지」에 기록된 '21권'의 '1'은 마땅히 '7'을 잘못 적은 것이다.[18] 그러나 고적을 살펴보면 '1'과 '7'을 잘못 기록하는 경우는 극히 드물다. 음운과 훈고방면에서 보더라도 이렇게 잘못 기록하기가 쉽지 않다.

역사상 고서를 기록하는 재료의 변화로 인해 고서를 옮겨 베끼는 과정에서 권질이 나누어지거나 합해지는 것은 매우 정상적인 현상이었다. 일반적으로 글을 쓰는 재료가 끊임없이 발전함에 따라 각 권마다 포함하는 내용이 증가하고 일부 책의 권수가 때때로 감소되기도 했다. 『공자가어』 왕숙의 주석본이 『수서』「경적지」의 21권에서 두 권의 『신당서』, 『구당서』「경적지」내지 『송사(宋史)』「예문지」 등에 기록된 10권에 이르게 된 원인은 바로 이런 이유 때문이었을 것이다. 따라서 『한서』「예문지」의 '27권'에서 『수서』「경적지」의 '21권'에 이르는 상황은 이와 다르다.

두 번째 견해는 안사고의 관점을 억측이라 보는 것인데 아마도 이 역시 억측이라 여겨진다. 당대에 이르러 서적이 전해지는 상황은 진한 교체기의 상황과 달랐을 것이다. 선진시기의 고문(古文)에서 전한시기 금문(今文)으로 쓰여 질 때까지 적지 않은 서적의 고문과 금문을 비교하면 "각기 다른 뜻으로 말을 더하기도 하고 빼기도 했으며", "같은 사실을 다르게 해석하는" 상황을 어렵잖게 알 수 있다. 문자를 정리하고 꾸미고 베껴 쓴 시기에 대해 그 의미를 풀이하는 것은 더욱 보편적이었다. 그래서 같은 책이라도 다른 글자와 어구가 존재할 수 있었다. 안사고 시기에도 이미 이러한 상황이었을

18) 周洪才, 『孔子故里著述考』, 齊魯書社, 2004, p.306

것인데 하물며 '27권'과 '21권' 사이의 차이가 있었겠는가. 학식이 넓은 학자인 안사고가 한 말은 아무런 근거 없는 말이 아니었을 것이다. 분명히 알 수 없는 상황에서 우리가 급하게 결론을 내려서 안 된다.

세 번째 견해에 대해, 상식적으로 만약 안사고가 왕숙이 주석한 판본과 다른 『공자가어』를 보았다면 당연히 사지(史志)에 기록되었어야 한다. 사실상 『한서』「예문지」를 제외하고 다른 사지에서 이 '27권'의 판본을 기록하고 있는 곳이 하나도 없다. 안사고가 말한 왕숙이 주석한 판본과 다른 『공자가어』의 내용 혹은 자료가 있었을 가능성은 존재한다. 왜냐하면 이전에 이미 비부(秘府)에 소장된 책이 존재했으며, 또한 안사고와 대략 같은 시기의 사마정(司馬貞)이 『사기색은(史記索隱)』에서 인용한 『가어』의 내용이 오늘날 전하는 판본에 있는 것도 있고 없는 것도 있다는 것은 『가어』가 전해진 상황에 약간의 문제가 있다는 것을 설명하는 것이기 때문이다.

그러나 한 가지 사실에 반드시 주의해야한다. 그것은 바로 사마정이 『사기색은』에서 인용한 『가어』가 대체로 금본과 같다는 것이다. 이 책은 모두『가어』의 67조목을 인용했다. 그 중 금본『가어』와 다른 부분이 모두 19조목이며, 금본『가어』에 없는 부분이 4조목이다. 그 나머지는 「공자세가(孔子世家)」에서 공자의 가문을 기록할 때 인용한 『가어』와 금본『가어』「본성해(本姓解)」와 약간의 차이가 있는 것을 제외하면 기본적으로 모두 글자를 베끼는 과정에서 발생한 차이이다. 예를 들어 「중니제자열전(仲尼弟子列傳)」에서 공야장(公冶長)을 서술할 때 『가어』를 인용해 "노나라 사람으로 이름이 장(萇)이다."라고 말했는데, 금본『가어』에서는 "노나라 사람으로 자는 자장(子張)이다."라고 기록했다. 전해지는 과정에서 『가어』는 더해지거나 빠지기도 하고 혹은 경문(經文)이 정문(正文)에 끼어 들어가는 경우도 있었는데 이는 고적이 전해지는 과정에서 언제나 볼 수 있는 현상이었다. 이를 왕숙의 주석본이 '위서'에 속하는 증거로 삼는 것은 그다지 큰 설득력이 없어 보인다.

그러나 세 번째 견해의 객관적인 영향이 너무 크다. 안사고의 견해로 인해 사람들은 왕숙과 그의 주석본을 의심했던 것이다. 예를 들어 송대 장여우(章如愚)가 편찬한 『군서고색(群書考索)』은 권10에서 『중흥서목(中興書目)』을 인용해 "반고(班固)의 『한서』「예문지」에 따르면 『공자가어』는 27권이다. 안사고의 주석에서 오늘날 전하는 『가어』가 아니다. 왕숙이 주석한 것으로 의심할 만하다."라고 말했다.

이상의 세 가지 인식에 모두 일정한 문제가 있다면 진실한 내용은 도대체 어떠한가? 우리가 생각하기에 안사고의 말은 반드시 근거가 있을 것이며, 그는 적어도 일정한 단서를 발견했을 것이다. 그렇기 때문에 그는 『한서』「예문지」에 수록된 판본이 "오늘날 전하는 『가어』가 아니다."라고 확정했을 것이다. 『한서』「예문지」를 살펴보니 『가어』는 '논어류(論語類)' 12가(家)에 수록되어 있는데, 이 12가는 다음과 같이 나누어진다.

『논어(論語)』 고(古)21편.
『제(齊)』 22편
『노(魯)』 20편, 『전(傳)』 19편.
『제설(齊說)』 29편.
『노하후설(魯夏侯說)』 21편.
『노안창후설(魯安昌侯說)』 21편.
『노왕준설(魯王駿說)』 20편.
『연전설(燕傳說)』 3권.
『주의(奏議)』 18편.
『공자가어(孔子家語)』 27권.
『공자삼묘(孔子三廟)』 7편.
『공자도인도법(孔子徒人圖法)』 2권.

『한서』「예문지」에 실린 이 12가는 모두 229편이다. 구설에서 "편과 권을 하나로 합했다."라고 말했다. 가령 위에 보이는 권을 모두 편이라 하더라도 그 수를 더해보면 212편이며, 총 편수와 비교해 17편이 적으므로 반고의 '논어류 12가'에 대한 기록은 분명 편과 권이 구분되어 있었음을 알 수 있다.

이상의 12가 중 단지 『연전설(燕傳說)』, 『공자도인도법(孔子徒人圖法)』, 『공자가어』 3가만 '권'을 단위로 한다. 따라서 이 17편은 마땅히 나누어져 이 3가에 속해야 한다. 만약 이 17편이 전부 『가어』에 속한다면 27권본 『가어』는 마땅히 44편이 되어야 한다. 그렇지만 『한서』「예문지」에 수록된 상황을 통해 『가어』의 편수는 반드시 44편보다 적음을 것을 알 수 있다. 이상 수량을 살펴봄으로서 『한서』「예문지」에 수록된 『가어』가 44편보다 적은 것이 충분히 설명된다. 이는 사실상 『가어』 공안국 서(序)의 견해를 증명하는 것이며, 즉 공안국 이전에 이미 『공자가어』가 있었음을 증명하는 것이다.[19) 우리는 『한서』「예문지」의 '27권'본 『가어』가 당연히 공안국의 '44편'본과 다른 것이고, 이것은 유향(劉向) 등이 수록해 비부(秘府)에 보관하던 관본(官本)이며, 이 관본은 비교적 엉성해 공안국본에 크게 미치지 못했다고 추측할 수 있다.

처음 공안국이 정리해 순서를 배열한 『공자가어』가 비록 가전(家傳)의 형식으로 전해졌지만 그가 의거한 자료는 줄곧 비부에 보관되어 있었다. 바로 공안국이 『공자가어후서(孔子家語後序)』에 말한 바와 같다.

> 효경제(孝景帝) 말년, 천하에 산재한 예서(禮書)들을 모으자 이윽고 사대부들은 모두 관(官)에 서적을 보냈고, 여씨(呂氏)가 전한 『공자가어』를 얻을 수 있었다. 그러나 제국사(諸國事)와 더불어 72제자들의 말과 함부로 뒤섞여 이해하지 못할 지경이 되었기에, 장서(掌書)가 담당하여 『곡례(曲禮)』 등 여러 편의 어지러운 죽간들을 합하여 비부(秘府)에 소장하게 되었다.[孝景帝末年, 募求天下禮書, 於時士大夫皆送官, 得呂氏之所傳孔子家語, 而與諸國事及七十二子辭妄相錯雜, 不可得知, 以付掌書, 與曲禮衆篇亂簡, 合而藏之秘府.]

여기에서 두 부분이 매우 분명하다. 첫째, 이들 자료의 수량이 적지 않았다. 왜냐하면 "사대부가 모두 관에 서적을 보냈고"에서 '모두'라는 글자가

19) 魏瑋, 「『孔子家語』"三序"研究」, 曲阜師範大學孔子文化學院2009年碩士學位論文.

문제를 매우 잘 설명하기 때문이다. 둘째, 이들 자료는 매우 난잡했다. 『가어』는 고문에 속해 단독으로 보관하지 않았으며, 분명 "여러 나라의 일 및 72제자의 말과 함부로 뒤섞여 있었다." 본래 정리하기 어려운 어지러운 한 무더기 죽간이었는데 장서(藏書)를 맡은 관리가 더욱 어지럽게 했으며, "『곡례(曲禮)』의 여러 편과 어지러운 죽간을 함께 비부에 보관했다." 공안국이 비부에 소장된 이들 자료를 보고 "부본(副本)을 모아 모두 가지게 되었다. 공안국은 자료를 모두 얻은 이후 "사건의 종류별로 순서를 매기고" 한 차례 선별작업을 했다. 그렇다면 공안국의 '44편'본 『가어』는 당연히 그가 스스로 편집한 결과물이며, 비부(秘府)본은 분명 이러한 모습이 아니었을 것이다. 비부에 소장된 자료와 비교하면 공안국의 판본은 그 수량이 매우 적었다. 왜냐하면 공안국의 분석과 연구를 거치면서 '중복해서 수록하지 않은' 내용이 있고 또한 '모두 취하지 않은' 부분이 있었기 때문이다.

그러나 유향 등이 비부의 고서를 정리할 때 이처럼 뒤죽박죽인 자료를 보면서 공안국처럼 자세하게 정리하지 않았을 것이다. 가장 큰 가능성은 그들은 먼저 대략적인 분류를 진행했을 것이며, 그런 다음 '여러 나라의 일 및 72제자의 말'이 함부로 뒤섞인 『가어』의 자료를 '이미 『예기』에 있으며', "『가어』에서 제외된 본편"을 실행 기준으로 해서 27권본 『공자가어』를 정리하고 편집했을 것이다. 이처럼 관본(官本) 『공자가어』의 편수는 비록 공안국본의 44편을 넘어서지 않았지만 내용상에서 오히려 금본 『가어』를 적지 않게 초과했다. 그리고 위진 시기의 『중경부(中經簿)』 등 도서 목록이 보이지 않기 때문에 『수서』「경적지」에 수록된 21권본 『가어』가 오늘날 볼 수 있는 공안국본 『가어』에 수록된 가장 초기 기록이 되었다. 그 증거가 『수서』「경적지」에 실려 있는 21권본 『가어』왕숙의 주석본이다.

비록 이상의 판단에 일정한 추측의 성분이 있지만 어느 정도 긍정할 수 있는 것은, 이들 자료가 어지럽게 흩어져 정리되지 않고 뒤죽박죽이었다는 것이다. 바로 이러한 이유로 인해 공안국이 그 자료의 순서를 배열하고 편집했던 것이며, 이러한 이유로 인해 유향이 간단하게 정리하면서 "원래의 모습을 없애고 지엽적인 부분만 남기는" 작업을 진행했던 것이다. 따라서 한대에는 학관(學官)에 배열되지 않았으나 유향이 『설원(說苑)』 등의 책에서 그러한 자료를 사용했다. 또한 이러한 이유로 인해 왕숙이 주해한 21권 본 『공자가어』가 세상에 알려진 후 27권 본이 사라지게 되었다. 이처럼 안사고가 말한 "지금 남아있는 『가어』가 아니다."라는 말 역시 어렵지 않게 이해할 수 있는 것이다.[20)]

셋째, 왕백(王柏)은 왕숙이 '잡다하게 취한' 여러 서적을 분리하고 엮어서 완성했다.

마소(馬昭)와 안사고 등의 견해가 후세 사람의 『가어』에 대한 관점에 영향을 주었지만 그들은 누구도 왕숙이 『공자가어』를 위조했다고 생각하지 않았다. 왕숙의 위조설을 정식으로 제기한 사람은 송대의 왕백이었다. 그는 "오늘날의 『가어』10권은 모두 44편인데, 왕숙이 『좌전』·『국어』·『순자』·『맹자』·『이대(二戴)』의 나머지를 잡다하게 취하고, 정교하고 조잡한 것을 뒤섞고 앞뒤를 나누고 엮어서 완성했으며, 공안국의 이름에 의탁한 것이다."[21)]라고 말했다. 이때부터 왕숙의 위조설이 유행하기 시작했다.

왕백 자신의 견해에 의하면, 그는 주희의 『중용집주(中庸集注)』를 읽을 때 『가어』로 『중용』을 증명하면서 이 둘을 비교해 "빠진 것도 있고 더해진 것도 있다."는 것을 발견했다. 그래서 회의가 생기고 주희의 『가어』에 대한 관점에 대해서도 의문이 생겼다. 주희는 『가어』가 "비록 기록된 것이 불순하지만 분명 당시의 책이다."라고 생각했으며, "그 책은 결점이 많지만 왕숙이 지은 것은 아니다."[22)]라고 말했다. 그래서 왕백은 『가어』를 연구했지만 연구의 결과 도리어 "크게 의심할 만하다."라고 생각했다.

---

20) 魏瑋, 「『孔子家語』"三序"硏究」, 曲阜師範大學孔子文化學院2009年碩士學位論文.

21) (宋)王柏, 『家語考』, 載『魯齋集』(四庫全書本, 卷1186), 上海古籍出版社, 1989, 卷9.

22) (宋)朱熹, 『戰國漢唐諸子』, 載(宋)黎靖德編『朱子語類』, 中華書局, 1986, 권137, p.3252

우리는 일찍이 금본 『공자가어』와 현존하는 『예기』의 『중용』을 비교한 적 있다. 금본 『중용』의 일부분이 『공자가어』에 보이는데, 주희가 장을 나눈 『중용』제20장은 '박학지(博學之)' 이후의 일부분을 제외한 앞의 대부분이 『가어』권4에 나오는 「애공문정(哀公問政)」편과 기본적으로 같다. 우리가 생각하기에 사실적인 상황은 당연히 대성(戴聖)이 『예기』를 편집할 때 「애공문정」의 내용을 『중용』에 넣은 것이다.[23]

주희는 이미 두 책의 관계를 지적했다. 그는 『중용』을 주석하면서 "『공자가어』도 이 문장을 기재하고 있는데 그 글이 더욱 상세하다."라고 말했다. 그는 또한 "'박학지(博學之)' 이하가 『가어』에 없으니, 생각건대 저 『가어』에 빠진 글이 있거나, 그렇지 않으면 이것은 혹시 자사(子思)가 보충한 글이 아닐까!"[24]라고 말했다. 그러나 주희는 금본 『중용』의 의리(義理)에 전념했기 때문에 『가어』와 『중용』의 내용을 대조해 계속해서 의문을 제기하지 않았다. 『가어』「애공문정」과 『예기』「중용」의 통하는 부분을 비교하면 공연(孔衍)이 상주한 말이 거짓이 아님을 설명할 수 있다. 사실상 『가어』와 『예기』의 상응하는 많은 부분이 이와 같다. 만약 편견이나 선입견을 갖지 않는다면 반드시 『가어』가 『예기』를 잡다하게 취한 흔적을 볼 수 없을 것이다.[25] 사실은 정반대이다. 다른 문헌의 수많은 자료가 『가어』에서 나온 것이어서 적어도 『가어』가 『예기』보다 더욱 오래되었고 꾸밈이 없다는 것을 알 수 있다. 사실상 『대대례기』 등 『공자가어』와 관련 있는 수많은 내용도 모두 이와 같다. 예를 들면, 서로 관련 있는 부분 가운데 『가어』에 나오는 '작기능

---

23) 楊朝明, 「『中庸』成書問題新探」, 山東師範大學齊魯文化研究中心編『齊魯文化研究』第3輯, 山東文藝出版社, 2004.

24) (宋)朱熹, 『中庸章句集注』, 中華書局, 1983, p.32

25) 필자는 우리 학교 전문사(사상사) 전공 석사과정 학생들에게 '중국사상사전제(專題)와 사료선독'을 개설하여 『예기』·『대대례기』와 『가어』의 상응하는 부분을 비교하게 하였는데, 이러한 작업을 통해 문자의 차이와 그를 통해 드러난 문헌의 인혁(因革) 정보에 대한 여러 사람의 결론은 기본적으로 일치하였다.

(爵其能, 능력 있는 사람에게 벼슬을 주고)', '거폐방(擧廢邦, 없어진 나라는 일으켜 주고)'은 『예기』에서 각각 '존기위(尊其位, 그 작위를 존중하고)', '거폐국(擧廢國, 없어진 국가를 일으키고)'으로 고쳐져 있다. 이렇게 바뀌는 것은 어렵지 않게 이해할 수 있다.

한대에 "유씨(劉氏)가 아니면 왕이 될 수 없다."라고 했으므로 단지 극소수 다른 성씨의 공신만 제후에 책봉되었다. 작위를 받는 것은 매우 민감한 문제였으므로 근본적으로 "능력 있는 사람에게 벼슬을 주고"라는 말을 거론할 수 없었다. 『예기』의 편찬자가 그 문장을 "그 작위를 존중하고"로 고친 것은 당시에 어쩔 수 없는 것이었다. '거폐방'이 '거폐국'으로 변하게 된 것은 자연스럽게 고조 유방(劉邦)의 이름을 피하기 위한 것이었다. 대성(戴聖)이 『예기』를 편찬하고 수정하면서 어찌 '폐방(廢邦)'이라는 두 글자가 예서(禮書)에서 눈에 띄는 것을 허락할 수 있었겠는가.

비교 연구를 하면서 우리는 『예기』의 편찬과 수정이 의심의 여지없이 『공자가어』 이후에 이루어졌음을 발견할 수 있었다. 이는 앞서 서술한 『가어』가 편찬되고 전해진 상황과 완전히 일치한다. 이러한 결론에서 보면 왕백이 "『이대(二戴)』의 나머지를 잡다하게 취하고", "정교하고 조잡한 것을 뒤섞고 앞뒤를 나누고 엮어서 완성했다."라는 견해는 확실히 말이 되지 않는다.

왕백이 제기한 『가어』의 위조설은 당시 경서를 의심하고 고대를 의심하는 의경(疑經), 의고(疑古)의 사조에 영합하는 것으로서 사실 왕백 자신의 학술적 개성과도 관련 있었다. 청나라 사람이 그를 평가하며 말했다.

> 왕백(王柏)은 망령된 기개와 개인적인 억측으로 고경(古經)을 멋대로 고치길 좋아했다. 『시(詩)』 삼백편(三百篇)을 거듭 산정(刪定)하여 책으로 썼고, 『서경(書經)』「주서(周書)」의 고(誥)와 「상서(商書) · 반경(盤庚)」의 모든 훌륭한 말을 배격하기를 거리끼는 바가 없게 하였으니 사뭇 교훈으로 삼을 수 없을 정도이다. …… 이후에 비록 자신의 학문을 굽혀 기질이 다듬어졌지만, 고상한 것만 좋아하고(눈만 높아서) 다른 것에만 힘쓰려는 의지가 때때로 자신을 제어하지 못할 지경이 되었다. 그래서

마땅히 그것을 뽑아내어야 하지만, 제멋대로 상식을 벗어나 결국에는 감히 공자(孔子)가 손수 정해놓은 경(經)을 공격하였다. 그의 시문(詩文)은 비록 애써서 수렴되더라도 억지로 이치에 견강부회해 놓은 것이며, 송신(宋臣)들이 억지로 승척(繩尺)을 이룬 것을 일부러 끌어다 붙인 자취가 때때로 드러나니 결국 주렴계(周濂溪)와 같은 제유(諸儒)들이 매우 순정하고 순수하여 자연히 도(道)와 합치되는 것과 같지 않다[柏好妄逞私臆, 竄亂古經. 『詩』三百篇, 重爲刪定書之; 周誥殷盤, 皆昌言排擊. 無所忌憚, 殊不可以爲訓. ……後雖折節學問, 以鎔煉其氣質, 而好高務異之意, 仍時時不能自遏. 故當其挺而橫決, 至於敢攻孔子手定之經. 其詩文雖刻意收斂, 務使比附於理, 而宋臣強就繩尺, 時露有心牽綴之跡, 終不似濂溪諸儒深醇和粹自然合道也].[26]

왕백은 바로 이러한 기풍으로 『가어』를 연구했다. 그는 주희를 존중했지만 "『가어』는 선진시기의 고서이며" 그것은 "초기에 논한 것이다."라는 주희의 말을 의심했으며, 주희가 당시 깊이 사고할 기회가 없었기 때문에 『중용집주』에서 그렇게 말한 것이라 생각했다. 왕백은 『가어』의 위조가 한 번에 그친 것이 아니라 실제로 여러 차례 계속되었다고 생각했다. 그는 다음과 같이 말했다. "『가어』는 수사(洙泗)에서 전해진 정통 전적이었지만 불행히도 다섯 차례 고쳐졌다. 첫 번째는 진나라 때 고쳤고, 두 번째는 한나라 때 고쳤고, 세 번째는 대대(大戴)가 고쳤고, 네 번째는 소대(小戴)가 고쳤으며, 다섯 번째는 왕숙이 고쳤다. 수사의 유풍과 여운이 사라지고 다시 존재하지 않았다." 그는 금본 『가어』가 편찬되고 전해진 상황을 제대로 이해하지 못했다. 특히 성실하게 대조해서 연구하지 않았으며 도리어 "금본 『가어』로 『중용』을 바로잡는 것은 적절하지 않다."라고 생각했다. 그는 또한 주관적으로 주희 말년의 논술에 의거해 오랜 시간이 지나 그의 『가어』에 대한 관점이 "반드시 바뀌지 않은 것은 아니었을 것이다."라고 생각했다.

왕백의 『가어』에 대한 '고증'은 사실 그 어떤 확실한 증거도 없다. 그가 "왕숙이 『좌전』·『국어』·『순자』·『맹자』·『이대(二戴)』의 나머지를 잡다하

26) 『四庫全書總目』「集部」「別集類3」「魯齋集提要」, 上海古籍出版社, 1989, 권1186, pp.1-2

게 취하고, 정교하고 조잡한 것을 뒤섞고 앞뒤를 분리하고 엮어 완성했다고 생각한다."라고 자술한 바와 같이 원래 그의 결론은 자신의 근거 없는 생각에서 나온 것이었다. 그러나 그가 '생각해' 나온 이 결론은 오히려 후세에 비교적 큰 영향을 미쳤다. 예를 들면 명대(明代) 하맹춘(何孟春)은 왕백의 고견을 받아들인 듯 "공안국과 향지구(向之舊)에서 왕숙에 이르기까지 몇 차례 고쳤는데 지금 다시 혼란해져 진실을 잃었다."라고 말했다. 하맹춘은 특히 금본『가어』를 불신한다는 점에서 왕백의 관점과 같았다.

네 번째, 사고관신(四庫館臣)은 "위작이지만 없앨 수 없다."고 생각했다.

왕백이 "분리했다."라는 말은 매우 큰 영향을 미쳤다. 사고관신의 견해가 대표적이라 할 수 있다.『사고전서총목제요(四庫全書總目提要)』의「자부(子部)1」,「유가류(儒家類)」,「가어(家語)」(제요)에 관련 쟁론이 서술되어 있다.

왕백(王柏)의『가어고(家語考)』에서 이르기를, "44편의『가어(家語)』는 결국 왕숙(王肅)이 개인적으로『좌전(左傳)』·『국어(國語)』·『순자(荀子)』·『맹자(孟子)』·『대대례기(大戴禮記)』·『소대례기(小戴禮記)』에서 자료를 취하여 이리저리 찢어 나누어 짜 맞추어 만든 것이다. 공연(孔衍)의「가어서(家語序)」또한 왕숙이 스스로 만든 것이다."고 하였다. 다만 사승조(史繩祖)의『학재점필(學齋佔畢)』에서 이르기를, "『대대례기』한 책은 비록 14경(經)의 반열에 있지만 그러나 그 대강은『가어』에서 여러 가지를 취하였고, 이를 분석하여 편목(篇目)으로 삼은 것이다.「공관(公冠)」편의 '성왕(成王)의 관례(冠禮) 축사(祝辭)' 내용에는 '선제(先帝)' 및 '폐하(陛下)'라는 글자가 기재되어 있는데, 주(周)나라 초기에 어찌 이러한 단어가 있을 수 있겠는가?『가어』에서는 다만 '왕(王)'자로 칭한 것에 그치니 마땅히『가어』가 정본(正本)이 된다."라고 운운하였다. 이제 "폐하께서 선왕의 밝은 빛을 각기 드러내시어[陛下離顯先帝之光曜]" 이하의 구절을 상고해 보면, 편 안에 이미 "효소관사(孝昭冠辭)"라고 밝혀 놓았는데, 사승조는 이를 잘못 이어서 축옹(祝雍)의 말로 삼았으니 매우 잘못 고증한 것이다. 대개 왕숙이「공관」편을 습취(襲取)하여「관송(冠頌)」편으로 삼고는, 이미 "성왕관사(成王冠辭)"에 "효소관사"를 잘못 합해 놓은 것이기에 '선제'나 '폐하' 글자를 산거(刪去)한 것이다.『가어』가『대대례기』를 습취한 것이지『대대례기』가『가어』를 습취한 것은 아니라는 사실은 이 한 조목이 명확한 증거라 할 수 있다. 그리고 『가어』가 다른 서적에서 찢어 나누어 만들어졌다는 것 또한 종종 이러한 종류라 할 수 있다. 반복하여 고증하면 『가어』가 왕숙의 손에서 나왔다는 것은 의심할 수 없다. 다만 유전(流傳)된 것이 이미 오래 되어 유문(遺文)과 일사(軼事)가 종종 『가어』 안에서 많이 보인다. 그러므로 당대(唐代) 이래로 위서(僞書)임을 알면서도 폐기할 수 없었던 것이다[王柏『家語考』曰 : 四十四篇之『家語』, 乃王肅自取『左傳』、『國語』、『荀』、『孟』、二『戴記』割裂織成之. 孔衍之『序』, 亦王肅自爲也. 獨史繩祖『學齋占畢』曰 : "『大戴』一書雖列之十四經, 然其書大抵雜取『家語』之書, 分析而爲篇目, 其『公冠』篇載成王冠祝辭內有'先帝'及'陛下'字, 周初豈曾有此? 『家語』止稱'王'字, 當以『家語』爲正"雲雲. 今考"陛下離顯先帝之光曜"已下, 篇內已明雲"孝昭冠辭", 繩祖誤連爲祝雍之言, 殊未之考. 蓋王肅襲取「公冠」篇爲「冠頌」, 已誤合"孝昭冠辭"於"成王冠辭", 故刪去"先帝"、"陛下"字. 『家語』襲『大戴』, 非『大戴』襲『家語』, 就此一條, 亦其明證. 其割裂他書, 亦往往類此. 反復考證, 其出於肅手無疑. 特其流傳既久, 且遺文軼事, 往往多見於其中, 故自唐以來知其僞而不能廢也].

사고관신이 "다른 책을 분리했다."라고 말한 것은 왕백의 견해와 일맥상통한다. 그들의 논술 가운데 그 핵심이 되는 논거는 단지 『가어』가 『대대례기』를 본떴다는 것 하나이다. 이것이 바로 그들이 내세운 '명확한 증거'라는 것이다. 그러나 진지하게 연구하면 이러한 증거는 성립하기 어렵다.

사고관신은 사승조(史繩祖)를 비평했지만 사실 그들은 자세하게 살피지 않았다. 당연히 사승조의 말에도 편파적인 부분이 있었다. 『대대례기』가 비록 『가어』의 내용을 잡다하게 취했지만 「공관(公冠)」편에 나오는 '선제(先帝)', '폐하(陛下)' 등등은 분명 『가어』에 있었던 것이 아니라 『대대례기』의 편집자가 첨가한 '효소관사(孝昭冠辭)'에 속하는 것이었다. 그리고 『사고제요(四庫提要)』에서 『가어』가 『대대례기』를 그대로 베꼈다는 것은 왕숙이 「공관」편을 본떠 「관송(冠頌)」편으로 삼고 이미 '성왕관사(成王冠辭)'에 '효소관사'를 잘못 합해놓은 것이기에 왕숙이 '선제', '폐하' 등의 글자를 삭제했다는 것이다. 사실 『가어』에 근본적으로 '효소관사'라는 것이 없었다. 사고관신은 최소한 자료를 대조하는 작업조차 하지 않았으면서 오히려 사승조의 견해를 "매우 잘못 고증한 것이다."라고 비판했다. 매우 분명한 것은 그들은 『공자가어』가 "왕숙의 손에서 나온 것은 의심할 바 없다."라는 선입견을 가지고 문제를 비판하고 논의 했다는 것이다.

한대의 학자들이 『대대례기』를 편집할 때 『가어』 등의 책과 기타 자료를 모은 이후 약간의 편집을 했는데 『대대례기』중에 오히려 『가어』 등 책의 원래 모습을 볼 수 없다. 이는 『예기』가 『가어』에서 자료를 취한 것과 마찬가지로 "원래의 모습을 없애고 지엽적인 것만 남겨두는[滅其原, 存其末]" 행위가 있었다는 것이다. 게다가 『가어』의 위조설이 큰 영향을 미치면서 『공자가어』와 『대대례기』의 자료 가운데 어떤 것이 근본이고 어느 것이 말단인지 매우 이해하기 어려워졌다. 예를 들어, 어떤 학자는 『대대례기』를 연구하면서 『가어』를 배척했으며, 『대대례기』를 『가어』로 개편할 때 "대부분 좋지 않은 부분이 있었고, 관련 문장이 분명하지 않았으며[多有不善, 屬辭不能明白]", 『대대례기』를 해설할 때 부득이하게 견강부회하고 왜곡했다. 청대학자 왕빙진(王聘珍)이 바로 이러했다. 예컨대 어떤 문장에서 『가어』의 말은 뜻이 명확했지만 『대대례기』는 사람들이 이해하기 어려웠다. 왕빙진은 단지 왜곡해서 해석했기 때문에 비록 뜻은 통했지만 공자 본래의 뜻과 이미 큰 차이가 있었다.[27]

사고관신이 『공자가어』는 "없앨 수 없다."라고 말한 것은 문제가 없다. 사실상 역대로 『가어』를 중시해야 한다는 사람이 많이 있었다. 사고관신조차도 『사고전서간명목록(四庫全書簡明目錄)』을 편집할 때 『공자가어』를 '유가류(儒家類)'의 앞에 배열했다. 그들은 다음과 같이 해석했다. "『가어』는 비록 그 이름이 『한서』「예문지」에서 보이지만 책이 오랫동안 전해지지 않았다. 금본은 아마도 왕숙이 이에 근거해 정현의 학문을 공격했던 것으로 마소(馬昭) 등 많은 유학자가 이미 상세하게 논했다. 하지만 비록 왕숙이 위조

27) 楊朝明, 「讀『孔子家語』札記」, 『文史哲』2006年第4期.

했으며, 분명 여러 책에 실려 있는 공자에 관한 이야기를 분리하고 엮어 편을 구성했지만 공자의 미언대의가 항상 있었기 때문에 유가의 책을 편집하는 사람이 언제나 으뜸으로 삼았다."[28]

그러나 사고관신이 "당나라 이래 그것이 위작임을 알았다."라고 한 말은 사실보다 과장된 것이었다. 물론 삼국시대 마소의 말이 사람이 『가어』를 회의하게 했지만 그가 『가어』를 위작이라 말한 것은 아니다. 당대에 편찬한 『수서』「경적지」는 더 나아가 『가어』에 대한 견해를 표명하면서 다음과 같이 말했다. "『논어』는 공자의 제자들이 기록한 것이다. 공자는 육경을 서술하고 수사(洙泗) 유역에서 강의했는데 문하생이 3000명이었으며, 뛰어난 제자가 70명이었다. 제자들과 스승이 묻고 답한 내용과 서로 이야기한 말이 도에 부합했다. 어떤 제자는 그러한 이야기를 큰 띠에 기록했고 어떤 제자는 부단히 실천했다. 공자가 세상을 떠난 후 제자들이 그러한 말을 수집하고 정리해 『논어』라 했다. ……『공총자(孔叢子)』·『공자가어』는 모두 공씨 가문에서 전해진 중니의 뜻이다." 『가어』와 『논어』의 성격이 같으며, 이는 공안국의 견해와 완전히 일치한다.

당나라 중기 경전을 회의하는 현상이 나타나기 시작했다. 그러나 주로 한당(漢唐)시기 경학(經學)의 주소(注疏)를 회의함으로서 옛 주소의 전통을 뛰어넘으려 했다. 당대의 학술을 살펴보면, 당시 『가어』를 연구하던 학자들 중에 왕숙이 위조했다고 생각한 사람이 없었다. 앞서 이야기했듯이 안사고가 "지금 남아있는 『가어』가 아니다."라고 한 말은 "지금의 『공자가어』는 위서이다."라는 말과 다르므로 당시 많은 사람이 『공자가어』를 인용했다. 장수절(張守節)의 『사기정의(史記正義)』, 특히 사마정(司馬貞)의 『사기색은(史記索隱)』은 『가어』를 대량으로 인용했다. 이는 모두 사람들은 『가어』를 위서로 보지 않았음을 설명하는 것이다.

---

28) 『四庫全書簡明目錄』권9, 「子部1」「儒家類」, 上海古籍出版社, 1985.

당대 관방(官方)의 『오경정의(五經正義)』와 당나라 사람의 『사기』주석 등이 광범위하게 『가어』를 인용한 것은 일부 저명한 학자가 『가어』를 중요한 문헌적 가치로 인정했다는 것을 분명하게 보여주는 것이다. 안사고가 "지금 남아있는 『가어』가 아니다."라고 말한 것은 금본에 대한 회의를 의미하는 것이 아니다. 아마도 마소(馬昭)가 "『공자가어』는 왕숙에 의해 더해진 것이다."라고 평론한 말과 의고(疑古)의 선구자인 유지기(劉知幾)가 『공자가어』는 "당대에 비웃음을 받았다."[29]라고 한 말의 영향을 받았을 가능성이 있다.

송대 이후 의고사조가 크게 일어나 왕백(王柏) 이후 『공자가어』가 '위서'라는 견해가 점점 확대되었으며, 명청시기에 이르러 『가어』의 지위가 크게 떨어졌고, 그 책이 진짜가 아니라는 견해가 성행하기 시작했다.

당대에서 명대까지 『공자가어』가 '위서'라고 생각한 사람이 그리 많지 않았지만 이러한 견해가 송대이후 흥기한 의고사조와 결합해 『공자가어』가 '위서'라는 학설의 영향이 더욱 커졌다. 예를 들어 명대 하맹춘(何孟春)은 『가어』를 보충 주석하면서 모두 8권 44편으로 했는데, 하맹춘은 공안국 본은 "시대가 멀어 다시 얻지 못했다."라고 말했다. 그 또한 송대에 출판된 왕숙의 주석본을 보지 못했고, 그가 보충 주석한 것도 안사고가 말한 당본(唐本)이 아니라 원(元)나라 왕광모(王廣謀)의 『신간표제구해공자가어(新刊標題句解孔子家語)』본이었다. 그는 비록 공연(孔衍)이 상주한 글을 믿었지만 『공안국서』는 왕숙이 위조한 것이라 생각했다. 이로 인해 그는 아예 『공안국서』앞에 "위나라 왕숙의 서"라는 이름을 덧붙였으며, 또한 마소의 관점을 인용해 자신의 판단을 지지했다. 청대 유학자는 대부분 하맹춘의 학설을 받아들였다.

청대에 『가어』가 위서라는 학설을 견지했던 학자 가운데 영향력이 비교적 컸던 사람은 범가상(范家相), 손지조(孫志祖) 등이었다. 범가상은 『공자

29) (唐) 劉知幾, 『史通』「內篇」「六家」.

가어증위(孔子家語證僞)』를 편찬했는데, 그는 『공자가어』와 통하거나, 비슷하거나, 같은 자료들을 하나하나 비교할 수 있도록 한데 모아 『가어』가 위서임을 증명하고자 했다. 아울러 금본 『가어』는 "모든 사실이 반드시 출처가 있다."는 것에 근거해 『가어』는 다른 책을 분리하고 엮어 완성했다고 단언했다. 손지조는 『가어소증(家語疏證)』을 편찬하면서 마찬가지로 왕숙이 『가어』를 위조했다고 여겼고, "왕숙이 위서를 지어 정현을 비난했고, 성현을 모함하고 경전을 위배했으며, 「성증론(聖證論)」을 지어 정현을 공격했을 뿐만 아니라 『가어』를 거짓으로 편찬하고 학설을 꾸며 세상을 속였다. 여러 책을 많이 모았으므로 왕숙이 몰래 표절한 것이 모두 소통되어 증명되었다."[30]라고 생각했다. 그의 『가어소증』은 영향력이 매우 커 진전(陳鱣), 양옥승(梁玉繩)이 모두 이 책을 추앙했으며, 손지조가 "본원을 찾아내었고", "잘못된 것을 구분해 분별했으며", "옛 사람이 발견하지 못한 것을 발견했다."라고 생각했다. 진전은 심지어 그것을 도둑을 잡아 "진짜 장물을 되찾았다."[31]라고 말하기도 했다.

비록 『가어』를 위서라 여기는 학자가 많았지만 그 책을 인정하는 사람 또한 적지 않았다. 『가어』를 위서로 보는 관점에 대해 그 진실을 밝히려는 학자도 있었다. 송대에 주희(朱熹), 조공무(晁公武), 섭적(葉適) 등은 모두 『공자가어』를 믿을 만한 저작이라 생각했다. 섭적은 매우 자세하게 "『공자가어』 44편은 비록 공안국이 차례를 정했지만, 후서를 살펴보면 사실 공자의 제자가 옛날에 모아 기록해놓은 것이며, 『논어』·『효경』과 같은 시기의 것이었다. 제자들은 그 가운데 진실한 것과 사실에 부합하는 것을 뽑아 따로 『논어』로 편찬했으며, 나머지는 함께 기록해 『공자가어』라 했다."라고 말했으며, 또한 "『공자가어』는 한나라 초에 이미 민간에 유포되었고 또 공

30) (淸) 趙爾巽, 『淸史稿』「儒林列傳二」, 中華書局, 1977.
31) (淸) 陳鱣, 「家語疏證序」, 載孫志祖, 『家語疏證』(叢書集成初編本), 中華書局, 1991.

안국의 찬정(撰定)을 거쳤다."[32]라고 말했다. 원나라의 마단림(馬端臨)이 『문헌통고(文獻通考)』에서 "『공자가어』 10권, 왕숙의 주"[33]라고 기록한 것은 당시에 10권 본 『가어』가 전해지고 있었음을 분명히 밝히는 것이다. 마단림은 『문헌통고』에서 『가어』 공안국의 서(序), 공연의 주언(奏言), 왕숙의 서(序), 조씨(晁氏)의 설(說), 『주자어록(朱子語錄)』, 「여여백공서(與呂伯恭書)」등의 몇 가지 자료 또한 수록하고 있다. 이러한 점은 모두 『공자가어』의 가치를 인정하는 견해를 드러내는 것으로 마단림의 경향을 분명하게 보여주는 것이었다. 육치(陸治)는 명대에 하맹춘을 이어 『공자가어』를 보충해서 교정한 중요한 사람이었다. 그는 먼저 『가어』가 세상에 전해질 수 있도록 한 왕숙의 공로를 무시할 수 없다고 생각했으며, 아울러 공안국의 서문은 분명 공안국이 쓴 것이지 왕숙이 위조한 것이 아님을 고증했다. 그는 또한 "왕숙은 맹(猛)에게, 맹은 안국(安國)에게, 안국은 공왕(恭王)에게 순서대로 전한 것이 모두 사실이다."[34]라고 말했다.

비록 명청 두 시대에 의고사조의 영향이 점점 커졌지만 적지 않은 학자가 여전히 『가어』의 가치를 인정했다. 이러한 학자 가운데 중요한 공헌을 한 사람은 청대 육사가(陸士珂)였다. 그는 『공자가어소증(孔子家語疏證)』을 지으면서 주관적인 판단을 하지 않고 자료를 광범위하게 수집해 독자에게 객관적인 자료를 제공했다. 그가 사용한 방법은 범가상(范家相)의 방법과 같았지만 얻은 결론은 완전히 달랐다. 그의 일족 진시(陳詩)가 그 책의 서문을 썼는데, 그는 『공자가어』를 중시했고 또한 이와 같은 연구방법을 중시했다. 그는 "사실은 반드시 두 가지 증거가 있을 때 시비가 분명해진다."라고 생각했으며, "주나라 말기에서 한나라 초기에 이르는 제자서를 살펴보면 찬양한 공자의 말은 대부분 서로 보완하고 영향을 주면서 문장을 이루었다. 심지어

32) (宋) 葉適, 『習學記言序目』, 中華書局, 1977, pp.231-232.
33) (元) 馬端臨, 『文獻通考』「經籍考11」, 四庫全書本.
34) (明) 陸治補校, 『孔子家語』, 明 隆慶6年刻本.

문답의 글은 이야기한 사람의 이름이 각기 다르다. 예컨대 『남화(南華)』의 '중언(重言)'과 비교하면 더욱 좋거나 더욱 나쁜 문장이 때때로 존재한다. 그러나 그러한 책이 모두 유행했으며 지금까지 폐기되지 않고 있는데 어찌 유독 이 편만 의심하는 것인가?"[35]라고 말했으며, 금본『가어』가 진본임을 인정했다.

재미있는 것은 어떤 사람은 손지조의 『가어소증(家語疏證)』을 매우 칭찬했지만 어떤 사람은 다른 태도를 보였다는 것이다. 예를 들어 손지조와 함께 책에 서문을 쓴 전복(錢馥)이 그러했다. 그는 손지조 등이 연구한 결론을 인정하지 않았다. 전복은 왕숙이 원래 있었던 27권의 기초 위에 17편을 더했다고 생각했다. 이러한 견해는 분명 마소(馬昭)가 "왕숙이 더한 것"이라고 했던 말의 영향을 받은 것이다. 이러한 말은 자연히 문제가 있지만 그는 왕숙이 『가어』전체를 위조했다는 견해에 동의할 수 없었던 것이다.

보아하니 사고관신이 "없앨 수 없다."라고 말한 것은 역사적인 사실이지만 그렇게 말한 진정한 이유는 분명 그 책이 위조되지 않았다고 생각했기 때문이다. 일반적으로 그 책을 없앨 수 없다면 그 이유는 두 가지 뿐이다. 하나는 그 책이 진짜이기 때문이고, 다른 하나는 그 책이 비록 진짜가 아니더라도 자료가 위조된 것이 아니기 때문이다. 대대로 '위서'라고 말하는 사람의 『가어』에 대한 관점에 의하면 그들은 『가어』가 많은 책을 "분리해서 엮은 것"이라는 학설의 영향을 받았다. 이미 앞에서 지적한 대로 여러 책을 "분리해서 엮은 것"이라는 학설은 생각할 수 없는 것이므로 "책이 비록 진짜가 아니더라도 자료는 위조된 것이 아니다"라는 관은 성립하기 어렵다. 그래서 『가어』가 위조된 것이 아니라는 것을 긍정할 수 있다.

---

35) (淸) 陳詩, 「孔子家語疏證序」, 陸士珂輯, 『孔子家語疏證』(叢書集成初編本), 中華書局, 1985.

(4) 의고사조와 『공자가어』

『공자가어』를 이해하고 인식하고 연구하는 것은 줄곧 중국학술의 중요한 사조와 연관이 있었다. 그것은 바로 고대를 의심하는 '의고(疑古)' 사조이다.

의고사조는 역사가 오래되었다고 할 수 있다. 어떤 사람은 의고학자를 후한의 왕충(王充)까지 소급할 수 있다고 생각했다. 당대 유지기(劉知幾)는 의고의 개념을 분명하게 제시했다. 『사통(史通)』에 나오는 유지기가 편찬한 「의고(疑古)」와 「혹경(惑經)」편에서 일부 유가 경전에 대해 의문을 제기했다. 유지기 역시 『공자가어』를 언급하면서 "공자 문하의 기록이며, 『논어』는 오로지 공자의 말을 기술했고, 『공자가어』는 말과 함께 약간의 사실을 겸해 기록했다."[36]라고 말했으며, 또한 "『세본(世本)』은 제왕과 제후의 성씨들을 분별했는데 주나라 왕실에서 기록한 것이며, 『가어』는 공자와 제자의 말을 싣고 있는데 공씨 가문에서 전해졌다."[37]라고 말했다. 유지가는 비록 『가어』가 "호랑이를 그리려다 오히려 개를 그린 꼴이 되었으며", "그 책은 당시 사람의 비웃음을 받았다."[38]라고 말했지만 『가어』가 위조되었다고 의심하지 않았다.

송대에 의고사조가 크게 일어나 피석서(皮錫瑞)가 『경학역사(經學歷史)』에서 말한 이른바 "경학이 한학(漢學)을 바꾸는 시대"가 나타났다. 그들은 한당(漢唐)의 전주(傳注)를 의심하고 비판했을 뿐만 아니라 세상에 전하는 경전을 의심하고 살피기까지 했다. 사실상 송대의 의고는 수많은 방면에서 진행되었지만 경학을 의심하는 방면에서 가장 두드러졌고 심지어 경전을 회의하고 고치는 풍조까지 일어났다.

어떤 학자는 송대의 의고사조를 연구하면서 송대의 전체 의고사조는 시작과 전면적인 전개에서 심화단계에 이르는 과정이 있었다고 지적했다. 송

36) (唐) 劉知幾, 『史通』「外篇」「疑古」
37) (唐) 劉知幾, 『史通』「內篇」「雜述」
38) (唐) 劉知幾, 『史通』「內篇」「六家」

대 말기에 이르러 의고는 경학사조의 중요한 내용이 되었으며, 이 시기에 일부 학자는 '고증학'으로 나아가 실사구시를 주장했다. 다른 일부 학자는 '유리파(唯理派)'라 부를 수 있는데, '이(理)'로 '경(經)'을 판단하고, '이'로써 '경'을 의심했으며, 자기의 뜻을 '이'로 여겨 의고의 기세가 아무 거리낌이 없이 전개되었다. 왕백(王柏) 등의 학자가 대표적이었다.[39] 왕백은 가장 먼저 『가어』의 '위서'설을 제기한 사람이었다. 그는 『상서(尙書)』와 『시경』의 편명을 비교적 크게 바꾸거나 혹은 삭제했다가 후세 사람의 비판을 받은 적이 있다. 왕백이 『가어』를 왕숙이 '분리해서' 만들었다고 제기한 견해는 의심할 바 없이 송대 의고사조의 발전과 중요한 연관이 있다. 송대 의고사조의 영향이 매우 깊었기 때문에 명청시기 일부 학자는 그 경향을 받아 의고사조가 절정에 이르도록 했다.

근대이래 의고사조의 대표적인 인물은 의심할 바 없이 고힐강(顧頡剛) 선생이다. 고힐강 선생의 중요한 이론이 바로 "누적되어 조성된 고대사 설"이다. 어떤 학자는 "누적되어 조성된 설"은 상당히 뚜렷한 특징이 있는데 그것은 바로 그가 '누적 된 것'을 자연적으로 쌓여서 이루어진 것이 아니라 고의로 위조한 결과로 본다는 것이다. 이는 강유위(康有爲)의 『신학위경고(新學僞經考)』와 『공자개제고(孔子改制考)』가 영향을 미친것이다. 그리고 강유위의 이 두 책 또한 갑자기 나온 것이 아니라 청대 금문학이 오랫동안 발전한 결과였다. 때문에 어떤 학자는 요평(廖平), 강유위, 최적(崔適)의 의고활동은 모두 근대 반전통운동이 아직 폭발하기 전에 나타난 것이며, "공자를 존중하고 도를 지킨다."라는 의도로 인해 그 같은 대규모 의고사상이 출현했다. 그러나 이후에 그들의 의고 성과는 오히려 반전통 의고학자에 의해 계승되어 '고대사를 판별하는 운동'이 크게 일어났다.[40]

39) 楊世文, 『宋代疑古思潮硏究』, 全國哲學社會科學規劃辦公室編, 『國家社科基金項目成果選介滙編(第一輯), 中國人民大學出版社, 2004.

『공자가어』를 말하면 역시 고힐강 선생의 관점이 가장 대표적이다. 1928년에서 1929년까지 그는 중산대학(中山大學)에 있을 때 『공자연구강의(孔子研究講義)』를 편찬했다. 강의의 「안어(按語)」에 『공자가어』에 대한 그의 관점이 집중적으로 드러났다. 청대 학자의 『가어』연구에 대해 고힐강 선생의 편향성은 매우 분명하다. 그는 「안어」에서 '참고문헌'을 열거했으며, 『공자가어』에 대해 『가어』의 판본을 열거하고 "이 책은 왕숙이 위조한 것이지만 고서를 모아 엮어 완성한 것이다."라고 분명히 기록한 것 이외에 손지조(孫志祖)의 『가어소증(家語疏證)』, 범가상(范家相)의 『가어증위(家語證僞)』를 열거하고 "이상의 두 책은 『가어』가 위조된 것임을 밝히고 있다."라고 설명했다. 그러나 '연구'를 표방하고 '초연한 사람' 같았던 고 선생은 전체 『공자연구강의』에서 진사가(陳士珂)와 『공자가어소증』을 한 마디도 언급하지 않아 마치 진사가와 그의 저작이 근본적으로 존재하지 않는 것 같았다. 고힐강 선생의 『공자연구강의』「안어(按語)」[41]는 사람들에게 이 시기 고대를 의심하고 위조를 구별하는 것이 거의 '통제할 수 없는 상태'에 이르렀다는 인상을 주었다.

고 선생의 『가어』에 대한 인상은 바로 그 자신이 말한 바와 같이, 이 책은 비록 공자를 기록한 전문서적이지만 조금도 믿을만한 가치가 없다. 이 책이 지극히 전형적인 위서이며 학술상에서 "아무런 영향을 미치지 못한 것"이라면 이 책은 "통렬히 공격해야 할 필요"조차 없다. 금본『가어』가 위서라면 『가어』의 삼서(三序) 역시 자연히 믿을 수 없는 것이 된다. 고 선생이 생각하기에 "왕숙이 위조한 『가어』는 사람을 속여 위조한 책에 공안국의 서(序)와 공연의 표(表)를 붙였다." 이로 인해 과거 사람들이 의심을 하고 세심하게 분석했으며, 완전히 고적을 고정한 견본이 되었다. 고 선생에게 『가어』

---

40) 王汎森, 『古史辨運動的興起』(允晨叢刊第13), 臺北允晨文化實業有限公司, 1987, p.294.
41) 顧頡剛, 『孔子研究講義』「按語」, 『中國典籍與文化』第7輯, 北京大學出版社, 2002.

는 바로 "위서 가운데 특히 위조된 것"이었다. 그래서 그는 『가어』를 자세히 살펴보지도 않고 "『가어』는 전한 사람에 의해 위조되었고, 왕숙에 이르러 다시 위조되었다."라고 생각했다. 그러나 금본 『가어』가 도대체 어떠한지 그 자신은 확실히 파악하지 못했다. 그래서 어떤 때는 "오늘날 전하는 『가어』는 사실 왕숙의 학설이 지배적인 상황에서 공자를 기록한 것이며", "왕숙이 위조한 것"이라 말했으며, 또 어떤 때는 "오늘날 전해지는 판본은 왕숙이 예전에 지은 것이 아니고 가짜 중의 가짜라 할 수 있다."라고 말했다.

고힐강 선생은 "객관적 태도로 공자를 연구하고", "공리적인 계산을 염두에 두지 않는" 자세로 '진짜' 공자를 찾아내어 각 시대마다 공자에게 입힌 '허울'을 벗겨내려고 희망했다. 그는 자신이 '초연한 사람'의 신분으로 나타났다고 생각했다. 그러나 사실상 인문과학의 연구 분야에서 순수한 의미의 '초연한 사람'이 있을 수 있는가? 고 선생의 마음에서 공자의 원래 모습은 단지 '군자'였을 뿐이다. 그는 자신의 연구를 통해 공자의 원래 모습을 회복할 수 있기를 희망했고, "각 시대의 사람들이 공자를 대신해 덧씌운 위대함을 모두 각 시대로 되돌려주려 했지만" 고 선생은 '돌려주려는' 대상이 틀린 적이 적지 않았다.

오늘의 관점에서 보면 고 선생의 분별이 적절하지 않다고 어렵지 않게 판단할 수 있다. 전체 「안어」를 보면 고 선생은 호쾌하게 회의하고 진위를 분별하는 것을 좋아했고, 단지 진위를 분별하려 하지 않고 비판정신이 결핍된 사람을 싫어했을 뿐이다. 고 선생은 이미 자신의 생각에 제동을 걸 수 없었기에 일단 '위조된 흔적'을 발견하면 다시 돌이켜 생각하지 않았다. 예컨대 범가상은 『가어』삼서(三序)가 위조된 것이라 판단했는데 고 선생이 생각하기에 그 판단은 고증이 미진하다. 왜냐하면 『사기』에서 공안국은 "일찍 죽었다."라고 했는데 왕숙의 후서에서 "60세에 집에서 죽었다."라고 했으니 "어찌 60세를 '일찍 죽었다.'라고 할 수 있겠는가?" 고 선생은 『가어』가 위서임을 말하기위해 그가 "빈틈을 메우는데 매우 능했음"을 승인하지 않을 수 없었다. 그런데 여기서 그가 지적한 것은 극히 낮은 수준의 '착오'였다. 고 선생은 설마 왕숙이 이처럼 어리석었겠는가, 그가 세밀하게 전체 『가어』를 위조하면서 어찌 이 부분에 약점을 드러낼 수 있었겠는가를 다시 생각하지 않았다.

3. 출토문헌과 『공자가어』 가치의 재인식

『공자가어』가 2천여 년 간 세상에 전해지고 연구된 상황을 살펴보았지만 우리는 이 책이 위서라고 증명할 수 있는 그 어떤 증거도 찾기 어려웠다. 그러나 새로운 자료가 부족하고 일부 관련된 전적 또한 의고사조가 고조됨에 따라 계속 위서에 포함되었다. 이로 인해 증거가 없어졌고 계속해서 탐구할 수 있는 조건을 잃게 되었으며, 『가어』가 위서라는 주장을 뒤집을 수 없게 되었고 그 책의 원래 모습을 토론할 수 있는 공간이 갈수록 부족해졌다. 위안이 될 만한 것은 1970년대 이래 초기사상의 문헌이 계속 출토됨에 따라 학자들이 이 책을 새롭게 연구할 수 있게 되었다.

(1) 출토문헌과 『공자가어』 연구

많은 사람이 『공자가어』의 '위조'를 지적했지만 동시에 어떤 사람은 이 책의 가치를 분명하게 인식했으며, 혹은 부분적으로 이 책이 편찬된 진실한 상황을 이해하기도 했다. 의고가 지나친 것에 대해 이미 많은 학자가 지적하기도 했다.

위안이 되는 것은 20여 년간 학술계는 이미 진일보한 연구를 전개했을 뿐만 아니라 가치 있는 고고학 자료가 대량으로 나타났다. 이들 자료는 최근 30여 년간 계속해서 세상에 알려진 간독(簡牘)과 백서(帛書)이다. 이들 새로운 자료에 대한 정리와 연구는 중국 고대 문화의 전적을 인식하고 연구하는데 매우 큰 인식의 변화를 가져왔다. "고적의 진위를 분별하는 것에 대해 말하면 죽간과 백서의 출토가 가져온 여파는 아마도 고대사를 분별하는 학파의 새로운 학설이 준 여파와 비교할 수 없는 것이었다. 왜냐하면 고대사를 분별하는 학파는 고적의 진위를 위해 '세상 사람을 깜짝 놀라게 한' 새로운 학설을 가져왔고, 죽간과 백서는 오히려 '냉혹하고 무정하게' 부정했으며, ……죽간과 백서의 냉엄한 검증으로 과거 학자들에 의해 위서라고 판정받은 수많은 고적들이 잇달아 억울한 누명을 벗게 되었다.42)

『공자가어』가 '굳게 얼어붙은' 의고를 깨트린 것 역시 새로운 간독자료의 도움을 받은 것이다. 이들 자료는 사람들이 『가어』자료의 기원과 편찬, 『가어』와 공안국의 관계, "왕숙이 『가어』를 위조했다."라는 학설 등 중대한 학술문제를 새롭게 인식하는데 도움을 주었다. 『가어』를 연구하는데 새로운 계기와 새로운 국면을 제공한 중요한 직접적인 자료는 하북(河北) 정주(定州)의 팔각랑한묘죽간(八角廊漢墓竹簡), 안휘(安徽) 부양(阜陽)의 쌍고퇴한묘목독(雙古堆漢墓木牘), 상해박물관 소장 전국초죽서(上海博物館藏戰國楚竹書), 영장돈황사본(英藏敦煌寫本) 등이다.

하북(河北) 정주(定州)의 팔각랑한묘죽간(八角廊漢墓竹簡)

1973년 하북 정현(定縣)의 팔각랑한묘에서 한 무더기 죽간이 출토되었다. 정리 후에 이름을 『유가자언(儒家者言)』이라 정했다. 이 책의 대부분 내용은 선진(先秦)과 전한(前漢)시기의 일부 저작에 흩어져 보이는 것으로 특히 『공자가어』와 밀접한 관련이 있다.43) 비교적 일찍 『유가자언』의 자료를 본 학자들은 그것이 "『논어』와 매우 관련 있는 유가의 저작"으로 『공자가어』와

42) 鄭良樹, 「論古籍辨僞的名稱及其意義」, 『諸子著作年代考』, 北京圖書館出版社, 2001, p.3.

43) 관련 상황은 이하 자료 참조. 河北省文物硏究所, 「河北定縣40號漢墓發掘簡報」, 『文物』 1981-8, 國家文物局古文獻硏究室, 河北省博物館, 河北省文物硏究所定縣漢墓竹簡整理組, 「定縣40號漢墓出土竹簡簡介」, 『文物』1981-8.

관계가 밀접하며 『가어』의 진위는 마땅히 다시 토론되어야 한다고 생각했다.[44)]

이학근(李學勤) 선생은 이들 자료에 대한 연구를 진행했다. 그는 『유가자언』을 "죽간본 『가어』라 부를 만하다."라고 생각해 새롭게 『공자가어』를 인식하는 선구를 열었다. 이 선생은 죽간과 『논어』의 관계에서 출토된 간독과 『가어』의 관계를 논증했으며, 『유가자언』과 『논어』가 같은 묘에서 나온 것이라 여기고 『한서』「예문지」가 『가어』를 '논어류'에 배열한 기록은 둘 사이의 관계가 밀접하다는 것을 설명하는 증거라 생각했다. 이는 동시에 『가어』 공안국 서의 일부 견해를 인증하는 것이기도 했다.

공안국이 정리한 『공자가어』는 기본적으로 자신이 생각한 『가어』에 속하는 자료를 전부 모은 것으로, 안사고가 "지금 남아 있는 것이 아니라고 말한 것", 후세 사람이 "아직 보지 못한" 개별 자료 혹은 공안국이 본래 『가어』에 속하지 않는다고 여겨 "취하지 않거나", "기록하지 않은" 일부분을 포함하고, 기타 자료는 기본적으로 금본 『가어』 에 포함된 것이었다. 학자들은 정주 죽간의 『유가자언』과 『공자가어』가 일정한 관계가 있다고 긍정한 것은 당연히 문제가 없다. 하지만 『공자가어』의 자료가 이들 죽간에서 비롯되었다고 생각하는 것은 반드시 옳은 것이 아닐 것이다.

『유가자언』은 성격상 『가어』와 같지만 그 중에 금본 『가어』에 보이지 않는 자료가 적지 않다. 이 역시 후세 사람이 『가어』를 의심하는 중요한 원인이었다. 우리는 『유가자언』의 일부 자료가 『가어』에서 보이지 않는 것은 매우 정상적이라 생각한다. 이러한 사실이 『가어』가 후세에 편집되어 완성되었고 증명할 수 없다. 당시 공안국이 『가어』를 편집할 때 이대(二戴)가 『예기(禮記)』를 편집할 때와 달리 언제 어디서나 꺼리는 부분이 있었으며, 분명 한대의 정치상황을 거스를 수 없었다.[45)] 공안국의 강열한 동기나 목적

44) 何直剛, 「『儒家者言』略說」, 『文物』1981-8.

은 분명 "선인들의 말씀이 사라지지 않도록" 하기 위함이었지 그의 손자처럼 "기록해서 따로 보기 위함"이 아니었다. 그는 이들 자료가 완전하게 보존될 수 있기를 매우 희망했다. 그래서 그는 비부에서 소장하던 "부본(副本)을 모으고" 자신이 "모두 가지게 되었다."라고 생각했다.

그러나 『한서』「예문지」에 기록된 『가어』는 27권이었으며, 당연히 공안국이 정리한 판본을 초과하는 내용이 매우 많았다. 따라서 유향(劉向)이 본 관련 자료는 대부분 공안국의 『공자가어』에서 나왔을 것이다. 바로 이러하기 때문에 정주죽간 『유가자언』의 어떤 자료는 『설원(說苑)』에서 볼 수 있었지만 금본 『가어』에 반드시 있지 않았다. 만약 이렇다면 공안국이 관련 자료를 모두 얻었는지에 대해 여전히 의문이 존재한다. 설령 공안국이 관련 자료 모두를 얻었다 하더라도 『공자가어』에 수록되지 않은 것이 적지 않았다. 이 점에 대해 공안국 자신도 매우 분명하게 설명하고 있다. 『공자가어』 서문에서 「증자문례(曾子問禮)」편을 제외하면 "여러 제자서(弟子書)는 공자의 말을 인용해서 증명한 것이다."라고 말했다. 그는 "본래 『가어』에 남아 있지 않았다."라고 생각했기 때문에 "모두 취하지 않았다." 공안국은 또한 "장래의 군자들이 살피지 않으면 안 된다."라고 강조하며 말했다. 그러나 유감스럽게도 공안국이 말한 이들 '여러 제자서'는 현재 어디에서도 볼 수 없다는 것이다.

안휘(安徽) 부양(阜陽) 쌍고퇴한묘목독(雙古堆漢墓木牘)

1977년 안휘 부양 쌍고퇴1호 한묘에서 목독 세 묶음이 출토되었다. 그 가운데 1호 목독이 가장 잘 보존되어 있었다. 앞뒤 양쪽에 글자가 쓰여 있었고, 한 면이 상·중·하 세 칸으로 나누어졌다. 현존하는 각 장의 제목은 47개였으며, 그 가운데 하나는 글자가 모호해 해석할 방법이 없었다.[46] 이

45) 楊朝明, 「讀『孔子家語』札記」, 『文史哲』2006-4.

들 각 장의 제목은 대부분 세상에 전하는 문헌에서 상응하는 내용을 찾을 수 있는 것이었다. 특히 1호 목독 46개 문장의 제목 가운데 절대 다수는 공자 및 그 제자들과 관련 있었다. 이처럼 공자와 제자들의 언론과 사적을 집중적으로 모아놓은 것은 사람들이 『공자가어』의 체제와 매우 비슷하다는 것을 연상하게 했다.

정주한묘죽간의 자료와 통하고, 정주의 죽간이 이미 『유가자언』으로 이름이 정해진 것을 고려하고, 부양의 목독에서 이름이 나타나지 않았기 때문에 어떤 학자는 직접 『유가자언』이라 불렀다.[47] 여기에 당연히 문제가 존재한다.

부양 목독의 글자 가운데 사람들이 가장 먼저 살핀 것은 『가어』와의 관계였다. 죽간을 정리한 사람들은 "구설에 『공자가어』가 왕숙의 위작이라 여겼는데 지금 부양의 한간목독은 전한 초기에 이미 유사한 서적이 있었음을 증명하고 있다."[48]라고 생각했다. 어떤 학자는 부양 목독의 문장제목을 『가어』·『설원(說苑)』·『순자(荀子)』·『맹자』·『안자춘추(晏子春秋)』·『한시외전(韓詩外傳)』과 비교하고 1호 목독 제29호 문장의 제목이 "증자문왈○자송지(曾子問曰○子送之)"라는 논증과 분석을 통해 『가어』에 기록된 내용은 연원이 있으며 아울러 부양 쌍고퇴 1호 목독과 밀접한 관련이 있다고 생각했다. 또한 제42호 문장의 제목이 "중니왈사추유군자지도삼(中尼曰史鰍有君子之道三)"이라는 고증을 통해 "1호 목독은 당연히 한 권의 독자적인 책이고 내용으로 볼 때 사맹학파(思孟學派)가 공자와 그 문인의 언행을 기록한 저작

46) 관련 내용은 國家文物局古文獻硏究室, 安徽省阜陽地區博物館阜陽漢簡整理組, 「阜陽漢簡簡介」, 『文物』1983-2; 胡平生, 「阜陽雙古堆漢簡與『孔子家語』」, 『國學硏究』第7卷, 北京大學出版社, 2000, 참조.

47) 韓自强, 『阜陽漢簡『周易』硏究』[附: 『儒家者言』章題, 『春秋事語』章題及相關竹簡], 上海古籍出版社, 2004, p.155.

48) 國家文物局古文獻硏究室, 安徽省阜陽地區博物館阜陽漢簡整理組, 「阜陽漢簡簡介」, 『文物』1983-2.

으로 시기는 마땅히 『순자』 이전이다."[49]라고 생각했다.

부양 쌍고퇴1호 목독의 내용은 중요하고 그 책의 출현 시기는 매우 일렀다. 간독의 내용은 『가어』에서도 널리 보이는데 의심할 여지없이 『가어』의 편찬 연대를 연구하는데 가장 직접적인 귀중한 자료이다. 죽간을 소개하면서 정리자들은 명확하게 다음과 같이 말했다. "1호 목독의 앞면과 뒷면에 각각 세 줄의 글씨가 쓰여 있다. 현존하는 각 편의 제목은 47개이며, 내용은 대부분 공자 및 문인들과 관련 있다. 예컨대 '공자께서 북방에 금수가 있다고 말씀하셨다.[子曰北方有獸]', '공자께서 강가에 이르시자 탄식하셨다.[孔子臨河而嘆]', '위나라 사람이 자로를 위태롭게 했다.[衛人醢子路]'라는 내용 등등이다. 이들 편제의 내용은 대부분 금본 『공자가어』 에서 볼 수 있는 것들이다." 따라서 그들은 "이들 간독은 당연히 공안국이 서문에서 말한 '백여편' 중의 한 부분일 것이다. 이들은 문제(文帝) 때에 '사람들 사이에 흩어져 있다가' 제후의 왕부(王府)에서 베껴 전해졌으며, 이후 경제(景帝) 말에 비부(秘府)에 보내진 것이다. 유향이 『설원』·『신서(新序)』를 편찬하면서 이용한 것이 이들 자료였고, 공안국이 『가어』를 편찬하면서 이용한 것이 이들 자료였다."[50]라고 추측했다. 분명히 이러한 추측은 매우 일리가 있었다.

소개에 의하면 부양 쌍고퇴1호 한묘의 묘주는 전한 시대 두 번째 여음후(汝陰侯) 하후조(夏侯竈)였다. 하후조는 전한 개국공신 하후영(夏侯嬰)의 아들로서 문제 15년(B.C 165)에 죽었다. 따라서 "부양 한간이 만들어진 최소한의 시기가 이 해보다 늦을 수 없으며, 대체로 한대 초기의 유물이다."[51] 그리고 공안국의 『가어』 서문에 근거하면 『가어』가 세상에 전해지는 과정

49) 朱淵清, 「阜陽雙古堆1號木牘札記二題」, 『齊魯學刊』2002-4.

50) 國家文物局古文獻硏究室, 安徽省阜陽地區博物館阜陽漢簡整理組, 「阜陽漢簡簡介」, 『文物』1983-2

51) 國家文物局古文獻硏究室, 安徽省阜陽地區博物館阜陽漢簡整理組, 「阜陽漢簡簡介」, 『文物』1983-2

에서 민간에 흩어지는 과정이 있었는데, 이렇게 해서 '사대부'가 비로소 『공자가어』의 자료를 지니게 되었다. 부양 쌍고퇴 1호 한묘에서 출토된 목독은 당연히 이 시기의 『가어』가 "사람들 사이에 흩어져 있다가" 베껴져 완성된 것이다.

상해박물관장전국초죽서(上海博物館藏戰國楚竹書)

만약 정주 한묘죽간이 사람들이 새로운 시기에 『가어』를 연구할 수 있는 대문을 여는데 도움을 주었고, 부양 한묘목독이 사람들이 『가어』의 문장제목을 볼 수 있도록 했다면, 상해박물관소장 전국시대 초나라 죽서(역자주: 이하 '상박죽서'라 표기함)는 전국시기 『가어』의 '진정한 모습'이 사실대로 세상 사람들 앞에 드러날 수 있도록 했다.

'상박죽서' 가운데 「민지부모(民之父母)」[52)]라고 이름을 정한 문헌 한 편이 있다. 이 편은 『공자가어』의 「논례(論禮)」편과 같다. 또한 이 편은 『예기』 「공자한거(孔子閑居)」편에도 보인다. 이 때문에 상박죽서 「민지부모」편이 공포되기 전에 우리는 이에 근거해 죽서와 『예기』「공자한거(孔子閑居)」, 『공자가어』의 선후 관계에 대해 토론한 적이 있었다. 그때 우리는 다음과 같이 지적했다. "『예기』는 전한시기에 편찬되었고, 상박초간의 「민지부모」편이 『예기』보다 이르다는 것은 아무 문제가 없다. 지금 알고 있는 두 죽간과 『예기』「공자한거」에서 사용한 허사(虛詞) 방면을 대조하면 초간이 비교적 이르다는 정보가 드러난다. 예컨대 초간의 '여하사가위민지부모(如何斯可謂民之父母)'라는 문장은 「공자한거」에서 뒤에 '의(矣)' 자가 이어져 있고, 초간의 '민지부모호필달어예악지원(民之父母乎必達於禮樂之原)'이라는 문장은 「공자한거」에서 앞에 발어사 '부(夫)' 자가 있다. 어기사(語氣詞)의 사용빈도는 전한 시대가 전국시대보다 당연히 높았다. 언어를 비교하는 방법을 사용

---

52) 馬承源主編, 『上海博物館藏戰國楚竹書(二)』, 上海古籍出版社, 2002.

해 고문헌의 시대를 구분하는 것은 적지 않은 학자들이 사용하는 방법이었다. 상박초간의 「민지부모」편이 알려진 이후 전편을 모두 비교하면 문제를 더욱 잘 설명할 수 있을 것이다."[53]

지금 우리는 이미 정리된 상박죽서의 이 편을 볼 수 있다. 세 편에 나오는 어구(語句)의 같은 점과 다른 점을 비교함으로서 「민지부모」와 『예기』「공자한거」의 차이는 후자가 사용한 어기사가 비교적 많고 뚜렷하게 수식(修飾)한 성분이 있음을 발견했다. 상박죽서는 남방의 전국시기 초나라 묘지에서 출토되었으며, 당시 초나라에 전래된 『가어』의 판본에 속한다. 전체적으로 상박죽서를 보면 이 죽서는 당연히 같은 고분에서 나온 자료이며, 당시 초나라에 전해진 사상문헌을 선별해서 편찬한 것으로 『예기』가 유가의 문헌을 선별해서 편찬한 것과 같은 성격을 지닌다. 따라서 상박죽서의 「민지부모」편 또한 문자를 수식한 성분이 있다. 만약 진지하게 비교해보면 문헌을 선별해서 편찬한 판본으로 『예기』이든 상박죽서이든 모두 전사(轉寫)하는 과정에서 어구를 수식하고 고치는 부분이 있었음을 어렵지 않게 알 수 있다.

다시 예를 들면, 같은 내용을 기술한 『공자가어』「논례」, 『예기』「공자한거」, 상박죽서「민지부모」편의 관련 문구를 비교하면 우리는 대부분의 상황에서 『가어』는 더욱 완전하고 수수하고 고풍스러우며, 일반적으로 사건의 경위가 분명하게 설명되어 있음을 발견할 수 있다. 전체적으로 보면 마땅히 공안국이 정리한 금본 『가어』가 진실한 모습에 더욱 가깝다고 인정해야 한다.

「민지부모」·「논례」·「공자한거」가 모두 같은 한 편이면서 또한 함께 전해진 판본이 아니라는 사실은 『공자가어』가 후세 사람이 '나누어서' 완성한 것이 결코 아니었음을 설명한다. 사람을 가장 놀라게 한 것은 당연히 상박죽서 「민지부모」가 세상에 나온 것이다. 전국 중기에 이 편은 이미 남방의

---

53) 楊朝明, 「『禮記』「孔子閑居」與『孔子家語』」, 『儒家文獻與早期儒學硏究』, 齊魯書社, 2002, p.266.

초나라에 전해졌고, 수많은 사상문헌과 함께 같은 묘지에서 출토되었다. 의고사조가 성행하던 시대에 이처럼 믿기 어려운 사실은 분명 많은 사람이 아연실색하도록 만들었을 것이다. 그러나 그것은 필경 눈앞에 보이는 생생한 현실이었다. 상박죽서 「민지부모」편이 발견되어 진실한 죽간의 실물이 사람들 앞에 높여졌으며, 사람들은 전국시기 『공자가어』의 단편이 이미 널리 전해지고 있었음을 믿지 않을 수 없게 되었다.

방박(龐樸) 선생은 상박죽서 「민지부모」편의 '오지삼무(五至三無)'설을 연구한 적 있으며, 아울러 『공자가어』 편찬 문제를 포함한 많은 학술문제를 깊이 살폈다. 그는 다음과 같이 말했다. "이전에 우리는 대부분 『가어』가 왕숙의 위작이고 『예기』 등의 책을 여기저기 베꼈다고 했으며, 『예기』는 한유(漢儒)들이 편집한 것으로 선진의 옛 전적이 아니며 성인과 시기가 많이 떨어져 있어 믿을 만한 것이 못된다고 생각했다. 구체적으로 '민지부모'의 부분에 이르면 '오지삼무'설에서 특히 '삼무(三無)'의 '무(無)'는 분명 도가사상에 속하는 것이지 절대 유가의 말이 아니라는 것을 척 보면 알 수 있다고 생각했다. 현재 상박죽간 「민지부모」편이 나와 우리의 선입견을 크게 타파했다. 죽간과 대조해 냉정하게 『공자가어』「예론(禮論)」과 『예기』「공자한거(孔子閑居)」를 다시 읽으면 그들이 확실히 맹자 이전의 유물이지 절대 후세 사람이 위조해 완성한 것이 아님을 인정하지 않을 수 없다."[54)]

상박죽서 「민지부모」는 여러 방면에서 가치가 있다. 만약 『공자가어』와 기타 문헌의 상통하는 부분을 깊이 살펴보면 초기의 유학연구는 완전히 새로운 국면이 나타나게 될 것이다. 예를 들어 방박 선생은 몇 마디 말로 사람의 마음을 깊이 움직였다. 그는 도가와 비슷한 말이 '공자'의 입에서 나온 것을 보고 크게 놀라 "과거 우리는 그것이 위작이라 추론해서 말했지만 지금은 분명 이 같은 말에서 얻을만한 것이 없다. 왜냐하면 죽간이 있기 때문

54) 龐樸, 「說話'五至三無'」, 『文史哲』2004-1.

이다. '대나무[竹]'의 사실에 직면해서 우리는 연구방법을 바꾸고, 선입견을 버리고, 새로 인식하지 않으면 안 된다."라고 말했다. 이러한 '대나무'의 사실은 '철(鐵)'의 사실과 다르지 않다. 우리가 생각하기에 방박 선생이 선입견을 "크게 타파해야 한다."라고 말한 것은 "『공자가어』는 위서라는 안건"에 대한 마지막 결론을 짓는 지표이다. 왜냐하면 학자들은 예전에 주로 문헌을 비교하는 방면에서 연구를 진행했고, 방박 선생은 주로 사상을 비교하는 방면에서 『가어』가 "확실히 맹자 이전의 유물"이라고 인정했기 때문이다. 두 방면에 공통적인 인식이 있으면 증거는 당연히 성립한다.

영국소장 돈황사본(敦煌寫本) 『공자가어』

최근에 해외로 흘러나간 고적이나 문물이 점차 다시 세상에 알려지게 되었다. 이들 중요한 고적과 문물가운데 영국에서 소장한 돈황사본 『공자가어』가 사람들의 주목을 크게 끌었다. 그것의 일련번호는 'S1891'이었다. 현재는 73행이 남아있으며 그 가운데 앞의 두 행에 손상된 정황이 있다. 왕중민(王重民) 선생이 『돈황고적서록(敦煌古籍敍錄)』[55]에서 가장 먼저 이 사본의 상황을 소개했다.

왕 선생의 소개의 의하면 이 73행의 문자는 금본 『가어』의 두 편(篇), 즉 「교문(郊問)」편과 「오형해(五刑解)」편에 걸쳐 있다. 「교문」편의 끝 부분에 있는 사본은 모두 12행이며 나머지는 「오형해」편에 있다. 또한 「오형해」전편이 온전하게 갖추어져 있으며 편제가 '오형해제삼십(五刑解第三十)'이다. 편제아래의 동일한 행 안에 제목이 '공자가어'와 '왕씨주(王氏注)'라는 문구가 있다. 본문 주석의 양식은 본문과 동일한 행 안에 두 줄을 사용해 작은 글씨로 주석을 달았다. 이는 오늘날 보는 사부총간본(四部叢刊本) 『공자가어』와 완전히 같다.

---

55) 王重民, 『敦煌古籍敍錄』, 中華書局, 1979.

사본에 있는 일련의 특징가운데 사람의 주목을 가장 많이 끄는 것은 당연히 「오형해」편 끝에 남아 있는 '가어권십(家語卷十)'이라는 글자이다. 다른 소개에 의하면, 대만 황영무(黃永武) 박사의 『돈황보장(敦煌寶藏)』에 수록된 이 사본의 뒷면에 '가어전십(家語傳十)'이라고 주석된 문구가 있다. 이는 『가어』가 오랫동안 전해지는 과정에서 권과 편이 나누어지고 합해지는 문제가 존재했음을 설명한다. 뿐만 아니라 「오형해」는 금본 『가어』 가운데 제30편에 위치해 있어 사본의 위치와 같다. 그밖에 사본 「오형해」와 금본 『가어』 「오형해」의 내용이 일치하고 문자도 대동소이하다. 종합해서 말하면, 바로 사본이 이러한 특징을 지니고 있기 때문에 금본 『가어』가 진실하고 믿을만하다는 것이 증명된 것이다. 그리고 사본 「오형해」 끝부분의 '가어권십(家語卷十)'이라는 문구는 적어도 당나라 초기에 금본 『가어』보다 권수가 많은 『가어』판본이 존재했다는 것을 밝히는 것이다. 사지(史志)의 목록을 살펴보면 10권본의 『가어』보다 많은 것은 당연히 27권본 혹은 21권본이다. 「오형해」편과 연관 지으면 이러한 판본의 내용이 일치한다는 분명히 알 수 있는 사실로써 우리는 10권본이든 27권본 혹은 21권본 『공자가어』이든 모두 진실하고 믿을 수 있는 것임을 인정하지 않을 수 없다.

또한 왕중민 선생은 사본의 피휘(避諱)문제에 주의했다. 그는 사본의 '민(民)' 자가 피휘되지 않았다는 것은 분명 사본이 쓰인 시기가 당나라 태종 연간보다 이르다는 것을 발견했다. 따라서 왕 선생은 이에 근거해 이 사본이 대체로 육조(六朝)시기의 고적이라고 인정했다. 이렇게 보면 당나라 안사고가 "현재 남아 있는 『가어』가 아니다."라고 말한 견해에 대해 우리는 그 뜻을 다시 살펴야 한다.

(二) 『공자가어』 존재의 문제

『공자가어』가 위서가 아니라는 것은 이 책에 아무런 문제가 없다는 말이 아니다. 단지 이러한 문제와 이 책이 믿을 수 없다는 것은 완전히 다른 두

가지 일이라는 것이다. 이 책이 편찬되고 전해지는 과정이 이미 우리에게 약간의 정보를 말해주었고, 우리가 아래와 같은 몇 가지 방면의 문제를 명확하게 할 수 있도록 해주었다.

첫째, 이 책은 공자의 제자들이 정리할 때 '윤색'했을 것이다.

이론적으로 말하면 전해 내려온 중국 고대문화의 전적은 대부분 후대 사람이 '윤색'한 요소가 그 가운데 포함될 수 있었다. '육경(六經)'이 그러했고 공자의 유설(遺說)은 더욱 그러했다. 해석학의 각도에서 보면 그 어떤 저작이라 하더라도 편집자의 사상이 그 가운데 포함된다. 따라서 설령 "진실하고 사실에 부합하는" 특징을 지닌 『논어』와 같은 책이라 하더라도 반드시 편찬자의 이념을 내포하고 있다. 이러한 의의에서 우리는 당연히 한대에 편찬된 저작을 이용해 '한대의 공자'를 연구할 수 있다. 이러한 점은 한대에 정리 혹은 편집된 저작으로 '춘추시기의 공자'를 연구할 수 없음을 의미하지 않는다.

『공자가어』의 자료는 처음 공자의 제자들에서 나왔으며, 어느 정도 "제자의 마음에 있는 공자"를 표현했을 것이다. 공안국이 말했듯이 금본 『가어』는 72명의 제자가 "각자 공자의 말을 기록한 것"에서 비롯되었다. 분명 『가어』는 제자들이 "처음부터 끝까지 서술하고 윤색을 더하는" 과정을 거쳤다는 것은 문제가 되지 않는다. 문제는 그들이 '윤색'하면서 공자가 말한 원래의 의미를 고쳤는지의 여부에 있다. 어렵지 않게 이해할 수 있는 것은, 공자의 제자들은 모두 가능한 공자사상의 원래 모습을 보존하려 했다. 그렇기 때문에 제자들은 공자의 말을 들은 후 "물러나 바로 기록했다."라고 말하는 것이다. 이렇게 보면 공자의 제자들이 『가어』의 자료에 대해 "처음부터 끝까지 서술"하고 '윤색'한 것은 공자의 사상을 더욱 정확하게 기록하기 위해서였다.

당연히 공자의 제자들은 각자 차이가 있었고, 사상적으로 일정한 거리가 있었다. 이 때문에 『가어』의 각 편은 "자료에 우열이 있었다." 어떤 편과

장(章)은 "때때로 근거 없는 말과 번거롭고 필요 없는 말이 많았다." 의심의 여지없이 이는 『공자가어』에 존재하는 문제이다. 그러나 각 편이 모두 "번거롭고 필요 없는 말"과 "터무니없는 이야기"로 가득 차 있지 않았다. 사상사에서 사료를 연구하는 각도에서 보면 이와 같이 『공자가어』의 예스럽고 소박한 면모는 바로 이 책의 중요한 가치를 돋보이게 하는 것이다.

공자에 관한 자료는 매우 일찍부터 회의하기 시작했다. 공자의 손자 자사(子思)때에도 사람들은 자사가 기술한 공자유설의 확실성을 의심했다. 노나라 목공(穆公)이 자사에게 "선생의 책은 공자의 말을 기록한 것이지만 또한 선생의 말이라고 할 수 있습니다."라고 말했다. 그러자 자사는 "신이 기록한 것은 신의 선조께서 하신 말씀입니다. 어떤 부분은 직접 들은 것이고 어떤 부분은 다른 사람에게 들은 것입니다. 비록 그것이 모두 정확한 말은 아니지만 여전히 선조의 뜻을 잃지 않았습니다. 임금께서 의심하는 것은 무엇입니까?"라고 대답했다. 자사의 말에 따르면 그가 공자의 말을 기록한 목적은 공자의 원래 뜻을 서술하는데 있었다. 설령 처음부터 끝까지 사실대로 기록하지 않았다 하더라도 그 뜻을 잃지 않았기 때문에 마땅히 의심해서 안 된다. 그래서 자사는 목공에게 "틀림없이 신의 선조의 뜻입니다. 임금께서 말씀하신 바와 같이 신의 말일 수도 있습니다. 신의 말이 틀림없다고 하더라도 마찬가지로 귀한 것입니다. 사실이 그렇지 않은데 또 어찌 의심하시는 것입니까?"[56]라고 말했다.

자사와 달리 공자의 제자들이 기록한 것은 주로 '직접 들은 것'이다. 이는 자사의 저작가운데 "다른 사람에게 들은 것"과 비교하면 분명 더욱 '순수'한 것이었다. 『공자가어』도 마찬가지로 "분명히 공자 본래의 뜻에서 나온 것"이었다. 우리는 "공자 본래의 뜻에서 나온 것"은 공자가 남긴 많은 말의 실제 상황에 부합하며, 또한 확실히 『공자가어』 자료의 실제 모습이라 생각한다.

---

56) 『孔叢子』,「公議」.

둘째, 이 책은 후세 사람이 베끼고 전하는 과정에서 '더하거나 뺀' 부분이 있었을 것이다.

『가어』를 연구하는 학자 가운데 비록 『가어』의 위조설을 믿는 사람이 매우 적지만 이 책은 후세 사람이 내용을 바꾸거나 첨가했다고 생각하는 사람이 적지 않다. 그렇다면 『가어』에 손을 대려고 시도한 사람은 누구일까? 어떤 사람은 공안국이라 생각하고 어떤 사람은 왕숙이라 생각한다. 그러나 지금까지는 설득력 있는 증거로 그들이 의도적으로 『가어』의 내용을 고쳤다고 증명하지 못했다. 그러나 이러한 사실은 『가어』가 공자의 제자에 의해 정리된 이후 다시 수정되는 그 어떤 과정도 거치지 않았다는 것을 말하는 것이 아니다. 『가어』를 베끼고 전하는 과정에서 글자를 더하거나 뺀 상황이 존재했다. 이러한 점에 대해 공안국의 「후서」에서 이미 설명했다. 그의 견해에 의하면 이전에 『가어』는 여러 차례 사람의 손을 거쳐 전해지면서 분명 편과 권이 나누어지고 합해지는 과정이 있었고, 개별 문자가 바뀌는 것 또한 피할 수 없었다. 이러한 과정에서 적어도 두 가지 부분에 주의할 필요가 있다.

첫째, "공자가 죽은 뒤 미언이 끊어졌고, 72제자가 죽은 뒤 대의가 변질되었다. 육국(六國)의 시절 유학의 도는 나누어 흩어졌고 유세객들은 각자 교묘한 뜻을 가지고 지엽적인 것만 행하고 있었다. 오직 맹자와 순자만 그들이 익힌 유자의 학문을 고수하고 있었다."

둘째, 여씨가 피살된 이후 『가어』는 민간에 흩어졌다. "참견하기 좋아하는 사람이 고의로 말을 보태거나 빼버렸기 때문에 같은 사실인데도 말이 달랐다."

전국시대에 유학이 널리 유행했다. 그들이 전적을 베끼고 전할 때 개별 글자와 문구가 바뀌는 것은 피할 수 없었다. 예를 들어 상박죽서 「민지부모」는 어떤 사람이 초나라에 전한 『가어』자료에 속한다. 전한시대에 비부(秘府)에 소장된 것 역시 순자가 전한 『가어』 이외에 다른 관련 자료가 있었을 것이다. 예를 들면, 공안국이 말한 『가어』와 '뒤섞여' 함께 있었던 이른바 "여러 나라의 일과 72제자의 말" 등이다. 이후 『가어』가 민간에 흩어졌는데, 이 시기에 『가어』를 더욱 많이 베꼈을 것이며, 주관적인 생각이 더 많이 개입되었을 것이다. 우리가 금본『가어』「논례」, 상박죽서「민지부모」, 『예기』「공자한거」를 비교하면 "교묘하게 꾸미고 지엽적인 것을 다루는" 현상을 발견할 수 있다. 사실 『공자가어』와 『예기』, 『대대례기』 등에 비슷한 편장이 많은데, 비슷한 두 부분을 대조해서 읽으면 이러한 현상이 비교적 보편적이었다는 것과 "같은 사실인데도 말이 다른" 상황을 더욱 잘 이해할 수 있다.

그밖에 금본 『가어』자료는 한 고조가 진나라를 멸망시키고 바로 얻었을 때 본래 "2자의 죽간에 실려 있었으며 대부분 고문자(古文字)였다." 사람들이 베끼면서 '고문'을 '금문'으로 고치는 과정이 있었다. 이는 모두 사람들이 『가어』의 내용을 "더하거나 뺀" 가능성을 증가시킬 수 있는 것이었다.

지적할 필요가 있는 것은, 전국시기의 『가어』는 어떤 판본에 '지엽적인' 부분이 있었지만 오늘날 전하는 판본은 순자가 전한 것이며, 순자의 판본은 그가 배운 유자의 학문을 고수하고 있었기 때문에 "지엽적인 것"이 비교적 적었다. 이후 민간에 흩어졌다 다시 조정에 모인 자료 가운데 비록 "더하거나 뺀" 상황이 비교적 보편적이었지만 공안국은 이러한 문제를 발견하고 그 자료를 비교해서 선택했다. 그러나 '참견하기 좋아하는 사람'이 '더하거나 뺀' 것을 완전히 골라내지 못했을 것이다.

사실상 고서는 변함없이 전해질 수 없다. 이학근(李學勤) 선생은 일부 고서, 특히 당시 사람들이 즐겨 읽던 고서는 항상 학자들이 보충해서 내용이 증가하는 현상이 나타났다고 말했다. 또한 옛날 사람이 전한 서적이 오로지 고본(古本)의 형태로 보존되는 것은 아니다. 어떤 때에 고서의 문자가 너무 심오해 이해하기 어려우면 알기 쉬운 같은 의미의 글자를 사용해 어려운 글자를 대신하기도 한다.[57] 이처럼 고서의 판본이 어느 정도 변하는 것은 매우 정상적인 일이다. 사람들이 『가어』에 글자를 "더하거나 빼는" 것과 같은 방법은 고서가 전해지는 가운데 늘 있었던 상황이다.

셋째, 이 책은 공안국이 자료를 정리할 때 잘못 배열했을 수 있다.

공안국이 얻은 자료는 집약된 단순한 『가어』가 아니었다. 이들 자료는 비록 『가어』에 속하는 원본이었지만 글자 수가 너무 많았고 어지럽게 흩어져 있었다. 이러한 자료를 보면서 공안국은 먼저 선별작업을 하고 그 다음 '편집'을 진행했으며, "비슷한 사실에 의거해서 순서를 정했다." 이러한 자료를 모아 기록하는 것은 쉬운 일이지만 순서에 따라 배열하는 것은 쉬운 일이 아니다. 먼저, 이러한 자료는 많은 내용이 비슷한 시기의 것이었다. 예를 들어 많은 편이 노나라 군주와 공자의 문답에 속하는 것이었고 많은 편이 공자와 제자의 대화였다. 그렇다면 이러한 자료의 선후를 어떻게 배열할 것인가? 그 다음, 적지 않은 자료가 여기저기 흩어졌다. 설령 같은 편의 자료라도 공안국이 본 것이 모두 완전한 것은 아니었다. 이 때문에 『공자가어』에서 어떤 편장은 본래 같은 편에 속하는 것이 아니었음을 알 수 있다.

(三) 『공자가어』의 중요가치

『공자가어』의 연구를 전체적으로 살펴보면, 우리는 이 책이 대대로 전해지고 연구된 상황이 당시의 주류학술과 밀접한 관련이 있었음을 알 수 있다. 『공자가어』의 전래사와 연구사는 중국 학술사의 축소판이다. 특히 『공자가어』는 송대 의고사조가 일어난 이후부터 오늘에 이르기까지 운명의 기복이 심했는데 이는 각 시대의 학술조류가 어떠한가와 관련 있었다.

어떤 사물이 발전하고 변화할 때 일정한 규율이 있는 것처럼 역대로 『가어』에 대한 인식 또한 내재하는 논리적 단서가 있었다. 『가어』를 회의하고 부정하는 과정을 겪은 이후 신중한 연구의 과정을 거치게 되었다. 특히 새

---

57) 李學勤, 「對古書的反思」,『當代學者自選文庫-李學勤卷』, 安徽教育出版社, 1999, pp. 15-21.

로운 자료가 나타남으로 인해 『가어』가 편찬된 진실한 상황과 학술적 가치가 마침내 드러났고, 공자의 유학을 연구할 때 오랫동안 잃어버린 매우 귀중한 자료를 얻게 되었다.

『가어』의 진위 여부에 대한 결론은 역사문헌을 연구하는 방법에 중요한 교훈을 제공했다. 주희는 『가어』가 "당시의 책이다."라고 했는데 매우 옳은 말이었다. 단지 금본『가어』를 관련 전적과 성실하게 비교하기만 하면 『가어』의 매우 귀중한 가치를 어렵지 않게 발견할 수 있다. 예를 들어 『가어』를 『대대례기(大戴禮記)』, 『소대례기(小戴禮記)』 등과 비교 검토해보면 『가어』는 곧 자신의 우월성을 드러낸다. 『가어』를 진지하게 연구한 학자들은 일반적으로 그것의 중요한 문헌적 가치를 인정한다. 어떤 학자는 "『공자가어』는 비교적 원시적인 문헌자료를 많이 보존하고 있고, 많은 방면에서 분명 기타 관련 고적보다 우수하며, 여러 문헌과 비교해 차이를 밝힐 수 있는 중요한 판본으로서의 가치를 지닌다."[58]라고 말했다. "오늘날의 공자연구에 대해 말하더라도 『공자가어』의 가치는 『논어』의 가치보다 못하지 않다."[59] 『가어』는 내용이 방대하므로 이 책의 가치는 우리의 상상을 넘어선다. 만약 『논어』가 '공자어록'이라면 『공자가어』는 '공자선집'에 해당한다.

『가어』와 『논어』의 관계에 대한 학자들의 연구는 이미 공안국「후서」의 견해를 증명했다. 공안국이 말하길,『논어』는 "진실하고 사실에 부합하는" 특징을 지니고 있으며 많은 자료에서 선별해 편집한 공자어록이다. 『공자가어』의 편찬은 『논어』 이후에 이루어졌고, 자료를 한데 모아 편찬한 성격을 지니며, 『가어』에 심지어 『논어』를 인용해 서술한 부분도 있다. 따라서 『논어』의 체계적인 '형식'과 비교하면 『가어』는 '뒤섞여 어수선한' 모습이 드

58) 王承略, 「論『孔子家語』的眞僞及其文獻價値」, 『煙臺師範學院學報』2001-3.

59) 楊朝明, 「『孔子家語』「執轡」篇與孔子的治國思想」,『儒家文獻與早期儒學硏究』,齊魯書社, 2002, p.274.

러난다. 호평생(胡平生)은 "왕숙이 『가어』를 위조했다고 공격하는 대다수 사람은 먼저 성인의 언행에 대한 '신성한 형식'을 정해놓고 이러한 '형식'에 맞지 않는 문자가 있으면 반드시 위작으로 단정했다."[60]라고 했는데 맞는 말이다. 만약 진실로 '신성한 형식'이 있다고 말한다면 그것은 반드시 『논어』의 '형식'과 관련 있다. 적지 않은 학자가 문제를 연구하면서 항상 『논어』가 자료를 선택하는 일정한 기준이 있다는 것을 고려하지 않고 "『논어』에 보이지 않는다."라는 이유로 일부 공자 언행의 존재를 부정하지만 그러한 편견은 분명하게 알 수 있다.

또 다른 견해가 있는데, '논어(論語)'의 '논(論)'은 '선택', '선별'의 의미가 있다고 생각하는 것이다. 청나라 주준성(朱駿聲)은 『설문통훈정성(說文通訓定聲)』「둔부(屯部」편에서 "논(論)은 가차자로 선택하다는 의미이다."라고 말했다. 『국어』「제어(齊語)」에서 "쓰임에 맞게 용도를 가늠해야 하고, 적합한 재목을 선택해서 비교해야한다."라고 했다. 위소(韋昭)의 주석에서 "논(論)은 선택하다는 말이다."라고 했다. 『순자』「왕패(王霸)」편에서 "군주는 한 사람의 재상을 뽑고, 한 가지 기본법을 시행하며, 한 가지 지침을 분명히 해야 한다. 그리하여 온 천하를 감싸주고 밝혀주어 이룩되는 성과를 살피는 것이다."라고 했다 양경(楊倞)의 주석에서 "논(論)은 선택이다."라고 했다. 만약 『논어』라는 책 이름의 '논(論)'이 '선택'의 뜻이라면 『논어』는 당연히 '공자 집안'의 '말'에서 선별한 자료가 된다. 이렇다면 『공자가어』의 가치를 어렵잖게 살펴볼 수 있다.

의고사조의 영향을 받아 역사상 적지 않은 사람이 『가어』의 사상은 순수하지 않으며 문장이 조잡하다고 생각했다. 사실 이러한 생각은 "색안경을 끼고 문제를 보는" 편견이 아니면 진지하게 비교해서 관찰하지 않은 터무니

---

60) 胡平生, 「阜陽雙古堆漢簡與『孔子家語』」, 『國學研究』(第七卷), 北京大學出版社, 2000, p.531.

없는 말이다. 『가어』의 문장에 대해 청나라 사람 최술(崔述)은 『사수고신록(洙泗考信錄)』에서 "모은 책들을 『가어』와 비교해서 보니 『가어』는 보태거나 삭제해 고친 것이다. 글은 분명 쓸데없이 길고 무기력하며, 말은 분명 천박하고 비루해 원래의 책보다 훨씬 못하다. 심지어 본래의 뜻을 상실하기도 했다."[61]라고 말했다.

사실 만약 진지하게 비교하면 왕숙이 여러 책을 잡다하게 모아 『가어』를 위조했다는 최술의 말은 지극히 주관적인 생각으로 추정한 경향이 있으며, 완전히 실제에 부합하지 않는 것이다. 우리가 『가어』와 관련 서적을 비교해 얻은 결론은 서로 간에 항상 우열의 문제가 존재하지만 사실상 더 많은 상황은 『가어』가 다른 책보다 뛰어나다는 것이다.[62]

의고사조의 영향 아래 일부 학자는 비록 『가어』를 전문적으로 연구하지 않아 『가어』가 위조된 것이 아니라는 사실을 보지 못했지만, 오히려 『가어』의 중요한 가치를 발견했다. 따라서 관련 있는 연구를 하면서 그러한 자료를 보고도 못본체 할 수 없었으며, 그 책의 자료를 인용해 증거로 삼지 않을 수 없었다. 이것이 바로 청대 사고관신(四庫館臣)이 "그것이 위서임을 알면서도 폐기할 수 없었다."라고 말한 것과 같다. 예를 들어 이계겸(李啓謙) 선생은 공자의 제자를 연구하는 자료의 운용문제를 논의하면서 "어떤 때는 믿을 수 있는 책에도 틀린 곳이 있고, ……반대로 '위서'라고 부르는 『공자가어』에 기록된 많은 내용이 ……모두 믿을 만한 것이었다."[63]라고 말했다. 새로운 자료는 결국 사람들이 가장 근본적인 문제를 생각하도록 하는데, 설마 사람들이 헌신짝 내팽개치듯 『가어』를 버린 것이 이치에 맞는 것인가? 설마 그렇게 이른 시기에 이처럼 수만 자에 이르는 중요한 책을 후세 사람

61) [淸]崔述, 『洙泗考信錄』(叢書集成初刊本, 卷一), 中華書局, 1991, p.3.

62) 楊朝明, 「讀『孔子家語』札記」, 『文史哲』2006-4, 「『孔子家語』「執轡」篇與孔子的治國思想」,『儒家文獻與早期儒學硏究』,齊魯書社, 2002, p.274, 상세히 참조.

63) 李啓謙, 『孔門弟子硏究』「前言」, 齊魯書社, 1987.

이 위작했겠는가? 어째서 역사상 그렇게 많은 사람이 끊임없이 이 책의 가치를 강조했겠는가?

우리가 『공자가어』를 다시 되돌아보면 그 풍부한 내용에 감탄하지 않을 수 없다. 유가의 전적은 '사서오경(四書五經)'이라고 말한다. 만약 『가어』를 더하면 유가의 가장 중요한 전적은 '오서오경(五書五經)'이 된다. 『가어』는 전문적으로 공자의 유학을 기록했을 뿐만 아니라 규모에서도 '사서'의 그 어떤 책도 넘어선다. 『논어』와 간략하게 비교하더라도 『가어』에는 온전한 장면이 있다. 『대학』, 『중용』과 특정한 주제를 논한 문장을 비교하더라도 『가어』 의 사상이 더욱 전면적이다. 『사기』에서 공자의 사적을 기록했지만 『가어』에서 기록한 시대가 더욱 빠르고 내용이 더욱 많고 정확하다. 공자의 사상은 넓고 심오하다. 정확하게 공자를 이해하고 진정으로 공자에게 가까이 가려면 결코 『가어』를 버릴 수 없다. 『가어』는 "공자를 연구하는 가장 중요한 책"이라고 불려도 손색이 없다.

범례凡例

- 본 『공자가어통해』(역자주: 이하 『통해』라 약칭)는 상무인서관(商務印書館) 『사부총간(四部叢刊)』영인 명(明) 황노증(黃魯曾)의 복송본(覆宋本)을 저본으로 간체자로 횡배(橫排)함.
- 본 『통해』는 아래의 판본을 참고하여 교정함.
  1. 명(明) 모씨급고각본(毛氏汲古閣本)에 근거하여 배인(排印)한 중화서국(中華書局)의 『사부비요(四部備要)』본. '비요본'이라 약칭.
  2. 상해고적출판사(上海古籍出版社) 영인 문연각(文淵閣) 『사고전서(四庫全書)』본. '사고본'이라 약칭.
  3. 동문서국(同文書局) 석인(石印) 영송초본(影宋抄本) 『공자가어(孔子家語)』. '동문본'이라 약칭.
  4. 유씨(劉氏) 옥해당(玉海堂) 복송본(覆宋本)『공자가어』. '옥해당본(玉海堂本)'이라 약칭.
  5. 진사가(陳士珂)집(辑), 『공자가어소증(孔子家語疏證)』, 상무인서관(商務印書馆), 1940, 上海書店 『國學基本叢書』 1987년 영인본. '진본(陳本)'이라 약칭.
- 본 『공자가어통해』의 참고서목(參考書目) :
  1. 『孔子—周秦漢唐文獻集』之 『孔子家語』, 復旦大学出版社, 1990, '문헌집본(文獻集本)'이라 약칭.
  2. 廖名春、鄒新明校点, 『孔子家語』, 遼寧教育出版社("新世纪萬有文庫"本),

1997. '신만유문고본(新萬有文庫本)'이라 약칭.

3. 劉樂賢編著 : 『孔子家語』(中國傳統文化讀本), 燕山出版社, 1995, '연산본(燕山本)'이라 약칭.
4. 孫志祖, 『家語疏證』, 中華書局 『叢書集成初編』據式訓堂叢書排印本.
5. 范家相, 『家語證僞』, 『續修四庫全書』 影印光緒十五年會稽徐氏鑄學齋刊本.
6. 張濤注譯, 『孔子家語注譯』, 三秦出版社, 1998.

- 『孔子家語』와 기타 문헌이 서로 같거나 통하는 점은 '통해'에서 적당히 참작.
- 저본(底本)에 분명한 오자는 참교본(參校本)에 근거하여 고치고 주석(注釋)에 설명함.
- 저본의 탈문(脫文)과 연자(衍字)는 참교본에 근거하여 보완, 삭제하고 주석에 설명함.
- 저본 중의 고체자(古體字)와 이체자(異體字)는 정체자(正體字)로 고침.
- 이 책의 서문(序文)[代前言]에서는 『공자가어』의 편찬과 자료내원 등 관련 문제 그리고 그 가치를 서술하여 이 책 찬술의 관련 상황을 설명함.
- 매편(每篇) 본문 앞의 '서설(序说)'은 전편(全篇)을 개략적으로 설명하고 전체 내용에 대한 독자들의 이해를 도움으로써 연구를 계속하는데 편리함으로 제공하고, 다음으로 단락에 따라 '통해(通解)', '원문(原文)', '주석(注释)'부분(역자주: 원래는 '원문(原文)', '주석(注释)', '통해(通解)' 부분으로 되어 있었는데 독자의 편의상 그 순서를 바꾸었다.)으로 구성함.
- 다른 사람들의 창조적 성과는 모두 주(注)에 명기함.
- 『공자가어』 원문 중의 생벽자(生僻字)는 주석(注釋)에 한어(漢語) 병음(拼音)으로 주음(注音)함.

목록

권4

권5

목록

권9

권10

부록附錄

공자가어통해

권 1

01 상노 相魯

序說

이 편은 '상노(相魯)'를 편명으로 삼았다. '상(相)'에는 '보조하다', '도와주다'는 뜻이 있고, 예의(禮儀)를 주지한다는 의미도 있다. 이 편은 공자가 중도재(中都宰), 사공(司空), 대사구(大司寇) 등 각기 다른 직위에 있을 때의 경력을 순서대로 기록하고 있다. 본 편은 공자가 노나라에서 집정하던 시기의 정치적 실적을 기록함으로써 공자의 탁월한 정치적 재능을 드러내고 있다.

공자가 처음 벼슬하면서 중도(中都)의 정사를 맡아 힘을 다해 교화를 널리 시행하여 1년이 지난 후 이상적인 효과를 내기에 이르자 각지의 제후들이 다투어 모방하였다. 다시 사공을 맡은 후에는 "오토(五土)의 성질을 구별하여 사물로 하여금 각기 생의 마땅함을 얻도록[別五土之性, 物各得其所生之宜]"하였으며, 기회를 이용하여 계환자(季桓子)에게 권하여 따로 장사지냈던 소공(昭公)과 여러 선공(先公)들의 분묘를 한 곳에 모으도록 하여 예제(禮制)를 지키고 또한 계환자의 부친 계평자(季平子)의 '불신(不臣)'을 덮어 감춤으로서 군권(君權)과 예제를 지키기도 했다.

공자의 가장 빛나는 정치적 업적은 협곡지회(夾谷之會)와 삼도(三都)의 파괴이다. 공자는 아주 작은 것을 꿰뚫어보고 "문(文)에 종사하는 사람은 반드시 무(武)를 갖추어야 하고, 무(武)에 종사하는 사람은 반드시 문을 갖추어야 한다"고 하여 그가 이미 정치가로서의 재간을 갖추었음을 드러냈다. 노

(魯) · 제(齊) 두 나라가 회맹(會盟)할 때에 공자는 특히 뛰어난 표현을 했고 횡포한 제나라를 대하면서 공자는 지혜롭고 용기있게, 비굴하지도 거만하지도 않게 예제(禮制)를 견지하여 행동함으로써 노나라의 존엄과 국가이익을 지키고 제 경공(齊景公)으로 하여금 오랫동안 침략하여 점령하고 있던 노나라 땅를 돌려주게 하였다. 삼도(三都)의 파괴는 다시 정치와 교화를 널리 시행하면서 공실(公室)을 강화하고 경(卿) · 대부(大夫) 등 사가(私家)를 약화키고 군주를 존중하고 신하를 낮추게 하였는데, 공자의 이러한 행동은 그의 일관된 "군주는 군주다워야 하고, 신하는 신하다워야 한다[君君臣臣]"는 정치적 이상을 구현하였다.

실제로 걸출한 정치가였던 공자가 처했던 시기는 노나라 삼환(三桓)이 정권을 장악하고 있던 때로서 '무도(無道)'한 노나라는 오히려 공자로 하여금 자신의 정치적 재능을 전개할 수 없도록 하였다.

이 편의 기록은 『좌전』 등과 참조할 수 있으며 『사기』「공자세가」에 대하여 영향이 비교적 크다. 각 종 자료를 서로 종합하면 공자의 일생 사적(事迹)을 더욱 효과적으로 연구할 수 있다.

1-1

공자는 처음으로 벼슬길에 나서서 중도(中都)의 재(宰)가 되었는데, 이때 공자는 산 사람을 봉양하고 죽은 사람을 장례지내는 예절을 제정했고, 연령이 다른 어른과 어린이는 다른 음식을 먹게 하였으며, 강한 자와 약한 자의 임무를 달리 하고, 남녀가 각기 길을 달리 다니도록 하였으며, 길에 물건이 떨어져 있어도 주워 자기 것으로 하지 못하게 하고, 그릇을 만들면서 문식(文飾)이나 그림을 새기지 못하게 했다. 또 네 치 되는 관(棺)과 다섯 치 되는 곽(槨)을 사용하되 언덕을 있는 그대로 무덤을 삼고 따로 봉분을 하지 못하게 하였고, 묘지에는 소나무와 잣나무를 심지 못하게 했다. 이렇게 1년

동안을 실행하자 서쪽 지방 제후들이 모두 이것을 본받았다.

노나라 정공(定公)이 공자에게 물었다. "그대의 이러한 방법을 배워서 노나라를 다스리면 어떻겠습니까?" 공자가 대답하였다. "천하를 모두 이 법으로 다스리는 것도 괜찮지만 어찌 단지 노나라뿐이겠습니까?" 이 일이 있은 다음해에 정공은 공자를 사공(司空)을 맡게 했다. 그러자 공자는 다섯 가지 유형의 토지를 구별하여 각각 그 성질에 따라 만물이 모두 생장에 가장 적합한 조건을 얻어 자랄 수 있게 하여 모두가 그 조건을 만족하게 여겼다.

이에 앞서 계씨[季平子]가 소공(昭公)을 노나라 선공(先公) 묘도(墓道)의 남쪽에 장사지냈었는데 이때에 이르러 공자는 도랑을 파서 모든 묘를 한 곳에 합쳤다. 그리고 계환자(季桓子)에게 말하기를, "임금을 폄훼하여 자기의 죄를 드러내는 것은 예(禮)가 아닙니다. 이제 묘를 합친 것은 그대 부친의 신하에 합당치 않았던 행위를 덮으려는 것입니다."고 했다. 공자는 사공으로부터 대사구(大司寇)에 올라 법령을 제정했지만 사용할 필요가 없어 백성들을 어지럽히지 않았다.

原文

孔子初仕爲中都宰[1], 制爲養生送死之節, 長幼異食[2]、强弱異任[3]、男女別塗[4]、路無拾遺、器不雕僞[5]爲四寸之棺, 五寸之槨[6], 因丘陵爲墳, 不封不樹[7], 行之一年, 而西方之諸侯則焉[8].

定公[9]謂孔子曰："學子此法以治魯國, 何如?" 孔子對曰："雖天下可乎, 何但魯國而已哉. 於是二年, 定公以爲司空[10]. 乃別五土[11]之性, 而物各得其所生之宜, 鹹得厥所.

先時, 季氏葬昭公於墓道之南[12]. 孔子溝而合諸墓[13]焉. 謂季桓子[14]曰："貶君以彰己罪, 非禮也. 今合之, 所以揜[15]夫子[16]之不臣." 由司空爲魯大司寇[17]. 設法而不用, 無奸[18]民.

注釋

1) **中都宰**: 중도의 지방장관. 중도는 노나라 읍으로 지금의 산동 문상(汶上)의 서쪽이다. 주(周)나라 때에는 종묘가 있거나 선군(先君)의 신주(神主)가 있는 성을 모두 도(都)라 불렀고, 읍이라 부르지 않았다. 재(宰)는 고대 관리의 통칭이다. 정현(鄭玄)의 『주례목록(周禮目錄)』에 "재(宰)는 관(官)이다."고 했는데, 여기서는 지방장관을 가리킨다. 이 기록은 또 『좌전』 정공(定公) 원년, 『예기(禮記)』「단궁(檀弓)상」, 『사기』「공자세가」 등에 보인다. 2) **長幼異食**: 왕숙의 주에, "예(禮)에 따르면 50세가 되면 음식을 달리한다."고 했다. 즉 사람이 50세가 되면 점점 좋은 음식을 먹게 되는데 이로써 노인을 존중함을 나타낸다. 3) **強弱異任**: 왕숙의 주에, "임(任)은 힘써 하는 일을 말한다. 각기 맡은 바 임무에 약한 사람을 쓰지 않았다"고 했다. 4) **男女別塗**: 남녀가 각기 좌우로 길을 달리하여 다니게 하였다. 『여씨춘추』「선식람(先識覽) · 악성(樂成)」에, "남자는 오른 쪽 길로 가고 여자는 왼쪽 길을 간다.[男子行乎途右, 女子行乎途左]"고 했다. '塗'는 '途'와 통한다. 도로를 말한다. 5) **器不雕僞**: 왕숙의 주에, "인위적으로 문양을 장식하거나 그림을 새기지 못하도록 하였다"고 했다. 6) **槨**: 관(棺)을 만드는 바깥 쪽 재료를 말한다. 장례를 치르면서 곽(槨)의 유무는 신분과 재부(財富)를 나타낸다. 왕숙의 주에, "나무로 곽(槨)을 만들었다"고 했다. 7) **不封不樹**: 흙으로 봉분을 만들지 못하게 하고, 소나무와 잣나무를 심지 못하게 했다. '不封'을 왕숙의 주에는, "흙을 쌓아 봉분을 만들지 못하게 하는 것"이라 했고, '不樹'에 대하여 왕숙은 주에, "소나무와 잣나무를 심지 않는 것이다."고 했다. 8) **西方之諸侯則焉**: 왕숙의 주에, "노나라는 동쪽에 있었으므로 서쪽 지방의 제후들이 모두 본받았다."고 했다. '서방'을 『사기』「공자세가」에는 '사방(四方)'이라 하였다. '칙(則)'은 '본받는다'는 의미이다. 9) **定公**: 즉 노나라 정공이다. 이름은 송(宋)이고 소공(昭公)의 아우로서 소공을 이어 노나라 군주가 되어 15년간(B.C509~495) 재위하였다. 10) **司空**: 토지 관리와 건설을 맡아 책임지던 장관이다. 11) **五土**: 다섯 가지 토지 종류를 말한다. 다섯 가지 유형의 토지란 산림, 천택(川澤), 구릉(丘陵), 분연(墳衍), 원습(原隰) 등을 말한다."고 했다. 12) **先時, 季氏葬昭公於墓道之南**: 왕숙의 주에, "계평자(季平子)가 소공을 몰아내자 건후(乾候)에서 죽었고, 평자를 따로 장례를 지냈던 것은 그를 폄하하여 선공(先公) 가까이에 장사를 지내지 못하게 함이었다."고 했다. 13) **溝而合諸墓**: 소공(昭公)과 노나라 선공(先公)의 묘지를 도랑을 파서 한 곳에 합쳤다는 말이다. 14) **桓子**: 왕숙의 주에, "환자는 평자(平子)의 아들이다."고 했다. 평자의 지위를 계승하여 노나라 정권을 잡았던 인물이다. 15) **揜**: '掩'과 같다. '숨기다', '가리다'는 뜻이다. 16) **夫子**: 옛날의 나이 많은 남자에 대한 존칭이다. 여기서는 계환자의 부친 계평자를 가리킨다. 17) **大司寇**: 사법(司法), 형옥(刑

獄), 규찰(糾察), 사회치안 등을 관장하던 장관으로서 그 아래에 소사구(小司寇)가 있다. 주대(周代) 6경(卿) 중의 하나로써 춘추 열국에는 대부분 이 직(職)을 두었다. 18) 奸: '간(幹)'과 같다. '방해하다', '어지럽히다'의 뜻이다.

1-2

노나라 정공(定公)이 제나라 경공(景公)과 협곡(夾谷)에서 회맹(會盟)을 가졌을 때 공자는 정공의 상례(相禮)를 맡는 일을 겸하였다. 공자가 정공에게 말하였다. "신이 듣자오니 문사(文事)가 있으면 무비(武備)가 있어야 하며, 무사(武事)가 있으면 반드시 문비(文備)도 있어야 한다고 들었습니다. 옛날 제후들은 자기 나라 국경을 나설 때에는 반드시 필요한 관원이 수행하도록 조처했습니다. 청컨대 좌우 사마(司馬)를 대동하고 가십시오." 정공은 이 말을 따랐다.

회맹의 장소에 이르러 흙으로 쌓은 세 층의 단(壇)을 마련하고 제후간의 회우(會遇)하는 예(禮)로 서로 마주하게 되었다. 읍양(揖讓)의 예를 한 다음 단상으로 올라가 술잔을 주고 받는 절차를 마쳤을 때, 제나라 사신 내인(萊人)이 갑자기 군사들에게 북소리를 벽력같이 울려 정공에게 겁을 주었다. 공자는 신속하게 층계에 올라서며 정공을 물러나게 하고 이렇게 말하였다. "사병들이 무기를 가지고 싸우려하다니! 우리 두 나라 임금이 서로 좋은 회맹의 자리에 예이(裔夷)의 포로가 감히 무력으로 난동을 일으키다니, 이는 제나라 임금으로서 제후에게 행할 바가 아닙니다. 왜냐하면 원래 변방의 후예들이 중원의 하(夏)를 어찌해 보겠다고 해서는 안되며, 변방의 이(夷)가 중원의 화(華)를 어지럽게 하지 못하고, 포로된 자로서는 국가의 회맹(會盟)에 간여할 수 없는 것이며, 병기(兵器)를 가지고 좋은 모임에 겁을 주어서는 안되는 것입니다. 이런 일을 저지른다면 귀신에게는 상서롭지 못한 일이 되며, 덕(德)에 있어서는 의리를 어기는 것이 되며, 사람에게 있어서는 예를 잃는 것이 됩니다. 제나라 임금께서는 절대로 이런 일을 하지 말아야 할 것입니다." 이 말을 들은 제나라 임금은 마음에 부끄러움을 느끼고 손을 저어 물러나게 하였다. 잠시 후 제나라가 궁중의 음악을 연주하며 그 앞에 배우(俳優)와 주유(侏儒)들이 나와 가무와 잡기(雜技) 등 놀이를 벌였다. 공자는 급히 앞으로 나아가 다시 층계를 올라 단상을 향해 한 층계를 다 오르지 않은 채 말하였다. "필부로서 제후를 모욕하는 자는 그 죄가 죽어 마땅하니, 청컨대 우사마(右司馬)께서는 속히 형을 집행하시오." 이에 주유의 머리를 베고 손과 발을 끊어 버리니, 제나라 임금은 두려워하고 그 얼굴에 부끄러운 빛이 돌았다.

곧 맹약이 성립될 즈음 제나라 사람이 문서에 한 조목을 더 기록하여, "제나라 군사가 국경을 나설 일이 있을 때, 300승의 병거(兵車)를 가지고 따라오지 않으면 이 맹약에 따라 책임을 물으리라."고 하였다. 공자는 자무환(玆無還)을 시켜 대답하게 하였다. "그대들이 우리 문양(汶陽)의 땅을 돌려주지 않으면 우리도 또한 맹약에 따라 이와 똑같이 하겠소." 제나라 임금이 또 향례(享禮)를 베풀자 공자는 제나라 대부 양구거(梁丘據)에게 말하였다. "제나라와 노나라의 전통 예절을 그대는 어찌 듣지 못했는가? 일이 이미 이루어졌는데 또 향례를 한다 하니 이것은 일 보는 사람만 수고롭게 하는 것이오. 또 희준(犧樽), 상준(象樽) 등 술 그릇은 궁문 밖으로 가지고 나갈 수 없으며, 궁정음악 역시 들에서는 연주할 수 없는 것이라 했소. 향례를 하면서 이미 이러한 것들을 갖추었다면 예를 버리는 것이고, 만일 갖추지 못한다 하더라도 쓸모없는 것을 쓴다는 것인데, 쓸모없는 것을 써서 군주를 욕되게 하고 예를 버려 명예가 나빠지는 일을 그대는 어찌 하려는 것이오! 무릇 향례라는 것은 덕을 밝히는 것이니 덕을 밝히지 못한다면 차라리 그만두는 것이 낫소." 그리하여 향례는 치르지 않게 되었다.

제나라 임금은 자기 나라로 돌아가서 여러 신하들을 책망하여 말하였다. "노나라는 군자의 도(道)로 임금을 돕는데, 어찌 그대들은 단지 이적(夷狄)의 도(道)로 과인을 가르쳐 노나라에 죄를 짓게 만들었느냐?"라고 하고, 옛날 침략하여 차지하였던 노나라의 네 고을과 문양의 땅을 되돌려주었다.

原文

定公與齊侯會於夾谷[1], 孔子攝相事[2], 曰:“臣聞有文事者, 必有武備. 有武事者, 必有文備. 古者諸侯並出疆, 必具官[3]以從, 請具左右司馬[4].” 定公從之.

至會所, 爲壇位, 土階三等, 以遇禮[5]相見, 揖讓而登, 獻酢[6]旣畢, 齊使萊人以兵鼓噪[7]劫[8]定公. 孔子歷階而進, 以公退, 曰:“士以兵之[9]!, 吾兩君爲好, 裔夷之俘, 敢以兵亂之[10], 非齊君所以命諸侯也, 裔不謀夏, 夷不亂華, 俘不幹盟, 兵不偪[11]好, 於神爲不祥, 於德爲愆[12]義, 於人爲失禮, 君必不然.” 齊侯心怍[13], 麾[14]而避之. 有頃, 齊奏宮中之樂, 俳優侏儒[15]戲於前. 孔子趨進, 歷階而上, 不盡一等, 曰:“匹夫熒侮[16]諸侯者, 罪應誅, 請右司馬速刑焉.” 於是斬侏儒, 手足異處. 齊侯懼, 有慚色.

將盟, 齊人加載書[17]曰:“齊師出境, 而不以兵車三百乘從我者, 有如此盟[18].” 孔子使茲無還[19]對曰:“而不返我汶陽之田, 吾以供命者, 亦如之.” 齊侯將設享禮, 孔子謂梁丘據[20]曰:“齊魯之故, 吾子何不聞焉? 事旣成矣, 而又享之, 是勤執事[21], 且犧象[22]不出門, 嘉樂不野合[23], 享而旣具, 是棄禮. 若其不具, 是用秕粺[24], 用秕粺君辱, 棄禮名惡, 子盍圖之! 夫享, 所以昭德也, 不昭, 不如其已.” 乃不果[25]享.

齊侯歸, 責其群臣曰:“魯以君子道輔其君, 而子獨以夷狄道教寡人[26], 使得罪.” 於是乃歸所侵魯之四邑及汶陽之田[27].

注釋

1) **定公與齊侯會於夾穀**: 제후(齊侯)는 제나라 군주인데 여기서는 제 경공(齊景公)을 가리킨다. ‘會’는 맹회(盟會), 회맹(會盟)이다. 협곡(夾穀)은 옛 지명으로 춘추시대의 제나라 땅이다. 그 옛 지역은 지금 산동 내무시(萊蕪市) ‘협곡’ 계곡이다. 제나라와 노나라 사이의 협곡의 회(會)에 대하여는 『좌전』 정공(定公) 10년 참조. 이 기록은

『춘추곡량전』, 『사기』「공자세가」에도 그 대략이 보인다. 2) **攝相事**: 국군(國君)이 주지하는 예의(禮儀)의 일을 겸임. '攝'은 대리, 겸임. '相'은 예의를 주지하는 사람으로 중대한 경우는 국군을 위한 전례(典禮)를 맡는데 일반적으로는 세경(世卿) 대부(大夫)가 맡는다. 3) **具官**: 상응하는 관원을 배치함. 『설문(說文)』에, "具는 갖추다[供置]"라고 했다. 4) **司馬**: 군정(軍政)과 군부(軍賦)를 관장하는 장관. 5) **遇禮**: 왕숙의 주에, "회우(會遇)의 예란 간략한 예이다."라고 했다. 6) **獻酢**: 손님과 주인이 서로 건배[敬酒]함. 주인은 손님을 존경하여 잔을 바치고, 손님은 주인을 존경하여 술잔을 되돌려 올린다. 7) **齊使萊人以兵鼓噪**: '萊人'을 왕숙의 주에, "제나라 사람은 동이(東夷)이다."고 했다. '兵'은 병기(兵器). '鼓噪'는 고대에 출전할 때에 북을 치고 고함을 지르는 것을 말함. '譟'는 '噪'와 통함. 큰 소리로 시끄러움. 왕숙의 주에, "큰 북을 '譟'라 한다."고 했다. 8) **劫** : 위협, 위협으로 핍박함. 『설문』에 "劫은 사람이 가고자 하는데 힘으로 가지 못하게 위협하는 것을 '劫'이라 한다.[劫, 人欲去, 以力脅止曰劫]"고 했다. 9) **士以兵之**: 『좌전』에는 '士兵之'라고 했는데, 사병들이 무기를 가지고 전투를 한다는 의미이다. 10) **裔夷之俘, 敢以兵亂之**: '裔夷之俘'는 '萊人'을 가리킨다. 왕숙의 주에, "裔는 邊裔, 夷는 夷狄, 俘는 군에서 잡은 포로이다. 이 셋이 어찌 감히 병란으로 두 군주의 우호를 어지럽히겠느냐 함을 말한다."고 했다. 萊國은 B.C 567년 제나라에게 멸망당했다. 裔는 중원 이외의 먼 변방지역, 夷는 변방지역의 소수민족을 말하며, 裔夷와 華夏는 대칭이다. 11) **偪**: '逼'과 통한다. 위협하다, 강요하다. 12) **愆**: 위배(違背). 『설문』에 "愆은 '過'이다."고 했다. 여기에서는 위반(違反), 위배의 뜻으로 썼다. 13) **怍**: 부끄럽다. 14) **麾**: '揮'와 같다. 손을 휘두르다. 본래의 뜻은 고대에 지휘용의 깃발이다. 15) **俳優侏儒**: '俳優'는 골계(滑稽), 잡극을 공연하는 예인(藝人). 『설문』에 "'俳'는 優라고도 하고, '倡'이라고도 한다."고 했다. '侏儒'는 몸이 비정상적으로 왜소한 자인데, 여기서는 주유 중에 배우나 악사(樂師)에 충임한 것을 가리킨다. 16) **熒侮**: '熒'은 미혹. '侮'는 업신여기다. 17) **載書**: 맹서(盟書). 회맹(會盟)할 때에 체결하는 맹약문건으로 때로는 '載' 혹은 '書'라 약칭한다. 18) **有如此盟**: 이 맹서(盟書)를 증거로 삼는다. '有如'는 옛 사람들이 맹서(盟誓)의 말 중에 상용하는 용어이다. 19) **玆無還**: 왕숙의 주에, "노나라 대부이다."고 했다. 20) **梁丘據**: 제나라 대부이다. 왕숙의 주에, "양구거는 제나라와 노나라의 고사(故事)를 많이 알고 있다."고 했다. 21) **勤執事**: 고생하며 일하는 관원. 왕숙의 주에, "'勤'은 '勞'이다."고 했다. 여기서는 피동 용법을 썼다. '執事'는 때로는 상대방을 대신 가리키기도 한다. 22) **犧象**: 술그릇을 가리킨다. 왕숙의 주에, "희생으로 잡는 소나 코끼리의 등을 '술단지[樽]'로 만든다."고 했다. 23) **野合**: 광야에서 음악을 연주함. 24) **秕稗**: 왕숙의 주에, "'秕'는 곡식 중 익지 않은 것이고, '稗'는 풀 중에 곡식과 유사한 것"이라고 했다. 여기서는 아무런 가치가 없거나 쓸모없는 물건을 비유하고 있다. 25) **果**: 실현. 26) **寡人**: 덕이 부족한 사람. 고대에 천자나 제후들이 스스로 겸손의 의미로 사용. 27) **魯之四邑及汶陽之田**: 왕숙의 주에, "四邑은 운(鄆), 환(讙), 구(龜), 음(陰)이다. 수(洙)에는 문양의 땅이 있었는데 본래 노나라 경계에 있었다."고 했다. 사고본 왕숙의 주에, "四邑은 운(鄆), 환(讙), 구(龜), 음(陰)이다. 문양의 땅은 본래 노나라 경계에 있었다."고 했다.

1-3

공자가 정공에게 말하였다. "경대부는 사적으로 무기나 군대를 가질 수 없고, 봉읍에 백치(百雉)의 성을 쌓지 않도록 되어 있는 것은 고대 이래의 제도입니다. 그런데 오늘날 저 3가(家)는 이 제도를 넘어서고 있으니 모두 그 제도에 맞게 줄이기를 청합니다." 이에 계씨의 가신으로 있는 중유(仲由)에게 명하여 3가의 도읍의 성벽을 헐어 버리도록 했다. 이 때 숙손첩(叔孫輒)이 계씨에게 신임을 얻지 못할까 염려하여 비(費)라는 고을을 맡고 있는 공산불요(公山弗擾)를 시켜 그곳 사람들을 거느리고 노나라를 습격하게 했다. 공자는 마침 공무가 있어 계손(季孫)·숙손(叔孫)·맹손(孟孫) 세 사람과 함께 비씨(費氏)의 궁(宮)에 들어가 계무자(季武子)의 누대(樓臺)에 올랐었는데, 바로 이때 비 고을 사람들이 쳐들어와 누대 곁에 까지 이르렀다. 이에 공자는 신구수(申句須)와 악기(樂頎)에게 명하여 군사를 이끌고 내려가 치도록 하였다. 이리하여 비 땅의 무리는 패하였고, 드디어 그 삼도(三都)의 성벽을 허물었다. 공자는 공실(公室)을 강화하고, 사가(私家)를 약화시켰으며, 임금을 높이고 신하를 낮추어 정치의 교화가 노나라에 크게 행해지게 하였다.

처음 노나라에서는 양(羊)을 파는 심유씨(沈猶氏)란 자가 내다 팔려는 양에게 아침마다 물을 먹여 양을 사려는 사람들을 속였고, 공신씨(公愼氏)란 자는 자기 아내의 음탕한 짓을 제지하지 못했으며, 신궤씨(愼潰氏)는 사치를 부리는 정도가 법도를 넘었으며, 육축(六畜)을 파는 자는 그들을 번지르르하게 꾸며 값을 더 받기도 했었다. 그러나 공자가 정치를 하자 이러한 폐단들이 사라져 심유씨는 감히 양에게 물을 먹이지 못했고, 공신씨는 음탕한 아내를 내쳤고, 신궤씨는 노나라를 떠났다. 이렇게 석 달이 되자 소와 말을 파는 자도 값을 더 받지 않게 되었고, 양과 돼지를 파는 자도 거짓말을 하지 않게 되었으며, 길 가는 남녀들은 그 다니는 길을 달리하고, 길에 흘린 물건이 있어도 주워 가는 자가 없게 되었다. 또 남자는 충성과 신의를 숭상하게 되었으며, 여자는 정절과 순리를 숭상하게 되었다. 사방에서 오는 객(客)이 노나라에 오면 유사(有司)에게 호소할 것 없이 모두 자기 집에 돌아온 듯 편안했다.

原文

孔子言於定公曰 : "家不藏甲[1], 邑無百雉之城[2], 古之制也. 今三家[3]過制, 請皆損之." 乃使季氏宰仲由[4]隳三都[5]. 叔孫不得意於季氏[6], 因[7]費宰公山弗擾率費人以襲魯. 孔子以公與季孫, 叔孫, 孟孫入於費氏之宮, 登武子之臺. 費人攻之, 及臺側, 孔子命申句須, 樂頎勒[8]士衆下伐之, 費人北, 遂隳三都之城[9]. 强公室, 弱私家, 尊君卑臣, 政化大行.

初[10], 魯之販羊有沈猶氏者, 常朝飮其羊以詐. 市人, 有公愼氏者, 妻淫不制[11]. 有愼潰氏, 奢侈踰法, 魯之鬻[12]六畜者, 飾之以儲[13]價. 及孔子之爲政也, 則沈猶氏不敢朝飮其羊, 公愼氏出其妻. 愼潰氏越境而徙, 三月, 則鬻牛馬者不儲價, 賣羊豚者不加飾. 男女行者別其塗, 道不拾遺. 男尙忠信, 女尙貞順. 四方客至於邑, 不求有司[14], 皆如歸焉[15].

注釋

1) 家不藏甲: 경대부들은 사적으로 무기나 군대를 보유할 수 없다. 왕숙의 주에, "경

대부들은 가(家)라 칭한다. 甲은 갑옷[鎧]이다."라고 했다. 2) **百雉之城**: 왕숙의 주에, "높이 한 길을 '堵'라 하고, 3도(堵)를 '雉'라 한다"고 했다. 城은 도읍 사방의 담이고, 일반적으로는 두 겹으로 구분한다. 裏는 城 안이고, 바깥은 郭이다. 城을 한 글자만 언급할 경우 城과 郭을 포함한다. 3) **三家**: 계손(季孫), 숙손(叔孫), 맹손(孟孫) 3가를 말한다. 그들은 모두 춘추시대 초기 노나라 환공(桓公)의 후예들이다. 또 '三桓'이라 칭한다. 3대 가족은 춘추후기에 크게 발전하여 장기간 노나라 정권을 장악하였는데 그중 계씨(季氏) 세력이 가장 커서 실제로 노나라 정권을 장악했다. 4) **仲由**: 공자의 제자. 자는 子路, 노나라 변(卞: 지금 산동 사수현(泗水縣)) 사람이다. 용감하고 정사(政事)로써 이름이 났었다. 한 때 계씨의 가신이었으나 후일 위(衛)나라의 내란이 일어났을 때 죽었다. 5) **隳三都**: 3가의 도성을 파괴하였다. 隳는 허물어 버리다. 三都는 계씨의 비(費), 숙손씨의 후(郈), 맹손씨의 성(成)을 가리킴. 6) **叔孫不得意於季氏**: 叔孫은 숙손첩(叔孫輒)을 가리키며 숙손씨 가문의 서자(庶子)이다. 季氏는 『좌전』에 근거하여 '숙손씨'라 해야 한다. 7) **因**: 때문에. 8) **勒**: 통솔. 9) **遂隳三都之城**: 『좌전』과 『사기』에 보면 費, 郈는 파괴되었지만, 맹손씨의 成은 파괴하지 못하였다고 해서 이 기록과 서로 다르다. 10) **初**: 일찍이, 처음. 11) **不制**: 제지할 수 없다. 制는 裁決, 決斷. 12) **鬻**: 팔다. 13) **儲價**: 사람을 속이는 가격. '儲賈'라고도 한다. 儲는 크게 과장하다. 속이다. 14) **不求有司**: 관리에게 요구하지 않다. 有司는 고대 관리를 두어 직무를 나누었는데, 각기 전담 기구가 있어서 이를 有司라 칭했다. 왕숙의 주에, "有司는 직무를 수행하기 위해 대기하였고, 客의 요구가 없어도 유사는 있었다."고 했다. 15) **皆如歸焉**: 왕숙의 주에, "자기 집에 돌아온 듯 편안했다는 말이다."고 했다.

02 시주始誅

序說

이 편은 두 개의 이야기로 구성되었다. 전자는 공자가 소정묘(少正卯)를 주살(誅殺)한 사실을 기록하고 있고, 후자는 공자가 처리한 부자 쟁송(爭訟)과 관련한 사실을 기록하고 있다. 두 가지 이야기의 의의는 관련이 있는데, 비교적 계통적으로 공자의 정치교화사상을 반영하고 있다. 전자의 경우에서 "夫子为政而始誅"라는 말이 있었기 때문에 '시주(始誅)'를 편명으로 한 것이다.

공자가 소정묘를 주살하였는지의 여부는 학술계에 비교적 커다란 논쟁거리로 존재한다. 문헌 기록 중 『공자가어』 외에 비교적 초기 기록으로 그 사실이 『순자』「유좌(宥座)」편에 보인다. 그 후 사기, 『회남자』, 『설원(說苑)』, 『논형(論衡)』 등에도 『가어』와 일치하는 이야기가 있다. 그러나 남송 때부터 이 사실의 진실성은 의심을 받게 되어 주희(朱熹)는 "(이 사실이) 『논어』에도 실려 있지 않고, 자사맹자도 말한 바 없고 …… 순황(荀況) 만이 언급하였다. 이는 필시 제나라와 노나라의 보잘 것 없는 유(儒)들이 성인(聖人)의 실직에 화가 나서 이 말을 만들어 그 권한을 과장했다."고 했다. 그 후 염약거(閻若璩), 최술(崔述) 등 역시 이 같은 관점을 지지하였다. 왜냐하면 공자는 줄곧 덕으로 사람을 승복시키기를 주장하고, 형벌로 사람을 죽이는 것을 반대하였기 때문이다. 『논어』「안연(顔淵)」에, "계강자가 공자에게 정사를 묻기를, "만일 도가 없는 이를 죽여서 도가 있는데 나아가게 하면 어떠합니까?"하니 공자 대답하시기를, "그대가 정사를 하면서 어찌 죽임을 쓰는가?"라고 했는데, 사람들은 이에 근거하여 "이 이야기는 대개 신불해(申不害)와 한비자(韓非子)의 무리들이 형명(刑名)을 말하고, 성인을 모함함으로 자신을 꾸민 것으로 결코 공자의 일이 아니다."라고 했다.

소위 "원전(原典)에 기록이 없어" 후세 사람이 위조하였다고 여기는 것을 제외하고도 역대의 학자들은 공자가 소정묘를 주살했다는 사실에 대하여 적지 않은 의문을 가지고 있었다. 총괄적으로 보면 주로 두 가지 점에 기초하고 있는데 즉 첫째, 공자가 소정묘를 주살한 이유는 '오악(五惡)'이라는 것인데 이는 모두 '의식형태'의 범주에 속하는 것이므로 기타 확실한 죄상이 없다. 둘째, 춘추시기의 정치에서 대부를 처치하는 관례와 공자의 집정이 실제로는 계씨의 명을 듣는 신분이기 때문에 공자가 독자적으로 대부를 죽이기 어려웠다는 점이다.

위에서 말한 관점과 반대로 곽극욱(郭克煜) 선생 등이 지은 『노국사(魯國史)』(人民出版社, 1994年)에서는 공자가 소정묘를 죽인 사실이 실재한다고 여겼다. 왜냐하면 『춘추』, 『좌전』, 『논어』, 『맹자』 와 같은 책의 성격과 『공자가어』 등의 책이 다르기 때문에 그 찬술(撰述) 체례가 각기 취사에 있어서 다르므로 『논어』 등의 책에 기록되지 않은 사실이 반드시 발생하지 않았다고는 할 수는 없다. 공자는 일관되게 주장하기를, "정치를 덕으로써 하고", "형벌로 다스리는"것을 반대하였지만, "예로써 다스리다"는 것과 서로 비교하여 말하자면 공자가 형살(刑殺)을 반대만 했던 것은 아니었다. 『좌전』의 기록 중에 공자가 '관대한 것과 엄하게 하는 것을 조화[寬猛相濟]'한 사실이 있다. 춘추시대에 대부를 자신의 의사대로 죽일 수 있었던 것은 실제로 이미 사공(司空)에게 보인다. 이 때 노나라에 내란이 일어나 공자가 위기에 임하여 명을 받았을 때 경(卿)의 지위인 대사구(大司寇)의 신분으로 소정묘를 주살한 것은 완전히 가능한 일이었다.

우리들은 공자가 소정묘를 주살한 사실에도 응당 근거가 있고 확실히 그 일이 있었다고 생각한다. 곽극욱(郭克煜) 선생 등의 『노국사』관점은 매우 일리가 있다. 본 편 중에 공자는 분명하게 "효로써 교화시키지 못하고 옥사만 처리한다면 이는 무고한 사람을 죽이는 것이 된다[不敎以孝而聽其獄, 是殺不辜]."고 하는 교화적 관념을 표현하였고, "반드시 교화를 먼저 한 뒤에 형벌을 가하라[必教而後刑]." 또는 "간사한 백성으로 교화를 따르지 않는 자가 있게 된 연후에 형벌로 대한다[其有邪民不從化者, 然後待之以刑]."는 것을 주장하였다. 실제로 『논어』「요왈(堯曰)」에도 이와 유사한 표현이 보인다. 예컨대 공자가 말한, "가르치지 않고 함부로 죽이는 것을 잔학이라 이르고 미리 알려 주의시키지 않고 완성을 요구하는 것을 포악이라고 이르고 명령을 느리게 하고 기한을 재촉하는 것을 잔적이라 이른다"라 하였다. 공자의 일관된 주장은 "덕을 주로 하고, 형(刑)으로 보완한다"는 것이다. 바로 『가어』의 「형정(刑政)」에서 언급한 바 있는, "성인이 교화로 다스림에는 반드시 형벌과 정치를 서로 섞어서 참고하였다. 가장 높은 것은 덕으로써 백성을 가르치고 예로써 가지런히 하는 것이며, 그 다음 정도는 정치로써 백성을 인도하고 형벌로써 금지하는 것이다. 형벌이란 형벌을 베푸는 것이 아니라 교화로 가르쳐도 변화시킬 수 없거나, 인도해 주어도 따라 오지 않거나, 의리를 상하게 하고 풍속을 어그러뜨리는 이가 있을 때 어쩔 수 없이 형벌을 쓰는 것이다"라고 한 것이다. 공자의 행위와 그의 사상은 당연히 일치하는 것이었다.

2-1

공자가 노나라의 대사구가 되어 상사(相事)를 겸하고 있을 때 얼굴에 기뻐하는 빛이 있었다.

중유(仲有)가 공자에게 물었다. "제가 듣기로 군자는 화가 닥쳐와도 두려워하지 않으며 복이 다가와도 기뻐하지 않는다 하였는데, 지금 선생님께서 높은 벼슬을 얻으셨다고 기뻐하시니 이는 어찌 된 것입니까?"

공자가 대답했다. "맞다. 그 같은 말이 있다. 그러나 그 외에 '높은 지위에 있으면 겸허하게 아랫사람을 대하는 즐거움이 있다"고 하는 말이 있지 않느냐?" 그리하여 공자가 정사를 맡은 지 7일째 되는 날 정무를 어지럽히던 대부 소정묘(小正卯)를 주벌하여 궁문 앞에서 죽이고 그 시신을 사흘 동안 조정에 내보였다. 자공(子貢)이 공자에게 진언하였다. "무릇 소정묘는 노나라에서 널리 알려진 사람인데, 지금 선생님께서 막 정사를 시작하셨으면서 가장 먼저 그를 죽였으니 혹 선생님께서 잘못하신 것인지요?"

공자가 대답했다. "거기 앉아라. 내가 그 까닭을 말해 주겠다. 천하에 대역부도한 악행이 다섯 가지가 있다. 그러나 절도 같은 것은 여기에 해당되지 않는다. 첫째 생각이 패역(悖逆)하고 험악한 것, 둘째 행위가 옳지 않고 고집만 있는 것, 셋째 거짓된 말을 하고 변론을 잘하는 것, 넷째 의롭지 않은 것만 기술하고 넓게 아는 것, 다섯째 사람들에게 정도(正道)를 가게 하지 않으면서 널리 은혜만 베푸는 것 등이다. 사람으로서 이 다섯 가지 가운데 한 가지만 범한 것이 있어도 군자의 징벌을 면치 못할 것인데, 소정묘는 이를 모두 범하였다. 그가 거처하는 곳에서는 무리를 모아 당파를 이루고 있고, 그 말솜씨를 보면 사악한 것을 좋게 꾸미고, 많은 사람들을 미혹에 빠뜨렸으며, 포악하고 오만함이 제멋대로 일을 행하였다. 이런 자는 사람 중의 간웅이니 제거해 버리지 않을 수 없었던 것이다. 무릇 은나라 탕왕(湯王)은 윤해(尹諧)를 주살했고, 주나라 문왕은 반정(潘正)을 주살하였으며, 주공(周公)은 관숙(管叔)과 채숙(蔡叔)을 주살했고, 제나라 태공(太公)은 화사(華士)를 주살했다. 관중(管仲)은 촌을(村乙)을 주살했으며, 정(鄭)나라 자산(子產)은 사하(史何)를 주살했다. 이 일곱 사람은 모두 서로 다른 시대에 살았지만 오히려 마찬가지로 주살되었다. 때문에 모두 사면될 수 없었던 것이다. 『시(詩)』에 이르기를, '근심에 마음이 뒤덮이니 하찮은 무리들의 원망을 듣는다.'라 하였다. 소인들이 당파를 이루는 것이 참으로 걱정할 일이로다."

▍原文

孔子爲魯司寇, 攝行相事[1], 有喜色.

仲由問曰 : "由聞君子禍至不懼, 福至不喜, 今夫子得位而喜, 何也?"

孔子曰 : "然, 有是言也. 不曰 '樂以貴下人'乎?" 於是朝政七日而誅亂政大夫少正卯, 戮之於兩觀[2]之下, 屍於朝三日, 子貢[3]進曰 : "夫少正卯, 魯之聞人[4]也, 今夫子爲政, 而始誅之, 或者爲失乎?"

孔子曰 : "居, 吾語汝以其故. 天下有大惡者五, 而竊盜不與[5]焉. 一曰心逆而險[6], 二曰行僻而堅[7], 三曰言僞而辯[8], 四曰記醜而博[9], 五曰順非而澤[10], 此五者有一於人, 則不免君子之誅, 而少正卯皆兼有之. 其居處足以撮[11]徒成黨, 其談說足以飾褒榮衆[12], 其強禦足以反是獨立[13], 此乃人之奸雄者也, 不可以不除. 夫殷湯誅尹諧[14], 文王誅潘正[15], 周公誅管蔡[16], 太公誅華士[17], 管仲誅付乙[18], 子產誅史何[19], 是此七子皆異世而同誅者, 以七子異世而同惡, 故不可赦也. 詩云 : '憂心悄悄, 慍於群小[20], 小人成群, 斯足憂矣.'"

▍注釋

1) **攝行相事**: 국군(國君)을 위한 전례(典禮)를 담당하는 일을 가리킨다. 攝은 대리(代理), 겸임. 이 기록은 또 『尹文子』「大道下」, 『荀子』「宥坐」, 『說苑』「指武」편 등에도 보인다. 2) **兩觀**: 궁문 앞 양쪽의 망루. 왕숙의 주에, "兩觀은 闕의 명칭이다."고 했다. 3) **子貢**: 공자의 제자. 위(衛)나라 사람. 성은 단목(端木), 이름은 사(賜), 자는 子貢이다. 또 '자공(子贛)'이라고도 한다. 언어에 뛰어난 바가 있고, 기지(機智)와 모략이 풍부하여 외교적 재능이 우수하고 아울러 장사 재능 또한 풍부하여 공자가 여러 나라를 주유할 때 비용을 보태었다. 공자가 죽고난 후 제자들이 수묘(守墓) 3년을 하였지만, 자공은 오두막집을 짓고 6년 동안 묘를 지켰다. 4) **聞人**: 다른 사람에게 알려진 사람.

聞은 유명하다. 이름이 나다. 5) 竊盜不與: 절도는 그 안에 속하지 않는다. 與는 참여, 그 속에 있다. 6) 心逆而險: 사상이 반항적이고 험악하다. 7) 行僻而堅: 행위가 옳지 않고 고집이 있다. 8) 言僞而辯: 거짓된 말을 하고 변론을 잘하는 것. 9) 記醜而博: 의롭지 않은 것만 기술하고 넓게 아는 것. 왕숙의 주에, "醜는 의롭지 않은 것(非義)"이라 했다. 10) 順非而澤: 사람들에게 정도를 가지 않게 하고 널리 은혜만 베푸는 것. 順은 '訓'과 통하고, '가르쳐 이끌다'. 澤은 은혜. 11) 撮: 모으다. 왕숙의 주에, "촬(撮)은 취(聚)"라 했다. 12) 飾衺榮衆: 사(衺)는 원래 '褻'라 되어 있다. 『荀子』「宥坐」에 근거하면 " 飾邪榮衆"이어야 한다. 여기서는 사고본의 '衺' 자를 따른다. '衺'는 '邪'와 같다. 『荀子』와 뜻이 같다. 榮은 '熒'과 통하는데, 미혹(迷惑)하다. 사고본과 비요본에는 '熒 ', '瑩'으로 되어 있다. 13) 反是獨立: 원칙을 위반하고 자기 뜻에 따라 일을 행함. 14) 殷湯誅尹諧: 殷湯은 즉 상 왕조의 개국 군주 상탕(商湯)이다. 윤해를 주살한 사실은 자세히 알 수 없다. 15) 文王誅潘正: 文王은 즉 주나라 문왕으로 주 무왕의 아버지이다. 현명함으로 크게 이름이 나 서방 제후의 장(長)으로 서백(西伯)이라 칭했다. 생전에 주 무왕이 상을 멸할 수 있는 기초를 마련했다. 반정을 주살한 사실은 자세히 알 수 없다. 16) 周公誅管蔡: 주공은 즉 주공 단(旦)이다. 희성(姬姓)이고 이름은 단(旦)이었다. 주 문왕의 셋째 아들로 주나라를 창립한 주 무왕의 동생이고 서주의 저명한 정치가, 군사가였다. 주 무왕을 도와 상을 멸망시키는데 현저한 공을 세웠다. 무왕이 사망한 후 문왕의 서자 관숙(管叔), 채숙(蔡叔)이 상왕조의 주(紂)의 아들 무경(武庚)과 연합하여 반란을 일으켰다가 주공에게 격파당해 관숙과 무경은 피살되고 채숙은 멀리 쫓아내었다. 성왕(成王)을 도와 반란을 평정하고 나라를 안정시키는 대업을 완성하였다. 『주례(周禮)』가 주공의 저작이라 전한다. 17) 太公誅華士: 태공은 성이 강(姜), 이름은 상(尙)으로 속칭 강태공(姜太公), 강자아(姜子牙)라고 부른다. 봉지(封地) 때문에 여상(呂尙)이라고도 부른다. 주 무왕을 도와 상을 정벌하는 전쟁에서 매우 높은 공을 세워 비로소 제나라에 봉해졌다. 화사를 주살한 사실은 자세히 알 수 없다. 왕숙의 주에, "화사의 사람됨은 거짓되고, 또한(亦, 사고본에는 '以'라고 되어 있다) 무리를 모았다. 한비자(韓非子)는 화사를 일러 밭가는 일을 한 이후라야 음식을 먹고, 우물을 판 이후라야 물을 마셨다고 했다. 그에 대한 신망이 이와 같았는데도 태공이 주살하였다고 하니 어찌 태공을 이르는 것이겠는가?"라고 했다. 18) 管仲誅付乙: 관중은 이름이 이오(夷吾)이고 춘추시기 제나라 사람으로 제 환공을 도와 나라를 잘 다스리고 변법을 실시하여 부강한 나라를 이뤄 춘추시대 첫 번째 패주(霸主)로 만들었다. 부을을 주살한 사실은 자세히 알 수 없다. 19) 子產誅史何: 자산은 성은 공손(公孫)이고 이름은 교(僑)이다. 춘추시대의 유명한 정치가이다. 일찍이 정(鄭)나라에서 장기간 정권을 잡았는데, 공자보다 조금 나이가 많았다. 사하를 주살한 일에 대해 『순자(荀子)』에, "등석(鄧析)과 사부(史付)를 죽였다."고 했지만, 『좌전』 정공(定公) 9년의 기록에는 "사천(駟歂)이 등석을 죽였다."고 했다. 등석은 당시 저명한 형명(刑名)학가였다. 사하(史何)와 사부(史付)의 사실에 대하여는 자세히 알 수 없다. 20) **憂心悄悄, 慍於群小**: 근심에 마음이 뒤덮이니 하찮은 무리들의 원망을 듣는다. 이 말은 『시(詩)』「패풍(邶風) · 백주(柏舟)」에 나온다.

2-2

공자가 노나라 대사구가 되었을 때 부자간에 소송을 벌이는 자가 있었다. 공자는 그들을 같은 옥에 가두어 놓았는데, 석 달이 되어도 사건은 해결이 나지 않았다. 그러자 아비 되는 자가 소송을 중지해 달라고 청하자 공자는 이를 허락하고 풀어주었다. 계손(季孫)이 이 말을 듣고 불쾌해 하면서 말하였다. "사구는 나를 속였다. 지난번 그는 나에게 말하기를, '나라와 가족을 다스리려면 반드시 먼저 효(孝)를 제창해야 한다'고 했다. 나는 이제 하나의 불효자를 죽여 백성들에게 효를 엄수하도록 이끌고자 한 것 또한 가하지 않은가? 그런데도 사구는 오히려 저들을 풀어주었으니 무엇 때문인가?" 염유(冉有)가 계씨의 말을 공자에게 고했다.

공자는 탄식하며 말하였다. "아! 정치적 지위가 높은 사람이 치국의 도를 행하지 않고, 오히려 잘못을 저지른 백성을 죽이는 것은 불합리하다. 효로써 교화시키지 못하고 옥사만 처리한다면 이는 무고한 사람을 죽이는 것이 된다. 삼군(三軍)이 크게 패한다 해도 그 장병들을 목벨 수 없는 것이며, 옥송(獄訟)의 일이 다스리기 어렵다고 하여 형벌을 가볍게 행할 수는 없는 것이다. 무엇 때문인가? 높은 지위에 있는 사람이 교화를 행하지 않으면 백성들에게 죄가 있는 것이 아니란 까닭이다. 무릇 법령은 느슨한데 처벌을 엄하게 하는 것은 백성을 해치는 짓이요, 아무 때나 세금을 거두는 것은 백성에게 포악한 짓을 하는 것이며, 시행(試行)해 보지도 않고 성공하도록 책임지우는 것은 백성을 학대하는 것이다. 정치에서 이 세 가지 정황이 없어진 뒤에라야 형벌을 행할 수 있다. 『서(書)』에 이르기를, '마땅한 형벌과 마땅한 죽임을 쓸 것이고 너의 마음에 나아가지 말라. 너는 오직 의리에 순한 일이 있지 못했다고 말하라.' 하였다. 이는 반드시 교화를 먼저 한 뒤에 형벌을 가하라는 말이다. 먼저 도덕 교화의 방법을 백성에게 시행하고, 자신이 가장 먼저 직접 힘써 행하여 백성으로 하여금 승복하게 해야 한다. 이같이 해도 안 될 경우에 다시 어진 사람을 존중하는 방법으로 백성에게 권장해야 한다. 그래도 안 될 경우 무능한 무리를 폐출해야 하며, 그래도 안 될 경우 비로소 교령(敎令)의 위세를 사용하여 백성들을 두렵게 해야 한다. 이같이 하여 3년만 지나면 백성이 바르게 될 것이다. 만약 간사한 백성이 있어 교화를 따르지 않는 자가 있을 경우에 다시 형벌로 대한다면 백성들은 모두 어떤 것이 죄가 되는지를 알게 될 것이다. 『시』에 이르기를, '힘써 천자를 도와 백성으로 하여금 미혹에 빠지지 않게 하라'고 하였다. 이런 까닭에 옛날에는 위세로써 엄하게 하지도 않았고, 형벌을 가할 필요도 없었다. 그런데 지금은 그렇지가 못하다. 교화가 어지럽고, 형벌이 번거로워 백성으로 하여금 더욱 미혹에 빠지게 하여 형벌을 범하게 하고 있다. 또 이를 계속해 제압하여 나가니 형벌은 갈수록 번잡해지고 도적은 이겨낼 수 없게 되고 말았다. 무릇 저 석 자 정도의 가로 막은 턱을 빈 수레로도 넘어가지 못하는 것은 무슨 까닭인가? 그것은 갑자기 높아지기 때문이다. 그러나 백 길이나 되는 높은 산이라도 무거운 짐을 실은 수레가 올라갈 수 있는 것은 무슨 까닭이겠는가? 그것은 산의 경사가 서서히 높아지기 때문이다. 오늘날의 사회분위기는 점점 더 나빠진 지가 이미 오래되었다. 비록 형법이 있다한들 백성들이 어떻게 이를 범하지 않을 수 있겠느냐?"

原文

孔子爲魯大司寇, 有父子訟者, 夫子同狴[1)]執之, 三月不別[2)]. 其父請止, 夫子赦之焉. 季孫聞之 不悅, 曰 : "司寇欺余, 曩告[3]余曰, '國家必先以孝', 余今戮一不孝以敎民孝, 不亦可乎? 而又赦, 何哉?" 冉有[4]以告孔子.

子喟然嘆曰 : "嗚呼! 上失其道而殺其下, 非理也. 不敎以孝而聽其獄, 是殺不辜. 三軍大敗, 不可斬也. 獄犴[5]不治, 不可刑也. 何者? 上敎之不行, 罪不在民故也. 夫慢令謹誅[6], 賊[7]也. 征斂無時, 暴也. 不試責成, 虐也. 政無此三者, 然後刑可卽也. 書云 : '義刑義殺, 勿庸以卽汝心, 惟曰未有愼事[8].' 言必敎而後刑也. 旣陳道德, 以先服之[9], 而猶不可, 尙賢以勸之, 又不可, 卽廢之, 又不可, 而後以威憚之. 若是三年, 而百姓正矣. 其有邪民不從化者, 然後待之以刑, 則民咸知罪矣. 詩云 : '天子是毗, 俾民不迷[10].' 是以威厲而不試, 刑錯[11]而不用. 今世則不然, 亂其敎, 繁其刑, 使民迷惑而陷[12]焉, 又從而制之, 故刑彌繁, 而盜不勝也. 夫三尺之限[13], 空車不能登者, 何哉? 峻故也. 百仞之山, 重載陟焉[14], 何哉? 陵遲[15]故也. 今世俗之陵遲久矣, 雖有刑法, 民能勿逾乎?"

注釋

1) **狴**: 감옥. 본래는 짐승의 이름인데 늘 폐(狴)를 옥문 위에 그려 두었기 때문에 감옥을 대신하는 명칭으로 사용된 것이다. 이 기록은 『순자』「유좌(宥坐)」, 『한시외전(韓詩外傳)』권3, 『설원(說苑)』「정리(政理)」에도 보인다. 2) **別**: 심리(審理), 해결되다. 3) **曩**: 이왕, 종전, 과거. 4) **冉有**: 공자의 제자. 즉 염구(冉求), 자는 자유(子有). 노나라 사람으로 정사에 능하여 한 때 계씨(季氏)의 가신을 지냈다. 5) **獄犴**: 고대 향정(鄕亭)의 감옥인데, 옥송(獄訟)의 일이라는 뜻으로 사용. 안옥(犴獄), 혹은 안옥(岸獄)이라고도 함. 6) **慢令謹誅**: 법령은 느슨한데 오히려 처벌이 엄하다. 慢은 『설문(說文)』에, "慢은 게으르다[惰]의 뜻이다."고 했는데 여기서는 '느슨하다'의 의미. 謹은 엄격하다, 근엄하다. 여기서는 엄하고 매섭다의 의미. 誅는 사고본에는 '昧'라 잘못 되어 있다. 7) **賊**: 잔해(殘害), 상해(傷害). 『순자』「수신(修身)」에, "선량함을 해치는 것을 적(賊)이라 한다"고 했다. 8) **義刑義殺勿庸, 以卽汝心, 惟曰未有愼事**: 왕숙의 주에, "庸은 用으로, '즉', '곧'이다. 형벌로써 사람을 죽일 때[殺이 원래 '敎'로 되어 있는데 사고본

에 근거하여 고쳤다]는 당연히 의(義)로써 해야 하는 것이지 네 마음이 편안한 쪽으로 하지마라. 엄하게 하되[當謹之 중에 '之' 자가 사고본에는 없다] 순리대로 안 되면 도덕으로써 복종하게 해야 하며, 형벌로 사람을 죽이는 일이 없어져야 순해질 터이니 먼저 교화로써 하고 후에 형벌로 한다."고 했다. 이 말은 『서(書)』「강고(康誥)」에 나오는데 글자에 약간의 차이가 있다. 9) **旣陳道德, 以先服之**: 먼저 도덕 교화의 방법으로 민간에 시행하고 자기가 제일 먼저 스스로 힘써 행한다. 10) **天子是毗, 俾民不迷**: 왕숙의 주에, "毗는 돕다, 俾는 시키다의 뜻. 사윤(師尹)이 천자를 당연히 도와 백성으로 하여금 미혹에 빠지지 않게 하는 것이다."고 했다. 이 말은 『시경』「소아(小雅)·절남산(節南山)」에 나온다. 11] **錯**: '措'와 같다. 두다, 내버려두다. 12) **陷**: 본래의 뜻은 빠지다, 떨어지다. 여기서는 법령을 위반하고 감옥에 빠지는 것을 가리킨다. 13) **限**: 격리되다, 문지방, 문턱. 『순자』「유좌(宥坐)」에는 '岸'으로 되어 있다. 14) **重載陟焉**: 重載는 고대에 수레에 짐을 가득 실은 것을 가리킨다. 陟은 낮은 곳에서 높은 곳으로 오르는 것을 말한다. 15) **陵遲**: 왕숙의 주에, "陵遲는 陂池와 같다."고 했다. 경사진 언덕을 천천히 조금씩 올라가는 것을 가리킨다. 다음의 능지(陵遲)는 사물이 조금씩 변화가 생겨 특히 나빠지거나 잘못된 방향으로 조금씩 나아가는 것을 비유한다.

03 왕언해王言解

序說

왕도정치는 공자 마음 중의 이상정치(理想政治)인데, 이 편은 공자와 제자 증자(曾子)의 대화를 통하여 공자의 왕도에 관한 말을 적고 있다. 편 가운데에 공자가 말한 "내가 왕도로써 말하겠다[吾以王言之]"라든지 또 증자가 물었던 "무엇을 일러 왕도라고 말하는 것입니까?[何謂王之言]" 등이 있어 '왕언(王言)'을 편명으로 하였다. 소위 '왕언'이란 즉 왕도에 관한 말이다.

이 편은 공자 정치이상에 관한 중요한 문헌이다. 논술 중에 공자는 "요순(堯舜)을 조술(祖述)하고, 문왕, 무왕을 헌장(憲章)한다.[祖述堯舜, 憲章文武]"라고 했다. 공자는 이전 제왕의 사적(事迹)을 빌려 자기 마음 중의 이상정치 면모를 묘사하였고, 이전 시대 왕자(王者)의 도를 정련(精煉)하여 "안으로 일곱 가지 교훈(七敎)을 닦고 밖으로 세 가지 지극한 일(三至)을 실행[內修七敎, 外行三至]"하고자 했다. 공자는, "무릇 윗사람은 백성들의 표준이다. 표준이 바르면 어떤 사물인들 바르지 않겠는가?[上者, 民之表也, 表正則何物不正]"라고 하여 군주가 가장 먼저 당연히 수기(修己)하고 덕으로써 나라를 다스리며, 통치자의 미덕과 적절한 정치조처의 결합을 실현하여 군주가 '애인(愛人)', '지현(知賢)', '관능(官能)'할 수 있어야 "안으로 칠교를 시행하면 군주가 수고롭지 않으며, 밖으로 삼지를 실행하면 나라의 재물을 허비하지 않아도 되는[內修七敎而上不勞, 外行三至而財不費]" 객관적 효과에 이를 수 있다. 이 같은 "수고롭지 않고 허비되지 않는[不勞不費]" 현명한 왕의 도는 초기 유가의 '무위이치(無爲而治)'라는 정치적 이상을 구체화한 것이다. '무위이치'는 우리나라 상고사회에서 일종의 유래가 오래된 이상정치의 표준이었고, 유가는 이를 계승하고 아울러 계속하여 '무위이치'의 사상을 밝혀나갔다. 예컨대 『논어』「위영공(衛靈公)」에서 공자가 말하기를, "함이 없이 잘 다스리는 자는 아마도 순이리라. 무슨 일을 했을까? 몸을 공손히 하여 임금자리에 있을 따름이었다.[無爲而治者其舜也與? 夫何爲哉? 恭己正南面而已矣]"고 했다. 그러나 한초(漢初)에 이르러 경학화(經學化)된 유학과 당시 유행하던 황노(黃老)사상이 대립되자 유가는 조금씩 왕도사상 중의 무위(無爲) 개념을 버렸다. '무위이치'는 결국 후세 사람들에 의해 도가를 상징하는 개념으로 여겨지게 되었다.

이 편은 또 『대대례기(大戴禮記)』에도 보이며, 『대대례기』에 「주언(主言)」편이 있는데 '主言'과 '王言'이라는 한 글자 차이가 후세 사람들의 쟁론을 불러 일으켰다. 청초(淸初) 왕빙진(王聘珍)이 장기간 『대대례기』를 연구하여 『대대례기해고(大戴禮記解詁)』13권, 「목록」1권을 지었다. 그는 『대대례기』를 존중하고 다른 책 예컨대 『공자가어』 등에 의거하여 『대대례기』의 자구(字句)를 증삭(增削)하는 것을 반대하였다. 고적(古籍)의 본문을 마음대로 '증삭하고 고치는 것'을 스스로 할 수 없었지만 그는 이 편(「王言」)이 본래 '주언(主言)'이었는데 『공자가어』에 왕숙이 개인적으로 고쳐 '왕언'이라 한 것이라 여겼다. 이 같이 한 것을 '속유(俗儒)'가 하는 짓이라 했다. 청말 손이양(孫詒讓)이 『대대례기각보(大戴禮記斠補)』를 지으면서 『대대례기』에 '주언'으로 된 것을 고쳐야 한다고 여겼다.

사실 두 편을 대조하여 읽어보면 『대대례기』의 개편 흔적을 쉽게 발견할 수 있다. 『대대례기』중에는 『가어』에 '왕(王)'으로 되어 있는 글자가 거의 모두 '主'로 고쳐져 있다. 그러나 편 중에 있는 '왕에게 조근하다[朝覲於王]'의 '왕' 자가 두 편의 관련성을 드러내고 있다. 공자는 임금에게 충성하고 왕실을 존중하면서 왕도사상을 주장하였으므로 『가어』의 이 편에서 말한 "문밖을 나가지 않고서도 천하를 교화시킬 수 있어야[不出户牖而化天下]"하는 '王'은 본래 당연히 '王'이지 '主'는 아니다. 선진(先秦) 유가들에게 왕(王) · 패(霸)가 서로 대립하던 시대에 편 중에 말한 '현명한 왕의 도리[明王之道]'는 바로 통상적으로 말하는 '왕도(王道)'이다. 대덕(戴德)은 전한(前漢) 후기에 살았는데, 전한의 전기는 중앙과 번왕(藩王)의 관계가 줄곧 정치의 중심이어서 한편으로는 왕으로 봉하여 번(藩)을 설치하고, 한편으로는 번을 삭감하고 난을 평정하였다. 처음에는 이성제후들이 군대를 가지고 세력을 키워 번을 오로지 통제하였으며 유방(劉邦)이 봉한 동성 왕(王) 역시 스스로 법령을 가지고 예제(禮制)를 멋대로 어기면서 조정에 대한 태도가 오만할 뿐만 아니라 심지어 공개적으로 군대를 거느리고 반란을 일으켰다. 한 무제 시대에 이르러서도 무제는 부득불 여전히 힘의 일부를 지방 할거세력을 타파하여 제후왕의 문제를 해결하는데 쏟지 않을 수 없었다. 대덕(戴德)이 '王'을 '主'로 고친 것은 이와 관련이 있을 가능성이 크다.

당초 공자의 제자들이 『공자가어』를 편집하면서 자신의 기록에 근거하여 "처음과 끝을 서술하였다"고 했는데, 이로부터 공자문하의 사도(師徒)간에 문답이 오고 갈 때의 구체적인 모습을 볼 수 있다. 대성(戴聖)이 다시 편집한 후에 이러한 유(類)의 기록을 삭제하고, 공자사상을 나타내는 내용방면에 중점을 두었다. 이들에 대하여 대성 역시 한걸음 더 나아가 윤색과 가공을 하였다. 『가어』와 비교하여 『대대례기』「주언(主言)」의 차이는 주로 구절이 잘 정리되었거나 용어를 수식하거나, 『가어』가 왕왕 조성한 있어서는 안 될 착오 등을 배척하는 것이었다. 예컨대 "上下相亲"에 대해 『가어』「왕언해」에서는 "상이 하를 친하게 대하면 마치 수족이 복심을 대하는 것과 같아지고, 하가 상을 친하게 대하면 마치 어린자식이 자모를 대하는 것과 같아진다[上之亲下也, 如手足之於腹心, 下之亲上也, 如幼子之於 慈母也]."라는 구절로 되어있지만, 『대대례기』「주언」에서는 오히려 "상이 하를 친하게 하기를 마치 복심같이 한다면 하가 상을 친하게 대할 적에 마치 어린아이가 자모를 보는 것과 같다[上之親下也如腹心, 則下之親上也, 如保子之見慈母也].”라는 구절로 바뀌었다. 『가어』의 나누어진 두 구절은 본래 병렬관계였는데 개편 후에는 인과관계로 바뀌었다. 여기서 『대대례기』의 ‘保子’는 바로 『가어』의 ‘幼子’인데, 여기에 ‘保’는 ‘葆’, ‘褓’와 통한다. ‘保子’의 의미는 ‘강보에 쌓인 아들[襁褓之子]’이다. 재미있는 것은 왕빙진(王聘珍)은 『가어』를 배척하면서 ‘保’를 해석하여 ‘기른다[養也]’라고 하여 본래의 뜻을 잃어버렸다. 이 같은 개편과 해고(解詁) 등을 거치면서 “공자의 본래 의도”와는 점점 더 멀어질 수밖에 없었다.

『대대례기해고』「목록」에 왕빙진이 말하기를, “왕숙이 사적으로 교정한 『공자가어』는 이 「주언」편을 훔쳐 「왕언」으로 고쳤고, 속유(俗儒)들은 오히려 왕숙의 책에 근거하여 본래의 뜻을 고쳐 썼다.”고 했다. 두 편의 본문을 대조하여 읽으면 바로 왕빙진 본인도 주복(主僕)이 전도되고 비(婢)가 부인(夫人)이 되고 있음을 어렵지 않게 발견할 수 있다. 진실로 공연(孔衍)이 말한 “그 근원은 없애고 말단만 남긴다”는 것을 일컫는 것이다.

3-1

공자가 집에 한거(閑居)할 때 증삼(曾參)이 곁에서 모시고 있었다.

공자가 말하였다. “삼(參)아! 지금의 국군(國君)들은 오직 사(士)와 대부(大夫)의 일에 대한 것만 들을 뿐이지 군자의 일에 대해 말하는 것은 매우 드물구나. 아아! 내가 왕도(王道)로써 말을 하라면 임금이란 문밖을 나가지 않고서도 천하를 교화시킬 수 있어야 한다고 하겠다.”

증자는 이 말을 듣고 자리에서 내려와 물었다. “감히 여쭙건대 왕도(王道)로써 말을 한다는 것이 무엇입니까?”

공자는 선뜻 대답하지 않자 증자가 말하였다. “선생님께서 집에 한가로이 계시면서 제가 모시는 여가에 제가 이 문제에 대하여 이해하기 어려워 이렇게 감히 여쭙는 것입니다."

공자는 역시 대답하지 않았다. 증자는 송구스러워 옷자락을 거두고 자리에서 물러나 돌아서서 서 있었다.

잠시 후 공자는 탄식하고 나서 증자를 돌아보며 말하였다. "삼아! 너에게 현명한 군주의 도에 대하여 말해도 되겠느냐?"

증자가 말하였다. "제가 어찌 감히 이 문제를 이야기할 능력이 있다고 하겠습니까? 저는 다만 선생님께서 말씀하시는 바를 배울 뿐입니다."

공자가 말하였다. "앉아라. 내가 너에게 말해 주마. 무릇 도(道)라는 것은 덕을 밝히는 것이요, 덕이란 도를 높이는 것이다. 그런 까닭에 덕이 아니면 도가 높아질 수 없고, 도가 아니면 덕이 밝혀지지 못한다. 비록 나라에 좋은 말이 있다 하여도 그에 맞는 방법으로 타지 않는다면 길을 갈 수가 없고, 비록 넓은 땅과 많은 백성들이 있다 하여도 올바른 도로 다스리지 않는다면 패왕(霸王)에 이르지 못할 것이다. 그런 까닭에 옛날의 현명한 군주는 안으로 일곱 가지 교훈[七教]을 닦고 밖으로 세 가지 지극한 일[三至]을 실행하였다. '칠교'를 닦은 연후에야 나라를 지킬 수가 있고, '삼지'를 실행한 연후에야 남을 정복할 수가 있는 것이다. 명왕의 도로써 나라를 지키면 천리 밖에서도 적을 물리칠 수 있고, 이로써 남을 정벌하면 편안하게 군대를 거느리고 돌아올 수 있는 것이다. 이 때문에 안으로 칠교를 시행하면 군주가 수고롭지 않으며, 밖으로 삼지를 실행하면 나라의 재물을 허비하지 않아도 되는 것이니 이를 일러 현명한 군주의 도라고 하는 것이다."

증자가 물었다. "그러면 수고롭지도 않고 재물을 허비하지도 않는 것이 현명한 군주라고 하셨는데 선생님께서 그 도리를 말씀해 주실 수 있습니까?"

공자가 말하였다. "옛날 순임금은 왼쪽에 우(禹), 오른쪽에 고요(皐陶)를 앉혀 보좌하게 함으로써 자리를 떠나지 않고도 온 천하를 다스렸으니, 이렇게 한다면 군주가 무슨 수고로움이 있겠느냐? 정치가 잘되지 못하는 것은 임금의 걱정이고, 법령이 행해지지 않는 것은 신하의 허물인 것이다. 만약 10분의 1만 세금으로 받고 부역이 1년에 사흘을 넘지 못하게 하고, 산에 가서 나무하고 못에 가서 고기 잡는 것을 때에 맞도록 해 주되 세금을 징수하지 않으며, 관문과 시장에서도 세금을 거두지 않는다면 이런 것들이 곧 재물을 만들어 내는 길이 되는데 현명한 군주는 이를 조절하기만 하면 될 것이니 어찌 재물을 허비하겠느냐?

증자가 물었다. "감히 여쭙건대 '칠교'란 무엇을 말하는 것입니까?"

공자가 이에 대답했다. "윗사람이 늙은이를 공경하면 백성들이 더욱 효도를 할 것이며, 윗사람이 나이를 따져서 존중하면 백성들이 더욱 공경할 것이며, 윗사람이 백성들에게 즐겁게 베풀어주면 백성들은 더욱 너그러워질 것이며, 윗사람이 어진 이를 친절히 대한다면 백성들은 더욱 친구를 가려서 사귈 것이며, 윗사람이 덕행을 좋아하면 백성들은 은거하여 벼슬에 나가지 않는 것을 할 수 없을 것이며, 윗사람이 재물 탐하는 것을 싫어하면 백성들은 재물을 가지고 다투기를 부끄러워할 것이며, 윗사람이 청렴하고 겸양하다면 백성들은 예절에 대한 부끄러움을 알게 될 것이다. 이를 일러 칠교라고 한다. 칠교란 백성을 다스리는 근본이다. 정치와 교화의 기본 원칙이 정해지면 국가를 다스리는 근본이 바르게 된다. 무릇 윗사람은 백성들의 표준이다. 표준이 바르면 어떤 사물인들 바르지 않겠는가? 이런 까닭으로 임금은 먼저 힘써 자신을 어질게 세워 놓아야만 대부(大夫)도 충성하게 되고 사(士)도 신의를 지키게 되며, 백성은 돈독하고 풍속도 순박해지며, 남자는 충성을 추구하고 여자는 정숙하게 되는 것이다. 이 여섯 가지는 교화의 지극함이다. 온 천하에 두루 퍼지게 하면 이르지 못할 곳이 없게 되고, 백성들의 집안에 들인다 해도 막힘이 없을 것이다. 예(禮)로써 구별하고 의(義)로써 실행의 기초를 세우며, 순리로 실행한다면, 백성들이 악행(惡行)을 버리는 것이 마치 끓는 물을 부어 눈을 녹이는 것처럼 쉬울 것이다."

▌原文

孔子閑居[1), 曾參[2)侍.

孔子曰:“參乎, 今之君子[3), 唯士與大夫之言可聞也. 至於君子之言者, 希也. 於乎! 吾以王言之, 其不出戶牖[4)而化[5)天下.”

曾子起, 下席而對曰:“敢問何謂王之言?”

孔子不應, 曾子曰:“侍夫子之閑也, 難對, 是以敢問.”

孔子又不應. 曾子肅然而懼, 摳衣[6)而退, 負席[7)而立.

有頃, 孔子嘆息, 顧謂曾子曰:“參, 汝可語明王之道與?”

曾子曰:“非敢以爲足也, 請因所聞而學焉.”

子曰:“居, 吾語汝. 夫道者, 所以明德也. 德者, 所以尊道也. 是以非德道不尊, 非道德不明. 雖有國之良馬, 不以其道服[8)乘之, 不可以[9)道裏. 雖有博地衆民, 不以其道治之, 不可以致霸王. 是故昔者明王內修七教, 外行三至. 七教修然後可以守, 三至行然後可以征. 明王之道, 其守也, 則必折沖[10)千里之外. 其征也[11), 則必還師衽席[12)之上. 故曰內修七教而上不勞, 外行三至而財不費. 此之謂明王之道也.”

曾子曰:“不勞不費之謂明王, 可得聞乎?”

孔子曰:“昔者帝舜, 左禹而右皐陶[13), 不下席而天下治, 夫如此, 何上之勞乎? 政之不平, 君之患也. 令之不行, 臣之罪也. 若乃十一而稅, 用民之力, 歲不過三日, 入山澤以其時而無征, 關譏市廛皆不收賦[14), 此則生財之路, 而明王節之, 何財之費乎?”

曾子曰:“敢問何謂七教?”

孔子曰:“上敬老則下益孝, 上尊齒[15)則下益悌, 上樂施則下益寬, 上親賢則下擇友, 上好德則下不隱, 上惡貪則下恥爭, 上廉讓則下恥節, 此之謂七教. 七教者, 治民之本也. 政教定, 則本正也. 凡上者, 民之表[16)也, 表正則何物不正. 是故人君先立仁於己, 然後大夫忠而士信, 民敦俗璞[17), 男愨[18)而女貞, 六者, 教之致也! 布諸天下四方而不窕[19), 納諸尋常[20)之室而不塞, 等之以禮, 立之以義, 行之以順, 則民之棄惡, 如湯之灌雪焉."

注釋

1) **孔子閑居**: '孔子'는 원래 '曾子'로 되어 있었지만, 사고본과 비요본에 근거하여 고쳤다. 閑居는 한가한 때를 말한다. 『삼례목록(三禮目錄)』에, "물러나 피해 있는 것을 閑居라 한다"고 해서 관직을 그만두고 집에 한가하게 있음을 가리킨다. 2) **曾參**: 공자의 제자. 노나라 사람. 자는 자여(子輿), 효행으로 이름이 났다. 3) **君子**: 보통은 도덕이 고상한 사람을 가리키지만 여기서는 관직에 있는 사람을 가리킨다. 4) **戶牖**: 문과 창(窓). 戶는 단선문(單扇門). 牖은 창(窓). 『노자』에, "창을 살피지 않고 천도(天道)를 본다(不窺牖, 見天道)."고 했다. 5) **化**: 교화. 『설문(說文)』에, "化는 가르침을 행하다." 라고 했다. 6) **摳衣**: 옷의 앞 옷깃을 들어 올림으로 상대방에 대한 존경을 표시한다. '구(摳)'는 '들어 올리다'는 뜻으로 '抓', '提'와 같다. 7) **負席**: 자리에 돌아서다. 8) **服**: 사용하다. 9) **以**: 사고본에는 이 글자 뒤에 '取' 자가 있다. 10) **折沖**: 적을 물리치고 승리하다. '沖'은 적의 선두에 나선 전차를 물리치다. 11) **也**: 원래는 없었으나 사고본 등에 근거하여 보완하였다. 12) **還師衽席**: 평안하게 군대를 거느리고 돌아와 앉다. 衽席은 침구이다. 13) **고요(皋陶)**: 순(舜)의 대신. 14) **關譏市廛 皆不收賦**: 왕숙의 주에, "譏는 꾸짖다(呵)이다. 이복(異服)을 꾸짖고, 이언(異言)을 인식하고, 시전(市廛)에서 세금을 거두지 않는 것은 고대의 법이다."고 했다. 譏는 꾸짖다, 살피다, 자세히 조사하다. 廛은 시장에서 상인들에게 제공할 물건을 보관하는 방이다. 15) **齒**: 사람의 연령을 가리킨다. 尊齒는 연령의 서열로 존비의 선후를 배열하는 것을 말한다. 16) **表**: 표준. 17) **璞**: 아직 다듬지 않은 옥석, 혹은 옥을 포함하고 있는 돌을 가리킨다. 사람이 천진한 모습을 비유하는 말이다. 사고본과 비요본에는 '樸'이라 되어 있다. 18) **愨**: 예의가 바르다, 너그럽다, 착실하다. 19) **窕**: 틈, 충만하지 않다. 원래는 '怨'으로 되어 있지만 동문본과 진본(陳本) 및 『대대례기』에 근거하여 고쳤다. 20) **尋常**: 고대의 길이를 재는 단위. 尋은 8척(尺), 常은 1장(丈) 6척. 『소이아(小爾雅)』「광도(廣度)」에, "尋은 두 팔을 펼친 거리이고, 그 배(倍)를 常이라 한다."고 했다.

3-2

증자가 말하였다. "왕도정치는 정말로 뛰어난 경지인데, 제자는 아직 분명하지가 않습니다."

공자가 말하였다. "삼(參)아! 너는 그 도가 이쯤에서 그친다고 생각하느냐? 또 있단다. 옛날 현명한 군주가 백성 다스리는 법은 예제에 따라 땅을 갈라 봉해주고 관리를 파견하여 그들을 다스리게 했다. 그런 연후에 어진 백성이 숨어 지내는 일이 없고 포악한 백성이 숨을 곳이 없는 것이다. 유사(有司)로 하여금 날마다 살피고 조사하여 현량(賢良)한 자를 추천하여 등용하고 불초한 자는 물리쳐 버렸다. 이에 어진 자는 즐거워하고 불초한 자는 두려워했던 것이다. 환과(鰥寡)를 불쌍히 여기고, 고독(孤獨)을 보살피며, 빈궁한 자를 구휼하고, 효제(孝悌)를 인도하고, 재주 있고 유능한 자를 선발하였다. 이 일곱 가지가 잘 닦여지면 사해(四海) 안에 형벌 받을 백성이 없게 된다. 윗사람이 아랫사람에게 친하게 하는 것이 마치 손발이 마음의 뜻대로 움직이는 것과 같을 것이며, 아랫사람이 윗사람에게 친하게 하는 것이 마치 어린 자식이 사랑하는 어미를 생각하는 것과 같은 것이다. 윗사람과 아랫사람이 서로 친하기가 이와 같기 때문에 영(令)을 내리면 따르게 되고, 조치를 내리면 실행되는 것이다. 백성은 윗사람의 덕을 그리워하여 가까이 있는 자는 즐겨 복종하고 멀리 있는 자는 찾아와 따르게 되니 이것이 정치의 최고경지인 것이다. 무릇 손가락을 펴면 1촌(寸)의 길이를 알 수 있고, 손바닥을 펴면 1척(尺)의 길이를 알 수 있으며, 팔을 다 펴면 1심(尋)의 길이를 알 수 있다. 이는 모두 우리 가까이 있는 법칙이다. 주나라 제도에는 300보(步)로 1리(里)를 삼았고, 1000보로 1정(井)을 삼았으며, 3정으로 1날(埒)을 삼았고, 3날로 1구(矩)를 삼았다. 사방 50리 되는 지방에 도읍(都邑)을 건립하고, 사방 100리 되는 곳에는 제후국을 건립하여, 온갖 물자와 재부를 쌓아 놓고 외부에 나가있는 사람들의 빈부의 차별을 구휼하도록 했다. 그러므로 만이(蠻夷)와 제하(諸夏)가 비록 의관이 같지 않고 언어가 다르다 해도 찾아와 복종하지 않는 자가 없었다. 그러므로 '시장(市場)이 없어도 백성들은 궁핍하지 않았고, 형벌이 없어도 백성들이 혼란하지 않았다'고 한 것이다. 그물과 활을 가지고 사냥하는 것은 궁실(宮室)을 채우려 함이 아니고,

백성들에게서 세금을 거두는 것은 창고에 쌓아 두려 함이 아니었다. 걱정하는 마음으로 백성들의 부족한 것을 보충해 주며, 예의와 절조로 사치를 방지하고 백성들에게 많은 믿음으로 대하고 표면적인 형식을 적게 하면, 제정된 예(禮)는 준수될 수 있고, 말한 것은 이행할 수 있으며, 행한 바를 본받을 수 있게 된다. 마치 배고픈 사람이 밥 먹듯, 목마른 사람이 물마시듯 하며, 백성이 윗사람 믿기를 춥고 더운 절후가 어김없이 바뀌는 것을 경험하듯 하는 까닭에 군주가 비록 백성 가까이에 있는 것이 아니지만 백성들은 오히려 때때로 군주의 존재를 느낀다. 이는 임금과 가까이 있지 않아도 백성들은 임금의 교화를 깨닫게 되고 임금의 밝은 덕을 느끼기 때문이다. 이 때문에 군대와 무기를 움직이지 않아도 위엄이 나타났으며, 포상을 베풀지 않아도 백성들과 친하게 되어 천하의 백성들이 모두 그 혜택을 가슴에 품게 되니 이를 일러 현명한 군주의 직분의 준수는 천리 밖 적을 물리친다고 하는 것이다."

증자가 물었다. "감히 여쭙건대 삼지(三至)란 무엇입니까?"

공자가 말하였다. "최고경지의 예(禮)는 겸양 없이도 천하가 잘 다스려지며, 최고차원의 포상은 재물을 쓰지 않고도 천하의 사인(士人)들이 즐거워하며, 가장 아름다운 음악은 소리가 없어도 천하의 백성들이 서로 화목한다. 현명한 임금이 이 '삼지'를 힘써 행하면 임금으로써 천하에 이름이 알려지고 천하의 사인들이 신하로 복종할 것이며, 천하의 백성들을 이용할 수 있다."

증자가 말하였다. "감히 여쭙건대, 그 중의 도리는 무엇입니까?"

공자가 말하였다. "옛날 현명한 임금은 반드시 천하의 훌륭한 사인(士人)들의 이름을 다 알고 있었다. 그들의 이름을 알고 있을 뿐만 아니라 그들의 실제 재능과 행위방식 그리고 그들의 소재를 모두 알고 있었다. 그런 연후에 천하의 작위로써 그들을 높여 주었다. 이를 일러 최고경지의 예는 겸양 없이도 천하가 잘 다스려진다는 것이다. 그리고 천하의 각종 봉록(奉祿)을 가지고 천하의 사인들을 부유하게 해주었으니, 이를 일러 최고차원의 포상은 재물을 쓰지 않고도 천하의 사인들이 즐거워한다는 것이다. 이렇게 하면 천하의 명예가 흥하게 되니 이를 일러 가장 아름다운 음악은 소리가 없어도 천하의 백성들이 서로 화목한다는 것이다. 그러므로 '천하의 지극히 어진 자는 천하의 가장 친한 사람들을 단결할 수 있고, 천하에 가장 현명한 사람은 천하의 가장 재능 있는 사람을 천거할 수 있다'고 한 것이다. 이 세 가지가 모두 이루어지고 난 후에야 군주는 대외정벌을 할 수 있다. 그렇기 때문에 인(仁)이란 사람을 사랑하는 것보다 더 큰 것이 없고, 지(智)란 어진 사람을 알아보는 것보다 더 큰 것이 없으며, 현명한 정치란 현명한 인재를 임용하는 것보다 더 큰 것이 없다. 땅을 가진 임금으로서 이 세 가지만 닦는다면 천하 사방의 사람들이 그를 받들어 명령에 따를 것이다. 무릇 현명한 임금의 정벌대상은 반드시 도의나 예법을 황폐하게 만든 나라가 될 것이다. 따라서 그 군주를 주살하고 혼란한 정치를 고쳐 백성을 위로하되 그 재물은 빼앗지 않는다. 때문에 현명한 임금의 정치는 마치 때맞추어 비가 오듯이 백성들의 마음을 기쁘게 해주는 것이다. 이런 까닭으로 덕정과 교화의 시행이 더욱 넓어 더욱 많은 백성들의 친함을 얻게 되는 것이니 이를 일러 출정(出征)한 군대가 평온하게 회군한다는 것이다."

原文

曾子曰 : "道則至矣, 弟子不足以明之."

孔子曰 : "參以爲姑[1]止乎? 又有焉. 昔者明王之治民也, 法必裂地以封之, 分屬以理之, 然後賢民無所隱, 暴民無所伏. 使有司日省[2]而時考之, 進用賢良, 退貶不肖[3], 然則賢者悅而不肖者懼. 哀鰥寡[4], 養孤獨[5], 恤貧窮, 誘[6]孝悌, 選才能. 此七者修, 則四海之內無刑民矣. 上之親下也, 如手足之於腹心[7]. 下之親上也, 如幼子之於慈母矣. 上下相親如此, 故令則從, 施則行, 民懷其德, 近者悅服[8], 遠者來附[9],

政之致也. 夫布[10]指知寸, 布手知尺, 舒肘知尋, 斯不遠之則也. 周制三百步爲裏, 千步而[11]井, 三井而埒[12], 埒三而矩, 五十里而都, 封百裏而有國, 乃爲稸積資聚[13]焉, 恤行者之有亡[14]. 是以蠻夷諸夏, 雖衣冠不同, 言語不合, 莫不來賓[15]. 故曰, '無市而民不乏, 無刑而民不亂'. 田獵罩弋[16], 非以盈宮室也. 徵斂百姓, 非以盈府庫也. 慘怛[17]以補不足, 禮節以損有餘, 多信而寡貌[18]. 其禮可守, 其言可覆[19], 其跡可履. 如饑而食[20], 如渴而飲. 民之信之, 如寒暑之必驗. 故視遠若邇, 非道邇也, 見明德也. 是故兵革不動而威, 用利不施而親, 萬民懷其惠. 此之謂明王之守, 折衝千里之外者也."

曾子曰 : "敢問何謂三至?"

孔子曰 : "至禮不讓而天下治, 至賞不費而天下士悅, 至樂無聲而天下民和. 明王篤行三至, 故天下之君, 可得而知, 天下之士, 可得而臣, 天下之民, 可得而用."

曾子曰 : "敢問此義何謂?"

孔子曰 : "古者明王必盡知天下良士之名, 旣知其名, 又知其實, 又知其數及其所在焉. 然後因天下之爵以尊之, 此之謂至禮不讓而天下治. 因天下之祿以富天下之士, 此之謂至賞不費而天下之士悅. 如此則天下之名譽[21]興焉, 此之謂至樂無聲而天下之民和. 故曰, '所謂天下之至仁者, 能合天下之至親也. 所謂天下之至明者, 能擧天下之至賢者也.' 此三者咸通, 然後可以征. 是故仁者莫大乎愛人, 智者莫大乎知賢, 賢政者莫大乎官能[22]. 有土之君, 修此三者, 則四海之內供命而已矣. 夫明王之所征, 必道之所廢者也, 是故誅其君而改其政, 吊[23]其民而不奪其財. 故明王之政, 猶時雨之降, 降至則民悅矣. 是故行施彌博, 得親彌衆. 此之謂還師衽席之上[24]."

注釋

1) 姑: 잠시. 잠깐. 2) 省: 살피다. 『설문(說文)』에, "省은 살피다[視]."라고 했고, 『이아

(爾雅)』에, "省은 자세히 살펴서 알다[察]."라 했다. 3) 不肖: 재주가 떨어지는 사람 혹은 품행이 단정하지 못한 사람. 4) 鰥寡: 늙어서 처가 없거나 남편이 없는 고독한 사람. 『맹자』「양혜왕(梁惠王)하」에, "늙어서 처가 없는 것을 '환(鰥)'이라 하고, 늙어서 남편이 없는 것을 '과(寡)'라 한다."고 했다. 5) 孤獨: 자식이 없거나 아버지가 없는 고독한 사람. 『맹자』「양혜왕 하」에, "늙어서 자식이 없는 것을 '독(獨)'이라 하고, 어려서 아버지가 없는 것을 '고(孤)'라 한다."고 했다. 6) 誘: 가르치다, 인도하다, 권하다. 『광운(廣韻)』에, "誘는 이끌다[引]이다."라 했다. 7) 腹心: 사고본에는 이 뒤에 '矣' 자가 있다. 8) 悅服: 기쁜 마음으로 승복함. 悅은 기쁘다, 유쾌하다. 9) 遠者來附: 멀리 있는 백성이 스스로 귀부(歸附)하다. 10) 布: 널게 깔다, 펴다, 분포하다. 11) 而: 원래는 '爲'로 되어 있지만, 사고본과 비요본에 근거하여 고쳤다. 12) 날(埒): 본래의 뜻은 낮은 담으로 사방이 흙으로 둘러싸인 곳을 말한다. 여기서는 지역단위를 가리킨다. 왕숙의 주에, "여기서는 裏의 수를 말하는 것이고 井을 말할 수는 없다. 井이란 方裏의 이름이기 때문에 여기서는 틀렸다고 의심된다."고 했다. 13) 穡積資聚: 穡은 '蓄'과 같다. 저축하다. 원래는 '福'이라 되어 있는데 비요본, 진본(陳本)에 근거하여 고쳤다. 聚는 원래 '求'로 되어 있는데, 사고본에는 잘못하여 '裘'라 했다. 비요본과 진본에 근거하여 고쳤다. 14) 行者之有亡: 行者는 바깥에 나가 있는 사람. 有亡은 재부(財富)의 많고 적음. 之는 원래 빠져 있는 것을 사고본에 근거하여 보완했다. 15) 莫不來賓: 귀순하여 복종하지 않은 사람이 없다. 賓은 복종, 귀복(歸服). 16) 罩弋: 조(罩)는 고기 잡는 대나무로 만든 통이고, 익(弋)은 끈으로 묶은 화살촉으로 새를 잡는데 쓴다. 왕숙의 주에, "罩는 망으로 닫다. 弋은 주살을 쏘다."라 했다. 17) 참담(慘憺): 비통, 슬픔. 慘은 사고본에 '懆'라 되어 있다. 18) 貌: 인위적으로 꾸민 외모. 내심과 맞지 않는 겉의 꾸밈을 가리킨다. 19) 覆: 관철, 이행. 사고본에는 '夏'으로 되어 있다. 20) 如饑而食: 사고본에는 없다. 21) 名譽: 이 앞에 원래는 '民' 자가 있었고, 사고본에는 '明' 자가 있었으나 진본(陳本)과 문장의 의미에 근거하여 삭제했다. 22) 賢政者莫大乎官能: 賢은 덧붙여진 글자로 의심된다. 官能은 능력있는 사(士)를 관으로 삼는 것. 官은 관리로 삼다. 23) 吊: 위로하다. 24) 還師衽席之上: 왕숙의 주에, "평온하고 걱정이 없는 것을 말한다."고 했다.

04 대혼해 大婚解

序說

'대혼(大婚)'은 천자와 제후의 혼사를 가리키는데, 이는 평민백성들의 일반 혼인에 대하여 상대적으로 하는 말이다. 이 편에는 공자와 노 애공의 '대혼' 문제를 핵심으로 하는 대화를 기록하고 있기 때문에 그것을 편명으로 한 것이다.

춘추시대 종법(宗法)사회에 있어서 천자와 제후 등 귀족의 혼인은 씨족 내부의 일일 뿐만 아니라 국가 정치생활 중의 중요사건이기도 했다. 공자와 애공의 대화에는 '대혼'이 국가 정치생활에 대한 중대한 영향을 힘써 설명하고 있다. 논술의 논리로 볼 때 공자는 사람의 도로부터 조금씩 깊이 있게 대혼을 논하였다. 즉 사람의 도에서 시작하여 조금씩 정(政)-애인(愛人)-예(禮)-경(敬)-대혼(大婚)을 언급하였다. 여기서 공자의 사고(思考) 문제의 결론이 여전히 어떻게 사회를 다스려야 하는지, 어떻게 민중을 관리해야 하는지에 있음을 어렵잖게 볼 수 있다.

전통적 종법 관념의 계승과 발양(發揚)의 기초 위에 공자는 인도(人道)는 당연히 천도(天道)와 화합해야 한다는 고도의 출발로부터 전면적으로 제후 혼인의 중요한 의의를 논하였다. 그는 제일 먼저, "천지가 화합하지 않으면 만물이 생겨나지 않는다. 대혼(大婚)은 만세의 계승자이다."라고 지적했다. 제후의 혼배(婚配)는 천도와 화합하는 인도 행위이고, 국가 정치를 연속하게 하는 근본 소재이기도 했다. 아울러 마지막으로 "어진 사람은 부모를 섬기는 것처럼 하늘을 섬기고, 하늘을 섬기는 것처럼 부모를 섬긴다."고 하는 천인합일의 결론을 얻어 인간의 윤리법칙과 천도의 자연함이 화해통일에 이르도록 함으로써 종법 윤리정치를 위해 견실한 형이상학적 기초를 세웠다. 실제로 공자가 여기에서 제후 혼인이 천도에 근원한다는 것을 강조한 것은 바로 공자 본인의 인간정치 윤리에 대한 고도의 중시에서 나온 것이다. 공자의 이러한 이야기는 단지 "정(政)은 정(正)이다. 군주가 바르게 되어야 백성들이 이를 따라 바르게 된다."고 하는 주제를 명확히 하기 위한 것만이 아니라, 입각점은 여전히 군주의 품덕배양에 있어서 공자의 군주 인격품질에 대한 일관된 요구를 구체적으로 드러내는 것이었다.

이 편은 『예기』「애공문(哀公問)」과 『대대례기』「애공문어공자(哀公問於孔子)」에도 보인다. 참조할 만 하다.

4-1

공자가 애공(哀公)을 모시고 앉아 있었다. 애공이 물었다. "감히 묻건대 사람의 도는 무엇이 가장 큽니까?"

공자는 얼굴에 엄숙한 빛을 띠고 대답하였다. "임금께서 이런 말씀을 하시니 이는 백성들에게 은혜로운 일입니다. 때문에 신으로서 감히 대답할 말이 없으나, 사람의 도에서 정치가 가장 중요합니다. 무릇 정치란 것은 바르게 한다는 것입니다. 임금부터 바르게 할 수 있으면 백성들도 따라서 바르게 할 것입니다. 임금이 하는 대로 백성들은 따르는 것이니, 임금께서 만일 바르게 하지 않는다면 백성은 임금으로부터 무엇을 따르겠습니까?"

애공이 물었다. "감히 묻건대 정치는 어떻게 하는 것입니까?"

공자가 대답했다. "부부간에는 분별이 있어야 하며, 부자간에는 친정(親情)이 있어야 하고, 군신 간에는 신의가 있어야 합니다. 이 세 가지가 바르게 되면 다른 모든 것들이 이를 따르게 되는 것입니다."

애공은 말하였다. "과인이 비록 무능하나 원컨대 이 세 가지 도를 행하고자 합니다. 말씀해 줄 수 있겠습니까?"

공자가 대답하였다. "옛날의 정치는 사람을 사랑하는 것이 가장 중요했습니다. 사람을 사랑할 수 있게 하는 것으로는 예(禮)가 가장 중요했습니다. 예를 준수하는 목적을 실현하기 위해서는 공경(恭敬)이 가장 중요했습니다. 그리고 최고의 공경의 표현은 천자와 제후의 혼인 중에 표현되었습니다. 천자와 제후가 배우자를 맞이할 때 예복을 입고 직접 신부를 맞이하였습니다. 직접 신부를 맞이하는 것은 신부에 대한 공경을 나타내는 것입니다. 이 때문에 군자의 공경은 친정(親情)을 나타내는 것이고, 공경을 내버리는 것은 친정을 버리는 것입니다. 친정이 없으면 경도 없고, 존중도 없습니다. 사랑과 공경이란 바로 정치의 근본이지요!"

애공이 물었다. "과인은 물어보고 싶은 말이 있습니다. 그렇더라도 천자와 제후가 예복을 입고 친히 영접하는 것은 예절이 너무 융중(隆重)한 것이 아닌지요?"

공자는 엄숙한 얼굴빛을 지으며 대답하였다. "혼인은 두 가족이 잘 결합하여 조상의 후사를 잇게 하여 그 후사가 천하와 종묘와 사직의 주인이 되게 하는 것인데, 임금께서는 어찌 이를 너무 지나치다고 여기십니까?"

애공이 말하였다. "과인은 실로 견식이 천박합니다. 만약 견식이 천박하지 않다면 어찌 이런 말을 들어볼 수 있겠습니까? 과인이 다시 조금 더 묻고자 하지만, 무엇을 말씀드려야 할지 모르겠습니다. 천천히 좀 더 말씀해 주십시오."

공자가 말하였다. "천지가 합하지 않으면 만물이 생겨나지 못합니다. 천자와 제후의 혼인은 만세를 이어나가는 것입니다. 그런데 임금께서는 어찌 지나치다고 말씀하십니까?" 공자는 말을 계속하였다. "부부 둘이서 가족 내부에서 종묘제사의 예(禮)를 주지하는 것은 천지신명에 필배(匹配)할 수 있고, 대외적으로 국가의 정치예교를 잘 한다면 군신상하의 공경하는 예를 세울 수 있습니다. 행정조처가 잘못되었다면 예로써 진작시킬 수 있고, 국가가 부끄러운 일에 직면한다면 예로써 시국을 전환할 수 있습니다. 그러므로 정치를 하는 데는 예를 앞세워야 하는 것이니 예란 바로 정치의 근본이지요." 공자는 다시 곧 바로 말하였다. "옛날 삼대(三代)의 현명한 임금은 아내와 자식에게 공경을 다하였는데, 이렇게 하는 데는 도리가 있습니다. 아내란 한 가족 혈친의 주부(主婦)이고 자식 또한 가족 혈친의 후대인데 어찌 감히 공경하지 않겠습니까? 이런 까닭으로 군자는 공경하지 않는 것이 없습니다. 공경이란 자기 몸을 공경하는 것이 제일 큰 일입니다. 자신이 혈친을 계승하는 자인데 어찌 감히 공경하지 않을 수 있겠습니까? 자기 몸을 공경하지 않는다면 가족의 혈친을 상하게 하는 것이고, 가족의 혈친을 상하게 하는 것은 가족의 근본을 상하게 하는 것이요, 가족의 근본을 상하게 하면 가족의 지맥(支脈)이 끊어져 사라지게 됩니다. 군주의 이 세 가지 방면에서의 표현은 진실로 백성들이 본받아 행할 것들입니다. 자신으로부터 백성을 생각하고, 자기 자식으로부터 백성의 자식을 생각하며, 자기 아내로부터 백성들의 아내를 생각해야 합니다. 임금으로서 이 세 가지를 닦게 되면 지선(至善)의 교화가 천하에 행하여지게 될 것입니다. 옛날 태왕(太王)의 치국의 도 역시 이와 같아서 국가가 화목했습니다."

原文

孔子侍坐於哀公[1]. 公問曰, "敢問人道[2]孰爲大?"

孔子愀然作色[3]而對曰, "君及此言也, 百姓之惠也, 固臣敢無辭而對[4]. 人道政爲大. 夫政者, 正也. 君爲正, 則百姓從而正矣. 君之所爲, 百姓之所從. 君不爲正, 百姓何所從乎?"

公曰, "敢問爲政如之何?"

孔子對曰, "夫婦別、男女親[5]、君臣信. 三者正, 則庶物[6]從之."

公曰, "寡人雖無能也, 願知所以行三者之道, 可得聞乎?"

孔子對曰, "古之政, 愛人爲大. 所以治. 愛人, 禮爲大. 所以治禮, 敬爲大. 敬之至矣, 大婚爲大. 大婚至矣, 冕而親迎[7]. 親迎者, 敬之也. 是故君子興敬爲親, 舍敬則是遺親也. 弗親弗敬, 弗尊也. 愛與敬, 其政之本與!"

公曰, "寡人願有言也. 然冕而親迎, 不已重乎?"

孔子愀然作色而對曰, "合二姓之好, 以繼先聖之後, 以爲天下宗廟社稷之主. 君何謂已重焉[8]?"

公曰, "寡人實固[9], 不固安得聞此言乎! 寡人慾問, 不能爲辭, 請少進[10]."

孔子曰, "天地不合, 萬物不生. 大婚, 萬世之嗣[11]也, 君何謂已重焉?" 孔子遂言曰, "內以治宗廟之禮, 足以配天地之神, 出以治直言之禮, 以立上下之敬[13]. 物恥則足以振之[14], 國恥足以興之[15]. 故爲政先乎禮, 禮, 其政之本與!" 孔子遂言曰, "昔三代明王[16], 必敬妻子也, 蓋有道焉. 妻也者, 親之主也, 子也者, 親之後也, 敢不敬與? 是故君子無不敬. 敬也者, 敬身爲大. 身也者, 親之支[17]也, 敢不敬與? 不敬其身, 是傷其親. 傷其親[18], 是傷本也. 傷其本, 則支從之而亡. 三者, 百姓之象[19]也. 身以及身, 子以及子, 妃以及妃[20], 君以修此三者, 則大化愾乎天下[21]矣. 昔太王之道[21]也如此, 國家順矣."

注釋

1) 哀公: 노나라 애공. 과거 월(越)나라로 도망한 적이 있기 때문에 출공(出公)이라고도 부른다. 이름은 장(蔣) 또는 장(將)이라고도 한다. 정공(定公)의 아들이다. 27년간 재위(B.C.494-468)했다. 2) 人道: 인간의 도. 고대에는 보통 인도와 천도(天道)가 대응하여 인도는 천도에 당연히 화합하는 것으로 여겼다. 3) 愀然作色: 추연(愀然)은 얼굴색이 엄숙해지거나 불쾌하게 바뀌는 것을 말한다. '作色'은 얼굴색이 변하는 것. 4) 固臣敢無辭而對: 固는 '故'와 같아 '때문에'라는 뜻이다. 無辭는 할 말이 없다. 5) 男女親: 『예기』와 『대대례기』에 근거하여 당연히 '父子親'이라 해야 한다. 6) 庶物:

기타 많은 사물. 庶는 많다. 7) **冕而親迎**: 예모(禮帽)를 쓰고 직접 영접하는 것이다. 冕은 고대 제왕이나 제후, 경대부들이 쓰던 예모(禮帽)이다. 사고본에는 '親迎' 두 글자가 없다. 8) **天下宗廟社稷之主, 君何謂已重焉**: 왕숙의 주에, "노나라는 주공(周公)의 후예로써 교(郊)에서 천(天)에 제사를 지낼 수 있었기 때문에 '천하지주(天下之主)'라고 말하였다."고 했다. 실제로 비록 노나라가 주공의 후예로써 교천지례(郊天之禮)를 행할 수 있었다는 이야기가 있지만 역대 노나라 군주[公]들이 모두가 감히 '천하지주'로 자처한 것은 아니다. 焉은 사고본과 동문본에는 모두 '乎'로 되어 있다. 9) **固**: 견식이 없다. 왕숙의 주에, "어리석다[鄙], 비루하다[陋]."라고 했다. 10) **少進**: 천천히 나아가며 밝히다. 少는 '稍'과 같다. '점차'의 의미. 11) **萬世之嗣**: 혼인은 후세를 계속 잇게 하는 중대한 일이라는 의미이다. 12) **內以治宗廟之禮, 足以配天地之神**: 왕숙의 주에, "종묘(宗廟)는 천지신(天地神)의 차례이다."고 했다. 13) **出以治直言之禮, 以立上下之敬**: 왕숙의 주에, "부부가 바르면 비로소[始: 사고본에는 '고(固)'로 되어있다] 정치가 바르게 되니 예(禮)라고 할 수 있다. 자신을 바르게 하면 남을 바르게 할 수 있다."라고 했다. 사고본에는 '以' 자 앞에 '足' 자가 있다. 14) **物恥則足以振之**: 왕숙의 주에, "일에 부끄러우면서 예를 알지 못하는 것은 진작시켜 구제 할 수 있다."고 했다. 15) **國恥足以興之**: 왕숙의 주에, "국가에 부끄러움이 있는데도 알지 못하면 흥기시킬 수 있는 자다."라 했다. 16) **三代明王**: 하, 상, 주 삼대의 성명(聖明)한 군주를 가리킨다. 17) **支**: 갈래, 지파, 지맥(支脈) 18) **傷其親**: 사고본과 동문본에는 이 세 글자가 없다. 19) **百姓之象**: 왕숙의 주에, "백성들이 본받아 행하여야 함을 말한다."고 했다. 象은 본받다. 20) **妃**: 처를 가리킨다. 『설문』에, "妃는 짝[匹]이다."고 했다. 21) **大化愾乎天下**: 지극히 좋은 교화가 천하에 통행됨. 개(愾)는 두루 미치다, 가득하다. 22) **太王之道**: 태왕(太王)은 즉 고공단보(古公亶父). 상나라 때 주족(周族)의 유명한 지도자이자 주 문왕(周文王)의 조부(祖父). 왕숙의 주에, "태왕은 주족을 강성(姜姓)과 결혼을 시켜 나라에 홀아비로 지내는 사람이 없었다. 자신을 사랑하는 만큼 다른 사람들을 사랑하고, 자기 자식을 사랑하는 만큼 남의 자식을 사랑했다. 때문에 이를 태왕의 도라 하였다."고 했다.

4-2

애공이 물었다. "감히 묻건대 자기 몸을 공경한다는 것은 무엇을 말하는 것입니까?"

공자가 대답하였다. “군자가 틀린 말을 하여도 백성은 곧 이를 신조(信條)로 받들고, 군자가 잘못된 행동을 하여도 백성들은 곧 이를 법으로 여깁니다. 군자의 언행이 합당하면 백성들은 공경하여 명령을 좇을 것입니다. 이같이 하면 능히 자신을 공경한다고 말할 수 있으며, 능히 자신을 공경한다면 그들의 부모가 될 수 있을 것입니다.”

애공이 물었다. “그의 부모가 될 수 있다는 것은 무엇을 말하는 것입니까?”

공자가 대답하였다. “군자라는 것은 숭고한 명칭으로서 백성들이 준 칭호입니다. 군(君)의 자(子)라고 불러야만 그의 부친이 군(君)이 되고 그들은 군의 아들이 되는 것입니다.” 공자가 이어서 말하였다. “정치를 좋아하면서 사람을 사랑하지 않으면 자신을 이루지 못하며, 자신을 이루지 못하면 그 영토에 안주하지 못할 것이며, 영토에 안주할 수 없으면 천도(天道)를 즐겁게 여길 수 없을 것입니다.”

애공이 또 물었다. “감히 묻건대 어떻게 해야 자신을 이룰 수 있습니까?”

공자가 다시 대답하였다. “자기 몸가짐이 사물의 고유법칙에 합당한 것을 자신을 이룬다고 하는 것입니다. 사물의 고유법칙을 넘지 않는 것이 천도에 맞는 것입니다.”

그러나 애공이 또 물었다. “군자는 어찌하여 천도를 귀하게 여깁니까?”

공자가 말하였다. “천도의 운동이 끊임이 없음을 귀하게 여기는 것입니다. 이를테면 해와 달이 동서로 서로 따라서 돌며 그치지 않는 것이 하늘의 도이며, 막힘이 없이 오래가는 것이 또한 하늘의 도이며, 아무것도 하는 것 없이도 만물이 이루어지는 것이 하늘의 도이며, 이미 다 이루어진 것을 밝게 해주니 또한 하늘의 도입니다.”

애공이 말하였다. “과인은 어리석어 뜻을 분명히 알 수 없으니 조금 더 설명해 주시기를 청합니다.”

공자는 신속하게 자리를 피하며 대답하였다. “어진 사람은 일을 함에 사물의 고유한 법칙을 넘어서지 않으며, 효자는 부모의 마음을 넘어서지 않습니다. 이 때문에 어진 사람의 부모 섬기는 것을 보면 하늘 섬기듯 하며, 하늘 섬기는 것을 보면 부모 섬기듯 하니 이를 효자가 자신을 이루었다고 하는 것입니다."

이 말을 듣고 나서 애공이 말하였다. "과인이 이 같은 말씀을 듣고서도 후일 죄를 짓는다면 어찌한단 말입니까?"

공자가 대답하였다. "임금께서 이런 말씀까지 하시니 이는 신의 복입니다."

原文

公曰, "敢問何謂敬身?"

孔子對曰, "君子過言[1]則民作辭, 過行則民作則. 言不過辭, 動不過則, 百姓恭敬以從命. 若是則可謂能敬其身, 敬其身[2]則能成其親矣."

公曰, "何謂成其親?"

孔子對曰, "君子者也, 人之成名[3]也, 百姓與名, 謂之君子, 則是成其親爲君而爲其子也." 孔子遂言曰, "愛政而不能愛人, 則不能成其身. 不能成其身, 則不能安其土. 不能安其土, 則不能樂天[4]."

公曰, "敢問何能成身?"

孔子對曰, "夫其行已不過乎物[5], 謂之成身, 不過乎[6], 合天道也."

公曰, "君子何貴乎天道也?"

孔子曰, "貴其不已也. 如日月東西相從而不已也, 是天道也. 不閉而能久[7], 是天道也. 無爲而物成, 是天道也. 已成而明之, 是天道也."

公曰, "寡人且愚冥, 幸煩子之於心[8]."

孔子蹴然[9]避席而對曰, "仁人不過乎物, 孝子不過乎親. 是故仁人之事親也如事天, 事天如事親, 此謂孝子成身."

公曰，“寡人旣聞如此言，無如後罪何[10]?”

孔子對曰，“君之[11]及此言，是臣之福也.”

注釋

1) **過言**: 합당하지 않은 말. 過는 잘못이다, 틀렸다. 2) **敬其身**: 원래는 없었는데 사고본과 동문본에 근거하여 보완했다. 3) **君子者也, 人之成名**: 成은 '盛'과 통한다. 成名은 지위가 높고 널리 알려진 이름. 也는 사고본에 '乃'로 되어 있다. 4) **樂天**: 천도에 순응함을 즐겁게 여김. 天은 왕숙의 주에, "천도(天道)이다."고 했다. 사고본과 동문본에는 이 뒤에 '不能樂天, 則不成其身'이라는 구절이 있다. 5) **行已不過乎物**: 처세와 행사가 사물의 발전의 자연법칙을 따른다. 6) **乎**: 동문본에는 뒤에 '物' 자가 있다. 7) **不閉而能久**: 왕숙의 주에, "不閉란 늘 통하여 오래갈 수 있는 무극(無極)을 말한다."고 했다. 8) **幸煩子之於心**: 왕숙의 주에, "공자를 번거롭게 하여 그의 마음에 능히 행할 수 있는 것을 의논하고 알고자 한 것이다."고 했다. 9) **蹴然**: 신속한 모습. 축(蹴)은 밟다, 차다. 10) **無如後罪何**: 만약 장래에 잘못이 있으면 어떻게 해야만 하는가? 11) **之**: 원래는 '子'로 되어 있는데, 사고본과 비요본, 동문본에 근거하여 고쳤다.

05 유행해儒行解

序說

이 편은 공자가 노나라 애공의 물음에 대답한 것을 통하여 유자(儒者)의 덕행을 논술하였기 때문에 '유행(儒行)'을 편명으로 한 것이다.

무엇을 '유(儒)'라 하는가? 유자는 어떠한 특징이 있는가? 그들의 사회행위에서 일반생활과 말과 몸가짐은 또 어떠한가? 이들 문제에 대하여 이전부터 서로 다른 관점이 존재하였다. '유'의 명칭은 일찍이 『주례』, 『논어』 등의 전적에서 보이는데, 후한 허신(許愼)의 『설문해자』에 이르기를, "儒은 柔이다. 術士를 칭한다."고 했다. 이는 곧 '유'는 유약한 술사라는 말이다. 근대이래로 학자들이 많은 방면에서 연구를 진행하였는데, 예컨대 호적(胡適), 곽말약(郭沫若) 등은 모두 각자 다른 견해를 발표한 적이 있다. 장태염(章太炎)이 지은 『원유(原儒)』중에 '유'를 넓은 의미의 일체의 방술지사(方術之士)로부터 나아가 좁은 의미의 "요순(堯舜)을 조술(祖述)하고, 문왕, 무왕을 헌장(憲章)하며 중니(仲尼)를 스승으로 받드는" 사람이라 정의하였다.

'유'에 대하여 춘추 말기의 사람들에게 이미 서로 다른 관점이 존재하여 잘못 이해되기에 이르렀다. 당시 노나라에는 유(儒)가 많았는데, 『장자』「전자방(田子方)」의 기록에 보면 노 애공이 말하기를, "노나라의 모든 사람은 유복(儒服)을 입었다.[擧魯國而儒服]"고 했고, 『사기』「유협열전(游俠列傳)」에는 "노나라 사람들은 모두 유(儒)의 가르침을 따른다.[魯人皆以儒教]"라 했다. 그러나 공자가 보기에 진정한 '유'는 당연히 고결한 덕행을 갖추어야 한다. 이는 곧 공자가 자기 제자들에게 훈계한 '군자유(君子儒)'가 되어야지 '소인유(小人儒)'가 되어서는 안 된다는 것이다.

공자가 애공에게 대답한 문제 전문을 통하여 공자는 자신의 마음 속 이상적인 '유자(儒者)'의 형상과 '유자'의 풍모, '유자'의 인격을 표현하였다. 공자는 유자의 자립(自立), 용모, 비예(備預), 근인(近人), 특립(特立), 강의(剛義), 진사(進士), 우사(憂思), 관유(寬裕), 교우(交友), 존양(尊讓) 등에 대한 설명을 통해 자신이 인정하는 특립독행(特立獨行), 탁이불군(卓爾不群), 관후인의(寬厚仁義), 공경겸양(恭敬謙讓), 자기 절제에 엄한 유자의 형상을 살아있는 것처럼 생동감 있게 그려내고 있다.

공자의 이야기 중에 그는 유약한 '유(儒)'와 '살신성인의 사(士)'를 함께 논하였다. 이것이 바로 그의 마음속에 "어짐을 자기소임으로 여긴다", "자신이 서고자 하면 남을 세운다", "자신이 달(達)하고자 하면 남을 달하게 한다"는 것이며, 공경, 겸양 그리고 강의(剛毅)한 진취적 유자의 인격인 것이다. 편 중에는 유자의 품행을 칭찬하는 많은 명언과 경구(警句)가 있다. 이들은 모두 『논어』, 『중용』 등 유가경전과 서로 대조할 만하다. 예컨대 "선비는 금과 옥을 보물로 여기지 않고, 충성과 믿음을 보물로 여기며, 토지를 차지하길 바라지 않고, 인의(仁義)를 토지로 여긴다. 많은 재물 쌓아두기를 구하지 않고, 문화지식을 많이 배우는 것을 재물로 여긴다.[儒有不寶金玉, 而忠信以爲宝; 不祈土地, 而仁義以爲土地; 不求多積, 多文以爲富]"고 한 것이 그것이다. 유사한 내용이 『논어』에 보이는 "군자는 도를 도모하지 먹는 것을 도모하지 않으며, 도를 염려하지 가난을 염려하지 않는다.[君子謀道不謀食, 憂道不憂貧]"고 한 것이다. 이 편의 "지식이 넓으면서도 배움에 끝이 없으며, 덕행을 견지하면서도 싫증을 내지 않는다.[博學而不窮, 篤行而不倦]"고 한 것은 마찬가지로 『중용』중의 "널리 그것을 배우며, 자세히 그것을 묻고, 신중히 그것을 생각하며, 명확히 그것을 분별하며, 독실하게 그것을 행해야 한다[博學

之, 明辨之, 愼思之, 審問之, 篤行之」"와 서로 대응한다. 이는 『가어』의 귀중한 가치를 드러내는 것이고, 『가어』가 더 나아가 시급히 발굴되고 이용되어야 함을 설명하는 것이다. 공자의 이러한 논술은 공자 자신의 인격을 비추는 것으로 후세에 유자들에 의해 처세의 기준으로 보이게 하였다. 「유행(儒行)」편은 오늘날의 사람들에 대하여 수신(修身)과 양성(養性) 그리고 인격을 나무랄 데 없게 하는데도 크게 도움이 된다.

이 편은 또 『예기』에도 수록되어 있으며, 둘 사이에는 약간의 차이가 있는데 이는 『예기』의 편자(編者)가 다듬은 결과라고 하겠다.

5-1

공자가 위(衛)나라에 있을 때였다. 염구(冉求)가 계손에게 말하였다. "나라에 성인이 있어도 능히 쓸 줄을 모르면서 나라가 다스려지기를 바라니, 이것은 뒷걸음질을 하면서 앞에 가는 사람을 따라가고자 하는 것과 마찬가지로 도저히 될 수 없는 일입니다. 지금 공자께서는 위나라에 계신데 위나라에서 장차 등용하려 하니, 이것은 자기 나라의 인재를 이웃나라에 바치는 것인즉 지혜가 있다 하기 어렵습니다. 융중한 초빙의 예로써 맞이해 오기를 청합니다." 계손이 염구의 건의를 애공(哀公)에게 고하였고, 공이 그 말을 좇았다.

原文

孔子在衛[1], 冉求[2]言於季孫[3]曰, "國有聖人而不能用, 欲以求治[4], 是猶卻步而欲求及前人[5], 不可得已. 今孔子在衛, 衛將用之. 己有才而以資[6]鄰國, 難以言智也. 請以重幣迎之[7]. 季孫以告哀公, 公從之.

注釋

1) 衛: 춘추시대의 나라이름이다. 주나라 무왕(武王)의 동생 강숙(康叔)의 봉지(封地)

이다 그 통치 범위는 지금의 하북 남부와 하남 북부 일대이다. 2) **冉求**: 공자의 학생으로 성은 염, 이름이 구이고, 자는 자유(子有)이다. 재예(才藝)가 있고, 정사(政事)로써 이름이 났다. 3) **季孫**: 여기서는 계손비(季孫肥)를 가리킨다. 즉 계강자(季康子)이다. 노 애공 때의 정경(正卿)이다. 4) **治**: 여기서는 정치가 밝고 안정된 것을 가리킨다. '亂'과 상대적인 말이다. 일설에는 '관리(管理)', '소리(疏理)'라고 하지만 잘못이다. 5) **卻步而欲求及前人**: 卻步는 후퇴하여 거꾸로 가는 것을 말한다. 及은 미치다. 前人은 앞서 가는 사람이다. 6) **資**: 공급하다, 돕다. 7) **重幣迎之**: 重幣는 많은 돈과 후한 예(禮). '幣'는 통상 "財物", "貨幣"로 해석되나 잘못이다. 여기서는 사람을 초청할 때 경의를 표하는 예물의 의미이다. 『좌전』성공(成公) 2년에, "부사에게 폐백을 주고 돌아가다.[使介反幣]"라고 했고, 이에 대한 두예(杜預)의 주에, "幣는 빙물(聘物)이다."고 했다. 迎은 맞이하다, 접대하다, 영접하다. 迎은 동문본에 '延'으로 되어 있고, 사고본에는 '求'로 되어 있다.

5-2

공자가 노나라로 귀국한 후 관사(館舍)에 거주하였다. 애공이 공자가 거주하는 관사를 방문하였다. 애공은 마루의 동쪽 계단으로부터 올라가고 공자는 서쪽계단으로부터 올라가 마루에서 애공을 모시고 섰다. 애공이 물었다. "선생께서 입으신 옷이 유자(儒者)의 복장입니까?" 공자가 대답하였다. "제가 어렸을 적 노나라에 살 때 봉액(逢掖)의 옷을 입었으며, 자라서 송나라에 살 때에는 장보관(章甫冠)을 썼습니다. 제가 듣기로 군자는 그 배우는 일은 넓게 하되 그 입는 의복에 대해서는 그 고을의 풍속을 따라야 한다고 들었습니다. 저는 무엇이 유자의 복장인지 모르겠습니다."

애공이 물었다. "감히 묻건대 유행(儒行)이란 어떤 것입니까?" 공자가 말하였다. "간략하게 말씀드리면 그 사정을 분명하고 완전하게 말씀드리지 못할 것이지만, 모든 것을 자세하게 말씀드리자면 옆에 모시는 사람이 바뀔 때까지 하여도 다 말씀 드리지 못할 것입니다."

原文

孔子旣至舍[1)], 哀公館焉[2)]. 公自阼階[3)], 孔子賓階[4)], 升[5)]堂立侍. 公曰, "夫子之服, 其儒服與?" 孔子對曰, "丘少居魯, 衣逢掖之衣[6)]. 長居宋, 冠章甫之冠[7)]. 丘聞之, 君子之學也博, 其服以鄕[8)], 丘未知其爲儒服也."

公曰, "敢問儒行[9)]?" 孔子曰, "略言之, 則不能終其物; 悉數之, 則留僕未可以對[10)]."

注釋

1) **旣至舍**: 머물 관사(館舍)에 도착한 이후. 旣는 ~이후. 2) **哀公館焉**: 왕숙의 주에, "공자가 머무는 곳에 갔다."고 했다. 사(舍)는 빈사(賓舍), 관사(館舍). 관(館)은 여기서 동사로 사용되었다. '관사에 도착하다'의 의미이다. 『의례(儀禮)』「빙례(聘禮)」에, "공(公)이 빈관(賓館)에 갔다.[公館賓]"고 했는데, 호배휘(胡培翬)의 『정의(正義)』에 오씨(敖氏)를 인용하여, "'관(館)'이란 그 숙소에 간다는 것을 이른다."고 하였고, 이는 왕숙의 주와 같다. 3) **阼階**: 동쪽에 있는 계단으로 주인이 서 있는 곳이다. 4) 賓階: 서쪽의 계단이다. 손님과 주인이 서로 만날 때 객은 서쪽의 계단에서, 주인은 동쪽의 계단에서 읍을 한다. 『의례(儀禮)』「향음주(鄕飮酒)」에, "주인은 조계(阼階)로, 객은 서쪽 계단 위에 선다."고 했다. 5) **升**: 오르다, 올라가다. 6) **衣逢掖之衣**: 왕숙의 주에, "심의(深衣)의 자락이 넓은 것이다."고 했다 즉 소매가 넓은 옷으로 고대 유자(儒者)들이 입던 옷이다. 앞의 '衣'는 동사로 쓰였다. 입다, 입고의 의미이다. '逢'은 넓다. '掖'은 팔꿈치와 겨드랑이. 뒤에는 '腋'으로 되어 있다. 7) **章甫之冠**: 상대(商代)에 유행하던 일종의 까만색 포로 만든 모자로 주나라 때 송나라 사람들이 계속하여 사용하였다. 章甫는 혹 '章父'라고도 한다. 8) **鄕**: 왕숙의 주에, "그 향(鄕)에 따른다."고 했다. 즉 향에 가게 되면 그곳의 풍속을 따른다. 9) **儒行**: 유자(儒者)의 행위. 10) **留更僕未可以對**: '更'은 원래 없었지만 사고본과 동문본, 『예기(禮記)』「유행(儒行)」, 왕숙의 주에 근거하여 보완하였다. 왕숙의 주에, "留는 久이다. 僕은 태복(太僕)이다. 임금이 연조(燕朝)에 있을 때 정위(正位)에서 빈상(儐相)을 관장한다. 바꾼 지[更衣之: '衣之'는 사고본에 '之者'로 되어있는데 이것이 옳다] 오래되면 권태로워져 그로 하여금 서로 바꾸게 하는 것이다."고 했다. 更은 바꾸다. 여기서는 시간이 오래 걸린다는 것을 충분히 말한 것이다.

5-3

애공(哀公)이 자리를 마련하도록 명령했다. 이에 공자가 곁에 모시고 말하였다. "선비[儒]는 군주가 귀하게 여기는 선왕(先王)의 도를 진술할 수 있음으로 초빙해 주기를 기다리고, 아침저녁으로 학문을 열심히 닦아 놓고 누군가 질문해오기를 기다리며, 충성과 믿음을 품고 남이 자신을 천거해 주기를 기다리고, 인의와 도덕을 힘써 행하면서 남이 자신을 임용하기를 기다립니다. 선비의 자립(自立)이 이와 같습니다."

"선비는 의관을 맞게 하고 행위를 삼가 조심하며, 높은 관직과 후한 봉록 등 큰일을 사양할 때는 오만한 듯 하고, 술과 음식 등 작은 일을 사양할 때는 거짓처럼 합니다. 큰일을 할 때에는 매우 신중하게 몇 번을 살피면서 마음이 두려운 듯 하고, 작은 일을 할 때는 경솔하게 하지 않게 마음에 꺼리는 바가 있듯이 합니다. 벼슬길에 나아가는 것을 어렵게 여기고 물러나는 것을 쉽게 하며, 겸손한 모양이 무능한 듯 보입니다. 선비의 용모가 이와 같습니다."

"선비의 일상기거(日常起居)는 엄숙하고 장중하여 보통 사람들이 같이 하기 어렵고, 그들은 일어서고 앉을 때 모두 공경한 태도를 나타내며, 말을 반드시 정성스럽고 믿음성 있게 하고, 행동은 반드시 충성스럽고 정직하게 합니다. 길을 갈 때 험하고 평탄한 것을 남과 다투지 않으며, 겨울과 여름에 따뜻하고 시원한 곳을 남과 다투지 않습니다. 자신의 생명을 아껴 시기가 오기를 기다리고, 그 몸을 튼튼히 하여 시기가 왔을 때 일할 수 있게 합니다. 선비가 미리 준비함이 이와 같습니다."

"선비는 금과 옥을 보물로 여기지 않고 충성과 믿음을 보물로 여기고, 토지를 차지하길 바라지 않고 인의(仁義)를 토지로 여깁니다. 많은 재물 쌓아두기를 구하지 않고 문화지식을 많이 배우는 것을 재물로 여깁니다. 그들은 사람됨이 공정하여 그렇게 하기는 어렵지만, 봉록을 내리면 오히려 쉽게 만족합니다. 봉록을 내리면 쉽게 만족하지만 불러서 오래 곁에 두기란 어렵습니다. 때가 아니면 나타나지 않으니 어찌 얻기가 어렵지 않겠습니까? 의(義)와 맞지 않으면 불러서 오래 곁에 두기가 어찌 어렵지 않겠습니까? 수고를 먼저 하고 봉록을 뒤에 받는데 어찌 봉록에 쉽게 만족하지 않겠습니까? 선비의 인정(人情)에 가깝기가 이와 같습니다."

"선비는 다른 사람이 보내는 재물을 탐하지 않고, 놀고 즐기는 일에 빠져 음탕하지 않으며, 많은 사람으로 위협해도 두려워하지 않고, 무력으로 겁을 줘도 겁내지 않습니다. 이익을 보아도 그 의(義)를 잊지 않고, 생명의 위험에 직면해서도 자신의 지킴을 바꾸지 않습니다. 지난 일은 후회하지 않고 앞으로 오는 일도 의심이나 근심하지 않으며, 잘못된 말을 두 번 거듭하지 않고, 근거 없는 소문을 들더라도 그 출처를 끝까지 밝히려 들지 않습니다. 늘 자신의 위엄을 유지하고, 모략을 미리 예습(豫習)하지 않습니다. 선비 입신(立身)의 독특함이 이와 같습니다."

原文

哀公命席[1]. 孔子侍坐, 曰, "儒有席上之珍[2]以待聘, 夙夜强學[3]以待問, 懷忠信以待擧[4], 力行以待取[5]. 其自立有如此者."

"儒有衣冠中[6], 動作順[7], 其大讓如慢[8], 小讓如僞. 大則如威[9], 小則如愧[10], 難進而易退[11], 粥粥[12]若無能也. 其容貌有如此者."

"儒有居處齊難[13], 其起坐恭敬, 言必誠信, 行必忠正, 道塗不爭險易之利[14], 冬夏不爭陰陽之和[15], 愛其死以有待也[16], 養其身以有爲也. 其備預有如此者."

"儒有不寶[17]金玉, 而忠信以爲寶; 不祈[18]土地, 而仁義以爲土地; 不求多積, 多文以爲富. 難得而易祿[19]也, 易祿而難畜[20]也. 非時不見[21], 不亦難得乎? 非義不合, 不亦難畜乎? 先勞而後祿, 不亦易祿乎? 其近人情, 有如此者."

"儒有委之以財貨而不貪[22], 淹[23]之以樂好而不淫[24], 劫之以衆而不懼, 阻之以兵而不慴[25], 見利不虧其義, 見死不更其守[26]. 往者不悔, 來者不豫[27], 過言不再[28], 流言不極[29], 不斷其威[30], 不習其謀[31]. 其特立有如此者."

注釋

1) **命席**: 자리를 마련하도록 명령함. 2) **席上之珍**: 왕숙의 주에, "'席上之珍'은 선왕(先王)의 도를 자세히 진술하여 정치로 삼을 수 있다."고 했다. '席'은 자리에 깔아놓은 멍석. '珍'은 보옥(寶玉). 좋은 재덕을 갖춘 사람이 자리에 보옥이 있는 것과 같다는 것을 비유한 것으로 여기서는 군주가 보물처럼 여기는 선왕의 도를 가리킨다. 후에 '席珍待聘'이라고 하여 인재를 아껴 임용한다는 동의어로 사용함. 3) **夙夜強學**: 밤낮 가리지 않고 학습에 노력함. '夙夜'는 아침저녁, 낮밤. '夙'은 새벽. '強'은 힘써 노력함. 4) **待擧**: 천거되어 임용됨을 기다림. 5) **力行以待取**: 왕숙의 주에, "인의도덕(仁義道德)을 힘써 행하여 사람들에게 취해가기를 기다리는 것이다."고 했다. 6) **中**: 어느 한 쪽에 치우치지 않음. 지나치지도 모자라지도 않음. '適中'은 대중과 다르지 않으나 세속에 휩쓸리지도 않음. 7) **順**: '愼'과 같다. 신중하다. 『역(易)』「승(升)·상전(象傳)」에, "군자는 덕에 신중하였다[君子以順德]."고 했고, 육덕명(陸德明)의 석문(釋文)에, "순(順)은 본래 또 신(愼)으로도 쓰였다."고 했다. 8) **大讓如慢**: 큰일을 양보하며 받지 않기를 마치 매우 오만한 듯하다. 대량(大讓)은 고관으로서의 후한 봉록을 사양하는 것을 가리키고, 다음 문장의 소양(小讓)은 술이나 음식 등 작은 일을 사양하는 것을 가리킨다. '慢'은 왕숙의 주에, "만(慢)은 간략이다."고 했다. 9) **大則如威**: 큰일을 할 때에는 매우 신중하게 몇 번을 살피면서 마음이 두려운 듯한다. 10) **小則如愧**: 작은 일을 할 때는 경솔하게 하지 않게 마음에 꺼리는 바가 있듯이 한다. 11) **難進而易退**: 유자(儒者)는 나아감에는 매우 신중하게, 물러설 때에는 오히려 쉽게 한다. 12) **粥粥**: 자신을 낮추는 겸손한 모양. 『예기』「유행(儒行)」의 육덕명(陸德明)의 석문(釋文)에, "죽(粥)은 서본(徐本)에는 륙(鬻)으로 되어 있다. 겸손한 모양이다."고 했다. 13) **齊難**: 왕숙의 주에, "엄숙하고 장중하여 가히 두렵고 어렵게 여기는 것이다."고 했다. 『시』「대아(大雅)·사제(思齊)」의 육덕명 석문에, "'齊'는 '莊'이다."고 했다. 즉 엄숙하고 신중하게 사람들이 어려워하는 일을 하는 것이다. '齊'는 '齋'와 같다. 14) **道塗不爭險易之利**: 유자(儒者)는 길을 갈 때 다른 사람과 평탄하게 쉽게 갈 수 있는 길을 다투지 않는다. '塗'는 '途'와 같다. 15) **陰陽之和**: 겨울에 따뜻하고 여름에 시원하다. 다른 사람과 겨울과 여름에 따뜻하고 시원한 곳을 다투지 않는다는 의미이다. 16)

愛其死以有待也: 자기의 생명을 소중하게 여기며 시기의 도래를 기다린다는 의미이다. '死'는 생명이다. 『여씨춘추(呂氏春秋)』「회총(懷寵)」에, "백성들의 명을 구하다.[以救民之死]"라 했고, 고유(高誘)의 주에, "死는 명(命)이다."고 했다. 17) **不寶**: 소중하지 않음. '寶'는 '~을 보물로 삼다'로써 동사로 쓰임. 18) **祈**: 구(求)하다. 『예기』「교특생(郊特牲)」에, "祭에는 구함[祈]이 있다.[祭有祈焉]"고 했고, 정현(鄭玄)의 주에, "祈는 '求'와 같다."고 했다. 19) **祿**: 봉록(俸祿). 여기서는 동사로써 '봉록을 사여한다'는 의미이다. 20) **難畜**: 불러서 오랫동안 기르기가 어렵다. 畜은 養이다. 『역』「사(師)·상전(象傳)」에, "군자는 백성을 포용하고 기른다.[君子以容民畜衆]"고 했고, 육덕명이 인용한 왕숙의 주에, "畜은 '養'이다."고 했다. 21) **非時不見**: 적당한 때가 오지 않으면 유자는 출현하지 않는다는 의미. 22) **儒有委之以財貨而不貪**: 유자는 다른 사람의 돈이나 물건을 탐하지 않는다는 의미. 委는 주다. '財貨'는 사고본과 동문본에는 '貨財'로 되어 있는데 『예기』와 같다. 23) **淹**: 담그다, 적시다. 『대대례기(大戴禮記)』「문왕관인(文王官人)」에, "이익에 빠지게 하다.[淹之以利]"고 했고, 왕빙진(王聘珍)의 주에, "淹은 담그다[浸漬]."라고 했다. 24) **淫**: 방자(放恣)하다, 지나치다. 일설에는 '음란하다', '사악하고 음란하다'고 하지만 잘못이다. 25) **阻之以兵而不懾**: 왕숙의 주에, "阻는 어렵게 하는 것이다. 병(兵)으로 어렵게 하는 것이다."고 했다. 阻는 사고본과 『예기』에 '저(沮)'라 하였다. '懾'은 무섭다, 두렵다. 26) 동문본에는 이 아래에 "鷙蟲攫搏, 不程其勇, 引重鼎, 不程其力"이라는 네 구절이 있다. 『예기』와도 같다. 27) **豫**: '預'와 같다. 고려하다. 28) **過言不再**: 왕숙의 주에, "다시 틀린 말을 하지 않는다."고 하였다. 즉 틀린 말을 두 번 하지 않는다. 再는 두 번. 29) **流言不極**: 왕숙의 주에, "유언(流言)으로 서로 헐뜯어도 그 출처를 찾지 않는다."고 했다. 不極은 '출처를 찾지 않는다', '기원을 추구(追究)하지 않는다', '그 뿌리를 캐지 않는다'는 뜻이다. 30) **不斷其威**: 왕숙의 주에, "항상 엄숙하다."고 했다. 즉 시종 존엄하고 신중함을 유지하다. 31) **不習其謀**: 왕숙의 주에, "미리 모략을 예습하지 않는다."고 했다. 즉 심각하게 모종의 권모술수를 장악하지 않는다.

5-4

"선비[儒]는 친할 수는 있어도 겁을 줄 수는 없고, 가까이할 수는 있어도 핍박할 수는 없으며, 죽일 수는 있어도 욕보일 수는 없습니다. 거처는 지나치게 꾸미지 않고 음식은 풍성하게 먹지 않으며, 어떤 과실이 있더라도 이를 완곡하게 깨닫도록 할 수는 있을지언정 면전에서 책망할 수는 없습니다. 그 강직하여 굴하지 아니함이 이와 같습니다."

"선비는 충성과 신의로 갑주(甲冑)를 삼고 예의(禮義)를 방패로 삼으며, 인의(仁義)를 지켜 일을 행하며, 덕을 가슴에 품고 사람을 대합니다. 비록 포악한 정치에 직면하여서도 자기의 신념을 바꾸지 않습니다. 그 자립을 추구함이 이와 같습니다."

"선비는 한 이랑[畝] 되는 면적에 낮은 담만 둘러친 집에 살며 정문은 싸리나무와 대나무를 엮어 사용하고, 곁문은 담을 뚫어 좁고 길쭉한 구멍으로 만들고, 방문은 쑥대로 엮어 사용하고 깨진 옹기를 벽 사이에 끼어 창으로 만듭니다. 옷이 한 벌 뿐임으로 식구끼리 서로 바꿔 입고 외출하며, 식량은 겨우 하루에 한 끼밖에 먹지 못할 정도입니다. 임금이 자신의 건의를 받아들여 써 준다고 해서 감히 두 마음으로 임금을 섬기지 않으며, 임금이 자신의 건의를 받아들이지 않고 써주지 않는다고 해서 감히 아첨하지 않습니다. 선비가 관리가 되어 청렴하고 봉공(奉公)하는 태도가 이와 같습니다."

"선비는 현재의 사람들과 함께 살면서 옛 사람과 뜻이 같습니다. 선비의 지금 세상의 행위는 후세에 모범으로 받들어집니다. 만약 정치가 깨끗한 좋은 시대를 만나지 못해 위로는 받아들여지지 않고 아래로는 추천하는 사람이 없으며, 참소와 아첨에 뛰어난 자들이 당파를 지어 위해(危害)를 가할 것이지만, 그 몸을 위태롭게는 할 수 있어도 그 뜻은 빼앗을 수 없습니다. 비록 위태롭다고 하더라도 평소처럼 오히려 끝까지 자신의 뜻을 믿으며 아울러 백성들의 질고(疾苦)를 잊지 않습니다. 그 나라를 걱정하고 백성을 생각함이 이와 같습니다."

"선비는 지식이 넓으면서도 배움에 끝이 없으며, 덕행을 견지하면서도 싫증을 내지 않습니다. 홀로 있으면서도 스스로를 방종하게 하지 않으며, 벼슬길이 임금에게 통하여도 명리에 매이지 않습니다. 예를 시행할 때는 반드시 중화(中和)의 원칙에 따르고, 관직에 나아가지 않는 한가한 시간에도 법에 따라 행하며, 어진 사람을 앙모하면서도 백성을 용납하고, 자신의 모난 것은 버리고 많은 사람들과 화합합니다. 그 관대(寬大)함이 이와 같습니다."

▍原文

"儒有可親而不可劫[1], 可近而不可迫[2], 可殺而不可辱. 其居處不過[3], 其飮食不溽[4]. 其過失可征辯[5], 而不可面數[6]也; 其剛毅有如此者."

"儒有忠信以爲甲胄[7], 禮義以爲幹櫓[8]; 戴仁而行, 抱德而處. 雖有暴政, 不更其所[9]. 其自立有如此者."

"儒有一畝之宮[10], 環堵之室[11], 蓽門圭窬[12], 蓬戶甕牖[13], 易衣而出[14], 幷日而食[15]. 上答之, 不敢以疑[16]; 上不答之, 不敢以諂. 其爲士[17]有如此者."

"儒有今人以居, 古人以(稽-禾)[18], 今世行之, 後世以爲楷[19], 若不逢世, 上所不受, 下所不推; 詭諂之民有比黨而危之[20], 身可危也, 其志, 不可奪也. 雖危起居, 猶竟信其志, 乃不忘百姓之病也[21]. 其憂思有如此者."

"儒有博學而不窮[22], 篤行而不倦, 幽居而不淫[23], 上通而不困[24]. 禮必以和, 優遊以法[25]. 慕賢而容衆[26], 毀方而瓦合[27]; 其寬裕有如此者."

▍注釋

1) 劫: 협박하다, 윽박지르다. 『회남자(淮南子)』「정신(精神)」에, "사생(死生)으로 핍박할 수 없다.[則不可以劫以死生]"고 했고, 고유(高誘)의 주에, "겁(劫)은 핍박하다."고 했다. 2) 迫: 협박하다. 3) **其居處不過**: 선비가 거처하는 곳이 호화롭지 않음을 가리킨다. 4) **溽**: 농후(濃厚)하다. 『예기(禮記)』「유행(儒行)」의 공영달(孔穎達)의 소(疏)에, "'溽'이 하고자 하는 말은 '濃厚'이다."고 했다. 5) **微辯**: 은은하고 완곡하게 깨우치다. 6) **面數**: 면전에서 나무라다. 7) **甲胄**: 갑옷과 투구. 8) **幹櫓**: 방패. 간(幹)은 작은 방패, 노(櫓)는 큰 방패. 9) **雖有暴政, 不更其所**: 포악한 정치에 직면하여서도 자신이

받드는 신념을 바꾸지 않는다. 10) **一畝之宮**: 땅 1무(畝)의 택지. 무(畝)는 토지면적 단위의 양사(量詞). 주나라 제도에 소무(小畝)는 길이와 넓이가 각각 10보였는데, 1무는 면적이 작음을 말하는 것이다. 宮은 집. 옛날에는 귀천을 막론하고 거처를 모두 궁(宮)이라 불렀다. 진한(秦漢)이후에 지존(至尊)이 거주하는 곳을 칭하게 되었다. 11) **環堵之室**: 왕숙의 주에, "사방 1장(丈)을 도(堵)라 한다. 1도(一堵)란 그것이 작다는 것을 말한다."고 했다. 環은 주위, 동서남북 사방의 주위. 12) **蓽門圭窬**: 왕숙의 주에, "필문(蓽門)은 가시나무와 대나무로 얽어 만든 문이다. 규유(圭窬)는 담에 뚫은 구멍이 규(圭)와 같다."고 했다. 즉 작은 문이다. 필(蓽)은 '필(篳)'과 같다. 가시와 대나무 종류이다. 규(圭)는 옥기(玉器)로서 긴 모습인데, 위는 뾰족하고 아래 부분이 방형(方型)이다. 유(窬)는 본래의 의미가 나무를 뚫어 만든 문으로 여기서는 담을 뚫어 대문으로 한 것을 가리킨다. 13) **蓬戶甕牖**: 왕숙의 주에, "쑥대를 얽어 대문으로 하고, 항아리를 깨 창문으로 하였다."고 했다. 蓬은 쑥, 戶는 문, 유(牖)는 작은 창문. 14) **易衣而出**: 왕숙의 주에, "다시 서로 옷을 바꿔 입고 나간다."고 했다. 15) **並日而食**: 왕숙의 주에, "하루에 한 끼 식사를 한다."고 했다. 음식물이 부족함을 의미한다. 16) **上答之, 不敢以疑**: 왕숙의 주에, "임금이 써주면 임금 섬기기를 감히 의심하고 배반하지 않는다."고 했다. 17) **士**: 벼슬에 나아간 사람. 사고본과 동문본에는 '仕'로 되어 있는데, 『예기』와 같다. 18) **沓**: 서로 맞음, 일치함. 왕숙의 주에, "稽와 같다."고 했다. 『예기』「유행(儒行)」에 '稽'로 되어 있다. 19) **楷**: 왕숙의 주에, "본받음[法]이다."고 했다. 20) **讒諂之民有比黨而危之**: 참언이나 아첨하는 무리들이 서로 결탁하여 모함한다는 의미이다. 比는 결탁하다. 黨은 당파를 짓다. 21) **雖危起居, 猶竟信其志, 乃不忘百姓之病也**: 왕숙의 주에, "起居는 動靜과 같다. 竟은 '끝내'이다. 비록 몸이 위태로운 경우를 당한다 하더라도 종신토록 백성을 잊지 않는다는 의미이다."고 했다. 信은 '伸'과 같다. 펼치다, 실현하다. 病은 '질고(疾苦)'의 의미. 22) **窮**: 쉬다, 정지하다. 23) **幽居而不淫**: 홀로 있을 때도 자신을 방종하게 하지 않는다는 의미. 幽居는 홀로 있는 때. 淫은 방자하고 제멋대로 함. 24) **上通而不困**: 위로 통할 때 금전이나 지위 등 명리(名利)에 매이지 않는다는 의미. 上通이란 벼슬이 군주에게 통함. 25) **優遊以法**: 유유자적하며 지낼 때에도 법도대로 행동한다. 26) **慕賢而容衆**: 현명하고 능력 있는 인재를 앙모하고 많은 사람을 받아들임. 27) **毁方而瓦合**: 왕숙의 주에, "자신의 날카로움을 버리고 아래로 많은 사람과 조화하는 것이다."고 했다. 즉 중요하지 않은 문제에 남과 다른 새로운 의견을 주장하지 않고 많은 사람들과 의견을 함께 한다는 것을 가리킨다. 『예기』「유행(儒行)」의 공영달의 소(疏)에, "방(方)은 사물의 방정(方正)함에는 규(圭)의 모서리의 뾰족하고 날카로움이 있는 것이다. 와화(瓦和)란 깨진 기와를 서로 맞추어 놓은 것을 이른다. 선비가 비록 몸은 방정하지만 자신의 방정함을 굽혀 아래로 많은 사람들과 함께 하는 것이 마치 규의 뾰족함을 없애고 기와를 서로 맞추는 것과 같은 것이다."고 했다.

5-5

"선비[儒]는 인재를 천거하되 안으로는 친척을 피하지 않고, 밖으로는 자기와 원한이 있는 사람이라고 피하지 않습니다. 공을 세우고 업적을 많이 쌓는 것은 후한 봉록을 추구하려는 것이 아닙니다. 현명하고 능력 있는 사람을 추천한 것은 그 보답을 얻기 위한 것이 아닙니다. 임금은 그들이 지향하는 바에 의거하여 자신의 포부를 실현하고 백성들은 그들의 덕(德)에 의거하여 생활이 더욱 좋아지게 하려는 것입니다. 선비는 나라에 유익하기만을 구할 뿐 부귀를 탐하지 않습니다. 그 현명하고 능력 있는 인재를 천거함이 이와 같습니다."

"선비는 자신을 도덕 가운데 깨끗하게 하고, 자신의 건의를 진술하되 겸손하게 임금이 받아들이기를 기다립니다. 조용히 조급하지 않게 정도(正道)를 엄수하면서도 임금에게 잘못이 있으면 완곡하게 깨우치도록 합니다. 만약 임금이 여전히 이해하지 못하면 암암리에 깨우치게 하면서 조급하게 하지 않습니다. 지위가 낮은 사람 앞에 섰다고 하여 스스로 높다 여기지 않고, 능력이 작은 사람을 넘어섰다고 해서 스스로 공로가 많다고 뽐내지 않습니다. 천하가 태평하여 현명한 사람들이 함께 해도 자신을 경시하지 않고, 세상이 혼란하여도 정도를 지키고 실망하지 않습니다. 자기 정견(政見)과 같은 사람들이라 하여 결당하지 않고, 자기 정견과 다르다고 하여 마음대로 비난하지 않습니다. 뜻을 행함이 고결하고 주관을 지니고 있어 남들이 하는 대로 따라하지 않음이 이와 같습니다."

"선비는 위로는 천자의 신하가 되지 않고 아래로는 제후의 관리가 되지 않습니다. 삼가 고요하게 지내며 너그러운 것을 숭상하고, 스스로 기개와 절조 있는 반듯한 품행을 단련하며, 굳세고 씩씩하면서도 사람과의 교제를 좋아하여 널리 친구와 사귀고, 널리 각종 지식을 학습하여 자신이 당연히 무엇을 해야 하는지를 압니다. 비록 나라를 나눠주더라도 그는 하찮은 일로 여기며, 남의 신하가 되려하지 않습니다. 그 행위 준칙이 이와 같습니다."

"선비는 친구를 사귐에 뜻이 같고 같은 법을 따르면서 도의(道義)를 연구함에도 같은 방법이 있기를 바랍니다. 서로 간에 공을 세우면 함께 기뻐하고, 지위의 높고 낮음이 다르더라도 서로 싫증내거나 버리지 않습니다. 만난 지 오래되어 유언비어를 들더라도 믿지 않으며, 뜻이 같으면 교왕(交往)하고 뜻하는 바가 다르면 물러나 멀리 합니다. 그 친구를 사귀는 태도가 이와 같습니다."

"무릇 따뜻하고 선량함이란 인(仁)의 근본이고, 삼가고 공경하는 것은 인의 기초이며, 너그럽고 넉넉한 것은 인의 작용이고, 겸손하게 사물을 대하는 것은 인의 기능입니다. 예절은 인의 겉모습이고, 말은 인의 문채(文彩)이며, 가무와 음악은 인의 조화이고, 재물을 나누어 줌은 인의 시행입니다. 선비로서 이 모든 것을 자신이 겸하여 갖추고 있다 할지라도 오히려 감히 경솔하게 어질다고 말할 수 없습니다. 그 공경함과 겸양함이 이와 같습니다."

原文

"儒有內稱不避親[1], 外擧不避怨. 程功積事, 不求厚祿[2], 推賢達能[3], 不望其報. 君得其志, 民賴其德. 苟利國家, 不求富貴. 其擧賢援[4]能, 有如此者."

"儒有澡身浴德[5], 陳言而伏[6], 靜言而正之[7], 而上下不知也[8], 黙而翹之, 又不急爲也[9]. 不臨深而爲高, 不加少而爲多[10]. 世治不輕, 世亂不沮[11]. 同己不與, 異己不非[12]. 其特立獨行[13]有如此者."

"儒有上不臣天子, 下不事諸侯, 愼靜尙寬, 底厲廉隅[14], 强毅以與人[15], 博學以知服[16]. 雖以分國, 視之如錙銖[17], 弗肯臣仕. 其規爲[18]有如此者."

"儒有合志同方[19], 營道同術, 並立則樂[20], 相下不厭[21], 久別則聞流言不信, 義同而進, 不同而退, 其交有如此者."

"夫溫良者, 仁之本也; 愼敬者, 仁之地也; 寬裕者, 仁之作[22]也; 遜接[23]者, 仁之能也; 禮節者, 仁之貌也; 言談者, 仁之文也; 歌樂者, 仁之和也; 分散者, 仁之施也; 儒皆兼此而有之, 猶且不敢言仁也. 其尊讓[24]有如此者."

注釋

1) **內稱不避親**: 稱은 추천하다, 천거하다. 避는 아래 '避' 자와 함께 동문본에는 '辟'으로 되어 있는데, 『예기』와 같다. 2) **程功積事, 不求厚祿**: 왕숙의 주에, "程은 '效'와 같다. 효과가 있음을 말할 뿐 후한 녹(祿)을 바라지 않는다."고 했다. 3) **達能**: 현명하고 능력 있는 사람이 임용되도록 한다. 達은 끌어들이다, 추천하다. 4) **援**: 여기서는 끌어들이다, 추천하다의 뜻이다. 일설에 '원조하다', '돕다'라고 한 것은 잘못이다. 5) **澡身浴德**: 왕숙의 주에, "늘 자신을 깨끗하게 하고 덕행의 은혜를 입는다."고 했다. 6) **陳言而伏**: 왕숙의 주에, "임금에게 진언하되 그 보답을 바라지 않는다."고 했다. 伏은 문을 닫아걸고 나가지 않는다. 7) **靜言而正之**: 왕숙의 주에, "임금을 섬기기를 깨끗이 하고, 일을 바르게 한다."고 했다. '言' 은 잘못 들어간 글자이다. 8) **而上下不知也**: 왕숙의 주에, "임금이 모른다."고 하였다. 上은 국군(國君)이다. 下는 『예기』에 근거해 보면 잘못 들어간 글자이다. '下' 자가 동문본에는 없다. 9) **默而翹之, 又不急爲也**: 왕숙의 주에, "암암리에 깨우치다. '不急爲'는 조급히 하지 않는다."고 했다. 翹은 깨우치다. 이 구절은 『예기』에 "조용히 바로잡으면서 임금이 모르게 한다. 대략 깨우치게 하면서 조급하게 하지 않는다."고 했다. 10) **不臨深而爲高, 不加少而爲多**: 왕숙의 주에, "권세나 지위로 뽐내지 않음을 말한다."고 했다. 加는 초월하다, 넘다. 11) **世治不輕, 世亂不沮**: 왕숙의 주에, "스스로를 경시하지 않는다, 스스로 실망하지 않는다."고 했다. 사회가 안정되고 어진 사람들과 함께 할 때에는 자신을 경시하지 않고, 세상의 도가 혼란하고 뜻을 실현할 수 없더라도 실망하지 않는다는 의미이다. 沮는 기가 꺾이다, 실망하다. 12) **同己不與, 異己不非**: 뜻하는 바와 정치적 견해가 같더라도 당파를 맺어 사적인 이익을 추구하지 않고 지향하는 바와 정치적 견해가

다르다고 하여 마음대로 비난하지 않는다. 13) **特立獨行**: 뜻을 행함이 고결하고 주관을 지니고 있어 남들이 하는 대로 따라하지 않는다. 14) **底厲廉隅**: 스스로 기개와 절조 있는 반듯한 품행을 단련한다. '底厲'는 '지려(砥礪)'와 같다. 숫돌의 뜻에서 단련하다, 숫돌에 갈다의 의미로 쓰였다. '廉隅'는 모서리, 날카로움. 단정하면서도 소홀함이 없는 행위, 품성에 비유한다. 15) **強毅以與人**: 굳세고 씩씩하면서도 사람과의 교제를 좋아하여 널리 친구와 사귐. 16) **博學以知服**: 服은 마음에 새겨 잊지 않다. 동문본에는 이 뒤에 '近文章' 세 글자가 있다. 17) **視之如錙銖**: 왕숙의 주에, "가볍게 보기를 치수(錙銖)보듯 한다. 8량(兩)을 수(錙)라 한다."고 했다. 하찮은 물건에 비유한다. 18) **規爲**: 행위준칙. '規'는 규구(規矩), 준칙(准則). 19) **同方**: 동일한 법칙. '方'은 법칙, 법과 같다. 『후한서(後漢書)』「환담전(桓譚傳)」에, "천하가 법칙을 안다."고 했고, 이현(李賢)의 주에, "方은 법칙이다."라고 했다. 20) **並立則樂**: 친구 간에 피차 공을 세워 쌍방 모두가 이를 기쁘게 여기는 것을 가리킴. 21) **相下不厭**: 지위가 상호간에 높고 낮음이 있을 때에도 서로 싫증내거나 버리지 않음. 22) **作**: 왕숙의 주에, "동작이다."고 했다. 23) **遜接**: 사람이나 사물을 대할 때 겸손하고 친절함. 24) **尊讓**: 사물을 대함에 높여 공경하고, 사람을 대함에 자신을 낮추어 양보함. 즉 공경(恭敬), 겸양(謙讓)의 뜻이다. '尊'은 공경, '讓'은 겸손.

5-6

"선비[儒]는 가난 때문에 근심하여 불안해하지 않고, 부귀 때문에 기뻐 날뛰며 절도를 잃지 않으며, 군주의 모욕이나 장상(長上)의 연루, 관리의 괴롭힘 때문에 자기가 원래 지닌 뜻을 거스르지 않습니다. 때문에 유(儒)라 칭하는 것입니다. 그러나 오늘날 사람들의 '유(儒)'에 대한 이해는 허망하고 부실하여 늘 유자(儒者)를 풍자와 모욕의 대상으로 여깁니다."

애공은 이 말을 듣고, 말은 더욱 미덥게 하고 행동은 더욱 공경히 하였다. 그리고 말하였다. "내 일생동안 다시는 감히 선비[儒]를 조롱으로 삼지 않겠습니다."

原文

儒有不隕獲[1]於貧賤, 不充詘[2]於富貴; 不慁君王, 不累長上, 不閔有司, 故曰儒[3]. 今人之名儒也忘[4], 常以儒相詬疾[5]."

哀公旣得聞此言也, 言加信, 行加敬. 曰, "終歿吾世[6], 弗敢復以儒爲戱矣."

注釋

1) **隕獲**: 왕숙의 주에, "운획(隕獲)은 걱정하여 불안한 모습이다."고 했다. 2) **充詘**: 기뻐서 절도를 잃음. 왕숙의 주에, "충굴(充詘)은 껑충껑충 뛰며 요란한 모습이다."고 했다. 3) **不溷君王, 不累長上, 不閔有司, 故曰儒**: 왕숙의 주에, "혼(溷)은 욕(辱), 민(閔)은 질(疾)의 의미로 군주나 어른에게 욕됨이 없도록 한다는 말이다. 유자(儒者)는 중화(中和)의 이름이다."고 했다. 溷은 사고본에 '慁'으로 되어 있는데, 『예기』와 같다. 4) **妄**: 원래는 '忘'으로 되어 있으나 비요본과 동문본에 근거하여 고쳤다. 허망(虛妄)하고 부실(不實)하다는 뜻이다. 5) **詬疾**: 왕숙의 주에, "구욕(詬辱)이다."고 했다. 즉 욕설을 퍼붓다, 풍자하다. 6) **終歿吾世**: 나의 한 평생, 나의 일생. '歿'은 죽다, 끝나다.

06 문례問禮

序說

이 편은 두 부분으로 나뉘어져 있다. 노나라 애공(哀公)과 공자의 제자 언언(言偃)이 공자와 나눈 대화로 구별된다. 두 사람 모두 공자에게 예(禮)를 묻는 것이기 때문에 이 편은 '문례(問禮)'를 편명으로 하였다.

노 애공의 예를 묻는 것에 대답한 것이나 언언의 문제에 대답한 것을 막론하고 공자는 모두 예의 중요성을 말하고 있고, 예와 인륜사회의 밀접한 관련을 더 이상 더할 것이 없는 수준에까지 올려놓았다. 공자에게 예란 천지신령을 받드는 법도요, 군신, 남녀, 부자, 형제 등 관계의 준칙이며, 그밖에도 백성을 교화하는 가장 좋은 도구였다. 때문에 군자는 당연히 예를 극히 중시해야 한다고 공자는 여겼다.

공자는 언언의 문제에 대답하면서 '예의 처음[禮之初]'에 대한 인식에 대해서도 이야기함으로써 오늘날의 사람들이 예의 기원과 최초의 발전을 연구하는데 중요한 가치가 있다. 공자는, "무릇 최초의 예는 음식으로부터 비롯되었다. 태고 시대에는 기장[黍]을 불에 구워서 먹고, 돼지고기는 갈라 불에 태워 먹었으며, 땅에 웅덩이를 파 물을 담아 주준(酒樽)으로 삼아 두 손으로 움켜쥐고 마셨으며, 풀줄기를 묶어 만든 북채로 흙을 두드려 만든 북을 칠 줄만 알았다. 그래도 귀신에게 경의를 표현할 수 있었다.[夫禮初也, 始於飮食. 太古之时, 燔黍擘豚, 污樽抔飮, 蕢桴土鼓, 猶可以致敬鬼神]"라고 하였는데, 공자가 예의 기원이 제사에 있다고 한 것, 즉 예가 종교에 기원한다고 여긴 점을 분명하고도 쉽게 알 수 있다. 이는 『설문해자(說文解字)』의 소위 "禮는 履이다. 귀신을 섬겨 복을 받기 위한 방법이다."라는 내용과 완전히 일치한다. 학술계에서는 성옥(盛玉)으로 신인(神人)을 받드는 기물(器物)을 '풍(豐)'이라 하고, 이를 추론하여 신인을 받드는 주례(酒醴)를 마찬가지로 예(醴)라 일컫는다고 여겼다. 그밖에도 학자들은 상고시대의 오례(五禮) 중에는 제례만이 있었고, 관례(冠禮), 혼례(婚禮), 상례(喪禮)는 모두 제례에 포함된다고 생각하였다. 인류사회에서는 최초 다만 제례만 있었고 사회의 발전을 따라 다른 예(禮)들이 점차 출현하였음을 알 수 있다.

이 편의 첫 번째 부분인 공자와 애공(哀公) 간의 대화는 또 『예기』「애공문(哀公問)」과 『대대례기(大戴禮记)』「애공문어공자(哀公问於孔子)」에도 보인다. 두 번째 공자와 언언(言偃)간의 대화는 『예기』「예운(禮運)」에도 보이는데, 이는 『대대례기』, 『소대례기』와 서로 비교하면 본문에 기록된 말과 연관이 있고, 어의(語義)가 완정(完整)하고 문자의 옛 뜻을 비교적 많이 보존하고 있다. 예컨대 이 편의 "古之明王, 行禮也如此"를 『예기』에서는 "今之君子, 行禮也如此"라고 하였는데, 주대(周代)의 '왕(王)'은 천하의 공주(共主)였지만, 전한(前漢)의 왕은 한 왕조의 천자가 분봉(分封)한 제후였다. 한 왕조에서는 번왕(藩王)의 정치를 혼란하게 하는 일이 출현하였고 그 자취가 분명히 드러났으므로 한나라 사람들은 선진(先秦) 서적을 편집하면서 때때로 '왕(王)' 자에 비교적 민감하였다. 또 예컨대 "丘也鄙人"을 『예기』와 『대대례기』에서는 모두 "丘也小人"이라 하였다. 『논어』에 기록된 공자의 소인(小人)에 대한 평가로 본다면 공자가 일반적으로 자신을 '소인'이라 칭하지 않았을 것이다. 때문에 이 편에서는 본래 당연히 '비인(鄙人)'이라 하고 '소인'이라 하지는 않았을 것이고, 『예기』, 『대대례기』에서 "丘也小人"이라 한 것은 분명 한나라 사람들이 손을 댄 결과일 것이다. '鄙人'이란 공자가 스스로를 낮춘 것이다.

6-1

노 애공(魯哀公)이 공자에게 물었다. "융중한 예의란 어떠한 것입니까? 그대는 예를 말할 때 그것을 그리 존중히 여기십니까?" 공자가 대답하였다. "공구(孔丘)는 비루한 사람이라 융중한 예의를 잘 알지 못합니다."

애공이 말하였다. "그래도 말씀해 주십시오." 공자가 말하였다. "제가 듣기에 사람들이 의존하여 살아가는데 있어서 예의가 가장 중요합니다. 예가 없으면 예제에 규정된 의절(儀節)에 따라 천지신명에게 제사를 지낼 수 없고, 예가 없으면 군신과 상하, 장유(長幼)의 서로 다른 지위를 분별할 수 없습니다. 때문에 군자는 예를 극히 중요하게 여기고 난 연후에 자신이 능히 할 수 있는 일로써 백성들을 교화로 인도하여 그들로 하여금 남녀의 혼배(婚配)와 친소의 교왕 중에 예절이 잘못되지 않도록 한 것입니다. 예(禮)의 교화가 잘 이루어진 뒤에라야 거복(車服), 정기(旌旗) 등 기물과 예복을 가지고 존비와 상하의 등급관계를 구별하였습니다. 이들 관계가 잘 정리되어야 상장(喪葬)과 제사의 원칙, 종묘 배열의 순서를 말할 수 있고, 제사에 사용되는 희생과 시석(豕臘)을 맞게 진열하고 세시에 따라 공경히 제사를 지내며, 그 친소(親疏)를 구분하고 그 소목(昭穆)의 차례를 맞추게 됩니다. 그런 연후에 전체 종족이 모여 잔치를 하게 되는 것이고, 사람들은 각기 처한 지위에서 마음 편하게 받아들이면서 동족 간의 친정 관계를 이어 갈 수 있는 것입니다. 낮고 허름한 궁실에 살면서 복식과 수레 등의 일상용도를 절제하여 수레는 구슬로 꾸미지 않고 그릇은 꽃무늬를 새기지 않으며, 먹는 것은 간단하게 하여 좋은 맛을 구하지 않고, 마음에는 지나친 욕망이 없도록 하여 백성들과 더불어 이익을 향유하였습니다. 옛날의 명왕(明王)들은 곧 이같이 예를 받들어 행하였습니다."

애공이 말하였다. "오늘날의 군자들은 어찌하여 이같이 행하지 않는 것입니까." 공자가 대답하였다. "오늘날의 군자들은 이익을 탐하면서도 만족을 모르고, 방종한 행위에 싫증을 내지 않으며, 멋대로 굴면서 게으르고 마음내키는 대로 구경이나 다니고 백성들의 재산과 힘을 모두 다하게 해놓고서야 자신의 사욕을 만족시킴으로써 백성들이 이러한 정치에 대한 원한(怨恨)을 불러 왔습니다. 족중(族衆)의 바람을 위배하고 나라의 도의를 지키려는 것을 침벌(侵伐)하였습니다. 개인의 욕망을 만족시키기 위해 수단을 가리지 않고, 포학한 형벌과 주살을 실행함에도 법도에 따라 처리하지 않았습니다. 무릇 옛날에 백성을 통치하던 사람들이 사용하던 것은 앞에서 말씀드린 방법으로 하였으나, 오늘날 백성을 통치하는 사람들이 사용하는 것은 뒤에 말씀드린 방법으로 하고 있습니다. 이것이 바로 오늘날의 군자들이 예교(禮教)를 공명하게 할 수 없는 도리입니다."

原文

哀公問於孔子曰, "大禮[1]何如? 子之言禮, 何其尊[2]也." 孔子對曰, "丘也鄙人[3], 不足以知大禮也."

公曰, "吾子[4]言焉!" 孔子曰, "丘聞之, 民之所以生者, 禮爲大. 非禮則無以節事天地之神焉[5]; 非禮則無以辯[6]君臣上下長幼之位7)焉; 非禮則無以別男女父子兄弟婚姻親族疏數[8]之交焉. 是故君子此之爲[9]尊敬, 然後以其所能教順百姓, 不廢其會節[10] 旣有成事, 而後治其文章黼黻[11], 以別尊卑上下之等. 其順之也, 而後言其喪祭[12]之紀[13], 宗廟之序[14], 品[15]其犧牲[16], 設其豕臘[17], 修其歲時[18], 以敬其祭祀, 別其親疏, 序其昭穆[19], 而後宗族會醼[20], 卽安其居, 以綴恩義[21]. 卑其宮室, 節其服禦[22], 車不雕璣[23], 器不彤鏤[24], 食不二味[25], 心不淫志[26], 以與萬[27]民同利, 古之明王, 行禮也如此."

公曰, "今之君子, 胡莫之行也." 孔子對曰, "今之君子, 好利無厭[28], 淫行[29]不倦, 荒怠慢遊[30], 固[31]民是盡, 以遂其心, 以怨其政[32], 忤其衆, 以伐有道. 求得當欲, 不以其所[33], 虐殺刑誅, 不以其治. 夫昔之用民者由前[34], 今之用民者由後[35], 是卽今之君子莫能爲禮也."

注釋

1) **大禮**: 융중한 예의(禮儀). 2) **尊**: 왕숙의 주에, "'尊'은 '重'과 같다."고 했다. 3) **鄙人**: 비루하고 낮은 사람. 여기서는 공자가 스스로를 겸손해 하는 말이다. 4) **吾子**: '나의 선생'이라는 말과 같다. 5) **非禮則無以節事天地之神焉**: 왕숙의 주에, "제사를 지내 천지의 신을 섬기는 일은 모두 예(禮)를 의절(儀節)로 삼는다."고 했다. '節事'란 예제의 규정에 따라 제사를 더하는 것을 말한다. 6) **辯**: '변(辨)'과 같다. 변별(辨別), 가려서 밝히다. 사고본에는 '辨'으로 되어 있어 『예기』와 같다. 7) **位**: 직위, 지위. 『역』「계사(系辭)상」에, "귀하나 지위가 없고, 높으나 명성이 없으며, 현인이 아랫자리에 있어서 도와주는 이가 없다.[貴而無位, 高而無名, 賢人在下位而無輔]"고 했다. 8) **촉(數)**: 촘촘하다. 『맹자』「양혜왕(梁惠王)상」에, "촘촘한 그물을 오지(洿池)에 들이지 않는다.[數罟不入洿池]"라 했고, 조기(趙岐)의 주에, "數罟란 촘촘한 그물이다. 촘촘하고 세밀한 그물로 작은 고기나 자라 등을 잡을 수 있다."고 했다. 『논어』「이인(里仁)」에, "붕우 간에 너무 긴밀하여 자주 충고만 하면 서로 멀어진다.[朋友數, 斯疏矣]"고 했고, 유보남(劉寶楠)의 『정의(正義)』에는 오가빈(吳嘉賓)의 말을 인용하여, "촉(數)은 가깝기가 촘촘함에 이르렀다는 것이다."고 했다. 9) **此之爲**: 사고본에는 '此爲之'로 되어 있고, 『예기』에는 '以此之爲'로 되어 있다. 10) **以其所能教順百姓, 不廢其會節**: 왕숙의 주에, "所能이란 예(禮)를 이르는 것이고, 會는 남녀 간의 회합을 이르며, 節이란 친소의 절(節)을 이른다."고 했다. 사고본에는 '不廢' 앞에 '所能'이 있는데 쓸데없이 덧붙인 글자이다. 11) **文章黼黻**: 文章이란 거복(車服)과 정기(旌旗) 등이다. 『좌전』은공(隱公) 5년, "문장을 밝히고 귀천을 드러낸다.[昭文章, 明貴賤]"고 했고, 두예(杜預)의 주에, "거복정기(車服旌旗)이다."고 했다. 보불(黼黻)이란 고대 예복(禮服) 위에 수놓은 꽃문양인데, 여기서는 예복을 가리킨다. 『서』「익직(益稷)」에, "마름[藻]과 불과 분미(粉米)와 보(黼)와 불(黻)을 수놓는다.[藻火粉米黼黻, 絺繡]"라 했고, 공전(孔傳)에, "보(黼)는 도끼모양과 같고, 불(黻)은 '己'라는 글자 두 개를 서로 반대로 수놓은 것을 말한다."고 했다. 『고공기(考工記)』「화회(畫繢)」에는 "수놓는 일에, …… 흰색과 까만색을 섞어놓은 수를 보(黼)라 하고, 까만색과 푸른색을 섞어 놓은 수를 불(黻)이라 한다.[畫繢之事……白與黑謂之黼, 黑與青謂之黻]"고 했다. 동문본에는 이 앞에 '조루(雕鏤)' 두 글자가 있다. 12) **喪祭**: 『석명(釋名)』「석상제(釋喪制)」에, "상제(喪祭)를 '전(奠)'이라 한다.[喪祭曰奠]"고 했다. 넓은 의미에서 제사는 모두 전(奠)이라 일컫는다. 좁은 의미에서는 아직 장례전의 제사를 전(奠)이라 하고, 안장 후의 제사를 상제(喪祭)라 한다. 13) **紀**: 법도, 준칙. 14) **序**: 순서, 차례. 15) **品**: 품평, 구분. 16) **犧牲**: 고대의 제사 때 사용하던 희생제물을 통칭한다. 색(色)이 순수한 것을 '희(犧)',

몸이 온전한 것을 '생(牲)'이라 한다. 『주례(周禮)』「지관(地官) · 목인(牧人)」에, "무릇 제사에는 모두 희생(犧牲)이 있다.[凡祭祀, 共其犧牲]"고 했고, 『좌전』 장공(莊公) 10년에, "제사에 희생(犧牲)과 옥백(玉帛)을 감히 정해진 이외에 더 올리지 않고, 축사(祝史)의 고사(告辭)를 반드시 믿도록 하겠다.[犧牲玉帛, 弗敢加也, 必以信]"고 했다. 17) **豕臘**: 제사에 사용되는 소금에 절여 말린 돼지고기. 시(豕)는 돼지, 석(臘)은 말린 고기.『예기』「애공문(哀公問)」에, "정조(鼎俎)를 갖추고, 시석(豕臘)을 차린다.[備其鼎俎, 設其豕臘]"고 했고, 공광삼(孔廣森)의 보주(補注)에, "말린 짐승고기[幹獸]이다."고 했다. 18) **歲時**: 매년 일정한 계절 혹 시기. 옛날 사람은 계절에 맞춰 제사를 지내는 습속이 있었다. 19) **昭穆**: 고대의 종법제도로써 종묘의 순서이다. 시조묘를 중앙으로 하고 부(父), 자(子) 또는 조(祖), 부(父)를 소목(昭穆)으로 하여 좌를 소(昭), 우를 목(穆)으로 하였다. 자손의 제사 때에도 이러한 규정에 따라 배열하여 예를 행하였다. 여기서는 종묘의 배분(輩分)을 가리킨다. 20) **연(醼)**: '宴'과 같다. 연회를 열다. 21) **以綴恩義**: 이렇게 하여 동족(同族)의 친정(親情) 관계를 이어갈 수 있다. 綴은 꿰매다, 잇다, 통하다. 22) **節其服禦**: 일상의 사용도를 절약하다. 服禦는 복식(服飾), 거마(車馬), 기용(器用)같은 것. 23) **雕璣**: 기물 위에 요철(凹凸)모양의 문양을 새기는 것. 24) **조루(彫鏤)**: 무늬를 새김. 조(彫)는 '雕'와 같다. 원래 잘못되어 '形'으로 되어 있었으나 비요본에 근거하여 고쳤다. 사고본에는 '刻'이라 하여 『대대례기(大戴禮記)』, 『소대례기(小戴禮記)』와 같다. 25) **食不二味**: 음식이 간단하여 좋은 맛의 아름다움을 구하지 않음을 가리킨다. 26) **心不淫志**: 마음에 지나치게 많은 욕망이 없음을 가리킴. '淫'은 지나치다. 27) **萬**: 사고본에 없고, 『대대례기』, 『소대례기』에도 없다. 28) **厭**: 만족. 29) **淫行**: 사악한 행위, 제멋대로의 행위. 30) **荒怠漫遊**: 멋대로 굴면서 게으르고, 마음내키는데로 구경다님. 31) **固**: 반드시. 32) **以怨其政**: 백성의 이같은 정치에 대한 구한(仇恨)을 불러옴을 가리킴. 33) **求得當欲, 不以其所**: 왕숙의 주에, "자신이 하고 싶은 대로 하려함을 가리킨다."고 했다. '當'은 맞다, 적합하다, 부합하다. '所'는 방법, 방식. 34) **由前**: 왕숙의 주에, "앞에서 말한 바를 사용함."이라 했다. 35) **由後**: 왕숙의 주에, "뒤에서 말한 바를 사용함."이라 했다.

6-2

언언(言偃)이 물었다. "선생님께서 예는 지극히 중요하다고 말씀하시니 저희들에게 말씀해 주실 수 있겠습니까?"

공자가 말하였다. "내 하나라 예제(禮制)를 이해하고자 기(杞)나라에 갔으나 연대가 오래되어 고증할 방법이 없었고 그곳에서 단지 그들의 역서(曆書) 『하시(夏時)』를 얻었다. 은나라의 예제를 이해하고자 송(宋)나라에 갔으나 마찬가지로 고증할 방법이 없었고 나는 그곳에서 단지 그들의 역서(易書) 『건곤(乾坤)』을 얻었다. 나는 『건곤(乾坤)』으로부터 음양변화의 도리를 보았고, 『하시(夏時)』로부터는 시령(時令)이 돌아가는 순서를 보았으며, 나아가 하은(夏殷) 두 시대의 예제의 구분과 등차를 추측하고, 예제의 기원을 볼 수 있었다."

"무릇 최초의 예는 음식으로부터 비롯되었다. 태고 시대에는 기장[黍]을 불에 구워서 먹고, 돼지고기는 갈라 불에 태워 먹었으며, 땅에 웅덩이를 파 물을 담아 주준(酒樽)으로 삼아 두 손으로 움켜쥐고 마셨으며, 풀줄기를 묶어 만든 북채로 흙을 두드려 만든 북을 칠 줄만 알았다. 그래도 귀신에게 경의를 표현할 수 있었다. 사람이 죽으면 지붕 꼭대기에 올라가 '아! 모모(某某)는 돌아오라'고 소리쳐 부른 뒤 죽은 자의 입에 구슬이나 조개를 넣어 예를 거행하고 익힌 고기를 삼[苴]으로 싸서 장례 지냈다. 죽은 자의 형체는 땅으로 들어가고 혼은 하늘로 올라가므로 초혼(招魂) 시에는 하늘을 바라보고 시체는 땅에 묻는 것이다. 때문에 살아 있는 자는 남쪽을 존귀하게 여기고 죽은 자는 하장(下葬)되어 머리를 북쪽으로 두었던 것이다. 이는 모두 그 처음 생겨날 때를 따라서 하는 것이다."

"옛날에는 임금이라도 궁실이 없어 겨울에는 굴을 파서 살았고 여름에는 풀로 나무를 엮어 둥지를 짓고 살았다. 불을 사용하여 음식을 익혀 먹을 줄 몰라 초목의 열매를 그대로 먹었고, 새와 짐승들의 고기를 날 것으로 먹고 그 피를 마셨으며 때로는 털도 뜯지 않은 채 먹었다. 당시에는 실이나 마포(麻布)가 없었기 때문에 새의 깃이나 짐승의 가죽으로 옷을 삼았다. 후에 성인(聖人)이 출현하고 나서 불을 이용할 수 있는 이로움을 알고 쇠를 녹여 틀에 맞추어 금속 그릇을 만들고 벽돌이나 기와를 만들어 궁실과 대문, 창 등을 건립하였다. 또 불을 사용하여 음식을 굽거나 태우거나 삶아 먹기도 하였다. 단술이나 초장을 양조하고, 실과 삼을 가공하여 마포와 비단을 만들었다. 이들 물건을 가지고 살아 있는 자를 공양하고 죽은 자를 안장(安葬)하고 아울러 귀신까지도 섬기게 되었다. 처음 시작할 때의 방법을 존중하였기 때문에 제사를 지낼 때 청수(淸水)는 지위가 가장 높은 실내의 북창(北窓) 아래에 두고, 단술과 흰색의 탁주는 실내의 문과 가까운 곳에 두며, 비교적 맑은 천홍색(淺紅色)의 술은 예(禮)를 행하는 당상(堂上)에 두고, 가장 맑은 청주(淸酒)는 당하에 두었다. 동시에 제사에 쓸 희생(犧牲)과 찌거나 익힌 고기를 담은 동정(銅鼎)과 육궤(肉几)를 진열하였고, 금(琴)、슬(瑟)、관(管)、경(磬)、종(钟)、고(鼓) 등을 벌여 놓고 상신(上神)과 선조 영혼의 강림을 맞이하도록 하였다. 그리하여 임금과 신하의 상하관계를 바르게 하고, 아비와 자식 간의 친정(親情)을 두텁게 하였으며, 형과 아우는 화목하고, 존비, 상하를 가지런하게 하고, 부부간에 각기 처해야 할 위치가 있도록 하였다. 이것이 이른바 '하늘이 주는 복을 받들었다[承天之祜]'는 것으로써 축사 중의 이름을 만들고, 청수(淸水)를 사용하여 제사를 지내며, 막 잡은 희생의 피와 털을 바치고, 다시 그릇 위에 생고기와 반쯤 익힌 희생을 담아 바쳤던 것이다. 부들로 만든 멍석을 밟고 거친 마포(麻布)로 덮은 주준(酒樽)을 두 손으로 받쳐 들고 새로 짠 명주옷을 입고 단술과 탁주를 바치고, 익은 고기를 올리며, 주인(主人)과 주부(主婦)가 앞뒤로 교대하며 바침으로써 조상의 영혼을 기쁘게 하였다. 제사를 지내고 나서 물러나와 당상(堂上)에서 물린 제사에 바쳤던 희생의 고기와 올리지 않았던 희생의 고기를 합쳐 찌고 익혀 자르고, 보궤(簠簋)에 양식을 가득 담고, 변두(籩豆)에 과포(果脯)와 육장(肉醬)을 가득 담아 가져온 육탕(肉湯)을 국그릇[鉶]에 담아서 일족을 초대하였다. 축(祝)이 주인의 효심을 선조의 신령에게 알리고, 선조의 축복하는 말을 자손에게 전하였다. 이렇게 하는 것을 비로소 대상(大祥)이라 하였다. 제례(祭禮)가 이에 이르러 원만하게 마무리되었던 것이다."

原文

言偃問曰, "夫子之極言[1]禮也, 可得而聞乎?"

孔子言, "我欲觀夏道[2], 是故之[3]杞[4], 而不足徵[5]也, 吾得『夏時』[6]焉. 我欲觀殷道, 是故之宋[7], 而不足徵也, 吾得『乾坤』[8]焉. 『乾坤』之義, 『夏時』之等[9], 吾以此觀之."

"夫禮初也, 始於飮食. 太古[10]之時, 燔黍擘豚[11], 汙罇抔飮[12], 蕢桴土鼓[13], 猶可以致敬鬼神[14], 及其死也, 升屋而號, 告曰, 高[15]!某復[16]! 然後飮腥苴熟[17], 形體則降, 魂氣則上[18], 是謂天望而地藏[19]也. 故生者南向, 死者北首[20], 皆從其初也."

"昔之王者, 未有宮室, 冬則居營窟, 夏則居櫓巢[21]. 未有火化[22], 食草木之實, 鳥獸之肉, 飮其血, 茹[23]其毛. 未有絲麻, 衣其羽皮[24]. 後聖有作[25], 然後修火之利, 範金[26]合土[27], 以爲宮室, 戶牖. 以炮以燔[28], 以烹以炙[29], 以爲醴酪[30]. 治其絲麻, 以爲布帛. 以養生送死[31], 以事鬼神. 故玄酒在室[32], 醴醆[33]在戶, 粢醍[34]在堂, 澄酒[35]在下, 陳其犧牲, 備其鼎俎[36], 列其琴瑟管磬鐘鼓[37], 以降上神[38], 與其先祖, 以正君臣[39], 以篤父子, 以睦兄弟, 以齊上下, 夫婦有所, 是謂承天之佑[40]. 作其祝號[41], 玄酒以祭, 薦[42]其血毛, 腥其俎, 熟其殽[43], 越席以坐[44]. 疏布以冪[45]. 衣其浣帛[46], 醴醆以獻, 薦其燔炙. 君與夫人交獻[47], 以嘉魂魄[48], 然後退而合烹[49], 體[50]其犬豕牛羊, 實[51]其簠簋[52]籩豆[53]鉶[54]羹, 祝以孝告[55], 嘏以慈告[56], 是爲大祥[57], 此禮之大成也."

注釋

1) 極言: 극력으로 주장하다. 매우 중요하다고 말하다. 2) 道: 법칙, 규율. 여기서는 예제습속(禮制習俗)을 가리킨다. 원래는 없는 글자이나, 사고본, 동문본 및 『예기』에 근거하여 보완했다. 3) 之: 이르다, 가다. 4) 杞: 왕숙의 주에, "하후(夏後)를 기(杞)에 봉했다."고 했다. 기국(杞國)은 주나라 초에 봉해졌다. 성은 사(姒)이고, 개국군주가 하나라 우(禹)의 후예 동루공(東樓公)으로 전한다. 처음에 옹구(雍丘: 지금의 하남 기현(杞縣) 에 도읍하였다가 후일 지금의 산동 신태(新泰)의 경내로 옮겼고, 기원전 445

년 초(楚)에 의해 멸망했다. 5) **徵**: 증거, 험증(驗證). 왕숙의 주에, "徵은 成이다."라고 했다. 6) **得『夏時』**: 왕숙의 주에, "사시(四時)의 정(正)이다. '正'은 하수(夏數)이고 하늘의[天之: '之'가 원래 '心'으로 잘못되어 있었으나 사고본에 근거하여 고쳤다] 중(中)을 얻음이다."고 했다. 『夏時』를 하대의 역서(曆書)라고도 하는데, 그 책 안에 『하소정(夏小正)』은 『대대례기(大戴禮記)』에 수록되었다. 7) **宋**: 왕숙의 주에, "은의 후예를 송에 봉했다."고 했다. 송나라는 자(子)성으로 주나라 초에 봉해졌다. 개국군주는 상(商)의 주(紂)의 서형(庶兄) 미자계(微子啟)이다. 주공(周公)이 무경(武庚)의 반란을 평정한 후 상의 옛 도읍과 그 주위 지역을 미자에게 분봉하고, 도읍을 상구(商丘: 지금의 하남 구남(丘南)에 건설하였다. 8) **『乾坤』**: 왕숙의 주에, "乾은 天이고, 坤은 地이다. 천지음양(天地陰陽)의 서(書)를 얻었다."고 했다. 살피건대 『예기』에서 『乾坤』이라 한 것은 이것이다. 상역(商易)을 『귀장(歸藏)』이라 하는데, 처음이 곤(坤)이고 다음이 건(乾)이었기 때문에 『坤乾』이라 하였다. 그러나 왕숙의 주에 "『공자가어』가 전한 시기에 이미 "乾坤"이라 했다"는 것은 의심된다. 9) **『乾坤』之義 『夏時』之等**: 『夏時』, 『乾坤』이 구현한 음양변화(陰陽變化) 사상과 예(禮)의 구분등차(區分等次)를 이른다. 10) **太古**: 원고(遠古), 상고(上古). 11) **燔黍擘豚**: 왕숙의 주에, "옛날에는 솥[釜]과 시루[甑]가 없었으므로, 벼를 도정하고 고기를 잘라 불에 달군 돌 위에 놓아먹었다."고 했다. 번(燔)은 굽다. 기장[黍]은 일종의 먹는 작물로써 껍질을 벗겨내고 나면 황미(黃米)라 하고, 찌고 난 후에는 찰기[黏性]가 있다. 벽(擘)은 쪼개다, 가르다. 돈(豚)은 작은 돼지이나 돼지를 두루 가리키기도 한다. 12) **汙樽抔飮**: 왕숙의 주에, "땅을 파서 '준(樽)으로 삼고 손으로 마셨다."고 했다. 汙는 땅을 파다. 준(樽)은 고대의 술을 담는 그릇. 부(抔)는 손으로 움켜쥐다. 부(抔)가 원래는 '杯'로 되어 있었는데 비요본과 사고본에 근거하여 고쳤다. 13) **蕢桴土鼓**: 풀의 줄기를 묶어 만든 북채, 흙을 두드려 만든 북으로 예악을 지었다. 궤(蕢)는 식물 이름. 『이아(爾雅)』「석초(釋草)」에, "'蕢'는 붉은 비름[莧]이다."고 했다. 곽박(郭璞)의 주에, "지금의 비름은 붉은 줄기인 것이다."고 했다. 부(桴)는 북채이다. 사고본에는 이 네 글자가 없다. 14) **猶可以致敬鬼神**: 왕숙의 주에, "신(神)은 덕(德)을 흠향하므로 사물을 갖추기를 바라지 않는다."고 했다. 15) **高**: '皋'와 통하며, 호(皥)의 의미로 불러서 고하는 것이다. '아(啊)', '애(哎)' 등 부르는 소리와 같은 말이다. 16) **某復**: 옛 사람이 금방 숨이 끊긴 가족의 혼을 부르던 습속으로 지붕 꼭대기에 올라가 큰 소리로 외치는 것. 17) **飮腥苴熟**: 왕숙의 주에, "사람이 죽었을 때 구슬이나 조개를 물리고, 장사를 지낼 때에는 삼[苴]으로 싸서 장례를 지낸다."고 했다. 성(腥)은 살아 있는 물건을 가리는데 예컨대 구슬과 조개 등이다. 저(苴), 포저(苞苴)는 부들[蒲]을 사용하여 물건을 싸는 것을 말한다. 숙(熟)은 익혀 먹는 것을 가리킨다. 18) **形體則降, 魂氣氣上**: 옛사람들은 사람이 죽고 나면 시체는 땅에 묻히고, 영혼은 하늘로 올라간다고 여겼다. 19) **天望而地藏**: 왕숙의 주에, "혼기(魂氣)는 올라가 하늘에 있고, 형체는 묻혀 땅에 있다."고 했다. 20) **故生者南向, 死者北首**: 옛사람들은 남방은 양(陽)에 속한다고 여겼으므로 살아 있는 사람은 남쪽을 존귀한 것으로 삼았다. 북방은 음(陰)에 속하므로 죽은 사람은 하장(下葬)되어 머리를 북으로 두었다. 21) **冬則居營窟, 夏則居橧巢**: 왕숙의 주에, "땅을 파서 거주하는 것을 영굴(營窟)이라 하고, 섶나무를 쌓은 것을 증(橧)이라 하고, 나무에 있는 것을 소(巢)라 이른다. 증소(橧巢)란 섶나무와 장작으로 만든 소형(巢形)의 거처이다. '橧'이 원래는 '檜'로 되어 있었지만, 비요본과 사고본 등에 의거하여 고쳤다. 22) **火化**: 불을 사용하여 음식을 익힘. 23) **茹**: 먹다, 삼키다. 어떤 판본에는 왕숙의 주가 있는데, "털을 모두 제거하지 않고 먹는 것을 여(茹)라 한다."고 했다. 총간본과 비요본, 사고본에는 모두 왕숙의 주가 없다. 24) **衣其羽皮**: 새의 깃이나 짐승의 가죽으로 옷을 해 입음. 25) **後聖有作**: 후일에 성인이 출현하다. 26) **範金**: 왕숙의 주에, "금속을 주조하는 기구 형범(刑範)을 사용하였다."고 했다. 금속을 주조하는 틀을 만들어 그것을 사용하여 기명(器皿)을 만듦. '範'을 사고본에는 '冶'로 잘못 쓰고 있다. 27) **合土**: 왕숙의 주에, "섞어서 와물(瓦物)을 만들었다."고 했다. 흙을 잘 섞어 벽돌이나 기와를 구워 만들다. 28) **以炮以燔**: 왕숙의 주에, "털을 포(炮)라 하고 불을 가하는 것을 번(燔)이라 한다."고 했다. 포(炮)란 털을 지닌 희생동물을 흙을 발라 불에 굽는 것이다. 29) **以烹以炙**: 왕숙의 주에, "삶은 것을 팽(烹)이라 하고, 구운 것을 적(炙)이라 한다."고 했다. 30) **以爲醴酪**: 왕숙의 주에, "예(醴)는 단술이고, 낙(酪)은 유즙이다."고 했다. 醴는 감주(甜酒)이고, 酪는 일종의 신맛이 나는 조미품이다. 31) **養生送死**: 살아 있는 사람을 공양하고, 죽은 사람은 송장(送葬)한다. 32) **玄酒在室**: 왕숙의 주에, "현주(玄酒)는 물이다. 옛날을 숭상함과 가까움을 말한다."고 했다. 태고 시대에는 술이 없어서 물로 술을 삼았다. 그리고 색깔이 검은색이었으므로 현주(玄酒)라고 이른 것이다. 실내는 북쪽에 있고 지위가 가장 높았으므로 현주를 실내에 두었다. 33) **醴醆**: 왕숙의 주에, "예(醴)는 앙제(盎齊)로서 오제(五齊) 중 두 번째를 예제(醴齊), 세 번째를 앙제(盎齊)라 불렀다."고 했다. 옛날에는 술을 그 청탁(淸濁)과 후박(厚薄)에 따라 5등으로 구분하여 '오제(五齊)'라 불렀다.『주례(周禮)』「천관(天官)·주정(酒正)」에, "오제(五齊)의 명칭을 가려보면, 첫째는 범제(泛齊), 둘째는 예제(醴齊), 셋째는 앙제(盎齊), 넷째는 제제(緹齊), 다섯째는 침제(沈齊)이다.[辨五齊之名, 一曰泛齊, 二曰醴齊, 三曰盎齊, 四曰緹齊, 五曰沈齊]"라고 하였다. 잔(醆)이란 흰색의 탁주(濁酒)이다. 34) **粢醍**: 일종의 비교적 맑은 옅은 홍색의 술을 제제(醍齊)라고 한다. 35) 澄酒: 일조의 청주(淸酒)로 침제(沈齊)라고 한다. 오제(五齊) 중에 가장 맑다. 36) 鼎俎: 솥[鼎]과 도마[俎]. 제사와 연회때에 희생이나 기타 식물을 담는 예기(禮器). 정(鼎)은 청동으로 만든 제품으로 원형으로 세 발과 두 귀가 달렸고, 장방(長方)의 네 발달린 것도 있다. 조(俎)는 나무로 만들어 칠(漆)을 더했다. 37) 琴、瑟、管、磬、鍾、鼓: 예악기물(禮樂器物)을 가리킨다. 슬(瑟)은 일종의 현(弦)을 타는 악기이고, 경(磬)은 고대의 악기(樂器)로써 돌이나 옥 혹은 금속을 재료로 사용하였다. 모습은 규(規)와 같았고, 시렁에 걸어 두드려 소리를 냈다. 38) 上神: 왕숙의 주에, "上神은 天神이다."고 했다. 39) 以正君臣: 군신지간의 상하관계를 바르게 하다. 40) 祐: 돕다. 옛날에는 천지신명의 도움을 가리켰다. 『역』「대유(大有)」에, "하늘이 스스로 도와주어 길하고 이롭지 않음이 없다.[自天祐之, 吉無不利]"고 했다. 사고본과 동문본에는 '祜'라고 되어 있다. 41) 祝號: 왕숙의 주에, "희생(犧牲), 옥백(玉帛)은 축사로 모두 아름답다고 해서 이를 '호(號)'라고 한 것이다."고 했다. 즉 축사 중 특별히 아름다운 명칭을 붙였다는 것이다. 희생과 옥백 외에 신귀(神鬼)에는 모두 아름다운 호칭이 있는데, 예컨대 신(神)을 '황천상제(皇天上帝)', 귀(鬼)를 '황조(皇祖)'라고 칭한 것이다. 42) 薦: 바치다. 43) 腥其俎, 熟其殽: 왕숙의 주에, "비록 익었다고 하더라도 날것과 같이 하였는데, 날것이란 본래 옛일을 잊지 않는 것이다."고 했다. 효(殽)는 '肴'와 같다. 삶거나 익힌 어육(魚肉). 44) 越席以坐: 왕숙의 주에, "포석(蒲席)을 자르다."고 했다. 전(翦)은 '천(踐)'과 같다. 포석(蒲席)이란 부들 풀로 짠 만든 자리로 고대의 습속에는 주인과 주부(主婦)는 부들 자리를 밟고 지나가 앉는 자리로 갔다. 45) 疏布以冪: 왕숙의 주에, "멱(冪)은 술을 덮어 놓는 수건이다. 질박하기 때문에 소(疏)를 쓴 것이다."라고 했다. 소포(疏布)는 거친 마포(麻布)이고, 멱(冪)은 덮다, 가리다. 『주례』「천관(天官) · 멱인(冪人))」에, "제사에는 소포(疏布)로 만든 수건으로 덮은 팔준(八尊)과 수가 놓여진 수건으로 덮은 육리(六彝)를 사용한다."고 했다. 멱(冪)을 통문본에는 '조(罩)'로 되어있다. 46) 衣其浣帛: 왕숙의 주에, "염색을 하여 제복(祭服)으로 하였다."고 했다. 衣는 입다. 완백(浣帛)은 새로 짠 명주 옷. 47) 交獻: 교대로 바치다. 48) 以嘉魂魄: 왕숙의 주에, "가(嘉)는 '선(善)', '낙(樂)'이다."고 했다. 이 구절의 동문본 뒤에는 '是謂合莫' 네 자가 있다. 49) 合烹: 왕숙의 주에, "그 삶고 찌는 예가 합쳐져 날 것이 없어졌다."고 했다. 반은 날것으로 익지 않은 제품(祭品)을 합하여 삶고 쪘다. 50) 體: 왕숙의 주에, "체(體)란 희생을 잡아 갈라 바치는 것이다."고 했다. 51) 實: 가득 채우다. 52) 보궤(簠簋): 왕숙의 주에, "서직(黍稷)을 받는 그릇이다."고 했다. 즉 두 종류 서직이나 도량(稻粱)을 담는 예기(禮器)이다. 보(簠)는 방형(方形), 궤(簋)는 원형(圓形)이다. 53) 籩豆: 왕숙의 주에, "죽(竹)으로 된 것을 변(籩), 나무로 된 것을 두(豆)라 한다."고 했다. 변과 두는 고대에 제사를 지낼 때와 연회를 벌일 때 식품을 담는 두 종류의 예기이다. 변(籩)은 대나무로 만들었는데 과일이나 포(脯)를 담고, 두(豆)는 나무로 만들었는데 구리나 흙으로 만들기도 했다. 모습은 높은 다리의 쟁반과 같은데, 어육 따위를 얇게 썬 음식[齏]이나 장(醬) 등을 담았다. 54) 鉶: 왕숙의 주에, "형(鉶)은 국을 담는다."고 했다. 국이나 나물을 담는 그릇이다. 55) 祝以孝告: 왕숙의 주에, "축(祝)으로 효자의 말이 선조에게 이른다는 것이다."고 했다. '祝'은 '축사(祝辭)'를 이른다. 56) 嘏以慈告: 왕숙의 주에, "하(嘏)로 선조의 말을 효자에게 전하는 것이다."고 했다. '嘏'는 '하사(嘏辭)'를 이른다. 『시』「노송(魯頌)·비궁(閟宮)」에, "하늘이 내리시는 큰 복을 받자와 길이 수를 누리시며 보전하시사.[天賜公純嘏, 眉壽保魯]"라고 했고, 정현(鄭玄)의 전(箋)에, "복을 받는 것을 하(嘏)라고 한다."고 했다. 57) 祥: 왕숙의 주에, "상(祥)은 선(善)이다."고 했다.

07 오의해五儀解

序說

이 편의 내용은 모두 공자가 애공(哀公)의 질문에 대답한 것이다. 첫머리에 공자가 사람을 용인(庸人), 사인(士人), 군자(君子), 현인(賢人), 성인(聖人) 등 오의(五儀) 즉 오등(五等)으로 구분하여 설명하고 아울러 오의의 각기 다른 기준을 상세히 말하고 있기 때문에 '오의(五儀)'를 편명으로 한 것이다.

공자는 적극적으로 현실정치에 관심을 가지고 인(仁)과 예(禮)의 결합을 제창하고, 수신(修身)과 위정(爲政)의 내재적 통일을 주장하였다. 이 편의 나라를 다스리고 인재를 뽑는 일과 입신처세의 도에 관한 이야기는 곧 이 사상의 구체적 설명에 대하여 공자의 "내성외왕(內聖外王)"과 "수신제가치국평천하(修身齊家治國平天下)"의 사상을 구현하였다. 애공의 인재를 뽑는 방법의 질문에 대한 공자의 대답에는 자신의 인재관을 반영하고 있다. 오의(五儀)의 가르침을 널리 시행하는데 있어서 공자는 군주가 당연히 '작은 기미를 보고 본질을 안다[見微知著]'거나, '평시에도 위험할 때를 미리 경계[居安思危]'해야 한다고 여겼다. 공자가 주장한 "조정으로 하여금 예제(禮制)를 따르게 하여 군신(君臣) 간에 서로 공경하고 친하게 함[朝廷有禮, 上下其親]"과 "덕으로 인도하고 예로 다스린다[道之以德, 齊之以禮]"는 것은 완전히 일치한다. 국가의 존망과 화복(禍福)을 이야기 하면서 공자는 "존망과 화복은 모두 자기 자신에게 달렸을 뿐[存亡禍福, 皆己而已]"이고, "하늘의 재앙이나 땅의 재앙도 국가의 운명을 바꿀 수는 없다.[天災地妖不能加也]"고 여겼다. 아울러 주왕(紂王)과 태무(太戊)를 예로 들어 설명하였는데 이는 그가 비록 아직 천명(天命)사상의 굴레를 완전히 벗어나지는 못한 것을 나타내지만, 이미 인사(人事)를 중시하고 더욱 진인사대천명(盡人事待天命)을 주장한 것으로 볼 수 있다.

이 문장은 그 외에도 입신처세의 도를 다루고 있는데, 공자는 "군자는 바둑놀이를 하지 않음[君子不博]"을 설명하면서 그가 인덕을 중시하고 선도(善道)를 구하는 사상을 구현하고 있다. 그는 "지혜 있는 자가 수(壽)를 누릴 수 있는가? 어진 자가 수를 누릴 수 있는가?[智者壽乎, 仁者壽乎]"의 물음에 대답하면서 유가 윤리사상의 중용(中庸) 관념을 반영하였다. 공자 마음속의 이상적 인격은 중용의 도를 견지한 인(仁)과 지(智)가 통일된 군자였음을 쉽게 발견할 수 있다.

유가는 수신(修身)을 근본으로 하고 있지만 '수기(修己)'에만 한정되지 않는다. 자신을 미루어 타인게게 미치고, 나를 이루고 남도 이루게 하며[成己成物], 인학(仁學)에서 인정(仁政)으로 확대하고, 자기의 도덕 수양을 치국, 평천하의 출발점으로 삼았다. 동시에 치국, 평천하를 자기 도덕 수양의 귀숙(歸宿)으로 삼았다. 이는 유가의 "내성외왕"과 "수신제가치국평천하"의 사상을 구현하는 것으로서 이 편과 「왕언해(王言解)」, 「대혼해(大婚解)」 등의 문장과 결합하여 연구하면 이 사상에 대한 더욱 깊은 이해를 할 수 있을 것이다. 이 편의 내용 중에 "무릇 임금이란 배요, 백성들은 물이다. 물은 배를 띄어 운행하게도 하지만, 또 이 물은 배를 뒤집어엎기도 한다.[夫君者, 舟也. 庶人者, 水也. 水所以載舟, 水所以覆舟]"는 것은 유가의 인정(仁政)사상에 대한 살아있는 전석(詮釋)으로서 군주와 신민(臣民) 간의 정치윤리 관계를 심각하게 나타내고 있다. 이 정론(政論)의 경구(警句)는 순자(荀子)가 더욱 확대 발전시킨 이후 후세 학자들과 정치가들에게 중시되고 귀감이 되었으며 중국 고대 정치윤리 사상의 발전에 적극적이고 심원한 영향을 발생케 하였다.

이 편의 자료는 『순자(荀子)』, 『대대례기(大戴禮記)』, 『신서(新序)』, 『한시외전(韓詩外傳)』, 『설원(說苑)』등의 전적(典籍)에 분산되어 보인다. 이 편 중의 많은 자료들은 관련 있는 유가 전적과 연계하여 살필 수 있다. 예컨대 이 편 내용 중에 "生今之世, 志古之道"와 『중용』에 나오는 공자 관련 언론, 공자의 성인에 대한 논술과 『역전(易傳)』의 관련 내용 등인데, 이는 공자의 사상을 더욱 전면적으로 이해할 수 있게 하고 더욱 분명하게 『공자가어』의 가치를 인식할 수 있게 한다.

7-1

애공(哀公)이 공자에게 물었다. "나는 노나라 인재를 뽑아서 함께 정치를 하려 합니다. 감히 묻건대 어떻게 선택해야 합니까?" 공자가 대답하였다. "지금의 세상에 생활하면서 옛사람의 도를 앙모하고, 당대(當代)의 습속에 처해 있으면서 고대의 의복을 입고 있다면 이렇게 하고도 인재가 아닌 사람이 매우 드물지 않겠습니까?" 애공이 말하였다. "그렇다면 장보관(章甫冠)을 쓰고, 신코에 갈구리 장식이 있는 신을 신고, 대대(大帶)를 허리에 차고 홀(笏)을 꽂은 자는 모두 어진 사람입니까?" 공자가 말하였다. "반드시 그렇지는 않습니다. 제가 말씀드린 것은 그런 것을 말한 것이 아닙니다. 무릇 제복(祭服)인 단의(端衣)와 현상(玄裳)을 입고 높은 수레를 타고 있는 자는 매운 채소를 먹는데 뜻이 없고, 상복(喪服)에 거친 베옷을 입고 짚신을 신고 손에 상장(喪杖)을 쥐고, 왕골자리를 깔고 앉아 죽을 마시는 자는 술이나 고기에 뜻이 없는 것입니다. '지금의 세상에 생활하면서 옛사람의 도를 앙모하고, 당대(當代)의 습속에 처해 있으면서 고대의 의복을 입고 있다'는 말은 바로 이런 사람을 말하는 것입니다."

애공이 말하였다. "좋은 말씀이십니다. 이렇게만 하면 되는 것입니까?" 공자가 말하였다. "사람은 다섯 등급으로 구분할 수 있습니다. 첫째 용렬한 사람[庸人], 둘째 선비[士人], 셋째 군자(君子), 넷째 현인(賢人), 다섯째 성인(聖人)입니다. 이 다섯 가지 부류를 잘 판별할 수 있으면 나라를 다스리는 도는 그 안에 모두 있을 것입니다."

애공이 말하였다. "감히 여쭙건대 어떤 사람을 용렬한 사람이라고 합니까?" 공자가 말하였다. "용렬한 사람이란 마음속에 시종 신중한 법도가 없고, 입으로도 법도로 받들만한 말을 할 줄 모르며, 어진 사람을 가려 자기 몸을 의지할 줄 모르고, 힘껏 행해서 자기 스스로 결정지을 줄 모릅니다. 작은 일에는 밝지만, 큰일에는 어두워 어떻게 해야 할지를 모르고, 범사(凡事)에 따르기를 마치 물 흐르듯 하지만 지켜야 할 것이 무엇인지 알지 못합니다. 이러한 사람을 용렬한 사람이라고 하는 것입니다."

애공이 말하였다. "어떤 사람을 선비라 일컫습니까?" 공자가 말하였다. "소위 선비란 마음에 굳센 신념이 있고, 계획한 바는 실천하며, 비록 치국의 원칙에 완전히 정통할 수 없다고 해도 반드시 따르는 바가 있고, 비록 더할 수 없이 훌륭하지는 못하더라도 반드시 지키는 바가 있습니다. 그런 까닭에 지식을 널리 구하지 않더라도 반드시 자기가 알고 있는 것이 정확하고 잘못이 없는지를 상세하게 알려 하고, 말은 여러 가지 설명을 구하지 않더라도 반드시 자기가 말한 것이 도리에 맞고 근거가 있는 것인지를 상세하게 알려 하며, 일과 실정에 많은 것을 하려 하지 않더라도 반드시 자기가 행한 일이 사리(事理)를 따른 것인지를 상세하게 알려 하였습니다. 아는 것이 이미 정확하고 잘못이 없고, 말하는 것이 이미 도리에 맞고 근거가 있으며, 행하는 것이 이미 사리를 따르고 있다면 그것은 마치 자기가 타고난 성명(性命)과 신체가 다른 것으로 대신할 수 없는 것과 같습니다. 부귀도 그에게 어떠한 것을 더하기에 족하지 않고, 빈천 역시 그에게 어떠한 것도 덜어내기에 족하지 않습니다. 이러한 사람을 선비라고 하는 것입니다."

애공이 말하였다. “군자란 어떤 사람입니까?” 공자가 말하였다. “소위 군자는 말을 반드시 충성과 믿음으로 하여도 마음속에 원망이 없고, 스스로 인의(仁義)를 시행하면서도 얼굴에 자랑하는 빛이 없으며, 생각하고 염려하는 것이 이치에 통달하고 밝아도 자기 말이 옳다고 여기지 않습니다. 믿고 지키는 도의(道義)를 돈독(敦篤)하게 행하고 강하게 하기에 그침이 없어 마치 매우 빨리 넘어설 수 있을 것 같지만 결국에는 따라갈 수 없습니다. 이러한 사람을 군자라고 하는 것입니다.”

애공이 말하였다. “현인(賢人)이란 어떤 사람입니까?” 공자가 말하였다. “소위 현인이란 덕(德)을 베푸는 것이 법도를 넘어서지 않고, 행동을 준칙에 맞게 하며, 말이 천하의 모범이 되기에 족하여 화를 불러오지 않으며, 그 학설이나 주장이 백성들을 교화하기에 족하여 자기의 본성에 손상을 주지 않습니다. 부유하다고 해서 천하의 사람들이 사사롭게 재물을 축적하지 않고, 널리 덕을 베풀어 천하의 사람들이 가난함을 걱정하는 일을 없게 합니다. 이러한 사람을 현인이라 하는 것입니다.”

애공은 말하였다. “성인이란 어떤 사람입니까?” 공자가 말하였다. “소위 성인이란 덕행이 천지의 도와 함께 하고, 사물을 거느리고 변화에 통하며, 만사(萬事)의 발전 규율을 추구하고 만물의 자연 본성과 화합하며, 큰 도를 펴서 만물의 정성(情性)을 성취하게 합니다. 밝기는 일월(日月)과 같고 교화는 신명(神明)과 같으니, 백성들은 그의 덕행을 알지 못하고, 그를 만난 사람 역시 그가 일반 사람들과 다르다는 것을 식별하지 못합니다. 이러한 사람을 성인이라 하는 것입니다.”

原文

哀公[1)]問於孔子曰, “寡人慾論[2)]魯國之士[3)], 與之爲治, 敢[4)]問如何取之?” 孔子對曰, “生今之世, 志[5)]古之道; 居[6)]今之俗, 服古之服[7)]. 舍此而爲非者[8)], 不亦鮮乎?” 曰, “然則章甫絇履[9)], 紳帶縉笏[10)]者, 皆賢人也.” 孔子曰, “不必然也. 丘之所言, 非此之謂也. 夫端衣玄裳, 冕而乘軒者, 則志不在於食葷[11]; 斬衰菅菲[12], 杖而歠粥者[13], 則志不在於酒肉. ‘生今之世, 志古之道; 居今之俗, 服古之服’, 謂此類也.”

公曰, “善哉! 盡此而已乎?” 孔子曰, “人有五儀[14], 有庸人、有士人、有君子、有賢人、有聖人. 審[15]此五者, 則治道畢[16]矣.”

公曰, “敢問何如斯可謂之庸人[17]?” 孔子曰, “所謂庸人者, 心不存愼終之規[18], 口不吐訓格[19]之言, 不擇賢以托[20]其身, 不力行以自定[21]. 見小暗大, 而不知所務[22]; 從物如流[23], 不知其所執[24], 此則庸人也.”

公曰, “何謂士人?” 孔子曰, “所謂士人者, 心有所定, 計有所守. 雖不能盡道術[25]之本, 必有率[26]也; 雖不能備百善之美, 必有處[27]也. 是故知不務多, 必審其所知; 言不務多, 必審其所謂[28]; 行不務多, 必審其所由[29]. 智旣知之, 言旣道之[30], 行旣由之, 則若性命之形骸之不可易也[31]. 富貴不足以益, 貧賤不足以損. 此則士人也.”

公曰, “何謂君子?” 孔子曰, “所謂君子者, 言必忠信而心不怨[32], 仁義在身而色無伐[33], 思慮通明而辭不專[34]; 篤[35]行信道, 自強不息, 油然若將可越而終不可及者[36]. 此則君子也[37].”

公曰, “何謂賢人?” 孔子曰, “所謂賢人者, 德不踰閑[38], 行中規繩[39], 言足以法於天下而不傷於身[40], 道足以化於百姓而不傷於本[41]. 富則天下無宛[42]財, 施則天下不病[43]貧. 此則賢者[44]也.”

公曰, “何謂聖人?” 孔子曰, “所謂聖者, 德合於天地[45], 變通無方[46], 窮萬事之終始[47], 協庶品之自然[48], 敷[49]其大道而遂成情性. 明並[50]日月, 化行若神. 下民不知其德, 睹者不識其鄰[51]. 此謂聖人也.”

注釋

1) 哀公: 노나라 임금. 이름은 장(將), 성은 희(姬)이다. 이 기록은 『순자』「애공(哀公)」, 『대대례기』「애공문오의(哀公問五儀)」, 『신서(新序)』「잡사(雜事)4」에도 보인다. 2) 論:

'掄'과 같다. 선택하다. 3) 士: 모종의 품격과 재능을 갖춘 사람을 가리킨다. 4) 敢: 겸사(謙辭). 외람되다, 무릅쓰다. 5) 志: 경모(傾慕)하다, 추모(追慕)하다. 『논어』「위정(爲政)」의, "나는 15세에 학문에 뜻을 두었다.[吾十有五而志於學]"라는 구절에 대한 황간(皇侃)의 소(疏)에, "지(志)는 마음으로 사모하는 것을 이른다."고 했다. 왕선겸(王先謙)의『순자집해(荀子集解)』에, "기록[記]의 의미이며, '지(識)'이다."고 했는데 아마도 잘못이다. 6) 居: 어떤 지위와 상황에 처함. 7) 服古之服: 왕선겸(王先謙)의 주에, "공자가 큰 소매가 달린 옷[逢掖]을 입고, 장보(章甫)의 관을 쓴 것과 같다."고 했다. 『대대례기(大戴禮記)』에, "옛 의복이란 유복(儒服)이다.[古之服, 儒服也]"고 했다. 8) 舍此而爲非者: 위에서 말한 행위를 하는 경우 인재가 아니다.(역자: 이 부분은 주석에 문제가 있다. "이렇게 하면서도 인재가 아닌 사람이"로 해석하는 것이 다음 문장을 보더라도 훨씬 자연스럽다.) 9) 章甫絇屨: 왕숙의 주에, "장보(章甫)는 관(冠)이다. 구리(絇屨)는 신코에 갈고리 장식이 달린 것을 이른다."고 했다. 『예기(禮記)』「유행해(儒行解)」에, "구(丘)는 어려서 노나라에 살면서 큰 소매가 달린 옷을 입었고, 커서는 송나라에 살면서 장보(章甫)관을 썼다.[丘少居魯, 衣逢掖之衣. 長居宋, 冠章甫之冠]"고 했다. '絇屨'는 정현의 주에, "구(絇)는 얽매이는 것을 말하는데 행계(行戒)로 삼았다. 모양이 도의비(刀衣鼻)와 같아 신발 끝에 있었다."고 했다. 10) 紳帶縉笏: 왕숙의 주에, "紳은 大帶. 縉은 插이다. 홀(笏)은 자신의 생각을 써서 명에 대답하기 위해 잡고 있는 것이다."고 했다. '縉'은 사고본과 비요본, 동문본에는 '搢'으로 되어 있다. 홀(笏)은 조홀(朝笏)이다. 『예기』「옥조(玉藻)」에 "홀(笏)은 길이가 2척 6촌, 그 가운데 부분은 넓이가 3촌이고, 줄어드는 부분은 6분의 1을 제거한다[笏, 度二尺有六寸, 其中博三寸, 其殺六分而去一]."고 했다. 11) 夫端衣玄裳, 冕而乘軒者, 則志不在於食葷: 왕숙의 주에, "단의현상(端衣玄裳)은 재복(齋服)이다. 헌(軒)은 수레. 훈(葷)은 매운 채소이다."고 했다. 『주례(周禮)』「춘관(春官) · 사복(司服)」의 정현(鄭玄)의 주에, "단(端)이란 그 바름을 취한다. 옷소매는 모두 2척 2촌으로 소매가 넓은 옷이다."고 했다. 『예기』「교특생(郊特牲)」에, "제복은 검은 색이니, 검은 색으로 재계를 올린다. 음유(陰幽)를 생각해서이다.[齋之玄也, 以陰幽思也]"고 했다. 면(冕)은 상관(喪冠)으로 일설에는 제복(祭服)이라 했다. 훈(葷)는 매운 채소로 파와 부추류를 가리킨다. 왕선겸(王先謙)의 『순자집해(荀子集解)』에, "단의(端衣)와 현상(玄裳)을 입고 면관을 쓰고 수레를 타고 행차하는 것은 제사를 지내기 위함이기 때문에 매운 채소를 먹는데 뜻이 없다."고 했다. 12) 斬衰菅菲: 참최(斬衰)는 고대에 가장 중요한 상복(喪服)이다. 거칠고 날 것의 마포로 만드는데, 좌우와 밑단은 꿰매지 않는다. 자식이 부모에게 신하가 군주에 대한 참최는 3년이다. 『의례(儀禮)』「상복(喪服)」에, "참(斬)이란 무엇인가? 꿰매지 아니한 것이다.[斬者何? 不緝也]"고 했고, 정현의 주에, "상의를 최(衰), 하의를 상(裳)"이라 했다. 菅菲는 짚신[菅屨]이다. 관(菅)은 본래 '管'으로 되어 있었으나 비요본(備要本)에 근거하여 고쳤다. 비(菲)는 비(扉)라고도 하는데, 하나라에서는 비(扉)라 하고, 주나라에서는 리(屨)라고 했다. 13) **杖而啜粥**: 장(杖)은 복상(服喪)에 사용하는 상장(喪杖)이고, 철죽(啜鬻)이란 '죽을 먹는다'는 의미. 『상복전(喪服傳)』에 이르기를, "죽을 먹는데, 아침에 쌀죽 한 그릇, 저녁에 쌀죽 한 그릇을 먹는다.[啜粥, 朝一溢米, 夕一溢米]"고 했다. 14) **儀**: 등급의 순서. 『주례(周禮)』「대사도(大司徒)」에, "다섯 번째, 등급의 순서를 분별하는 것이다.[五曰, 以儀辨等]"고 했다. 15) **審**: 밝히다. 16) **畢**: 다하다. 힘을 다하다는 의미. 17) **敢問何如斯可謂之庸人**: 동문본에는 '謂' 자 앞에 '可' 자가 없다. 18) **慎終之規**: '신종(慎終)'이란 일을 행함에 근신하여 시종을 같게 한다는 것을 가리킨다. 『예기』「표기(表記)」에, "신중함으로 시작하고 공경으로 마친다.[慎始而敬終]"고 했다. '規'는 『說文』에 "規는 法度가 있다는 것이다. '夫'를 따르고 '見'을 따른다.[規, 有法度也, 從夫從見]"고 했다. 19) **格**: 왕숙의 주에, "格은 法이다."고 했다. 20) **托**: 맡기다, 부탁하다. 21) **定**: 그치는 곳. 22) **而不知所務**: '務'는 노력하다, 하다. 동문본에는 '不' 자 앞에 '而' 자가 없다. 23) **流**: 흘러가다. 24) **執**: 지키다. 25) **道術**: 여기서는 치국의 원칙과 방법을 가리킨다. 26) **率**: 따르다. 왕숙의 주에, "솔(率)은 행(行)과 같다."고 했는데, 아마 틀렸을 것이다. 27) **處**: 거처. '지키다'의 의미로 확대됨. 28) **言不務多, 必審其所謂**: 왕숙의 주에, "힘써야 할 것이란 말의 요긴함을 이른다."고 했다. 또 왕선겸(王先謙)의 『순자집해(荀子集解)』에, "사실을 분명하게 가리는 것에 그칠뿐이다."고 했다. 심(審)은 『설문(說文)』에, "심(審)은 잘 알다[悉]이다. 상세하게 아는 것이다.[審, 悉也, 知審諦也]"고 했다. 29) **由**: 말미암다[從]. 30) **智既知之, 言既道之**: 왕숙의 주에, "그 요체를 얻다."라고 했다. '智'가 동문본에는 '知'로 되어 있다. 31) **則若性命之形骸之不可易也**: 형해(形骸)는 형체이다. 역(易)은 다른 것으로서 옮기게 하는 것이다. 32) **怨**: 왕숙의 주에, "원(怨)은 원망[咎]이다."고 했다. 『순자(荀子)』「애공(哀公)」에는 '덕(德)'으로 되어 있다. 33) **色無伐**: 왕숙의 주에, "얼굴에 자랑하는 빛이 없는 것이다."고 했다. '伐'은 자랑하다. 34) **專**: 스스로 옳다고 여기다. 35) **篤**: 확고하다, 돈독하다. 『논어』「자장(子張)」의, "도를 믿되 확고하지 못하다[信道不篤]."라는 구절이 있다. 일설에는 '純'이라 했는데, 『예기(禮記)』「유행(儒行)」에, "성실하게 실행하고 게을리하지 않는다.[篤行而不倦]"라는 구절의 공영달의 소에 있다. 36) **油然若將可越而終不可及者**: 왕숙의 주에, "유연(油然)은 머뭇거리며 나아가지 않는 모양이다. 월(越)은 넘다[過]는 것이다."고 했다. 왕선겸(王先謙)의 『순자집해(荀子集解)』에, "소위 '앞에 있는 것을 보았는데 홀연 뒤에 있다'는 말이다.”고 했다. ‘及’은 따라가다. 37) **此則君子也**: 사고본과 동문본에는 ‘君子’ 앞에 ‘此則’ 두 글자가 없다. 38) **逾閑**: 왕숙의 주에, “한(閑)은 법(法)이다.”고 했다. ‘유한(逾閑)’이란 법도를 넘어서다. 39) **行中規繩**: ‘中’은 부합(符合)하다. 규승(規繩)은 규구(規矩)와 먹줄[繩墨]. 여기서는 법도에 비유하였다. 40) **言足以法於天下而不傷於身**: 왕숙의 주에, “만천하에 말을 하여도 허물이 없다.”고 했고, 왕선겸(王先謙)의 『순자집해』에, “소위 만천하에 말을 하여도 허물이 없고, 만천하에 행하여도 원망이나 미워함이 없다.”고 했다. ‘傷’은 해롭다. 41) **本**: 왕숙의 주에, “본(本)은 또한 신(身)이다.”고 했고, 또 『대대례기(大戴禮記)』「애공문오의(哀公問五儀)」에 대한 왕빙진(王聘珍)의 해고(解詁)에, “본(本)은 본성(本性)을 이른다. 근본이 해를 입지 않는다는 것은 자신이 법도있게 행동하고 꾸미지 않음으로 그 본성을 잃지 않음을 일컫는다.”고 했다. 42) **宛**: 왕숙의 주에, “완(宛)은 쌓다. 고자(古字)로도 이 글자를 썼는데 따라서 초(草) 머리를 잘못하여 붙이지 않은 것이기도 하다.”고 했다. 비요본의 왕숙의 주에, “고자(古字)로서 옛날에는 완(菀)이라 하였다.”고 했다. 동문본의 왕숙의 주에는, “완(宛)을 옛날에는 원(苑)으로 썼다. 개인이 쌓음이다. 덕을 은혜로 베풀어 천하가 교화되고 홀로 부유하지 않는다.”고 했다. ‘宛’은 ‘苑’이라 해야 하고, ‘온(蘊)’과 같으며, 쌓는다는 뜻이다. 43) **病**: 걱정하다. 44) **賢者**: 『설문(說文)』에, “현(賢)이란 다재(多才)이다.[賢, 多才]”라고 했다. 사고본과 동문본에는 이 앞에 ‘則’ 자가 없다. 45) **德合於天地**: 『역(易)』「건(乾) · 문언(文言)」에 이르기를, “무릇 대인(大人)은 천지와 그 덕을 함께 하고, 일월과 그 밝음을 함께 한다.[夫大人者, 與天地合其德, 與日月合其明]”고 했다. ‘합(合)’은 함께 하다, 부합(符合)하다. 46) **變通無方**: 사물을 거느리고 변화에 통한다. 무방(無方)은 무상(無常)이다. 또 『예기』「단궁(檀弓)상」에, “부모의 좌우에서 모시며 못하는 일 없이 봉양한다.[左右就養無方]”고 했다. 47) **窮萬物之終始**: 궁(窮)은 추구(推究)하다. 종시(終始)는 사물 발전의 규율을 가리킨다. 48) **協庶品之自然**: 협(協)은 화합[和]. 서품(庶品)은 만물. 49) **부(敷)**: 펴다[布]. 50) **並**: 함께. 51) **鄰**: 왕숙의 주에, “인(鄰)은 경계[界畔]에 비유한 것이다.”고 했다. 가까운 이웃, 신변(身邊)에 있는 사람이다.

7-2

애공이 말하였다. “좋은 말씀이십니다. 그대의 현명함이 아니었다면 과인은 이런 말씀을 얻어 듣지 못했을 것입니다. 비록 그렇기는 하나 과인은 깊은 궁궐 안에서 태어나 여자의 품에서 자랐습니다. 따라서 슬픔이 무엇인지, 걱정이 무엇인지, 힘든 것이 무엇인지, 두려움이 무엇인지, 위험함이 무엇인지도 알았던 적이 없습니다. 아마 오의(五儀)의 가르침을 행하지 못할까 염려됩니다. 어찌하면 좋습니까?" 공자가 대답하였다. "임금의 말씀대로라면 이미 알고 계신 것입니다. 그렇다면 저로서는 알려드릴 말씀이 없습니다."

애공이 말하였다. "그대가 아니면 내 마음을 계발시킬 수 없습니다. 그대가 말씀해 주십시오." 공자가 말하였다. "군주가 종묘에 들어가면 동편으로 가서 동쪽 계단으로부터 올라가 머리를 들어 서까래를 보고 머리를 숙여 진설(陳設)한 궤석(几席)을 살핍니다. 그 기물들은 모두 남아 있건만 그 선조들은 보이지 않습니다. 임금께서 이럴 때 슬픔을 생각하신다면 무엇이 슬픔인지를 알 수 있습니다. 날이 밝기 전에 일찍 일어나 의관을 바르게 갖추어 입고 아침이 되어 조정에 나아가 정사(政事)를 처리합니다. 이럴 때 위태롭고 어려운 일을 생각하게 되며 한 가지 일이라도 잘못 처리한다면 이는 나라가 어지럽고 망하게 되는 단서가 되는 것입니다. 임금께서 이에 걱정됨을 생각하신다면 무엇이 걱정이라는 것을 알 수 있습니다. 해가 뜨면 정사를 처리하고, 날이 서쪽으로 기울면 다른 나라에서 노나라로 도망 온 제후의 자손을 빈객으로 하여 예를 행하며 읍양(揖讓)을 하면서 각종 의절(儀節)을 매우 신중하게 합니다. 이럴 때 임금께서 수고로움을 느끼신다면 무엇이 수고로움이라는 것을 알 수 있습니다. 깊이 생각하여 먼 뒷날을 염려하며 네 개의 성문 밖으로 나가 온 주위를 바라보면 나라가 망하고 터만 남은 것이 매우 많은 것을 보게 될 것입니다. 임금께서 이에 두려움을 생각하신다면 무엇이 두려움인지 알 수 있습니다. 무릇 임금이란 배요, 백성들은 물입니다. 물은 배를 띄워 잘 움직이게 할 수도 있고, 물은 배를 뒤집어 엎을 수도 있습니다. 임금께서 이에 위태로움을 느끼신다면 무엇이 위태로움인지 알 수 있습니다. 임금께서 이 다섯 가지 일을 밝게 아신 후에 다시 오의(五儀)에 대하여 조금만 유의하신다면 정치에 무슨 실수가 있겠습니까?"

原文

公曰, "善哉! 非子之賢, 則寡人不得聞此言也. 雖然, 寡人生於深宮之內, 長於婦人之手, 未嘗知哀, 未嘗知憂, 未嘗知勞, 未嘗知懼, 未嘗知危, 恐不足以行五儀之敎, 若何?" 孔子對曰, "如君之言, 已知之矣. 則丘亦無所聞焉.[1]"

公曰, "非吾子, 寡人無以啓其心, 吾子言也." 孔子曰, "君入廟, 如右[2], 登自阼階[3], 仰視榱桷[4], 俯察几筵[5], 其器皆存, 而不睹其人. 君以此思哀, 則哀可知矣. 昧爽夙興[6], 正其衣冠, 平旦[7]視朝, 慮其危難, 一物失理, 亂亡之端[8]. 君以此思憂, 則憂可知矣. 日出聽政, 至於中冥[9], 諸侯子孫[10], 往來爲賓, 行禮揖讓, 愼其威儀[11]. 君以此思勞, 則勞亦可知矣. 緬然[12]長思, 出於四門, 周章遠望[13], 睹亡國之墟, 必將有數焉[14], 君以此思懼, 則懼可知矣. 夫君者, 舟也; 庶人者, 水也. 水所以載舟, 亦所以覆舟. 君以此思危, 則危可知矣. 君旣明此五者, 又少留意於五儀之事, 則於政治, 何有失矣."

注釋

1) **如君之言, 已知之矣, 則丘亦無所聞焉**: 왕숙의 주에, "'임금의 말씀대로라면 이미 알고 있는 것이기 때문에 다시 말할 것이 없다'고 겸손하게 애공(哀公)을 가르친 것이다."고 했다. '聞'은 듣게 하다, 알리다. 2) **君入廟, 如右**: 원래 '君' 자 뒤에 '子' 자가 있다. 동문본과 문장의 뜻에 근거하여 삭제하였다. 右는 여기서는 문(門)안의 동쪽을 가리킨다. 3) **조계(阼階)**: 동쪽 계단으로 주인이 오르내리는 계단이다. 4) **최각(榱桷)**: 서까래. 5) **궤연(幾筵)**: 책상과 좌석. 제사를 지내기 위한 자리이다. 후에 널리 영좌(靈座)의 궤연(幾筵)을 가리켰다. '幾'는 원래 '櫃'로 되어 있었으나 사고본에 근거하여 고쳤다. 6) **昧爽夙興**: 왕숙의 주에, "상(爽)은 명(明)이다. 昧明이란 동이 트는 것이다. 숙(夙)은 이르다, 흥(興)은 일어나다는 것이다."고 했다. 7) **平旦**: 하늘이 막 밝아질 때. 8) **端**: 단서(端緖), 연유(緣由). 9) **中冥**: 왕숙의 주에, "中은 정오. 명(冥)은 질중(昳中)이다."고 했다. 질(昳)이란 해가 정오를 지나 서쪽에 기운 것이다. 10) **諸侯子**

孫: 다른 나라에서 노나라로 도망 와서 벼슬하고 있는 제후의 자손을 가리킨다. 11) **威儀**: 제향(祭享)같은 전례(典禮) 중의 의절(儀節)을 가리킨다. 12) **면연(緬然)**: 염려하고 고민하는 모양. 13) **周章遠望**: 주장(周章)은 당황하는 모양. '遠望'이 동문본에는 '遠視'로 되어 있다. 14) **睹亡國之墟, 必將有數焉**: 왕숙의 주에, "나라가 망하여 터만 남은 것이 하나만이 아니라는 것을 말한다."고 했다.

7-3

애공이 이렇게 청했다. "청컨대 사람을 취해 쓰는 법을 가르쳐 주십시오." 공자가 말하였다. "모든 일은 제각기 책임을 맡은 관리에게 일임해야 합니다. 하지만 너무 지나치게 행동이 급한 자도 못쓰며 너무 경솔한 자도 못쓰고 너무 말이 많은 자도 못씁니다. 행동이 급한 자는 재물을 탐하고, 경솔한 자는 일을 어지럽히며, 말이 많은 자는 거짓을 잘합니다. 이런 까닭에 활[弓]이란 팽팽하게 당긴 뒤에 힘이 강하기를 바랄 것이며, 말[馬]이란 부려 본 뒤에 잘 달리기를 바라야 하며, 선비에 대해서도 반드시 성실함 뒤에 슬기롭고 재능이 있는 자를 구해야 합니다. 성실치 못하면서 재능만 많은 자는 비유해 말한다면 승냥이나 이리 같아서 가까이 할 수가 없습니다."

原文

哀公問於孔子曰, "請問取人之法." 孔子對曰, "事任於官[1], 無取捷捷[2], 無取鉗鉗[3], 無取啍啍[4], 捷捷, 貪也[5]; 鉗鉗, 亂也; 啍啍, 誕[6]也. 故弓調而後求勁焉, 馬服而後求良焉, 士必慤而後求智能者焉. 不慤而多能, 譬之豺狼不可邇[7]."

注釋

1) **事任於官**: 왕숙의 주에, "각기 할 수 있는 일로써 관직에 임명하는 것이다."고 했다. 이 기록은 『순자(荀子)』「애공(哀公)」, 『한시외전(韓詩外傳)』권4, 『설원(說苑)』「존현(尊賢)」에도 보인다. 2) **첩첩(捷捷)**: 감언이설. 『시(詩)』「소아(小雅) · 항백(巷伯)」

의 "교활하고 경솔하게[捷捷幡幡]" 구절이 있다. 3) 겸겸(鉗鉗): 왕숙의 주에, "겸겸(鉗鉗)은 함부로 대하다. 성실하지 아니하다."라고 했다. 4) 순순(哼哼): 왕숙의 주에, "되풀이하여 많은 말을 하다."라고 했다. '순(哼)'은 '순(諄)'과 같다. 5) 捷捷 貪也: 왕숙의 주에, "감언이설을 하며 먹기를 그치지 않는다[不已食: 사고본에는 '이(已)'가 없다]. 때문에 탐(貪)이라 여겼다."고 했다. 6) 誕: 왕숙의 주에, "탄(誕)은 속이는 것이다."고 했다. 7) 不愨而多能, 譬之豺狼不可邇: 왕숙의 주에, "사람이 재주가 없는 자는 비록 성실하고 신실함이 없더라도 크게 잘못을 저지를 수 없지만, 성실하고 신실함이 없으면서 재주가 있으면 두려울 수 있게 된다."고 했다. 각(愨)은 성실하고 근면하다. 이(邇)는 가깝다.

7-4

애공이 물었다. "과인은 우리나라가 국세가 약할 때는 잘 지켜 낼 수 있고, 강대할 때는 공벌(攻伐)하고 싶습니다. 어떤 방법이 있겠습니까?" 공자가 대답하였다. "임금의 조정으로 하여금 예제(禮制)를 따르게 하여 군신(君臣) 간에 서로 공경하고 친하다면 천하의 백성들이 모두 임금의 백성일 것이니 누가 공격해 오겠습니까? 그러나 만약 이러한 원칙을 어기신다면 백성들이 배반하고 떠나 모두 임금의 원수가 될 것인데 장차 누구와 더불어 나라를 지키겠습니까?" 애공이 말하였다. "옳은 말씀입니다!" 그리하여 애공은 산림(山林)과 천택(川澤)의 출입을 금하는 각종 정령(政令)을 폐지하고, 관시(關市)에 대한 세금을 없애 백성들이 혜택을 입게 하였다.

原文

哀公問於孔子曰, "寡人慾吾國小而能守, 大則攻, 其道如何?" 孔子對曰, "使[1]君朝廷有禮, 上下相[2]親, 天下百姓皆君之民, 將誰攻之? 苟違[3]此道, 民畔[4]如歸, 皆君之讎也, 將與誰守[5]?" 公曰, "善哉!" 於是廢山澤[6]之禁, 弛[7]關市之稅, 以惠百姓.

注釋

1) 使: 만일, 만약에. 이 기록은 『설원(說苑)』「지무(指武)」에도 보인다. 2) 相: 사고본과 동문본에는 '和'로 되어 있다. 3) 違: 원래는 '爲'로 되어 있었지만, 사고본과 비요본, 동문본에 근거하여 고쳤다. 4) 畔: '叛'과 같다. 5) 守: 동문본에는 이 앞에 '其' 자가 있다. 6) 山澤: 사고본에는 '澤梁'으로 되어 있다. 7) 弛: 폐(廢)하다.

7-5

애공이 공자에게 물었다. "듣건대 군자는 바둑놀이를 하지 않는다 했는데 이런 일이 있습니까?" 공자가 말하였다. "있습니다." 애공이 말하였다. "어찌 그렇습니까?" 공자가 대답하였다. "그것은 두 사람이 바둑 놀이를 할 때에 서로 죽이고 승리를 다투기 때문입니다." 애공이 말하였다. "서로 죽이고 승리를 다투는 것[二乘]이 있는데 어찌 바둑놀이를 하지 않는 것입니까?" 공자가 말하였다. "승리를 다투는 동시에 사악한 길로 가기 때문입니다." 애공이 두려워하였다.

잠시 뒤에 애공이 다시 물었다. "정말 그렇습니까? 군자란 사악한 일을 미워하기가 그토록 강한 것이군요." 공자가 말하였다. "군자가 사악한 일을 미워하기가 이토록 강하지 않다면 착한 일을 좋아하는 것도 그토록 강하지 않을 것입니다. 착한 일을 좋아하기를 강하게 하지 않는다면 백성들이 통치자에 대한 친근한 정 역시 강하지 않을 것입니다. 『시경』에, '군자를 만나보지 못하여 근심하는 마음이 간절하다. 또한 이미 그를 보고 또한 이미 그를 만나면 내 마음이 기쁘겠다.'라고 하였으니 『시경』에도 착한 일을 좋아하기가 이처럼 강하였던 것입니다." 애공이 말하였다. "좋은 말씀입니다! 무릇 군자는 남의 착한 일은 이루어지도록 해주되 남의 악한 일은 못하게 하는 것이라 하였으니, 그대의 말씀이 아니었다면 이러한 도리를 얻어들을 수 없었을 것입니다."

原文

哀公問於孔子曰, "吾聞君子不博[1], 有之乎?" 孔子曰, "有之." 公曰, "何爲?" 對曰, "爲其二乘[2]." 公曰, "有二乘, 則何爲不博?" 子曰, "爲其兼行惡道也[3]."哀公懼焉.

有間, 復問曰, "若是乎? 君之惡惡道至甚也[4]" 孔子曰, "君子之惡惡道不甚, 則好善道亦不甚, 好善道不甚, 則百姓之親上亦不甚. 『詩』云, '未見君子, 憂心惙惙. 亦旣見止, 亦旣覯止, 我心則悅[5].' 『詩』之好善道甚也如此." 公曰, "美哉! 夫君子成人之善, 不成人之惡. 微[6]吾子言焉, 吾弗之聞也."

注釋

1) **博**: 고대에 두 사람이 대국하는 바둑놀이의 일종. 이 기록은 『설원(說苑)』「군도(君道)」에도 보인다. 2) **爲其有二乘**: '有' 자가 원래 빠져 있었으나, 사고본과 동문본 및 아래 문장에 근거하여 보완하였다. '二乘'은 두 사람이 서로 이기려고 상대방을 깔보다. 승(乘)은 업신여기다[淩]. 3) **兼行惡道也**: 왕숙의 주에, "이는 도박의 36가지 방법을 갖추고 있다."고 했다. '惡道'는 사도(邪道)이다. 4) **君之惡惡道至甚也**: 비요본에는 '君' 뒤에 '子'가 있고, 사고본에는 '之'가 '作'으로 되어 있다. 5) **未見君子, 憂心惙惙. 亦旣見止, 亦旣覯止, 我心則悅**: 이 말은 『시(詩)』「소남(召南) · 초충(草蟲)」에 나온다. 철철(惙惙)은 근심하는 모양. 구(覯)는 우연히 만나다. '止'는 '之'와 같다. 열(悅)은 동문본에 '說'로 되어 있다. 6) **微**: '만약에 없다면'이라는 의미로, 가설(假設)을 나타낸다.

7-6

애공이 공자에게 물었다. "무릇 국가의 존망(存亡)과 화복(禍福)이 진실로 천명(天命)에 있는 것이지 오직 사람의 능력에 좌우되는 것은 아니겠지요?" 공자가 대답하였다. "존망과 화복은 모두 자기 자신에게 달렸을 뿐이요, 하늘의 재앙이나 땅의 재앙도 국가의 운명을 바꿀 수는 없습니다."

애공이 말하였다. "참 좋은 말씀입니다! 그런 일이 실제 있습니까?" 공자가 말하였다. "옛날 상(商)나라 주왕(紂王)[帝辛] 때에 참새가 성 모퉁이에서 큰 새를 낳았습니다. 점복(占卜)에 이르기를, '작은 놈이 큰 것을 낳았으니 국가가 장차 틀림없이 왕도를 이루어 그 이름이 크게 알려지리라.'라고 하였습니다. 그리하여 주왕은 참새의 일이 자기를 도와준다는 점복을 믿고 국정(國政)은 돌보지 않은 채 포악무도한 짓을 끝없이 저질렀습니다. 조정의 신하들도 이를 저지하지 못하고 마침내 외적이 들이닥쳐 은나라는 망하고 말았습니다. 이것은 곧 스스로 천시(天時)를 거역하여 하늘의 복이 오히려 화(禍)가 된 사례입니다. 또 이보다 앞선 은왕(殷王) 태무(太戊) 때에는 도통(道統)이 없어지고 법도가 무너졌으며 수목(樹木)이 생장하는 좋지 않은 현상이 나타났습니다. 뽕나무[桑]와 닥나무[穀]가 조정 마당에 나더니 7일 만에 두 손을 합한 것만큼 커졌습니다. 점치는 자가 이르기를, '상(桑)과 저(穀)는 야생(野生)의 나무로써 조정 마당에 나서는 안 되는 것이니 아마도 나라가 망하려는 징조이다.'라고 하였습니다. 태무는 두렵고 놀라워 몸을 조심하고 행실을 닦으며 선왕(先王)의 정치를 생각하고 백성을 교화하는 조처들을 밝혔습니다. 3년이 지나자 먼 곳의 나라들이 그의 도의(道義)를 앙모(仰慕)하여 통역을 앞세운 사신들을 보내온 나라가 열여섯이나 되었습니다. 이는 곧 스스로 천시(天時)를 고쳐 화(禍)의 조짐을 복으로 바꾼 사례입니다. 그러므로 천재(天災)니 지요(地妖)니 하는 것은 임금된 자를 경계하는 것이며, 이상한 꿈이나 괴이한 징조는 신하된 자를 경계하는 것입니다. 따라서 하늘과 땅의 재앙은 선정(善政)을 이길 수 없으며, 괴이한 꿈도 선행(善行)을 이길 수 없는 것입니다. 이러한 도리를 알 수 있어야만 정치를 지극히 하게 되는데 오직 현명한 임금만이 실현할 수 있습니다."

애공이 말하였다. "과인이 이처럼 용렬하고 고루하지 않았다면 군자의 가르침을 얻어 들을 수 없었을 것입니다."

▌原文

哀公問於孔子曰, "夫國家之存亡禍福, 信[1]有天命, 非唯人也." 孔子對曰, "存亡禍福, 皆己而已, 天災地妖, 不能加也[2]."

公曰, "善! 吾子之言[3], 豈有其事乎?" 孔子曰, "昔者殷王帝辛[4]之世, 有雀生大鳥於城隅焉, 占之, 曰, '凡以小生大, 則國家必王而名必昌[5].' 於是帝辛介雀之德[6], 不修國政, 亢暴[7]無極, 朝臣莫救[8], 外寇乃至, 殷國以亡. 此卽以己逆天時, 詭[9]福反爲禍者也. 又其先世殷王太戊[10]之時, 道缺法圮[11], 以致夭蘖[12]、桑穀[13]於朝, 七日大拱[14], 占之者曰, '桑穀野木而不合[15]生朝, 意者[16]國亡乎!' 太戊恐駭, 側身[17]修行, 思先王之政, 明養[18]民之道, 三年之後, 遠方慕義, 重譯[19]至者, 十有六國. 此卽以己逆天時, 得禍爲福者也. 故天災地妖, 所以儆[20]人主者也; 寤夢徵怪[21], 所以儆人臣者也. 災妖不勝善政, 寤夢不勝善行, 能知此者, 至治之極也, 唯明王達此."

公曰, "寡人不鄙固此, 亦不得聞君子之敎也."

▌注釋

1) 信: 확실하다. 이 기록은 『설원(說苑)』「경신(敬愼)」에도 보인다. 2) 天災地妖不能加也: '天災地妖'는 『좌전』선공(宣公) 15년에, "하늘이 시(時)에 반(反)하면 재(災)가 되고, 땅이 물(物)에 반하면 요(妖)가 된다.[天反時爲災, 地反物爲妖]"고 했다. '加'는 바뀌다. 3) 吾子之言: 동문본에는 '吾子言之'로 되어 있다. 4) 帝辛: 왕숙의 주에, "제주(帝紂)이다."고 했다. 5) 國家必王而名必昌: 王은 칭왕(稱王). 昌은 드러나다, 번창하다. 동문본에는 뒤의 '必' 자가 '益'으로 되어 있다. 6) 介雀之德: 왕숙의 주에, "개(介)는 돕다. 참새의 덕을 도움으로 삼다."라고 했다. 7) 항폭(亢暴): 그 잔폭함이 극도로 심함. 항(亢)은 극도, 지나치게 심함. 8) 救: 저지(阻止)하다. 9) 궤(詭): 어기다, 위배하다. 10) 太戊: 상왕(商王)의 이름. 태강(太庚)의 아들. 후에 이척(伊陟), 무함(巫鹹) 등을 임용하여 상왕조를 부흥하였다. 11) 비(圮): 허물다, 무너지다. 12) 夭蘖: 사물이 평상의 모습과 다른 모습을 가리킴. 요(夭)는 '妖'와 같다. 얼(蘖)은 '얼(孽)'과 같다. '얼(蘖)'은 나무 그루터기를 베어내도 다시 생겨남을 가리킴. 13) 桑穀: 곡(穀)은 닥나무[楮木]. 옛날에는 桑과 穀 두 나무가 아침에 생기면 상서롭지 못한 징조라고

여겼다. 사고본은 이 뒤에 '生' 자가 있다. 14) **拱**: 두 손을 모음. 15) **合**: 당연하다. 응당(應當). 16) **意者**: 짐작, 대개, 아마도. 17) **側身**: 두렵고 불안함을 드러냄. 側은 기울. 18) **養**: 교화(教化). 19) **重譯**: 그 말을 다시 통역하여 조빙을 함. 역(譯)은 '四夷之語'를 전한다는 뜻. 20) **경(儆)**: 왕숙의 주에, "경(儆)은 경계하다."라고 했다. 21) **寤夢徵怪**: 오(寤)는 『설문(說文)』에, "잠에서 깨어 믿음이 있는 것을 오(寤)라 한다.[寐覺而有信曰寤]"고 했다. 징(徵)은 신(信), 험(驗).

7-7

애공이 공자에게 물었다. "지혜 있는 자가 수(壽)를 누릴 수 있습니까? 어진 자가 수를 누릴 수 있습니까?" 공자가 말하였다. "이와 같습니다. 사람에게는 세 가지 죽음이 있는데 그것은 모두 숙명적인 것은 아니고 오직 자기가 저질렀기 때문입니다. 잠자는 것과 거처하는 것을 제때에 못하고 먹고 마시는 것을 절조 있게 하지 못하고 쉬고 일하는 것을 지나치게 하는 자는 병이 그 사람을 죽이게 되며, 아랫자리에 있으면서 위로 그 임금을 넘보아 자기의 하고 싶은 것과 욕심을 한이 없이 구하는 자는 형벌이 그를 죽이게 되며, 적은 수효를 가지고 많은 것을 대항하거나 약한 자가 강한 자를 업신여기거나 노여워하기를 함부로 하거나 모든 행동에 있어 제 힘을 생각지 못하면 병기(兵器)가 그를 죽일 것입니다. 이 세 가지로 죽는 것은 모두 자기 스스로 저지른 것이기 때문입니다. 그러나 저 지혜 있는 선비와 어진 사람은 몸가짐을 절도 있게 하고 움직이고 쉬는 것을 의리로 하며 기뻐하고 노여워함을 제때에 맞게 해서 자기 성품을 해롭게 하지 않는 것이니, 이들이 또한 수를 누린다 함은 마땅한 일이 아니겠습니까?"

原文

哀公問於孔子曰, "智者壽乎? 仁者壽乎?" 孔子對曰, "然, 人有三死, 而非其命也, 行己[1]自取也. 夫寢處不時[2], 飮食不節, 逸勞過度

者, 疾共殺之; 居下位而上干[3]其君, 嗜欲無厭[4]而求不止者, 刑共殺之; 以少犯[5]衆, 以弱侮[6]强, 忿怒不類[7], 動不量力者, 兵共殺之. 此三者, 死非命也, 人自取之. 若夫智士仁人, 將身[8]有節, 動靜以義, 喜怒以時, 無害其性, 雖得壽焉, 不亦可[9]乎?"

注釋

1) 行己: '자신으로 하여금'이라는 의미. 동문본에는 '己'자 앞에 '行'자가 없다. 이 기록은 또 『한시외전(韓詩外傳)』권1, 『설원(說苑)』「잡언(雜言)」, 『문자(文子)』「부언(符言)」에도 나온다. 2) 寢處不時: 일상생활에서 규율이 없는 것을 가리킨다. 3) 幹: 무례하게 범하다[冒犯]. 4) 嗜欲無厭: 기(嗜)는 특별히 애호하는 것을 가리킨다. 염(厭)은 만족하다. 5) 犯: 침범(侵犯). 6) 侮: 업신여기다. 7) 類: 법도. 예법의 의미도 포함. 『순자』「대략(大略)」의, "말이 많은데도 예법에 맞다.[多言而類]"에 대한 양경(楊倞)의 주에, "말이 모두 법도에 합당하고, 잘못되고 지나침이 없는 것이다."고 했다. 『좌전』선공(宣公) 17년의, "기쁨과 노여움을 법도에 맞게 하는 자는 드물다.[喜怒以類者鮮]"에 대한 양백준(楊伯峻)의 주에, "類는 法이다. 희노(喜怒)를 예법에 맞게 하는 자를 '以類'라고 하고, 그렇지 않는 것을 곧 '不類'라고 한다."고 했다. 8) 將身: 일을 행하다. 왕숙의 주에, "將은 行이다."고 했다. 9) 可: 사고본, 동문본에는 '宜'로 되어있다.

공자가어통해

권 2

08 치사 致思

序說

이 편은 주로 공자와 공자의 제자 안회(顔回), 자로(子路), 자공(子貢), 자고(子羔), 증자(曾子) 등의 언행을 기록하고 있다. 이 편의 첫 번째 문장은 공자가 농산(農山)에 놀러 갔을 때 제자들에게 '이런 곳에서 깊은 생각을[於斯致思]'하기를 명하고 지향(志向)을 담론하게 함으로써 '치사(致思)'[동문본에는 '관사(觀思)'로 되어 있다]를 편명으로 하였다.

이 편의 각 문장은 다른 각도에서 자료를 선택하고 있지만 모두 공자의 인물이나 시사(時事) 그리고 생활에 대한 심오한 사고를 구현하는 것들이다. 공자와 제자의 '농산언지(農山言志)'는 안회의 치국사상에 대하여 칭찬을 더함으로써 공자의 정치사상을 표현하였고, 공자는 자로와 포(蒲)의 다스림을 논하며 위정(爲政)은 덕(德)으로써 백성들을 따르게 하는 것이라 여겼으며, 공자가 노(魯)나라 사람들의 음식과 초(楚)나라 사람들의 고기를 받으면서 공자의 인인(仁人)에 대한 깊은 이해를 표현하였다. 공자는 자로의 경솔함과 백성의 "한 광주리의 밥과 따뜻한 물 한 주전자[簞食壺漿]"으로 仁을 행함을 비판하여 공자사상 중의 仁의 실천과 정치의 긴밀한 관계를 표명하였고, 공자가 계고(季羔)의 집법(執法)이 '인의(仁義)와 관서(寬恕)를 생각[思仁恕]'함을 칭찬하면서 실질상으로 법을 仁으로 실천한다는 의미를 부여함을 주장하였다. 공자는 문왕(文王)과 무왕(武王)을 찬미하면서 "자신의 몸을 바르게 한다[正其身]"는 것과 "천하를 바로잡는다[正天下]"는 것의 관계를 설명하였다. 그밖에 공자는 증자를 "입신(立身)을 잘 한다[善安身]"고 여겼고, 자로의 효행을 표양하였으며, 제자들이 구오자(丘吾子)의 '三失'을 기억하기를 희망한 것, 자하(子夏)의 '재물에 너무 인색함[甚吝于財]'을 말한 것 등은 공자사상에 대한 연구에 중요한 가치가 있다.

공자는 학문을 사랑하였으므로 "안으로 학문을 닦고 밖으로 꾸미는[內學外飾]" 것으로 아들 공리(孔鯉)를 훈도하였고, 공자는 도덕을 추숭하였으므로 "물조차 오히려 충신함으로 자신을 이루는 것에 가깝다[水且猶可以忠信成身親之]"라는 말로 제자들을 교육하였으며, 공자는 정자(程子)를 예우하여 그의 현명한 이를 좋아하고 어진 이를 존중함을 구현하였다. 바로 도의 실행에 반드시 필요한 객관적인 조건 때문에 공자는 계손씨(季孫氏)와 남궁경숙(南宮敬叔)의 '황재(貺財)'에 대한 긍정을 표시하였고, 춘추시대 대세에 대한 심각한 통찰에 기초하였기 때문에 공자는 동요로 말미암아 초왕(楚王)이 장차 평실(萍實)을 얻어 패자가 되고자 함을 알 수 있었다. 공자는 자공에게 "죽은 사람은 지각이 있는지 혹은 없는지를 알고 싶은 것은 현재 급하게 해결하여야 할 일이 아니다.[死者有知與無知, 非今之急]"는 것을 알려줌으로 원시유가의 생사관을 대표하였다. 공자는 자공이 노나라 사람을 돈을 주고 사 온 것을 "나라의 돈을 사양하고 받지 않았다[辭而不取金]"고 비판하여 "성인의 교화[聖人之教]"의 내함(內涵)을 언급하였다.

서로 비교하여 말하자면, "공자가 관중에 대해 논한[孔子論管仲]" 이 구절은 이해하는데 있어서 혹 일정한 어려움이 있다. 관중이 한 행위가 인인지도(仁人之道)에 부합하느냐 하는 것은 매우 곤혹스러운 것인데, 자로가 이를 공자에게 물었던 것이다. 관중에 대하여 공자는 분명히 모든 것을 잘 알았고 이해하였다. 공자는 성(聖)이나 인(仁)으로써 사람을 칭찬한 경우가 매우 적었으나 오히려 관중의 사람됨을 어질다[仁]고 하였다. 무엇 때문인가? 이 편과 『논어』「헌문(憲問)」편을 합하여 살피면 쉽게 이해할 수 있다.

『논어』「헌문(憲問)」편에는, "자로가 말하기를, '환공이 공자 규를 죽이고, 소홀은 따라 죽었지만 관중은 죽지 않았습니다. 인하지 않은 것입니까?'라고 하자, 공자는, '환공이 구주의 제후를 규합할 때 병거로서 하지 않은 것은 관중의 공이었다.'고 했다.[子路曰, '桓公殺公子糾, 召忽死之, 管仲不死.' 曰未仁乎?' 子曰, '桓公九合諸侯, 不以兵車, 管仲之力也']"라는 구절이 있다. 또, "자공이 말하기를, '관중은 인하지 않은 자입니까? 환공이 공자 규를 죽였을 때 죽지도 않고 또 그를 도왔습니다.'라고 하자, 공자는, '관중이 환공을 도와 제후를 제패하고 천하를 바로잡아 백성들이 지금에 이르기까지 그의 혜택을 받았다. 관중이 없었다면 나는 머리를 풀고 옷깃을 왼쪽으로 여미는 오랑캐가 되었을 것이다. 어찌 필부필부들이 작은 신의를 위하여 스스로 도랑에서 목을 매어 죽고는 아무도 알아주는 이가 없게 하는 것만 하겠는가.'고 했다.[子貢曰, '管仲非仁者與. 桓公殺公子糾, 不能死, 又相之.' 子曰, '管仲相桓公, 霸諸侯, 一匡天下, 民到於今受其賜. 微管仲, 吾其被發左衽矣, 豈若匹夫匹婦之爲諒也, 自經於溝瀆而莫之知也']"라는 구절도 있다. 관중은 춘추시대 역사 발전에 중대한 영향을 주었고, 공자는 이에 대한 깊은 인식이 있었다. 만약 관중이 공자 규(公子糾)의 죽음을 따른 소홀(召忽)과 같이 죽었다면, 후일의 "一匡天下"라는 역사적 위업은 없었을 것이다. 공자가 보기에 관중은 변화에 능통하여 그를 통하여 제 환공(齊桓公)을 도와 그 영향이 후세에 미쳤으니, 이것이 바로 인인(仁人)의 작위(作爲)였던 것이다. 이 때문에 우리들은 이 편의 공자가 관중을 논한 것에 대하여 심각한 인식을 지녀야 하고, 그로부터 공자의 이상과 포부를 볼 수 있어야 한다.

이 편의 가치는 다방면에 걸쳐 있다. 예컨대, 공자와 『상서(尙書)』의 관계, 『고문상서』의 진위 등의 문제는 지금까지 매우 큰 논쟁이 있어 왔다. 이 편 중에 공자가 자공과 치민지도(治民之道)를 논하면서 태도가 신중하고 두려워해야 한다는 것을 강조하였고, "정확한 방법으로 인도하는[以道導之]" 방법을 따라야 하며, "두려워하기를 마치 썩은 새끼줄로 말을 매어 부리듯 해야 함[懍懍焉若持腐索之扞馬]"을 말하는 부분은 당연히 『고문상서』「오자지가(五子之歌)」의 "내 조민(兆民)들에게 임하되 두렵기가 썩은 새끼줄로 여섯 말을 부리는 것과 같으니, 백성의 윗사람이 된 자가 어찌 공경하지 않겠는가.[予臨兆民, 懍乎若朽索之馭六馬, 爲人上者, 奈何不敬]"라는 구절과 중요한 관련이 있으므로 충분히 중시될 만한 가치를 지닌다.

이 편의 자료는 기타 관련 문헌에도 많이 보이는데, 이 편을 기초로 하여 비교연구를 진행하면 원시유학과 관련된 더욱 많은 학술정보를 발견할 수 있을 것이다.

8-1

공자가 노나라 북부를 유람하면서 농산(農山)에 올랐을 때 자로(子路), 자공(子貢), 안연(顔淵)이 곁에서 모시고 있었다. 공자는 사방을 둘러보며 매우 감탄스럽게 말하였다. "이런 곳에서 깊은 생각을 한다면 생각이 미치지 않는 것이 없을 것 같구나. 너희들은 각각 뜻하는 바를 말해 보아라. 내 장차 그 중에서 선택해 보리라."

자로가 먼저 앞으로 나서면서 말하였다. "저는 달처럼 하얀 장수의 깃발을 잡고, 아침 태양처럼 붉은 전투 깃발을 휘두르며 종고(鐘鼓)의 소리가 위로 하늘에 진동하도록 하고, 수많은 깃발이 바람에 휘날리기를 원합니다. 제가 한 부대(部隊)를 거느리고 대적한다면 천리 밖 땅까지 물리칠 수 있을 것이며, 적의 깃발은 모조리 빼앗고, 적의 왼쪽 귀를 베어 그 숫자를 계산하여 공을 보고할 것입니다. 이 일은 오직 제[仲由]만 능히 해낼 수 있을 것이오니, 저 두 사람도 저를 따르도록 하시옵소서." 공자가 말하였다. "용감하구나!"

자공이 또 앞으로 나서면서 말하였다. "제[賜]는 제(齊)나라와 초(楚)나라로 하여금 넓은 들판에서 싸움을 벌여 서로 마주 바라보고 군대가 일어나

먼지가 일며 칼날이 서로 맞붙어 교전이 벌어지게 되었다면, 저는 백색의 의관(衣冠)을 착용하고 두 나라 사이를 분주히 다니며 각종 이해를 따져 두 나라의 근심을 풀어줄 것입니다. 이 일은 오직 저만이 해낼 수 있을 것이오니 저들 두 사람도 저를 따르도록 해주십시오." 공자가 말하였다. "정말 말재주가 있구나!"

안회만은 뒤로 더 물러앉으면서 대답을 하지 않자, 공자가 말하였다. "회(回)야! 다가오너라. 너는 어찌 홀로 소원이 없느냐?" 안회가 대답하였다. "문(文)과 무(武) 두 방면의 일에 대하여는 이미 저 두 사람이 말씀드렸습니다. 저로서 무엇을 더 말씀드릴 것이 있겠습니까?" 공자가 말하였다. "비록 그렇더라도 각각 자기 뜻을 말한 것이니 너도 말해 보아라." 안회가 대답하였다. "제가 듣건대 향기 나는 풀과 썩은 냄새 나는 풀은 한 그릇에 담지 아니하며, 요(堯)와 걸(桀)은 나라를 함께 다스릴 수 없습니다. 그것은 그들이 유(類)가 다르기 때문입니다. 저는 원컨대 현명한 임금을 보좌하여 다섯 가지 가르침(五敎: 父義, 母慈, 兄友, 弟恭, 子孝)을 펴며, 예악(禮樂)으로 인도하여 백성으로 하여금 성곽을 수리할 필요가 없게 하고, 성을 수호하는 도랑을 넘어가 전쟁할 필요가 없게 하며, 칼과 창을 모두 녹여 농기구를 만들어 버리고, 들과 늪에 소와 말을 방목하고, 부부가 서로 헤어지는 고통이 없도록 하며, 천하에 영원토록 전쟁이 없도록 하고 싶습니다. 그렇게 되면 자로[由]가 용맹을 베풀 일도 없을 것이고, 자공[賜]의 말재주도 쓸모가 없게 될 것입니다." 공자가 엄숙한 표정으로 말하였다. "참으로 아름다운 덕행이로다!"

자로가 손을 들어 예를 행하고 물었다. "선생님께서는 어느 것을 선택하시겠습니까?" 공자가 말하였다. "재화(財貨)를 소비하지 않고, 백성에게 해가 없으며 너무 많은 말을 할 필요 없이 국가를 다스리는 것은 안회만이 할 수 있는 일이로다."

▌原文

孔子北遊於農山[1], 子路, 子貢, 顔淵侍側[2]. 孔子四望, 喟然而嘆曰: "於斯致思[3], 無所不至[4]矣. 二三子各言爾志, 吾將擇焉."

子路進曰: "由願得白羽[5]若月, 赤羽[6]若日, 鐘鼓之音上震於天, 旍旗[7]繽紛下蟠[8]於地. 由當[9]一隊而敵之, 必也攘[10]地千裏, 搴旗執聝[11]. 唯由能之, 使二子者從我焉." 夫子曰: "勇哉!"

子貢復進曰: "賜願使齊, 楚合戰於漭瀁[12]之野, 兩壘相望, 塵埃相接, 挺刃交兵. 賜著縞衣白冠[13], 陳說其間, 推論利害, 釋[14]國之患. 唯賜能之, 使夫二子者從我焉." 夫子曰: "辯[15]哉!"

顔回退而不對. 孔子曰: "回, 來! 汝奚[16]獨無願乎?" 顔回對曰: "文武之事, 則二子者旣言之矣, 回何云焉." 孔子曰: "雖然[17], 各言爾志也, 小子言之." 對曰: "回聞薰, 蕕[18]不同器而藏, 堯, 桀[19]不共國而治, 以其類異也. 回願得明王聖主輔相[20]之, 敷其五教[21], 導之以禮樂, 使民城郭不修, 溝池不越[22], 鑄劍戟以爲農器, 放牛馬於原藪[23], 室家無離曠[24]之思, 千歲無戰鬥之患. 則由無所施其勇, 而賜無所用其辯矣." 夫子凜然曰: "美哉德也!"

子路抗手[25]而對曰: "夫子何選[26]焉?" 孔子曰: "不傷財, 不害民, 不繁詞[27], 則顔氏之子[28]有矣."

▌注釋

1) **農山**: 산 이름. 노나라 북부에 있었다. 이 기록은 『한시외전(韓詩外傳)』 권9, 『설원(說苑)』「지무(指武)」에도 보인다. 2) **侍側**: 곁에서 모시다. 3) **致思**: 주의력과 생각을 집중함. 4) **無所不至**: 무엇이든 모두 생각할 수 있음. 왕숙의 주에, "생각이 이르지 않음이 없음을 말한다."고 했다. 5) **白羽**: 고대의 군중(軍中)에 장수가 잡고 있던 지휘기. 우(羽)는 깃발. 6) **赤羽**: 붉은색의 깃발. 7) **旍旗**: 깃발. 8) **蟠**: 구불구불하다. 왕숙의 주에, "반(蟠)은 위(委)이다."고 했다. 9) **當**: 주도하다. 이끌다. 10) **攘**: 약탈하다. 점령하다. 왕숙의 주에, "양(攘)은 물리치다."고 했다. 11) **搴旗執聝**: 적군의 군기를 빼앗고 적의 왼쪽 귀를 베어 그 숫자를 계산하여 공을 보고함. 왕숙의 주에, "건(搴)은 취(取)하다. 적의 깃발을 취하다. 괵(聝)은 귀를 잘라 공을 나타내다."라고 했

다. 12) 漭瀁: 넓고 광활하다. 왕숙의 주에, "망양(漭瀁)은 넓고 큰 유(類)이다."고 했다. 13) 著縞衣白冠: '著'는 입다. 호의(縞衣)는 흰 비단옷. 왕숙의 주에, "병(兵)은 흉사(凶事)이므로 백색 관복(冠服)이다."고 했다. 14) 釋: 풀다. 15) 辯: 말재주가 있어 이야기를 잘함. 16) 奚: 무엇 때문에, 어떤 연고(緣故)로. 17) 雖然: 비록 그렇다하더라도. 사고본에는 이 앞에 '孔子曰' 세 글자가 빠져있다. 18) 薰: 고서(古書)에는 향내 나는 풀을 가리킨다. 유(蕕)는 고서에 누린내 나는 풀을 가리킨다. 왕숙의 주에, "薰은 향(香), 蕕는 취(臭)이다."고 했다. 19) 堯: 堯는 전설 중의 상고시대 현군(賢君) 도당씨(陶唐氏)의 호(號)이고, 桀은 하나라 마지막 군주로 폭군이다. 20) 輔相: 보좌하다, 돕다. 21) 敷其五教: 부(敷)는 펴다. 五教는 다섯 종류의 교화(教化). 왕숙의 주에, "부(敷)는 포(布)이다. 오교(五教)는 父義, 母慈, 兄友, 弟恭, 子孝이다."고 했다. 22) 溝池不越: 왕숙의 주에, "도랑을 넘지 않음을 말한다."고 했다. 23) 원수(原藪): 왕숙의 주에, "넓고 평평한 것을 '原'이라 하고, 못에 물이 없는 것을 늪[藪]이라 한다."고 했다. 24) 離曠: 남편이 집에 없고 아내만 홀로 있음을 가리킨다. 25) 抗手: 손을 들어 예(禮)를 행함. 26) 選: 선택. 27) 不繁詞: 너무 많은 말을 할 필요가 없다. 28) 顔氏之子: 안회(顔回)를 가리킴.

8-2

노나라에 검소하고 인색한 사람이 있었다. 토기 솥에 밥을 지어먹으면서도 스스로 맛이 좋다고 말하고는 흙으로 만든 자배기에 밥을 담아 공자에게 드렸다. 공자는 이를 받아먹고는 매우 즐거워하기를 태뢰(太牢)의 소나 양, 돼지고기를 받은 것처럼 하였다. 자로가 말하였다. "흙으로 만든 자배기는 누추한 그릇이고 토기 솥에 지은 밥 또한 담백하고 아무 맛이 없는 음식입니다. 그런데 선생님께서는 어찌 이토록 즐거워하십니까?" 공자가 말하였다. "무릇 간(諫)하기를 좋아하는 자는 자기의 임금을 생각하고, 맛있는 음식을 먹는 자는 자신의 부모를 생각하는 법이다. 내가 중시한 것은 음식을 담은 그릇의 좋고 나쁨이 아니라 그가 좋아하는 음식을 먹을 때 나로 하여금 맛보게 하려는 심정을 생각했기 때문이다."

▍原文

魯有儉嗇[1]者, 瓦鬲[2]煮食, 食之, 自謂其美, 盛之土型之器[3], 以進孔子. 孔子受之, 歡然而悅, 如受大牢之饋[4]. 子路曰: "瓦甂[5], 陋器也; 煮食, 薄膳[6]也, 夫子何喜之如此乎?" 子曰: "夫好諫者思其君, 食美者念其親. 吾非以饌具[7]之爲厚, 以其食厚而我思[8]焉."

▍注釋

1) 검색(儉嗇): 검소하고 인색(吝嗇)함. 이 기록은 『설원(說苑)』「반질(反質)」에도 보인다. 2) 와력(瓦鬲): 왕숙의 주에, "와부(瓦釜)이다"고 했다. 즉 도제(陶制) 취사도구이다. 3) 土型之器: 왕숙의 주에, "와변(瓦甂)이다."고 했다. 즉 일종의 도제(陶制) 와관(瓦罐)이다. 형(型)은 기물을 주조하는 틀인데, 진흙으로 만든 것을 형(型)이라 한다. 4) 如受大牢之饋: 제사를 지낼 때에 소, 양, 돼지고기 등이 모두 갖추어진 것을 태뢰(太牢)라고 칭한다. '大'는 '太'와 같다. 왕숙의 주에, "소, 양, 돼지이다. 궤(饋)는 遺[원래는 '궤(餽)'로 되어 있었는데 사고본에 근거하여 고쳤다]이다."고 했다. 5) 와변(瓦甂): 작은 와분(瓦盆). 6) 薄膳: 담백하고 아무 맛이 없는 음식. 7) 찬구(饌具): 먹을거리를 담는 그릇. 8) 我思: 나를 생각하다.

8-3

공자가 초나라에 갔을 때 어부가 물고기를 바쳤으나 공자가 받지 않았다. 어부가 말하였다. "날씨도 덥고 물고기를 파는 시장은 너무 멀어 팔러 갈 수가 없습니다. 생각하건대 더러운 흙에 버리는 것보다 군자에게 드리는 것이 낫겠기에 감히 바치는 것입니다." 이 말을 듣자 공자는 두 번 절하고 그것을 받더니 제자들을 시켜 땅을 깨끗하게 쓸게 하고 제사를 지내려 하였다. 제자[門人]들이 물었다. "저 사람은 버리려던 물고기인데 선생님께서는 오히려 이로써 제사를 지내려 하시니 무엇 때문입니까?" 공자가 말하였다. "내가 듣건대 음식물이 썩혀 버리는 것을 아깝게 여겨 남에게 주려고 애쓰는 자는 어진 사람과 같은 무리라 하였다. 어찌 어진 사람이 주는 물건을 받아 제사를 지내지 않을 수 있겠느냐?"

原文

孔子之楚, 而有漁者[1], 而獻魚焉, 孔子不受. 漁者曰: "天暑市[2]遠, 無所鬻[3]也. 思慮棄之糞壤[4], 不如獻之君子, 故敢以進焉." 於是夫子再拜受之, 使弟子掃地, 將以享祭[5]. 門人曰: "彼將棄之, 而夫子以祭之, 何也?" 孔子曰: "吾聞諸, 惜其腐餁[6]而欲以務施者, 仁人之偶[7]也. 惡[8]有受仁人之饋, 而無祭者乎?"

注釋

1) **漁者**: 고기 잡는 사람. 사고본의 '漁'와 그 아래 '漁' 자가 모두 '魰' 자로 되어 있다. 이 기록은 『설원(說苑)』「귀덕(貴德)」에도 보인다. 2) **市**: 고기 파는 시장. 3) 죽(**鬻**): (물건을) 팔다. 4) **糞壤**: 분토(糞土). 5) **享祭**: 제사(祭祀). 6) **腐餁**: 변질된 음식물. 임(餁)은 익혀 먹다. 7) **偶**: 같은 무리, 동류(同類). 8) **惡**: 옛날에는 '오(烏)'와 같았다. 의문사로써 어찌, 어떻게.

8-4

계고(季羔)가 위(衛)나라의 옥관(獄官)[士師]이 되어 죄인의 다리를 베는 형을 판결한 적이 있었다. 얼마 안 되어 위나라에 괴외(蒯聵)의 난이 일어나자 계고는 도망하여 위나라 도성의 문에 이르렀다. 마침 다리를 베는 형벌을 받은 사람이 성문을 지키고 있었다. 그는 계고에게 말하였다. "저쪽으로 가면 성벽이 허물어진 곳이 있소." 계고는 말하였다. "군자는 담을 넘지 않는다." 문을 지키던 자가 다시 말하였다. "저쪽으로 가면 구멍이 있습니다." 계고가 말하였다. "군자는 구멍으로 빠져 나가지 않는다." 문을 지키던 자가 다시 말하였다. "그렇다면 이쪽에 방이 하나 있습니다." 계고는 그 방으로 들어갔다. 이윽고 계고를 잡으러 온 자도 돌아가고 계고도 그곳을 떠나게 되자 다리를 베는 형벌을 받았던 자에게 말하였다. "이전에 나는 임금의 법을 훼손할 수 없었기 때문에 그대의 다리를 베도록 명령하였네. 그런데 지금 내가 이러한 환난을 당했으니 지금이야말로 그대가 나에게 원수를 갚을 좋은 때일 텐데 그대는 도리어 나에게 도망갈 방법을 세 번이나 일러 주었으니 무슨 까닭인가?" 형벌을 받은 자가 말하였다. "다리가 잘린 것은 내 죄 때문이었으니 어찌할 수 없는 노릇이지요! 지난 날 그대는 나를 법대로 다스리면서 다른 사람을 먼저 다스리고 나를 뒤로 미룬 것은 나의 죄를 면하게 할 수 있을까 생각했던 것임을 저는 압니다. 내 죄가 확정 되어 형벌을 가할 때에도 그대는 슬퍼하며 조금도 기뻐하지 않음을 그대 얼굴을 보고 역시 알 수 있었지요. 그대께서 어찌 나에 대하여 사사로운 편견이 있었겠소? 하늘이 낳은 군자는 그 위인지도(爲人之道)가 바로 그러한 것이지요. 이것이 제가 그대를 좋아하는 까닭이지요." 공자가 이를 듣고 말하였다. "계고는 참으로 관리로서 훌륭하도다. 사안(事案)을 처리하면서 한결 같았구나. 인의(仁義)와 관서(寬恕)의 마음을 가진다면 은덕을 심는 것이 되고, 엄하고 포악한 형벌만 내렸다면 원한을 심는 것이 된다. 공정무사하게 법을 집행할 수 있었던 사람이 바로 이 계고로다."

原文

季羔爲衛之士師, 刖人之足[1]. 俄而, 衛有蒯聵之亂[2], 季羔逃之, 走郭門. 刖者守門焉, 謂季羔曰: "彼有缺[3]." 季羔曰: "君子不踰[4]." 又曰: "彼有竇[5]." 季羔曰: "君子不隧[6]." 又曰: "於此有室." 季羔乃入焉. 旣而追者罷, 季羔[7]將去, 謂刖者曰[8]: "吾不能虧[9]主之法而親刖子之足矣[10], 今吾在難, 此正子之報怨之時, 而逃我者三, 何故哉?" 刖者曰: "斷足, 固我之罪, 無可奈何. 曩者君治臣以法, 令先人後臣, 欲臣之免也, 臣知; 獄決罪定, 臨當論刑, 君愀然不樂, 見君顔色, 臣又知之. 君豈私臣哉? 天生君子, 其道固然. 此臣之所以悅君也." 孔子聞之曰: "善哉爲吏, 其用法一也. 思仁恕則樹德, 加嚴暴則樹怨, 公[11]以行之, 其子羔乎."

▌注釋

1) **季羔爲衛之士師, 刖人之足**: 계고(季羔)는 고시(高柴)이다, 자는 자고(子羔), 공자의 제자이다. 사사(士師)는 왕숙의 주에, "옥관(獄官)이다."고 했다. '刖人之足'은 사람의 다리를 자르는 고대의 잔혹한 형법의 일종이다. 이 기록은 『한비자』「외저설좌(外儲說左)하」, 『설원(說苑)』「지공(至公)」에도 보인다. 2) **蒯聵之亂**: 춘추 말기 위(衛)나라에서 발생한 한 차례의 동란이다. 왕숙의 주에, "처음 위영공(衛靈公)의 태자(太子) 괴외(蒯聵)가 죄를 짓고 진(晉)으로 달아났다. 위영공이 죽고 그의 아들 첩(輒)을 세우자 괴외가 진(晉)으로부터 위나라를 습격하였다. 당시 자고(子羔), 자로(子路)가 위나라에서 벼슬하고 있었다."고 했다. 3) **缺**: 성벽의 구멍이나 갈라진 틈. 4) **유(踰)**: 담을 (뛰어)넘다. 5) **두(竇)**: 구멍. 6) **隧**: 구멍으로 기어 나감. 왕숙의 주에, "수(隧)는 구멍으로 나가는 것이다."고 했다. 7) **季羔**: 동문본에는 '羔'라고만 되어 있다. 8) **曰**: 원래는 없었는데, 동문본에 근거하여 보완하였다. 9) **휴(虧)**: 훼손하다. 10) **矣**: 사고본과 동문본에는 없다. 11) **公**: 공정무사(公正無私).

▌8-5

공자가 말하였다. "계손씨(季孫氏)가 나에게 천종(千鍾)의 양식을 주었고 나는 그것을 사귀는 친구들에게 보내주었는데 그 이후부터 나와 친구들의 왕래가 더욱 친밀해졌고, 남궁경숙(南宮敬叔)이 나를 도와 수레를 주어 타게 한 뒤로부터 나의 사상과 주장이 더욱 효과적으로 널리 행하여졌다. 때문에 사상과 주장이 비록 중요하지만 반드시 유리한 시기를 만난 뒤에야 소중하게 되고, 유리한 조건을 얻고 난 뒤에야 비로소 행해질 수 있는 것이다. 만약 이 두 사람이 보내 준 재물이 아니었더라면 나의 사상과 주장은 널리 행해지지 못하고 폐기되었을 것이다."

▌原文

孔子曰: "季孫之賜我粟千鐘也, 而交益親[1]; 自南宮敬叔之乘我車也, 而道加行[2]. 故道雖貴, 必有時[3]而後重, 有勢[4]而後行. 微夫二子之貺[5]財, 則丘之道殆將廢矣."

注釋

1) **季孫之賜我粟千鍾也, 而交益親**: 왕숙의 주에, "계손(季孫)의 천종(千鍾)의 곡식을 얻어 많은 사람에게 나누어 줌으로 친구들과 더욱 가까워졌다."고 했다. 계손은 계손씨(季孫氏) 즉 계강자(季康子)이고, 이름은 비(肥)이다. 교(交)는 교왕하는 사람, 친구이다. 익친(益親)은 더욱 친밀해지다. 『설원(說苑)과 행문(行文)의 어투에 근거하면 '계손' 앞에 당연히 '自' 자가 있어야 한다. 이 기록은 『설원』「잡언(雜言)」에도 보인다.
2) **道加行**: 더욱 효과적으로 널리 시행함을 주장. 왕숙의 주에, "공자가 노담(老聃)을 보고 서쪽으로 주(周)나라를 보고자 할 때 경숙(敬叔)이 노나라 임금에게 말하여 공자에게 거마(車馬)를 지급하도록 하여 노자(老子)에게 예를 묻도록 하였다. 공자가 교외의 묘(廟)를 둘러보고 주나라로부터 돌아오자 제자들이 사방에서 찾아와 학습하였다."고 했다. 3) **時**: 시기(時機). 4) **勢**: 조건(條件). 5) **황(貺)**: 하사하다, 보내다.

8-6

공자가 말하였다. "왕을 칭할 수 있는 사람은 만물이 생장하는 계절과 같이 정확하다. 문왕(文王)은 왕계(王季)와 같은 아버지를 두었고, 태임(太妊)과 같은 어머니를 두었으며, 태사(太姒)를 아내로 삼았다. 무왕(武王)과 주공(周公)을 아들로 두었고, 태전(太顚)과 굉요(閎夭)를 신하로 삼았으니 그 근본이 매우 좋았다. 무왕은 먼저 그 자신을 바르게 함으로써 그 나라를 바르게 하였으며, 그 나라를 바르게 함으로써 천하를 바르게 하였다. 무도(無道)한 나라를 정벌하고, 죄 있는 자를 처벌하여 자신이 스스로 행함으로써 천하를 바르게 하였으니 그 일이 이루어진 것이다. 계절이 때에 따라 전환되면 만물의 생장이 정상이 되는 것이요, 왕이 된 사람이 일정한 도리에 따라 일을 하면 백성들을 효과적으로 다스릴 수 있는 것이다. 주공이 자신의 실천으로 천하백성을 교화하자 천하의 백성들이 모두 그에게 귀순하였으니 그의 성심(誠心)이 이미 최고의 경계에 이른 것이다."

原文

孔子曰: "王者有似乎春秋, 文王以王季爲父, 以太任爲母, 以太姒爲妃, 以武王、周公爲子, 以太顚、閎夭爲臣, 其本美矣. 武王正其身以正其國, 正其國以正天下, 伐無道, 刑[2]有罪, 一動[3]而天下正, 其事成矣. 春秋致其時[4]而萬物皆及, 王者致其道[5]而萬民皆治, 周公載己行化[6], 而天下順之, 其誠至矣."

注釋

1) **王者有似乎春秋 ...... 其本美矣**: 이 구절은 문왕(文王)이 왕을 칭할 수 있는 각종 조건을 구비하고 있음을 말한다. 왕을 칭하는 사람은 만물이 생장하는 계절처럼 정확하다. 왕숙의 주에, "그 근본을 바르게 하면 만물이 모두 바르게 된다."고 했다. 문왕은 주나라 문왕이다. 성은 희(姬), 이름은 창(昌)으로서 서주 왕조의 기초를 세운 사람이다. 왕계(王季)는 주의 선왕(先王)으로 성은 희, 이름은 계력(季曆)으로 주 문왕의 부친이다. 태임(太任)은 주 왕계의 비(妃)로서 문왕의 모친이다. 태사(太姒)는 주 문왕의 비(妃)로서 무왕(武王), 주공(周公) 등을 낳았다. 무왕은 성은 희, 이름은 발(發)인데, 문왕의 둘째 아들로 서주 왕조의 건립자이다. 주공은 문왕의 아들이고, 무왕의 동생이다. 성은 희, 이름은 단(旦)으로 서주 초기의 걸출한 정치가이다. 태전(太顚), 굉요(閎夭) 두 사람은 주 문왕을 도왔던 대신이다. '乎'를 사고본에는 '於'라 하였다. 本은 근기(根基), 근본. 美는 좋다. 이 기록은 『설원(說苑)』「군도(君道)」에도 보인다.
2) **刑**: 징벌, 징벌로 다스리다. 3) **一動**: 스스로 행동하다. 4) **致其時**: 계절이 일정한 규율에 따라 전환되다. 5) **致其道**: 일정한 도리를 좇아 통치를 진행하다. 6) **載己行化**: 왕숙의 주에, "재(載)는 역시 행(行)이다. 자신이 교화를 행하고 자신을 바르게 하면 명령하지 않아도 행하게 된다는 것을 말한다."고 하였다.

8-7

증자(曾子)가 말하였다. "한 나라에 들어와 만약 그 나라 임금이 하는 말을 많은 신하들이 믿게 되면 그대로 머물러 있어도 되고, 그 나라 임금의 행위가 경대부들에게 충신(忠信)을 추구하는 것이라 여겨진다면 벼슬을 해도 된다. 그 나라 임금의 은택이 백성들에게 베풀어진다면 그곳에서 부를 구하여도 된다." 공자가 말하였다. "증삼(曾參)의 말은 그가 입신(立身)을 잘 한다는 것을 분명하게 나타내는 것이로다."

原文

曾子曰: "入是國也, 言信[1]於群臣, 而留可也; 行忠於卿大夫, 則仕可也; 澤施於百姓, 則富[2]可也." 孔子曰: "參之言此, 可謂善安身[3]矣."

注釋

1) **信**: 신임하다, 믿다. 이 기록은 『설원(說苑)』「담총(談叢)」에도 보인다. 2) **富**: 『설원(說苑)』에는 '安'으로 되어 있다. 3) **安身**: 입신(立身).

8-8

자로(子路)가 포읍(蒲邑)의 재(宰)가 되어 수재(水災)를 방비하기 위하여 포읍의 백성들을 거느리고 개천을 수리하였다. 백성들의 일하는 노고가 힘들 것이기 때문에 자로는 한 사람마다 한 광주리의 밥과 따뜻한 물 한 주전자씩 공급하였다. 공자가 이를 듣고 자공(子貢)을 시켜 중지하도록 하였다. 자로는 화를 내며 불쾌하게 여기고는 바로 공자를 찾아가 말하였다. "저[由]는 폭우가 오게 되면 수재가 있을까 걱정되어 백성들과 함께 개천을 수리하여 대비하고자 하는 것입니다. 그러나 백성들 가운데에는 식량이 없어 굶주리는 자가 많기 때문에 한 광주리의 밥과 따뜻한 물 한 주전자를 그들에게 주었던 것입니다. 선생님께서는 자공을 시켜 이것을 중지하라 하시니 이는 선생님께서 저의 인덕(仁德)을 행함을 저지하시는 것입니다. 선생님께서는 인덕을 가르치셔 놓고 이제 그것을 행하지 못하게 금하시니 저는 받아들일 수가 없습니다." 공자가 말하였다. "네가 백성들이 굶주리고 있다고 여긴다면 임금에게 보고하여 양식창고를 풀어 그들을 구제하도록 청하지 않고 사사로이 너의 음식으로 백성을 구제하고 있으니 이는 네가 백성들에게 임금에게는 은혜가 없다는 것을 드러내고 자신의 덕행이 좋다는 것을 나타내는 것이 된다. 네가 급히 중지한다면 괜찮겠지만 그렇지 않으면 너는 반드시 죄를 얻게 될 것이다."

原文

子路爲蒲宰, 爲水備, 與其民修溝瀆[1]. 以民之勞煩苦也, 人與之一簞[2]食、一壺漿. 孔子聞之, 使子貢止之. 子路忿然不悅, 往見孔子, 曰: "由也以暴雨將至, 恐有水災, 故與民修溝洫[3]以備之. 而民多匱餓[4]者, 是以簞食壺漿而與之. 夫子使賜止之, 是夫子止由之行仁也. 夫子以仁敎而禁其行, 由不受也." 孔子曰: "汝以民爲餓也, 何不白於君, 發倉廩以賑之[5], 而私以爾食饋之, 是汝明君之無惠, 而見己之德美矣. 汝速已則可, 不則汝之見[6]罪必矣."

注釋

1) **子路爲蒲宰, 爲水備, 與其民修溝瀆**: 포(蒲)는 포읍(蒲邑). 지명으로 지금의 하남 장원현(長垣縣) 경내에 있었다. 재(宰)는 지방관. '爲水備'는 큰물을 방비하기 위함. 구독(溝瀆)는 도랑, 개천. 이 기록은 『설원(說苑)』「신술(臣術)」에도 보인다. 2) **단(簞)**: 고대의 밥을 담는 원형의 대나무로 만든 그릇. 왕숙의 주에, "단(簞)은 상자[笥]이다."고 했다. 사고본에는 이 글자 앞에 '一' 자가 없다. 3) **구혁(溝洫)**: 개천. 4) **궤아(匱餓)**: 양식이 없어 굶주림. 5) **發倉廩以賑之**: 창름(倉廩)은 양식창고. 진(賑)은 구제하다, 구휼하다. 6) **見**: 피동을 나타냄. '被'의 뜻에 해당한다.

8-9

자로가 공자에게 물었다. "관중(管仲)의 사람됨은 어떻습니까?" 공자가 말하였다. "어진 사람이었다." 자로가 말하였다. "옛날 관중은 제나라 양공

(襄公)에게 충고하였으나 양공이 이를 받아 주지 않았는데 이는 관중의 언변이 부족한 것이었고, 공자 규(公子糾)를 임금으로 세우고자 하였으나 이루지 못하였는데 이는 그가 지혜가 없었던 것이며, 부모와 가솔이 제(齊)나라에서 죄를 지었다고 피살되었는데도 오히려 걱정하는 빛이 없었는데 이는 그가 자애롭지 못한 것이었고, 족쇄와 수갑을 차고 죄수용 수레에 실려 오면서도 부끄러워하는 마음이 없었는데 이는 죄악을 창피해 하는 마음이 없었던 것이었으며, 자기가 활로 쏘아 죽이려던 제 환공을 임금으로 섬겼으니 이는 충정(忠貞)이 아니었고, 소홀(召忽)은 공자 규를 위해 죽었는데 관중은 죽지 않았으니 이는 불충(不忠)인 것입니다. 어진 사람의 도리라는 것이 진정 이와 같은 것입니까?" 공자가 말하였다. "관중이 양공에게 충고하였으나 양공이 받아들이지 않은 것은 그가 어리석고 무도했기 때문이고, 공자 규를 임금으로 세우려다 이루지 못한 것은 때를 못 만났기 때문이며, 제나라에 있을 때 부모와 가솔이 죄를 짓고 피살되었는데도 걱정하는 빛이 없었던 것은 때의 명(命)을 잘 알았기 때문이고, 족쇄와 수갑을 차고 죄수용 수레에 실려 오면서도 부끄러워하는 마음이 없었던 것은 스스로의 판단에 신중하였기 때문이며, 자기가 활로 쏘아 죽이려던 제 환공을 임금으로 섬겼던 것은 변화에 통달했기 때문이고, 공자 규를 위해 죽지 않았던 것은 생사(生死)의 경중을 헤아렸기 때문이다. 공자 규는 아직 임금이 되지 않았고 관중도 신하가 되지 않았으니 관중의 재지(才智)가 도덕을 넘어선 것으로 그가 죄수로 갇혀 죽지 아니하고 공명(功名)을 세운 것을 그르다고 할 수는 없다. 소홀이 비록 공자 규를 위해 죽었지만 인덕(仁德)을 추구하기 위하여 너무 지나쳤으므로 칭찬할 것은 못된다."

原文

子路問於孔子曰: "管仲[1]之爲人何如?" 子曰: "仁也[2]." 子路曰: "昔管仲說襄公, 公不受, 是不辯也[3]; 欲立公子糾而不能, 是不智也[4];

家殘於齊而無憂色，是不慈也[5]；桎梏而居檻車，無慚心，是無醜也[6]；事所射之君，是不貞也[7]；召忽死之，管仲不死，是不忠也. 仁人之道，固若是乎?" 孔子曰: "管仲說襄公，襄公不受，公之闇[8]也；欲立子糾而不能，不遇時[9]也；家殘於齊而無憂色，是知權命[10]也；桎梏而無慚心，自裁審[11]也；事所射之君，通於變[12]也；不死子糾，量輕重也. 夫子糾未成君，管仲未成臣. 管仲才度[13]義，管仲不死束縛而立功名，未可非也. 召忽雖死，過與取仁，未足多[14]也."

注釋

1) **管仲**: 이름은 이오(夷吾), 춘추시대 제나라 정치가, 개혁가로 제 환공을 도와 춘추의 패주(覇主)가 되게 하였다. 이 기록은 『설원(說苑)』「선설(善說)」에도 보인다. 2) **仁也**: 왕숙의 주에, "인도(仁道)를 얻음이다."고 했다. 3) **昔管仲說襄公, 公不受, 是不辯也**: 양공(襄公)은 제나라 양공, 이름은 제아(諸兒). 교만하고 음란하며 사치하여 신하에게 살해되었다. 변(辯)은 말재주가 있다, 말을 잘하다. 4) **欲立公子糾而不能, 是不智也**: 왕숙의 주에, "제 양공이 무상(無常)을 후계자로 세우자, 포숙아(鮑叔牙)가 말하기를, '임금이 백성을 게으르게 하면 장차 혼란이 일어난다.'고 하고는 공자 소백(公子小白)을 받들고 거(莒)로 달아났다. 공손무지(公孫無知)가 양공을 살해하자 관중과 소홀(召忽)이 공자 규(糾)를 받들고 노나라로 도망갔다. 제나라 사람이 무지를 죽이고 노나라가 제나라를 정벌하고 자규(子糾)를 받아들이자 소백이 거(莒)로부터 먼저 들어왔는데 이 사람이 환공(桓公)이다. 환공은 자규를 죽였고, 소홀도 죽었다."고 했다. 지(智)는 지혜, 총명. 5) **家殘於齊而無憂色, 是不慈也**: '家殘於齊'란 관중이 제나라를 떠나 다른 나라에 벼슬을 구하는 시기에 관중의 부모가 제나라에서 죄를 짓고 피살되었다. 자(慈)는 '자애(慈愛)'. 6) **桎梏而居檻車, 無慚心, 是無醜也**: 질곡(桎梏)은 원래 구금된 범인의 족쇄와 수갑을 가리키는데, 여기서는 족쇄와 수갑을 차고 구금된 것을 가리킨다. 함거(檻車)는 사방에 울타리가 없는 죄수가 타는 수레로 범인을 압송하는데 사용한다. 무추(無醜)는 왕숙의 주에, "죄악을 부끄러워할 줄 모르는 마음을 가리킨다."고 했다. 7) **事所射之君, 是不貞也**: 화살로 쏘려하였던 임금이란 제 환공(公子召伯)을 가리키는데, 관중이 일찍이 죽이고자 했지만 화살이 공자 소백의 허리띠에 맞았다. 정(貞)은 충정(忠貞). 8) **暗**: 어리석고 무도(無道)함. 9) **時**: 좋은 기회. 10) **知權命**: 시명(時命)을 자세히 알다. 11) **自裁審**: 스스로 심사(審査)를 재단

하기를 잘함. 12) **變**: 권변(權變), 변화. 13) **度**: 초과(超過) 14) **召忽雖死, 過與取仁, 未足多也**: 소홀(召忽)은 제나라 대부로써 관중과 함께 공자 규(糾)를 보좌하여 후에 공자를 따라 노나라로 달아남. 과(過)는 너무 지나치다. 다(多)는 칭찬. 與는 비요본과 동문본에는 '於'로 되어 있다.

8-10

공자가 제나라에 갈 때 길에서 울음소리를 듣게 되었는데 그 소리가 매우 애처로웠다. 공자가 학생들에게 말하였다. "저 소리가 애처롭기는 하나 상(喪)을 당한 자의 애통함은 아니로구나." 수레를 몰고 앞으로 나가는데 얼마 가지 않아 이상한 사람 하나가 허리에 낫(鎌)을 차고 새끼줄로 허리띠를 삼은 채 곡을 하고 있었는데 그치지 않고 곡을 하는 것을 보았다. 공자가 수레에서 내려 그에게 다가서며 물었다. "그대는 누구인가?" 그가 대답하였다. "나는 구오자(丘吾子)라 합니다." 공자가 말하였다. "그대는 상을 당한 것 같지 않은데 어찌 곡하는 소리가 그리 슬픈가?" 구오자가 말하였다. "나는 세 가지 실수를 저지르고도 만년에 와서야 스스로 깨닫게 되었소만 후회한들 소용이 있겠습니까?" 공자가 말하였다. "세 가지 실수가 무엇인지 들을 수 있겠소? 내게 말해 주시기 바라오, 숨기지 말고." 구오자가 말하였다. "나는 젊었을 적에 배우기를 좋아하여 두루 천하를 돌아다녔는데 후일 돌아와 보니 부모들이 모두 돌아가시고 없으니 이것이 나의 첫 번째 큰 실수이고, 장성해서는 제나라 임금을 섬겼는데 임금이 교만하고 사치하여 신하의 옹호를 잃었을 때 나는 신하로서의 절의를 다하지 못했습니다. 이것이 나의 두 번째 큰 실수이며, 나는 평생 친구 사귐을 중시하였지만 지금은 그들이 모두 나를 떠나고 관계가 단절되고 말았으니 이것이 나의 세 번째 큰 실수입니다. 무릇 나무는 고요하고자 하나 바람이 멎지 아니하고, 자식이 부모를 봉양을 하고자 하나 그들이 기다려 주지 않습니다. 한 번 가고 다시 오지 않는 것은 세월이요, 한 번 죽으면 두 번 볼 수 없는 것은 부모이니, 청컨대 이제 결별할까 합니다." 그리고 그는 물에 몸을 던져 죽어 버렸다. 공자가 말하였다. "너희들 제자들은 구오자의 말을 기억하여라. 이들 교훈은 족히 경계(警戒)를 삼을 만하다." 이 일이 있고나서 제자들 중 공자에게 작별하고 자신의 집으로 돌아가 부모를 봉양한 자가 열 세 명이나 되었다.

原文

孔子適齊, 中路聞哭者之聲, 其音甚哀. 孔子謂其僕曰: "此哭哀則哀矣, 然非喪者之哀[1]矣." 驅而前, 少進, 見有異人焉, 擁鐮帶素, 哭者不衰[2]. 孔子下車, 追而問曰: "子何人也?" 對曰: "吾, 丘吾子也." 曰: "子今非喪之所, 奚哭之悲也?" 丘吾子曰: "吾有三失, 晩而自覺, 悔之何及?" 曰: "三失可得聞乎? 願子告吾, 無隱也." 丘吾子曰: "吾少時好學, 周遍天下, 後還, 喪吾親, 是一失也; 長事齊君, 君驕奢失士, 臣節不遂[3], 是二失也; 吾平生厚交, 而今皆離絶, 是三失也. 夫樹欲靜而風不停, 子欲養而親不待. 往而不來者, 年也; 不可再見者, 親也, 請從此辭." 遂投水而死. 孔子曰: "小子識之, 斯足爲戒矣." 自是弟子辭歸養親者十有三.

注釋

1) **喪者之哀**: 부모상(父母喪)과 같은 종류의 애통함. 이 기록은 『한시외전(韓詩外傳)』 권9, 『설원(說苑)』「경신(敬愼)」에도 보인다. 2) **驅而前, 少進, 見有異人焉, 擁鐮帶素, 哭音不衰**: 이 구절은 공자가 기인(奇人)을 만난 모습을 묘사한 것이다. 이인(異人)은 기인한 사람, 괴상한 사람. 옹(擁)은 잡다, 손에 쥐다. 대소(帶素)는 흰색의 띠로 묶음. 음(音)은 원래 '자(者)'로 되어 있었으나 '음(音)'이 맞는 것 같다. 애(哀)는 당연히 '쇠(衰)'가 되어야 한다. 3) **遂**: 성취하다.

8-11

공자가 백어(伯魚)에게 말하였다. "이(鯉)야! 내가 듣기로 하루 종일 사람으로 하여금 싫증이 나지 않는 것은 오직 학습하는 것뿐이라 하더라. 사람의 용모와 형체는 다른 사람에게 자랑할 만한 것이 아니고, 용맹한 힘도 겁낼 것이 없으며, 조상을 남에게 칭찬할 일도 아니고, 종족이나 성씨도 이야기할 만 한 것이 아니다. 최후에 좋은 명성이 있어 사방에 이름이 널리 알려지고 후세에까지 명성이 전하게 되는 것이 어찌 학습의 효과가 아니겠느냐? 때문에 군자는 학문을 하지 않을 수 없고, 용모를 꾸미지 않을 수 없다. 꾸미지 않으면 예의를 갖춘 용모가 아니고, 예의를 갖춘 용모가 아니면 다른 사람이 친하게 가까이하지 않으며, 다른 사람의 친근함을 잃으면 충신(忠信)을 잃는 것이고, 충신이 없으면 예를 잃는 것이고, 예를 잃으면 입신의 기초를 잃는 것이다. 무릇 멀리서 보아도 빛이 나는 것은 용모를 꾸민 결과이고, 가까울수록 더욱 총명함이 더해지는 것은 학습의 작용이다. 마치 못에 빗물이 흘러들어가 물억새와 갈대가 자라게 되는데 비록 어떤 사람이 와서 보더라도 누가 그 근원을 알겠느냐?"

▍注釋

孔子謂伯魚[1]曰: "鯉乎, 吾聞可以與人終日不倦者, 其唯學[2]焉! 其容體不足觀也[3], 其勇力不足憚也, 其先祖不足稱也, 其族姓不足道也. 終而有大名, 以顯聞四方、流聲後裔者, 豈非學之效也[4]? 故君子不可以不學. 其容不可以不飭, 不飭無類, 無類失親, 失親不忠, 失禮不立[5]. 夫遠而有光者, 飭也; 近而愈明者, 學也. 譬之汚池, 水潦註焉, 雚葦生焉, 雖或以觀之, 孰知其源乎[6]."

▍注釋

1) 백어: 즉 공리(孔鯉)로서 공자의 아들이다. 이 기록은 『상서대전(尙書大傳)』, 『한시외전(韓詩外傳)』권6, 『설원(說苑)』「건본(建本)」에도 보인다. 2) 學: 학습하다. 3) 其容體不足觀也: 용체(容體)는 용모와 형체. 관(觀)은 자랑하다. 4) 終而有大名, 以顯聞四方, 流聲後裔者, 豈非學之效也: 이 구절은 학습의 작용을 말한다. 성(聲)은 명성(名聲). 효(效)는 효과. 5) 故君子不可以不學, 其容不可以不飭, 不飭無類, 無類失親, 失親

不忠, 不忠失禮, 失禮不立: 이 구절은 군자가 학습이나 용모를 꾸밈에 주의하지 않는 것의 위험함을 말한다. 칙(飭)은 '식(飾)'과 같다. 꾸미다. "不飭無類, 無類失親"은 왕숙의 주에, "유(類)는 용모이다. 꾸미지 않기 때문에 예의를 갖춘 용모가 없다는 것이다. 예의를 갖춘 얼굴을 꾸미고 난 연후에 친애함이 오래 간다. 때문에 용모를 꾸미지 않으면 다른 사람의 친근함을 잃는다고 한 것이다."고 했다. '失親不忠'은 왕숙의 주에, "정(情)에 서로 친함이 없으면 충성(忠誠)도 없다."고 했다. '不忠失禮'는 왕숙의 주에, "예(禮)는 충신(忠信)을 근본으로 한다."고 했다. '失禮不立'은 왕숙의 주에, "예가 아니면 설 수 없다."고 했다. 6) **譬之汙池, 水潦注焉, 萑葦生焉, 雖或以觀之, 孰知其源乎**: 왕숙의 주에, "원(源)은 샘의 근원이다. 빗물이 못에 들어가 물억새와 갈대가 자라게 한다. 보는 사람이 누가 그것이 원천이 아님을 알겠는가? 학자는 비록 바깥으로부터 들어오지만 그것을 사용하게 되면 사람들 누가 그것이 이곳으로부터 나오지 않은 것이라 알겠는가?"고 했다. 오지(汙池)는 못. 수료(水潦)는 물이 모이다. 환위(萑葦)는 두 종류의 갈대류 식물.

8-12

자로가 공자를 뵙고 말하였다. "무거운 짐을 지고 먼 길을 가자면 자리를 가리지 않고 쉬게 되고, 집이 가난한데 부모가 연로하여 부양해야 한다면 녹의 많고 적은 것을 가리지 않고 벼슬하게 됩니다. 옛날 제[仲由]가 양친을 섬길 적에 항상 형편없는 음식을 먹으면서도 부모를 위해 100리 밖 먼 길에서도 쌀을 짊어지고 왔었습니다. 부모님께서 돌아가시고 남쪽 초(楚)나라에서 벼슬할 때 따르는 수레가 100승(乘)이나 되었고 쌓아 놓은 곡식이 만 종(鍾)이나 되었으며, 앉는 자리는 여러 겹으로 깔았고 큰 솥을 여러 개 벌여 놓고 먹게 되었습니다. 그러나 그 때 나물을 먹어가면서 부모를 위해 쌀을 짊어지고 오고 싶어도 다시 그렇게 할 기회가 없습니다. 마른 물고기를 새끼줄에 꿰어 있더라도 좀이 쏠지 않을 시간이 얼마나 되겠습니까? 부모님의 수명은 달리는 말이 문틈으로 지나가듯 빠른 것입니다." 공자가 말하였다. "중유는 부모를 섬김에 살아 계실 적에는 온 힘을 다하였고, 죽고 난 이후에는 애틋한 생각을 다하였다고 이를 만 하도다."

原文

子路見於孔子曰: "負重涉遠, 不擇地而休; 家貧親老, 不擇祿而仕. 昔者由也事二親之時, 常食藜藿之實[1], 爲親負米百里之外. 親歿[2]之後, 南遊於楚, 從車百乘, 積粟萬鍾, 累茵[3]而坐, 列鼎而食, 願欲食藜藿, 爲親負米, 不可復得也. 枯魚銜索, 幾何不蠹[4], 二親之壽, 忽若過隙." 孔子曰: "由也事親, 可謂生事盡力, 死事盡思者也."

注釋

1) 여곽지실(藜藿之實): 여기서는 형편없는 밥과 반찬을 가리킴. 여(藜)는 일종의 야채로 '회채(灰菜)'라고도 칭한다. 어린 잎은 먹을 수 있다. 곽(藿)은 콩잎. '實'은 동문본에는 '食'으로 되어 있다. 이 기록은 『설원(說苑)』「건본(建本)」에도 보인다. 2) 歿: 세상을 뜨다. 3) 인(茵): 수레 위에 까는 자리. 4) 두(蠹): 좀먹다. 좀벌레에 의해 해를 입다.

8-13

공자가 담(郯)나라에 가는 길에 정자(程子)를 만나자 수레를 세워놓고 함께 해가 지도록 매우 친밀하게 이야기하였다. 공자는 자로를 돌아보면서 말하였다. "한 묶음의 비단을 선생께 드려라." 자로는 공경하게 대답하였다. "저는 사인(士人)이 중간에 소개하는 사람 없이 서로 만나거나 여자가 중매인 없이 시집을 가는 사람과는 교제하지 않는 것이 예의 규정이라 들었습니다." 잠시 후에 공자는 또 자로를 돌아보며 말하였다. 자로는 또 처음처럼 대답하였다. 공자가 말하였다. "유야! 『시』에 말하지 않았더냐? '아름다운 한 사람이 있으니 맑고도 아름답네. 약속도 없이 만났어도 내 소원에 꼭 맞도다.' 지금 앞에 있는 정(程) 선생은 천하의 어진 사인(士人)이시다. 지금 예물을 드리지 않는다면 종신토록 만나기가 어려울 것이다. 너는 내 말대로 하여라."

原文

孔子之郯, 遭程子於塗, 傾蓋而語, 終日, 甚相親[1]. 顧[2]謂子路曰: "取束帛以贈[3]先生." 子路屑然[4]對曰: "由聞之, 士不中間[5]見, 女嫁無媒, 君子不以交, 禮也." 有間, 又顧謂子路. 子路又對如初. 孔子曰: "由, 『詩』 不云乎: '有美一人, 淸揚宛兮. 邂逅相遇, 適我願兮.' 今程子, 天下賢士也. 於斯不贈, 則終身弗能見也. 小子行之!"

注釋

1) 孔子之郯, 遭程子於塗, 傾蓋而語, 終日, 甚相親: 이 구절은 공자가 길에서 정자(程子)를 우연히 만나 친밀하게 이야기를 나눈 정경(情景)을 이야기한 것이다. 담(郯)은 담나라로서 춘추시대 노나라의 속국(屬國)이었다. 지금의 산동 담성(郯城)의 북쪽에 있다. 왕숙의 주에, "담(郯)은 국명(國名)이다. 소호(少昊)의 후예로 나의 본현이다[吾之本縣: 사고본에는 '所封之國也'라고 되어있다]. 담자(郯子)가 예에 통달하였으므로 공자가 가서 자문을 구하였다."고 했다. 정자(程子)는 당시 현달(賢達)한 사인(士人)이었지만 구체적인 것은 알 수 없다. 도(塗)는 '도(途)'와 같다. '길에서'라는 의미. 경개(傾蓋)는 수레를 세워두다. 왕숙의 주에, "경개(傾蓋)는 주거(駐車)하는 것이다."고 했다. 수레 위의 일산(日傘)을 한 쪽으로 기울여 두 수레가 함께 서있는 것을 가리킨다. 이 기록은 『한시외전(韓詩外傳)』권2, 『설원(說苑)』「존현(尊賢)」에도 보인다. 2) 顧: 돌아보다. 3) 束: 비단의 계량단위. 육덕명(陸德明)의 『경전석문(經典釋文)』에 인용된 『자하전(子夏傳)』에 이르기를, "5필(匹)을 1속(束)으로 한다."고 했다. 백(帛)는 비단. 선물할 때 쓰는 예물. 증(贈)은 왕숙의 주에, "증(贈)은 송(送)이다."고 했다. 4) 屑然: 공경하는 모습. 『옥편(玉篇)』「시부(尸部)」에, "설(屑)은 경(敬)이다."고 했다. 5) 中間: 소개하는 사람. 왕숙의 주에, "중간(中間)이란 소개하는 것을 이른다[謂紹介也: '紹'를 원래는 '始'라고 잘못되어 있었으나 사고본에 근거하여 고쳤다]."고 했다. 6) 有美一人, 淸揚宛兮. 邂逅相遇, 適我願兮: 『시』「정풍(鄭風)」「야유만초(野有蔓草)」에 나오는 말이다. 왕숙의 주에, "청양(淸揚)은 미목지간(眉目之間)이다. 완연(宛然)은 '아름답다'이다. 약속 없이 만나도 원하던 것이다."고 했다. 완(宛)은 금본(今本)『모시(毛詩)』에는 '완(婉)'으로 되어 있다. '예쁘다'의 뜻이다. 해후(邂逅)는 약속 없이 만나다. 적(適)은 적합하다.

8-14

공자가 위(衛)나라에서 노나라로 돌아오는 길에 하수(河水) 다리에 수레를 멈추고 하상(河上)의 풍경을 감상하고 있었다. 폭포가 있었는데 높이가 30인(仞)이나 되고 돌아 흐르는 물의 길이가 90리나 되었다. 물고기나 자라도 헤엄칠 수 없고 악어도 머물 수 없었다. 어떤 장부(丈夫)가 헤엄쳐 건너려 하였다. 공자는 사람을 시켜 물 가로 다가가 저지하며 말하게 하였다. "이 폭포는 높이가 30인(仞)이나 되고 돌아 흐르는 물의 길이가 90리나 되어 물고기와 큰 자라, 악어도 머물기 어려우니 생각건대 당연히 건너기가 어려울 것이요." 장부는 개의(介意)하지 않고 마침내 헤엄쳐 건너 물가로 나왔다. 공자가 그에게 물었다. "그대여! 특별한 도술(道術)이라도 있소? 자유롭게 물에 들어갔다가 나올 수 있는 것은 어찌된 일이요?" 장부가 말하였다. "처음에 내가 물에 들어갈 때에 마음에 먼저 충신(忠信)이 충만했고, 물에서 헤엄쳐 나올 때에도 충신과 함께했지요. 충신에 맡겨 나의 몸을 급류 중에도 평온하게 나아가게 한 것이지 내가 감히 사사로운 마음을 가졌던 것은 아닙니다. 때문에 자유롭게 물에 들어갔다가 나올 수 있는 것입니다." 공자가 제자들에게 말하였다. "너희들은 잘 기억해 두어라. 충신함으로 자신을 이루게 하는 것은 물조차 친근하게 할 수 있는데 하물며 사람에게 있어서랴?"

原文

孔子自衛反魯, 息駕於河梁而觀焉[1]. 有懸水三十仞, 圜流九十里, 魚鱉不能導, 黿鼉不能居[2]. 有一丈夫, 方將厲[3]之, 孔子使人並涯[4]止之曰: "此懸水三十仞, 圜流九十里, 魚鱉黿鼉不能居也, 意者難可濟也[5]." 丈夫不以措意[6], 遂渡而出. 孔子問之, 曰: "子巧[7]乎? 有道術乎? 所以能入而出者, 何也?" 丈夫對曰: "始吾之入也, 先以忠信; 及吾之出也, 又從以忠信. 忠信措[8]吾軀於波流, 而吾不敢以用私[9], 所以能入而復出也." 孔子謂弟子曰: "二三子識之, 水且猶可以忠信成身親[10)]之, 而況於人乎!"

注釋

1) **息駕於河梁而觀焉**: 다리 위에 수레를 멈추고 하상(河上)의 풍경을 감상하다. 식가(息駕)는 수레를 멈추다. 하량(河梁)은 물 위의 다리. 왕숙의 주에, "하수(河水)에는 다리가 없다. 장주서(莊周書)에서는 공자가 '려(閭: 사고본에서는 '呂'라고 되어 있다)의 다리에서' 라고 말했는데, 이 일을 이야기한 사람은 위수(渭水)를 하(河)라고 한 것이다."고 했다. 이 기록은 『설원(說苑)』「잡언(雜言)」, 『열자(列子)』「설부(說符)」에도 보인다. 2) **有懸水三十仞, 圜流九十裏, 魚鱉不能導, 黿鼉不能居**: 이 구절은 물의 격류가 깊고 빠름을 말한다. 현수(懸水)는 폭포. 인(仞)은 왕숙의 주에, "8척(尺)을 인(仞)이라 한다. 24장(丈)에 걸쳐 있는 것을 말한다."고 했다. 원류(圜流)는 회전하며 솟구쳐 오르는 물. 왕숙의 주에, "원류(圜流)는 회류(回流)이다. 물이 깊고 물살이 빠른 것이다."고 했다. 도(導)는 헤엄치다. 왕숙의 주에, "도(導)는 '가다[行]'이다."고 했다. 동문본에는 '道'라고 되어 있다. 원타(黿鼉)는 여기서 악어를 주로 가리킨다. 원(黿)은 큰 자라. 타(鼉)는 악어. 3) **厲**: 헤엄쳐 건너다. 왕숙의 주에, "려(厲)는 건넘[渡]이다."고 했다. 4) **방애(竝涯)**: 물가로 가까이 가다. '竝'은 '방(傍)'과 같다. 5) **意者難可濟也**: 생각해도 당연히 건너기가 매우 어렵다. '意者'는 생각해도. 제(濟)는 통과하다. 6) **措意**: 뜻을 두다, 마음에 두다.『설문(說文)』「수부(手部)」에, "조(措)는 '두다[置]'이다."고 했다. 7) **巧**: 기교(技巧). 원래는 없었으나 동문본에 근거하여 보완하였다. 8) **措**: 두다, 놓다. 9) **私**: 사심(私心). 10) **親**: 친근(親近).

8-15

공자가 외출을 하려는 때 마침 비가 오는데 수레에 우산이 없었다. 제자들이 말하였다. "복상(卜商)에게 우산이 있습니다." 공자가 말하였다. "복상은 사람됨이 재물에 너무 인색하다. 내가 듣건대 남과 사귐에 있어 그 장점은 추켜 주고 그 단점은 숨겨주어야 사귐이 능히 오래간다고 하였다."

原文

孔子將行, 雨而無蓋[1)]. 門人曰: "商[2)]也有之." 孔子曰: "商之爲人也，甚吝[3]於財，吾聞與人交，推[4]其長者，違[5]其短者，故能久也.”

注釋

1) 蓋: 수레 위의 우산 덮개. 이 기록은 『설원(說苑)』「잡언(雜言)」에도 보인다. 2) 商: 왕숙의 주에, “자하(子夏)의 이름이다.”고 했다. 자하는 공자의 제자로 성은 복(蔔), 이름이 상(商)이다. 3) 吝: 이색(吝嗇)하다. 왕숙의 주에, “인(吝)은 절약이 심한 것이다.”고 했다. 4) 推: 추중(推重). 5) 違: 피면(避免).

8-16

초나라 소왕(昭王)이 강을 건너는데 강 가운데 이상한 물건이 있었다. 크기는 말[斗]만 하고 둥글며 붉은 빛이 도는 것으로 소왕의 배 앞으로 곧장 부딪쳐 왔다. 뱃사공이 그것을 주워 올렸다. 소왕은 매우 이상하게 여기고 여러 신하들에게 두루 물어 보았으나 아무도 알아보는 자가 없었다. 소왕은 사신을 파견하여 노나라로 가서 공자에게 물어 보도록 했다. 공자가 말하였다. “이것은 소위 평초(萍草)의 과실(果實)이라는 것이다. 이것을 쪼개어 먹을 수 있고 상서로운 물건으로 오직 패자를 칭하는 임금만이 얻을 수 있다.” 사신이 돌아와 소왕에게 이야기 하였고 소왕은 드디어 이를 먹어 보았더니 맛이 매우 좋았다. 오랜 시간이 지나 초나라의 사신이 다시 노나라를 방문하여 이 일을 노나라 대부에게 이를 일러주자 대부는 자유(子游)를 통해 공자에게 물어 보게 하였다. “선생님께서는 어떻게 그런 줄 아셨습니까?” 공자가 말하였다. “내가 옛날 정(鄭)나라에 갈 때 진(陳)나라 도성의 교외를 지나다가 동요를 들었는데, ‘초나라 임금이 강을 건너다가 평초의 과실을 한 개 얻었네. 크기는 말[斗]만 하고 붉기는 해와 같았네. 쪼개 먹으면 그 단맛 꿀과 같으리’라 했다. 이번에 초나라 소왕이 응험(應驗)하였다. 그래서 내가 이 일을 알게 되었던 것이다.”

原文

楚王渡江[1], 江中有物大如斗 圓而赤, 直觸[2]王舟. 舟人取之. 王大怪之, 遍問群臣, 莫之能識. 王使使聘於魯[3], 問於孔子. 子曰: "此所謂萍實[4]者也, 可剖而食之, 吉祥也, 唯霸者爲能獲焉." 使者反[5], 王遂食之, 大美. 久之, 使來, 以告魯大夫. 大夫因子遊問曰: "夫子何以知其然乎?" 曰: "吾昔之鄭, 過乎陳之野, 聞童謠曰: '楚王渡江得萍實, 大如斗, 赤如日, 剖而食之甛如蜜.' 此是楚王之應[6]也. 吾是以知之."

注釋

1) **楚王渡江**: 초왕(楚王)은 사고본에 '초 소왕(楚昭王)'이라 하여 『설원(說苑)』의 기록과 맞다. 강(江)은 장강(長江). 이 기록은 『설원』「변물(辨物)」에도 보인다. 2) **觸**: 부딪치다. 3) **王使使聘於魯**: 왕이 사신을 보내 노나라를 방문하게 했다. '시사(使使)'는 사신을 파견하다. 빙(聘)은 제후 간에 서로 사절(使節)을 파견하여 문후(問候)하는 것. 4) **萍實**: 평초(萍草)의 과실(果實). 왕숙의 주에, "평(萍)은 수초(水草)이다."고 했다. 5) **反**: '반(返)'과 같다. 돌아오다. 사고본에는 '返'으로 되어 있다. 6) **應**: 응험(應驗).

8-17

자공(子貢)이 공자에게 물었다. "죽은 사람은 지각(知覺)이 있습니까? 아니면 없습니까?" 공자가 말하였다. "내가 죽은 사람이 지각이 있다고 말하고 싶지만 효자와 순손(順孫)들이 자신의 생명을 손상해가며 죽은 사람을 장례치를까 두렵고, 내가 죽은 사람은 지각이 없다고 말하고 싶지만 또 불효한 자손들이 부모의 시신을 유기(遺棄)하고 장례도 치루지 않을까 두렵다. 사(賜)야! 네가 죽은 사람은 지각이 있는지 혹은 없는지를 알고 싶은 것은 현재 급하게 해결하여야 할 일이 아니고 이후 스스로 알게 될 것이다."

자공이 공자에게 백성을 다스리는 도리에 대하여 물었다. 공자가 말하였다. "삼가 두려워하기를 마치 썩은 새끼줄로 말을 매어 부리듯 해야 할 것이다.” 자공이 말하였다. “어찌 그렇게 두려워해야 하는 것입니까?” 공자가 말하였다. “무릇 수레와 말을 몰 때 잘 통달하게 하는 것은 사람에게 달려 있다. 정확한 방법으로 인도하면 잘 따를 것이고, 정확하지 않은 방법으로 인도하면 그는 나의 원수가 될 것이다. 이와 같으니 어찌 두렵지 않겠느냐?”

노나라의 법률 규정에 따라 다른 제후에게 팔려가 노복이 된 모든 노나라 사람들을 돈을 주고 풀어올 때 모두 노나라 관부(官府)에서 물어주도록 되어 있었다. 자공이 노복을 돈을 주고 풀어왔으나 나라의 돈을 사양하고 받지 않았다. 공자가 이를 듣고 말하였다. “단목사(端木賜)의 과실이구나. 무릇 성인(聖人)이 하는 일이라면 풍속을 바꾸게 하고 그것으로 백성을 교화하고 인도하여 백성에게 베풀어지도록 하는 것이지 자기에게 맞는 행위만을 하는 것은 아니다. 지금 노나라는 부유한 자는 적고 가난한 자는 많기 때문에 사람을 돈을 주고 풀어올 때 나라의 돈을 받도록 되어 있는 것이다. 만일 돈을 받는 것이 청렴하지 못하다고 생각한다면 무엇으로 사람을 풀어오겠느냐? 지금부터 노나라 사람은 다른 제후에게서 돈을 주고 사람을 풀어올 수 없을 것이다.”

原文

子貢問於孔子曰: “死者有知乎? 將[1]無知乎?” 子曰: “吾欲言死之有知, 將恐孝子順孫妨生以送死[2]; 吾欲言死之無知, 將恐不孝之子棄其親而不葬. 賜欲[3]知死者有知與無知, 非今之急, 後自知之.”

子貢問治民於孔子. 子曰: “懍懍焉若持腐索之扞馬[4].” 子貢曰: “何其畏也?” 孔子曰: “夫通達禦皆人也, 以道導之, 則吾畜也[5]; 不以道導之, 則吾讎也. 如之何其無畏也?”

魯國之法, 贖人臣妾於諸侯者, 皆取金於府[6]. 子貢贖之, 辭而不取金. 孔子聞之曰: “賜失之矣. 夫聖人之擧事也, 可以移風易俗, 而教導可以施之於百姓, 非獨適身[7]之行也, 今魯國富者寡而貧者衆, 贖人受金則爲不廉, 則何以相贖乎? 自今以後, 魯人不復贖人於諸侯."

注釋

1) **將**: 혹은, 아니면. 이 기록은 『여씨춘추(呂氏春秋)』「찰미(察微)」, 『회남자(淮南子)』「제속(齊俗)」, 『회남자』「도응(道應)」, 『설원(說苑)』「정리(政理)」에도 보인다. 2) **吾欲言死之有知, 將恐孝子順孫妨生以送死**: 나는 죽은 사람에게도 지각이 있다고 말하고 싶으나 오히려 효자, 순손(順孫)이 자신의 생명을 손상해가며 죽은 사람을 장례 치루는 것을 걱정한다는 의미. 장(將)은 또[又]의 의미. 방(妨)은 방해, 상해(傷害). 3) **欲**: '欲' 자 앞에 원래 '不' 자가 쓸데없이 덧붙여져 있었으나 행문의 어기(語氣)와 비요본, 동문본을 참조하여 삭제하였다. 4) **懍懍焉若持腐索之扞馬**: '懍懍焉'을 왕숙의 주에, "름름(懍懍)은 경계하고 두려워하는 모습이다."고 했다. 즉 삼가 두려워하는 모양이다. 부색(腐索)이란 말을 매는 썩은 새끼줄. 한(扞)은 몰다. 한마(扞馬)를 왕숙의 주에, "한마(扞馬)는 돌마(突馬)이다."고 했다. 『고문상서(古文尚書)』「오자지가(五子之歌)」에, "마치 썩은 새끼줄로 6마리 말을 모는 것처럼 조심스럽다[懍乎若朽索之馭六馬]."라는 구절이 있다. 5) **夫通達禦皆人也, 以道導之, 則吾畜也**: 수레나 말을 몰 때 잘 통달하게 하는 것은 모두 사람에게 달렸으니, 정확한 방법으로 인도하면 그의 말을 잘 따를 것이다. 통달(通達)은 잘 통하다. 어(禦)는 말을 부리다. '之' 자가 원래 없었으나 사고본과 동문본에 근거하여 보완하였다. 6) **魯國之法, 贖人臣妾於諸侯者, 皆取金於府**: 노나라 법률의 규정에 따라 제후에게 팔려갔던 노복을 돈을 주고 풀어올 때는 모두 노나라 부고(府庫)에서 금전을 받을 수 있도록 하였다. 속(贖)은 재물을 바치고 풀어주다. 신첩(臣妾)은 노복(奴僕). 부(府)는 부고(府庫). 관부에 재물 등 중요한 물품을 보관하는 창고. 7) **適身**: 자신에게 적합하다.

8-18

자로(子路)가 포(蒲)읍을 다스리면서 공자 뵙기를 청하며 말하였다. "저[仲由]는 선생님의 가르침을 받고자 합니다." 공자가 말하였다. "포읍의 정황은 어떠하냐?" 자로가 말하였다. "읍에는 용사(勇士)들이 많고 또 다스리기가 어렵습니다." 공자가 말하였다. "그렇다면 내 너에게 말해 주마. 사람에게 겸손하고 공경하게 대하면 그들 용사들을 굴복시킬 수 있고, 관용과 정직으로 대하면 강경한 사람들을 회유할 수 있으며, 사랑과 용서로 사람을 대한다면 곤궁한 자를 받아들일 수 있을 것이고, 일을 처리함에 온화하고 과단성이 있다면 간사한 자를 억누를 수 있을 것이다. 이와 같이 시행한다면 포읍을 다스리는 것이 어렵지 않을 것이다."

原文

子路治蒲, 請見於孔子曰: "由願受教於夫子." 子曰: "蒲其如何?" 對曰: "邑多壯士, 又難治也."子曰: "然, 吾語爾, 恭而敬, 可以攝[1]勇; 寬而正, 可以懷[2]强; 愛而恕, 可以容困[3]; 溫而斷, 可以抑[4]奸. 如此而加[5]之, 則正[6]不難矣."

注釋

1) 攝: '섭(懾)'과 같다. 굴복시키다. 이 기록은 『사기』「중니제자열전」, 『설원(說苑)』「정리(政理)」에도 보인다. 2) 懷: 회유하다. 3) 容困: 왕숙의 주에, "애서(愛恕)한 사람은 곤궁함을 받아들일 수 있다."고 하였다. 용(容)은 용납(容納). 곤(困)은 곤궁(困窮). 4) 抑: 억누르다. 5) 加: 널리 시행하다. 6) 正: '政'과 같다. 다스리다.

09 삼서三恕

序說

이 편은 11장으로 구성되어 있는데 주로 공자가 논술한 수신(修身), 치국(治國)과 관련한 이야기들이다. 첫 번째 문장에 군자의 '삼서(三恕)' 문제가 논술되었기 때문에 '삼서(三恕)'를 편명으로 한 것이다.

이 편은 공자의 정치사상과 수신에 관한 사상을 연구하는 귀중한 자료이다. 그 중 공자는 군자에게는 '삼서(三恕)'가 있다고 언급하고 이로써 군신(君臣) 효제(孝悌)의 예(禮)를 논술하였다. 그리고 군자의 '삼사(三思)'를 제시하면서 수신과 학습, 후세인의 교육, 인의의 시행 등의 내용을 다루고 있다. 『논어』「계씨(季氏)」편에 기재된 공자가 말한 바 있는 '구사(九思)' 즉, "보는 것에는 밝음을 생각하며, 듣는 것에는 귀 밝음을 생각하며, 얼굴빛은 온화함을 생각하며, 모습은 공손함을 생각하며, 말은 충성함을 생각하며, 일은 경건함을 생각하며, 의심스러움은 물음을 생각하며, 분노함은 어려움을 생각하며, 이로움을 보면 의(義)를 생각한다.[視思明, 聽思聰, 色思溫, 貌思恭, 言思忠, 事思敬, 疑思問, 忿思難, 見得思義]"고 한 구절은 공자가 '수기안인(修己安人)'에 있어서 '사(思)'의 중요성을 매우 중시하고 있음을 알 수 있다. 공자 이후 증자(曾子), 자사(子思), 맹자(孟子)는 공자의 내성(內省)과 수신(修身)의 사고의 방향을 계승하였다. 「삼서(三恕)」에서 제기한 '삼사(三思)'의 내용은 군자가 일생동안 수신해야 하는 노력을 관철한 것이고, 군자의 수신에 대한 자각적 성격의 전면적인 요구이다.

공자는 사물의 특성을 잘 이용하여 사회와 인생을 인식하였다. 예를 들면 '의기(欹器)'는 고대의 선민(先民)들이 물을 길을 때 사용하던 도기(陶器)인데, 공자는 '의기'의 물을 긷는 특성으로서 "겸손하면 더함을 받고, 가득차면 덜어짐을 초래한다[謙受益, 滿招損]"는 이치를 논술하였다. 고대의 어진 군주들은 '의기'를 자신에게 가까이 두고 '유좌(宥坐)'의 그릇으로 삼아 이로써 자신을 경계하였다. 물은 사람들이 일용하는 것으로 풍부한 인생철학을 내포하고 있다. 공자는 '동류지수(東流之水)'를 보며 매우 물을 즐기는 덕을 보였다. 공자는 물이 '산 것을 생장시켜주면서 쉬지 않는[生生不息]' 것으로 백성들에게 은혜를 베푸는 인애(仁愛), 규칙을 따르는 도의(道義), 용감하고 굳센 의지 등의 덕행을 갖추고 있다고 여겼다. 노자(老子) 역시 '물의 덕(德)'을 중시하였지만 노자를 필두로 도가(道家)학자들은 주로 물의 유약(柔弱)한 특성을 설명하였고, 공자와 유가는 물이 내포하고 있는 인의와 덕행을 중시하여 물의 적극적 작용의 특성을 발굴하였다.

이 편의 마지막에서는 "나라의 정치가 어둡고 혼란하면 은거(隱居)하는 것이 옳고, 나라의 정치가 밝으면 조정에 나가 벼슬하여 자기의 인덕(仁德)의 이상을 실현해야 한다.[國無道, 隐之可也; 國有道, 則衮冕而執玉]"는 것을 언급하여 공자의 정치에의 투신과 지식인의 기개와 절조의 견지에 대한 일관된 관점을 표현하였다. 곽점초간(郭店楚簡)의 「궁달이시(窮達以時)」편에 분명히 보이는 '시우(時遇)'사상과 여기서 구현하고 있는 사상의 주지(主旨)가 일치한다.

이 편의 대부분 내용은 『순자』에 보이고, 이외에도 『회남자(淮南子)』, 『한시외전(韓詩外傳)』, 『설원(說苑)』, 『안자춘추(晏子春秋)』 등에도 곳곳에 보인다. 『순자』에는 모두 8장(章)이 보이며 각각 「법행(法行)」, 「유좌(宥坐)」, 「자도(子道)」 등에 분포되어 있는데 이 세 편은 『순자』책에서 순차적으로 연결된다. 「유좌(宥坐)」에 인용하고 있는 내용은 "孔子曰, 吾有所恥" 문장을 제외하고는 행문의 풍격으로 보아 모두 공자가 기물(器物)을 비유로 하여 수신치국의 도리를 논하고 있다. '의기(欹器)', '동류지수(东流之水)', '노묘지북당(鲁廟之北堂)'은 공자의 마음속에는 모두 영성(靈性)과 덕행을 구비하는 것으로서 공자가 갖추고 있는 만물을 인애하는 사상적 정서를 표명하는 것이었다. 송대 장재(張載)가 제시한 "만민은 동포이고 만물은 같은 무리[民胞物與]"라는 사상은 공자 유학의 주지(主旨)에서 얻은 것이다. 「자도(子道)」에 인용된 세 편은 모두 제자가 공자에게 '인(仁)', '지(智)', '효(孝)', '충(忠)'의 문제를 묻는 것이었다. 「삼서(三恕)」와 『순자』를 비교하면 『순자』의 각 편이 「삼서」의 구조보다 더욱 엄정하고, 중심사상 역시 비교적 분명함을 어렵잖게 볼 수 있다. 따라서 「삼서」편의 자료가 보다 질박(質朴)하다고 할 수 있다.

9-1

공자가 말하였다. "군자에게는 세 가지 정황 하에 당연히 해야 할 '서(恕)'가 있다. 임금이 있어도 섬기지 못하고, 신하가 있으나 사역하기만 요구하는 것은 '서'가 아니다. 부모가 있어도 효경(孝敬)하지 못하고, 자녀가 있으나 그들이 자신에게 보답하기만을 요구하는 것은 '서'가 아니다. 형이 있어도 존경하지 못하고, 동생이 있으나 그들이 유순(柔順)하기만을 요구하는 것은 '서'가 아니다. 사인(士人)으로서 이 세 가지 '서'의 근본을 분명히 할 수 있다면 자신이 단정(端正)하다고 말할 수 있다."

原文

孔子曰: "君子有三恕[1], 有君不能事, 有臣而求其使, 非恕也; 有親不能孝, 有子而求其報, 非恕也; 有兄不能敬, 有弟而求其順, 非恕也. 士能明於三恕之本, 則可謂端身[2]矣."

注釋

1) 서(恕): 마음을 헤아려 동정하다. 즉 자기의 마음으로 남을 헤아리다. 『설문(說文)』에, "서(恕)는 인(仁)이다."고 했다. 『논어』「위영공(衛靈公)」에, "자공이 묻기를, '한 마디 말로 종신토록 행할 만한 것이 있습니까?'고 하니, 공자는 '아마도 서(恕)일 것이다. 내가 하고자 하지 않는 바를 남에게 베풀지 말라'고 했다.[子貢問曰, "有一言而可以終身行之者乎?" 子曰, "其恕乎! 己所不欲, 勿施於人]"고 하였다. 이 기록은 『순자』「법행(法行)」에도 보인다. 2) **端身**: 『광아(廣雅)』「석고(釋詁)1」에, "단(端)은 정(正)이다."고 했다. 단신(端身)은 즉 몸을 바르게 하다[正身]. "士能明於三恕之本, 則可謂端身矣"라는 구절은 동문본에는 없다.

9-2

공자가 말하였다. "군자(君子)는 세 가지 정황 하에 당연히 깊이 생각하고 잘 살피지 않으면 안 된다. 소년 시절 배우지 않으면 자라서 무능하게 되고, 늙어서 교화의 책임을 지지 않으면 죽은 다음 아무도 그리워하지 않으며, 부유할 때 베풀지 않으면 곤궁할 때 아무도 도우려 하지 않는다. 때문에 군자는 소년 시절에는 자라고 난 이후의 일을 생각하여 배움에 힘써야 하고, 늙어서는 죽은 다음의 일을 생각하여 교화에 힘써야 하며, 부유할 때에는 곤궁할 때를 생각하여 베풂에 힘써야 한다."

原文

孔子曰: "君子有三思[1], 不可不察[2]也. 少而不學, 長無能也; 老而不教, 死莫之思[3]也; 有而不施[4], 窮莫之救也. 故君子少思其長則務[5]學, 老思其死則務教, 有思其窮則務施."

注釋

1) **思**: 깊이 생각하다, 고려하다. 이 기록은 『순자』「법행(法行)」에도 보인다. 2) **察**: 분명하게 살피다, 알다. 3) **思**: 그리워하다, 생각하다. 4) **施**: 베풀다. 5) **務**: ~에 힘쓰다.

9-3

백상건(伯常騫)이 공자에게 물었다. "저는 본래 주(周)나라의 하급 관리이지만 스스로 불초(不肖)하다고 여기지 않으니 장차 군자에게 가르침을 청하여 그에게 절하고 스승으로 섬기고자 합니다. 감히 여쭙건대 도의 원칙을 좇아 마땅히 일을 행하려 하나 오히려 세상의 도의가 받아주지 아니하고, 도의를 숨겨 시의(時宜)에 맞게 행하려 하나 또한 차마 그렇게 는 하지 못하겠습니다. 지금 저는 곤궁하지 않으면서도 은거의 방식을 채용하지 않으면서 할 수 있는 방법이 있습니까?" 공자가 말하였다. "그대의 질문이 훌륭합니다. 나의 견문에 근거하면 아무도 그대가 묻는 말처럼 사변(思辨)이 풍부하고 이야기가 이치에 맞는 경우가 없었다오. 내가 일찍이 듣기로 군자가 아무리 도를 거론한다 해도 듣는 자가 살피지 않는다면 도의가 받아들여질 수 없고, 말한 내용이 고증할 방법이 없는 기이하고 괴상한 일이라고 한다면 도의를 믿지 못하게 되는 것이지요. 또한 일찍이 듣기에 군자가 국가대사를 논증하면서 제도상 일정한 기준이 없으면 국가는 다스림이 좋지 않을 것이고, 위정(爲政)이 너무 지나치면 백성이 불안하게 느낄 것입니다. 또 일찍이 듣기로 군자가 지절(志節)을 말한다고 해도 굳세고 강하여 아부하지 않는 사람은 제 명대로 살지 못하고, 가볍게 지절(志節)을 바꾸는 사람은 자주 도의에 상처를 입게 되며, 오만하고 공손하지 못한 사람은 다른 사람이 가까이 할 수 없고, 한결같이 개인의 이익만 취하는 사람은 결국 패락(敗落)하지 않는 경우가 없습니다. 또 일찍이 듣기에 처세를 편안하게 하는 군자는 걱정과 고생스런 사정을 만나면 가벼운 것이라 하여 앞 다투어 하지 않고, 중대한 것이라 하여 뒤로 미루지 않으며, 법령의 시행을 세상 사람들이 받아들이도록 강제하지 않고, 도의를 진술하면서 세상을 거스르지 않았습니다. 이 네 가지 정황은 모두 내가 들은 바입니다."

原文

伯常騫問於孔子曰: "騫固周國之賤吏也[1], 不自以不肖, 將北面[2]以事君子. 敢問正道宜行, 不容於世[3], 隱道宜行, 然亦不忍[4]. 今欲身亦不窮, 道亦不隱, 爲之有道乎?" 孔子曰: "善哉子之問也! 自丘之聞, 未有若吾子所問辯且說[5]也. 丘嘗聞君子之言道矣, 聽者無察, 則道不入[6]; 奇偉不稽, 則道不信[7]. 又嘗聞君子之言事矣, 制無度量[8], 則事不成; 其政曉察, 則民不保[9]. 又嘗聞君子之言志矣, 罡折者不終[10], 徑易者則數傷[11], 浩倨者則不親[12], 就利者則無不弊[13]. 又嘗聞養世[14]之君子矣, 從輕勿爲先, 從重勿爲後[15], 見像而勿强[16], 陳道而勿怫[17]. 此四者, 丘之所聞也."

注釋

1) **騫固周國之賤吏也**: 『안자춘추집석(晏子春秋集釋)』권4에, "백상건(柏常騫)이 주(周)의 제(齊)에 가서 안자(晏子)를 만나, '건(騫)는 주 왕실의 천사(賤史)입니다.'고 말했다."고 한 구절에 대해 손성연(孫星衍)이 이르기를, "『가어(家語)』에는 '伯常騫問於孔子曰'이라 했다. '史'가 『가어』에는 '吏'로 되어 있는데 틀렸다."고 했다. 이 기록은 그 대략이 『안자춘추(晏子春秋)』내편(內篇)「문정(問丁)」에 보인다. 내용은 "백상건(柏常騫)이 주(周)의 제(齊)에 가서 안자(晏子)를 만나 말했다."고 되어 있다. 2) **北面**: 고대에는 신하나 나이 적은 사람들이 북쪽을 향해 공손하게 배례(拜禮)를 행하였다. 3) **正道宜行, 不容於世**: 왕숙의 주에, "정도(正道)를 행하려 하나 세상에 나가면 귀한 신분이 아니기 때문에, 도의를 행하려 해도 세상이 받아주지 않는다."고 했다. 4) **隱道宜行, 然亦不忍**: 왕숙의 주에, "세상이 혼란하면 은거의 도를 행하고자 하나 역시 차마 숨지는 못한다."고 했다. 5) **辯且說**: 사변(思辯)과 논증(論證). 왕숙의 주에, "辯은 이치에 합당하여 설득력이 있는 것이다."고 했다. 변(辯)과 설(說)은 고대의 논리적 명사로 사변과 논증을 가리킨다. 『순자』「정명(正名)」에, "실상으로 깨우쳐 주지 못하면 명령하고, 명령으로 깨우쳐 주지 못하면 비교해 주고, 비교해도 깨우치지 못하면 설득하고, 설득해도 깨우치지 못한 연후에 변증한다[實不喩然後命, 命不喩然後期, 期不然後說, 說不喩然後辯]."고 했다. 6) **聽者無察, 則道不入**: 왕숙의 주에, "듣는 사람이 분명하게 살피지 않으면 도(道)가 들어가지 않는다는 것을 말한다."고 했다. 7) **奇偉不稽, 則道不信**: 奇偉는 기이하고 괴상함. 稽는 살피다. 왕숙의 주에, "계(稽)는

'살핌'이다. 도를 듣는 자가 기이하고 괴상함을 제대로 살피지 못하면 도는 믿을 수 없게 되는데, 이 말은 진실로 그러한 사람이 아니라면 도는 헛되이 행해지지 않는다는 것이다."고 했다. 8) **度量**: 본래의 뜻은 계량(計量)의 장단, 용적(容積), 경중(輕重)의 총칭인데, 여기서는 '표준'이라는 의미로 쓰였다. 9) **其政曉察, 則民不保**: 효찰(曉察)은 분명하게 살피다. 여기서는 가혹할 정도로 분명하게 살핀다는 것을 가리킨다. 왕숙의 주에, "보(保)는 안(安)이다. 정치가 지나치게 나누어 살피면 백성이 불안하다."고 했다. 10) **罡折者不終**: 굳세고 정직하여 아부하지 않고 과감히 면전에서 사람의 과실을 지적함. 不終은 수명대로 살지 못함. 왕숙의 주에, "강하면 부러져 그 성명(性命)을 마치지 못하는 것이다."고 했다. 11) **徑易者則數傷**: 왕숙의 주에, "경(徑)은 경(輕)이다. 뜻이 가벼우면 자주 의(義)에 상처를 입는다."고 했다. 12) **浩倨者則不親**: 왕숙의 주에, "호거(浩倨)는 간략하고 공손하지 않은 것인데, 이와 같으면 친절하지 않게 된다."고 했다. 13) **就利者則無不弊**: 왕숙의 주에, "이익을 좋아하는 사람을 오래가지 않는다."고 했다. 14) **養世**: 편안하게 처세함. 15) **從輕勿爲先, 從重勿爲後**: 왕숙의 주에, "우환이 있고 노고가 따르면 가벼운 것은 마땅히 뒤로하고 무거운 것은 마땅히 우선하게 되니, 편안히 처세하는 것이다."고 했다. 16) **見像而不強**: 법령의 시행을 강제할 수 없다. 왕숙의 주에, "상(像)은 법(法)이다. 법을 세상에 강제할 수 없다."고 했다. 견(見)은 소개하다, 시행하다. 『묵자』「공수(公輸)」에, "왕에게 나를 소개했다.[見我於王]"고 했다. 상(像)은 모범, 법식. 『초사(楚辭)』「구가(九歌)·귤송(橘頌)」에, "나이가 비록 적지만 스승의 장점이 있어 행동은 백이(伯夷)에 비교되어 본뜰 만하다네[年歲雖小, 可師長兮, 行比伯夷, 置以爲像兮]."라고 했고, 왕일(王逸)의 주에, "상(像)은 법(法)이다."고 했다. 17) **陳道而勿悖**: 진도(陳道)란 도의(道義)를 진술하다. 불(悖)은 '패(悖)'와 같다. 왕숙의 주에, "불(悖)은 궤(詭)이다. 도를 진술할 뿐이고 세상과 서로 속이거나 피하는 것은 아니다."고 했다.

9-4

공자가 제자들을 거느리고 노나라 환공(桓公)에게 제사지내는 종묘에 가서 예(禮)를 살피다가 비스듬히 기울어진 그릇이 있는 것을 보았다. 공자가 사당을 지키는 자에게 물었다. "이것이 무슨 그릇인가?" 사당을 지키는 자가 말하였다. "이것은 아마 유좌(宥坐)라는 그릇일 것입니다." 공자가 말하였다. “내가 듣기로 유좌라는 그릇은 속을 비워 두면 기울어지고 물을 적당히 채워 놓으면 바르게 서있으며, 가득 채우면 엎질러진다고 하였소. 밝은 군주는 깊이 경계로 삼았지요. 때문에 항상 자신이 앉아있는 곁에 두었던 것입니다.” 공자가 제자들을 돌아보면서 말하였다. “시험 삼아 물을 부어 보아라.” 이에 물을 부었더니 중간쯤 채우자 반듯하게 섰으나 가득 채우자 곧 엎질러지고 말았다. 공자가 탄식하며 말하였다. “아! 무릇 사물로서 어찌 가득 채우고서 엎어지지 않는 것이 있겠느냐?”

자로가 앞으로 나서며 물었다. “감히 여쭙건대 가득 채우고도 엎질러지지 않을 방법이 있습니까?” 공자가 말하였다. “총명하고 지혜가 있다 할지라도 어리석은 것처럼 하여 자신을 지키고, 공로가 사방에 두루 미쳤다고 할지라도 사양함으로서 자신을 지키며, 용력(勇力)이 세상에 떨칠지라도 두려운 듯이 하여 자신을 지키고, 천하의 재물로 부유할지라도 겸손함으로 자신을 지켜야 한다. 이것이 이른바 가능한대로 겸손하고 억제함으로 가득채운 것을 지키는 방법인 것이다.”

原文

孔子觀於魯桓公[1]之廟, 有欹器[2]焉. 夫子問於守廟者曰: “此謂何器?” 對曰: “此蓋爲宥坐之器[3].” 孔子曰: “吾聞宥坐之器, 虛則欹, 中[4]則正, 滿則覆. 明君以爲至誡[5], 故常置之於坐側.” 顧[6]謂弟子曰: “試注水焉.” 乃注之水, 中則正, 滿則覆. 夫子喟然[7]嘆曰: “嗚呼! 夫物惡有滿而不覆哉?”

子路進曰: “敢問持滿有道乎?” 子曰: “聰明睿智[8], 守之以愚; 功被[9]天下, 守之以讓; 勇力振世, 守之以怯[10]; 富有四海, 守之以謙. 此所謂損之又損之之道[11]也.”

注釋

1) **魯桓公**: 춘추시대 노나라 국군(國君). 이름은 윤(允) 또는 궤(軌)라고도 한다. 18년

간 재위(B.C 711~694年). 이 기록은 『순자(荀子)』「유좌(宥坐)」, 『한시외전(韓詩外傳)』권3, 『회남자(淮南子)』「도응(道應)」, 『설원(說苑)』「경신(敬愼)」에도 보인다. 2) **의기(欹器)**: 기울어져서 쉽게 엎어질 수 있는 기구. 고대에는 모양을 고쳐서 만든 물을 긷는 도기 그릇을 가리킨다. 왕숙의 주에, "의(欹)는 기울다."라고 했다. 3) **宥坐之器**: 宥坐之器란 군주가 자리 오른쪽에 놓아둔 의기(欹器)를 가리키는데, 이 그릇으로 군주가 관후(寬厚)하고 인애(仁愛)하는 마음으로 정치를 해야 함을 경계로 삼도록 하였다. 유(宥)는 오른편[右]과 같다. 4) **中**: 적중하다, 적당하다. 5) **至誡**: 깊이 경계하다. 6) **顧**: 돌아보다. 7) **喟然**: 탄식하는 모양. 8) **智**: 사고본에서는 '知'라고 하였다. 9) **被**: 미치다, 두루 미치다. 『서(書)』「요전(堯典)」에, "진실로 공손하고 능히 겸양하시어 광채가 사방에 두루 미치시니[允恭克讓, 光被四表]."에 대한 채침(蔡沈)의 집전(集傳)을 참조. 10) **怯**: 사고본에는 잘못되어 '法'으로 되어 있다. 11) **損之又損之之道**: 손(損)은 덜어내다. 『설문(說文)』에, "손(損)은 감(減)이다."고 했고, 『묵자』에, "손(損)은 잃다[偏去]이다."고 했다. "損之又損之"란 날로 화려하고 거짓됨을 버리고 순박하고 무위(無爲)함으로 돌아감을 말하는데, 절약과 겸손의 뜻으로 쓰이기도 한다. 『노자』에는, "학문을 하면 나날이 채워지고, 도를 행하면 나날이 덜어지니, 덜어내고 덜어내면 무위에 이르게 된다[爲學日益, 爲道日損, 損之又損, 以至於無爲]."고 했고, 『진서(晉書)』「선제기(宣帝紀)」에, "가득 찬 것을 도가에서는 꺼린다. 계절은 여전히 변화해 가는데, 나는 무슨 덕으로 감당할까? 덜어내고 덜어내면 거의 재앙을 면할 수 있으리라[盛滿者道家之所忌, 四時猶有推移, 吾何德以堪之. 損之又損之, 庶可以免乎]."라고 하여 가능한대로 겸손하고 경계하는 것이 가득 채운 것을 보전하는 방법임을 가리킨다.

9-5

공자가 동쪽으로 흘러가는 물을 보고 있을 때 자공이 물었다. "군자(君子)께서 큰물만 보시면 반드시 자세히 바라보는 것은 무슨 까닭입니까?" 공자가 말하였다. "쉬지 않고 흘러가며 그의 은혜를 두루 천하의 각종 생물에게 베풀면서도 오히려 아무런 작위가 없는 것처럼 하기 때문이다. 무릇 물이란 마치 덕성(德性)을 지닌 것 같은데, 물이 흐를 때에는 낮은 곳으로 흘러가면서도 굽은 각도에 맞추어 반드시 그 이치를 따르니 이러한 품성은 '의(義)'와 같고, 그 성대(盛大)함이 다할 때가 없으니 이러한 품성은 '도(道)'와 같으며, 여러 곳을 흘러가며 가령 백 길이나 되는 골짜기를 돌아 흘러가면서도 두려워하지 않으니 이러한 품성은 '용(勇)'과 같고, 일정한 수량(水量)을 주입하면서도 자신의 본성은 평균을 이루니 이러한 품성은 '법(法)'과 같으며, 아무리 가득 차더라도 평평하게 해주기를 요구하지 않으니 이러한 품성은 '정(正)'과 같고, 본성이 유약하지만 오히려 아무리 작은 곳이라도 모두 도달할 수 있으니 이러한 품성은 '찰(察)'과 같으며, 발원(發源)한 이후 반드시 동쪽으로만 흘러가니 이러한 품성은 '지(志)'와 같은 것이다. 나아가기도 하고 들어가기도 하여 만물이 그가 나아가는 바에 따라 깨끗하게 되니 이러한 품성은 교화(敎化)를 잘하는 것과 같다. 물이 덕성이 이와 같기 때문에 군자가 물을 보면 반드시 자세히 관찰하는 것이다."

原文

孔子觀於東流之水. 子貢問曰: "君子所見大水必觀焉, 何也?" 孔子曰[1]: "以其不息, 且遍與諸生[2]而不爲也. 夫水似乎德: 其流也, 則卑下, 倨拘必修其理似義, 此似義[3]; 浩浩[4]乎無屈盡[5]之期, 此似道; 流行赴百仞之溪而不懼, 此似勇; 至量必平之, 此似法; 盛而不求概[6], 此似正; 綽約[7]微達, 此似察; 發源必東, 此似志; 以出以入, 萬物就以化絜, 此似善化也. 水之德有若此, 是故君子見必觀焉."

注釋

1) 孔子曰: 원래는 "孔子對曰"이라고 되어 있었고, 사고본에는 '對' 자가 없었는데, 고대의 언어 용법으로 짐작하건대 '對曰'은 아래 사람이 윗사람을 대할 때 사용하는 것이므로 여기서는 마땅히 '對' 자를 제거하는 것이 옳기 때문에 삭제하였다. 이 기록은 또 『순자(荀子)』「유좌(宥坐)」, 『설원(說苑)』「잡언(雜言)」에도 보인다. 2) 遍與諸生: 諸生은 각종 생물이다. 왕숙의 주에, "편여재생(遍與諸生)이라는 것은 사물이 물을 얻은 후에 생겨나는 것이지 물은 생물에 간여하지도 않고 또 작위하지도 않는다."고 했다. 3) 倨拘必修其理, 此似義: 구(拘)는 원래 '邑'으로 되어 있었는데 비요본과 동문

본에 근거하여 고쳤다. 거구(倨拘)는 '거구(倨句)'라고도 하는데 기물(器物)이 굽어 있는 모양의 각도를 의미한다. 굽은 각도가 비교적 작은 것을 거(倨), 그 정도가 큰 것을 구(拘)라고 부른다. 수(修)는 좇다, 따르다. 4) **浩浩**: 물이 성대(盛大)한 모습. 5) **屈盡**: 다하다. 6) **概**: 곡식을 되나 말에 채울 때 평평하게 하는데 사용하는 목판. 곡식을 말에 넣을 때 넘치지 않도록 평평하게 깎는다. 여기서 刮平이나 修平의 뜻은 넘치지 않도록 한다는 의미이다. 7) **綽約**: 유약(柔弱)한 모양.

9-6

자공이 노나라 태묘(太廟)의 북당(北堂)을 참관하고 나와 공자에게 물었다. "조금 전에 제가 태묘의 북당을 참관하면서 막 끝내려는 때에 북쪽의 문을 돌아다보았더니, 모두가 끊어진 나무를 사용하여 완성한 것이었습니다. 그렇게 한 것은 무슨 도리가 있기 때문입니까? 공장(工匠)이 잘못해서입니까?" 공자가 말하였다. "태묘의 청당(廳堂)을 지을 때에는 관부(官府)에서 기술이 뛰어난 공장(工匠)과 잘하는 목수만 찾아 구해 썼을 것이고, 공장은 좋은 목재를 찾아 구해 힘과 기교를 다하였을 것이고 이는 오래도록 보존하기 위함을 구하였을 터이니, 그렇게 한 것에는 반드시 일정한 도리가 있을 것이다."

原文

子貢觀於魯廟之北堂, 出而問於孔子曰: "向[1]也賜觀於太廟之堂, 未旣輟[2], 還瞻北蓋, 皆斷焉[3], 彼將有說[4]耶? 匠過之也?" 孔子曰: "太廟之堂, 官致[5]良工之匠, 匠致良材, 盡其功巧, 蓋貴久矣. 尙有說也[6]."

注釋

1) **向**: 이전. 이 기록은 『순자(荀子)』「유좌(宥坐)」에도 보인다. 2) **철(輟)**: 왕숙의 주에, "철(輟)은 지(止)이다."고 했다. 3) **還瞻北蓋, 皆斷焉**: 왕숙의 주에, "북쪽의 문을

보았더니 단절되었다."고 했다. 4) 說: 도리(道理). 5) 官致: '官'이 원래는 '宮'으로 되어 있었으나, 사고본과 비요본 그리고 동문본에 근거하여 고쳤다. 致는 끌어들이다, 찾아구하다. 6) 尙有說也: 왕숙의 주에, "상(尙)은 '필(必)'과 같다. 반드시 일정한 도리가 있었음을 말한다."고 했다.

9-7

공자가 말하였다. "나는 부끄럽게 여길 일도 있고 천박하게 여길 일도 있으며, 위험하게 여길 일도 있다. 무릇 어려서 학문을 근면하게 하지 못하였고, 늙어서는 남을 가르칠 방법이 없으니 나는 이것을 부끄럽게 여긴다. 고향을 떠나 임금을 섬겨 현달한 지위에 있으면서 우연히 옛 친구를 만났을 때 옛날이야기를 논할 것이 없이 옛정을 잊고 있었으니 나는 이를 천박하게 여긴다. 소인과 섞여 있으면서 어진 사람을 친히 할 줄 모르니 나는 이를 위험하다고 여긴다."

原文

孔子曰: "吾有所耻[1], 有所鄙, 有所殆[2]. 夫幼而不能强學, 老而無以教, 吾恥之; 去其鄉, 事君而達, 卒遇故人, 曾無舊言[3], 吾鄙之; 與小人處而不能親賢, 吾殆之."

注釋

1) 恥: 원래는 '치(齒)'로 되어 있었으나 비요본, 진본(陳本), 『순자(荀子)』에는 '치(恥)'로 되어 있어서 여기서는 여러 책을 따라 고쳤다. 이 기록은 『순자』「유좌(宥坐)」에도 보인다. 2) 殆: 위험하다. 3) 事君而達, 卒遇故人, 曾無舊言: 졸(卒)은 갑자기, 우연히. '舊言'은 옛 일을 서술한 말. 왕숙의 주에, "임금을 섬겨 현달한 지위에 오르고 임금에게 신임을 받으며 옛 친구를 만났으면서 옛날이야기를 할 것이 없었으니 이는 평생의 오래된 친구를 버리고 더 나아갈 마음이 없는 것인가?" 하였다. 4) 與小人處而不能親賢, 吾殆之: 왕숙의 주에, "태(殆)는 위험하다. 어진 사람과 소원하고 소인을 가까이 하는 것은 위망(危亡)의 도(道)이다."고 했다.

9-8

자로(子路)가 공자에게 불려갔다. 공자가 물었다. "지혜 있는 자는 어떠해야 하고, 어진 자는 어떠해야 하느냐?" 자로가 대답하였다. "지혜 있는 자는 남으로 하여금 자신을 알도록 하고, 어진 자는 남으로 하여금 자신을 사랑하도록 합니다." 공자가 말하였다. "너는 선비[士]라고 할 수 있겠구나."

자로가 나오고 자공(子貢)이 들어갔다. 공자는 그에게 같은 문제를 물었다. 자공이 대답하였다. "지혜 있는 자는 남을 알아보고 어진 자는 남을 사랑합니다." 공자가 말하였다. "너 역시 선비라고 할 수 있겠구나."

자공이 나오고 안회(顏回)가 들어갔다. 공자는 그에게도 같은 문제를 물었다. 안회가 대답하였다. "지혜 있는 자는 자신을 알고 어진 자는 자신을 사랑합니다." 공자가 말하였다. "너는 선비 가운데 군자(君子)라고 할 수 있을 것이다."

原文

子路見於孔子[1). 孔子曰: "智者若何? 仁者若何?" 子路對曰: "智者使人知己, 仁者使人愛己."子曰: "可謂士矣."

子路出, 子貢入, 問亦如之. 子貢對曰: "智者知人, 仁者愛人." 子曰: "可謂士矣."

子貢出, 顏回入, 問亦如之. 對曰: "智者自知, 仁者自愛." 子曰: "可謂士君子矣."

注釋

1) 이 기록은 『순자』「자도(子道)」에도 보인다.

9-9

자공(子貢)이 공자에게 물었다. "자식으로서 아버지의 명령에 순종하는 것은 효순(孝順)이고, 신하로서 임금의 명령에 순종하는 것은 충정(忠貞)입니다. 어찌 의심할 것이 있습니까?" 공자가 말하였다. "너무 천박하구나, 단목사(端木賜)야! 네가 아직 모르는구나. 옛날 성명(聖明)한 임금이 다스리는 만승(萬乘)의 나라에는 간쟁하는 신하가 일곱 사람만 있으면 임금이 잘못한 거동이 있을 수 없고, 천승(千乘)의 제후국에 간쟁하는 신하가 다섯 사람만 있으면 사직이 위태롭지 않으며, 백승(百乘)의 대부 집안에 간쟁하는 신하가 세 사람만 있으면 봉록이나 작위가 없어지거나 바뀌게 될 수 없고, 아버지에게 감히 간하는 자식이 있으면 무례한 지경에 빠지지 않으며, 사인(士人)에게 간하는 친구가 있으면 불의한 일을 행하지 않을 것이다. 때문에 자식으로서 아비의 명령을 순종한다고 해서 어찌 효순이라 할 것이며, 신하로서 임금의 명령을 순종한다고 해서 어찌 충정이라고 하겠느냐? 자신이 순종해야 하는 도리를 분명하게 잘 살필 수 있어야 비로소 진정한 효순이요, 진정한 충정이라 할 것이다."

原文

子貢問於孔子曰: "子從父命, 孝乎[1]; 臣從君命, 貞乎. 奚疑焉?." 孔子曰: "鄙哉賜! 汝不識也. 昔者明王萬乘之國, 有爭臣七人, 則主無過擧[2]; 千乘之國, 有爭臣五人[3], 則社稷不危也; 百乘之家, 有爭臣三人[4], 則祿位不替[5]; 父有爭子, 不陷無禮; 士有爭友, 不行不義[6]. 故子從父命, 奚詎[7]爲孝? 臣從君命, 奚詎爲貞? 夫能審其所從[8], 之謂孝, 之謂貞矣."

注釋

1) **孝乎**: 원래는 '乎' 자가 없었으나 동문본에 근거하여 보완하였다. 이 기록은 『순자』 「자도(子道)」에 보인다. 2) **萬乘之國, 有爭臣七人, 則主無過擧**: 왕숙의 주에, "천자에게는 삼공(三公)과 사보(四輔)가 있는데 간쟁을 주관함으로 잘못을 구한다. 사보(四輔)란 전(前)을 의(疑), 후(後)를 승(丞), 좌(左)를 보(輔), 우(右)를 필(弼)이라 한다."고 했다. 쟁신(爭臣)이란 직언으로 군주에게 간(諫)하여 군주의 과실을 바로잡도록

권하는 대신을 가리킨다. 정(爭)은 '쟁(諍)'과 같다. 『설원(說苑)』「신술(臣術)」에, "군주에게 직언하여 받아들이면 남고, 받아들이지 않으면 떠나는 것을 간(諫)이라 하고, 받아들이면 살고, 받아들이지 않으면 죽는 것을 쟁(諍)이라 한다."고 했다. 3) **千乘之國, 有爭臣五人**: 왕숙의 주에, "제후에게는 삼경(三卿)이 있는데, 고굉지신(股肱之臣)으로 내, 외가 있기 때문에 5인이 있다고 하였다."고 했다. 4) **百乘之家, 有爭臣三人**: 왕숙의 주에, "대부의 신하로 실로(室老), 가상(家相), 읍재(邑宰) 세 사람이 있어 의(義)로써 간쟁(諫諍)하였다."고 했다. 5) **替**: 폐기하다, 없애다, 대신하다. 6) **士有爭友, 不行不義**: 왕숙의 주에, "사(士)에게 비록 신하가 있지만, 지위가 낮고 보잘것없어 의(義)로써 그 임금을 바로잡을 수 없었기 때문에 모름지기 붕우(朋友)의 간쟁을 자신에게 한 연후에야 불의한 일을 행할 수 없었다."고 했다. 7) 해거(奚詎): 어찌, 설마. 8) **審其所從**: 왕숙의 주에, "따라야 할 것을 상세히 살핀다."고 했다.

9-10

자로(子路)가 화려한 복장을 입고 공자를 뵈었다. 공자가 말하였다. "중유(仲由)야! 네 얼굴빛이 오만한데 무엇 때문이냐? 무릇 장강(長江)은 민산(泯山)에서 발원하는데 그 근원의 물은 겨우 술잔을 띄울 정도이지만, 강변의 나루터가 있는 곳에 흘러 이르면 작은 배를 합치거나 큰 바람을 피하지 않고서는 사람들이 건널 수가 없다. 단지 하류의 물이 많아지는 까닭만은 아니다. 지금 네가 화려한 옷을 입고 얼굴빛을 오만하게 하고 있으니 천하의 누가 기꺼이 너의 잘못을 네게 말하려 하겠느냐?"

자로는 뛰어 나가 옷을 갈아입고 들어갔는데 그 표정이 태연하였다. 공자가 말하였다. "중유야! 기억해 두어라. 내 너에게 말해 주마. 말을 가지고 뽐내는 자는 화려하지만 내용이 없고, 행위를 오만하게 하는 자는 스스로 자랑하여 겉으로 보기에 매우 총명하고 능력이 있는 것 같지만 대체로 소인(小人)이다. 때문에 군자(君子)가 아는 것을 안다고 말하는 것은 말의 요령이고, 할 수 없는 것을 할 수 없다고 하는 것은 행위의 최고 준칙이다. 말이 요령에 맞는 것은 명지(明智)이고, 행위가 최고 준칙에 맞는 것은 인애(仁

愛)이다. 인애하고 명지하다면 어찌 부족함이 있겠느냐?"

原文

子路盛服見於孔子[1]. 子曰: "由, 是倨倨[2]者, 何也? 夫江始出於岷山[3], 其源可以濫觴[4]; 及其至於江津[5], 不舫舟[6], 不避風, 則不可以涉. 非唯下流水多耶. 今爾衣服旣盛, 顔色充盈[7], 天下且孰肯以非告汝乎?"

子路趨[8]而出, 改服而入, 蓋自若也. 子曰: "由, 志之! 吾告汝: 奮於言者華[9], 奮於行者伐[10], 夫色智而有能者, 小人也. 故君子知之曰智[11], 言之要也; 不能曰不能, 行之至也. 言要則智, 行至則仁. 旣仁且智, 惡不足哉!"

注釋

1) **盛服**: 화려한 의복을 잘 갖추어 입음. 이 기록은 『순자(荀子)』「자도(子道)」, 『한시외전(韓詩外傳)』권3, 『설원(說苑)』「잡언(雜言)」에도 보인다. 2) **거거(倨倨)**: 생각이 없이 얼굴빛이 오만한 모양. 3) **岷山**: 지금의 사천성 송번(松潘) 북쪽에 있다. 옛날 사람들은 민산(岷山)을 장강의 발원지라 여겼다. 『상서(尚書)』「우공(禹貢)」에, "민산이 장강을 이끈다."고 했다. 실제로 민산은 민강과 가릉강(嘉陵江)의 발원지이다. 4) **남상(濫觴)**: 술잔을 띄우는 것. 일의 시작을 비유한다. 상(觴)은 술잔. 왕숙의 주에, "상(觴)은 술을 담을 수 있는데, 그 미(微)함을 말한다."고 했다. 5) **江津**: 강변의 나루터. 6) **舫舟**: 두 척의 작은 배를 합쳐 사람을 실음. 7) **充盈**: 자만(自滿)하다, 교만하고 거만하다. 8) **趨**: 『설문(說文)』에, "주(走)이다."고 했다. 살피건대, 빨리 행하는 것을 추(趨)라 하고, 빨리 추(趨)하는 것을 주(走)라 한다. 9) **奮於言者華**: 왕숙의 주에, "말을 가지고 스스로 뽐내는 자는 화려하지만 내용이 없다."고 했다. 10) **奮於行者伐**: 벌(伐)은 자화자찬하다, 자기 자랑을 하다. 왕숙의 주에, "행동을 가지고 스스로 뽐내는 자를 '자화자찬[自伐]'이라고 한다."고 했다. 11) **知**: 알다. 원래는 '지(智)'로 되어 있었는데 동문본에 근거하여 고쳤다.

9-11

자로가 공자에게 물었다. "여기에 한 사람이 있는데 재주를 지니고 밖으로 드러내지 않는 것이 마치 조잡한 포의를 입고 있으면서 오히려 보옥(寶玉)을 품고 있는 것처럼 이렇게 하는 것은 어떻습니까?" 공자가 말하였다. "나라의 정치가 어둡고 혼란하면 은거(隱居)하는 것이 가(可)하고, 나라의 정치가 밝으면 조정에 나가 벼슬하여 자기의 인덕(仁德)의 이상을 실현해야 한다."

原文

子路問於孔子曰: "有人於此, 披褐而懷玉[1], 何如?" 子曰: "國無道, 隱之可也; 國有道, 則袞冕而執玉[2]."

原文

1) **披褐而懷玉**: 왕숙의 주에, "갈(褐)은 모포(毛布)로 만든 옷이다."고 했다. 갈(褐)은 조잡한 포(布)이거나 혹 조잡한 포의(布衣)를 가리킨다. 가장 일찍이 갈(葛)이나 짐승 털을 사용했으나, 후에 와서 통상 대마(大麻)나 짐승 털을 대충 가공하여 만든 것을 지칭하였는데, 옛날에는 빈천한 사람이 입었다. 회옥(懷玉)이란 인덕(仁德)을 품고 있는 것을 이른다. 『노자』에, "나를 알아주는 자가 드물면 나는 귀하게 되니, 이 때문에 성인은 갈옷을 입고도 (고귀한) 옥을 품었다는 것이다[知我者希, 則我者貴, 是以聖人披褐懷玉]."라 했다. 피(披)는 사고본에 '피(被)'로 되어 있다. 2) **袞冕而執玉**: 왕숙의 주에, "곤면(袞冕)은 무늬가 있는 화려한 장식이 있다."고 했다. 곤면(袞冕)은 곤의(袞衣)와 면(冕)으로서 고대의 제왕이나 상공(上公)의 예복과 예관(禮冠)으로서 조정에 입사(入仕)하는 것을 가리키는 뜻으로 차용되었다. 집옥(執玉)은 옥규(玉圭)를 손에 쥔 것을 말하는데, 고대에는 각기 다른 모양의 옥규로써 작위를 구분하였으므로 '집옥(執玉)'이라 함은 사환(仕宦)을 대신 칭하는 것이었다.

10 호생好生

序說

이 편은 모두 18장(章)으로 구성되어 있는데, 주로 공자가 고대의 역사적 사실에 대한 평론을 기록함으로써 공자의 정치사상을 설명하고 있다. 첫 문장에서 순(舜)의 임금 됨을 이야기하면서 "그의 정치는 살리기를 좋아하고 죽이기를 미워한다.[其政好生而惡殺]"고 했으므로 '호생(好生)'을 편명으로 한 것이다.

이 편은 유가의 육경(六經) 가운데 『주역(周易)』, 『춘추(春秋)』, 『시경(詩經)』 등을 언급하고 있어서 공자와 육경의 관계를 연구하는데 중요한 증거를 제공하고 있다. 예를 들면, 공자와 『주역』의 관계는 중국 학술사의 커다란 문제이다. 장사(長沙) 마왕퇴백서(馬王堆帛書), 곽점초간(郭店楚簡), 상해박물관죽간(上海博物館竹簡) 등 간백(簡帛)이 끊임없이 발굴되면서 공자와 『주역』의 밀접한 관계가 점점 더 많이 증명되고 있다. 이 편의 "공자는 항상 스스로 점을 친다.[孔子常自筮其卦]"라는 문장에서 공자는 직접 점을 쳤음을 알 수 있고, 나아가 『주역』 괘상(卦象)의 명확한 증거에 대하여 말하였다. 이 편에서 『시』를 인용한 부분과 이를 논한 곳이 모두 여섯 군데인데, 그 내용이 모두 『모시(毛詩)』에 보인다. 이 편의 "자질구레한 작은 일에 대한 변론은 대의(大義)를 해치고, 큰 뜻과 무관한 말은 대도(大道)를 파괴한다.[小辯害義, 小言破道]"고 한 부분에서 공자는 「관저(關雎)」와 「녹명(鹿鳴)」 두 편에 군자의 의(義)가 있음을 평론하고 있고, 또 기타 문헌과 서로 증거할 수 있다고 하였다. 예컨대 『공총자(孔叢子)』「기문(記問)」편에는 공자가 『시』를 논하면서 "「녹명」편에는 군신 간의 예(禮)가 있음이 보인다."고 말한 내용을 싣고 있다. 공자와 『춘추』와의 관계에 관련하여서는 이 편의 '공자독사(孔子讀史)' 라는 구절에 명확하고 구체적으로 드러나 있다. 공자는 초 장왕(楚莊王)이 진(陳)나라의 정권을 회복시킨 사실에 대하여 크게 칭찬함으로써 공자의 "군주는 군주다워야 하고, 신하는 신하다워야 한다[君君, 臣臣]"고 하는 정치사상을 분명하고 구체적으로 드러내고 있다.

공자는 고대 선왕(先王)의 우수한 사상문화를 계승하면서 "요와 순을 조술하고 문왕과 무왕을 헌장[祖述堯舜, 憲章文武]"하였으며 주공(周公)을 따랐다. 이 편에서는 제일 먼저 공자가 평론한 순 임금의 호생지덕(好生之德)을 언급하면서 순의 정치적 공적과 덕행을 크게 칭찬하였다. 이 편에는 그밖에도 비교적 긴 내용으로 주족(周族)의 기원과 천사(遷徙), 굴기(崛起)의 과정을 서술하고, 후직(后稷), 공유(公劉) 등의 인덕(仁德)에 대하여 매우 높은 평가를 하였다. 이 외에도 문장 가운데 「빈풍(豳風) · 치효(鴟鴞)」시를 언급하면서 주공의 역사적 공적에 대하여 매우 높은 평가를 하였다.

공자의 사상적 변화와 발전을 종합하여 보면 말년에 이르러 그는 『주역』에 대하여 특별히 깊은 흥미를 가졌고, 심성지학(心性之學)과 천도관(天道觀)에 대하여 독자적인 확실한 이해를 가졌다. 주의할 만한 것은 이 편에서 공자가 이야기한 심성지학인 "군자는 자기 마음으로 귀와 눈을 인도함[君子以心導耳目]"을 언급하고 있다는 것이다. 그리고 공자의 손자 자사(子思)가 특히 심성지학의 탐구에 능했는데 곽점초간(郭店楚簡)의 「성자명출(性自命出)」편은 자사가 심성(心性)을 논한 전문적인 문장이고, 「오행(五行)」편은 곧 심성이 천도(天道)에 통달한다는 구체적인 표현이다. 「오행」편에는 이 「호생(好生)」편의 "君子以心導耳目"과 서로 비슷한 논술이 있다. 공자가 순(舜)의 호생지덕(好生之德)에 대하여 크게 칭찬한 것과 『주역』에 대한 연구는 모두 공자의 천도(天道)에 대한 깊은 이해를 분명하게 나타낸다.

이 편의 자료는 풍부하고 그 가치는 자연히 많은 방면에 드러나 있다. 공자사상의 유래를 연구하는 것 이외에도 공자와 육경(六經)의 관계에 대한 연구, 공자 본인의 위정(爲政) 방식과 그 사상적 풍모에 대한 내용도 전개되고 있다. 예컨대 "공자가 노나라 사구(司寇)가 되어 안건을 심의함[孔子爲魯司寇, 斷獄訟]"이라는 문장에서 공자가 많은 사람들의 의견을 듣기를 좋아하였고 자기마음대로 행하지 않았음을 구체적으로 나타내고 있고, "애공(哀公)이 '각종 예제(禮制)에 사용하는 큰 띠와 검은 모자[委貌], 장보(章甫) 등 의관(衣冠)이 인정(仁政)에 유익합니까?'라고 물은[哀公問曰, 紳委章甫有益於仁乎]" 문장에서는 공자가 겉의 옷차림과 내심의 느낌 사이의 관계에 대한 이해를 표현하였다. 이러한 내용 등 그 사례가 많다.

이 편에 실려 있는 내용은 『순자(荀子)』, 『여씨춘추(呂氏春秋)』, 『예기(禮記)』, 『설원(說苑)』 등에도 보이는데, 특히 『설원』에 많이 보인다.

10-1

노(魯)나라 애공(哀公)이 공자에게 물었다. "옛날에 순(舜)임금이 썼던 관(冠)은 무슨 관이었습니까?" 공자가 대답하지 않았다.

애공이 말하였다. "내가 그대에게 물었는데 그대가 말하지 않은 것은 무슨 까닭이오?"

공자가 대답하였다. "임금께서 물으신 것이 중요한 것으로 먼저 시작을 하지 않으셨기 때문에 방금 어떻게 대답해야 할지를 생각하고 있는 중입니다."

애공이 물었다. "중요한 문제라는 무엇입니까?"

공자가 말하였다. "순이 임금이 되었을 때 정치를 함에 있어서 살리기를 좋아하고 죽이는 것을 싫어하며, 관직을 임명하는데 있어서 어진 사람을 쓰고 불초(不肖)한 자는 내치고 쓰지 않았습니다. 덕행을 천지와 같이 시행하고도 고요하고 비어있는 듯 하였고, 교화는 사시(四時)가 교체하듯 만물을 자라게 하였습니다. 따라서 천하의 사람들이 모두 순의 교화를 받아들였고, 아울러 사방의 이족(異族)에게도 통달하였으며, 봉황이 날아들고 기린이 찾아오며 새와 짐승들조차도 덕화(德化)에 순종하였습니다. 이 같은 현상이 나타난 것은 다름이 아니고 순임금은 백성들을 애석하게 여겼기 때문입니다. 임금께서 이러한 도리를 버리고 관면(冠冕)과 같은 작은 일을 물으시기에 대답을 늦게 했던 것입니다."

原文

魯哀公問於孔子曰: "昔者舜冠何冠乎?" 孔子不對.

公曰: "寡人有問於子, 而子無言, 何也?"

對曰: "以君之問不先其大者, 故方思所以爲對."

公曰: "其大何乎?"

孔子曰: "舜之爲君也, 其政好生而惡殺, 其任授賢而替不肖, 德若天地而靜虛, 化若四時而變物, 是以四海承風, 暢於異類[1], 鳳翔麟至, 鳥獸馴[2]德, 無他也, 好生故也. 君舍此道, 而冠冕是問, 是以緩對."

注釋

1) 異類: 왕숙의 주에, "異類는 사방의 이적(夷狄)이다."고 했다. 이 기록은 『순자』「애공(哀公)」에도 보인다. 2) 馴: 왕숙의 주에, "馴은 순(順)이다."고 했다.

10-2

공자가 사서(史書)를 읽다가 초(楚)나라가 진(陳)나라 정권을 회복시켰다는 구절에 이르렀을 때 감탄하여 말하였다. "초나라 장왕(莊王)은 정말 현명하도다! 천승의 나라를 차지함을 가볍게 여기고, 한 마디 말의 믿음을 중히 여겼도다. 신숙시(申叔時)의 믿음을 지키려는 것이 없었더라면 초나라 장왕이 도의를 실행할 수가 없었을 것이고, 초나라 장왕의 현명함이 없었더라면 신숙시의 간(諫)함을 받아들일 수 없었을 것이다."

原文

孔子讀史, 至楚復陳[1], 喟然嘆曰: "賢哉楚王[2]! 輕千乘之國而重一言之信. 匪[3]申叔[4]之信, 不能達其義, 匪莊王之賢, 不能受其訓."

注釋

1) **楚復陳**: 왕숙의 주에, "진(陳)나라 하징서(夏徵舒)가 그 임금을 죽이자 초(楚)나라 장왕(莊王)이 이를 토벌하고 진나라를 취하였다. 그러나 신숙시(申叔時)가 간(諫)하자 장왕이 그의 의견을 좇아 진나라를 회복시켰다."고 했다. 하징서는 진나라 대부인데 진 영공(陳靈公)이 모욕하자 노하여 그를 살해하였다. 이 기록은 『좌전』 선공(宣公) 10년에도 보인다. 2) **楚王**: 초 장왕(楚莊王)을 가리킨다. 초 목왕(楚穆王)의 아들로써 춘추시대 초나라 국군(國君)이었다. 이름은 여(旅: 일명 呂, 侶라고도 한다)이고, 내정을 정돈하고 수리(水利)를 일으켰으며, 나라의 세력을 흥성시켰다. 일찍이 병사를 주나라 교외에 주둔시키고 사람을 파견하여 천자의 권위를 상징하는 구정(九鼎)의 무게를 알아본 적이 있으며, 전후하여 노(魯), 송(宋), 정(鄭), 진(陳)나라 등이 귀부(歸附)하였다. 춘추 5패(覇) 중의 하나이다. 3) **匪**: '非'와 같다. 아님, 아니다, 없다의 뜻. 4) **申叔**: 즉 신숙시(申叔時)로서 초나라 대부이다.

10-3

공자는 일찍이 스스로 점을 치다가 비(賁)괘가 나오자 얼굴빛이 엄숙해지면서 평화롭지 않은 얼굴빛을 지었다. 자장(子張)이 나서며 말하였다. "제[師]가 듣기에 점을 치다가 비괘를 얻으면 길상(吉祥)의 징조라 들었는데 선생님의 알굴빛이 평화롭지 않으니 무엇 때문입니까?" 공자가 말하였다. "거기에는 미리(迷離)의 뜻이 포함되었기 때문이다. 『주역(周易)』에 산 아래 불이 있는 것을 「비(賁)」괘라 하였으니, 색이 순정(純正)한 괘상(卦象)이 아니다. 본질로 말하자면, 흑색(黑色)과 백색(白色)은 당연히 순정한 색이다. 지금 내가 점을 쳐서 얻은 색이 얼룩진 괘상이니 길상의 조짐이 아닌 것이다. 내가 듣기에 붉은 칠은 무늬를 넣을 필요가 없고, 백옥(白玉)은 조각하지 않아도 된다고 하였다. 무엇 때문이겠느냐? 그 본질이 좋기 때문에 어떠한 꾸밈을 받을 필요가 없기 때문이다."

原文

孔子常自筮其卦[1], 得「賁」[2]焉, 愀然有不平之狀. 子張[3]進曰: "師聞卜者得「賁」卦, 吉也. 而夫子之色有不平, 何也?" 孔子對[4]曰: "以其离[5]耶. 在『周易』, 山下有火謂之「賁」[6], 非正色之卦也. 夫質也, 黑白宜正焉[7]. 今得賁[8], 非吾兆也. 吾聞丹漆不文, 白玉不雕, 何也? 質有餘, 不受飾故也."

注釋

1) **常自筮其卦**: '常'은 '상(嘗)'과 같다. 일찍이. 일반적으로 '늘[經常]'로 해석되지만 잘못이다. 『순자』「천론(天論)」의, "무릇 일월에 일식과 월식이 있고, 풍우는 시기가 없으며, 괴성이 나타나는 것은 세상에 없고 일찍이 없던 것이 있게 된 것이다[夫日月之有蝕, 風雨之不時, 怪星之黨見, 是無世而不常有之]."라는 구절에 대한 왕선겸(王先謙)의 집해(集解)에, "『군서치요(群書治要)』에 '常'은 '嘗'이라 하는 것이 옳다."라고 했다. 『사기』「고조본기(高祖本紀)」에는, "고조가 일찍이 함양에서 부역을 할 적에 이리저리 살펴보다가 진시황제를 보았다[高祖常繇咸陽, 縱觀, 觀秦皇帝]."라는 구절이 있다. 이 기록은 『여씨춘추』「일행(壹行)」, 『설원(說苑)』「반질(反質)」에도 보인다. 2) **「비(賁)」**: 괘(卦)의 이름이다. 『역(易)』64괘 가운데 하나이다. 괘상(卦象)은 '離下艮上'이다. 3) **子張**: 공자의 제자. 성은 전손(顓孫), 이름은 사(師), 자(字)는 자장(子張)이고, 진(陳)나라 사람이다. 4) **對**: 아래 사람이 위 사람의 물음에 답하는 것을 '對'라고 함으로 여기서는 마땅히 삭제해야 한다. 5) **離**: 모호하고 분명하지가 않다. 6) **山下有火謂之「賁」**: 왕숙의 주에, "'離下艮上'(원래 "離上艮下"라고 되어있으나 잘못되었다. 사고본에 근거하여 고쳤다)에서 '離'는 불[火], '艮'은 산(山)이다."고 했다. 금본(今本)『주역』

「비(賁)·상전(象傳)」에, "산 아래에 불이 있는 것이 비(賁)이다."고 했다. 7) **黑白宜正焉**: 사고본에는 "白宜正白, 黑宜正黑"으로 되어 있는데, 이는 『설원』의 문장과 가깝다. 8) **賁**: '반(斑)'과 같다. 색이 얼룩져서 순수하지 않다. 왕숙의 주에, "비(賁)는 식(飾)이다."고 했다. 『역』「비(賁)」에, "꾸밈이 윤택하다[賁如濡如]"고 한 구절에 대해 부씨(傅氏)는 "비는 고자(古字)로 '반(斑)'이며, 문장(문식, 꾸밈)의 모양이다[賁, 古斑字, 文章貌]."라고 했다.

10-4

공자가 말하였다. "나는 「감당(甘棠)」이라는 시를 통하여 종묘에 있는 사람들의 조상에 대한 지극한 경모(敬慕)의 정을 볼 수 있다. 그 사람을 생각하면 반드시 그가 머물렀던 적이 있는 나무까지 사랑하게 되며, 그 사람을 존경하면 반드시 그가 쉬어 간 자리까지 공경하게 되는데, 이는 도의(道義)에 맞는 것이다."

原文

孔子曰: "吾於「甘棠」[1], 見宗廟之敬[2]甚矣. 思其人, 必愛其樹; 尊其人, 必敬其位, 道也."

注釋

1) **「감당(甘棠)」**: 『시』「소남(召南)」중의 한 편이다. 왕숙의 주에, "소백(邵伯: 사고본에는 '邵'가 '召'로 되어 있다)이 감당(甘棠)에서 송사(訟事)를 처리하고 그 나무를 아껴 「감당」이라는 시를 지었다."고 했다. 감당(甘棠)은 북지콩배나무, 팥배나무라고도 칭하며 그 줄기가 크고 커서 고대에는 보통 사(社: 옛날에는 송사(訟事)를 처리하거나 시비를 판단하고 신(神)을 경배하는 곳) 앞에 심는데, 사목(社木)이라고도 한다. 전하는 바에 의하면, 소백(召伯)이 일찍이 사(社) 앞에서 송사와 옥사를 처리함에 공정무사(公正無私)하여 당시 사람들이 그에게 감격하여 이 시가를 불러 소백이 아끼던 사(社) 앞의 이 나무를 기렸다고 한다. 이 기록은 『설원(說苑)』「귀덕(貴德)」에도 보인다. 2) **敬**: 사고본과 동문본에는 이 뒤에 '也' 자가 있다.

10-5

자로(子路)가 군복(軍服)을 입고 공자를 만나 뵈면서, 칼을 뽑아 들고 춤을 추며 말하였다. "옛날의 군자도 칼을 사용하여 자신을 지켰습니까?" 공자가 말하였다. "옛날의 군자는 충성으로 특질을 삼고, 인애(仁愛)로써 자신을 지키는 것으로 삼으며, 방(房)을 나서지 않고서도 천리 밖의 사정을 알 수 있고, 자신을 좋게 대하지 않는 사람이 있으면 충성으로 그를 감화하였으며, 자신에게 침해(侵害)하여 포악하게 하는 사람을 인애로써 진정시켰다. 어찌 반드시 칼을 사용했겠느냐?" 자로가 말하였다. "제가 오늘 비로소 이러한 말씀을 들었으니 제가 다시 정중하게 예를 행하고 선생님을 스승으로 삼아 가르침을 받도록 허락해 주시기를 바랍니다."

原文

子路戎服[1]見於孔子, 拔劍而舞之, 曰: "古之君子, 以劍自衛乎?" 孔子曰: "古之君子, 忠以爲質, 仁以爲衛, 不出環堵[2]之室, 而知千里之外, 有不善則以忠化之, 侵暴則以仁固之, 何持劍乎?" 子路曰: "由乃今聞此言. 請攝齊以受教[3]."

注釋

1) **戎服**: 군복(軍服). 여기서는 군복을 입고 있다는 의미이다. 이 기록은 『설원(說苑)』「귀덕(貴德)」에도 보인다. 2) **도(堵)**: 담장[牆壁]. 3) **攝齊以受教**: 섭(攝)은 당기다, 제기하다. 자(齊)는 고대에 장의(長衣) 아랫단을 접어 꿰맨 부분을 가리켰는데, 후에 와서 넓은 의미로 장의의 아랫단을 가리켰다. 왕숙의 주에, "자(齊)는 치마 아랫단의 꿰맨 곳이다. 가르침을 받는 사람은 아랫단을 끌어당기며 대당(大堂)에 올랐다."고 했다. 『논어』「향당(鄕黨)」에, "옷자락을 잡고 당(堂)에 오르실 적에는 허리를 굽힌다[攝齊升堂, 鞠躬如也.]"고 한 구절에 대해 하안(何晏)의 『집해(集解)』에는 공안국(孔安國)의 말을 인용하여, "옷의 아랫단을 자(齊)라고 한다. 섭자(攝齊)란 옷을 당기는 것이다."고 했다.

10-6

초나라 공왕(恭王)이 사냥을 나갔다가 오호궁(烏嘷弓)을 잃어버렸다. 시종(侍從)들이 찾아오겠다고 청하자 공왕이 말하였다. "찾지 마라. 초나라 임금이 활을 잃어버리면 초나라 사람이 그것을 주울 것인데 어찌 찾을 필요가 있겠느냐?" 공자가 이 일을 듣고 말하였다. "애석하게도 초왕의 도량이 크지 않구나. '사람이 잃은 활을 사람이 주우면 그뿐이다'라고 말하지 아니하고 무엇 때문에 반드시 초나라 사람이라고 했을까?"

原文

楚王出遊, 亡烏嘷之弓[1], 左右請求之. 王曰: "止, 楚王失弓, 楚人得之, 又何求之!" 孔子聞之, 曰: 惜乎其不大也, 不曰人遺弓, 人得之而已, 何必楚也."

注釋

1) 楚恭王出遊, 亡烏嘷之弓: 왕숙의 주에, "양궁(良弓)의 이름이다. 총간본(叢刊本)의 왕숙의 주는 이 문장 끝에, "王은 공왕(恭王)이다. 궁(弓)은 오호(烏嘷)의 양궁이다"는 구절이 있지만, 여기서는 사고본에 근거하여 고쳤다)"고 했다. 초 공왕(楚恭王)은 원래 '恭' 자가 빠져 있었는데, 사고본과 동문본에 근거하여 보완하였다. 초 공왕은 이름이 심(審)이고 춘추시대 초나라의 국군(國君)으로 31년(B.C590-560)간 재위하였다. '烏嘷之' 석 자가 원래 빠져 있었는데, 사고본과 동문본에 근거하여 보완하였다. 이 기록은 『설원(說苑)』「지공(至公)」에도 보인다. 2) 曰: 이 글자가 원래는 빠져 있었는데 진본(陳本)에 근거하여 보완하였다.

10-7

공자가 노나라 사구(司寇)가 되어 안건을 심의할 때 의론에 참여할 많은 사람들을 초청하여 그들에게 자문하며 말하였다. "그대는 어떠하다고 생각하는가? 모모(某某)는 어떻게 생각하는가?" 모두가 견해를 말하면서 이렇다

저렇다 하고 난 연후에 공자는 말하였다. "모인(某人)의 건의를 따르는 것이 거의 옳은 것 같다."

原文

孔子爲魯司寇, 斷獄訟[1], 皆進衆議者而問之, 曰: "子以爲奚若? 某以爲何若?" 皆曰云云如是, 然後夫子曰: "當從某子, 幾是[2]."

注釋

1) **斷獄訟**: 단(斷)은 판결, 판죄(判罪). 옥송(獄訟)은 소송(訴訟)의 사정 혹 안건. 『주례』「지관(地官) · 대사도(大司徒)」에, "무릇 백성 중에 교화에 불복하고 옥송(獄訟)이 있으면 지역을 다스리는 사람이 듣고 판단하며 형(刑)에 처해야 할 자는 사(士)에게 처리하게 하였다.[凡萬民之不服教而有獄訟者, 與有地治者聽而斷之, 其附於刑者歸於士]"고 했다. 이에 대한 정현(鄭玄)의 주에, "죄를 다투는 것을 옥(獄)이라 하고, 재물을 다투는 것을 송(訟)이라 한다."고 했고, 가공언(賈公彥)의 소(疏)에, "옥송(獄訟)은 상대적인 것이기 때문에 옥(獄)은 죄를 다투는 것, 송(訟)은 재물을 다투는 것이다. 만약 옥송이 상대적인 것이 아니면 재물을 다투는 것 역시 옥(獄)이 된다."고 했다. 이 기록은 『설원(說苑)』「지공(至公)」에도 보인다. 2) **幾是**: 왕숙의 주에, "거의[近]이다. 옥사(獄事)를 중시하였기 때문에 많은 사람들과 의론한 것이다."고 했다.

10-8

공자가 칠조빙(漆雕憑)에게 물었다. "그대가 보기에 장문중(臧文仲), 무중(武仲) 그리고 유자용(孺子容) 이 세 대부 중에 누가 현인(賢人)이던가?" 칠조빙이 대답하였다. "장씨(牆氏)의 집에 점칠 때 사용하는 거북이가 있는데 그 이름을 채(蔡)라고 합니다. 문중(文仲)은 3년에 한 차례 그것을 사용하여 점을 쳤고, 무중(武仲)은 3년에 두 차례 점을 쳤으며, 유자용(孺子容)은 3년에 세 차례 점을 쳤습니다. 저는 이에 대하여는 자신의 견해가 있지만 세 사람 중 누가 더 어질고 누가 어질지 못한지는 감히 경솔하게 판단할 수가 없습니다." 공자가 말하였다. "칠조씨(漆雕氏)의 후대가 참으로 군자로다!

그가 다른 사람의 좋은 점을 말할 때에는 함축적으로 표현하면서도 뜻을 분명하게 하고, 다른 사람의 과실을 말할 때에는 자세하게 말하면서도 뜻을 숨기지 않았다. 지혜가 있으면서도 미칠 수 없고, 안목이 있으면서도 발견할 수 없는 사람이라면 누가 능히 이같이 하겠느냐?"

原文

孔子問漆雕憑[1]曰: "子事臧文仲、武仲及孺子容[2], 此三大夫孰賢?" 對曰: "臧氏家有守龜[3]焉, 名曰蔡. 文仲三年而爲一兆[4], 武仲三年而爲二兆, 孺子容三年而爲三兆. 憑從此之見, 若問三人之賢與不賢, 所未敢識也." 孔子曰: "君子哉, 漆雕氏之子! 其言人之美也, 隱而顯; 言人之過也, 微而著. 智而不能及, 明而不能見, 孰克如此[5]?"

注釋

1) **칠조빙(漆雕憑)**: 기타 선진(先秦) 고서(古書)에는 보이지 않는다. 『공자가어』「72제자해(七十二弟子解)」에는 공자의 세 제자인 칠조개(漆雕開), 칠조종(漆雕從), 칠조치(漆雕侈)를 언급하고 있는데 이곳의 기록은 잘못일 가능성이 있다. 문장의 의미로 보아 칠조빙은 공자의 제자일 가능성이 있다. 이 기록은 『설원(說苑)』「권모(權謀)」에도 보인다. 2) **事臧文仲、武仲及孺子容**: '事'는 당연히 '視'가 되어야 한다. 『묵자(墨子)』「비명(非命)중」에, "안으로 그 친척을 좋게 볼 수 없었다.[內之不能善視其親戚]"고 했고, 손이양(孫詒讓)의 『묵자간고(墨子間詁)』에는 필원(畢沅)의 말을 인용하여, "'事'를 어떤 책에는 '視'라고 했다."고 했다. 장문중(臧文仲)은 즉 장손진(臧孫辰)이다. 춘추시대 노나라의 대부이다. 무중(武仲)은 장손흘(臧孫紇)로써 문중(文仲)의 손자이다. 유자용(孺子容)은 그 이름이 선진(先秦)의 기타 고서에 기재된 것이 보이지 않는다. 혹 무중(武仲)의 후예일 수도 있다. 3) **守龜**: 천자와 제후 그리고 경대부들이 거북으로 점을 치는 것으로 양백준(楊伯峻)의『춘추좌전주(春秋左傳注)』소공(昭公) 5년에, "천자와 제후가 점칠 때 사용하는 거북을 수구(守龜)라 한다."고 했다. 4) **兆**: 본래의 뜻은 점을 친다는 것인데, 구갑(龜甲)을 불로 지져 갈라진 문양을 보고 이로써 길흉을 판단하였다. 여기서는 넓게 점복(占卜)을 가리킨다. 5) **智而不能及, 明而不能見, 孰克如此**: 왕숙의 주에, "극(克)은 능(能)이다. 마땅히 그와 같이 한다는 것이다."라고 했다. 『설원』「권모(權謀)」에는 이 절(節)의 최후 문장이 "智而不能及, 明不能見, 得無數

蓟乎"라고 되어 있다.

10-9

노나라의 공색씨(公索氏)가 제사를 지내려 하였는데 희생으로 쓰려던 가축을 잃어버렸다. 이 일을 듣고 공자가 말하였다. "공색씨는 2년이 못 가서 망하게 될 것이다." 1년이 지난 뒤에 공색씨는 과연 패망하였다. 공자의 제자들이 그에게 물었다. "종전에 공색씨가 제사에 사용할 희생을 잃어버렸을 때, 선생님께서 2년이 되지 않아 반드시 망한다고 말씀하셨습니다. 이제 1년이 지나 과연 패망하였으니 선생님께서는 무엇에 근거하여 이 같은 일이 반드시 발생할 것이라는 것을 아셨습니까?" 공자가 말하였다. "무릇 제사라는 것은 효자가 그 몸과 마음을 다해 직계 조상을 받드는 의식이다. 제사를 준비하면서 제물로 쓸 희생을 잃어버렸다면 그것 외에도 잃어버린 물건이 더욱 많았을 것이다. 이같이 하고도 멸망하지 않는 경우는 아직 없었다."

原文

魯公索氏將祭而亡其牲[1]. 孔子聞之, 曰: "公索氏不及二年將亡." 後一年而亡. 門人問曰: "昔公索氏亡其祭牲, 而夫子曰, 不及二年必亡, 今過期而亡, 夫子何以知其然[2]?" 孔子[3]曰: "夫祭者, 孝子所以自盡於其親. 將祭而亡其牲, 則其餘所亡者多矣. 若此而不亡者, 未之有也."

注釋

1) 牲: 제사에 바치거나 맹서와 식용으로 사용하는 가축. 여기서는 특히 제사에 희생으로 사용되는 가축을 가리킨다. 『주례』「지관(地官) · 여사(閭師)」에, "무릇 서민으로 가축을 기르지 않는 자는 제사에 희생을 사용하지 않는다.[凡庶民不畜者, 祭無牲]"고 했다. 『좌전』환공(桓公) 6년에, "축생(畜牲)을 이름으로 사용하지 않는다.[不以畜牲]"라는 구절에 대한 공영달(孔穎達)의 소(疏)에, "생(牲)은 가축인데, 기를 때는 축(蓄)

이라 하고, 제사에 바칠 때에는 생(牲)이라 한다."고 했다. 이 기록은 『설원(說苑)』「권모(權謀)」에도 보인다. 2) **而夫子曰......知其然**: 사고본과 동문본에는 "而夫子知其將亡, 何也"라고 했다. 3) **孔子**: 사고본과 동문본에는 이 두 글자가 없다.

10-10

우(虞)와 예(芮) 두 나라가 전지(田地) 쟁탈로 인해 송사(訟事)을 벌인지 몇 해가 되도록 결과가 없게 되자 서로 제의하였다. "서백(西伯)은 어진사람이라고 하니 어찌 그에게 가서 바르게 해달라고 청하지 않습니까?" 이리하여 그들은 서백이 직접 관할하는 지역에 들어가게 되었는데 밭갈이하는 사람들이 서로 밭두렁을 양보하고, 길 가는 사람들이 서로 길을 양보하는 것을 보았다. 서백의 조정에 들어갔을 때 사인(士人)은 서로 대부가 되기를 사양하고, 대부는 서로 경(卿)이 되기를 사양하는 것을 보았다. 우와 예 두 나라의 국군(國君)이 말하였다. "아! 우리들은 소인(小人)이로다. 어떻게 군자의 조당(朝堂)을 밟고 다닐 수 있겠는가?" 그리하여 각자 서로 양보하며 돌아갔고 모두가 서로 다투던 전지(田地)를 아무도 경작하지 않는 공한지(空閑地)로 여겼다. 공자가 말하였다. "이 사실로써 본다면 문왕(文王)의 도덕은 더 보탤 것이 없는 경지에 이르렀다. 명령을 내리지 않아도 백성이 순종하고, 교화를 행하지 않아도 백성들이 듣고 따르니 참으로 지고무상(至高無上)의 경지에 이르렀도다."

原文

虞、芮[1]二國爭田而訟, 連年不決. 乃相謂曰: "西伯仁也[2], 盍往質之[3]." 入其境, 則耕者讓畔[4], 行者讓路[5]; 入其朝, 士讓爲大夫, 大夫讓爲[6]卿. 虞、芮之君曰: "嘻! 吾儕[7]小人也, 不可以履君子之庭[8]." 遂[9]自相與而退, 咸以所爭之田爲閑田也[10]. 孔子曰: "以此觀之, 文王之道, 其不可加焉. 不令而從, 不教而聽, 至矣哉."

注釋

1) 우(虞)、예(芮): 주나라 초의 제후국. 우(虞)는 지금의 산서(山西) 평륙(平陸) 북쪽에 있었고, 예(芮)는 지금의 섬서(陝西) 대려(大荔) 조읍(朝邑)의 성 남쪽에 있었다. 이 기록은 『시』「대아(大雅) · 면(綿)」모전(毛傳), 『상서대전(尙書大傳)』, 『설원(說苑)』「군도(君道)」에도 보인다. 2) **西伯仁也**: 왕숙의 주에, "서백(西伯)은 문왕(文王)이다."고 했다. '仁' 자 뒤에 사고본과 동문본에는 '人' 자가 있다. 3) **盍往質之**: 왕숙의 주에, "합(盍)은 '어찌 아니[何不]'의 뜻이고, 질(質)은 정(正)이다."고 했다. 4) 반(**畔**): 밭의 경계. 5) **行者讓路**: 사고본과 동문본에는 이 뒤에 "入其邑, 男女異路, 斑白不提挈"이라는 구절이 있다. 6) **爲**: 원래는 '於'로 되어 있었으나 사고본과 동문본에 근거하여 고쳤다. 7) 제(**儕**): 동배(同輩), 동류(同類)의 사람. 왕숙의 주에, "제(儕)는 '등(等)'이다."고 했다. 8) **履君子之庭**: 원래는 "入君子之朝"라고 되어 있었으나 여기서는 사고본과 동문본에 근거하여 고쳤다. 9) 수(**遂**): 원래는 '遠'으로 되어 있었으나 사고본과 비요본(備要本), 동문본에 근거하여 고쳤다. 10) **也**: 사고본과 동문본에는 '의(矣)'로 되어 있다.

10-11

증자(曾子)가 말하였다. "지나치게 친근하게 하면 서로 깔보게 되고, 지나치게 장중(莊重)하게 하면 서로 친해질 수 없다. 이런 까닭으로 군자는 친근하기를 다만 친구를 맺어 상대방이 즐거워하는 마음을 얻는 것으로 충분하고, 장중하기는 다만 예의를 갖추는 것으로 충분하다." 공자가 이 말을 듣고 말하였다. "너희들은 이 말을 기록해 두어라. 누가 증삼(曾參)을 두고 예제(禮制)를 모른다고 말하겠느냐?"

原文

曾子曰: "狎[1]甚則相簡[2], 莊甚則不親. 是故君子之狎足以交歡, 其莊足以成禮." 孔子聞斯言也, 曰: "二三子志之, 孰謂參也不知禮乎[3]!"

注釋

1) 압(狎): 친근하다, 접근하다. 이 기록은 『설원(說苑)』「담총(談叢)」에도 보인다. 2) **簡**: 깔보다, 태만하다. 3) **孰謂參也不知禮乎**: 사고본과 동문본에는 "孰爲參也不知禮也"라고 되어 있다.

10-12

애공(哀公)이 물었다. "각종 예제(禮制)에 사용하는 큰 띠[紳]와 검은 모자[委貌], 장보(章甫) 등 의관(衣冠)이 인정(仁政)에 유익합니까?" 공자가 갑자기 얼굴빛이 변하며 대답하였다. "임금께서 어찌 이같이 묻는 것입니까? 상복(喪服)을 입고 상장(喪杖)을 짚은 사람이 음악에 마음을 두지 않는 것은 귀가 들리지 않아서가 아니라 입고 있는 상복이 그렇게 하도록 하는 것이고, 화려한 예복을 입고 면류관을 쓴 사람이 용모와 행동거지가 장중(莊重)한 것은 그 본성이 긍지와 장엄함을 나타내기 좋아해서가 아니라 입고 있는 예복이 그렇게 하도록 한 것이며, 갑옷을 입고 병기(兵器)를 손에 쥔 사람이 조금도 물러서거나 겁을 먹은 모양이 없는 것은 그 자신이 순수하고 용맹하여서가 아니라 입고 있는 군복(軍服)이 그렇게 하도록 한 것입니다. 또 제가 듣건대 장사를 잘하는 사람은 본전을 깎아 먹지 않고, 장자(長者)는 장사를 할 수 없다고 합니다. 제가 가만히 생각하니 유익한지 무익한지 군자는 이러한 것으로써 알게 되는 것입니다."

原文

哀公問曰: "紳、委、章甫[1], 有益於仁乎?" 孔子作色而對曰: "君胡然焉? 衰麻苴杖[2]者, 志不存乎樂, 非耳弗聞, 服使然也; 黼黻袞冕[3]者, 容不褻慢[4], 非性矜莊, 服使然也; 介胄執戈者, 無退懦之氣, 非體純猛, 服使然也. 且臣聞之, 好肆不守折[5], 而長者不爲市[6]. 竊[7]夫其有益與無益, 君子所以知."

▌注釋

1) 紳、委、章甫: 왕숙의 주에, "위(委)는 위모(委貌). 장보(章甫)는 관(冠)의 이름이다."고 했다. 신(紳)은 고대 사대부들이 허리를 묶는데 사용되는 것으로 일두하수(一頭下垂)의 넓은 허리띠이다. 위모(委貌)는 주대(周代)의 관(冠)이고, 장보(章甫)는 상대(商代)의 관의 일종으로 후일 유자(儒者)의 관을 칭하게 되었다. 이 기록은 『순자』「애공(哀公)」에도 보인다. 2) 衰麻苴杖: 최마(衰麻)는 고대의 상복(喪服)으로 거친 마포로 만들었고, 가슴 앞을 드러내고 머리와 허리부분을 둘둘 감게 했다. 저장(苴杖)은 고대 효자가 부친 상(喪) 중에 사용하던 죽장(竹杖)으로 곡상봉(哭喪棒)이라고도 불렀다. 3) 黼黻衮冕: 보불(黼黻)은 고대 예복에 수놓았던 무늬. 널리 꽃무늬와 문채(文采)가 있는 것을 가리키기도 한다. 곤면(衮冕)은 곤의(衮衣)와 면류관[冕]으로 고대 제왕과 상공(上公)의 예복(禮服)과 예관(禮冠). 불(黻)이 사고본과 동문본에는 '불(紱)'로 되어 있다. 4) 설만(褻慢): 행동거지가 장중하지 못하다. 설(褻)이 원래는 '襲'으로 되어 있었는데 사고본과 동문본에 근거하여 고쳤다. 5) 好肆不守折: 왕숙의 주에, "시장에서는 싸게 팔수가 없고, 장사를 잘하는 사람은 본전을 깎아 먹지 않는다."고 했다. 사(肆)는 상업 활동을 가리킨다. 절(折)은 본전을 밑지다, 손해를 보다. 6) 長者不爲市: 왕숙의 주에, "장자(長者)가 해야 할 행동은 장사꾼이 되어 물건을 파는 일은 아니라는 것을 말한다."고 했다. 7) 절(竊): 왕숙의 주에, "절(竊)은 마땅히 찰(察)이라고 해야 한다."고 했지만 잘못이다. 절(竊)은 가만히 여기다.

▌10-13

공자가 자로(子路)에게 말하였다. "충후한 장자(長者)를 뵈었을 때에는 해야 할 말이 아직 끝나기 전이라면 비록 바람과 비가 몰아친다 해도 나는 자리를 떠나 집 안으로 들어갈 수 없다. 때문에 군자는 자기의 능력을 다하여 남을 공경하는 것이고 소인은 이와 반대로 한다."

▌原文

孔子謂子路曰: "見長者而不盡其辭[1], 雖有風雨, 吾不能入其門矣. 故君子以其所能敬人, 小人反是."

▌注釋

1) 盡其辭: 해야 할 말을 다함.

10-14

공자가 자로에게 말하였다. "군자는 자기 마음으로 귀와 눈을 인도하여 도의(道義)의 시행을 선양하여 용감함으로 여기고, 소인은 귀와 눈으로 자기 마음을 인도하여 불손함을 용감함으로 여긴다. 때문에 군자는 남에게 배척을 당했다 할지라도 원망하지 않으므로 그를 앞세워 솔선수범하게 하고 사람들로 하여금 그를 따라 하게 한다고 말한 것이다."

▌原文

孔子謂子路曰: "君子以心導耳目, 立義以爲勇; 小人以耳目導心, 不愻[1]以爲勇. 故曰退之而不怨, 先之斯可從已[2]."

▌注釋

1) 손(愻): '손(遜)'과 같다. 온순하다. 2) 退之而不怨 先之斯可從已: 왕숙의 주에, "남에게 배척당하여서도 원망하지 않는다면 그 사람을 앞세워 따르도록 해도 되며 스승으로 삼기에 족하다."고 했다.

10-15

공자가 말하였다. "군자는 세 가지 근심이 있다. 듣지 못한 지식이 있을 경우에는 듣지 못할까 근심하고, 이미 들은 것은 배우지 못할까 근심하고, 이미 배운 것이라면 능히 실행하지 못할까 근심하는 것이다. 좋은 품덕(品德)을 지니고 있어도 언어로 표현하지 못하면 군자는 이를 부끄러워하고, 언어로 분명하게 표현할 수 있더라도 실행하지 못한다면 군자는 이를 부끄러워하며, 노력하여 얻은 것을 다시 잃게 되면 군자는 이를 부끄러워하고,

땅이 남음이 있는데 백성이 부족하면 군자는 이를 부끄러워하며, 영도하는 백성의 수는 같은데 다른 사람이 얻은 공적이 자기의 수배(數倍)가 되면 군자는 이를 부끄러워한다."

原文

孔子曰: "君子有[1]三患. 未之聞, 患不得聞; 旣得聞之, 患弗得學; 旣得學之, 患弗能行. 有其德而無其言, 君子恥之; 有其言而無其行, 君子恥之; 旣得之, 而又失之, 君子恥之; 地有餘[2], 民不足, 君子恥之; 衆寡均而人功倍己焉, 君子恥之[3]."

注釋

1) **有**: 원래는 '有' 자가 없었는데, 사고본과 동문본에 근거하여 보완하였다. 이 기록은 『예기』「잡기(雜記)하」에도 보인다. 2) **여(餘)**: 사고본과 동문본에는 '而'로 되어 있다. 3) **衆寡均而人功倍己焉, 君子恥之**: 왕숙의 주에, "대체로 공업(功業)을 일으킬 적에 많고 적음이 남들과 같은데도 다른 사람이 얻은 공적이 자기의 몇 배(數倍)가 되기 때문에 이를 부끄러워한다."고 했다.

10-16

노나라의 어떤 사람이 독방에 거처하고 있었다. 이웃집에 사는 과부 한 사람 역시 독방에 거처하고 있었다. 어느 날 밤 폭풍우가 몰아쳐 과부의 집이 무너져 버리자 과부는 달려가 하룻밤 신세질 것을 부탁하였다. 노나라 사람은 자기의 방문을 잠그고 받아 주지 않았다. 과부는 창문을 통해 그에게 말하였다. "그대는 어찌 이렇게 어질지 못하게 내가 들어가지 못하도록 하는 것이요?" 노나라 사람이 말하였다. "내가 듣건대 남녀란 나이 육십에 이르지 않으면 함께 거처할 수 없다고 하였소. 이제 그대도 젊고 나 역시 젊기 때문에 내가 그대를 감히 들어오게 하지 못하는 것이오." 과부가 말하였다. "그대는 어찌 유하혜(柳下惠)처럼 그렇게 하지 못한단 말이요? 통금시간에 곽문(郭門)을 나가지 못한 여인을 품고 잤는데도 노나라 사람들이 그를 음란하다고 하지 않았소." 노나라 사람이 말하였다. "유하혜는 그렇게 할 수 있었지만 나는 그렇게 할 수 없소. 나는 내가 할 수 없는 일을 가지고 유하혜가 할 수 있었던 일을 본받고자 하오." 공자가 이 일을 듣고 말하였다. "훌륭하도다! 유하혜를 배우고자 하는 사람으로서 이같이 한 사람은 아직 없었다. 지극한 선(善)의 경지를 추구하면서 맹목적으로 이전 사람이 하던 것을 따르지 않았으니 가히 지혜롭다 할 것이다."

原文

魯人有獨處室者, 鄰之釐[1]婦亦獨處一室. 夜, 暴風雨至, 釐婦室壞, 趨而托焉. 魯人閉戶而不納, 釐婦自牖[2]與之言: "何[3]不仁而不納我乎?" 魯人曰: "吾聞男女不六十不同居[4], 今子幼, 吾亦幼, 是以不敢納爾也." 婦人曰: "子何不如柳下惠[5]然? 嫗不逮門之女[6], 國人不稱其亂." 魯人曰: "柳下惠則可, 吾固不可. 吾將以吾之不可, 學柳下惠之可." 孔子聞之曰: "善哉! 欲學柳下惠者, 未有似於此者, 期於至善, 而不襲其爲, 可謂智乎!"

注釋

1) 리(釐): '리(嫠)'와 같다. 왕숙의 주에, "리(釐)는 寡婦이다."고 했다. 이 기록은 『시』「소아(小雅)·항백(巷伯)」의 모전(毛傳)에도 보인다. 2) 유(牖): 창문. 3) 何: 사고본과 동문본에는 이 앞에 '子' 자가 있다. 4) 男女不六十不同居: 사고본에는 "男子不六十不間居"라고 되어 있고, 동문본에는 "男女不六十不閑居"라고 되어 있다. 아마도 '同' 자가 잘못 '間' 자가 되고, 뒤에 와서 다시 '閑' 자로 잘못 되었을 것이다. 5) 柳下惠: 즉 전금(展禽)이다. 춘추시대 노나라 대부로서 공자보다 100여년 앞선 인물이다. 식읍이 유하(柳下: 지금의 山東 新泰)에 있었고, 사사롭게 시호를 혜(惠)라고 했기 때문에 이름이 되었다. 6) 嫗不逮門之女: 통금 때 곽문을 나가지 못한 여인을 품었다는 것이다. 구(嫗)는 구복(嫗伏) 즉 조류(鳥類)가 몸으로 알을 품어 부화(孵化)시키는 것. 전하기를 유하혜(柳下惠)가 밤에 곽문(郭門)에서 잘 때 어떤 여자가 통금시간에 곽문을 나가지 못하고 유하혜와 동숙(同宿)하였는데, 유하혜는 그 여자가 얼어서 잘못될

까봐 품에 안았으나 날이 새도록 음란한 짓을 하지 않았다고 한다.

10-17

공자가 말하였다. "자질구레한 작은 일에 대한 변론은 대의(大義)를 해치고, 큰 뜻과 무관한 말은 대도(大道)를 파괴한다. 「관저(關雎)」편은 새로써 흥(興)을 일으켰지만 군자가 이를 아름답다고 여긴 것은 자웅(雌雄)의 분별이 있었기 때문이고, 「녹명(鹿鳴)」편은 짐승으로서 흥을 일으켰지만 군자가 이를 매우 중요하다고 여긴 것은 사슴들이 먹을 것을 얻어 놓고 서로 불렀기 때문이다. 만일 이들 시(詩)를 새나 짐승을 이름으로 하였다고 혐오했다면 분명 통용되지 않았을 것이다."

原文

孔子曰: "小辯[1]害義, 小言[2]破道, 「關雎」興於鳥[3], 而君子美之, 取其雄雌之有別; 「鹿鳴」[4]興於獸, 而君子大之, 取其得食而相呼. 若以鳥獸之名嫌之, 固不可行也."

注釋

1) 小辯: 자질구레한 작은 일을 변론함. 『순자(荀子)』「비상(非相)」에, "사소한 일을 변론하는 것은 단서를 보이는 것만 못하고, 단서를 보이는 것은 본래 명분을 보이는 것만 못하다. 사소한 일을 변론하여 살피고, 단서를 보이며 밝히고, 본래 명분을 보여 이치를 삼는다.[小辯不如見端, 見端不如見本分. 小辯而察, 見端而明, 本分而理]"라는 구절에 대한 양경(楊倞)의 주에, "소변(小辯)이란 작은 일을 변론하는 것을 이른다."고 했다. 2) 小言: 대도(大道)에 맞지 않는 말. 『장자(莊子)』「제물론(齊物論)」에, "대언(大言)은 담담하지만 소언(小言)은 수다스럽다[大言炎炎, 小言詹詹]"라는 말에 대한 성현영(成玄英)의 소(疏)에, "유가와 묵가는 하찮은 말이니, 다투어 변론하는 데에 막혀 헛되이 말만 허비하니 교화에 무익하다[儒墨小言, 滯於競辯, 徒有詞費, 無益教方]."고 했다. 3) 「關雎」興於鳥: 「관저(關雎)」는 『시』「주남(周南)」의 첫 번째 편(篇). 관(關)은 '關關'으로 상성사(象聲詞)인데, 새가 우는 소리이다. 저(雎)는 즉 저구(雎鳩)인

데, 일종의 물새로서 속칭 물수리[魚鷹]라 한다. '興'은 일종의 문학의 작성 기법 즉 사물에 가탁하여 흥을 일으킴. 4) 「녹명(鹿鳴)」: 『시』「소아(小雅)」의 첫 번째 편(篇).

10-18

공자가 자로(子路)에게 말하였다. "군자(君子)가 만약 포악하고 오만불손하면 좋은 죽음[善終]을 얻을 수 없고, 소인(小人)이 포악하고 오만불손하면 형벌과 살육이 거듭 몰려올 것이다. 「빈(豳)」시(詩)에, '하늘이 흐려 비오기 전에 뽕나무 뿌리 벗겨다가 창문과 출입문 엮어 놓았네. 지금 나무 밑 사람들이 누가 감히 나를 모욕하겠는가?'라는 말이 있다."라고 하였다." 공자가 말하였다. "능히 나라 다스리기를 이와 같이 하면 비록 그를 모욕하고자 한들 어찌 그렇게 할 수 있겠는가? 주(周)나라는 후직(后稷)이래 덕행을 닦고 공적을 쌓아 작위와 토지를 갖게 되었으며, 공유(公劉)는 더욱 인의(仁義)를 추진하였다. 주 태공(太公) 단보(亶甫) 시기에 이르러 나아가 덕행과 예양(禮讓)으로 강화하였고, 그는 입국의 근본을 수립하고 먼 뒷일까지 준비하고 예견함이 있었다. 처음에 태왕(太王)이 빈(豳) 땅에 도읍을 세우자 적인(翟人)들이 침략하였다. 그들에게 모피(毛皮)와 포백(布帛)을 바쳤지만 침략을 면할 수는 없었고, 그들에게 주옥(珠玉)을 바쳤지만 침략을 면할 수 없었다. 그리하여 태왕은 기로(耆老)들을 모으고 그들에게 말하였다. '적인(翟人)들이 바라는 것은 우리들의 토지이다. 내가 듣건대 군자는 사람을 양육하는 토지를 위하여 백성들이 화(禍)를 입게 하지 않는다. 그대들은 어찌 임금 없는 것을 걱정하는가?' 그리하여 홀로 단지 태강(太姜)과 함께 떠나 양산(梁山)을 넘어 기산(岐山) 아래에 새로운 성읍을 건설하였다. 빈(豳) 땅의 사람들은 '백성에게 인덕(仁德)을 베푸는 군주를 잃을 수 없다.'고 말하며 마치 시장에 사람이 모여들 듯 그를 따라 갔다. 하늘이 주나라를 돕고 백성들이 은나라를 떠난 지는 이미 오래되었다. 이와 같은데도 천하를 다스리지 못하는 일은 없다. 무경(武庚)이 어찌 그를 업신여길 수가 있었겠는가? 「정풍(鄭風)」에 이르기를, '고삐 잡기를 실띠를 짜는듯하니 조리가 분명하고 두 필 말은 춤추듯 달려가니 흐트러짐이 없다.'"고 했다. 공자가 말하였다. "이 시를 지은 자는 확실히 위정(爲政)의 도리를 알고 있구나! 무릇 비단을 짜는 자는 성근 실은 이쪽에 모아 쥐고 있으면서 무늬는 저쪽에서 이루어지게 하는 것이니, 이는 가까운 곳에서 움직여 먼 곳까지 영향을 준다는 것을 말한다. 이러한 방법으로 백성을 다스린다면 어찌 천하가 감화되지 않겠는가? 「간모(竿旄)」의 충고가 최고의 경계에 이르렀도다."

原文

孔子謂子路曰: "君子而强氣[1], 而不得其死; 小人而强氣, 則刑戮荐蓁[2]. 「豳詩」曰: '殆天之未陰雨, 徹彼桑土, 綢繆牖戶[3], 今汝下民, 或敢侮餘[4].'" 孔子曰: "能治國家之如此, 雖欲侮之, 豈可得乎? 周自后稷[5], 積行累功, 以有爵土, 公劉[6]重之以仁. 及至大王亶甫[7], 敦以德讓, 其樹根置本, 備豫遠矣. 初, 大王都豳[8], 翟[9]人侵之. 事之以皮幣[10], 不得免焉; 事之以珠玉, 不得免焉. 於是屬耆老[11]而告之; '所欲吾土地. 吾聞之, 君子不以所養而害人. 二三子何患乎無君?' 遂獨與大姜[12]去之, 逾梁山[13], 邑於岐山之下[14]. 豳人曰: '仁人之君, 不可失也.' 從之如歸市[15]焉. 天之與[16]周, 民之去殷, 久矣, 若此而不能王[17]天下, 未之有也, 武庚[18]惡能侮? 「鄁詩」[19]曰: '執轡如組, 兩驂如儛[20].'" 孔子曰: "爲此詩者, 其知政乎! 夫爲組者, 總紕[21]於此, 成文於彼. 言其動於近, 行於遠也. 執此法以禦民, 豈不化乎? 「竿旄」之忠告[22], 至矣哉!"

注釋

1) 强氣: 포악하고 오만불손하다. 2) 천진(荐蓁): '천진(薦臻)'과 같다. 연속하여 끊임없이 다가와 거듭 마주치다. 『묵자(墨子)』「상동(尙同)」에, "회오리바람과 모진 비가 끊임없이 거듭 내리는 것은 하늘이 벌을 내리는 것이다.[飄風苦雨, 薦臻而至者, 此天之降罰也]"고 했다. '薦'은 다시, 또, 이어서. 사고본과 동문본에는 '薦臻'으로 되어 있

다. 3) 殆天之未陰雨, 徹彼桑土, 綢繆牖戶: 이 말은 『시』「빈풍(豳風) · 치효(鴟鴞)」에 나온다. 왕숙의 주에, "태(殆)는 급(及)이고, 철(徹)은 박(剝)이다. 상토(桑土)는 상근(桑根)이다. 치효(鴟鴞)는 비가 내리기 전에 뽕나무 뿌리를 벗겨서 그 둥지를 얽는다. 이는 '우리 국가가 쌓아온 공은 여전히 이같이[若此: 원래는 '苦者'로 되어 있었는데 잘못이다. 사고본과 동문본에 근거하여 고쳤다]이루기 어려운 것'이라는 것에 비유한 것이다."고 했다. 주무(綢繆)는 긴밀하게 얽어 묶는 모양. 후세 사람들은 '未雨綢繆'를 '사전에 준비 작업을 잘하는 것'으로 형용하였다. 4) 今汝下民, 或敢侮餘: 이 말은 『시』「빈풍(豳風) · 치효(鴟鴞)」에 나온다. 왕숙의 주에, "금(今)은 주공(周公) 때이다. 우리 선왕(先王)이러한 큰 공을 이루는 것이 매우 어려웠는데, 하민(下民)이 감히 우리 주나라 도(道)를 모욕을 하였다는 것을 말한다. 관숙(管叔)과 채숙(蔡叔) 부류는 반드시 저지하고 멸망시켜서 주나라 왕실을 보존해야 함을 이른다."고 했다. 5) 后稷: 주족(周族)의 시조(始祖), 이름은 기(棄). 농업생산에 능하여 요순시대에 농관(農官)을 지냈다. 6) 公劉: 주족(周族)의 영수(領袖). 후직(后稷)의 증손(曾孫)이라 전한다. 7) 大王亶甫: 즉 고공단보(古公亶父)로써 후직의 12대손이라 전하며, 주 문왕(周文王)의 조부이다. 8) 빈(豳): 지금의 섬서(陝西) 빈현(彬縣) 동북쪽에 있다. 9) 적(翟): '적(狄)'과 같다. 중국의 북방지구에서 활동하던 소수민족이다. 10) 皮幣: 모피(毛皮)와 포백(布帛). 11) 屬耆老: 촉(屬)은 모으다. 기로(耆老)는 나이가 많고 성망(聲望)이 있는 사람. 12) 大姜: 즉 태강(太姜), 고공단보의 처이다. 태백(太伯), 중옹(仲雍), 왕계(王季)의 모(母). 13) 梁山: 지금의 섬서(陝西) 건현(乾縣)의 서북에 있다. 14) 邑於岐山之下: 읍(邑)은 성읍을 건설하다. 기산(岐山)은 지금의 섬서(陝西) 보계(寶雞) 경내(境內)에 있다. 15) 歸市: 시장에 급히 모여들다. 16) 與: 도와주다. 17) 王: 왕을 칭하고 천하를 통치하다. 원래는 없었는데 진본(陳本)에 의거하여 보완하였다. 18) 武庚: 왕숙의 주에, "무경(武庚)은 주(紂)의 아들로 이름은 녹보(祿父)이고 관숙과 함께 난을 일으켰다."고 했다. 19) 『鄁詩』: '패(鄁)'는 '패(邶)'의 본자(本字)이다. 이 말은 『시』「정풍(鄭風)」에 나온다. 따라서 '패(鄁)'는 당연히 '정(鄭)'의 잘못이다. 20) 執轡如組 兩驂如儛: 이 말은 『시』「정풍(鄭風) · 대숙우전(大叔於田)」에 나온다. 왕숙의 주에, "복마(服馬)로 참마(驂馬)를 삼아 잘 조절하여 절도에 맞다."고 했다. 비(轡)는 말고삐. 조(組)는 비단으로 짠 끈. 참(驂)은 주대(周代)의 마차는 네 마리가 함께 끄는 것이 보통이었는데, 바깥쪽 말 두 마리를 참(驂)이라 하고 가운데 두 마리를 복(服)이라 했다. '무(儛)'는 금본(今本) 『모시(毛詩)』에는 '무(舞)'로 되어 있는데, 같은 말이다. 21) 총비(總紕): 총(總)은 취합(聚合)하다, 모으다. 비(紕)는 비단이 성긂을 가리킨다. 총(總)은 원래 '총(穗)'으로 되어 있었는데 사고본과 동문본, 비요본에 근거하여 고쳤다. 그리고 동문본에는 '총(愡)'으로 되어 있다. 22) 「竿旄」之忠告: 왕숙의 주에, "「간모(竿旄)」라는 시(詩)는 선도(善道)를 사람들에게 알려주기를 좋아하여 흰실[素絲]과 좋은 말[良馬]을 취해 비유하였으니 「정풍(鄭風)」의 '직물을 모아 쥐었다'는 뜻과 같다."고 하였다. 「간모(竿旄)」는 『시』「용풍(鄘風)」중의 한 편이다. 금본(今本)『모시(毛詩)』에는 '간(幹)'으로 되어 있는데, 같은 말이다.

공자가어통해

권 3

11 관주 觀周

序說

이 편은 '관주(觀周)'를 편명으로 하여 공자가 당시의 문화중심이었던 동주(東周) 낙읍(洛邑)을 참관 방문한 상황을 기술하였다.

춘추말기에 주 왕실은 '천하가 받드는 군주[天下共主]'의 지위는 비록 이미 회복할 수 없는 지경이 되어 각 제후국에 대하여 정치상의 통제력을 상실하였으나 결국 주왕조가 오랫동안 쌓아온 예제(禮制)문화의 정수는 보존하고 있었다. 그러므로 공자는 천리 길을 멀다않고 찾아와 동주문화를 살피고 아울러 낙읍에서 사관(史官)을 맡고 있던 노자(老子)에게 예(禮)를 묻기도 하였다.

공자는 낙읍에서 동주의 종묘와 명당(明堂) 등 국가의 중요한 정치시설들을 널리 참관하여 살피고 주 왕조 정치제도에 대한 무한한 동경을 드러내었으며, 마찬가지로 주나라 초기 저명한 정치가 주공(周公)에 대해 성심을 다하여 우러러 존경함을 지극히 크게 강화하였다. 공자는 장홍(萇弘)을 알현하고 음악에 관한 지식을 교류하고, 다시 노자로부터 매우 많은 교훈과 이익을 얻었다. 이리하여 공자는 "도가 더욱 존중되어[道彌尊矣]" 명성을 사모하고 배움을 따르려는 사람들이 갈수록 많아졌다. 말하는 바에 의하면 "멀고 가까운 지방에서 배우고자 온 제자들이 대략 3천이나 되었다"고 했으며 그의 학문과 하는 일이 모두 크게 진전(進展)하였다.

이 편에는 공자의 선조(先祖) 세계(世系) 등 약간의 진귀한 자료들이 남아 있어서 『좌전』, 『사기』 등과 참조하여 읽으면 공자 생애와 사상의 연구에 대하여 중요한 가치를 지닌다. 이 편에 있는 「금인명(金人銘)」의 부분적 문구가 금본(今本) 『노자』에도 보인다. 『노자』는 전국(戰國)시기에 부단한 증보(增補)의 과정에 기초한 것이기 때문에 「금인명(金人銘)」은 초기 유(儒), 도(道) 관계를 연구하는데 있어서도 중요한 가치를 지닌다.

11-1

공자가 남궁경숙(南宮敬叔)에게 말하였다. "내가 듣건대 노담(老聃)은 고금(古今)의 일을 정통하고, 예악(禮樂)의 근본을 잘 알며, 도덕의 종지(宗旨)에 밝았다고 하니 나의 스승이로다. 지금 찾아뵙고자 한다." 경숙이 대답하였다. "삼가 선생님의 분부를 따르겠습니다." 그리하여 노나라 임금 소공(昭公)에게 말하였다. "저는 일찍이 부친의 유명(遺命)을 받은 적이 있는데, 유명 중에 말씀하셨습니다. '공자는 성인(聖人)의 후예인데 가족이 송(宋)나라에서 멸망하였다. 그의 10세조(世祖) 불보하(弗父何)는 본래 송나라의 계승권을 가지고 있었으나 그의 동생 여공(厲公)에게 양보하였다. 그의 7세조(世祖) 정고보(正考父)는 송나라 대공(戴公), 무공(武公), 선공(宣公) 3대 국군(國君)을 보좌하여 삼명(三命)의 작록을 향유하고서도 오히려 더욱 공손하였다. 그는 스스로 정(鼎)에 글을 새기기를 '일명(一命)에는 머리를 조아리고 허리를 구부리고, 이명(二命)에는 허리를 구부리고 몸을 굽히며, 삼명(三命)에는 몸을 구부리고 허리를 굽혀 담을 따라 빠른 걸음으로 다니면 아무도 감히 나를 모욕하지 못할 것이다. 진하게 쑨 죽을 이 솥에 끓이고, 묽은 죽을 여기에 끓이는 것은 모두 입에 풀칠을 하기 위함이다.'고 하여 그의 공손하고 검소함이 이와 같았습니다. 장손흘(臧孫紇)이 말한 적이 있었습니다. '성인(聖人)의 후손이 만약 국군(國君)이 될 수 없다면 반드시 밝은 덕을 지니고 세상에 통달할 것이다.' 공자는 어려서부터 예제를 학습하기를 좋아했으므로 세상에 통달한 사람은 아마도 공자이리라 여기고 저에게 부탁하시기를, '너는 반드시 그를 스승으로 섬겨라'고 하였습니다. 지금 공자께서 장차 종주(宗周)를 방문하여 선왕(先王)이 남긴 정치와 교화의 제도를 학습하고 예악문화의 최고 수준을 살피고자 하는데, 이는 중대한 사업입니다. 임금께서는 어찌 수레와 말을 주어 그를 돕지 않으십니까? 청컨대 저도 그와 함께 가고자 합니다." 소공(昭公)이 말하였다. "허락하오." 그리고는 공자에게 수레 일승(一乘)과 말 두 필과 동복(童僕), 마부까지 주었다. 경숙과 공자는 함께 종주(宗周)에 갔다.

공자는 노담(老聃)에게 예제(禮制)를 배웠고, 장홍(萇弘)과 음악지식을 교류하였으며, 교사(郊社)를 지내는 곳을 두루 관람하고, 종주의 명당(明堂)제도를 살폈으며, 종주의 종묘와 조정의 법도를 이해하였다. 공자는 감탄하며 말하였다. "내가 이제야 마침내 주공(周公)의 성명(聖明)하심과 주나라가 천하를 얻은 원인을 알게 되었다."

공자가 종주를 떠날 때 노자는 공자와 작별하면서 말했다. "내 듣기로 부귀한 자는 작별할 때 재물을 주고, 어진 사람은 작별할 때 잠언(箴言)을 준다고 합니다. 나는 부귀한 자가 아니기 때문에 잠시 어진 사람이라는 칭호를 훔쳐 쓰고 그대를 보내는데 몇 마디 말을 주고자 하오. 무릇 오늘날 사인(士人) 군자들이 총명하고 깊은 인식을 지녔으면서도 오히려 위험에 빠져 죽을 지경에 이르는 것은 비난하고 남을 의론하기를 좋아하기 때문이고, 지식도 넓고 말도 잘하면서 가슴에 큰 뜻을 품고 있으면서도 오히려 스스로를 위난(危難)한 지경에 빠뜨리는 것은 남의 악한 점을 들춰내기를 좋아하기 때문이오. 자식이 되어 부모가 자신을 걱정하지 않도록 해야 하고, 신하가 되어서는 군주가 자기를 미워하지 않도록 해야 하오." 공자가 말하였다. "가르침을 공경히 받들겠습니다."

종주로부터 노나라로 돌아온 이후 공자의 도는 더욱 존숭(尊崇)되어 먼 지방에서까지 배우러 온 제자들이 대략 3,000명이나 되었다.

原文

孔子謂南宮敬叔[1)]曰: "吾聞老聃[2)]博古知今, 通禮樂之原, 明道德之歸, 則吾師也. 今將往矣."對曰: "謹受命." 遂言於魯君曰: "臣受先臣[3)]之命云, '孔子, 聖人[4)]之後也, 滅於宋[5)], 其祖弗父何 始有國而授厲公[6)], 及正考父, 佐戴、武、宣[7)], 三命[8)]茲益恭. 故其鼎銘[9)]曰: 一命而僂, 再命而傴, 三命而俯[10)], 循墻而走, 亦莫余敢侮, 饘於是, 粥於是, 以餬其口[11)]." 其恭儉也若此. 臧孫紇[12)]有言: "聖人之後, 若不當世[13)], 則必有明德[14)]而達者焉." 孔子少而好禮, 其將在矣[15)]. 屬臣曰: '汝必師之.' 今孔子將適周, 觀先王之遺制, 考禮樂之所極, 斯大業也, 君盍以乘資之? 臣請與往." 公曰: "諾." 與孔子車一乘, 馬二疋, 竪子[16)]侍禦. 敬叔與俱至周.

問禮於老聃, 訪樂於萇弘[17)], 歷郊社之所[18)], 考明堂之則[19)], 察廟朝之度[20)]. 於是喟然曰: "吾乃今知周公之聖, 與周之所以王也."

及去周, 老子送之, 曰: "吾聞富貴者送人以財, 仁者送人以言. 吾雖不能富貴, 而竊仁者之號, 請送子以言乎: 凡當今之士, 聰明深察而近於死者, 好譏議人者也; 博辯閎達而危其身[21)], 好發人之惡者也. 無以有己爲人子者[22)], 無以惡己爲人臣者[23)]." 孔子曰: "敬奉教." 自周反魯, 道彌尊矣. 遠方弟子之進, 蓋三千焉.

注釋

1) **南宮敬叔**: 왕숙의 주에, "경숙(敬叔)은 맹희자(孟僖子)의 아들이다."고 했다. 노나라 귀족 맹희자의 아들로서 아버지의 부탁을 받고 공자를 스승으로 따랐다. 이 기록은 『좌전』 소공(昭公) 7년, 『사기』「공자세가(孔子世家)」에도 보인다. 2) **노담(老聃)**: 즉 노자이다. 춘추말기 주왕조의 사관(史官)으로 유명한 사상가이고 도가(道家)학파의 창시인(創始人)이다. 『노자(老子)』책에 그의 사상이 구체적으로 나타나 있다. 왕숙의 주에, "노담(老聃)은 노자이고, 옛 일을 널리 알고 오늘의 일도 잘 알았으며 도를 좋아

하였다."고 했다. 3) **先臣**: 왕숙의 주에, "선신(先臣)은 맹희자(孟僖子)이다."고 했다. 즉 남궁경숙의 아버지이다. 4) **聖人**: 왕숙의 주에, "성인(聖人)은 은탕(殷湯)이다."고 했다. 탕(湯)은 은상(殷商)의 개국군주이고, 송(宋)은 은상의 후예로서 공자의 선조는 송나라 공족(公族)이었다. 때문에 공자를 성인의 후예라고 한 것이다. 5) **滅於宋**: 공자의 육세조(六世祖) 공보가(孔父嘉)의 처가 얼굴이 아름다웠는데, 송나라 화독(華督)이 공보가를 살해하고 그 처를 빼앗자 공보가의 후예가 화를 피해 노나라로 달아났다. 왕숙의 주에, "공자의 선조가 송을 떠나 노나라로 갔기 때문에 송에서 멸망하였다고 한 것이다."고 했다. 6) **弗父何始有國而授厲公**: 왕숙의 주에, "불보하(弗父何)는 민공(緡公)의 세자(世子)이고 여공(厲公)의 형인데 나라를 여공에게 양보하였다. 『춘추전(春秋傳)』에 이르기를, "송(宋)을 소유하게 되자 여공(厲公)에게 주었으니 아름다운 일이다. 시(始)는 '처음'이니 '처음'에 송을 소유했다'는 것이다"고 하였다. ('始, 始也'를 사고본에는 "유(有_는 처음에 소유하다[有者, 始有也]'라고 되어있고, '宜' 자는 없었다. 동문본에는 "시(始)는 처음에 소유하다[始, 始有也]'라고 되어 있다.), 송이 본래 계승하게 되어 있었다.[以有宋而授厲公宜. 始有宋也.]"고 하였다. 7) **正考父佐戴、武、宣**: 왕숙의 주에, "정고보(正考父)는 불보하의 증손이다. 대(戴)、무(武)、선(宣)은 삼공(三公)이다"고 했다. 8) **三命**: 왕숙의 주에, "정고보는 사(士)에게 일명(一命), 그 대부에게 재명(再命), 경(卿)에게 삼명(三命)한 것이 그것이다(사고본에는 "사(士)로 명 받으면 일명(一命), 대부로 명받으면 재명(再命), 경(卿)으로 명받으면 삼명(三命)이다.")라고 되어있다. 명(命)은 지위의 높고 낮음의 차이를 표시한다. 정고보가 삼명(三命)의 경이 된 것은 이미 매우 존귀하였음이다. 9) **鼎銘**: 왕숙의 주에, "신하에게 공덕(功德)이 있으면 임금은 그 내용을 종묘의 정(鼎)에 새기도록 명한다."고 했다. 10) **一命而僂, 再命而傴, 三命而俯**: 루(僂)、구(傴)는 모두 허리를 구부린다는 뜻이다. 부(俯)는 허리를 구부리고 몸을 구부려 더욱 겸허하고 공손함을 표시하는 것이다. 왕숙의 주에, "구(傴)는 루(僂)보다 공손하고, 부(俯)는 구(傴)보다 공손하다."고 했다. 11) **饘於是, 粥於是, 以餬其口**: 전(饘)은 진하게 쑨 죽이다. 호(餬)는 '호(糊)'의 이체(異體)이다. 왕숙의 주에, "전(饘)은 죽[糜]이다. '이 정(鼎)으로 죽을 쑨다'는 것은 지극히 검소함을 말하는 것이다."고 했다. 12) **臧孫紇**: "흘(紇)은 장무중(臧武仲)이다."고 했다. 장문중(臧文仲)의 손자로서 노나라의 대부이다. 13) **聖人之後, 若不當世**: 왕숙의 주에, "불보하(弗父何)는 은탕(殷湯)의 후예였지만 세계(世系)를 이어 송의 군주가 되지 않았다. 14) **德**: 원래는 '君'으로 되어 있었는데 사고본과 비요본, 동문본에 근거하여 고쳤다. 15) **其將在矣**: 왕숙의 주에, "공자에게 있을 것이다[將在孔子]."라고 하였다. 16) **豎子**: 원래는 '豎其'로 되어 있었으나 사고본과 비요본, 동문본에 근거하여 고쳤다. 동복(僮僕)을 가리킨다. 17) **장홍(萇弘)**: 왕숙의 주에, "홍(弘)은 주나라의 대부이다."고 했다. 음악에 정통하였고, 후에 정치투쟁 과정 중에 주나라 왕실에 의해 살해되었다. 18) **郊社之所**: 주나라 왕이 천지(天地)에 제사 지내는 곳. 교(郊)는 동지(冬至)에 남교(南郊)에서 하늘에 제사를 지내는 것이고, 사(社)는 하지(夏至)에 부교(北郊)에서 땅에 제사를 지내는 것으로 합하여 '교사(郊社)'라고 하였다. 노나라가 주공(周公)을 계승한 이후 천자의 예를 누릴 수 있게 되어 역시 교사(郊社)의 예가 있었다. 19) **明堂之則**: 명당(明堂)은 주나라 왕이 정교(政教)를 널리 밝히는 곳이고, 제사, 선현(選賢), 납간(納諫), 경상(慶賞), 교학(教學) 혹은 기타 국가의 중대한 사무를 보던 장소이기도 했다. 칙(則)은 왕숙의 주에, "법(法)이다."고 했다. 20) **廟朝之度**: 왕숙의 주에, "종묘(宗廟)와 조정(朝廷)의 법도(法度)이다."고 했다. 21) **身**: 왕숙의 주에, "신(身)은 부모가 있게 해준 것이다.('有之'가 사고본에는 '之有'로 되어 있다.)"라고 했다. 22) **無以有己爲人子者**: 즉 "자식된 자는 자신을 있게 해준 부모에게 걱정시키면 안된다"로써 자식이 되어 부모로 하여금 항상 자기를 염려하도록 해서는 안된다는 것이다. 23) **無以惡己爲人臣者**: 즉 "신하된 자는 자신을 미워하게 해서는 안된다"라 하여 신하가 되어서는 군주로 하여금 자기를 미워하게 해서는 안된다는 것이다. 왕숙의 주에, "충간(忠諫)을 들어주면 벼슬을 하고, 써주지 않으면 물러서서 몸을 보존하고 행동을 온전하게 하는 것이 신하의 절개이다."고 했다. 『사기』「공자세가(孔子世家)」에는 "신하된 자는 자기 몸을 자기 것으로 여기지 않는다[爲人臣者無以有己]"라고 하였다.

11-2

공자가 종주(宗周)의 명당(明堂)을 참관하면서 사방 문의 벽마다 따로 요(堯)、순(舜)과 걸(桀)、주(紂)의 초상이 있었고 각기 선악이 다른 형상과 관련 황조의 흥성과 멸망의 경계하는 말이 있었음을 보았다. 또 주공(周公)이 성왕(成王)을 보좌하며 어린 주공을 안고 병풍을 뒤로 하고 남면하여 제후들에게 조배(朝拜)를 받는 그림이 있었다. 공자는 천천히 다니면서 자세히 관람한 다음 종자(從者)에게 일렀다. "이것이 바로 주나라가 흥성하게 된 까닭이다. 무릇 밝은 거울이란 형체의 모습을 살피는 것이며, 지나간 옛일을 배움으로써 오늘날 일을 알 수 있다. 그렇다면 군주가 어떻게 안심입명(安心

立命)하였는가를 힘써 학습하지 않고 오히려 위태롭고 망하게 될 일을 소홀히 하고 태만하게 한다면 이는 마치 뒷걸음을 치면서 앞에 가는 사람을 따라잡겠다고 하는 것과 다름이 없다. 어찌 미혹한 일이 아니겠느냐?"

공자가 종주를 참관하면서 주나라 태조 후직(后稷)의 사당에 들어가게 되었다. 사당 오른쪽 계단 앞에 동상 하나가 있었는데 입이 세 군데나 꿰매져 있었으며 그 등에는 이러한 명문(銘文)이 있었다. "이는 옛날에 말을 삼가던 사람이다. 이를 경계로 삼을 지어다! 말을 많이 하지 말라. 말이 많으면 과실(過失)이 많으니라. 많은 일을 벌이지 마라. 일이 많으면 걱정이 많으니라. 안락할수록 반드시 경계하고 스스로 후회할 일을 하지 말라. 무슨 손해될 것이 있겠느냐고 말하지 말라. 그 화가 장차 커질 것이니라. 아무도 듣는 자가 없다고 말하지 말라. 신령(神靈)이 몰래 사람의 행위를 살피고 있느니라. 작은 불길이 시작될 때 끄지 않는다면 크게 번지는 불을 어찌 하겠는가? 졸졸 흐르는 물을 막지 않는다면 마침내 모여 강하(江河)가 될 수 있고, 가느다란 실도 끊어지지 않는다면 혹 그물을 만들 수 있으며, 초목이 맹아할 때 제거할 수 없었다면 장차 반드시 큰 도끼를 찾아 사용해야 할 것이다. 만약 진실로 일을 행함에 근신할 수 있다면 복의 기초를 확립할 것이니라. 사람의 입이 무슨 나쁜 것이 있겠느냐고 하는 것은 화를 부르는 문(門)이 될 것이다. 횡포한 자는 제 명에 죽지 못하고, 이기기를 좋아하는 자는 반드시 필적(匹敵)의 상대를 만나게 된다. 도적은 재물의 주인을 미워하고 백성들은 그 윗사람을 원망한다. 군자는 자신이 천하 모든 사람들의 위에 자리할 수 없음을 알기 때문에 남보다 아래에 처하는 것이며, 천하 모든 사람들의 앞에 자리할 수 없음을 알기 때문에 남보다 뒤에 서는 것이다. 온화하게 공경하고 인덕에 근신하여 다른 사람들이 자신의 품덕을 사모하게 하고, 약한 모습으로 아래에 처해 있으면 아무도 자신을 넘어서지 않는다. 남들이 모두 저쪽으로 간다 해도 나만은 홀로 이곳을 지킬 것이고, 남들이 모두 이리저리 옮겨 다녀도 나만은 홀로 옮겨 가지 않을 것이다. 나의 지혜를 마음속에 감추어 두고 남에게 나의 기능을 드러내지 말라. 이렇듯 가령 내가 아무리 높고 존귀하다 해도 남들이 나를 해치지 못하게 될 것이니 누가 능히 이런 일을 해낼 수 있겠는가? 강과 바다가 비록 동쪽에 위치하고 있지만 온갖 물의 장(長)이 되는 것은 바로 그 낮은 데 처해 있기 때문이다. 천도(天道)의 행함에 편애함이 없으니 사람을 대함에 겸손하면 되느니라. 이를 경계로 삼을 지어다!"

공자는 이 명문(銘文)을 다 읽고 제자들을 돌아보며 말하였다. "제자들아! 이 말을 기억하거라. 이 말은 실재적이고 이치에 맞고 또 세정(世情)에도 맞아 믿을 만하다. 『시』에 이르기를 '두려워하고 조심하기를 마치 깊은 못에 임한 듯, 엷은 얼음을 밟는 듯이 하라'고 하였다. 만약 자신의 몸가짐을 이와 같이 한다면 어찌 말이 초래할 화(禍)를 걱정하겠느냐?"

공자가 노자(老子)를 만나 물었다. "오늘날 도를 실행하는 일은 너무 어렵습니다. 내가 본래 대도(大道)를 견지하였으나 지금은 오히려 현재의 군주에게 도의를 행하도록 청하였지만 받아 주지 않으니 오늘날 도를 실행하는 일은 너무 어렵습니다." 노자가 말했다. "무릇 도를 선양하는 사람은 교묘한 논변에 빠지게 되고, 도를 받아들이는 사람 또한 그들의 화려한 말에 미혹된다. 이 두 가지 정황 하에 대도를 더욱 버릴 수는 없다."

原文

孔子觀乎明堂, 睹四門墉[1]有堯舜之容[2]、桀紂之象, 而各有善惡之狀、興廢之誡焉. 又有周公相成王, 抱之負斧扆[3], 南面以朝諸侯之圖焉. 孔子徘徊而望之, 謂從者曰: "此周之[4]所以盛也. 夫明鏡所以察形, 往古者所以知今. 人主不務襲跡於其所以安存, 而忽怠[5]所以危亡, 是猶未有以異於卻走而欲求及前人[6]也, 豈不惑哉!"

孔子觀周, 遂入太祖后稷之廟. 廟堂右階之前, 有金人[7]焉, 三緘[8]其口, 而銘其背曰: "古之愼言人也, 戒之哉! 無多言, 多言多敗;

無多事, 多事多患. 安樂必戒, 無所行悔[9]. 勿謂何傷, 其禍將長; 勿謂何害, 其禍將大; 勿啁不聞, 神將伺人[10]. 焰焰不滅, 炎炎若何[11]? 涓涓不壅, 終爲江河; 綿綿不絶, 或成網羅[12]. 毫末不札, 將尋斧柯[13]. 誠能愼之, 福之根也. 口是何傷[14]? 禍之門也. 强梁[15]者不得其死, 好勝者必遇其敵. 盜憎主人, 民怨其上. 君子知天下之不可上也, 故下之; 知衆人之不可先也, 故後之. 溫恭愼德, 使人慕之; 執雌持下, 人莫踰之. 人皆趨彼, 我獨守此; 人皆或之[16], 我獨不徙. 內藏我智, 不示人技, 我雖尊高, 人弗我害, 誰能於此? 江海雖左, 長於百川, 以其卑也[17]. 天道無親, 而能下人. 戒之哉!"

孔子旣讀斯文也, 顧謂弟子曰: "小人識之[18]! 此言實而中, 情而信. 『詩』曰: '戰戰兢兢, 如臨深淵, 如履薄冰[19].' 行身如此, 豈以口過患哉?"

孔子見老聃而問焉, 曰: "甚矣, 道之於今難行也. 吾比[20]執道, 而今委質[21]以求當世之君, 而弗受也. 道於今難行也." 老子曰: "夫說者流[22]於辯, 聽者亂於辭, 如此二者, 則道不可以忘[23]也."

注釋

1) **門墉**: 문 입구의 담벽. 『설문(說文)』에, "용(墉)은 성벽이다."고 했다. 이 기록은 『설원(說苑)』「경신(敬愼)」, 『설원』「반질(反質)」에도 보인다. 2) **之容**: 사고본과 동문본에는 '與'로 되어 있다. 3) **負斧扆**: 부(負)는 지다. 부의(斧扆)는 고대 궁전 안에 문과 창의 사이에 설치했던 큰 병풍이다. 4) **之**: 사고본과 동문본에는 '公'으로 되어 있다. 5) **忽怠**: 업신여기다, 얕보다. 사고본과 동문본에는 '急急'으로 되어 있다. 6) **是猶未有以異於卻走而欲求及前人**: '未有以異於' 다섯 글자는 당연히 쓸데없이 더해진 문장이다. 혹 '猶未有'는 당연히 '何'가 되어야 한다. '卻走而欲求及前人'이란 뒤로 물러 달리면서 앞으로 달리는 자를 쫓아갈 수 있다고 생각하는 것으로, 이는 곧 도를 위배하면서 달려가려는 의도를 의미한다. 7) **金人**: 동인(銅人) 8) **三緘**: '三'이 사고본과 동문본에는 '參'으로 되어 있다. 함(緘)은 봉(封)하다. 본래는 물건을 묶는 끈이었다. 9) **無所行悔**: 왕숙의 주에, "자세히 하고난 후에 행하고 후회되는 일은 다시 반복하지 않음을 말한다."고 했다. 10) **神將伺人**: 신령(神靈)이 때때로 사람의 행위를 관찰한

다. 사(伺)는 살피다, 관찰하다. 11) **焰焰不滅, 炎炎若何**: 염염(焰焰)은 불이 붙기 시작함. 염염(炎炎)은 불이 활활 타오름. 12) **綿綿不絕, 或成網羅**: 왕숙의 주에, "면면(綿綿)은 미세함이다. 끊어지지 않고 그물이 되는 것과 같다."고 했다. 13) **毫末不札, 將尋斧柯**: 왕숙의 주에, "털끝만한 것으로 아주 작은 것을 말한다. 찰(札)은 발(拔)이다. 심(尋)은 용(用)이다."고 했다. 이상에서는 예를 들어가며 '나쁜 일이 아주 경미할 때 더 커지지 않도록 방지함'의 중요성을 반복 설명하고 있다. 14) **口是何傷**: 사람의 입이 무슨 나쁜 점이 있는가? 상(傷)은 상처, 손해. 15) **強梁**: 거칠고, 잔인하고, 흉악하며, 약소한 사람을 업신여기고 깔보는 사람. 16) **或之**: 모처(某處)로 가다. 지(之)는 가다. 왕숙의 주에, "혹지(或之)는 동서로 이리저리 옮기는 모습이다."고 했다. 17) **江海雖左, 長於百川, 以其卑也**: 왕숙의 주에, "물이 서쪽에서 길게 뻗는데 강해(江海)가 비록 동쪽에 있지만 온갖 물의 장(長)이 되는 것은 아래에 있기 때문이다."고 했다. 18) **小人識之**: 소인(小人)은 당연히 '소자(小子)'여야 한다. 식(識)은 '지(志)'와 같다. 기억하다. 19) **戰戰兢兢, 如臨深淵, 如履薄冰**: 『시』「소아(小雅)·소민(小旻)」에 나오는 말이다. 왕숙의 주에, "전전(戰戰)은 두려워하다, 긍긍(兢兢)은 경계하다. 두려워하다, 겁먹다의 뜻이다."고 했다. 20) **比**: 이전, 본래. 21) **委質**: '위지(委贄)'라고도 한다. 신하가 군주를 알현할 때 무릎을 굽히고 몸을 바닥에 엎드리는 것을 가리키는데 후에 그 의미가 몸을 맡기다, 귀순하다로 확대되었다. 질(質)은 형체. 22) **流**: 왕숙의 주에, "유(流)는 잘못, 실수이다."고 했다. 23) **忘**: 버리다, 잊다.

12 제자행弟子行

序說

이 편에는 공자의 제자 자공(子貢)과 위장군(衛將軍) 문자(文子)의 대화가 실려 있는데, 위장군 문자가 자공에게 공자 제자의 정황을 묻고 자공이 자신이 알고 있는 바에 근거하여 공자의 몇몇 중요한 제자의 모습에 대하여 소개하고 있다. 따라서 '제자행(弟子行)'을 편명(篇名)으로 하였던 것이다.

위장군 문자가 자공의 동문(同門) 사우(師友)의 정황을 묻자 자공이 처음에는 잘 모른다고 사양하였지만 후에 문자가 재차 부탁하자 자신이 듣거나 본 바에 의한 정황을 이야기 하고 있다. 자공의 평가는 9명의 공자제자를 언급하고 있는데, 그들은 각기 안회(顏回), 염옹(冉雍), 중유(仲由), 염구(冉求), 공서적(公西赤), 증삼(曾參), 전손사(顓孫師), 복상(卜商), 담대멸명(澹台滅明), 언언(言偃), 남궁괄(南宮括), 고시(高柴) 등이다. 후에 자공은 위장군 문자에게 말한 내용을 공자에게 이야기하였다. 이리하여 공자가 어떻게 사람을 알고 인식하는가 하는 문제의 담론을 야기하였다. 공자는 "지혜 중에 사람을 아는 것보다 어려운 것은 없다."고 여겼고, 한 사람의 품질을 이해하는 것은 "직접 보거나 들은 바" 뿐만 아니라 반드시 깊은 생각과 지혜로써 살펴보고 상상해야 한다고 여겼다. 이것이 「제자행」편에 지혜로운 이치가 담겨진 것이고 이 편의 매우 중요한 필치이며 담겨진 뜻이 깊다. 많은 옛 사람들, 예컨대 백이(伯夷), 숙제(叔齊), 조문자(趙文子), 수무자(隨武子), 동록백

화(銅鞮伯華), 거백옥(蘧伯玉), 류하혜(柳下惠), 은평중(晏平仲), 노자(老子), 개자산(介子山), 양설대부(羊舌大夫) 등의 품행을 함께 열거함으로써 공자는 나아가 사람을 알고 사람을 인식하는데는 단지 겉에 드러난 현상만으로는 안된다는 것을 논증하였다. 이 편은 공자의 인재사상(人才思想)의 중요한 논술이고 공자의 제자와 공자 이전 선현(先賢)에 대한 연구에 대하여도 매우 중요한 자료이다.

이 편은 『대대례기(大戴禮記)』「위장군문자(衛將軍文子)」에도 보인다. 둘을 서로 비교하면 『대대례기』의 수식(修飾) 흔적을 어렵잖게 발견할 수 있어서, 『공자가어』의 이 편과 함께 검토하면 『대대례기』의 성서(成書) 문제에 대하여 더욱 좋은 인식을 갖출 수 있게 된다.

12-1

위(衛)나라 장군 문자(文子)가 자공(子貢)에게 물었다. "내가 듣기에 공자께서 교화(敎化)할 때 먼저 『시(詩)』, 『서(書)』의 지식으로 가르치고, 연후에 효(孝)와 제(悌)의 사상으로 인도하며, 인의(仁義)로써 설득하고, 예악(禮樂)으로 계시(啓示)한 연후에 그들로 하여금 도예(道藝)를 성취하게 하고 아울러 덕행이 고상한 사람이 되게 하였다고 했습니다. 대개 공문(孔門)의 제자로써 학문이 높고 깊은 경지에 들어간 사람이 70여 명이나 된다고 했는데, 그 중 누가 가장 뛰어나다고 여기십니까?" 자공은 모른다고 대답하였다.

原文

衛將軍文子[1]問於子貢曰: "吾聞孔子之施[2]教也, 先之以『詩』『書』, 而道[3]之以孝悌[4], 說之以仁義, 觀[5]之以禮樂, 然後成之以文德[6]. 蓋入室升堂[7]者, 七十有餘人. 其孰爲賢[8]?"子貢對以不知.

▌注釋

1) **文子**: 왕숙의 주에, "위나라의 경(卿)으로 이름은 미모(彌牟)이다."고 했다. 2) **施**: 설치하다, 시행하다. 3) **道**: '도(導)'와 같다. 인도(引導)의 뜻. 4) **悌**: 형장(兄長)을 경애한다. 뜻이 확대되어 윗사람에게 순종하다. 5) **觀**: 보다. 6) **文德**: 도예(道藝)와 덕행(德行) 7) **入室升堂**: 사람의 학식과 기예 등에 매우 깊은 조예가 있음을 비유한다. 8) **其孰爲賢**: 누가 가장 우수한가? 숙(孰)은 누구. 현(賢)은 뛰어나다, 우수하다.

12-2

문자(文子)가 말하였다. "그대도 늘 그들과 함께 공부한 사람으로 어진 사람인데 어찌 모른다고 말씀하십니까?" 자공이 대답하였다. "어진 사람은 사람을 망령되이 평하지 않으며 누가 뛰어난 지 아는 것은 더욱 어렵습니다. 때문에 군자가 말하기를, '지혜 중에 사람을 아는 것보다 어려운 것은 없다'라고 한 것입니다. 그러므로 제가 대답하기 어려운 것입니다."

▌原文

文子曰: "以吾子[1]常與[2]學, 賢者也, 何謂不知[3]?" 子貢對曰: "賢人無妄[4], 知賢卽難[5], 故君子之言曰: '智莫難於知人,' 是以難對也."

▌注釋

1) **吾子**: 상대방에 대한 존칭으로 '您'에 해당한다. 2) **與**: ~와 함께. 3) **何謂不知**: 원래는 '不知何謂'로 되어 있었는데 사고본과 동문본에 근거하여 고쳤다. 4) **賢人無妄**: 왕숙의 주에, "'賢人不妄'이란 거동이 망녕되지 않는다는 것을 말한다."고 했다. 망(妄)은 멋대로 행동하다. 5) **知賢即難**: 지현(知賢)은 사람을 알아보는 현명함을 이른다. 즉(即)은 '則', '乃'와 같다.

12-3

문자(文子)가 말하였다. "어진 사람 알아보는 것이 어렵지 않은 것은 아니지만, 지금 그대는 공자의 문중에서 공부하고 있으므로 감히 묻는 것이오.” 자공이 말했다. “선생님의 제자가 대략 3,000여 명 되는데, 제가 그 중에는 교제해 본 사람들도 있고, 아직 교제해 보지 못한 사람들도 있습니다. 때문에 그들의 정황을 모두 안다고 말씀드리지 못한 것입니다.”

原文

文子曰: “若夫知賢莫不難, 今吾子親遊[1]焉, 是以敢問.” 子貢曰: “夫子之門人, 蓋有三千就[2]焉. 賜有逮及[3]焉, 未逮及焉, 故不得遍知以告也.”

注釋

1) **親遊**: 제현(諸賢)과 함께 성인(聖人)의 문하에 머뭄을 이른다. 2) **就**: 따르다, 즉(卽), 가까이. 혹은 모이다의 의미. 『일주서(逸周書)』「시법(諡法)」에, “취(就)는 회(會)이다.”고 했다. 유월(兪樾)의 『군경평의(群經平議)』「주서(周書)」에 이르기를, “생각컨대 就와 集은 하나의 소리에서 나온 것으로 就를 集으로 읽었기 때문에 뜻이 會가 되었다.”고 했다. 3) **逮及**: 함께, 교제. 체(逮)는 좇다.

12-4

문자(文子)가 말하였다. “그대께서 교제해 본 사람들에 대하여 저는 그들의 품행을 묻고 싶습니다.” 자공이 대답하였다. “아침 일찍 일어나고 저녁 늦게 잠을 자며, 경서(經書)를 외우고 예의를 숭상하며, 이미 범한 잘못을 다시 범하지 않고 말을 함에 구차하지 않았는데, 이것이 안회(顔回)의 품행입니다. 공자께서는 『시』의 말을 인용하여 그를 평가하기를, ‘천자의 사랑을 받기에 충분하니, 오직 삼가는 덕으로 더욱 순응했기 때문이다.’ ‘길이 효심을 간직하사 후대에 법도가 되었네’라고 하셨습니다. 만일 덕 있는 군주를 만난다면 대대로 제왕이 내린 아름다운 명예를 누릴 것이고 그의 이름을 잃지 않을 것이며, 만일 군주에게 임용된다면 군주를 보좌하는 사람이 되었을 것입니다.”

原文

文子曰: “吾子所及者, 請問[1]其行!” 子貢對曰: “夫能夙興夜寐[2], 諷誦崇禮, 行不貳過[3], 稱言不苟[4], 是顏回之行也. 孔子說之以『詩』曰: ‘媚茲一人, 應侯愼德[5],’ ‘永言孝思, 孝思惟則[6].’ 若逢有德之君, 世受顯命[7], 不失厥[8]名; 以禦於天子, 則王者之相也.

注釋

1) **問**: 사고본과 동문본에는 ‘聞’으로 되어 있다. 2) **夙興夜寐**: 아침 일찍 일어나고 저녁 늦게 잠을 자다. 3) **行不貳過**: 왕숙의 주에, “이(貳)는 재(再)이다. 착하지 못함이 있으면 몰랐던 적이 없고, 알고서는 다시 행하지 않았다.”고 했다. 4) **稱言不苟**: 왕숙의 주에, “전법(典法)이 구차하지 않음을 말하다.”고 했다. 칭(稱)은 거(擧)이다. 여기서는 말하다의 의미. 5) **媚茲一人, 應侯愼德**: 『시』「대아(大雅) · 하무(下武)」에 나오는 말이다. 왕숙의 주에, “일인(一人)은 천자(天子)이다. 응(應)은 당(當)이다. 후(侯)는 유(惟)이다. 안연(顏淵)의 덕이 천자의 사랑을 받기에 충분함을 말하고 그 마음이 다만 신중한 덕에 마땅했다고 한 것이다.”라 했다. 미(媚)는 여기서 ‘우러러 모시다’는 것을 가리킨다. 6) **永言孝思, 孝思惟則**: 『시』「대아(大雅) · 하무(下武)」에 나오는 말이다. 왕숙의 주에, “오래도록 효도하여 모범이 되기에 족함을 말한다.”고 했다. 유(惟)가 금본(今本) 『모시(毛詩)』에는 ‘維’로 되어 있다. 7) **顯命**: 찬란한 은명(恩命). 제왕(帝王)이 내린 아름다운 명예를 가리킨다. 8) **厥**: 대사(代詞)로서 ‘그의’의 뜻.

12-5

빈곤함에 처해도 긍지의 장중함이 마치 손님과 같고, 아래 사람을 사역하면서 마치 그들의 힘을 빌려 쓰는 것처럼 하며, 다른 사람에게 화를 내지 않고 다른 사람을 깊게 원망하지 않으며, 다른 사람의 과거에 저지른 죄를 기억하지 않았는데, 이것이 염옹(冉雍)의 품행입니다. 공자께서는 그의 품행을 논하며 말씀하셨습니다. ‘먼저 토지를 소유한 군자(君子)가 되어야 하고, 백성이 있어야 사역할 수 있으며, 형법이 있어야 시행할 수 있고 그 연후에야 다른 사람에게 화를 낼 수 있는 것이다.' 공자께서는 『시』의 말을 인용하여 그에게 말씀하셨습니다. '선량한 본성은 누구나 모두 지니고 있지만 처음부터 끝까지 유지하기는 오히려 매우 어렵다.' 필부가 쉽게 노하지 않는 것은 노하게 되면 그 몸을 상하기 때문이다.

原文

在貧如客[1], 使其臣如借[2], 不遷怒, 不深怨, 不錄[3]舊罪, 是冉雍[4]之行也. 孔子論其材曰: '有土之君子也, 有衆使也, 有刑用也, 然後稱怒焉.' 孔子告之以『詩』曰: '靡不有初, 鮮克有終[6]', 匹夫不怒, 唯以亡其身[7].

注釋

1) **在貧如客**: 왕숙의 주에, "가난하다고 하여 뜻을 걱정하지 않는다. 긍지의 장중(莊重)함이 마치 손님과 같다."고 했다. 2) **使其臣如借**: 왕숙의 주에, "신하처럼 부리지 않고 힘을 빌려 쓰는 것처럼 한다."고 했다. 3) **錄**: 기록하다. 여기서는 기억하다의 뜻. 4) **염옹(冉雍)**: 공자의 제자. 자는 중궁(仲弓). 노나라 사람으로 덕행으로 유명하다. 5) **有土之君子也, 有衆使也, 有刑用也, 然後稱怒焉**: 왕숙의 주에, "토지를 소유한 군주는 민중이 있으므로 사역시킬 수 있고, 형(刑)이 있어 사용할 수 있으므로 그 연후에 노(怒)할 수 있음을 말한다. 염옹은 토지를 가진 군주가 아니기 때문에 신하를 빌려 쓰듯 하고 노함을 더하지 않았다고 말한 것이다."고 했다. 6) **靡不有初, 鮮克有終**: 『시』「대아(大雅) · 탕(湯)」에 나오는 말이다. 왕숙의 주에, "염옹은 그 행실을 끝까지 유지할 수 있다."고 했다. 초(初)는 여기서는 사람이 태어났을 때의 본성(本性)을 가리킨다. 종(終)은 여기서 사람이 죽을 때까지 그 본성을 유지하는 것을 가리킨다. 7) **匹夫不怒, 唯以亡其身**: 왕숙의 주에, "노하지 않음의 뜻을 말함으로써 필부가 노함으로 결국 몸을 상하게 한다."고 했다.

▌12-6

사납고 포악한 것을 두려워하지 않고, 홀아비와 과부를 업신여기지 않으며, 말은 본성을 따르고 정사(政事)에 능했으며, 재능이 군대를 다스리기에 충분하였는데, 이것이 자로(子路)의 품행입니다. 공자께서는 문장으로 그와 화답하시고, 『시』를 인용하여 그를 평가하셨습니다. '큰 법과 작은 법을 준수하고, 하국(下國)에 대하여 인후(仁厚)하고 관대하다. 하늘의 총애를 입을 만하다', '조금도 두려워하거나 걱정하지 않고', '그의 용기를 펼치리라'. 참으로 용감하고 강하도다! 그의 문채(文采)가 그의 박실(樸實)함을 이기지 못하는 도다.

▌原文

不畏强禦[1], 不侮矜寡[2], 其言循性[3], 其都以富[4], 材任治戎[5], 是仲由[6]之行也. 孔子和之以文, 說之以『詩』曰: '受小拱大拱, 而爲下國駿龐. 荷天子之龍[7]', '不戁不悚', '敷奏其勇'[8]. 强乎武哉! 文不勝其質[9].

▌注釋

1) **不畏强禦**: 외(畏)는 두려워하다. 강어(强禦)는 사납다, 포악하다. 2) **不侮矜寡**: 모(侮)는 침범하다, 업신여기다. '矜'은 '환(鰥)'과 같다. 늙어서 아내가 없는 것을 홀아비[鰥]라고 하고, 늙어서 남편이 없는 것을 과부[寡]라 한다. 3) **其言循性**: 왕숙의 주에, "그 본성을 따르고 그 정(情)을 속이지 않음을 말한다."고 했다. 4) **其都以富**: 왕숙의 주에, "중유(仲由)는 정사(政事)에 능했다."고 했다. 도(都)는 거(居). 여기서는 정치를 하는 곳을 가리킨다. 5) **戎**: 왕숙의 주에, "융(戎)은 군여(軍旅)이다."고 했다. 6) **仲由**: 공자의 제자. 즉 자로(子路)이다. 노나라 변인(卞人)이다. 7) **受小拱大拱, 而爲下國駿龐. 荷天子之龍**: 『시』「상송(商頌)·장발(長發)」에 나오는 말이다. 왕숙의 주에, "공자가 말한 '중유는 문장으로 화답하고, 시로써 말하였다.'고 한 것이 그 뜻이다. 공(拱)은 법(法)이다. 준(駿)은 대(大)이고, 방(龐)은 후(厚)이고, 용(龍)은 화(和)이다. 크고 작은 법을 받아 하국(下國)이 되어서도 크게 두터워 천하의 도를 맡을 수 있다는 것을 말한다."고 했다. 공(拱)이 사고본과 동문본 그리고 금본(今本)『모시(毛詩)』에는 '共'으로 되어 있다. 방(庬)이 원래는 방(龐)으로 되어 있었으나 사고본에 근거하여 고쳤

다. 금본 『모시』에 방(厖)으로 되어 있는데, 방(龐)과 방(厖)은 같다. 용(龍)은 총(寵)과 같다. 8) **不戁不悚, 敷奏其勇**: 『시』「상송(商頌) · 장발(長發)」에 나오는 말이다. 왕숙의 주에, "난(戁)은 공(恐)이다. 두려워하다, 무서워하다. 부(敷)는 진(陳), 주(奏)는 천(薦)이다. 9) **強乎武哉! 文不勝其質**: 왕숙의 주에, "자로는 강하고 용감하여 문(文)이 그 질(質)을 넘어서지 못하였음을 말한다."고 했다. 무(武)는 용감하다. 승(勝)은 초과(超過).

12-7

늙은이를 존경하고 어린 아이를 동정하며, 밖에 있는 여행객을 잊지 아니하고, 배우기를 좋아하고 기예에 널리 통하며, 일을 함에 절약하면서도 또 근면하였는데, 이것이 염구(冉求)의 품행입니다. 공자께서 그런 까닭에 그에 대하여 말씀하셨습니다. '배우기를 좋아하는 것은 총명하다는 것이고, 어린 아이를 동정하는 것은 인애하다는 것이며, 사람을 공경하는 것은 예의의 요구에 가까운 것이고, 부지런한 것은 계속하여 끊임없이 수확이 있다는 것이다. 요(堯)와 순(舜)은 충후하고 공손함으로 천하를 다스리게 되었다.' 공자께서 칭찬하여 말씀하셨습니다. '그는 국로(國老)를 맡기에 적합하다.'

原文

恭老恤幼[1], 不忘賓旅[2], 好學博藝[3], 省物而勤也[4], 是冉求[5]之行也. 孔子因而語之曰: '好學則智, 恤孤則惠[6], 恭則近禮, 勤則有繼[7], 堯舜篤[8]恭, 以王天下.' 其稱之也曰: '宜爲國老[9].'

注釋

1) **恭老恤幼**: 공(恭)은 존경, 휼(恤)은 동정(同情)을 가리킨다. 2) **賓旅**: 왕숙의 주에, "빈려(賓旅)는 기객(寄客)을 말한다."고 했다. 3) **藝**: 재능, 기예. 4) **省物而勤也**: 왕숙의 주에, "여러 일을 줄이고, 부지런히 하다."고 했다. 생(省)은 줄이다. 근(勤)은 부지런하다. 5) **冉求**: 공자의 제자. 즉 염유(冉有)이다. 자는 자유(子有)로 정사(政事)에 능하였다. 6) **恤孤則惠**: 고(孤)는 어려서 부모가 없는 것을 고(孤)라 하였다. 혜(惠)는

인애(仁愛). 7) 繼: 더해 나가다. 계속하여 끊임없이 수확하다. 8) 篤: 충후(忠厚). 9) 國老: 왕숙의 주에, "국로(國老)는 임금의 덕교(德敎) 펼침을 돕는다."고 했다.

12-8

공손하면서도 태도를 엄숙하게 하고, 뜻에 통달하였으면서도 예의의 일을 좋아하며, 두 나라 군주가 서로 만날 때에는 빈상(儐相)을 맡아 성실하고 우아하면서도 예절을 준수하였는데, 이것이 공서적(公西赤)의 품행입니다. 공자께서 말씀하셨습니다. '예경(禮經) 3백 가지는 힘쓰면 해낼 수 있지만, 3천 가지 위엄을 갖춘 예의는 해내기 어렵도다.' 공서적이 물었습니다. '어찌해서 그렇습니까?' 공자께서 말씀하셨습니다. '빈상(儐相)이 되면 서로 다른 사람의 용모에 근거하여 예를 행해야 하고, 언사(言辭)는 예의의 요구에 근거하여 말해야 하기 때문에 어렵다고 한 것이다.' 여러 사람들이 공자의 말씀을 듣고 공서적이 이미 성취한 바가 있다고 여겼습니다. 공자께서 제자들에게 말씀하셨습니다. '빈객을 접대하는 일은 공서적이 이미 통달하였다.' 제자들에게 또 말씀하셨습니다. '너희들이 빈객에 대한 예의를 배우고자 하거든 공서적에게 배우도록 하라.'

原文

齊莊[1]而能肅, 志通而好禮, 擯相[2]兩君之事, 篤雅有節, 是公西赤[3]之行也. 子曰: '禮經三百, 可勉能也[4]; 威儀三千, 則難也[5].' 公西赤問曰: '何謂也?' 子曰: '貌以儐禮, 禮以儐辭, 是謂難焉[6].' 衆人聞之, 以爲成也[7]. 孔子語人曰: '當賓客之事, 則達矣[8].' 謂門人曰: '二三子[9]之欲學賓客之禮者, 其於赤也.

注釋

1) 齊莊: 공경(恭敬). 제(齊)는 재(齋)와 같다. 사고본과 동문본에는 '齋'로 되어 있다.
2) 擯相: 빈(擯)은 빈(儐)과 같다. 나아가 손님을 맞이하는 것을 빈(擯)이라 하고, 들어

와 예를 돕는 것을 상(相)이라 한다. 군주를 위해 예의(禮儀)를 주지하는 것을 가리킨다. 사고본과 동문본에는 '儐'으로 되어 있다. 3) **公西赤**: 공자의 제자. 자는 자화(子華)로 노나라 사람이다. 4) **禮經三百, 可勉能也**: 왕숙의 주에, "예경(禮經) 삼백(三百)은 배우기에 힘쓰면 능히 알 수 있다."고 했다. 5) **威儀三千, 則難也**: 왕숙의 주에, "몸소 삼천(三千)의 위의(威儀)를 행하는 것은 어렵지만, 공서적(公西赤)이 몸소 행할 수 있었다."고 했다. 위의(威儀)는 제사 등 전례(典禮) 중의 예절과 사람을 대하거나 물건을 접할 때의 예의이다. 6) **貌以儐禮, 禮以儐辭, 是謂難焉**: 왕숙의 주에, "빈상(儐相)이 되면 각기 다른 사람의 용모에 근거하여 예를 행하여야 하고, 예의에 근거하여 말을 하여야 하며, 일에 근거하여 맞게 해야 하기 때문에 어렵다는 것을 말한다."고 했다. 7) **衆人聞之, 以爲成也**: 왕숙의 주에, "여러 사람들이 공자의 말을 듣고 공서적(公西赤)이 능히 삼천 가지 위의(威儀)를 행할 수 있다고 여겼기 때문에 성취가 있다고 한 것이다."고 했다. 8) **當賓客之事, 則達矣**: 왕숙의 주에, "빈객을 접대하는 일에 통달했다고 해서 아직 치국의 본체(本體)에 통달한 것은 아니다."고 했다. 9) **二三子**: 공자의 제자들에 대한 칭호.

12-9

충만하면서도 흘러넘치지 않고 충실하면서도 빈 것같이 하며, 이미 초과하였으면서도 아직 미치지 못한 듯 하는 것은 선왕(先王)도 하기 어려운 것입니다. 지식이 해박하여 배우지 아니한 것이 없고, 그의 외모는 공손하고 덕행은 돈후하였으며, 다른 사람에게 하는 말이 믿지 못할 말이 없었고, 그는 부귀한 자들을 경시하고 늘 호연지기(浩然之氣)를 유지하였으므로 장수할 수 있었는데, 이것이 증삼(曾參)의 품행입니다. 공자께서 말씀하셨습니다. '효(孝)는 덕행의 시작이고, 제(悌)는 덕행의 순서이며, 신(信)은 덕행의 깊고 두터움이고, 충(忠)은 덕행의 준칙이로다. 증삼은 이 네 가지 덕행에 부합(符合)한다.' 공자께서 이같이 증삼을 칭찬하셨습니다.

原文

滿而不盈, 實而如虛, 過之如不及, 先王難之[1]; 博無不學, 其貌恭, 其德敦[2]; 其言於人也, 無所不信; 其驕大人也, 常以浩浩[3], 是以眉壽[4]. 是曾參之行也. 孔子曰: '孝, 德之始也; 悌, 德之序也[5]; 信, 德之厚也; 忠, 德之正也. 參中[6]夫四德者也.' 以此稱之.

注釋

1) **滿而不盈, 實而如虛, 過之如不及, 先王難之**: 왕숙의 주에, "가득 찼으면서도 허(虛)한 듯 하고, 지나쳐도 아직 미치지 못한 듯 하는 것은 선왕(先王)도 어려워 한 것인데 증삼(曾參)이 그 행함을 체득하였다."고 했다. 만(滿)은 충족(充足). 선왕(先王)이 『대대례기(大戴禮記)』에는 '先生'이라 되어 있다. 2) **敦**: 도탑다[厚]. 3) **其驕大人也, 常以浩浩**: 왕숙의 주에, "호연(浩然)하고 뜻이 크며, 교만한 모습이다. 대인(大人)은 부귀한 자이다."고 했다. 대(大)가 원래는 '어(於)'로 되어 있었다. 비요본(備要本)과 진본(陳本) 등에 근거하여 고쳤다. 4) **是以眉壽**: 왕숙의 주에, "부귀함을 선망하지 않고 허무에 안정(安靜)하였기 때문에 이를 부귀로 여겼다."고 했다. 미수(眉壽)는 장수(長壽). 옥해당본(玉海堂本)에는 이 네 글자가 없다. 5) **悌, 德之序也**: 왕숙의 주에, "제(悌)는 윗사람을 공경하는 것으로 덕의 차서(次序)이다."고 했다. 6) **中**: 적합하다, 상대에게 꼭 맞다.

12-10

미덕(美德)의 공이 있어도 자랑하지 않고, 존귀한 지위에 있으면서도 희색(喜色)을 띠지 않으며, 스스로 방임하면서 공(功)을 탐하거나 세력을 부러워하지 않고, 홀아비, 과부, 고아, 독신 등 가난하면서도 하소연할 곳이 없는 백성을 업신여기지 않았는데, 이것이 전손사(顓孫師)의 품행입니다. 공자께서 그를 평가하여 말씀하셨습니다. '자랑하지 않는 것은 일반인도 할 수 있거니와, 백성들을 우롱하지 않는 것는 그의 뛰어난 인의(仁義)의 거동이다.' 『시』에 이르기를, '군자(君子)가 화락하고 평이하면 백성의 부모가 되어 민의(民意)를 따르게 된다.'고 하였으니 선생님께서는 그의 인덕을 가장 중시하셨습니다.

原文

美功不伐[1], 貴位不善[2], 不侮不佚[3], 不傲無告[4], 是顓孫師[5]之行也. 孔子言之曰: '其不伐則猶可能也, 其不弊百姓[6], 則仁也.'『詩』云: '愷悌君子, 民之父母[7].' 夫子以其仁爲大.

注釋

1) 伐: 자랑하다. 2) 不善: 얼굴에 좋아하는 기색이 없다. 선(善)은 희(喜)와 같다.『대대례기(大戴禮記)』「위장군문자(衛將軍文子)」의 이 구절에 대한 손광삼(孫廣森) 보주(補注)에 이르기를 "선(善)은 스스로 좋아하다."라고 했다. 3) 不侮不佚: 왕숙의 주에, "모(侮)는 일(佚)이다. 공(功)을 탐하고 세력을 선망하는 모습이다."고 했다. 모(侮)는 업신여기다. 일(佚)은 즐기다. 방탕(放蕩)하다. 4) 不傲無告: 왕숙의 주에, "홀아비、과부、고아、독신은 백성으로서 궁한데도 하소연할 곳이 없는 사람들이다. 자장(子張)의 행동이 이들에게 거만하게 굴지 않았다."고 햇다. 오(傲)는 거만하다. 5) 전손사(顓孫師): 공자의 제자, 자는 자장(子張)으로 진(陳)나라 사람이다. 6) 不弊百姓: 왕숙의 주에, "백성을 우롱하지 않았다는 것은 즉 거만하지 않음을 이른다."고 했다. 폐(弊)는 남을 속이다, 우롱한다를 가리킨다. 7) 愷悌君子, 民之父母: 이 말은『시(詩)』「대아(大雅)· 형작(泂酌)」에 나온다. 왕숙의 주에, "개(愷)는 낙(樂)이고, 제(悌)는 이(易)이다. 즐겁게 힘껏 교화하고 편안하게 기쁘고 안정되게 하면 백성은 모두 아비를 높이고 어미를 친하게 한다."라고 했다.

12-11

배우기를 깊이 할 수 있고, 빈객을 맞이하고 보낼 때에는 반드시 공경함으로 하며, 윗사람과 사귀거나 아랫사람과 접촉하면서 모두 구별이 엄격하고 경계가 분명하였으니, 이것이 복상(卜商)의 품행입니다. 공자께서는『시』를 인용하여 그를 평가하셨습니다. '마음을 공평하게 하고 기운을 고르게 하면 이미 귀해지니 소인 때문에 위태롭게 되지 않는다.' 복상 같은 사람에게는 어떤 위험도 없을 것이다.

▍原文

學之深[1], 送迎必敬[2], 上交下接若截[3]焉, 是卜商[4]之行也. 孔子說之以『詩』曰: '式夷式已, 無小人殆[5].' 若商也, 其可謂不險矣[6].'

▍注釋

1) **學之深**: 왕숙의 주에, "배움이 능히 그 깊은 뜻에 들어갈 수 있다."고 했다. 2) **送迎必敬**: 왕숙의 주에, "빈객을 맞이하고 보낼 때에는 항상 공경함으로 해야 한다."고 했다. 3) **若截**: 구별이 엄격하고 경계가 분명함을 비유한다. 4) **蔔商**: 공자의 제자이고 자는 자하(子夏)로서 후에 위문후(魏文侯)의 스승이 되었다. 5) **式夷式已, 無小人殆**: 이 말은 『시(詩)』「소아(小雅)· 절남산(節南山)」에 나온다. 왕숙의 주에 "식(式)은 용(用)이고, 이(夷)는 평(平)이다. 평온하게 하면 (소인의 행위가) 그친다[已]는 것을 말한 것이다." 태(殆)는 위(危)이다. 소인(小人) 때문에 위험에 이르지 않는다."고 했다. 6) **若商也, 其可謂不險矣**: 왕숙의 주에, "험(險)은 위(危)이다. 자하(子夏)는 항상 엄하게 결단하므로 소인을 가까이하여 위험에 빠지지 않는다."고 했다.

▍12-12

귀하게 되어도 기뻐하지 않고, 천하게 되어도 노여워하지 않으며, 진실로 백성들에게 이익이 있는 경우를 원하고, 자신의 행위를 청렴하게 하며, 윗사람을 섬기는 것으로 아랫사람을 돕고자 하였는데, 이것이 담대멸명(澹臺滅明)의 품행입니다. 공자께서 말씀하셨습니다. '혼자만 귀하고 혼자만 부유한 것을 군자는 부끄럽게 여겼는데, 담대멸명이 이같은 군자로다.'

▍原文

貴之不喜, 賤之不怒, 苟利於民矣, 廉於行己, 其事上也以佑其下[1], 是淡臺滅明[2]之行也. 孔子曰: '獨貴獨富, 君子耻[3]之, 夫也中之矣.'

注釋

1) **其事上也以佑其下**: 왕숙의 주에, "윗사람을 섬기는 것으로 그 아랫사람을 돕고자 한다."고 했다. 2) **澹臺滅明**: 공자의 제자, 자는 자우(子羽). 노(魯)나라 무성(武城: 지금의 산동 평읍(平邑)) 사람. 3) **恥**: 원래는 '조(助)'로 되어 있었는데 진본(陳本), 동문본과 『대대례기(大戴禮記)』에 근거하여 고쳤다. 4) **夫也中之矣**: 왕숙의 주에, "부(夫)는 담대멸명(澹臺滅明)을 이른다. 중(中)은 당(當)과 같다."고 했다.

12-13

먼저 계획을 잘 해두었다가 일이 생기면 계획에 맞춰 행하기 때문에 경거망동하지 않았는데, 이것이 언언(言偃)의 품행입니다. 공자께서는 말씀하셨습니다. '재능을 갖기를 원하면 배워야 하고, 알고자 한다면 남에게 물어야 하며, 일을 잘하려고 하면 상세하고 신중하게 해야 하고, 일을 목적에 도달하게 하려면 미리 준비해야 한다. 이같이 행동해야 하는 것을 언언이 이미 해내고 있다.'

原文

先成其慮[1], 及事而用之[2], 故動則不妄, 是言偃[3]之行也. 孔子曰: '欲能則學, 欲知則問, 欲善則詳[4], 欲給則豫[5], 當是而行, 偃也得之矣.'

注釋

1) **慮**: 모(謀)이다. 2) **及事而用之**: 꾀하였던 바를 행하다. 3) **言偃**: 공자의 제자, 자는 자유(子遊), 오(吳)나라 사람이다. 4) **欲善則詳**: 왕숙의 주에, "그 일을 잘하려고 하면 상세하고 신중하게 해야 한다."고 했다. 5) **欲給則豫**: 왕숙의 주에, "일을 목적에 도달하게 하고 막힘이 없으려면 미리 준비하는 것보다 나은 것이 없다."고 했다. 급(給)은 성공(成功), 실현을 가리킨다. 예(豫)는 일을 미리 준비하는 것을 가리킨다.

12-14

홀로 있을 때에는 인(仁)을 생각하고, 관리가 되어서는 의(義)를 말하며, 『시』를 읽을 때에는 하루에 '백규의 흠[白圭之玷]'이라는 문장을 세 번이나 거듭하였는데, 이것이 궁도(宮縚)의 품행입니다. 공자께서는 그가 인애(仁愛)를 행할 수 있다고 믿고 그를 특별한 사(士)라고 여겼습니다.

原文

獨居思仁, 公言言[1]義, 其於『詩』也, 則一日三覆'白圭之玷'[2], 是宮縚[3]之行也. 孔子信其能仁, 以爲異士[4].

注釋

1) **言**: 원래는 '인(仁)'으로 되어 있었는데 사고본과 동문본 그리고 『대대례기(大戴禮記)』에 근거하여 고쳤다. 2) **一日三復'白圭之玷'**: '白圭之玷'이란 말은 『시』「대아(大雅)·억(抑)」에 나온다. 왕숙의 주에, "점(玷)은 결(缺)이다. 『시』에, '백규(白圭)의 흠[玷]은 갈아버릴 수 있지만, 말의 흠은 어찌할 수 없다."고 했고, '一日三復之'는 지극히 신중함이다. 백규(白圭)는 백옥(白玉)으로 만든 예기(禮器). 3) **宮縚**: 공자의 제자 즉 남궁도(南宮縚) 또는 남궁괄(南宮括)이라고 부른다. 노나라 사람이다. 3) **異士**: 왕숙의 주에, "특별한 사(士)이다."고 했다.

12-15

공자를 뵙게 된 뒤로부터는 문을 출입할 때 예절을 위반하지 않았고, 문을 오고가면서 발로 남의 그림자를 밟지 않았으며, 춘분이 되어 겨울잠에서 깨어난 동물들을 죽이지 않았고, 초목이 생장할 때에는 그들을 꺽지 않았으며, 부모의 상례(喪禮)를 받들 때에는 웃은 적이 없었는데, 이것이 고시(高柴)의 품행입니다. 공자께서 말씀하셨습니다. '고시가 부모 상례에 보인 성심(誠心)은 일반 사람들이 하기 어려운 것이고, 겨울잠에서 깬 동물을 죽이지 않는 것은 인도(人道)에 순응하는 것이며, 초목이 생장할 때에 그들을 꺾지 않는 것은 사물에게도 인애를 펼치는 것이다. 성탕(成湯)은 공손하면서도 자기 마음으로 미루어 남을 용서했으므로 성망(聲望)이 날로 알려졌던 것이다.'

原文

自見孔子, 出入於戶, 未嘗越禮[1]; 往來過之, 足不履影[2]; 啓蟄不殺[3], 方長不折[4]; 執親之喪[5], 未嘗見齒[6]. 是高柴之行也. 孔子曰: '柴於親喪, 則難能也; 啓蟄不殺, 則順人道; 方長不折, 則恕仁也. 成湯恭而以恕, 是以日隮[7].'

注釋

1) 禮: 사고본과 동문본에는 '리(履)'로 되어 있고, 『대대례기(大戴禮記)』에는 '구(屨)'로 되어 있다. 2) 往來過之, 足不履影: 왕숙의 주에, "왕래의 떳떳한 자취 때문에 그림자를 밟지 않는다는 것을 말한다."고 했다. 3) 啟蟄不殺: 왕숙의 주에, "춘분이 되면 겨울잠 자는 벌레들이 모두 나오는데 이때에는 살생하지 않는다."고 했다. 칩(蟄)은 겨울잠 자는 벌레. 계(啟)는 열다. 4) 方長不折: 왕숙의 주에, "봄과 여름에 생장할 시기에 초목을 꺾지 않는다."고 했다. 장(長)은 생장(生長), 절(折)은 꺾다. 5) 執親之喪: 부모의 상례(喪禮)를 받들다. 집친(執親)은 효도를 지킨다는 의미. 6) 見齒: 웃다. 7) 成湯恭而以恕, 是以日隮: 왕숙의 주에, "제(隮)는 승(升)이다. 성탕(成湯)은 공손하고 어질어 다른 사람에게도 미쳐 새를 잡을 때 사면에 그물을 치면 그 중 세 곳을 제거하였다. 『시』에 이르기를, '탕(湯)의 탄신은 늦지 않아서 성경(聖敬)함이 날로 올랐다.'라고 하여, 성탕이 고인의 도를 늘 행하여 그 성경(聖經)한 덕이 날로 알려졌다."고 했다. 제(隮)는 사고본과 동문본에 '제(躋)'로 되어 있다.

12-16

"대체로 위에서 말한 분들은 제가 직접 목격한 사람들입니다. 그대께서 저를 불러 물으시기에 대답하지 않을 수 없었지만 저 역시 어리석은 지라 어진 사람을 진정 알아볼 수가 없습니다."

原文

"凡此諸子, 賜之所親睹[1]者也. 吾子有命而訊[2]賜, 賜也固[3], 不足以知賢."

注釋

1) 親睹: 직접 목격한 것을 가리킨다. 2) 訊: 왕숙의 주에, "심(訊)은 문(問)이다."고 했다. 3) 固: 어리석다.

12-17

문자(文子)가 말하였다. "내가 듣기에 나라에 도가 있으면 어진 사람이 생겨나고, 중용을 행하는 사람이 임용되면 백성들이 따른다고 했습니다. 그대께서 한 이야기들은 매우 풍부하고 전반적입니다. 그들은 모두 제후를 보좌할 수 있는 사람들이지만 당시에 성명(聖明)한 군주가 없어 임용되지 못했기 때문에 행할 수가 없었던 것이지요."

原文

文子曰: "吾聞之也, 國有道則賢人興[1]焉, 中人用焉[2], 乃百姓歸之. 若吾子之論, 旣富茂矣. 壹[3]諸侯之相也, 抑4)世未有明君, 所以不遇也."

注釋

1) 興: 일어나다. 2) 中人用焉: 왕숙의 주에, "중용(中庸)의 사람들이 때에 맞춰 임용되다."고 했다. 3) 壹: 왕숙의 주에, "일(壹)은 '모두'이다."고 했다. 4) 抑: 그러나, 그렇지만.

12-18

자공(子貢)이 위장군 문자와 이야기를 마친 후 노나라로 돌아와 공자를 뵙고 말하였다. "위장군 문자가 저에게 동학(同學)들의 정황을 거듭 묻기에 사양하지 못하고 저의 소견대로 대답했습니다만 제가 한 말이 맞는지 모르겠습니다. 그 내용을 말씀드리길 청합니다.

原文

子貢旣與衛將軍文子言, 適[1]魯, 見孔子曰: "衛將軍文子問二三子之於賜, 不壹而三[2]焉. 賜也辭不獲命, 以所見者對矣, 未知中否, 請以告."

注釋

1) 適: ~로 가다. 2) 不壹而三: 여기서는 두 번, 세 번 부탁함을 가리킨다.

12-19

공자가 말했다. "이야기해 보아라." 자공은 위장군 문자에게 말한 대로 공자에게 이야기하였다. 공자는 듣고 나서 웃으며 말하였다. "단목사(端木賜)야! 네가 이미 사람의 높고 낮은 순서를 잘 알고 있구나." 자공이 대답하였다. "제가 어찌 감히 다른 사람을 잘 안다고 할 수 있겠습니까? 이는 단지 제가 본 대로 말했을 뿐입니다."

原文

孔子曰: "言之乎." 子貢以其辭狀[1]告孔子. 子聞而笑曰: "賜, 汝次焉人矣[2]." 子貢對曰: "賜也何敢知人, 此以賜之所睹也."

注釋

1) 狀: 정황, 사정. 2) 次焉人矣: 왕숙의 주에, "사람의 높고 낮은 순서를 이해함을

말한다."고 했다. '爲'가 원래는 '焉'으로 잘못되어 있었지만 사고본과 비요본(備要本) 그리고 동문본에 근거하여 고쳤다.

12-20

공자가 말하였다. "그렇다. 나도 또한 네가 듣지 못하고 보지 못한 것을 말해주마. 이는 아마 네 생각이 이르지 못하고 지혜가 미치지 못한 것일게다." 자공이 말하였다. "저는 선생님의 말씀을 듣길 원합니다."

原文

孔子曰[1]: 然. 吾亦語[2]汝耳之所未聞, 目之所未見者, 豈[3]思之所不至, 智之所未及哉?" 子貢曰: "賜願得聞之."

注釋

1) 曰: 원래는 빠져 있었으나 사고본과 동문본에 근거하여 보완하였다. 2) 語: 말하다. 3) 豈: 아마, 대개. ~일 것이다.

12-21

공자가 말하였다. "남을 가혹하게 하거나 질투하지 않고, 옛날 지녔던 원망을 염두에 두지 않았던 것이 백이(伯夷)와 숙제(叔齊)의 품행이다. 하늘의 뜻을 생각하고 남을 존경하며, 의(義)를 따르고 일을 행함에 신용을 지키며, 부모에게 효순(孝順)하고 형제에게 공손하며 한 마음으로 선(善)을 따르면서도 교화가 필요 없던 것이 조문자(趙文子)의 품행이다. 군주를 섬김에 구차하게 생을 도모하려 하지 않으면서도 의롭지 않은 일에 가볍게 죽으려 하지 않으며, 자신을 위한 생각을 하면서도 친구를 잊지 않고 군주가 중용하면 힘써 일을 하고, 임용하지 않으면 물러나던 것이 대개 수무자(隨武子)의 품행이다. 그 사람됨이 생각이 깊어 헤아릴 수 없고, 박식하여 쉽게 속지 않으며 내심 강직함을 종신토록 견지하고 천하가 태평할 때는 그의 말이 나라를 다스리는데 충분하고, 천하가 어두울 때는 그의 침묵이 생존하기에 충분한 것이 대개 동저백화(銅鞮伯華)의 품행이다. 밖으로 너그럽고 내심으로는 정직하며, 일정한 규범에 따르고 자신의 행위를 단정하게 하며, 자신은 정직하게 하면서도 남에게 정직함을 강요하지 않았으며, 마음이 절박하게 인덕(仁德)을 추구하면서 종신토록 선(善)을 행한 것이 대개 거백옥(蘧伯玉)의 품행이다. 효순하고 공경하며 자애롭고 어질며, 덕행을 닦고 한 마음으로 의(義)를 도모하며, 재화(財貨)를 아끼고 원한(怨恨)을 없애며 재물을 가볍게 보면서도 궁핍하지 않았던 것이 대개 유하혜(柳下惠)의 품행이다. 일찍이 어떤 말에, 군주가 비록 신하의 재능을 헤아려 주지 않지만 신하로서는 그 군주에게 충성하지 않을 수 없으므로 군주는 신하를 가려 임용해야 하고, 신하 또한 군주를 가려 섬겨야 한다는 것이다. 군주가 성명(聖明)하면 그의 명령에 순종하고, 군주가 어리석으면 그의 명을 받들지 않았던 것이 대개 안평중(晏平仲)의 품행이다. 충신(忠信)으로 행동하고 종일 말을 해도 어떤 잘못도 없으며, 나라가 어지러울 때는 지위가 낮고 천해도 근심하지 않고 빈곤함에 처해도 오히려 즐거워한 것이 노자(老子)의 품행이다. 덕행을 닦으며 천명(天命)을 기다리고 지위가 낮아도 윗사람에 의지하여 승진하려 하지 않으며, 사방을 유람하고 다닐 때에 부모를 잊지 않고, 향락을 마음껏 하지 않으며, 능력이 없으면 배워서 종신토록 걱정이 되지 않게 하였던 것이 대개 개자산(介子山)의 품행이다."

原文

孔子曰: "不克不忌[1], 不念舊怨, 蓋伯夷、叔齊[2]之行也; 思天而敬人, 服義而行信, 孝於父母, 恭於兄弟, 從善而不教, 蓋趙文子之行[3]也; 其事君也, 不敢愛其死, 然亦不敢忘其身, 謀其身不遺其友, 君陳[4]則進而用之, 不陳則行而退, 蓋隨武子[5]之行也; 其爲人之淵源[6]也, 多聞而難誕[7], 內植[8]足以沒其世[9], 國家有道, 其言足以治, 無道, 其默足以生, 蓋銅鞮伯華[10]之行也; 外寬而內正, 自極於隱括之中[11], 直己而不直人, 汲汲[12]於仁, 以善自終, 蓋蘧伯玉[13]之行也; 孝恭慈仁, 允德圖義[14], 約貨去怨[15], 輕財不匱[16], 蓋柳下惠之行也; 其言曰, 君雖不量於其身[17], 臣不可以不忠於其君, 是故君擇臣而任之, 臣亦擇君而事之. 有道順命[18], 無道衡命[19], 蓋晏平仲[20]之行也; 蹈[21]忠而行信, 終日言不在尤[22]之內, 國無道, 處賤不悶[23], 貧而能樂, 蓋老子[24]之行也; 易行以俟天命[25], 居下不援其上[26], 其親觀於四方也, 不忘其親, 不盡其樂[27], 以不能則學, 不爲己終身之憂[28], 蓋介子山[29]之行也."

注釋

1) 不克不忌: 극(克)은 다른 사람과 다투기를 좋아하다. 기(忌)는 사람들이 꺼리는 것. 2) 伯夷、叔齊: 상(商)나라 말기 고죽군(孤竹君)의 아들인데, 백이(伯夷)가 장자(長子)이다. 처음에 고죽군이 차남인 숙제(叔齊)를 계승자로 삼고자 했다. 고죽군이 죽고 나서 숙제가 양위(讓位)하자 백이는 오히려 받아들이지 않았다. 후에 두 사람은 주(周)나라로 도망갔다. 주 무왕(武王)이 상나라를 멸망시키고 천하가 주나라를 섬기자, 백이와 숙제는 이를 부끄럽게 여기고 주나라 곡식을 먹지 않고 수양산(首陽山)에 은거하며 후에 굶어 죽었다. 두 사람은 모두 품덕이 고상한 사람으로 칭송되었다. 3) 蓋趙文子之行: 조문자는 즉 조무(趙武)인데. 춘추시대 진(晉)나라 대부로서 조삭(趙朔)의 아들이다. 사고본과 동문본에는 '蓋' 자를 잘못하여 '道' 자로 썼다. 4) 陳: 왕숙의 주에, "군주에게 진열하여 군주가 사용하게 함을 이른다."고 했다. 5) 隨武子: 즉 수회(隨會)、범회(范會)、사회(士會)를 말하고, 또 범무자(范武子)라고도 칭한다. 춘추시대 진(晉)나라 대부이다. 6) 淵源: 생각이 깊어 헤아릴 수 없음을 이른다. 연(淵)은 깊다. 7) 탄(誕): 속이다, 기만하다. 8) 植: 성정(性情)이 강직(剛直)함을 가리킨다. 9) 沒其世: 장구(長久)함과 종신(終身)을 가리킨다. 10) 銅鞮伯華: 즉 양설씨(羊舌氏)로 이름은 적(赤), 자는 백화(伯華)이다. 춘추시대 진(晉)나라 대부이다. 동저(銅鞮)는 지금의 산서(山西) 심현(沁縣) 남쪽이다. '저(鞮)가 사고본과 동문본에는 '제(鞮)'로 되어 있다. 11) 自極於隱括之中: 왕숙의 주에, "은괄(隱括)은 스스로 바르게 하는 방법이다."고 했다. 극(極)은 바르다, 단정하다. 은괄(隱括)은 사곡(邪曲)한 기구(器具)를 바로잡다. 표준(標準)、규범(規範)의 뜻. 12) 汲汲: 급하고 절박한 모습. 13) 蘧伯玉: 춘

추시대 위(衛)나라 대부, 즉 거원(蘧瑗)인데, 공자가 위나라에 있을 때 그의 집에 머문 적이 있다. 14) **允德圖義**: 왕숙의 주에, "윤(允)은 신(信)이고, 도(圖)는 모(謀)이다." 고 했다. 15) **約貨去怨**: 왕숙의 주에, "무릇 리(利)는 원망이 모이는 곳이기 때문에 그 재화를 아끼고 절약하여 그 원망을 멀리 한다."고 했다. 약(約)은 소(少)이다. 화(貨)는 재화의 이익이다. 거(去)는 제거하다. 16) **궤(匱)**: 결핍(缺乏). 17) **不量於其身**: 왕숙의 주에, "그 신하의 덕의 기량을 헤아리지 못함을 이른다."고 했다. 18) **有道順命**: 왕숙의 주에, "군주에게 도(道)가 있으면 그 명(命)을 순종한다."고 했다. 19) **無道衡命**: 왕숙의 주에, "형(衡)은 횡(橫)이다. 명(命)을 받지 않고 은거하는 자이다."고 했다. 20) **晏平仲**: 즉 안영(晏嬰)、안자(晏子)이다. 춘추시대 제(齊)나라의 경상(卿相)으로 자는 중(仲)는 시호는 평(平)으로서 세상에서는 안평중(晏平仲)이라 칭한다. 동래(東萊)의 이유(夷維) 즉 지금의 산동(山東) 고밀(高密) 사람이다. 21) **도(蹈)**: 실행(實行). 22) **尤**: 왕숙의 주에, "우(尤)는 잘못[過]이다."고 했다. 23) **悶**: 왕숙의 주에, "민(悶)은 근심이다."고 했다. 24) **老子**: 사고본에는 '老萊子', 동문본에는 '老來子'로 되어 있다. 25) **易行以俟天命**: 易는 왕숙의 주에, "이(易)는 다스리다[治]이다."고 했다. 사(俟)는 기다리다. 26) **居下不援其上**: 왕숙의 주에, "하위(下位)에 있지만 윗사람에 의지하여 승진하지 않는다."고 했다. 27) **觀於四方也, 不忘其親, 不盡其樂**: 왕숙의 주에, "비록 사방을 관람하는 즐거움이 있어도 항상 그 부모를 생각하고, 즐거움에 빠지지 않는다."고 했다. '觀' 자 위에 원래 '親' 자가 있었는데 진본(陳本)과 『대대례기(大戴禮記)』에 근거하여 삭제하였다. 28) **以不能則學, 不爲己終身之憂**: 왕숙의 주에, "알지 못함을 근심하여 능하지 못하면 배웠으니 무슨 근심이 있겠는가?"라고 했다. 29) **介子山**: 즉 개지추(介之推) 혹은 개자추(介子推)、개추(介推)라고도 한다. 춘추시대 진(晉)나라 대부이다. 후에 모친과 함께 금상(綿上) 즉 지금의 산서(山西) 개림(介休)의 동남쪽에 은거하다가 산에서 죽었다.

12-22

자공(子貢)이 말하였다. "감히 여쭙건대 선생님께서 아시는 바는 대개 이들이 다 입니까?" 공자가 말했다. "어찌 그렇게 말할 수 있겠느냐? 내가 귀로 듣고 눈으로 본 것만을 거론했을 뿐이다. 옛날 진 평공(晉平公)이 기해(祁奚)에게 물었다. '양설대부(羊舌大夫)는 진(晉)나라의 현명한 대부인데 그의 품행이 어떠한가?' 기해는 사양하며 알지 못한다고 했다. 진 평공이 물었다. '내가 듣기에 그대가 어렸을 때 그의 집에서 자랐다는데 지금 그대가 숨기고 말하지 않으니 무엇 때문인가?' 기해가 대답하였다. '그가 젊었을 때는 공손하고 순하며 마음속에 부끄러운 일이 있으면 그날을 넘기지 않고 고쳤으며, 그가 대부가 되어서는 좋은 도리를 또 겸손하고 정직하였으며, 여위(輿尉)가 되어서는 성실하게 자신의 군공을 정직하게 말하였고, 얼굴모습은 온화하고 선량하면서도 예절을 좋아하고 널리 듣고 박식하였으며 또 때때로 자신의 뜻을 드러내었습니다.' 진 평공이 말하였다. '방금 내가 그대에게 물을 때에는 그대는 어찌하여 모른다고 했는가?' 하고 물으니 기해는 대답하기를, '지위는 늘 변하는 것인데 그가 지금 어느 지위에 있는지를 몰라 감히 그를 이해한다고 말할 수 없었습니다.'라고 하였다. 이것이 또한 양설대부의 품행이다." 자공은 꿇어앉아 절하는 예를 하고 말하였다. "청컨대 물러가 선생님의 말씀을 기록하도록 해주십시오."

原文

子貢曰: "敢問夫子之所知者, 蓋盡於此而已乎?" 孔子曰: "何謂其然? 亦略擧耳目之所及而矣. 昔晉平公[1]問祁奚[2]曰: '羊舌大夫[3], 晉之良大夫也. 其行如何?' 祁奚辭以不知. 公曰: '吾聞子少長乎其所[4], 今子掩[5]之, 何也?' 祁奚對曰: '其少也恭而順, 心有恥而不使其過宿[6]; 其爲大夫, 悉善而謙其端[7]; 其爲輿尉[8]也, 信而好直其功[9]; 至於其爲容也, 溫良而好禮, 博聞而時出其志[10].' 公曰: '曩者[11]問子, 子奚曰不知也?' 祁奚曰: '每位改變, 未知所止, 是以不敢得知也.' 此又羊舌大夫之行也." 子貢跪曰: "請退而記之."

注釋

1) 晉平公: 춘추시대 진(晉)나라 국군(國君). 성은 희(姬), 이름은 표(彪)로 26년(B.C557—532년간 재위. 2) 기해(祁奚): 진(晉)의 대부로서 기오(祁午)의 부(父)이다.

3) **羊舌大夫**: 춘추시대 진(晉)의 대부로서 숙향(叔向)의 조부인데 사서(史書)에는 그의 이름이 전하지 않는다. 4) **少長乎其所**: 왕숙의 주에, "그 집에서 자랐다."고 했다. 5) **掩**: 은폐(隱蔽)하다. 6) **心有恥而不使其過宿**: 왕숙의 주에, "마음에 항상 잘못을 부끄러워하는 바가 있어 잘못이 있으면 하룻 밤을 넘기지 않고 고쳤다."고 했다. 7) **悉善而謙其端**: 왕숙의 주에, "좋은 도리를 다하고 겸양하고 정직하였다."고 했다. 실(悉)은 전(全). 단(端)은 정(正)이다. 8) **輿尉**: 군주의 거가(車駕)를 책임지는 군위(軍尉). 9) **直其功**: 왕숙의 주에, "그 공을 정직하게 말한다."고 했다. 10) **時出其志**: 왕숙의 주에, "때때로 드러낸다는 것은 미치지 못함을 뉘우침이 드러난 것이므로, 이것이 그의 뜻[志]이다."고 했다. 11) **曩者**: 방금.

13 현군 賢君

序說

이 편에는 공자와 제후국의 군주 그리고 제자들과의 이야기가 실려 있는데 주로 현군(賢君)과 현신(賢臣)의 표준을 논술하거나 어떻게 위정(爲政)하고 치국(治國)할 것인가를 토론하는 것이다. 첫 문장에 "오늘날의 군주 가운데 누가 가장 현명한가?"라는 구절이 있기 때문에 '현군(賢君)'을 편명으로 한 것이다.

이 편의 내용은 주로 공자의 정치사상을 구체적으로 나타내고 있다. 위영공(衛靈公)、포숙(鮑叔)、자피(子皮)의 행위에 대한 칭찬을 통하여 공자는 현군과 현신을 평판(評判)하는 표준을 지적하였다. 공자는 군주의 현명 여부를 평판하는 데는 당연히 "조정에서 행한 일을 보아야지 사가(私家)에 있을 때를 논하지 않는다"고 했고, 신하가 되어서는 "어진 사람을 천거하는 것"이 "힘을 쓰는 것"보다 현명하다고 했다. 아울러 군주와 제자들과의 토론을 통하여 공자는 군주가 당연히 갖추어야 할 자질을 지적하였다. 공자는 각기 애공(哀公)에게 하(夏)의 걸(桀)이 멸망한 원인에 대한 이야기, 안연(顏淵)의 처세 도리에 대한 가르침, 그리고 자신이 『시』를 읽으면서 느꼈던 점들을 통하여 측면에서 군주가 만약 극기(克己)와 수신(修身) 그리고 어진 사람을 가까이 하고 인재를 중시하는 일을 하지 않는다면 신하들이 "상하 모두 죄를 두려워하거나", "명대로 죽지 못하는[不終其命]" 상황이 조성될 수 있어서 결국 망국을 초래한다고 했고, 중항씨(中行氏)와 주공(周公)의 치국의 도를 열거함으로서 국가를 다스리는 중요함이 어진 사람을 존중하는데 있음을 지적하였으며, 제 경공(齊景公)、노 애공(魯哀公)、위 영공(衛靈公)、송군(宋君) 등 군주와의 정치를 묻는데 대한 대답을 통하여 공자는 각각 서로 다른 치국의 방략(方略)을 제시하였다.

공자의 일생에서 정치에 종사하던 시간은 길지 않았지만, 전해오는 문헌 기록을 보면 공자가 위정(爲政)의 도리에 관하여 논술한 것이 매우 많을 뿐만 아니라 중요한 실천적 가치를 지닌다. 이 편으로부터 우리들은 공자가 뚜렷하게 "숭덕순례(崇德循禮)", "존현중재(尊贤重才)", "선현임능(选贤任能)", "중민교민(重民教民)" 등의 사상을 지니고 있었음을 이해할 수 있다. 이는 『논어』, 『예기』 등의 문헌의 내용과 완전히 일치하는데 이들 자료들을 서로 대조하면 공자사상을 더욱 효과적으로 연구할 수 있을 것이다.

이 편의 자료들은 대부분 『설원(說苑)』 등의 책에 보인다.

13-1

애공이 공자에게 물었다. "오늘날 임금 가운데 누가 가장 현명합니까?" 공자가 대답하였다. "제[孔丘]는 아직 가장 현명한 임금을 보지 못했습니다. 만약에 있다면 위 영공(衛靈公)이 아닐까요?" 애공이 말하였다. "내가 듣기로 그는 자기 가정의 일조차 처리가 좋지 않았다고 하는데 그대는 그를 현군(賢君)에 배열하니 무엇 때문입니까?" 공자가 말하였다. "신이 말씀드리는 것은 그가 조정에서 일을 어떻게 처리하였는가를 말씀드린 것이지 그가 가정에서 일을 어떻게 처리하였는가를 평가한 것은 아닙니다."

애공이 말하였다. "그가 조정에서 한 일은 어떠했습니까?" 공자가 대답하였다. "영공(靈公)의 동생 공자거모(公子渠牟)라는 자는 그 지혜가 제후의 큰 나라를 다스리기에 충분하고, 그의 성신(誠信)은 그 나라를 지키기에 충분하였으므로 영공이 그를 매우 사랑하여 중임을 맡겼습니다. 또 임국(林國)이란 사인(士人)이 있었는데 재능이 있는 자를 발견하면 반드시 그를 추천하여 관리가 되게 하였고, 그 사람이 관직을 사퇴하면 임국은 또 자신의 봉록을 그와 나누었습니다. 그러므로 영공이 다스리는 위나라에는 떠돌아다니며 방종(放縱)하는 사인이 없었습니다. 영공은 임국을 현명한 사인이라고 여기고 그를 매우 존경하였습니다. 또 경족(慶足)이란 사인이 있었는데 위나라에 큰 일이 있을 때면 반드시 추천되어 나와 일을 다스리고, 국가가 평안하여 일이 없을 때에는 물러나 다른 현명한 사람이 조정에 추천되도록 하였습니다. 영공은 따라서 그를 좋아하고 매우 존경하였습니다. 또 사추(史鰌)라는 사인이 있었는데 자신의 주장을 실천하려고 위나라를 떠나려 하자 영공은 교외(郊外)에 사흘간 머물면서 성악(聲樂)을 가까이 하지 않고 있다가 사추가 돌아오기를 기다려 그가 귀국한 후에 비로소 궁으로 돌아왔습니다. 저는 이러한 사정에 근거하여 위 영공을 고른 것이오니 그를 현군에 배열할 만하지 않습니까?"

原文

哀公問於孔子曰: "當今之君, 孰爲最賢?" 孔子對曰: "丘未之見也, 抑[1]有衛靈公[2]乎?" 公曰: "吾聞其閨門[3]之內無別, 而子次[4]之賢, 何也?" 孔子曰: "臣語其朝廷行事, 不論其私家之際也."

公曰: "其事何如?" 孔子對曰: "靈公之弟曰靈公弟子渠牟[5], 其智足以治千乘, 其信足以守之. 靈公愛而任之. 又有士曰[6]林國者, 見賢必進之, 而退[7]與分其祿, 是以靈公無遊放之士[8]. 靈公賢而尊之. 又有士曰慶足者, 衛國有大事則必起而治之; 國無事則退而容賢[9], 靈公悅而敬之. 又有大夫史鰌[10], 以道去衛, 而靈公郊舍[11]三日, 琴瑟不禦[12], 必待史鰌之入而後敢入. 臣以此取之, 雖次之賢, 不亦可乎."

▎注釋

1) 抑: 대개, 추측이거나 의심하여 결정할 수 없는 말투. 이 기록은 『설원(說苑)』「존현(尊賢)」에도 보인다. 2) **衛靈公**: 춘추시대 위(衛)나라 군주. 성은 희(姬), 이름은 원(元). 44년(B.C.534—493)간 재위. 3) **규문(閨門)**: 궁원(宮苑)、내실(內室)의 문. 여기서는 가정(家庭)을 가리킴. 4) **次**: 배열, 순서. 5) **靈公之弟曰公子渠牟**: 원래는 '靈公之弟曰靈公弟子渠牟'라고 되어 있었는데, 사고본과 동문본에 근거하여 고쳤다. 6) **曰**: 원래는 없었으나 사고본과 동문본에 근거하여 보완하였다. 7) **退**: 여기서는 관직을 그만둔 것을 가리킨다. 8) **遊放之士**: 이곳저곳을 떠돌아다니는 방종한 사인(士人)을 가리킨다. 9) **退而容賢**: 왕숙의 주에, "물러난 까닭이 어진 사람을 조정에 포용되도록 하기 위함이라 말한 것이다."고 했다. 10) **史鰌**: 위(衛)나라 대부. 자는 자여(子魚)이고 사어(史魚)라고도 했다. 11) **郊舍**: 교(郊)는 교외에 있다. 사(舍)는 숙소. 교외에 머문다는 뜻으로 진실로 존경함을 나타낸다. 12) **금슬불어(琴瑟不禦)**: 성악(聲樂)을 가까이 하지 않음을 가리킨다. 어(禦)는 진용(進用), 향용(享用)의 의미이다.

▎13-2

자공이 공자에게 물었다. "오늘날 신하된 자 중에는 누가 가장 현명하다고 하겠습니까?" 공자가 말했다. "나는 잘 알지 못하지만, 옛날 제(齊)나라에 포숙(鮑叔)이 있었고 정(鄭)나라에는 자피(子皮)가 있었는데 그들이 모두 현명한 사람들이었다."

자공이 말하였다. "제나라의 관중(管仲)과 정나라의 자산(子産)이 있지 않습니까?" 공자가 말하였다. "단목사(端木賜)야! 너는 한 가지만 알고 두 가지는 모르는구나. 너는 힘을 쓰는 사람이 현명하다고 들었느냐, 아니면 현명한 사람을 천거한 자가 현명하다 들었느냐?" 자공이 말하였다. "현명한 사람을 천거한 자가 더 어질겠지요!" 공자가 말하였다. "그렇다. 나는 포숙이 관중을 추천하고 자피(子皮)가 자산을 추천하였다는 말은 들었어도, 관중과 자산이 자기보다 현명한 사람을 추천하였다는 말은 듣지 못했다."

原文

子貢問於孔子曰: "今之人臣, 孰爲賢?" 子曰: "吾未識[1]也, 往者齊有鮑叔[2], 鄭有子皮[3], 則賢者矣."

子貢曰: "齊無管仲, 鄭無子産?" 子曰: "賜, 汝徒知其一, 未知其二也. 汝聞用力爲賢乎? 進賢爲賢乎?" 子貢曰: "進賢賢哉!" 子曰: "然. 吾聞鮑叔達[4]管仲, 子皮達子産, 未聞二子之達賢己之才者也."

注釋

1) **識**: 알다, 인식하다. 이 기록은 『한시외전(韓詩外傳)』권7, 『설원(說苑)』「신술(臣術)」에도 보인다. 2) **포숙(鮑叔)**: 즉 포숙아(鮑叔牙)인데, 춘추시대 제(齊)나라 대부이다. 3) **子皮**: 춘추시대 정(鄭)나라 대부인데, 성은 한(罕), 이름은 호(虎)이다. 4) **達**: ~로 하여금 뜻을 이루게 하다, 현달(顯達)하다. 여기서는 추천의 의미를 나타낸다.

13-3

애공이 공자에게 물었다. "내가 듣건대 건망증이 심한 자는 이사를 하면서 자기 처를 데려가는 것도 잊는다고 하는데 그런 사람이 있습니까?" 공자가 대답하였다. "그것은 아직 심한 것이 아닙니다. 심한 자는 자신조차도 잊어버립니다."

애공이 말하였다. "들려주실 수 있습니까?" 공자가 말하였다. "옛날 하(夏)나라의 걸(桀)은 귀하기로는 천자(天子)요, 부유하기로는 사해(四海)를 차지하고 있었지만, 성명(聖明)한 조상의 위정(爲政)의 도를 잊어버리고, 조상이 제정한 전장법제(典章法制)를 무너뜨리고, 대대로 계승해온 제사예의를 없애고 방종하게 음탕한 향락과 음주에 빠졌으며, 아첨하는 신하는 교묘한 말로 아첨하면서 그의 마음을 살피면서 유인하였고, 충신은 입을 닫고 죄를 피하기 위하여 말을 하지 않았습니다. 천하 사람들이 일어나 걸을 멸하고 그 나라를 차지하였으니 이것이 바로 자기 몸조차 잊어버렸던 심한 것이라 이르는 것입니다."

原文

哀公問於孔子曰: "寡人聞忘之甚者, 徙[1]而忘其妻, 有諸?" 孔子對曰: "此猶未甚者也. 甚者乃忘其身."

公曰: "可得而聞乎?" 孔子曰: "昔者夏桀貴爲天子, 富有四海, 忘其聖祖之道, 壞其典法, 廢其世祀, 荒[2]於淫樂, 耽湎[3]於酒; 佞臣[4]諂諛, 窺導其心; 忠士折口[5], 逃罪不言. 天下[6]誅桀.而有其國, 此謂忘其身之甚矣."

注釋

1) 徙: 옮기다. 여기서는 이사하다의 의미이다. 이 기록은 『시자(尸子)』(집본(輯本)), 『설원(說苑)』「경신(敬愼)」에도 보인다. 2) 荒: 지나치게 방탕한 즐거움에 빠지다. 방종(放縱). 3) 耽湎: 깊이 빠지다. 탐닉하다. 빠지다. 4) 佞臣: 말을 잘하고, 화려하고 교묘한 말로 아첨을 잘하는 신하. 5) 折口: 왕숙의 주에, "절구(折口)는 입을 닫다."라고 했다. 입을 닫다, 말을 하지 않다. 6) 天下: 『설원(說苑)』에는 '탕(湯)'으로 되어 있으나, 이것이 맞다.

13-4

안연(顔淵)이 서쪽 송나라로 갈 준비를 하면서 공자에게 물었다. "무엇으로 입신처세 해야 합니까?"

공자가 말하였다. "공손하고, 존경하고, 충실하고, 성신(誠信)하면 되느니라. 사람됨이 공손하면 환난을 멀리할 수 있고, 다른 이들을 공경하면 사람들의 사랑을 받을 수 있으며, 다른 이들에게 충실하면 사람들과 화목하게 지낼 수 있고, 다른 이들을 성신(誠信)하게 대하면 사람들에게 쓰임을 받게 될 것이다. 이 네 가지를 부지런히 하면 나라를 다스릴 수도 있을 것이니 어찌 다만 입신처세뿐이겠느냐? 때문에 입신처세하면서 가까이 지내야할 현명한 사람들과 가까이 지내지 않고 멀리해야할 사람들과 가까이 지낸다면 자기가 추구하는 목표와 더욱 멀어지는 것이 아니겠느냐? 마음의 수양을 닦지 않고 겉만 꾸미려고 한다면 거꾸로 행하는 것이 아니겠느냐? 일에 앞서 먼저 준비를 잘하지 않고 일이 닥쳐서야 비로소 계획을 시작한다면 너무 늦은 것이 아니겠느냐?"

原文

顔淵將西遊[1]於宋, 問於孔子曰: "何以爲身[2]?"

子曰: "恭敬忠信而已矣. 恭則遠於患, 敬則人愛之, 忠則和於衆, 信則人任之. 勤斯四者, 可以政[3]國, 豈特[4]一身者哉? 故夫不比於數而比於疏, 不亦遠乎[5]? 不修其中, 而修外者, 不亦反乎? 慮不先定, 臨事而謀, 不亦晚乎?"

注釋

1) **遊**: 가다, 두루 돌아다니다. 2) **爲身**: 입신처세(立身處世)를 가리킨다. 3) **政**: '正'과 같다. 다스리다. 4) **豈特**: ~뿐만 아니라. 왕숙의 주에, "특(特)은 단(但)이다."고 했다. 5) **不比於數 而比於疏 不亦遠乎**: 왕숙의 주에, "가까이 해야 할 사람을 멀리하고, 멀리해야 할 사람을 가까이 한다."고 했다. 비(比)는 근(近)이다. 촉(數)은 밀접하다. 여기서는 당연히 가깝게 지내야 할 현자(賢者)를 대신 가리킨다. 소(疏)는 원(遠)이다. 여기서는 멀리해야 할 사람을 대신 가리킨다.

13-5

공자가 『시(詩)』를 읽다가 「정월(正月)」6장(章)에 이르러 두려워하는 빛을 띠면서 말하였다. "저 벼슬에 뜻을 얻지 못한 군자들이 어찌 위태하지 않으랴? 군주에게 순종하고 세속에 부화하면 대도가 폐하여지고, 군주의 명을 어기고 세속과 멀리하면 자신이 위험해진다. 시대가 선행(善行)을 제창하지 않는데 자기만 홀로 착한 일을 행하면 사람들이 비정상적인 요이(妖

異)한 일을 한다고 하거나 불법을 자행한다고 할 것이다. 때문에 현명하다고 해도 천시(天時)를 만나지 못하면 아마도 성명(性命)을 지키기 어려움을 항상 걱정해야 할 것이다. 하(夏)의 걸(桀)이 용봉(龍逢)을 죽이고, 상(商)의 주왕(紂王)이 비간(比干)을 죽인 것도 모두 이러한 정황에 속한다. 『시』에 이르기를 '하늘이 높다고는 하지만 몸을 감히 굽히지 않을 수 없고 땅이 두텁다고는 하지만 살금살금 작은 걸음으로 걷지 않을 수 없다."고 한 것은 위로나 아래로나 모두 죄를 지어 스스로 몸 둘 곳이 없음을 두려워하라는 말이라 하겠다."

原文

孔子讀『詩』於「正月」[1]六章, 惕焉[2]如懼, 曰: "彼不達之君子, 豈不殆[3]哉! 從上依世則道廢, 違上離俗則身危. 時不興善, 己獨由[4]之, 則曰非妖[5]卽妄[6]也. 故賢也旣不遇天, 恐不終其命焉. 桀殺龍逢[7], 紂殺比干[8], 皆是類[9]也. 『詩』曰: '謂天蓋高, 不敢不局. 謂地蓋厚, 不敢不蹐.' 此言上下畏罪, 無所自容也."

注釋

1) 「正月」: 『시(詩)』「소아(小雅)」중의 한 편(篇)이다. 이 기록은 『설원(說苑)』「경신(敬愼)」에도 보인다. 2) 焉: 사고본과 동문본에는 '연(然)'으로 되어 있다. 3) 殆: 위험하다. 4) 由: 실행하다, 실천하다. 5) 妖: 옛날 일체의 비정상적인 것 혹은 현상이 요망한 것을 칭한다. 『좌전(左傳)』선공(宣公) 15년에, "땅이 만물의 본성을 어기면 요이(妖異)를 보여준다."고 했다. 6) 妄: 행위가 바르지 않고, 불법(不法)하다. 『좌전』애공(哀公) 25년에, "그는 전횡하며 호리(好利)하는 자로 멋대로 비위를 저지르고 있다." 고 했다. 7) 龍逢: 즉 관용봉(關龍逢)으로 하(夏)왕조의 대신이다. 하의 걸(桀)이 포학하고 황음(荒淫)한 것을 보고 여러 차례 직간했지만 결국 갇혀 살해되었다. '봉(逢)'이 사고본에는 '방(逄)'으로 되어 있다. 8) 比幹: 상(商)왕조의 귀족으로 주왕(紂王)의 숙부(叔父)로서 관직이 소사(少師)였다. 여러 차례 주왕(紂王)을 간하다가 심장을 갈라 죽였다. 9) 是類: 원래는 '類是'로 되어 있었는데 사고본과 동문본에 근거하여 고쳤다. 10) 謂天蓋高, 不敢不局, 謂地蓋厚, 不敢不蹐: 왕숙의 주에, "이는 『시』「정월(正月)」제

6장에 나오는 말이다. 국(局)은 곡(曲)이다. 하늘이 지극히 높으나 몸을 굽히지 않고 걸어가지 않을 수 없다고 한 것은 위로 기휘(忌諱)를 범하는 것을 두려워한다는 것을 말한다. 척(蹐)은 살금살금 걷다. 땅이 지극히 두터우나 감히 살금살금 걷지 않을 수 없다고 한 것은 지위에 있으면서 함정에 빠질까 두려워하는 것을 말한다."고 했다. 위(謂)는 말하다, 이야기하다. 개(蓋)는 '합(盍)'의 차자(借字)이다. 어떠한, 얼마나. 척(蹐)은 살금살금 걷다. 가장 작은 걸음으로 길을 걷다. 뒷발이 앞발을 따라 걷는 것으로 조심하며 두려워하는 모습.

13-6

자로가 공자에게 물었다. "현명한 군주가 나라를 다스리는 데 가장 먼저 해야 할 일이 무엇입니까?" 공자가 말하였다. "현인(賢人)을 존중하고 불초한 사람을 가볍게 여기는 것이다." 자로가 말하였다. "제가 듣기에 진(晉)나라 중항씨(中行氏)는 현인을 존중하고 불초한 사람을 가볍게 여겼다는데 망했으니 무엇 때문입니까?" 공자가 말했다. "중항씨는 현인을 존중하기는 했지만 임용할 줄 몰랐고, 불초한 사람을 가볍게 여기기는 했지만 물리치지 못했다. 현명한 사람은 자신이 임용되지 못할 것을 알고 원망하였고, 불초한 사람들은 분명 자기를 가볍게 여길 것을 알았기에 증오하였다. 원망과 증오가 동시에 나라 안에 존재하고, 이웃의 적대 세력 또한 침범하여 교외에서 교전하게 되는데, 중항씨가 망하고 싶지 않다고 한들 어찌 가능하겠느냐?"

原文

子路問於孔子曰: "賢君治國, 所先[1]者何?" 孔子曰: "在於尊賢而賤不肖." 子路曰: "由聞晉中行氏[2]尊賢而賤不肖矣, 其亡何也?" 孔子曰: "中行氏尊賢而不能用, 賤不肖而不能去. 賢者知其不用而怨之, 不肖者知其必己賤而讎之, 怨讎並存於國[3], 鄰敵構兵[4]於郊, 中行氏雖欲無亡, 豈可得乎?"

注釋

1) **先**: 가장 먼저 필요한 일. 2) **중항씨(中行氏)**: 중항문자(中行文子) 즉 순인(荀寅)을 가리킨다. 춘추시대 진(晉)나라의 경(卿)이다. 후에 범선자(范宣子) 즉 범길사(范吉射) 는 조앙(趙鞅)과 싸워 패하고 제(齊)나라로 도망갔다. 3) **國**: 성읍. 여기서는 중항씨의 진(晉)나라에 있던 봉지(封地)를 가리킨다. 4) **搆兵**: 싸우다, 교전하다. 구(搆)는 구(構)와 같다.

13-7

공자가 한가히 있을 때 탄식하면서 말하였다. "만일 동제백화(銅鞮伯華)가 죽지 않았다면 천하가 안정되었을 텐데."

자로가 말하였다. "저는 그 사람의 일을 듣길 원합니다." 공자가 말하였다. "그는 어릴 때에는 총민(聰敏)하고 배우기를 좋아했으며, 장년(壯年) 때에는 용감하고 남에게 굴복하지 않았으며, 늙어서는 도를 지니고 다른 사람을 겸손하게 대하였다. 이 세 가지를 갖추고 천하를 안정시키는 것이 어찌 어려운 일이겠느냐?"

자로가 말하였다. "어려서 배우기를 좋아하고 커서 용감한 것은 그렇다고 하려니와 도를 지니고 다른 사람을 겸손하게 대했다고 하는데 누구에게 대했다는 것입니까?" 공자가 말하였다. "중유(仲有)야! 너는 모르는구나. 내가 듣기에 많는 것으로 작은 것을 공격하면 이기지 못할 것이 없고, 신분이 고귀한 사람이 출신이 보잘 것 없는 사람들에게 겸손하게 대하는 것을 못할 것이 없다. 옛날 주공(周公)은 총재(冢宰)의 존귀한 지위에 있으면서 천하의 정무를 다스렸지만 그는 가난한 선비들을 겸손하게 대하며 날마다 170명을 접견하였다. 이같이 한 것이 어찌 도를 갖추지 않았기 때문이겠느냐? 현명한 사인(士人)을 얻어 임용하기 위함이다. 어찌 도를 갖추었다고 해서 천하의 군자를 반드시 겸손하게 대하지 않아도 된다고 할 수 있겠느냐?"

原文

孔子閑處, 喟然而嘆曰: "向使[1]銅鞮伯華[2]無死, 則天下其有定矣."

子路曰: "由願聞其人也." 子曰: "其幼也, 敏而好學; 其壯也, 有勇而不屈; 其老也, 有道而能下人. 有此三者, 以定天下也, 何難乎哉?"

子路曰: "幼而好學, 壯而有勇, 則可也. 若夫有道下[3]人, 又誰下哉?" 子曰: "由不知, 吾聞以衆攻寡, 無不克也; 以貴下賤, 無不得也. 昔者周公居冢宰[4]之尊, 制天下之政, 而猶下白屋之士[5], 日見百七十人. 斯豈以無道也? 欲得士之用也. 惡有道[6]而無下天下君子哉?"

注釋

1) **向使**: 만약, 만일. 2) **銅鞮伯華**: 진(晉)나라 양설적(羊舌赤)을 가리킨다. 동제(銅鞮)는 춘추시대 지명(地名)으로 양설적의 식읍이었으므로 그것을 성(姓)으로 삼았다. 3) **下**: 겸하(謙下). 여기서는 겸손하게 대하는 것을 가리킨다. 4) **塚宰**: 주대(周代)에 천자를 보좌하는 최고 장관이다. 5) **白屋之士**: 백옥(白屋)은 왕숙의 주에, "초옥(草屋)이다."고 했다. 가난한 사인(士人)을 가리키는데 후에 와서는 평민을 가리킨다. 6) **惡有道**: 사고본과 동문본에는 '惡有有道'라고 되어 있는데, 이것이 맞다.

13-8

제(齊)나라 경공(景公)이 노나라에 와서 공관(公館)에 머물면서 안영(晏嬰)을 보내 공자를 영접하게 하였다. 공자가 도착하자 경공은 위정(爲政)의 도리를 물었다. 공자가 대답하였다. "나라를 다스리는 관건은 재물을 절약하는 데에 있습니다."

경공이 듣고 기뻐하면서 다시 물었다. "진(秦)나라 목공(穆公)이 통치한 나라는 작고 또 편벽한 곳에 자리 잡고 있었지만 패업(霸業)을 이루었는데 무엇 때문입니까?" 공자가 말하였다. "그 나라는 비록 작을지언정 그의 뜻은

켰으며, 비록 편벽한 곳에 자리 잡고 있었지만 그의 정책은 정확하였습니다. 그가 하는 일은 과감하였고 계획은 적당하였으며, 제정한 법률은 사적인 것에 치우침이 없었고 반포한 정령(政令)도 마음대로 정한 것이 아니었습니다. 그는 직접 백리해(百里奚)를 발탁하여 대부의 작위를 주고 그와 사흘 동안 이야기를 나눈 후 정사를 그에게 주어 처리하게 하였습니다. 그의 이같은 위정(爲政)의 방식으로 한 것을 비추어 볼 때 가령 제왕지업(帝王之業)을 성취하는 것도 가할 터인데 패자(霸者)를 칭한 것은 작은 성취일 뿐이지요." 경공이 말하였다. "참 좋은 말씀입니다."

原文

齊景公來適魯, 舍於公館[1], 使晏嬰迎孔子. 孔子至, 景公問政焉. 孔子答曰: "政在節財."

公悅, 又問曰: "秦穆公[2]國小處僻而霸, 何也?" 孔子曰: "其國雖小, 其志大, 處雖僻, 而政其中[3], 其擧[4]也果[5], 其謀也和[6], 法無私而令不愉[7], 首拔五羖, 爵之大夫[8], 與語三日而授之以政. 此取之, 雖王可, 其霸少[10]矣." 景公曰: "善哉!"

注釋

1) **公館**: 제후의 궁실 혹은 이궁(離宮), 별관(別館). 나라 안의 빈객의 숙소를 가리킨다. 이 기록은 『설원(說苑)』「존현(尊賢)」에도 보인다. 2) **秦穆公**: 춘추시대 진(秦)나라의 군주. 성은 영(嬴)이고 이름은 임호(任好). 39년간(B.C.659—621) 재위. 3) **中**: 맞다, 적합하다. 여기서는 정확한 것을 가리킨다. 4) **擧**: 한 일, 행한 일. 5) **果**: 과감(果敢), 과단(果斷). 6) **和**: 화해(和諧). 여기서는 꼭 알맞다, 적당하다의 뜻이다. 7) 유(愉): 왕숙의 주에, "유(愉)는 마땅히 투(偸)가 되어야 한다. 유(愉)는 구차(苟且)이다."라고 했다. 8) **首拔五羖 爵之大夫**: 왕숙의 주에, "수(首)는 마땅히 신(身)이다. 오고대부(五羖大)는 백리해(百裏奚)이다."고 했다. 고(羖)는 흑색의 숫양. 백리해는 원래 우(虞)나라 대부였으나 우나라가 망할 때 진(晉)나라가 차지하였고, 배가(陪嫁)의 신하로 진(秦)나라에 보내졌다. 후일 나와 초(楚)나라로 갔으나 초나라 사람들에게 잡혔다가 후일 다시 진 목공(秦穆公)이 다섯 장의 까만 숫양의 가죽으로 몸값을 치루고 데려

와 대부에 임명하였기 때문에 오고대부(五羖大夫)라 칭하였던 것이다. 후일 건숙(蹇叔)、유여(由餘) 등과 진 목공을 도와 패업(霸業)을 세웠다. 고(羖)는 원래 '羪'으로 되어 있었으나 사고본과 비요본(備要本), 동문본에 근거하여 고쳤다. 9) 以: 원래는 빠져있었으나 진본(陳本), 문헌집본(文獻集本), 연산본(燕山本)에 근거하여 보완하였다. 10) 少: 소(小)이다.

13-9

애공이 공자에게 위정지도(爲政之道)를 묻자 공자가 대답하였다. "정치를 함에 가장 긴박한 조치로는 백성을 부유하고 장수하게 하는 것에 비할 만한 것이 없습니다." 애공이 말하였다. "어떻게 하면 되겠습니까?" 공자가 말하였다. "노역(勞役)을 덜어 주고 부세(賦稅)를 적게 하면 백성이 부유하게 될 것이고, 예의를 실천하고 교화를 받아들이기를 독촉하여 그들이 죄와 질병을 멀리하게 하면 백성들이 장수하게 될 것입니다." 애공이 말하였다. "나도 그대의 말씀대로 행하고자 하였으나 우리나라가 빈곤해질까 걱정입니다." 공자가 말하였다. "『시』에 이르기를 '화락하면서도 평이한 군자(君子)는 백성의 부모가 되어 민의를 따른다.'고 하였듯이 자식이 부유한데 부모가 가난한 일은 없었습니다."

原文

哀公問政於孔子. 孔子對曰: "政之急[1]者, 莫大乎使民富且壽也." 公曰: "爲之奈何?" 孔子曰: "省力役, 薄賦斂, 則民富矣; 敦[2]禮教, 遠罪疾, 則民壽矣." 公曰: "寡人欲行夫子之言, 恐吾國貧矣." 孔子曰: "『詩』云: '愷悌君子, 民之父母.' 未有子富而父母貧者也."

注釋

1) 急: 급하다, 급박하다. 이 기록은 『설원(說苑)』「정리(政理)」에도 보인다. 2) 敦: 재촉하다, 독촉하다. 3) 愷悌君子, 民之父母: 『시』「대아(大雅) · 동작(泂酌)」에 나오는 말

이다. 개제(愷悌)는 『모시(毛詩)』에 '豈悌'로 되어 있다.

13-10

위 영공(衛靈公)이 공자에게 물었다. "어떤 사람이 과인에게 말하기를 '국가의 통치자가 되어서는 단지 조정에서 정무를 계획하기만 하면 나라는 잘 다스려진다.'고 했는데, 그대는 이 같은 말이 어떻다고 생각합니까?" 공자가 말하였다. "그렇습니다. 남을 사랑하는 사람은 남에게 사랑을 받고, 남을 미워하는 사람은 남에게 미움을 받습니다. 자기 자신에게서 구해 성공을 얻는 것을 아는 사람은 다른 사람에 의지하여 성공을 얻는 것도 알게 됩니다. 이른바 자기 집 담을 나가보지 않고서도 천하의 큰일을 알 수 있다는 말은 바로 자신을 반성하고 자기 스스로에게 엄격하게 요구하라는 도리를 말하는 것입니다."

原文

衛靈公問於孔子曰: "有語寡人[1]: '有國家者, 計之於廟堂[2]之上, 則政治矣.' 何如?" 孔子曰: "其可也. 愛人者則人愛之, 惡人者則人惡之. 知得之己者則知得之人. 所謂不出環堵之室而知天下者, 知反己[3]之謂也."

注釋

1) **寡人**: 동문본은 이 뒤에 '曰' 자가 있다. 이 기록은 『설원(说苑)』「정리(政理)」에도 보인다. 2) **廟堂**: 조정(朝廷)를 가리킨다. 3) **反己**: 자신에게서 구함. 자신을 반성하는 것을 가리킨다. '反'이 동문본에는 '及'으로 되어 있다.

13-11

공자가 송(宋)나라 국군(國君)을 뵙자 그가 공자에게 물었다. “나는 오랫동안 나라를 차지하고 각각의 성읍을 보존하고 잃지 않고 싶습니다. 나는 백성들로 하여금 의혹이 없게 하고자 하고, 사인(士人)으로 하여금 그 힘을 다하도록 하고자 하며, 해와 달이 정상적으로 운행되게 하고자 하고, 성현(聖賢)들이 스스로 찾아오게 하고자 하며, 관부(官府)의 일이 잘 다스려지게 하고자 합니다. 어떻게 해야 합니까?” 공자가 대답하였다. “제후국의 군주 가운데 저에게 묻는 이들이 많았지만 주군(主君)처럼 상세하게 묻는 사람은 없었습니다. 그러나 주군께서 원하시는 일은 모두 이룰 수가 있을 것입니다. 제가 듣건대 이웃나라끼리 서로 친근하고 화목하게 지내면 길이 나라를 차지할 수가 있고, 군주는 은혜를 베풀고 신하가 충성을 다하면 각각의 성읍을 보존할 수가 있으며, 무고한 자를 죽이는 일이 없고 죄 있는 자를 놓아주지 않으면 백성들이 미혹하지 않을 것이고, 사인(士人)들의 봉록을 더해주면 그들은 있는 힘을 다할 것이며, 천명(天命)을 높이 받들고 귀신을 공경하면 해와 달이 정상적으로 운행될 것이고, 도(道)를 숭상하고 덕(德)을 귀하게 여기면 성인이 스스로 찾아올 것이며, 현명하고 능력있는 사람을 임용하고 간사한 소인들을 쫓아 버리면 관부(官府)가 잘 다스려질 것입니다.” 송나라 군주가 말하였다. “좋은 말씀입니다. 어찌 그렇지 않겠습니까? 그러나 과인은 재주가 없는지라 그렇게 해낼 능력이 없습니다.” 공자가 말하였다. “이런 일은 어려운 것이 아닙니다. 단지 행하고자 하면 해낼 수가 있습니다.”

原文

孔子見宋君, 君問孔子曰: “吾欲使長有國而列都得之[1], 吾欲使民無惑, 吾欲使士竭力, 吾欲使日月當時[2], 吾欲使聖人自來, 吾欲使官府治理[3], 爲之奈何?” 孔子對曰: “千乘之君, 問丘者多矣, 而未有若主君[4]之問問之悉也. 然主君所欲者, 盡可得也. 丘聞之, 鄰國相親, 則長有國; 君惠臣忠, 則列都得之; 不殺無辜, 無釋罪人, 則民不惑; 士益之祿, 則皆竭力; 尊天敬鬼, 則日月當時; 崇道貴德, 則聖人自來; 任能黜否[5], 則官府治理." 宋君曰: "善哉! 豈不然乎! 寡人不佞[6], 不足以致之也." 孔子曰: "此事非難, 唯欲行之云耳."

注釋

1) **列都得之**: 왕숙의 주에, "국(国)의 각 성읍은 보유하는 도(道)가 있다."고 했지만 확실하지가 않다. 열도(列都)는 각각의 성읍(城邑). 득(得)은 보유하다, 상실하지 않다. 각각의 성읍을 보유하고 상실하지 않는다. 이 기록은 『설원(说苑)』「정리(政理」에도 보인다. 2) **當时**: 적당한 때, 정상(正常). 3) **治理**: 치(治)는 태평(太平). 이(理)는 조리(条理). 4) **主君**: 일국(一国)의 군주에 대한 칭호. 5) **黜否**: 간사한 소인(小人)을 쫓아내다. 부(否)는 악(恶)으로 저열(低劣)한 사람. 6) **不佞**: 겸손을 나타내는 말로 '不才'와 같은 의미로 쓰인다.

14 변정 辯政

序說

이 편은 9장(章)으로 이루어져 있는데 주로 공자가 정치문제를 설명한 일을 적고 있기 때문에 '변정(辯政)'(사고본에는 '辨政'이라 하였다)을 편명으로 한 것이다.

공자는 제(齊)나라 군주와 노(魯)나라 군주 그리고 섭공(葉公)의 문정(問政)에 대하여 서로 다른 대답을 하여 공자의 정치사상 예컨대 절약과 검소함을 숭상하고 백성을 근본으로 하며, 신하를 잘 이해하고 군신이 같은 희망을 가지며, 가까운 곳을 기쁘게 하여 먼 곳이 찾아오도록 하여 천하가 대동(大同)하도록 하는 등등을 표현하였고, 또 공자의 고상한 정치적 지혜를 펼쳤다. 이 편에서 기록된 공자가 군주에게 충간(忠諫)을 권하는 다섯 종류의 방식에는 그 자신의 "唯度主而行之, 吾從其風諫乎"의 충간을 권하는 방식도 있는데 모두가 공자의 정치적 지혜를 비교적 잘 드러낸 것이다.

같은 문제에 대하여 대상이 서로 다른 경우 공자의 대답은 같지 않을 수 있다. 『논어(論语)』「자로(子路)」에는 자로와 중궁(仲弓)이 각기 공자에게 정치에 관해 묻는 내용이 기록되어 있는데, 공자는 서로 다른 대답을 하였다. 『논어』「위정(爲政)」에는 맹의자(孟懿子)、맹무백(孟武伯)、자유(子游)、자하(子夏)가 각기 공자에게 효(孝)에 대하여 묻는 내용이 나오는데 공자의 대답 역시 서로 달랐다. 가장 전형적인 경우는 「선진(先進)」편인데, 그 중에 "자로(子路)가 '옳은 것을 들으면 실행하여야 합니까?'하고 묻자, 공자께서 '부형(父兄)이 계시니 어찌 들으면 실행할 수 있겠는가'하고 대답하셨다. 염유(冉有)가 '옳은 것을 들으면 곧 실행하여야 합니까?' 하고 묻자, 공자께서 '들으면 실행하여야 한다.'고 대답하셨다. 공서화(公西華)가 물었다. "유(由: 자로)가 '들으면 곧 실행하여야 합니까?'하고 묻자, 선생께서 '부형(父兄)이 계시다.'하셨고, 구(求: 염유)가 '들으면 실행하여야 합니까?'하고 묻자, 선생께서 '들으면 실행하여야 한다.'고 대답하시니, 저는 의혹 되어 감히 묻습니다." 공자께서 말씀하셨다. '구(求)는 물러남으로 나아가게 한 것이요, 유(由)는 일반인보다 나음으로 물러가게 한 것이다.'"라고 하였다. 『공자가어』「변정(辯政)」편의 정황이 이와 같은데 이를 통해 사람에 따라 다르게, 서로 다른 상황에 근거하여 다르게 대답을 한 것이 공자가 늘 사용하는 방식이었음을 알 수 있다.

이 편은 공자의 정치사상을 연구하는 중요한 자료이다. 공자가 명군(明君), 현신(賢臣)에 대해 찬탄한 것은 그의 덕치사상을 반영한 것이고, 공자가 복자천(宓子贱), 자공(子贡), 자로(子路)의 치국안민(治國安民)에 종사한 행동을 격려한 것은 공자의 덕치사상의 구체적 실천이었다. 이 편은 마찬가지로 공문(孔門) 제자를 연구하는 중요한 자료이기도 하다.

이러한 내용은 『한비자(韓非子)』, 『한시외전(韓詩外傳)』, 『설원(說苑)』 등에도 보이는데 이 편과 서로 비교하며 읽을 수 있다.

14-1

자공(子貢)이 공자에게 물었다. "옛날 제(齊)나라 군주가 정사(政事)를 관리하는 방법을 선생님께 물었을 때 선생님께서는 '정사를 관리하는 열쇠는 재화(財貨)를 절약하는데 있다'고 말씀하셨고, 노나라 군주가 정사를 관리하는 방법을 선생님께 물었을 때에는 '정사를 관리하는 열쇠는 신하를 관리하는데 있다'고 하셨으며, 섭공(葉公)이 정치하는 방법을 선생님께 물었을 때 선생님께서는 '정사를 관리하는 열쇠는 가까운 곳의 사람을 즐겁게 하고 먼 곳의 사람을 귀순하게 해야 한다'고 하셨습니다. 세 사람의 질문은 한 가지였지만 선생님의 대답은 달랐습니다. 그렇다면 정사를 관리하는 데는 각종 서로 다른 방법이 있습니까?" 공자가 말하였다. "각국의 서로 다른 현실 상황에 맞춰 다르게 대답을 해주었을 뿐이다. 제나라 군주는 나라를 다스리면서 정대(亭臺)와 누각(樓閣)을 건조하는데 사치를 부리고, 궁원(宮苑)의 원림(園林)에서 노는데 빠져 궁중에서 음악과 춤을 관장하는 여관(女官)과 가무(歌舞)의 여자 예인(藝人)이 잠시도 쉴 틈이 없으며, 하루아침에 천승(千乘)을 지닌 봉읍(封邑)을 세 사람에게 상으로 하사하였으므로 내가 '정사를 관리하는 열쇠는 재화를 절약하는데 있다'고 말한 것이다. 노나라 군주에게는 대신(大臣) 셋이 있었는데 그들 안으로는 작당하여 사사로움을 꾀하면서 군주를 우롱하고, 밖으로는 제후들과의 교왕(交往)을 배척하여 노나라 군주의 성명(聲明)을 가로막았으므로 내가 '정사를 관리하는 열쇠는 신하를 관리하는데 있다'고 말한 것이다. 초(楚)나라는 땅은 넓으나 도읍이 협소하여 백성들이 떠날 생각만 하여 마음 편하게 거주할 수 없었으므로 내가 '정사를 관리하는 열쇠는 가까운 곳의 사람을 즐겁게 하고 먼 곳의 사람을 귀순하게 해야 한다'고 말한 것이다. 이 세 가지 정황이 정사를 관리하는데 서로 다른 방법을 사용해야 하는 까닭이었던 것이다. 『시』에 이르기를 '난리가 일어나면 재물이 소멸되어 백성들에게 돌아갈 혜택은 아예 없도다' 하였으니, 이것은 절제하지 않고 사치를 부리다가 난리를 불러온 것을 슬퍼한 말이다. 또 '여러 소인들이 간사하여 무례하고 불충하여 오직 임금에게 병이 되는도다'라고 하였으니 이는 간신(奸臣)이 군주를 가로막아 난리를 불러오게 한 것을 슬퍼한 말이다. 또 '난리가 나를 매우 곤궁하게 하니 장차 어디로 돌아갈고?' 하였으니 이는 백성들이 흩어지고 난리를 불러온 것을 슬퍼한 말이다. 이 세 가지 정황을 통찰하고 다시 위정자가 추구해야 할 목표를 본다면 어찌 같을 수 있겠느냐?"

原文

子貢問於孔子曰: "昔者[1]齊君問政於夫子, 夫子曰: '政在節財.'; 魯君問政於夫子, 夫子[2]曰: '政在諭臣.'; 葉公[3]問政於夫子, 夫子曰: '政在悅近而遠來[4]'. 三者之問一也, 而夫子應之不同. 然政在異端[5]乎?" 孔子曰: "各因其事也. 齊君爲國, 奢乎臺榭, 淫於苑囿[6], 五官伎樂[7], 不解[8]於時, 一旦而賜人以千乘之家者三, 故曰'政在節財'. 魯君有臣三人[9], 內比周以愚其君, 外距諸侯之賓以蔽其明[10], 故曰'政在諭臣'. 夫荊[11]之地廣而都狹, 民有離心, 莫安其居, 故曰'政在悅近而來遠'. 此三者所以爲政殊矣. 『詩』云: '喪亂蔑資, 曾不惠我師[12]!' 此傷奢侈不節以爲亂者也; 又曰: '匪其止共, 惟王之邛[13].' 此傷奸臣蔽主以爲亂[14]也; 又曰: '亂離瘼矣, 奚其適歸[15]. 此傷離散以爲亂者也. 察此三者, 政之所欲, 豈同乎哉!"

注釋

1) **者**: 사고본에는 '哉'로 되어 있다. 이 기록은 『한비자』「난삼(難三)」, 『상서대전(尙書大傳)』에도 보인다. 2) **夫子**: 원래는 '夫' 자가 빠져 있었으나 사고본과 동문본에 근거하여 보완하였다. 3) **섭공(葉公)**: 즉 심제량(沈诸梁)으로 자는 자고(子高)이고 초(楚)나라 섭(葉)지방(지금의 하남 섭현(葉縣) 남쪽)의 지방관. 4) **來遠**: 원래는 '遠來'로 되어 있었는데 사고본과 동문본에는 '來遠'으로 되어 있다. 아래 문장에 근거하여 '來遠'으로 써야 함을 알았으므로 고쳤다. 5) **異端**: 기타 서로 다른 관점. 『논어「위정(为政)」에, "이단(異端)을 전공하면 해가 될 뿐이다."에 대한 주희(朱熹)의 집주(集注)에, "이단은 성인(聖人)의 도가 아니고 별도로 일단(一端)이 된 것"이라 했고, 초순(焦循)의 보소(补疏)에, "각기 일단(一端)이 되어 피차 서로 달랐다."고 했다. 6) **苑囿**: 금수(禽兽)를 기르는 곳. 대부분 제왕이 유락(游乐)하며 사냥하는 곳을 가리킨다. 7) **五官伎樂**: 오관(五官)은 궁중의 여관(女官)의 명칭. 기락(伎樂)은 노래하고 춤추는 여자 예인(藝人). 8) **解**: '해(懈)'와 같다. 게으르다. 사고본에는 '懈'로 되어 있다. 9) **魯君有臣三人**: 왕숙의 주에, "맹손(孟孙)、숙손(叔孙)、계손(季孙) 셋이다."고 했다. 10) **內比周以愚其君, 外距諸侯之賓以蔽其明**: 비주(比周)는 결당(結黨)하다. 『논어』「위정(为

政)」에, "공자께서 말씀하셨다. '군자(君子)는 두루 사랑하고 편당(偏黨)하지 않으며, 소인(小人)은 편당하고 두루 사랑하지 않는다.'" 거(距)는 '거(拒)'와 같다. 항거하다, 배척하다. 빈(賓)은 예로써 대접하다. 11) 荆: 초(楚)나라의 별칭. 12) **喪乱蔑资, 曾不惠我師**: 『시』「소아(小雅) · 판(板)」에 나오는 말이다. 왕숙의 주에, "멸(蔑)은 무(無)이고, 자(資)는 재(財), 사(師)는 중(衆)이다. 무릇 망란(亡亂)의 정치는 부렴(賦斂)을 무겁게 하여, 백성들이 아무 것도 가진 것이 없는 것이니 어찌 백성들을 아낀다고 하겠는가."라고 하였다. 증(曾)은 어떻게. 13) **匪其止共, 惟王之邛**: 이 말은 『시』「소아(小雅) · 교언(巧言)」에 나온다. 왕숙의 주에, "지(止)는 그치다. 공(邛)은 병(病)이다. 아첨하는 자들이 공경하지 않고 바른 말이 그치게 하는 것은 오직 왕의 병(病)이다."고 했다. 공(共)은 공(恭)과 같다. 14) **亂**: 사고본과 동문본에는 이 뒤에 '자(者)' 자가 있다. 15) **亂離瘼矣, 奚其適歸**: 이 말은 『시』「소아(小雅) · 사월(四月)」에 나온다. 왕숙의 주에, "이(離)는 우(憂)이다. 막(瘼)은 병(病)이다. 이산(離散)하여 근심이 생기는데, 여기에 화란이 난 것을 기억하니 화란으로 귀결될 것임을 말한 것이다."고 했다. 해(奚)는 금본(今本)『모시(毛詩)』에는 원(爰)으로 되어 있다. 막(瘼)은 병통(病痛)으로 넓게는 빈곤함을 가리킨다.

14-2

공자가 말했다. "충신(忠臣)이 군주에게 간(諫)하는 데에는 다섯 가지 방법이 있다. 첫째 완곡하게 간하는 것, 둘째 우둔하면서도 강직하게 간하는 것, 셋째 자신을 낮추어 조용하게 간하는 것, 넷째 직설적으로 간하는 것, 다섯째 완곡하게 은어(隱語)를 들어 간하는 것이다. 임금의 마음을 잘 헤아려 그에 상응하는 방식으로 해야 하는데, 나는 완곡하게 은어를 들어 간하는 방법을 따르리라."

原文

孔子曰: "忠臣之諫君, 有五義焉: 一曰譎諫[1], 二曰戇諫[2], 三曰降諫[3], 四曰直諫, 五曰風諫[4]. 唯度主而行之, 吾從其風諫乎!"

注釋

1) 휼간(譎諫): 왕숙의 주에, "그 일을 바르게 하여 그 군주를 휼간(譎諫)한다."고 했다. 완곡하게 간하는 것을 가리킨다. 『시』「주남(周南) 관저서(關雎序)」정현(鄭玄)의 전(箋)에, "휼간(譎諫)은 잘못된 것을 직접 간하지 않고 노래를 읊어 충간한다."고 했다. 이 기록은 『설원(說苑)』「정간(正諫)」에도 보인다. 2) 당간(戇諫): 왕숙의 주에, "당간(戇諫)은 꾸미지 않는 것이다."고 했다. 당(戇)은 우둔하면서도 강직하다. 3) 降諫: 왕숙의 주에, "자신을 낮추어 간한다."고 했다. 낯빛을 온화하고 기쁘게 하여 조용히 간하는 것을 가리킨다. 4) 風諫: 왕숙의 주에, "풍간(風諫)은 확실히 말하지 않아서 죄를 멀리하고 해로움을 피하려는 것이다."라고 하였다. '風'은 '풍(諷)'과 같다. 완곡한 말과 은어(隱語)로써 충간하는 것을 가리킨다. 사고본에는 '諷'으로 되어 있다.

14-3

공자가 말하였다. "무릇 도(道)는 귀하게 여기지 않을 수 없다. 중항문자(中行文子)는 도(道)를 등지고 의(義)를 상실하여 그 봉지(封地)를 잃었으나 예로써 어진 사람을 대했기 때문에 생명을 보전하였다. 성인(聖人)은 전화위복(轉禍爲福)할 수 있다고 했는데 이를 두고 한 말이로다."

原文

子曰: 夫道不可不貴也. 中行文子倍道失義以亡其國, 而能禮賢, 以活其身[1]. 聖人轉禍爲福[2], 此謂是與!"

注釋

1) 中行文子倍道失義以亡其國, 而能禮賢以活其身: 왕숙의 주에, "여기서 말하는 도(道)를 등지고(倍: 원래는 '陪'로 되어 있었으나 비요본(備要本)에 근거하여 고쳤다. 이하 같다. 사고본에는 이 구절을 '背義失道'로 되어 있다)의(義)를 잃었다는 것이지 득도(得道)의 의미를 말한 것은 아니다. 그리고 예로써 어진이를 대했다는 것은 위의 구절과 맞지 않는다[云禮賢, 不與上相次配]. 또 문자(文子)는 예로써 어진이를 대한 일이 없다. 중항문자(中行文子)는 진(晉)에 죄를 짓고 도망하여 변방에 이르렀는데, 따르던 자가 말하기를, "이 색부(嗇夫)는 군자(君子)입니다."라고 하여 말을 쉬게 하고

준자(駿者)를 기다렸다. 문자가 말하기를, "나는 음악을 좋아하지만 그대에게 나의 금(琴)을 줄 것이고, 패옥을 좋아하지만 그대에게 나의 옥을 줄 것입니다. 이것을 가지고 나의 과오를 다 떨칠 수는 없지만 스스로 용납하려는 것입니다. 나는 내가 용서를 구할 수 없는 것을 원망합니다."라고 하고는 수레를 타지 않았다. 사람들이 문자가 말한 것을 듣고는 붙잡았으나 죽이지 않았다. 공자가 그것을 듣고는, "문자는 도를 등지고 의를 상실하여 나라를 잃었다. 그러나 그가 살 수 있었던 이유는 현인을 잘 예우하기를 옳은 것으로 여긴 연유에 그렇게 된 것이다."라 했다. 배(倍)는 '背'와 같다. 위배하다, 등지다. 2) **轉禍爲福**: 왕숙의 주에, "만약 들어갔더라면 죽었을 것인데 들어가지 않아 살았기 때문에 이를 전화위복(轉禍爲福)이라 한다."고 했다.

14-4

초(楚)나라 왕(王)이 형대(荊臺)로 놀러 가려 하자 사마자기(司馬子祺)가 막으려 간하니 왕이 몹시 노했다. 영윤(令尹) 자서(子西)가 궁전 아래에서 왕에게 부화(附和)하며 말하기를, "지금 형대에 놀러 가는 기회는 놓칠 수 없습니다."고 하였다. 이 말을 듣고 왕은 자서의 등을 어루만지면서 말했다. "내 그대와 함께 가서 즐겁게 놀고 오리라."

자서가 말을 부려 10리쯤 가다 말고삐를 잡고 말을 멈추며 말하였다. "신이 정치를 밝게 할 수 있는 상황에 관해 말씀드리기를 원하는데 왕께서는 들어주시겠습니까?" 왕이 말하였다. "이야기해 보라." 자서가 말하였다. "신이 듣건대 남의 신하가 되어서 그 군주에게 충성하는 자에게는 작위와 봉록으로 그에 대한 상을 나타내는 것으로도 부족하고, 그 군주에게 아첨하는 자에게는 형벌로써 그에 대한 징벌을 나타내는 것으로도 부족하다고 했습니다. 무릇 자기(子祺)는 충신이요, 저는 아첨하는 신하입니다. 원컨대 왕께서는 충신에게는 상을 내리시고 아첨하는 신하에게는 벌을 내리십시오." 초왕이 말하였다. "내 지금 사마의 충간(忠諫)을 들어줄 수 있지만 이는 단지 나 혼자만 금지시키는 것이 되오. 만약 후세의 사람들이 와서 노는 것은 어찌할 것이오?" 자서가 말하였다. "후세 사람들이 와서 노는 것을 금하는 것은 매우 쉽습니다. 왕께서 세상을 떠나신 후에 형대 위에 능묘(陵墓)를 만들어 놓으면 자손들이 부조(父祖)의 능묘 위에서 놀며 환락을 일삼는 일을 차마 하지 못할 것입니다." 왕이 말하였다. "훌륭하오!" 그리고는 국도(國都)로 되돌아왔다.

공자가 이를 듣고 말하였다. "자서의 간언이 정말 지극하구나! 이야말로 10리 밖에서 한 충간이 받아들여져 백세 뒤 사람들의 놀이를 저지하였도다."

原文

楚王將遊荊臺[1], 司馬子祺[2]諫, 王怒之. 令尹子西[3]賀[4]於殿下, 諫曰: "今荊臺之觀[5], 不可失也." 王喜, 拊[6]子西之背曰: "與子共樂之矣."

子西步馬[7]十里, 引轡而止, 曰: "臣願言有道, 王肯聽之乎?" 王曰: "子其言之." 子西曰: "臣聞爲人臣而忠其君者, 爵祿不足以賞也; 諛其君者, 刑罰不足以誅[8]也. 夫子祺者, 忠臣也; 而臣者, 諛臣也. 願王[9]賞忠而誅諛焉." 王曰: "我今聽司馬之諫, 是獨能禁我耳. 若後世遊之何[10]也?" 子西曰: "禁後世易耳. 大王萬歲[11]之後, 起山陵[12]於荊臺之上, 則子孫必不忍遊於父祖之墓以爲歡樂也." 王曰: "善!" 乃還.

孔子聞之曰: "至哉 子西之諫也! 入之於十里[13]之上, 抑之於百世之後者也."

注釋

1) **楚王將游荊臺**: 초왕(楚王)은 『설원(說苑)』에 근거하면 초 소왕(昭王)을 가리킨다. 춘추시대 초나라의 국군(国君)으로 이름은 임(壬)이고, 27년간(B.C 515-488)재위하였다. 형대(荊臺)는 지명으로 지금의 호북성(湖北省) 강릉(江陵) 북쪽이다. 이 기록은 『설원(说苑)』「정간(正谏)」에도 보인다. 2) **子祺**: 사마(司馬)는 관직의 명칭이다. 자기(子祺)는 초나라 공자 결(结)이다. '祺'는 '期', '綦'로도 되어있다. 3) **令尹子西**: 令尹은

춘추전국시대 초나라의 집정(執政) 관명(官名)으로 상(相)에 해당한다. 자서(子西)는 초 평왕(楚平王)의 서장자(庶长子)이다. 4) **賀**: 축하하다, 부화(附和)하다. 5) **觀**: 사고본에는 '樂'으로 되어 있다. 6) **拊**: 만지다. 7) **步馬**: 말을 훈련시키다. 『좌전』양공(襄公) 16년 두예(杜預)의 주에, "步馬는 습마(習馬)이다."고 했다. 8) **誅**: 징벌하다. 9) **王**: 사고본에는 '主'로 되어 있다. 10) **何**: 사고본에는 '可'로 되어 있다. 11) **萬歲**: 세상을 떠나다의 완곡한 표현. 12) **山陵**: 제왕이나 황후의 분묘. 13) **十里**: 원래는 '千里'로 되어 있었으나 『설원(說苑)』「정간(正諫)」에 근거하여 고쳐 내용과 더욱 긴밀하게 맞게 하였다.

14-5

자공(子貢)이 공자에게 물었다. "선생님의 자산(子産)과 안자(晏子)에 대한 평가는 가장 높다고 할 수 있습니다. 감히 여쭙건대 두 대부(大夫)가 한 일 중에 뛰어난 것은 무엇이며 선생님께서는 무엇 때문에 이렇게 그들을 칭찬하시는 것입니까?" 공자가 말하였다. "무릇 자산은 백성들에 대하여 말하자면 인자하고 은혜를 베푸는 대부로써 학식으로는 각종 사물에 밝았다. 안자는 군주에 대하여 말하자면 충신이었으며 행동에 있어서는 공손하고 근면하였다. 때문에 내가 그들을 모두 형(兄)처럼 대하면서 사랑과 공경을 더했던 것이다."

原文

子貢問[1]於孔子曰: "夫子之於子產、晏子, 可爲至矣. 敢問二大夫之所爲目[2], 夫子之所以與之者." 孔子曰: "夫子產於民爲惠主[3], 於學爲博物. 晏子, 於君爲忠臣, 而[4]行爲恭敏. 故吾皆以兄事[5]之, 而加愛敬."

注釋

1) **問**: 원래는 '聞'으로 되어 있었으나 사고본, 비요본, 동문본에 근거하여 고쳤다. 2)

目: 요목(要目), 요점. 3) 惠主: 인자(仁慈)한 대부(大夫). 4) 而: 사고본과 동문본에는 '於'로 되어 있다. 이것이 맞다. 5) 事: '視'와 같다. 보다.

14-6

제(齊)나라에 외발 달린 새들이 궁실(宮室)에 모여 들고 궁전 앞에 내려 앉아 날개를 편 채 뛰고 있었다. 제나라 군주가 크게 괴이하게 여기고 사람을 시켜 노나라에 가서 공자에게 물어 보도록 하였다. 공자가 말하였다. "이 새의 이름은 상양(商羊)인데 수해(水害)가 날 조짐을 나타낸다. 옛날에 어떤 아이가 한쪽 다리는 구부러지고 두 눈썹은 치켜져 있었다. 이 아이가 뛰어 다니면서 노래를 불렀는데, '하늘이 장차 큰비를 내리려면 상양의 떼가 뛰고 춤을 출 것이다'고 했다. 이제 제나라에 이같은 새가 나타났으니 노래의 내용대로 수해가 들것이다. 급히 백성들에게 알려 도랑을 정리하고 제방을 쌓도록 하라. 장차 큰 수재(水災)가 날 것이다."

얼마 안 가서 과연 큰비가 쉬지 않고 내려 여러 나라에 홍수가 넘쳐 백성들이 크게 피해를 입었으나, 오직 제나라만은 준비를 함에 따라 사람들이 상해(傷害)를 입지 않았다. 제나라 경공(景公)이 말하였다. "성인의 말씀은 미덥고도 징험(徵驗)이 있도다."

原文

齊有一足之鳥, 飛集於宮朝[1], 下止於殿前, 舒翅而跳. 齊侯大怪之, 使使聘魯問孔子. 孔子曰: "此鳥名曰商羊, 水祥[2]也. 昔童兒有屈其一脚, 振訊[3]兩眉而跳且謠曰: '天將大雨, 商羊鼓舞[4].' 今齊有之, 其應至矣. 急告民趨治溝渠, 修堤防, 將有大水爲災."

頃之大霖雨[5], 水溢泛諸國, 傷害民人, 唯齊有備, 不敗[6]." 景公曰: "聖人之言, 信而有[7]徵矣."

注釋

1) **宮朝**: 궁실(宮室). 이 기록은 『설원(說苑)』「변물(辨物)」에도 보인다. 2) **祥**: 길흉의 조짐으로 그에 앞서 나타나는 현상을 가리킨다. 3) **振訊**: 떨다. 치켜뜨다. 4) **鼓舞**: 손발을 흔들어 기쁘거나 흥분한 모습을 나타내는 것. '舞'는 사고본과 동문본에 '무(儛)'로 되어 있다. 5) **霖雨**: 비가 오래도록 그치지 않는 것. 6) **敗**: 상해(傷害), 상망(傷亡). 7) **有**: 원래는 없었는데, 사고본과 동문본에 근거하여 보완하였다.

14-7

공자가 복자천(宓子賤)에게 말하였다. "네가 선보(單父) 지역을 다스릴 때 그곳 백성이 모두 즐거워했다 하니, 네가 어떻게 정치를 베풀었기에 그들의 지지를 얻게 되었느냐? 너는 나에게 어떻게 그렇게 되었는지를 말해 보아라." 복자천이 대답하였다. "제가 선보를 다스리는 방법은 부친이 그들의 아이들을 불쌍히 여기는 것처럼 하였고, 그들의 아들이 모두 고아를 불쌍히 여기고 그들의 상사(喪事)를 깊이 애도하게 하였습니다." 공자가 말하였다. "훌륭하다. 그러나 이들은 모두 작은 일들로서 일반 백성들이 고맙다고 따르게 할 수는 있지만 아직 부족하다." 복자천이 말하였다. "저에게는 아버지처럼 받드는 분이 세 사람이 있고, 형처럼 섬기는 이가 다섯 사람 이 있으며 친구처럼 대하는 이가 열한 사람이 있습니다." 공자가 말하였다. "아버지처럼 섬기는 이가 세 사람이 있다면 효도를 가르칠 수 있었을 것이고, 형처럼 섬기는 이가 다섯 사람이 있다면 형제를 경애(敬愛)하는 것을 가르칠 수 있었을 것이며, 친구처럼 대하는 이가 열한 사람 있다면 덕과 재능을 갖춘 사람을 추천할 수 있었을 것이다. 이는 모두 중간 정도의 선행으로 중등의 사람들이 고맙다고 따르게 할 수는 있지만 아직 부족하다." 복자천이 말하였다. "선보에는 저보다 현명한 사람이 다섯이나 있습니다. 그래서 저는 그들 다섯 사람을 모시면서 그들의 가르침을 받을 수 있었고, 그들은 모두 저에게 위정의 방법을 가르쳐 주었습니다. 공자는 탄식하며 말하였다. "큰 일을 성취할 수 있는 관건이 바로 여기에 드러나는구나. 옛날에 요순(堯舜)도 천하를 다스릴 때 반드시 현인을 구해서 자신을 돕게 하였다. 무릇 현인은 백 가지 복을 얻을 수 있는 근원이고, 신명(神明)을 주재할 수 있는 근본이다. 안타깝도다. 그대가 다스리는 땅이 너무 좁구나."

原文

孔子謂宓子賤[1]曰: "子治單父[2], 衆悅, 子何施而得之也? 子語丘所以爲之者." 對曰: "不齊之治也, 父恤其子, 其子恤諸孤而哀喪紀[3]." 孔子曰: "善. 小節也, 小民附矣, 猶未足也." 曰: "不齊所父事者三人, 所兄事者五人, 所友事者十一人." 孔子曰: "父事三人, 可以教孝矣; 兄事五人, 可以教悌矣; 友事十一人, 可以擧善矣. 中節也, 中人附矣, 猶未足也." 曰: "此地民有賢於不齊者五人, 不齊事之而稟度[4]焉, 皆教不齊之道." 孔子嘆曰: "其大者乃於此乎有矣! 昔堯舜聽[5]天下, 務求賢以自輔. 夫賢者, 百福之宗也, 神明之主也. 惜乎不齊之所以[6]治者, 小也."

注釋

1) 복자천(宓子贱): 공자의 제자. 이름은 불제(不齐), 자(字)는 자천(子贱)으로 노나라 사람이다. 이 기록은 『한시외전(韓詩外傳)』권8, 『설원(說苑)』「정리(政理)」에도 보인다. 2) 선보(单父): 노나라 읍(邑)으로 지금의 산동 선현(单县). 3) 丧纪: 상사(丧事). 4) 禀度: '受教'와 같다. 5) 聽: 다스리다, 관리하다 혹은 사무를 집행하다. 6) 所以: 원래는 '以所'로 되어 있었으나 사고본과 동문본에 근거하여 고쳤다.

14-8

자공이 신양(信陽)의 재(宰)가 되어 부임하기 전에 공자에게 작별을 고했다. 공자가 말하였다. "부지런히 하고 신중히 하라. 천자가 반포한 역법을 잘 받들고, 침탈하지 말고, 공벌(攻伐)하지 말며, 포학하지 말고, 도둑질하지 말라.” 자공이 말하였다. “저는 어렸을 때부터 선생님을 섬겨 왔는데 어찌 도둑질을 하는 죄를 범할 수 있겠습니까?”

공자가 말하였다. “너는 아직 자세히 모르는구나. 대개 현인(賢人)으로 현인을 대신하는 것을 침탈이라고 칭하고, 불초한 사람으로 현인을 대신하는 것을 공벌(攻伐)이라고 칭하며, 법령을 느슨하게 하면서 주살(誅殺)을 준엄하고 급하게 하는 것을 포학이라고 칭하고, 다른 사람의 공적을 자기 것으로 일삼는 것을 도둑질했다고 칭하는 것이다. 도둑질했다는 것은 재물을 도둑질하는 것만을 말하는 것이 아니다. 내가 듣건대 관리로서의 도리를 잘 아는 사람은 법령을 받들어 백성을 이롭게 하고, 관리로서의 도리를 잘 모르는 사람은 법령을 왜곡하여 백성을 해롭게 한다고 했는데, 이것이 원망을 발생시키는 근본 이유이다. 관리가 되어 다스리는데 가장 중요한 것은 공평함이고, 재물에 대하는 데 있어서 가장 중요한 것은 청렴함이다. 청렴함과 공평함을 지키게 되면 더 이상 고칠 것이 없어진다. 다른 사람의 잘한 일을 숨기는 것은 현인을 가로막는 것이라 하고, 다른 사람의 결점을 들추어내는 것은 소인이 하는 짓이다. 안으로 서로 일깨워 주지 않고 밖으로 서로 헐뜯기만 하는 것은 친목하지 못한 것이다. 다른 사람의 장점을 칭찬할 때에는 자신도 그 장점을 가진 것처럼 진지해야 하고, 다른 사람의 결점을 이야기할 때에는 자신도 그 결점을 받는 것처럼 괴로워해야 한다. 때문에 군자는 언제 어디서나 삼가야만 한다.”

原文

子貢爲信陽[1)]宰, 將行, 辭於孔子. 孔子曰: “勤之愼之, 奉天子之時, 無奪無伐, 無暴無盜.” 子貢曰: “賜也少而事君子, 豈以盜爲累[2)]哉?”

孔子曰: “汝未之詳也, 夫以賢代賢, 是謂之奪; 以不肖代賢, 是謂之伐; 緩令急誅, 是謂之暴; 取善自與, 是[3)]謂之盜. 盜非竊財之謂也. 吾聞之: 知爲吏者, 奉法以利民; 不知爲吏者, 枉法以侵民. 此怨之所由也. 治[4]官莫若平, 臨財莫如廉. 廉平之守, 不可改也. 匿人之善, 斯謂蔽賢; 揚人之惡, 斯爲小人. 內不相訓而外相謗, 非親睦也. 言人之善, 若己有之; 言人之惡, 若己受之., 故君子無所不愼焉."

注釋

1) 信陽: 초나라 읍(邑)으로 지금의 하남 신양(信陽) 남쪽. 이 기록은 『설원(說苑)』「정리(政理)」에도 보인다. 2) 累: 과실(過失). 3) 是: 원래는 없었으나 사고본과 동문본에 근거하여 보완하였다. 4) 治: 관리하다, 다스리다.

14-9

자로(子路)가 포(蒲) 땅을 다스린 지 3년이 되었다. 공자가 그곳을 지나다가 자로가 관할하는 경내에 들어서며 말하였다. "훌륭하구나, 중유(仲由)가 공경함으로 믿음을 얻었구나." 성읍에 들어서며 공자가 말하였다. "훌륭하구나. 중유가 충신(忠信)하고 돈후(敦厚)하구나." 자로의 관서(官署)에 이르자 공자가 말하였다. "훌륭하구나. 분명하게 살피고 판단하고 있구나."

자공(子貢)이 말고삐를 잡고 물었다. "선생님께서는 자로(子路)가 정사를 어떻게 처리하는지 보지도 않으시고 세 번씩이나 훌륭하다고 칭찬하시니 무엇이 훌륭하다는 것인지 제게 들려주실 수 있습니까?" 공자가 말하였다. "나는 그가 어떻게 정사를 처리하는지 이미 보았다. 포 땅에 들어서서 보니 전답이 모두 가지런히 정리되어 있고, 황무지가 대부분 모두 개척되어 있으며, 도랑들이 모두 깊이 파여 있었으니 이는 공경함으로 믿음을 얻었기 때문에 백성들이 힘을 있는 힘을 다해 노력한 것임을 말해준다. 포읍에 들어서서 보니 성벽과 집들이 모두 매우 견고하고 수목들이 매우 무성하였는데 이는 그가 충신(忠信)하고 돈후하였기 때문에 그 지역 백성들이 조금도 게으르거나 타성에 젖어 있지 않았던 것이다. 포 땅 관서에 들어서서 보니 관서 안이 깨끗하고 조용하며 부하 관리들이 모두 명령대로 움직이고 있었는데 이는 그가 일을 처리함에 분명하게 살피고 판단하였기 때문에 정사를 처리함에 조금도 번거로움이 없었던 것을 말해준다. 이로써 보건대 비록 그의 위정(爲政) 공적을 세 번이나 칭찬했다 해도 어찌 그 좋은 것을 다 말한 것이겠느냐?"

原文

子路治蒲[1]三年, 孔子過之, 入其境, 曰: "善哉! 由也恭敬以信矣." 入其邑, 曰: "善哉! 由也忠信而寬矣." 至廷, 曰: "善哉! 由也明察以斷矣."

子貢執轡而問曰: "夫子未見由之政, 而三稱其善, 其善可得聞乎?" 孔子曰: "吾見其政矣. 入其境, 田疇盡易[3], 草萊[4]甚辟, 溝洫深治, 此其恭敬以信, 故其民盡力也; 入其邑, 墻屋完固, 樹木甚茂, 此其忠信以寬, 故其民不偸[5]也; 至其庭, 庭甚清閑, 諸下用命[6], 此其言明察以斷, 故其政不擾[7]也. 以此觀之, 雖三稱其善, 庸盡其美乎?"

注釋

1) **蒲**: 춘추시대 위(衛)나라 땅으로 전국시대에는 위(魏)나라에 속했다. 지금의 하남성 장원현(長垣縣)에 있다. 이 기록은 『한시외전(韓詩外傳)』권6에도 보인다. 2) **庭**: 사고본과 동문본에는 '廷'으로 되어 있는데, 모두 관서(官署)나 관사(官舍)를 가리킨다. 료명춘(廖名春)이 이르기를, "'庭' 자 앞에 당연히 '其' 자가 있어야 한다."고 했는데 맞다. 3) **田疇盡易**: 전지(田地)가 잘 정돈되어 있다. 전주(田疇)는 전지(田地). 이(易)는 정돈되어 있다. 4) **草萊**: 황무지. 5) 투(偸): 구차하다, 나태하다. 6) **用命**: 명령에 복종하다. 7) 요(擾): 번거롭다, 어지럽다. 7) **庸盡其美乎**: 용(庸)은 설마, 어찌. 어떻게. '乎'는 사고본과 동문본에는 '의(矣)'로 되어 있다.

공자가어통해

권 4

15 육본六本

序說

이 편의 첫 장(章)에서는 군자(君子) 처세의 6대 근본을 말하고 있다. 때문에 편명을 '육본(六本)'이라 한 것이다. 유자(有子)가 말하기를, "군자는 근본을 힘쓸 것이니 근본이 서면 도가 생길 것이다. 효도와 공손이라는 것은 그 어짐을 행하는 근본인 것이다[君子務本, 本立而道生. 孝弟也者, 其爲仁之本與!]"(『논어』「학이(學而)」)라고 하여 단지 효(孝)가 군자의 근본임을 언급하였다. 그러나 이 편에서 공자는 군자로서의 여섯 가지 근본을 제시하였다. 즉 입신(立身)은 효로 근본을 삼고, 상사(喪事)에 관한 일은 슬픔[哀]을, 전쟁에서는 용(勇)을, 정치를 다스리는 일은 농(農)을, 나라를 이끌어가는 데는 사(嗣)를, 재물을 생산함에는 힘[力]을 각기 근본으로 삼는 것이라 했다. 공자의 마음속에 있는 이상적인 인격은 군자였다. 어떤 의의에 있어서 유학(儒學)은 사실 '군자지학(君子之學)'이라 칭할 수 있다. 그래서 「육본(六本)」편에서는 군자가 될 수 있는 구체적인 요구를 상세하게 설명하고 있다.

이 편은 21개 문장으로 구성되어 있다. 각 문장은 상대적으로 독립되어 있으나 담론한 내용은 기본적으로 모두 입신처세에 관한 문제이다. 예컨대 공자가 제시한 "좋은 약은 입에 쓰지만 병 고침에는 이로우며, 충성된 말은 귀에 거슬리나 행동에는 이롭다."는 것이나, 새를 잡는 사람이 잡은 것이 모두 아직 부리가 노란 새끼임을 보았을 때 공자가 제자들에게 따르는 바를 신중하게 선택하라고 훈계한 것, 공자가 『역(易)』을 읽다가 "겸손하면 더해짐을 받고, 가득하면 덜어짐을 초래한다."는 결론을 얻은 것, 공자가 증자의 효가 지나치게 우직(愚直)한 것을 비판한 것, 공자가 영성기(榮聲期)로부터 스스로 너그럽게 여기는 것을 배운 것, 증삼(曾參)이 공자의 남의 착한 일을 보고 기쁘게 생각하고, 착한 일을 들으면 반드시 몸소 행하는 것이야 말로 군자가 다른 사람들을 위하여 처세하는 가장 높은 경계라고 여긴 것, 공자가 예언하길, "자하[商]는 날마다 더해갈 것이요, 자공[賜]은 날마다 덜해갈 것이다"라고 하고 나아가 "그 함께 처하는 바를 조심하며", 삼가 벗을 가리는데 있어 신중할 것을 제시한 것 등이다. 이밖에도 공자는 법도를 명확히 할 것을 강조하고, 신중하게 일에 대처해야 한다고 이야기하였다.

이 편은 공자의 인생관을 연구하는 중요한 자료이다. 공자의 가르침으로부터 선철(先哲)의 사람 됨됨이의 처세에 관한 지혜를 터득할 수 있다.

15-1

공자가 말하였다. "자신의 입신처사(立身處事)에는 여섯 가지 근본이 있어야 하고, 그런 연후에라야 군자가 될 수 있다. 입신에는 도의(道義)가 있어야 하는데 효도를 행하는 것을 근본으로 한다. 상(喪)을 치르자면 예절이 있어야 하는데 슬픔을 다하는 것을 근본으로 한다. 전투를 치르자면 대열을 잘 갖추어야 하는데 용감하여 두려움이 없음을 근본으로 한다. 정치를 다스리자면 조리(條理)가 있어야 하는데 농사를 근본으로 한다. 나라를 다스리는 데에는 큰 도(道)가 있어야 하는데 후사(後嗣)를 세움을 근본으로 한다. 재화를 생산함에는 때가 있는데 힘을 다하는 것을 근본으로 한다. 만약 자신의 입신처사에 근본이 견고하지 못하면 농상(農桑)에 힘쓸 필요가 없고, 자신의 가까운 친척을 즐겁게 해주지 못한다면 외부의 친구를 사귈 필요가 없으며, 일을 하는데 시작은 있고 끝이 없으면 많은 일을 할 필요가 없고,

다만 들은 것만 가지고 말을 한다면 많은 말을 할 필요가 없으며, 가까운 일을 타당하게 처리하지 못한다면 먼 곳의 일을 구할 필요가 없다. 그런 까닭에 근본으로 돌아가 가까운 것부터 수행하는 것이 군자의 도리인 것이다."

原文

孔子曰: "行己[1)]有六本焉, 然後爲君子也. 立身有義矣, 而孝爲本; 喪紀有禮矣, 而哀爲本; 戰陣有列矣, 而勇爲本; 治政有理矣, 而農爲本; 居國有道矣, 而嗣[2)]爲本; 生財有時矣, 而力爲本. 置本不固, 無務農桑; 親戚不悅, 無務外交; 事不終始, 無務多業; 記聞而言, 無務多說[3)]; 比近[4)]不安, 無務求遠. 是故反本修邇[5)], 君子之道也."

注釋

1) **行己**: 『설원(說苑)』「건본(建本)」에는 '行身'으로 되어 있는데, 이 둘은 같은 뜻이다. 즉 입신처사(立身處事)의 의미이다. 2) **嗣**: 후사를 세우다. 왕숙의 주에, "후사를 세우지 못하면 혼란이 싹트게 된다."고 했다. 3) **記聞而言, 無務多說**: 왕숙의 주에, "다만 들은 것만 가지고 말을 하게 되면 맞는 말을 할 수 없기 때문에 많은 말을 하고자 힘쓰지 말라고 한 것이다."고 했다. 4) **比近**: 인근(鄰近). 比는 바로 옆에 있다. 가까이하다. 6) **反本修邇**: 反本은 근본으로 돌아가다. 수이(修邇)는 가까운 것으로부터 수행(修行)한다. '邇'가 사고본과 동문본에는 '跡'으로 되어 있다.

15-2

공자가 말하였다. "좋은 약은 입에 쓰지만 병(病)에는 이로우며, 충성된 말은 귀에 거슬리지만 일을 행함에는 이로운 것이다. 옛날 상(商)의 탕(湯)과 주 무왕(周武王)은 직언하여 충간하는 것을 들어서 나라가 창성하게 되었고, 하의 걸(桀)과 상의 주(紂)는 '네, 네' 하며 공손한 말을 듣기 좋아하다 나라가 망하였다. 임금에게 직언하여 충간하는 신하가 없고, 아비에게 직언하여 충간하는 아들이 없으며, 형에게 직언하여 충간하는 아우가 없고, 선비에게 직언하여 충간하는 친구가 없으면서 잘못을 범하지 않는 사람이 이제껏 없었다. 그러므로 임금이 잘못하면 신하가 바로잡아 주고, 아비가 잘못하면 아들이 바로잡아 주며, 형이 잘못하면 아우가 바로잡아 주고, 자신이 잘못하면 친구가 바로잡아 주어야 한다고 말한 것이다. 이렇게 해야 나라에는 위망(危亡)의 조짐이 없게 되고, 집안에는 패란(悖亂)의 악행이 없게 되며, 부자와 형제간에 실수가 없게 되고, 친구 간의 사귐에 단절이 없게 되는 것이다."

原文

孔子曰: "良藥[1]苦於口而利於病, 忠言逆於耳而利於行. 湯武以諤諤[2]而昌, 桀紂以唯唯[3]而亡. 君無爭[4]臣, 父無爭子, 兄無爭弟, 士無爭友, 無其過者, 未之有也. 故曰: 君失之, 臣得之. 父失之, 子得之. 兄失之, 弟得之. 己失之, 友得之. 是以國無危亡之兆, 家無悖亂之惡, 父子兄弟無失, 而交友無絶也."

注釋

1) 良藥: 동문본에는 '藥酒'로 되어 있다. 이 기록은 『설원(說苑)』「정간(正諫)」에도 보인다. 2) 악악(諤諤): 직언하여 충간하는 모양. 3) 유유(唯唯): '네 네'하며 남의 뜻을 거스리지 않고 응답하는 소리. '唯唯諾諾'이란 성어(成語)와 같다. 4) 爭: '쟁(諍)'과 같다. 곧은 말로 권고하여 사람으로 하여금 잘못을 바로 잡도록 하다. 『설원(說苑)』「정간(正諫)」에, "임금께는 직언하여 충간하는 신하가 없다[君無諤諤之臣]."고 했는데, '諍'은 '諤諤'과 의미가 같다.

15-3

공자가 제(齊)나라 경공(景公)을 보자 경공은 기뻐하여 늠구(廩丘) 땅을 공자에게 주어 식읍(食邑)으로 삼게 하였다. 공자는 사양하며 받지 않았다.

거처로 돌아온 후에 제자들에게 말하였다. “내가 듣건대 군자는 공(功)이 있어야 상을 받는다고 했다. 이제 내가 제나라 임금에게 진언(進言)하였지만 임금은 아직 실제적 행동을 취하지 않고 있으면서 오히려 나에게 식읍으로 내려 준다고 하니 나를 너무나 모르는 것이로다.” 그리고는 드디어 제나라를 떠났다.

原文

孔子見齊景公, 公悅焉, 請置廩丘[1]之邑以爲養[2]. 孔子辭而不受. 入謂弟子曰: “吾聞君子當[3]功受賞. 今吾言於齊君, 君未之有行[4], 而賜吾邑, 其不知丘亦甚矣.” 於是遂行.

注釋

1) **廩丘**: 읍의 이름. 제(齊)나라의 읍. 동문본에는 '稟丘'로 되어 있다 이 기록은 『여씨춘추(呂氏春秋)』「고의(高義)」, 『설원(說苑)』「입절(立節)」에도 보인다. 2) **養**: 필요한 것을 제공하다. 식읍(食邑)으로 삼게 하는 것을 가리킨다. 3) **當**: 원래는 '賞'으로 되어 있었으나 사고본과 동문본 그리고 비요본과 『여씨춘추』, 『설원』 등에 근거하여 고쳤다. 4) **君未之有行**: 제(齊)나라 경공(景公)이 아직 실제적인 행동을 취하지 않음을 가리킨다.

15-4

공자가 제나라에 있을 때 객사(客舍)에 머무르자 경공(景公)이 찾아왔다. 주객이 인사를 나누고 난 후 좌우의 신하들이 경공에게 고하였다. “주 왕실의 사신이 막 도착하여 선왕(先王)의 종묘에 화재가 났다고 합니다.” 경공이 되물었다. “불이 난 곳은 어느 선왕의 조묘이냐?” 공자가 말하였다. “이는 틀림없이 이왕(釐王)의 종묘일 것입니다.”

경공이 말하였다. “어떻게 그것을 아십니까?”

공자가 말하였다. “『시경』에 이르기를 '위대하고 아름다운 하늘이시여,

하늘의 명령은 어긋남이 없도다. 착한 일을 하면 하늘은 반드시 그들의 인덕(仁德)에 보답하노라.'고 했습니다. 재화(災禍) 역시 그와 같은 것입니다. 무릇 이왕(釐王)은 문왕(文王)과 무왕(武王)이 제정한 제도를 변경하여 색채가 화려한 복식을 만들고, 궁실을 높고 우뚝하게 지으며 수레와 말을 사치스럽게 치장하여 더 이상 구할 수 없는 지경에 이르렀습니다. 때문에 하늘이 그의 종묘에 재앙을 내림이 당연한 것입니다. 이 때문에 제가 이왕(釐王)의 종묘라고 추측한 것입니다." 경공이 말하였다. "하늘이 어찌 그 몸에 재앙을 내리지 않고 그의 종묘에 벌을 가하는 것입니까?" 공자가 말하였다. "아마 문왕과 무왕 때문일 것입니다. 만약 이왕(釐王) 자신에게 재앙을 내린다면 문왕과 무왕의 자손이 끊어지고 마는 것이 아니겠습니까?" 그러므로 그의 종묘에 재앙을 내려 그의 허물을 드러나게 하는 것입니다."

잠시 뒤에 좌우의 신하들이 다시 고하였다. "화재가 난 곳이 이왕의 종묘라 합니다." 경공이 놀라 일어나 두 번 절하고 말하였다. "훌륭하십니다! 성인께서 지닌 지혜는 보통 사람들을 크게 능가 하시는군요."

原文

孔子在齊, 舍於外館[1], 景公造焉. 賓主之辭旣接, 而左右白[2]曰: "周使適至, 言先王廟災." 景公覆問: "災何王之廟也." 孔子曰: "此必釐王[3]之廟."

公曰: "何以知之?"

孔子曰: "『詩』云: 皇皇上天, 其命不忒, 天之以善, 必報其德[4].' 禍亦如之. 夫釐王變文武之制, 而作玄黃華麗之飾, 宮室崇峻[5], 輿馬奢侈, 而弗可振[6]也, 故天殃所宜加其廟焉. 以是占[7]之爲然."公曰: "天何不殃其身而加罰其廟也?" 孔子曰: "蓋以文武故也. 若殃其身, 則文武之嗣無乃殄[8]乎? 故當殃其廟, 以彰其過."

俄頃, 左右報曰: "所災者, 釐王廟也." 景公驚起, 再拜曰: "善哉!

聖人[9]之智，過人遠矣."

注釋

1) **外館**: 객사(客舍). 이 기록은 『설원(說苑)』「권모(權謀)」에도 보인다. 2) **白**: 고하다. 3) **釐王**: 주나라 이왕(釐王), 희왕(僖王이라고도 한다. 성은 희(姬), 이름은 호제(胡齊)이다. 재위기간이 5년(B.C681—677)이다. 4) **皇皇上天, 其命不忒. 天之以善, 必報其德**: 왕숙의 주에, "이는 「일시(逸詩)」이다. '皇皇'은 아름다운 모습, 특(忒)은 어긋나다."라고 했다. '皇皇'은 아름답고 선명한 모양이다. 5) **崇峻**: 높고 우뚝함. 숭(崇)은 높다. 준(峻)은 가파르다. 6) **振**: 왕숙의 주에, "진(振)은 구하다."라고 했다. 7) **占**: 추측하다. 8) **殄**: 소멸하다. 없애다. "물건을 아낄 줄 모르고 함부로 쓰다[暴殄天物]"라는 성어(成語)가 있다. 9) **聖人**: 사고본과 동문본에는 '聖' 으로 되어 있다.

15-5

자하(子夏)가 삼년상을 마치고 공자를 뵙자 공자가 말하였다. "거문고를 줄 터이니 연주해 보록 하거라." 자하가 즐겁게 연주하고는 일어나 공자에게 말하였다. "선왕(先王)이 제정한 예의(禮儀)에 감히 이를 수 없었습니다." 공자가 말하였다. "참으로 군자로구나."

민자건(閔子騫)이 삼년상을 마치고 공자를 뵙자 공자가 말하였다. 공자가 그에게 거문고를 주면서 연주해보라고 하였다. 연주하면서 슬프고 괴로워하는 모습을 드러내고는 일어나 말하였다. "선왕이 제정한 예의를 감히 넘어설 수 없었습니다." 공자가 말하였다. "참으로 군자로구나."

자공(子貢)이 말하였다. "민자건이 아직 애통함에 빠져있었음에도 선생님께는 '참으로 군자로구나'하셨고, 자하는 이미 상심함이 다하였음에도 또 '참으로 군자로구나"라고 하셨습니다. 두 사람의 감정이 다름에도 선생님께서는 모두 '군자'라고 하셨습니다. 제[賜]로서는 의혹이 나서 감히 묻습니다." 공자가 말하였다. "민자건은 슬픔을 잊지 못하였지만 능히 예법에 따라 그것을 끊었고, 자하는 이미 다시는 슬프지 않았지만 능히 감정을 이끌어 예제에 이르게 하였다. 그들 두 사람을 모두 군자라고 해도 되지 않겠느냐?"

原文

子夏[1]三年之喪畢, 見於孔子. 子曰: "與之琴, 使之弦[2]." 侃侃[3]而樂, 作[4]而曰: "先王制禮, 不敢不及[5]." 子曰: "君子也!"

閔子[6]三年之喪畢, 見於孔子. 孔子與之琴, 使之弦. 切切[7]而悲, 作而曰: "先王制禮, 弗敢過也." 子曰: "君子也!"

子貢曰: "閔子哀未盡. 夫子曰: '君子也.' 子夏哀已盡, 又曰: '君子也.' 二者殊情而俱曰君子, 賜也或[8], 敢問之." 孔子曰: "閔子哀未忘, 能斷之以禮; 子夏哀已盡, 能引之及禮. 雖均之[9]君子, 不亦可乎."

注釋

1) 子夏: 원래 '子貢'이라 잘못 되어 있었으나 사고본과 동문본, 『예기』, 『설원(說苑)』에 근거하여 고쳤다. 자하는 공자의 제자로써 문학으로 이름이 났고, 경학의 전승에 매우 큰 공헌을 했다. 이 기록은 『예기』「단궁(檀弓)상」, 『시』「회풍(檜風)·소관(素冠)」 모전(毛傳), 『설원』「수문(修文)」에도 보인다. 2) 弦: 원래는 악기의 소리를 내는 줄[絲線, 銅絲]을 가리키는 것이지만 여기서는 동사로 쓰여 '연주한다'는 의미이다. 3) 侃侃: 화락(和樂)하는 모습. 4) 作: 일어나다. 일으키다. 5) '不敢不及'부터 이하 '先王制禮'까지 39자: 원래 빠져있었으나 여기서는 사고본과 『예기』, 『설원』에 근거하여 보완하였다. 6) 閔子: 민자건(閔子騫)이다. 공자의 제자로써 노나라 사람인데, 덕행으로 유명하다. 7) 切切: 슬프고 근심으로 괴로워하는 모습. 8) 或: 혹(惑)과 같다. 의혹(疑惑). 사고본과 비요본, 동문본에는 '惑'으로 되어 있다. 9) 之: '爲'와 같다.

15-6

공자가 말하였다. "완벽하게 순서에 맞춰 하는 예의가 아니더라도 진정한 공경심을 가져야 하고, 상복(喪服)을 갖춰 입지 않은 상사(喪事)라 하더라도 진정한 슬픔의 정이 있어야 하며, 소리가 없는 음악이라 할지라도 마음으로

부터 즐거워야 한다. 말을 하지 않아도 믿음이 있고, 행동하지 않아도 위엄이 있으며, 남에게 베풀지 않더라도 어진 마음을 가져야 한다. 무릇 종에서 나는 소리는 노한 마음으로 치면 그 소리가 용맹스럽게 느껴지고, 근심스러울 때 치면 그 소리가 슬프게 느껴진다. 뜻이 변하면 소리 역시 그에 따라 변한다. 때문에 뜻이 성실하면 감응하여 악기와도 서로 통하게 되는데, 하물며 사람에 있어서랴?"

▌原文

孔子曰: "無體之禮[1], 敬也; 無服之喪, 哀也; 無聲之樂, 歡也. 不言而信, 不動而威, 不施而仁.志. 夫鐘之音, 怒而擊之則武, 憂而擊之則悲, 其志變者, 聲亦隨之. 故志誠感之, 通於金石[2], 而況人乎?"

▌注釋

1) **無體之禮**: 體는 형식, 의식(儀式). '無體之禮'란 완벽하게 순서에 맞춰 하는 예의는 없다는 것을 가리킨다. 이 기록은 『설원(說苑)』「수문(修文)」에도 보인다. 2) **金石**: 널리 악기를 지칭한다. '金'은 금속으로 만든 악기를 가리킨다. 예컨대 종(鍾)、영(鈴) 등이다. '石'은 돌로 만든 악기를 가리킨다. 예컨대 경(磬)이다.

▌15-7

공자가 그물로 참새를 잡는 사람을 보았는데 그가 잡은 것은 모두가 아직 부리가 노란 새끼였다. 공자가 물었다. "큰 새는 한 마리도 잡지 못했으니 그것은 무슨 까닭입니까?" 새를 잡던 사람이 말하였다. "큰 새는 잘 놀라기 때문에 잡기가 힘들고, 새끼 새는 먹이를 탐내기 때문에 잡기가 쉽습니다. 새끼 새도 큰 새를 따라가 버리면 잡을 수가 없고 큰 새도 새끼 새를 따라가 버리면 역시 잡을 수가 없습니다."

공자가 제자들을 돌아보며 말하였다. "놀라기를 잘하면 해를 멀리할 수 있고, 먹는 것만 탐내다보면 재앙도 잊어버리게 되는 것이니, 이것은 그 마음에 달려 있는 것이다. 이처럼 어떤 것을 따라가는가에 따라 화복(禍福)이 결정된다. 때문에 군자는 어떤 대상을 따를지 선택할 때에 신중해야 한다. 어른이 염려하는 바를 따르면 몸을 온전히 할 수 있는 길을 얻게 되지만 어린 것의 우매(愚昧)함을 따랐다가는 위망(危亡)의 재앙을 당하게 된다."

原文

孔子見羅[1]雀者所得皆黃口[2]小雀. 夫子問之曰: "大雀獨不得, 何也?" 羅者曰: "大雀善驚[3]而難得, 黃口貪食而易得. 黃口從大雀則不得, 大雀從黃口亦不得."

孔子顧謂弟子曰: "善驚以遠害, 利[4]食而忘患, 自其心矣, 而以[5]所從爲禍福. 故君子愼其所從. 以長者之慮, 則有全身之階; 隨小者之戇[6], 而有危亡之敗也."

注釋

1) 羅: 그물, 잡다. 이 일은 『설원(說苑)』「경신(敬愼)」에도 보인다. 2) 黃口: 어린 새. 어린 새는 아직 성장 전에 부리가 노랗기 때문에 이렇게 불렀다. 3) 善驚: 쉽게 놀라다. 민감하다. 4) 利: 탐하다. 탐내다. 5) 以: 사고본과 동문본에는 앞에 '獨' 자가 있다. 6) 당(戇): 어리석다. 우매하다.

15-8

공자는 『역(易)』을 읽다가 「손(損)」,「익(益)」 두 괘에 이르자 오랫동안 탄식하였다. 자하(子夏)가 자리를 피하면서 물었다. "선생님께서는 어찌 탄식하십니까?" 공자가 말하였다. "무릇 스스로 부족하다고 여기면 반드시 유익함이 있게 마련이고, 자만하는 사람에게는 반드시 잃음이 있게 마련이다. 내가 이 때문에 탄식하는 것이다."

자하가 말하였다. "그렇다면 배움을 통하여 유익함을 더하게 할 수 없습니까?" 공자가 말하였다. "도(道)를 더하는 것을 말하는 것이 아니다. 도가 더해질수록 스스로 더욱 부족하다고 느낄 것이다. 무릇 배우는 자는 스스로 부족한 것이 많다고 여기고 겸손한 태도로 다른 사람의 가르침을 받아들이기 때문에 가득 차게 할 수 있는 것이다. 천도(天道)가 이루어지면 반드시 변하게 함이 정말 넓도다! 무릇 자만하면서 능히 오래 지속할 수 있었던 것은 일찍이 없었다. 때문에 말하기를, '자기가 스스로 현명하다고 여기는 자는 천하의 좋은 말이 귀에 들어오지 않는다.'고 하였던 것이다. 옛날 요(堯)는 천하를 다스리는 지위에 있으면서도 오히려 성실하고 공경하는 마음으로 사람을 대하였고 또 겸양한 태도로 신하를 대하였다. 그러므로 천년 동안 그 명성이 날로 성하여 지금까지 더욱 빛이 나고 있다. 하(夏)나라의 걸(桀)과 곤오(昆吾)는 자만함이 끝이 없고 마음대로 욕심내고 제멋대로 행동하면서 백성 죽이기를 풀잎 베듯 하였으므로 온 천하가 그들을 토벌하여 필부와 같이 주살하였다. 그러므로 천년 동안 죄악이 날로 알려져 지금까지도 없어지지 않고 있다. 이를 보건대 길을 걸어갈 때는 어른이 먼저 가도록 양보하고 앞서려 하지 말고, 수레를 탈 때 세 사람이거든 곧 내려야 하며, 두 사람이거든 식(軾)을 잡고 서서 경의(敬意)를 표한다. 그 가득차고 공허한 것을 조절하여 자만함이 발생하지 않도록 하여야만 능히 오래도록 지속할 수 있는 것이다." 자하가 말하였다. "저는 이 말씀을 기록하여 종신토록 받들어 행하겠습니다."

原文

孔子讀『易』, 至於『損』,『益』, 喟然而嘆. 子夏避席[1]問曰: "夫子何嘆焉?" 孔子曰: "夫自損者必有益之, 自益者必有決之[2], 吾是以嘆也."

子夏[3]曰: "然則學者不可以益乎?" 子曰: "非道益之謂也. 道彌益而身彌損. 夫學者損其自多, 以虛受人, 故能成其滿. 博哉! 天道成而必變. 凡持滿而能久者, 未嘗有也. 故曰: '自賢者, 天下之善言不得聞於耳矣.' 昔堯治天下之位, 猶允[4]恭以持之, 克[5]讓以接下, 是以千歲而益盛, 迄今而逾彰. 夏桀昆吾[6]自滿而無極[7], 亢意[8]而不節, 斬刈[9]黎民如草芥焉. 天下討之如誅匹夫. 是以千載而惡著, 迄今而不滅. 觀此, 如行則讓長, 不疾先[10]; 如在輿, 遇三人則下之, 遇二人則式[10]之. 調其盈虛, 不令自滿, 所以能久也."

子夏曰: "商請志之, 而終身奉行焉."

注釋

1) 避席: 자리를 피하며 존경을 표시하다. 이 기록은 『설원』「경신(敬慎)」에도 보인다. 2) 自損者必有益之, 自益者必有決之: 왕숙의 주에, "『역(易)』「손(損)」괘 다음이 「익(益)」이고, 「익(益)」다음이 「쾌(夬)」이다. 쾌(夬)는 결(決)이다. 덜어내기를 그치지 않으면 반드시 더해주므로 「익(益)」괘로 받았다. 더하기를 그치지 않으면 반드시 터지므로 「쾌(夬)」괘로 받았다."고 하였다. '決'은 '缺'과 통한다. 3) 子夏: 원래는 '子'로 되어 있었지만 사고본과 비요본에 근거하여 고쳤다. 4) 允: 왕숙의 주에, "윤(允)은 신(信)이다."고 했다. 5) 克: 왕숙의 주에, "극(克)은 능(能)이다."고 했다. 6) 昆吾: 왕숙의 주에, "곤오국(昆吾國)이 하(夏)의 걸(桀)과 함께 난을 일으켰다."고 했다. 곤오는 하 왕조의 동맹부락으로 성은 기(己)이다. 일찍이 하의 걸과 함께 난을 일으켜 포학한 짓을 하다가 후일 상(商)의 탕(湯)에게 멸망했다. 7) 無極: 원래 '無' 자가 빠져 있었으나 사고본과 비요본에 근거하여 보완했다. 8) 亢意: 마음대로 욕심내고, 제멋대로 행동한다. 9) 참예(斬刈): 베어 죽임. 예(刈)는 베다, 쪼개다. 10) 觀此, 如行則讓長, 不疾先: 사고본과 동문본에는 '滿也'로 되어 있다. 11) 式: '식(軾)'과 같다. 손으로 수레 앞 턱의 가로나무를 잡고 경의를 표시하다. 즉 수레 앞턱의 가로나무[軾]에 의지하여 존경을 표하다.

15-9

자로가 공자에게 물었다. "옛 도(道)는 포기하고 저[仲有]의 뜻대로 행할까 합니다. 괜찮겠습니까?" 공자가 말하였다. "안 된다. 옛날 동이(東夷) 사람이 중원의 예의(禮儀)를 앙모(仰慕)하였었다. 그에게는 과부가 된 딸 하나가 있었는데 정식으로 혼인하지 않은 사위를 받아들이고 죽을 때까지 시집은 보내지 않았었다. 시집가지 않았으니 시집을 안 갔다고 할 수는 있지만 정절(貞節)의 본래의 뜻은 아닌 것이다. 창오요(蒼梧嬈)라는 사람이 아내를 맞았는데 얼굴이 예쁘자 형에게 양보하였다. 양보한 것은 양보한 것이지만 예의에 맞지 않는 양보인 것이다. 처음 일을 할 때 신중하게 하지 않다가 사후(事後)에 후회하고 탄식해 봐야 무슨 소용이 있겠느냐? 지금 네가 옛 도를 버리고 너의 뜻대로 행한다 하니 너의 뜻이 옳은 것은 그르다 하고 그른 것은 옳다고 하지 않을지 어찌 알겠느냐? 뒤에 후회한다 해도 어려울 것이다."

原文

子路問於孔子曰: "請釋[1]古之道而行由之意, 可乎?" 子曰: "不可. 昔東夷之子, 慕諸夏之禮, 有女而寡, 爲內私婿[2]. 終身不嫁. 不[3]嫁則不嫁矣, 亦非[4]貞節之義也. 蒼梧嬈[5]娶妻而美, 讓與其兄, 讓則讓矣, 然非禮之讓矣[6]. 不愼其初, 而悔其後, 何嗟及矣[7]. 今汝欲舍古之道, 行子之意, 庸知子意不以是爲非, 以非爲是乎? 後雖欲悔, 難哉!"

注釋

1) **釋**: 풀어주다. 포기하다. 이 기록은 『설원(說苑)』「건본(建本)」에도 보인다. 2) **內私婿**: '內'는 '納'과 같다. 들이다[納入]. '사서(私婿)'는 정식으로 혼인하지 않은 사위. 3) **不**: 원래는 빠져 있었으나 진본(陳本)과 연산본(燕山本), 『설원(說苑)』에 근거하여 보완하였다. 4) **非**: 원래는 '有'로 되어 있었으나 사고본과 동문본 및 『설원』에 근거하여 고쳤다. 5) **창오요(蒼梧嬈)**: 공자와 동시대의 사람. 6) **矣**: 사고본과 동문본에는 '也'로 되어 있다. 7) **不愼其初, 而悔其後, 何嗟及矣**: 왕숙의 주에, "일이 이른 뒤에 후회하고 또 탄식해 봐야 무슨 소용이 있겠느냐는 것을 말한다."고 했다.

15-10

증자가 참외 밭을 매다가 잘못하여 그 뿌리를 잘라 버렸다. 증석(曾皙)이 노하여 큰 지팡이를 들고 증자의 등을 때렸다. 증자는 땅에 엎어져 오랫동안 인사불성이었다. 한참 뒤 정신이 들자 즐거운 표정을 지으며 일어나 증석에게 다가가 말하였다. "방금 제가 아버님께 죄를 졌을 때 아버님께서는 너무 힘을 들여 저를 훈계하셨습니다. 혹 병환이나 나시지 않았는지요?" 그리고는 물러나 자기 방으로 들어가 거문고를 타면서 노래하였는데 증석으로 하여금 거문고 소리를 듣고 자신의 몸이 아무 탈이 없음을 알게 하기 위함이었다. 공자는 이 소문을 듣고 노여워하여 제자들에게 말하였다. "증삼이 오거든 들어오지 못하게 하라."

증삼은 스스로 죄가 없다고 생각하고 사람을 시켜 공자에게 자문하였다. 공자가 말하였다. "너희들은 듣지 못했느냐? 옛날 고수(瞽瞍)에게 순(舜)이라는 아들이 있었다. 순이 그 아버지 고수를 섬길 때 고수가 심부름을 시키고자 할 때면 그 곁에 있지 않은 적이 없었으나, 순을 찾아 죽이려고 할 때에는 찾아낼 수가 없었다. 작은 회초리의 매는 그대로 맞았지만, 큰 지팡이로 때리고자 할 때면 도망쳐 버렸다. 그런 까닭에 고수는 아비의 도를 행하지 않다는 죄까지는 범하지 않았고, 순도 지극한 효도를 잃지 않았다. 지금 증삼은 그 아버지를 섬기면서 맘대로 노기를 드러낼 수 있도록 자신의 몸을 내버려 두어 죽음에 이르도록 피하지 않았으니 이윽고 자기가 죽어 아버지를 불의에 지경에 빠지게 하였다면 그 불효함이 이보다 더 큰 것이 어디 있겠느냐? 너희들은 천자의 백성이 아니냐? 천자의 백성을 죽이게 되면 그 죄가 어떠한지 아느냐?"

증삼은 이 말을 듣고 말하였다. "저 증삼의 죄가 큽니다." 그리하여 공자를 찾아가 사죄하였다.

原文

曾子[1]耘[2]瓜, 誤斬其根. 曾皙[3]怒, 建大杖以擊其背. 曾子仆地而不知人久之. 有頃, 乃蘇, 欣然而起, 進於曾皙曰: "向也參得罪於大人, 大人用力教參, 得無疾乎." 退而就房, 援[4]琴而歌, 欲令曾皙而聞之, 知其體康也. 孔子聞之而怒, 告門弟子曰: "參來, 勿內."

曾參自以爲無罪, 使人請[5]於孔子. 子曰: "汝不聞乎, 昔瞽瞍[6]有子曰舜. 舜之事瞽瞍, 欲使之, 未嘗不在於側, 索而殺之, 未嘗可得. 小棰則待過, 大杖則逃走, 故瞽瞍不犯不父之罪, 而舜不失烝烝[7]之孝, 今參事父, 委身以待暴怒, 殪[8]而不避, 旣身死而陷父於不義, 其不孝孰大焉? 汝非天子之民也? 殺天子之民, 其罪奚若?"

曾參聞之, 曰: "參罪大矣." 遂造孔子而謝過.

注釋

1) 曾子: 증삼(曾參). 공자의 제자인데 효행으로 유명하다. 이 기록은 『한시외전(韓詩外傳)』권8, 『설원(說苑)』「건본(建本)」에도 보인다. 2) 耘: 풀을 뽑다. 3) 증석(曾皙): 증점(曾點). 증삼의 아버지이고 역시 공자의 제자였다. 4) 援: (악기를)타다. 잡다. 5) 請: 묻다. 자문하다. 6) 고수(瞽瞍): 순(舜)의 부친. 그는 순의 동생을 너무 사랑하여 여러 차례 순을 죽이려고 하였다고 전한다. 고(瞽)와 수(瞍)는 모두 눈이 멀었다는 뜻이다. 따라서 순의 아버지가 좋고 나쁨을 분별할 수 없었기 때문에 '고수'라고 불렀다는 설도 있다. 7) 蒸蒸: '증증(烝烝)'과 같다. 크고 많다는 뜻. 사고본과 비요본, 동문본에는 '烝烝'으로 되어 있다. 8) 에(殪): 왕숙의 주에, "에(殪)는 죽다."라고 했다.

15-11

초(楚)[荊] 공자(公子)는 열다섯 살에 초나라 상(相)의 직위를 대리하였다. 공자가 이를 듣고 사람을 시켜 그의 정치하는 정황을 관찰하도록 하였다. 파견하였던 자가 돌아와 보고하였다. "그 조정에 들어서서 보니 맑고 깨끗하면서도 일이 적으며, 그 당상(堂上)에는 노인 다섯 분이 있었고, 그 낭하

(廊下)에는 장사(壯士) 20명이 있었습니다." 공자가 말하였다. "25명의 지혜를 모아 천하를 다스린다면 당연히 재앙을 면할 수 있을 것이니 어찌 단지 초나라 뿐이겠느냐?"

原文

荊公子行年[1]十五而攝[2]荊相事. 孔子聞之, 使人往觀其爲政焉. 使者反, 曰: "視其朝, 清淨而少事, 其堂上有五老焉, 其廊下有二十壯士焉." 孔子曰: "合二十五人之智, 以治天下, 其固[3]免矣, 況荊乎?"

注釋

1) 行年: 지나온 세월. 당시의 연령을 가리킨다. 이 기록은 『설원(說苑)』「존현(尊賢)」에도 보인다. 2) 섭(攝): 대리(代理)하다. 3) 固: 당연히, 반드시.

15-12

자하(子夏)가 공자에게 물었다. "안회(顏回)의 사람됨은 어떠합니까?" 공자가 말하였다. "안회의 미더움은 나보다 낫다." 자하가 물었다. "자공(子貢)의 사람됨은 어떠합니까?" 공자가 말하였다. "단목사(端木賜)의 기민(機敏)함은 나보다 낫다." 자하가 물었다. "자로(子路)의 사람됨은 어떠합니까?" 공자가 말하였다. "중유(仲由)의 용감함은 나보다 낫다." 자하가 물었다. "자장(子張)의 사람됨은 어떠합니까?" 공자가 말하였다. "전손사(顓孫師)의 장중(莊重)함은 나보다 낫다."

자하는 자리를 피하며 물었다. "그런데 이 네 사람은 무엇 때문에 선생님을 섬기고 있습니까?" 공자가 말하였다. "앉거라. 내 너에게 말해 주마. 무릇 안회는 미더움은 있으나 융통성 있게 변통할 줄 모르고, 단목사는 기민하기는 하나 자신을 굽힐 줄 모르며, 중유는 용감하기는 하나 물러나 피할 줄 모르고, 전손사는 장중하기는 하나 남과 화합할 줄 모른다. 만일 동시에 이

네 사람의 장점을 겸하고서 나와 바꾸자고 한다 해도 나는 동의하지 않을 것이다. 이것이 그들이 나를 섬기면서도 오직 한 마음인 까닭이다."

原文

子夏問於孔子曰: "顔回之爲人奚若?" 子曰: "回之信賢於丘." 曰: "子貢之爲人奚若?" 子曰: "賜之敏賢於丘." 曰: "子路之爲人奚若?" 子曰: "由之勇賢於丘." 曰: "子張之爲人奚若?" 子曰: "師之莊[1]賢於丘."

子夏避席而問曰: "然則四子何爲事先生?" 子曰: "居, 吾語汝. 夫回能信而不能反[2], 賜能敏而不能詘[3], 由能勇而不能怯, 師能莊而不能同[4]. 兼四子者之有以易吾, 弗與也. 此其所以事吾而弗貳[5]也."

注釋

1) **莊**: 장중(莊重)하다, 엄숙하다. 이 기록은 『회남자(淮南子)』「인간훈(人間訓)」, 『설원』「잡언(雜言)」, 『열자(列子)』에도 보인다. 2) **能信而不能反**: 왕숙의 주에, "반(反)이란 반신(反信)을 이른다. 군자는 반드시 미더울 필요는 없다. 오직 의(義)가 있으면 된다."고 했다. 군자의 말이 반드시 구구절절 성실할 필요는 없고, 다만 도의(道義)에 부합(符合)하면 된다는 것을 가리킨다. 3) **能敏而不能詘**: 왕숙의 주에, "사람이 비록 민첩해야 하지만 때에 따라 굽혀야 한다."고 했다. 굴(詘)은 '굴(屈)'과 같다. 굴복하다, 굽히다. 4) **能莊而不能同**: 왕숙의 주에, "사람이 비록 정중해야 하지만 때에 따라 화합해야 한다."고 했다. '동(同)'은 섞이다, 무리와 섞이다. 5) **貳**: 마음이 떠나다, 오직 한 마음이 아니다.

15-13

공자가 태산에 놀이를 나섰다가 영성기(榮聲期)를 만났다. 그는 마침 성(郕) 땅 교외를 가면서 사슴 가죽옷을 입고 새끼줄을 띠로 매고, 거문고를 타면서 노래를 부르고 있었다. 공자가 물었다. "선생께서 이렇게 즐거워하시는데 어떤 일 때문입니까?" 영성기가 대답하였다. "내가 즐거워하는 일은 매우 많지만, 그 중 가장 즐거워할만한 것은 세 가지입니다. 하늘이 만물을 생겨나게 하면서 오직 사람을 귀하게 여겼는데, 내가 사람이 되었으니 이것이 첫 번째 즐거움입니다. 남녀의 구별이 있어 남자는 높고 여자는 낮은 까닭에 남자를 귀하게 여기는데, 내가 남자가 되었으니 이것이 두 번째 즐거움입니다. 어떤 사람은 태어나기도 전에 뱃속에서 죽고 어떤 사람은 강보(襁褓)에서 요절하는데, 나는 이미 95세를 살았으니 이것이 세 번째 즐거움입니다. 가난이란 선비에게 늘 있는 것이요, 죽음이란 사람에게 마지막입니다. 나는 늘 있는 것에 처해 있으면서 마지막을 기다리고 있으니 무슨 일을 근심하겠습니까?" 공자가 말하였다. "훌륭하오! 참으로 스스로를 너그럽게 여길 줄 아는 사람이군요."

原文

孔子遊於泰山, 見榮聲期[1)]行乎郕[2)]之野, 鹿裘帶索[3)], 鼓[4)]瑟而歌. 孔子問曰: "先生所以爲樂者, 何也?" 期對曰: "吾樂甚多, 而至者三. 天生萬物, 唯人爲貴. 吾旣得爲人, 是一樂也; 男女之別, 男尊女卑, 故人以男爲貴. 吾旣得爲男, 是二樂也; 人生有不見日月[5)], 不免襁褓者, 吾旣以行年九十五矣, 是三樂也. 貧者, 士之常; 死者, 人之終. 處常得[6)]終, 當何憂哉?" 孔子曰: "善哉! 能自寬者也."

注釋

1) **榮聲期**: 왕숙의 주에, "성(聲)은 당연히 계(啟)로 써야 한다. 혹은 영익기(榮益期)라고 한다."고 했다. 이 기록은 『설원』「잡언(雜言)」, 『열자(列子)』「천단(天瑞)」, 『신서(新序)』「어람(禦覽)」에도 보인다. 2) **성(郕)**: 노(魯)나라의 읍(邑). 3) **鹿裘帶索**: 사슴가죽옷을 입고, 새끼줄을 띠로 매다. 4) **鼓瑟**: 원래는 '솔솔(瑟瑟)'로 되어 있었으나 사고본과 동문본, 진본(陳本), 연산본(燕山本), 『설원(說苑)』에 근거하여 고쳤다. 5) **不見日月**: 뱃속에서 태사(胎死)한 것을 가리킨다. 6) **得**: 왕숙의 주에, "'득(得)'은 마땅히 '대(待)'라고 해야 한다."고 했다. 『설원』에서는 '待'라고 했는데 의미는 같다.

15-14

공자가 말하였다. "안회(顔回)는 군자로서의 도 네 가지를 갖추고 있다. 도의(道義)를 행할 때는 강하고, 간언을 받아들일 때는 마음을 비우며, 관록(官祿)을 받았을 때는 두려워하고, 입신행사(立身行事)할 때는 신중하였다. 사추(史鰌)는 군자로서의 도 세 가지를 갖추고 있다. 벼슬을 하지 않으면서도 윗사람을 공경하며, 제사를 지내지 않으면서도 귀신을 공경하며, 자신에게는 정직하기를 엄격하게 요구하면서도 다른 사람에게는 굽힐 줄을 아는 것이다." 증자(曾子)가 곁에 모시고 있다가 말하였다. "저는 옛날 선생님께서 세 가지 말씀하시던 것을 듣고서도 아직 실행하지 못하고 있습니다. 선생님께서는 다른 사람의 한 가지 장점만 보아도 그 사람의 백 가지 결점을 잊어버리시니, 이것이 선생님께서 사람들과 쉽게 함께 하실 수 있는 것이고, 다른 사람이 좋은 것을 가지고 있음을 보고 자신이 가진 듯 하시니, 이것이 선생님께서 다른 사람들과 다투지 않으시는 것이며, 선행(善行)을 들으시면 반드시 몸소 행한 연후에 다른 사람들을 인도하셨으니, 이것이 선생님께서 수고로움을 사양치 않으신 것입니다. 선생님의 이 세 가지 말씀을 배우면서도 아직 행하지 못하고 있으니, 저는 결국 안회와 사추 두 사람에게 미칠 수 없음을 잘 알고 있습니다."

原文

孔子曰: "回有君子之道四焉: 强於行義、弱於受諫、怵於待祿[1]、愼於治身. 史鰌有男子[2]之道三焉: 不仕而敬上、不祀而敬鬼、直己而曲人[3]." 曾子侍, 曰: "參昔4)常聞夫子[5]三言, 而未之能行也. 夫子見人之一善而忘其百非, 是夫子之易事也; 見人之有善若己有之, 是夫子之不爭也; 聞善必躬行之, 然後導之, 是夫子之能勞也. 學夫子之三言而未能行, 以自知終不及二子[6]者也."

注釋

1) 怵於待祿: 왕숙의 주에, "출(怵)은 두려워하다. '대(待)'는 '득(得)'이라고 해야 한다."고 했다. 이 기록은 『설원(說苑)』「잡언(雜言)」에도 보인다. 2) 君子: 원래는 '男子'로 되어 있었으나 사고본과 동문본 및 『설원』에 근거하여 고쳤다. 3) 曲人: 사고본과 동문본에는 '曲於人'으로 되어 있다. 4) 昔: 사고본과 동문본에는 이 뒤에 '者' 자가 있다. 5) 夫子: 사고본에는 이 뒤에 '之' 자가 있다. 6) 二子: 왕숙의 주에, "두 사람[二子]이란 안회(顏回)와 사추(史鰌)이다."고 했다.

15-15

공자가 말하였다. "내가 죽은 뒤에 복상(卜商)은 날마다 진보할 것이요, 단목사(端木賜)는 날마다 퇴보할 것이다." 증자가 말하였다. "무엇 때문입니까?" 공자가 말하였다. "자하[卜商]는 자기보다 현명한 사람과 함께 하기를 좋아하고, 단목사는 자기보다 못한 사람과 담론하기를 좋아하기 때문이다. 그 아들을 알지 못하겠거든 그 아비가 어떠한 지를 보면 되고, 그 사람됨을 알지 못하겠거든 그 친구가 어떠한 지를 보면 되며, 그 임금을 알지 못하겠거든 그 신하가 어떠한 지를 보면 되고, 그 땅을 알지 못하겠거든 그곳의 초목을 보면 된다. 그러므로 말하기를, 훌륭한 사람들과 함께 하면 마치 지초(芝草)와 난초(蘭草)가 있는 방에 들어간 것과 같아 오래 지나면 그 향기를 맡을 수 없는데 이는 그들과 동화되었기 때문이고, 착하지 못한 사람과 함께 하면 마치 소금에 절인 어물 파는 가게에 들어간 것 같아서 오래 지나면 그 비린내를 맡을 수 없는데 이는 그들과 동화되었기 때문이라 하였다. 주사(朱砂)를 담아두는 그릇은 붉은 색으로 변하고, 칠(漆)을 담아 두는 그릇은 검게 되기 마련이다. 그러므로 군자는 반드시 자기가 처하는 바를 신중히 해야 한다."

原文

孔子曰: "吾死之後, 則商也日益, 賜也日損." 曾子曰: "何謂也?"

子曰: "商也好與賢己者處, 賜也好說不若己者. 不知其子, 視其父, 不知其人, 視其友; 不知其君, 視其所使[1]; 不知其地, 視其草木. 故曰: 與善人居, 如入芝蘭 之室, 久而不聞其香, 卽與之化矣. 與不善人居, 如入鮑魚之肆[3], 久而不聞其臭, 亦與之化矣. 丹[4]之所藏者赤, 漆之所藏者黑. 是以君子必愼其所與處者焉."

注釋

1) **所使**: 임용되거나 임명된 사람. 이 기록은 『설원』「잡언(雜言)」에도 보인다. 2) **芝蘭**: 지(芝)는 '지(芷)'와 같다. 백지(白芷)를 가리킨다. 난(蘭)은 난초(蘭草). 이 두 가지는 모두 향이 나는 풀로써, 이 둘을 함께 사용하면 보통 좋은 환경이나 덕행을 가리킨다. 3) **鮑魚之肆**: 포어(鮑魚)는 절인 어물(魚物)이다. 소금에 절여 담가두면 비린내가 난다. 사(肆)는 점포(店鋪). 4) **丹**: 주사(朱砂).

15-16

증자가 공자를 따라 제(齊)나라에 갔을 때 제나라 경공(景公)은 증자를 하경(下卿)의 예로써 증자를 초빙했으나 증자는 굳이 사양하였다. 제나라를 떠나게 되었을 때 안자(晏子)가 송별하며 말하였다. "내 듣건대 군자는 남에게 재물을 주는 것이 좋은 말 한 마디를 해주는 것만 못하다고 하오. 만약 난초의 뿌리가 3년이 된 것을 사슴고기 육장에 담가 두면 매우 맛있게 되는데 이를 말 한 필과 바꿀 수 있다고 합니다. 난초의 본성이 그러한 것이 아니라 그것을 담가두었던 곳이 좋았기 때문이지요. 무릇 군자는 거처할 때 반드시 장소를 가려야 하고, 교유할 때 반드시 품류(品類)를 가려야 하며, 벼슬할 때 반드시 임금을 가려야 할 것이오. 임금을 가리는 것은 벼슬을 구하기 위함이고, 품류를 가리는 것은 도덕을 수행(修行)하기 위함입니다. 풍속을 고치고 바꾸는 사람은 본성을 고치기를 매우 좋아하는데 삼가지 않을 수 있겠습니까?"

공자는 이를 듣고 말하였다. "안재[晏嬰]의 말은 참으로 군자의 말이로다. 어진 사람을 의지하면 본디 곤란해지지 않고, 부유한 사람을 의지하면 본디 궁하지 않게 된다. 노래기[馬蚿]가 다리가 잘려도 기어갈 수 있는 것은 무엇 때문인가? 보조하는 다리가 워낙 많기 때문이다."

原文

曾子從孔子之[1]齊, 齊景公以下卿之禮聘曾子, 曾子固辭. 將行, 晏子送之, 曰: "吾聞之, 君子遺[2]人以財, 不若善言. 今[3]夫蘭本[4]三年, 湛[5]之以鹿酳[6], 旣成, 噉[7]之, 則易之匹馬. 非蘭之本性也, 所以湛者美矣. 願子詳其所湛者. 夫君子居必擇處, 遊必擇方, 仕必擇君, 擇君所以求仕, 擇方所以修道, 遷風移俗者[8], 嗜欲移性, 可不愼乎."

孔子聞之曰: "晏子之言, 君子哉! 依賢者固不困, 依富者固不窮. 馬蚿[9]斬足而復行, 何也? 以其輔之者衆."

注釋

1) 之: 사고본과 동문본에는 '於'로 되어 있다. 이 기록은 『안자춘추(晏子春秋)』「내편 잡상(內篇雜上)」, 『순자(荀子)』「대략(大略)」, 『설원(說苑)』「잡언(雜言)」에도 보인다. 2) 遺: 보내다[贈送]. 3) 今: 만일, 만약의 뜻. 『중용(中庸)』에 "가령 천하의 수레는 궤(軌)가 같고, 글은 문자가 같고, 행위는 차례가 같다."는 구절이 있다. 4) 蘭本: 난초(蘭草)의 뿌리. 5) 담(湛): '점(漸)'과 같다. 빠지다. 6) 녹인(鹿酳): 사슴고기로 만든 육장(肉醬). 인(酳)이 사고본과 동문본에는 '해(醢)'로 되어 있다. 7) 담(噉): '담(啖)'과 같다. 먹다. 8) 마현(馬蚿): 다리가 많고 마디가 있는 벌레[노래기]. 사고본에는 '蚿' 자가 빠져 있다.

15-17

공자가 말하였다. "부귀한 자로서 사람을 겸손하게 대하면 어느 사람인들 그를 존중하지 않겠느냐? 부귀한 자로서 남을 사랑한다면 어느 사람인들 친해 오지 않겠느냐? 말을 할 때 남의 뜻을 거스르지 않으면 이야기할 줄 안다고 할 것이며, 말을 하는 대로 많은 이들이 호응해 온다면 말할 때를 안다고 할 것이다. 이 때문에 자신이 부유하면서 다른 사람까지 부유하게 하는 자는 가난하게 하고자 해도 그렇게 할 수 없을 것이고, 자신이 존귀하면서 남까지 존귀하게 해주는 자는 천하게 하고자 해도 그렇게 할 수 없을 것이며, 자신이 현달(顯達)하면서 남까지 현달하게 해주는 자는 곤경에 빠뜨리게 하고 싶어도 그렇게 할 수 없을 것이다."

原文

孔子曰: "以[1]富貴而下人, 何人不尊[2]? 以富貴而愛人, 何人不親? 發言不逆, 可謂知言矣; 言而衆向[3]之, 可謂知時矣. 是故以富而能富人者, 欲貧不可得也. 以貴而能貴人者, 欲賤不可得也; 以達而能達人者, 欲窮不可得也."

注釋

1) 以: 원래는 '與'로 되어 있었으나, 사고본과 비요본, 동문본에 근거하여 고쳤다. 2) 尊: 사고본, 동문본과 옥해당본(玉海堂本)에는 이 글자가 빠져 있다. 3) 向: 동문본에는 없다.

15-18

공자가 말하였다. "보통 사람들의 상정(常情)이란 여유가 있으면 사치를 부리고 부족하면 절검하기 마련이다. 금령(禁令)이 없으면 방자하여 무절제하고, 제한이 없으면 방종하고, 욕심대로 좇다가는 패하게 마련이다. 이 때문에 매로 다스림을 받는 아들은 아버지의 가르침을 따르지 않는 것이고, 형벌로만 다스림을 받는 백성은 임금의 법령도 듣지 않는 것이다. 이는 급히 서두르는 것은 받아들이기 어렵고 조급하게 하는 것은 실행하기 어려움을 말하는 것이다. 그러므로 군자는 결단을 급히 서두르지 않고, 제도를 급히 정하지 않으며, 음식에는 정해진 양이 있게 하고, 의복에는 절제가, 궁실에는 도량(度量)이, 재물의 축적에는 정해진 수가, 수레와 그릇에는 한도가 있게 하였는데 이는 어지러운 폐단의 근원을 방지하고자 함이다. 법도(法度)는 분명히 하지 않을 수 없는 것으로 이는 보통 사람들이 모두 준수해야 할 교령(敎令)이다."

原文

孔子曰: "中人[1]之情也, 有餘則侈, 不足則儉, 無禁則淫, 無度則逸, 從[2]欲則敗. 是故鞭撲[3]之子, 不從父之教; 刑戮之民, 不從君之令. 此言疾之難忍, 急之難行也. 故君子不急斷, 不急制, 使飮食有量, 衣服有節, 宮室有度, 畜積有數, 車器有限, 所以防亂之原也. 夫度量不可不[4]明, 是中人所由之令[5]."

注釋

1) 中人: 일반인. 중등인(中等人). 이 기록은 『설원(說苑)』「잡언(雜言)」에도 보인다. 2) 從: '縱'과 같다. 방종(放縱). 3) 撲: 원래는 '樸'으로 되어 있었으나 사고본과 비요본, 동문본에 근거하여 고쳤다. 4) 不: 원래는 빠져 있었으나 사고본과 진본, 연산본(燕山本)에 근거하여 고쳤다. 5) 令: 왕숙의 주에, "교령(教令)의 영(令)이다."고 했다.

15-19

공자가 말하였다. "민첩하면서도 추측하기를 좋아하는 사람은 반드시 굳세고, 용감하면서도 남에게 묻기를 좋아하는 사람은 반드시 승리할 것이며, 지혜로우면서도 꾀하기를 좋아하는 사람은 반드시 일을 성사시킬 것이다. 어리석은 자는 이와 반대된다. 이 때문에 그에 맞는 사람이 아니면 일러주어도 알아듣지 못하고, 적합하지 않은 땅에는 나무를 심어도 살지 못한다. 그에 맞는 사람은 마치 모래를 모아 놓은 곳에 비가 내리듯 매우 쉽게 스며들 것이고, 그에 맞지 않는 사람은 마치 귀먹은 자를 모아 놓고 북을 두드리는 것과 같을 것이다. 무릇 중요한 자리에 처해 있거나, 총애를 도맡아 받고 있는 사람, 어진 이를 미워하는 사람은 어리석은 자의 상정(常情)이다. 지위가 높으면 위태로워지고 책임이 무거우면 무너질 수 있는데, 이러한 정황은 얼마 지나지 않아 볼 수 있게 된다."

原文

孔子曰: "巧而好度[1]必攻[2], 勇而好問必勝, 智而好謀必成. 以愚者反之. 是以非其人[3], 告之弗聽; 非其地, 樹之弗生. 得其人, 如聚砂而雨之[4]; 非其人, 如會聾而鼓之. 夫處重擅寵, 專事妒賢, 愚者之情也. 位高則危, 任重則崩, 可立而待."

注釋

1) 度: 가늠하다. 추측하다. 이 기록은 『순자(荀子)』「중니(仲尼)」, 『설원(說苑)』「잡언(雜言)」에도 보인다. 2) 攻: 왕숙의 주에, "공(攻)은 견(堅)이다."고 했다. 3) 非其人: 적합한 사람이 아니다. 4) 如聚砂而雨之: 왕숙의 주에, "스며드는 것을 말한다."고 했다. 모래를 모아 놓은 곳에 물을 붓는 것처럼 전부 흡수되는데, 의견을 쉽게 듣는 것을 비유한 것이다.

15-20

공자가 말하였다. "배는 물이 없으면 운행할 수 없고, 물이 배 안으로 들어오면 배는 가라 앉고 만다. 군주가 없으면 백성은 국가를 다스릴 수가 없지만 백성이 임금을 범하게 되면 나라는 기울어지게 된다. 이 때문에 군자(君子)는 엄숙히 하지 않을 수 없고, 소인(小人)은 일률적으로 가지런하게 하지 않을 수 없다."

注釋

孔子曰: "舟非水不行, 水入舟則沒; 君非民不治, 民犯上則傾.

是故君子不可不嚴也, 小人不可不整一也."

15-21

제(齊)나라 고정(高庭)이 공자에게 청하여 말하였다. "저는 높은 산이 가로 막는 것도 두려워하지 않고 천리를 멀다하지 않으며 짚으로 만든 옷을 입고 예물을 가지고 성심성의껏 찾아와 군자를 섬기는 도리를 묻고자 하오니 선생님께서 일러 주시기를 바랍니다." 공자가 말하였다. "충정(忠貞)과 정직을 줄기를 삼고, 공경하는 마음으로 그것을 도와 인의(仁義)를 베푸는데 게을리 함이 없어야 하며, 군자를 보면 천거해야 하고, 소인을 보면 물리쳐야 합니다. 사악한 마음을 버리고 충성된 마음으로 함께 하며, 일을 행함에 온힘을 다하고 예의를 닦으면 천리 밖에서도 형제처럼 친해 올 것입니다. 일을 함에 마음을 다하지 않고 예의를 닦지 않으면 문을 마주보고 산다고 해도 내왕하지 않을 것입니다. 무릇 종일토록 말을 해도 자신에게 근심을 남겨 두지 아니하고, 종일토록 일을 해도 자신에게 걱정을 남겨 두지 않는 것은 오직 지혜 있는 자라야만 해낼 수 있을 것입니다. 그러므로 자신의 수양에 주의하는 사람은 반드시 두려운 마음을 가지고 근심을 제거하고, 공경하고 절검하는 태도를 지니고 재난을 피합니다. 종일 착한 일을 다하고서도 오히려 말 한마디에 화(禍)를 불러올 수 있으니 어찌 삼가지 않을 수 있겠습니까?"

原文

齊高庭問於孔子曰: "庭不曠山, 不直地[1], 衣穰而提贄[2], 精氣[3]以問事君子之道, 願夫子告之." 孔子曰: "貞以幹之[4], 敬以輔之, 施仁無倦. 見君子則擧之, 見小人則退之. 去汝惡心, 而忠與之, 效[5]其行, 修其禮, 千里之外, 親如兄弟. 行不效, 禮不修, 則對門不汝通矣.

夫終日言，不遺己之憂；終日行，不遺己之患，唯智者能之．故自修者，必恐懼以除患，恭儉以避難者也．終身爲善，一言則敗之，可不愼乎!”

注釋

1) **庭不曠山, 不直地**: 왕숙의 주에, “정(庭)은 고정(高庭) 즉 이름이다. 광(曠)은 격(隔)이다. 산이 가로 막는다고 여기지 않고 산을 넘어온 것을 말한다. ‘直’은 ‘植’으로 해야 맞다. 지방에 관계없이 먼곳에서 왔음을 말한다.”고 했다. 이 기록은 『설원(說苑)』「잡언(雜言)」에도 보인다. 2) **衣穰而提贄**: 왕숙의 주에, “양(穰)은 볏짚으로 만든 옷이다. 제(提)는 지(持)이다. 지(贄)는 예물을 지닌 것이다.”고 했다. 3) **精氣**: 정성. 진성(眞誠). 4) **貞以幹之**: 왕숙의 주에, “충정(忠正)을 줄기로 삼는다.”고 했다. 5) **效**: 공헌하다. 바치다. 이는 일을 함에 온힘을 다하는 것을 가리킨다.

16 변물辯物

序說

변물(辯物: 사고본에는 '辨物'로 되어 있다)이란 즉 사물을 분별하여 분석하는 것으로, 사물에 대한 분석과 토론 그리고 인식을 가리킨다. 이 편은 주로 공자의 각종 사물에 관한 논단과 담화를 싣고 있고, 공자의 박학다문(博學多聞), 옛것을 좋아하여 구하기를 민첩하게 하는 것과 예리한 통찰력을 나타내었다. 공자의 이야기는 그의 예치(禮治)와 교화(敎化)사상을 꿰뚫고 있다.

이 편은 모두 10개의 작은 구절로 나뉜다. 각 구절마다 모두 상대적으로 독립된 이야기들이다. 공자는 "위로는 천문(天文)을 알고, 아래로는 지리(地理)를 알았으며", 그는 종재(螽災)로부터 "두 차례나 윤달을 두지 않은 결과입니다.[再失閏也]"임을 미루어 알았고, 계환자(季桓子)가 우물을 판 것으로부터 양(羊)을 얻었음을 미루어 알았으며, 공자의 "뼈가 어느 정도 되어야 크다고 할 수 있습니까[骨何如爲大]"와 "숙신씨(肅愼氏)의 화살"에 대한 설명을 통해 그의 신이호고(信而好古), 지식광박(知識廣博)을 구현할 수 있었다. "무엇을 지키는 것이 신령입니까[誰守爲神?]"를 회답할 때, "숙신씨의 화살"을 설명할 때 공자의 종법(宗法)과 등급사상을 구체적으로 반영됨을 알 수 있다. 주대(周代)의 예제(禮制)의 본질은 친친지도(親親之道)를 핵심으로 하는 종법 통치질서를 지키기 위한 일종의 치국안방(治國安邦)의 정치제도로 하고, 예에 의해 확정된 귀천과 존비관계는 사회의 질서와 운행을 보증하는 관건이었다. 따라서 "주 은공이 노나라에 조견왔을 때[邾隱公朝於魯]" 구절에서 자공(子貢)의 "불행한 일을 맞추었구나[不幸而言中]"에 직면하여 그는 "자공은 말이 너무 많았다[是賜多言]"라고 여겼는데, 이는 실제로 공자의 당시 예악붕괴, 천하무도의 국면에 대한 애통한 마음을 느낀 것이었다. "담자가 노나라에 조견하러 오자[郯子朝魯]" 구절에서는 공자가 담자(郯子)에게 고대의 관제를 배운 것을 기술하고 아울러 "천자는 전장(典章)을 잃었는데 관학은 사이에 존재되어 있다[天子失官, 學在四夷]"라는 감개를 자아내고 있다. 이를 통해 공자가 옛것을 좋아하여 구하기를 민첩하게 할 뿐만 아니라 "당시의 폐학(廢學)"을 감개하고 있음을 알 수 있다. 예악제도는 문화적으로 예(禮)와 문(文)의 숭상을 나타내고 선왕(先王)의 공업(功業)을 준수하는 것이었다. 춘추시대 이래 사회가 극렬하게 변동하면서 예악제도 역시 극렬한 충격을 받았고 주나라의 예가 가장 완비된 노나라에서도 예악의 붕괴라는 국면이 출현하였다. 관학(官學)의 폐지, 전장(典章)의 파괴라는 현실은 공자가 수많은 감개를 금하지 못하였다. 바로 이에 기초하여 사람들은 사람과 사람 사이의 사회관계를 새롭게 생각하게 되었는데 이것은 역시 바로 초기 유가 정치윤리사상이 발생하는 기초이기도 했다.

서주(西周)시대 사람들의 초자연적인 힘에 대한 숭배는 여전히 통치적인 지위를 차지하고 있었다. 춘추시대 이래 진보적인 사상가들은 인사(人事)에 주의하기 시작하였고, 공자의 종교신앙 역시 선명한 시대적 특징을 지니고 있었다. 한편으로 공자는 전통적인 종교관념에 대하여 완전하게 부정하지는 않았다. 그의 사상 중에는 인격천(人格天)을 중심으로 한 신령이 여전히 존재하였고 또한 중요한 지위를 차지하고 있었다. 예컨대 노나라 사탁(司鐸)관서에 화재가 발생한 후 공자는 그 재앙이 환공(桓公)과 희공(僖公)의 묘에 미칠 것이라 단정하였는데 그가 의거한 것은 "지금 임금과 환공、희공의 종친 관계는 이미 끝났고 그들의 공덕 또한 종묘에 계속 보존하기에 부족하나 노나라에서는 헐어 버리지 않았기 때문에 천재(天災)가 더해진 것입니다[今桓僖之親盡矣, 又功德不足以存其廟, 而鲁不毁, 是以天災加之]"였다. 이를 통해 공자의 사상 관념 중에는 천(天)이 여전히 중요한 지위를 차지하고 있음을 알 수 있다. 다른 한편 공자가 비록 하늘에 대하여 경외(敬畏)의 정을 품고 있었지만 미신을 맹종한 것은 아니었다. 공자는 주력(周曆) 12월(즉 夏曆 10월)에 여전히 종재(螽災)가 있는 것은 "두 차례나 윤달을 두지 않은 결과[再失閏]"가 조성한 것이라 여겼고 그것이 이른바 하늘의 질책[天譴]이라 여기지 않았다. 이는 종교적인 신비사상이 여전히 널리 영향을 주던 춘추전국시대에 있어서 흔한 것이었다.

이 편의 가치는 다방면에 있다. 공자는 양호(陽虎)가 진(晉)나라로 도망한 것으로부터 진(晉)나라에 후세의 반란이 있으리라 예측함으로서 그의 예민한 통찰력을 구현하였고, 자복경백(子服景伯)의 "사실대로 이야기를 했다가 갇히고 거짓말로써 풀려났습니다[以實獲囚, 以詐得免]"에서 공자는 "오왕(吳王)이 시행한 것은 이인(夷人)의 덕행이다. 그에 대하여 속일 수는 있어도 사실대로 이야기할 수는 없었던 것이다[吳子爲夷德, 可欺而不可以實]"를 지적하여 공자는 문제를 처리함에 있어서 영활성을 구현하였으며, 다른 한 편 제사가 당시에 여전히 중요한 지위에 있었음을 반영하였다. "획린(獲麟)" 구절에서 공자는 기린이 "그 때가 아닌데 나타나 해를 입었으니[出非其時而害]"에 대하여 상심을 느껴 "눈물이 옷깃을 모두 적셨다[涕泣沾襟]"고 하기에 이르렀다. 실제적으로 이는 공자의 시세에 대한 감상이었고 그의 현명한 군주를 기대하여 교화를 행하고자 하는 간절한 마음을 완곡하게 나타낸 것이었다. 이 편의 자료는 『국어』, 『좌전』, 『공양전』, 『설원』, 『공총자(孔叢子)』등 전적에 산견된다.

16-1

계환자(季桓子)가 우물을 파다가 옥으로 만든 항아리를 발견했는데, 그 속에 양(羊)이 들어 있었다. 계환자는 사람을 시켜 공자에게 물어보게 했다. "내가 비(費)읍에서 우물을 파다가 그 속에서 개 한 마리를 얻었는데 어찌 된 일입니까?" 공자가 말하였다. "내가 듣기로 그것은 당연히 양입니다. 내가 듣기에 산림 중의 도깨비는 기(夔)나 망양(魍魎)이라 하고, 물속의 도깨비는 용(龍)이나 망상(罔象)이라 하고, 땅 속의 도깨비는 분양(羵羊)이라 합니다."

原文

季桓子穿井[1], 獲如玉缶[2], 其中有羊焉. 使使問孔子[3]曰: "吾穿井於費[4], 而於井中得一狗, 何也?" 孔子曰: "丘之所聞者, 羊也, 丘聞之, 木石之怪[5], 夔、魍魎[6]; 水之怪, 龍、罔象[7]; 土之怪, 羵羊也[8]."

注釋

1) **季桓子穿井**: 계환자는 노나라의 대부이다. '찬정(穿井)'은 우물을 파다. 이 기록은 『국어』「노어(魯語)하」, 『설원』「변물(辨物)」에도 보인다. 2) **玉缶**: '玉'이 사고본과 비요본, 동문본에는 '土'로 되어 있다. 부(缶)는 술을 담는 그릇으로 입 부분은 작고 몸체는 크며, 물을 긷는데도 쓰인다. 3) **使使問孔子**: 사고본과 동문본에는 '問' 자 뒤에 '於' 자가 있다. 4) **費**: 노나라의 읍명(邑名). 그 고지(故址)가 지금의 산동 비현(費縣) 서북쪽에 있다. 5) **木石之怪**: 산림 중의 도깨비. 6) **夔、魍魎**: 기(夔)는 고대 전설 중에 나오는 외발 짐승. 망양(魍魎)은 산도깨비. 7) **罔象**: 수괴(水怪)의 일종. 8) **분양(羵羊)**: 고대 전설 중에 나오는 땅 속 도깨비.

16-2

오(吳)나라가 월(越)나라를 쳐서 회계산(會稽山)을 무너뜨릴 때 큰 뼈 하나를 발견했는데 그 큰 뼈가 수레 하나에 가득 찼다. 오왕(吳王)이 노나라에 사신을 보내 조빙(朝聘)하면서 이 일을 공자에게 물어 보도록 하고는 사신에게 말하기를, "나의 명령이라 말하지 말라."고 했다. 사신은 응당 해야 할 예를 마친 후 대부에게 예물을 돌리면서 공자에게 이르자 공자는 술 한잔을 마셨다.

제사의 예기(禮器)를 물리고 난 후에 연회(宴會)를 하자 사신이 뼈를 쥐고는 공자에게 물었다. "감히 여쭙건대 뼈가 어느 정도 되어야 크다고 할 수 있습니까?" 공자가 말하였다. "내가 듣기로 옛날 우(禹)가 여러 신하들을 불러 회계산에 모이도록 하였는데 방풍씨(防風氏)가 늦게 도착하자 우는 그를 죽이고 시신을 대중들에게 내보였고, 그의 뼈가 수레에 가득 찼다고 합니다. 뼈가 이정도 되어야 크다고 할 수 있는 것입니다."

사신이 말하였다. "감히 묻건대 무엇을 지키는 것이 신령입니까?" 공자가 말하였다. "산천의 정령(精靈)은 구름을 일으키고 비를 불러와 천하를 이롭게 할 수 있는데 그의 수호자가 신령입니다. 제후 중에 단지 사직(社稷)을 지키고 산천에 제사지내지 않는 것은 공후(公侯)이고, 산천에 제사를 지내는 것은 제후인데 그들은 모두 천자[王]에게 속합니다."

사신이 말하였다. "방풍씨는 무엇을 지키던 자입니까?" 공자가 말하였다. "그는 왕망씨(汪芒氏)의 임금으로써 봉산(封山)과 우산(嵎山)을 지키던 자로써 성은 칠(漆)입니다. 우(虞)、하(夏)、상(商) 시대에는 왕망씨(汪芒氏)라 칭했고, 주(周)나라 때는 장구씨(長瞿氏)라 칭했으며, 지금은 대인(大人)이라 칭합니다."

사신이 말하였다. "사람의 키의 한계는 어느 정도입니까?" 공자가 말하였다. "초요씨(焦僥氏)는 석자 밖에 되지 않아 가장 작았으며, 아무리 큰 사람이라도 열 자를 넘지 않았으니 이것이 신장(身長)의 한계라고 할 것입니다."

原文

吳伐越, 隳會稽[1)], 獲巨骨一節, 專車[2)]焉. 吳子使來聘於魯[3)], 且問之孔子, 命使者曰: "無以吾命也." 賓旣將事[4], 乃發幣於大夫, 及孔子[5], 孔子爵之[6].

旣徹俎而燕[7], 客執骨而問曰: "敢問骨何如爲大?" 孔子曰: "丘聞之, 昔禹致[8]群臣於會稽之山, 防風[9]後至, 禹殺而戮[10]之, 其骨專車焉, 此爲大矣."

客曰: "敢問誰守爲神?" 孔子曰: "山川之靈, 足以紀綱天下[11]者, 其守爲神[12]. 諸侯, 社稷之守爲公侯[13], 山川之祀者爲諸侯, 皆屬於王[14]."

客曰: "防風何守?" 孔子曰: "汪芒氏之君, 守封嵎山者[15], 爲漆姓, 在虞夏商爲汪芒氏, 於周爲長翟氏, 今曰大人[16]."

有[17]客曰: "人長之極幾何?" 孔子曰: "焦僥氏[18]長三尺, 短之至也. 長者不過十, 數之極也."

注釋

1) **吳伐越, 隳會稽**: 왕숙의 주에, "오왕(吳王) 부차(夫差)가 월왕(越王) 구천(勾踐)을 패배시키자 구천의 군사는 회계(會稽)에 머무르고 있었고, 오가 또 무너뜨렸다. 회계는 산이고, 휴(隳)는 무너지다."고 했다. 회계산은 지금의 절강 소흥(紹興) 동남에 위치하고 있다. 이 기록은 『국어』「노어(魯語)하」에도 보인다. 2) **專車**: 수레 하나에 가득 차다. '專'은 오로지[擅]. 3) **吳子使來聘於魯**: 오자(吳子)는 오왕 부차(夫差)를 가리킨다. 재위 23년(B.C.495—473). 빙(聘)은 여기서 제후가 대부로 하여금 제후에게 문후하는 것을 가리킨다. 4) **將事**: 어떤 일에 종사하는 것. '將'은 행하다. 5) **發幣於大夫, 及孔子**: 왕숙의 주에, "대부에게 하사하고 공자에게도 미치다."고 했다. 폐(幣)는 빙문(聘問)하면서 예물로 쓰던 옥(玉)、말[馬]、가죽[皮]、비단[帛] 등을 가리킨다. 6) **爵之**: 왕숙의 주에, "술을 마시다."고 했다. 7) **旣徹俎而燕**: 철(徹)은 또 '撤'이라고도 했다. 조(俎)는 『설문(說文)』에, "조(俎)는 희생육을 올려 놓는 쟁반[且]."라고 했다. 차(且)는 제사 때 사용하는 예기(禮器)로써 제사를 지낼 때나 연회에 사용하는 사각 방형의 청동 쟁반이나 목칠 쟁반을 가리키는데 소나 양 고기를 진설해둔다. 연(燕)은 '연(宴)'과 같다. 8) **致**: 여기서는 소집을 가리킨다. 9) **防風**: 성씨(姓氏)이름. 우(禹) 때 부락(部落)의 수령으로 왕망씨(汪芒氏) 부락의 임금이다. 10) **戮**: 시신을 대중들에

게 보이다. 11) **足以紀綱天下**: 왕숙의 주에, "명산대천(名山大川)이 능히 구름을 일으키고 비를 불러와 천하를 이롭게 한다."라고 했다. 12) **其守爲神**: 왕숙의 주에, "산천(山川)의 제사를 지키는 것을 신(神)이라 한다."고 했다. 13) **諸侯社稷之守爲公侯**: 왕숙의 주에, "사직을 지킬 뿐 산천의 제사가 없는 경우 공후(公侯)가 한다."고 했다. 사고본과 동문본에는 '社稷' 앞에 '諸侯' 두 글자가 없다. 14) **皆屬於王**: 왕숙의 주에, "신(神)과 공후(公侯)가 속한다."고 했다. 15) **汪芒氏之君, 守封嵎山者**: 왕숙의 주에, "왕망(汪芒)은 국명(國名). 봉우(封嵎)는 산 이름."이라 했다. '封嵎'는 봉산(封山), 우산(嵎山)인데, 지금의 절강 덕청(德淸) 서남쪽에 있다. 16) **於周爲長翟氏, 今曰大人**: 왕숙의 주에, "주나라 초기와 공자의 시기에는 그 이름이 달랐다."고 했다. 구(瞿)를 동문본에는 '적(翟)'이라 했다. 17) **有**: 사고본에는 이 글자가 없다. 18) **焦僥氏**: 사고본에는 '초요(僬僥)'라고 했다. 서남(西南)의 만인(蠻人)의 하나. 『설문』「인부(人部)」에, "남방에 초요(焦僥)가 있는데 키가 석 자[尺]로 매우 작았다."고 했다.

16-3

공자가 진(陳)나라에 있을 때 일이었다. 진나라 혜공(惠公)은 공자를 상등(上等)의 관사(館舍)에 모셨다. 그 때 매 한 마리가 진나라 임금의 뜰에 날아들어와 곧 죽었다. 싸리나무 화살이 새를 관통하고 있었는데 돌로 된 화살촉으로 그 길이가 한 자[尺] 여덟 치[寸]나 되었다. 혜공은 사람을 시켜 그 매를 가지고 공자의 숙소에 가서 물어 보도록 하였다. 공자가 말하였다. "매가 날아 온 것은 이곳으로부터 매우 먼 곳입니다. 이는 숙신씨(肅愼氏)의 화살입니다. 옛날 무왕(武王)이 상(商)나라를 쳐서 이기고 구이(九夷)와 백만(百蠻)으로 가는 길을 열어 그들로 하여금 각자의 특산물로써 조공을 바치도록 하여 자신들의 직분을 잊지 않도록 하였다. 그리하여 숙신씨는 이 싸리나무 화살과 돌촉을 조공으로 바쳤던 것인데 그 길이가 한 자 여덟 치였습니다. 선왕[武王]께서는 그가 능히 멀리서 조공하도록 하게 한 아름다운 덕행을 널리 밝히고 후세 사람들에게 보여 그들로 하여금 영원히 거울로 삼게 하고자 했기 때문에 그 화살 끝 휜 곳에 '숙신씨가 조공으로 바친 싸리나무 화살'이라 새겼습니다. 후일 주(周)나라 왕이 그에게 딸을 주어 호공(胡公)에게 짝을 지어줌에 따라 화살 또한 따라서 진나라에 가게 된 것입니다. 옛날의 제후들이 진귀한 보물과 옥을 동성(同姓) 제후에게 나누어 주는 것은 친친(親親)의 도를 강화하는 것이고, 이성(異姓) 제후에게 먼 곳으로부터 온 공물을 내려 주는 것은 그들이 주나라를 섬기는 것을 잊지 않도록 하기 위함입니다. 그 때문에 숙신씨의 공물을 진나라에게 내려 준 것입니다. 그대가 유사(有司)를 보내 부고(府庫)에 가서 찾으면 얻을 수 있을 것입니다."

혜공이 사람을 보내 구리함[金櫝]을 찾았는데 과연 그 안에 공자가 말한 바처럼 화살이 수장되어 있었다.

原文

孔子在陳, 陳惠公賓之於上館[1], 時有隼集陳侯之庭而死[2], 楛矢貫之, 石砮[3], 其長尺有咫[4],

惠公使人持隼, 如孔子館而問焉. 孔子曰: "隼之來遠矣, 此肅愼氏[5]之矢. 昔武王克商, 通道於九夷百蠻[6], 使各以其方賄[7]來貢, 而無忘職業[8], 於是肅愼氏貢楛矢、石砮, 其長尺有咫. 先王欲昭其令德之致遠物[9]也, 以示後人, 使永鑒[10]焉, 故銘其栝[11]曰: '肅愼氏貢楛矢'[12], 以分大姬, 配胡公, 而封諸陳[13]. 古者分同姓以珍玉, 所以展[14]親親也, 分異姓以遠方之職貢, 所以無忘服[15]也, 故分陳以肅愼氏貢焉[16]. 君若使有司求諸故府[17], 其可得也."

公使人求, 得之金櫝[18], 如之.

注釋

1) **陳惠公**: 진(陳)나라의 임금으로 이름은 오(吳), 성은 규(嬀). 재위 28년(B.C.533—506년). 이 기록은 『국어』「노어(魯語)하」에도 보인다. 2) **隼集陳侯之庭而死**: 왕숙의 주에, "준(隼)은 새이다. 뜰에 모여들자 마자 죽었다."고 했다. 정(庭)은 대문 안의 뜰. 3) **楛矢貫之, 石砮**: 왕숙의 주에, "고(楛)는 나무 이름. 노(砮)는 화살 촉."이라 했다.

4) 咫: 왕숙의 주에, "지(咫,)는 8촌(寸)"이라 했다. 5) 肅愼氏: 고대의 소수민족. 주로 수렵에 종사하였고 현재의 동북지역에 거주하였다. 6) 九夷百蠻: 왕숙의 주에, "구이(九夷)는 동방의 9종(種)이고, 백만(百蠻)은 이적(夷狄) 백 종(種)."이라 했다. 주변의 각 소수민족을 가리킨다. 7) 方賄: 지방특산. 회(賄)는 재물(財物). 8) 職業: 직분(職分)내의 일. 9) 昭其令德之致遠物: 그가 능히 멀리서 조공(朝貢)하도록 하는 아름다운 덕행을 널리 밝힘. 소(昭)는 밝히다. 영덕(令德)는 아름다운 덕행. 치(致)는 이르게 하다. 10) 鑒: 거울에 비추어 보다. 사고본에는 '監'으로 되어 있다. 11) 銘其栝: 명(銘)은 새기다. 괄(栝)은 화살 끝의 시위에 매겨 당기는 부분. 동문본에는 '括'이라 되어 있다. 12) 楛矢: 왕숙의 주에, "고(楛)는 화살대이다."고 했다. 사고본에 '括'이 정문 '矢' 자 뒤에 끼워 넣어졌고, 따라서 왕숙은 주에서 "화살[箭]이다"라고 하였다. 13) 以分大姬, 配胡公, 而封諸陳: 왕숙의 주에, "대희(大姬)는 왕의 딸. 호공(胡公)은 순(舜)의 후예이다."고 했다. 분(分)은 주다[予]. 14) 展: 중시하다. 『국어』「노어(魯語)하」에, "展親也."에 대한 위소(韋昭의 주(注)를 보라. 15) 服: 복사(服事). 16) 故分陳以肅愼氏貢焉: 옥해당본(玉海堂本)에는 '陳' 뒤에 '氏' 자가 있다. 17) 故府: 구부(舊府). 부(府)는 국가가 문서나 재물을 수장(收藏)하는 곳을 가리킨다. 18) 金櫝: 문헌 등의 수장에 사용하는 구리 함. 왕숙의 주에, "독(櫝)은 함[匱]이다."고 했다.

16-4

담자(郯子)가 노나라를 조견(朝見)하러 오자 숙손소자(叔孫昭子)가 물었다. "소호씨(少昊氏)가 새[鳥]로써 벼슬 이름을 삼은 것은 무슨 까닭입니까?" 담자가 대답하였다. "소호씨는 우리 조상이므로 나는 그 까닭을 알고 있소. 옛날 황제(黃帝)는 구름을 이용하여 벼슬 이름을 기억하였기 때문에 백관의 장(長)을 구름을 이용하여 명명하였습니다. 염제(炎帝)는 불을 이용하여 명명(命名)하였으며, 공공(共公)은 물, 태호(太昊)는 용(龍)으로 명명하였는데, 그 뜻은 같았습니다. 우리 먼 선조인 소호지(少昊摯)께서 임금이 되었을 때 마침 봉황이 날아올랐으므로 새[鳥]로 벼슬 이름을 명명하고 따라서 백관의 장을 새를 이용하여 명명하였던 것입니다. 전욱씨(顓頊氏)이래로 먼 곳의 하늘의 상서로움[天瑞]을 가지고 이름 짓지 않고 가까운 백성의 일로써 이름

짓게 하였으며 백성의 장관을 세우고 그 직위를 민사(民事)를 이용하여 이름 짓게 되었기 때문에 과거처럼 먼 곳의 천서(天瑞)를 기록할 수 없었던 것이지요."

공자는 이를 듣고 바로 담자를 찾아가 배웠다. 그 후 공자는 다른 사람에게 말하였다. "내가 듣건대, '천자는 전장(典章)을 잃었는데 관학(官學)은 오히려 사이(四夷)에 보존되어 있다.'고 하였다. 이는 믿을 만하다."

原文

郯子朝魯[1], 魯人[2]問曰: "少昊[3]氏以鳥名官, 何也? 對曰: "吾祖也, 我知之. 昔黃帝以雲紀官, 故爲雲師而雲名[4]. 炎帝[5]以火, 共工[6]以水, 大昊[7]以龍, 其義一也[8]. 我高祖[9]少昊摯之立也, 鳳鳥適至, 是以紀之於鳥, 故爲鳥師而鳥名. 自顓頊氏[10]以來, 不能紀遠, 乃紀於近, 爲民師而命以民事[11], 則不能故[12]也."

孔子聞之, 遂見郯子而學焉. 旣而告人曰: "吾聞之, '天子失官, 學在四夷'. 猶信[13]."

注釋

1) **郯子朝魯**: 담자(郯子)는 담국(郯國)의 국군(國君)이다. 소호(少昊)의 후예라고 전한다. 이 기록은 『좌전』소공(昭公) 17년에도 보인다. 2) **魯人**: 왕숙의 주에, "노나라 사람이란 숙손소자(叔孫昭子)이다."고 했다. 3) **少昊**: 왕숙의 주에, "소호(少昊)는 금천씨(金天氏)이다."고 했다. 호(昊)가 사고본과 동문본에는 '호(皓)'로 되어 있는데, 이하 같다. 동이족(東夷族)의 수령이라 전한다. 이름은 지(摯), 성은 기(己)이며, 활동의 중심은 엄(奄: 지금의 산동 곡부(曲阜))에 있었다. 4) **黃帝以雲紀官, 故爲雲師而雲名**: 왕숙의 주에, "황제(黃帝)는 헌원씨(軒轅氏)이다. 사(師)는 장(長)이다. 구름을 그 관장(官長)의 이름으로 하고 관명(官名)으로 삼았다."고 했다. 기(紀)는 기록하여 알게하다. 5) **炎帝**: 왕숙의 주에, "신농씨(神農氏)이다"고 했다. 고대의 제왕이라 전한다. 성은 강(姜). 6) **共工**: 왕숙의 주에, "공공(共工)이 구주(九州)의 패자가 되었다."고 하였다. 7) **大昊**: 왕숙의 주에, "포희씨(包犧氏)이다."고 했다. 동이족의 수령이라 전한다. 성은 풍(風). 8) **其義一也**: 왕숙의 주에, "화사(火師)는 화(火)의 이름이고, 용사(龍師)

는 용의 이름이다."고 했다. 9) **高祖**: 먼 조상[遠祖]. 10) **전욱(顓頊)**: 전설 중의 고대 제왕으로 고양씨(高陽氏)라 부르고, 욱(頊)은 원래 '항(項)'으로 되어 있었으나 비요본에 근거하여 고쳤다. 11) **爲民師而命以民事**: 『국어』「초어(楚語)하」에, "소호(少昊)씨의 나라가 쇠하자 구려(九黎)가 나라를 일으켰다. 전욱(顓頊)이 나라를 이어 받고는 마침내 남정(南正)에 중(重)을 임명하여 천문을 관장하게 하고는 귀신의 일에 속하게 했고, 화정(火正)에 려(黎)를 임명하여 지리를 관장하게 하고는 백성의 일에 속하게 했다."라고 했다. '民事'는 정사(政事)를 가리킨다. 12) **不能故**: 왕숙의 주에, "먼 곳의 일을 기록할 수 없다는 것을 말한다."고 했다. 13) **"吾聞之, '天子失官, 學在四夷'. 猶信"**: 왕숙의 주에, "담(郯)은 소국(小國)이다. 때문에 오(吳)나라가 담나라를 정벌하였다. 계문자(季文子)가 탄식하기를, '우리 중화의 군대는 위세를 떨치지 못하고, 만이의 오랑캐는 담나라를 쳤으니, 우리가 망할 날도 머지않았다.'라고 하였고, 공자가 '官學在四夷'라고 말한 것은 당시 폐학(廢學)을 비판한 것이다. 담(郯)은 소호(少昊)의 후예로서 그 세계(世系)는 장구했지만 나라는 작었다. 노공(魯公)의 후예는 그 세계는 짧았지만 그 나라는 컸다. 그러나 예를 아는데 있어서는 담자(郯子)만 못하였다. 때문에 공자가 이 말을 한 것으로 당시의 불학(不學)을 비판한 것이다."고 하였다. 이는 주나라와 노나라가 함께 쇠락하여 전장(典章)이 없어졌지만 작은 나라의 군주는 여전히 이전 고대 관명의 연혁을 알고 있었음을 말한다.

16-5

주 은공(邾隱公)이 노나라에 조견(朝見)하러 왔을 때 자공(子貢)은 조견할 때의 예의를 보았다. 주 은공은 옥(玉)을 위로 높이 들고 얼굴을 위로 향해 쳐들고, 정공은 몸을 구부려 옥을 받으면서 얼굴은 아래로 숙였다. 자공이 말하였다. "예제(禮制)에 근거하여 보건대 이 두 임금은 죽거나 도망치게 될 것이다. 무릇 예제는 생사존망의 근본으로써 몸을 굽혀 절하고 나아감과 물러섬 그리고 위로 쳐다봄과 아래로 내려봄 모두 여기에서 취하는 것이고, 조회(朝會), 제사(祭祀), 상장(喪葬), 전쟁 역시 이로부터 취하는 것이다. 지금 정월에 조견(朝見)하면서 모두 예제 맞지 않으니 그들의 마음에는 이미 예제가 없는 것이다. 조빙(朝聘)이 예제에 맞지 않는데 어찌 오래 갈 수 있겠는가? 자기 몸을 높이고 얼굴을 치켜 올리는 것은 교만하고 방자한 것이오, 낮추고 숙이는 것은 쇠약하고 나태함이다. 교만함은 반란을 가까이 하는 것이고, 쇠약하고 나태함은 질병을 가까이 하는 것이다. 우리나라 임금이 주인이니 먼저 죽을 것이다."

그 해 여름 5월에 노 정공이 죽었고, 주(邾)나라 임금 또한 다른 나라로 도망쳐 달아났다. 공자가 말하였다. "자공이 불행한 일을 맞추었구나. 자공[賜]은 말이 너무 많았다."

原文

邾隱公[1]朝於魯, 子貢觀焉[2]. 邾子執玉高, 其容仰. 定公受玉卑, 其容俯[3]. 子貢曰: "以禮觀之, 二君者將有死亡[4]焉. 夫禮, 生死存亡之體[5], 將左右、周旋[6], 進退、俯仰, 於是乎取之; 朝、祀、喪、戎, 於是乎觀之. 今正月相朝, 而皆不度[7], 心以[8]亡矣. 嘉事不體[9], 何以能久? 高、仰、驕也[10], 卑、俯、替也[11]. 驕近亂, 替近疾. 若[12]爲主, 其先亡乎?"

夏五月, 公薨[13], 又邾子出奔. 孔子曰: "賜不幸[14]而言中, 是賜多言."

注釋

1) **邾隱公**: 주(邾)나라의 국군(國君), 이름은 익(益), 성은 조(曹). 주(邾)는 주(周) 무왕(周武)때 봉해졌고, 후에 노나라의 부용국(附庸國)이었는데, 지금의 산동 추성(鄒城)의 경내에 있었다. 이 기록은 『좌전』 정공(定公) 15년에도 보인다. 2) **子貢觀焉**: 왕숙의 주에, "자공은 당시 노나라 대부였다."고 했는데, 잘못이다. 3) **定公受玉卑, 其容俯**: 왕숙의 주에, "옥으로 왕에게 조빙함."이라 했다. 4) **死亡**: '死'는 사망이고, '亡'은 도망하다, 달아나다. 5) **體**: 근본. 6) **左右、周旋**: '左右'는 구부려 절하는 것이고, '周旋'은 몸가짐과 행동거지. 7) **不度**: 왕숙의 주에, "그 법도를 얻지 못함."이라 했다. 8) **以**: '이(已)'와 같다. 9) **嘉事不體**: 왕숙의 주에, "조빙(朝聘) 역시 가사(嘉事)이다. '不體'는 그 근본[體]을 얻지 못함이다."고 했다. 10) **驕**: 교만하고 방자함. 11) **替也**: 없어지다, 쇠하여 무너지다. '也' 자가 원래 없었으나 사고본과 동문본에 근거하여 보완하였다. 12) **若**: '我'와 같다. 『서(書)』「반경(盤庚)하」에, "내 뜻과 같이 할지 여부를 공경

하지 않음이 없도록 하라[若否罔有弗欽]"의 채침(蔡沈)의 집전(集傳) 참조. 사고본과 비요본, 동문본, 『좌전』에는 '君'으로 되어 있다. 13) 훙(薨): 고대에는 제후의 죽음을 훙(薨)이라 칭했다. 14) 不幸: 노 정공(魯定公)의 사망과 주 은공(邾隱公)이 달아난 일을 가리킨다.

16-6

공자가 진(陳)나라에 있을 때, 진나라 임금[陳侯]이 한가하게 노닐고 있는데, 길가던 행인이 말하였다. "노나라 사탁(司鐸) 관서에 화재가 발생하여 종묘에까지 미쳤다고 합니다." 진후가 이 일을 공자에게 알리자 공자가 말하였다. "화재가 미친 것은 아마도 환공(桓公)과 희공(僖公)의 종묘일 것입니다." 진후가 말하였다. "그들의 종묘라는 것을 어찌 아십니까?" 공자가 말하였다. "예제에 보면 조종(祖宗)은 공덕(功德)이 있으므로 그들의 종묘를 허물지 않는 것입니다. 지금 임금과 환공, 희공의 종친 관계는 이미 끝났고 그들의 공덕 또한 종묘에 계속 보존하기에 부족하나 노나라에서는 헐어 버리지 않았기 때문에 천재(天災)가 더해진 것입니다."

3일 후에 노나라 사신이 진나라에 오자 이를 물었더니 화재가 환공과 희공의 종묘에까지 미쳤다는 것이다. 진후가 자공(子貢)에게 일러 말하였다. "내가 오늘에 와서야 비로소 성인(聖人)이 귀하다는 것을 알았노라." 자공이 대답하였다. "임금께서 알았다니 됐습니다. 그러나 그의 학설과 주장을 준수하여 그의 교화가 더욱 좋아지도록 널리 시행하는 것만 못합니다."

原文

孔子在陳, 陳侯就之燕遊焉[1]. 行路之人云: "魯司鐸[2]災, 及宗廟." 以告孔子. 子曰: "所及者, 其桓、僖[3]之廟." 陳侯曰: "何以知之?" 子曰: "禮, 祖有功而宗有德, 故不毀其廟焉. 今桓、僖之親盡矣[4], 又功德不足以存其廟, 而魯不毀, 是以天災加之."

三日，魯使至，問焉，則桓、僖也. 陳侯謂子貢曰: "吾乃今知聖人之可貴." 對曰: "君之知之，可矣，未若專[5]其道而行其化之善也."

注釋

1) **燕遊焉**: 사고본과 동문본에는 "燕焉子遊."로 되어 있는데, 틀린 것 같다. '연유(燕遊)'는 한가롭게 노닐다. 이 기록은 『좌전』애공(哀公) 3년에도 보인다. 2) **司鐸**: 왕숙의 주에, "司鐸(鐸이 원래 '驛'으로 잘못되어 있었으나 사고본 등에 근거하여 고쳤다)은 관명(官名)이다."고 했는데 틀린 것같다. 사탁(司鐸)은 궁성 안의 관서(官署)인데 즉 후세의 낭서(郎署)이다. 3) **桓僖**: 왕숙의 주에, "환공(桓公)과 희공(僖公)이다."고 했다. 노나라 환공은 이름이 윤(允)이고 B.C.711—694년간 재위하였다. 희공은 이름이 신(申)이고, B.C.659—627년간 재위하였다. 4) **今桓、僖之親盡矣**: 고대의 예제에 근거하면 "諸侯五廟"였다. 즉 다만 5대의 종묘를 세워 종친의 관계를 나타내었다. 그런데 환공은 애공(哀公)의 8세조(世祖), 희봉은 애공의 6세조였으니 모두 "諸侯五廟"의 예제에 맞지 않았다. 때문에 공자가 "今桓、僖之親盡矣"이라 했던 것이다. 5) **專**: 주관하다, 널리 시행하다.

16-7

양호(陽虎)가 제(齊)나라로 도망했다가 다시 진(晉)나라로 달아나 조간자(趙簡子)에게 가 있었다. 공자가 이를 듣고 자로(子路)에게 말하였다. "조간자가 후세 화란(禍亂)을 일으키게 될 것이다." 자로가 말하였다. "정권이 그의 수중에 없는데 어찌 난(亂)을 일으키겠습니까?" 공자가 말하였다. "너는 잘 모를 것이다. 무릇 양호란 자는 부유한 사람과 가깝고 어진 사람과는 가까이 하지 않으므로 계손씨에게 총애를 받으면서도 그를 죽이려고 하다가 뜻을 이루지 못하자 제나라로 도망가 자신을 받아주기를 바랐던 것이다. 제나라 사람들이 잡아 가두려 하자 그는 곧 진(晉)나라로 도망하였다. 이렇게 제나라와 노나라에서는 이미 화환(禍患)을 제거한 셈이다. 조간자는 이익을 탐하고 쉽게 사람을 믿으니 반드시 양호의 말에 빠져 그의 모략을 따르게 될 것이다. 화한(禍患)을 언제 끝나게 할지는 한 시대의 사람들이 알 수 있는 것이 아니다."

原文

陽虎既奔齊[1], 自齊奔晉, 適趙氏. 孔子聞之, 謂子路曰: "趙氏其世[2]有亂乎!"子路曰: "權不在焉, 豈能[3]爲亂?" 孔子曰: "非汝所知. 夫陽虎親富而不親仁[4], 有寵於季孫, 又將殺之, 不克而奔, 求容[5]於齊, 齊人囚之, 乃亡歸晉. 是齊、魯二國已去其疾[6]. 趙簡子[7]好利而多信[8], 必溺其說而從其謀. 禍敗所終, 非一世可知也."

注釋

1) **陽虎既奔齊**: 양호는 자가 화(貨)이다. 노나라 계손씨(季孫氏)의 가신(家臣)이다. 배신(陪臣)으로 국정을 장악하고 계환자(季桓子)를 제거하려다 실패하고 양관(陽關)을 근거로 반란을 일으켰다가 노나라의 공격을 받아 달아났다. 이 기록은 『좌전』정공(定公) 9년에도 보인다. 2) **世**: 후세(後世). 3) **能**: 원래는 '不'로 되어 있으나 사고본과 비요본, 동문본에 근거하여 고쳤다. 4) **親富而不親仁**: 『맹자』「등문공(滕文公) 상」에, "양호(陽虎)가 말하기를, '부자가 되는 일을 하면 인(仁)하지 못하게 되고, 인(仁)을 행하면 부자가 되지 못한다'"고 했다. 친(親)은 근(近)이다. 5) **求容**: 자기 한 몸 받아들일 곳을 구하다. 일설에는 널리 희열(喜悅)을 취하다고 했다. 6) **疾**: 해(害). 7) **趙簡子**: 즉 조앙(趙鞅)인데, 조무(趙武)의 손자로 진(晉)나라의 정권을 장악한 경(卿)이었다. 8) **多信**: 경신(輕信).

16-8

계강자(季康子)가 공자에게 물었다. "지금은 주력(周曆) 12월, 하력(夏曆) 10월인데 아직도 메뚜기 피해가 있으니 무슨 까닭입니까?" 공자가 대답하였다. "내가 듣기로 대화성(大火星)이 없어지고 난 후 곤충들이 모두 땅 속에 들어간다고 했습니다. 지금 대화성이 여전히 서쪽 하늘에 나타나고 있으니 이는 역법을 관장하는 관원의 잘못입니다." 계강자가 말하였다. "몇 개월이나 틀렸습니까?" 공자가 말하였다. "하력(夏曆) 10월에는 대화성이 보이지 않아야 하는데 지금 여전히 나타나고 있는 것은 두 차례나 윤달을 두지 않은 결과입니다."

原文

季康子[1)]問於孔子曰: "今周十二月, 夏之十月, 而猶有螽[2)], 何也?" 孔子對曰: "丘聞之, 火伏而後蟄者畢[3)]. 今火猶西流[4)], 司歷[5)]過也." 季康子曰: "所失者, 幾月也?" 孔子曰: "於夏十月, 火旣沒矣. 今火見, 再失閏也."

注釋

1) **季康子**: 즉 계손비(季孫肥)이다. 노나라 애공(哀公) 때의 정경(正卿)이었다. '康'은 그의 시호(諡號)이다. 이 기록은 『좌전』 애공 12년에도 보인다 2) **종(螽)**: 메뚜기 피해. 메뚜기 떼가 날아다니는 것은 배부분 주력(周曆) 여름 8월이나 9월이다. 3) **火伏而後蟄者畢**: 왕숙의 주에, "火는 大火, 심성(心星)이다. 칩(蟄)은 벌레들이 겨울잠을 자는 것이다."고 했다. 대화성(大火星)은 심수(心宿)의 두 번째로써 보통 하력(夏曆) 10월에는 이미 숨고 없다. 날씨가 추워지기 시작하면 곤충들은 모두 땅 속에 숨어 지낸다. 4) **西流**: 서쪽 하늘에 출현했다가 점차 없어진다. 5) **司曆**: 역법을 관장하는 관원.

16-9

오왕(吳王) 부차(夫差)가 애공(哀公)과 함께 진후(晉侯)를 만나게 되었다. 자복경백(子服景伯)이 사자(使者)에게 말하였다. "왕[天子]이 제후들과 회합하게 되면 제후의 장이 제후들을 거느리고 왕을 알현하고, 제후의 장이 제후들과 회합하게 되면 후(侯)가 자(子)와 남(男)을 거느리고 보게 된다. 지금 제후들이 회합하면서 귀국(貴國)의 임금과 우리 임금이 진(晉)나라 임금을 보게 된다면 진나라 임금이 제후의 장이 되어야 한다. 뿐만 아니라 귀국의 임금이 백(伯)의 신분으로 제후들을 소집하여 오히려 후(侯)의 신분으로 회합을 마치려 하니 무슨 유익함이 있겠느냐?" 오나라 사람들이 이에 회합을 그만두었다. 얼마 후 이를 후회하고 경백을 잡아 가두었다.

경백이 태재(太宰) 비(嚭)에게 말하였다. "노나라에서는 오는 10월 상신(上辛) 날에 상제(上帝)와 선왕(先王)께 제사를 올리는데 계신(季辛) 날에나 마치게 됩니다. 나는[何] 대대로 제사지내는 직책을 맡고 있는 바, 양공(襄公) 이래로 한 번도 바뀐 적이 없습니다. 만약 내가 제사에 참가하지 못한다면 축종(祝宗)이 축고(祝告)를 하며 '오나라가 그를 감금하여 참가할 수 없게 하였습니다.'라고 할 것입니다." 태재 비가 이를 알리자 경백을 돌려보냈다.

자공(子貢)이 이를 듣고 공자를 뵙고 말하였다. "자복경백은 말을 잘 할 줄 모르는 자입니다. 그런데 사실대로 이야기를 했다가 갇히고 거짓말로써 풀려났습니다." 공자가 말하였다. "오왕(吳王)이 시행한 것은 이인(夷人)의 덕행이다. 그에 대하여 속일 수는 있어도 사실대로 이야기할 수는 없었던 것이다. 이는 듣는 자가 그 내용에 어두웠던 것이지 말하는 사람이 졸렬했던 것은 아니다."

原文

吳王夫差將與哀公見晉侯[1)], 子服景伯[2)]對使者曰: "王合諸侯, 則伯率侯牧[3)]以見於王; 伯合諸侯, 則侯率子男以見於伯[4)], 今諸侯會, 而君與寡君見晉君, 則晉成爲伯也[5)]. 且執事以伯召諸侯, 而以侯終之, 何利之有焉?" 吳人乃止. 旣而悔之, 遂囚景伯.

伯謂宰嚭[6)]曰: "魯將以十月上辛[7)]有事[8)]於上帝、先王, 季辛而畢. 何[9)]也世有職焉, 自襄[10)]已來之改[11)]. 若其不會, 則祝宗[12)]將曰'吳實然'." 嚭言於夫差, 歸之.

子貢聞之, 見於孔子曰: "子服氏之子拙於說矣, 以實獲囚, 以詐得免." 孔子曰: "吳子爲夷德, 可欺而不可以實, 是聽者之蔽, 非說者之拙也[13)]."

注釋

1) **吳王夫差將與哀公見晉侯**: 왕숙의 주에, "오나라 제후[吳子]가 노 애공(魯哀公) 12년에 진(晉)나라 제후와 황지(黃池)에서 회합하였다."고 했다. 동문본의 왕숙의 주에는 "노 애공 13년"이라 했다. 『춘추』경문(經文)에는 애공 13년에 "(애)공이 진후(晉侯)와 오나라 제후를 황지에서 회합하였다."고 했는데, 여기에서는 동문본을 따랐다. 진후(晉侯)는 진 정공(晉定公)으로 이름은 우(午), B.C.511-475년간 재위하였다. 이 기록은 『좌전』애공(哀公) 13년에도 보인다. 2) **子服景伯**: 즉 자복하(子服何)이다. 노나라 대부로써 당시 노 애공을 따라 회맹에 참가하였다. 3) **伯率侯牧**: 왕숙의 주에, "백(伯)은 왕관(王官)이고, 후목(侯牧)은 방백(方伯)의 명칭이다."고 했다. 백(伯)은 제후의 장(長)이다. 4) **伯**: 왕숙의 주에, "伯은 侯牧이다."고 했다. 5) **也**: 사고본에는 '矣'로 되어 있다. 6) **大宰嚭** : 백(伯)씨이고 이름은 비(嚭)이다. 일설에는 백희(帛喜), 자는 자여(子餘)이고 오왕(吳王) 부차(夫差)의 총신이라 했다. 7) **上辛**: 음력 매월 상순(上旬)의 신일(辛日)이다. 8) **有事**: 왕숙의 주에, "유사(有事)는 제사이다. 이로써 오나라를 속였다."고 했다. 9) **何**: 왕숙의 주에, "하(何)는 경백(景伯)의 이름이다."고 했다. 10) **襄**: 왕숙의 주에, "양(襄)은 노 양공(魯襄公)이다."고 했다. 노 양공은 이름이 오(午)로써, B.C.572-542년간 재위하였다. 11) **未之改**: 원래는 '之改之'로 되어 있었지만 비요본과 『좌전』에 근거하여 고쳤다. 사고본과 동문본에는 '未之改也'로 되어 있다. 12) **祝宗**: 제사를 지낼 때 축고(祝告)를 주지하는 사람. 사고본과 동문본에는 '祝宗' 앞에 '則' 자가 없다. 13) **也**: 동문본에는 없다.

16-10

숙손씨(叔孫氏)의 수레를 모는 자서상(子鉏商)이란 자가 있었는데, 대야(大野)에 나무하러 갔다가 기린 한 마리를 잡아 앞다리 왼쪽을 절단하여 싣고 돌아왔다. 숙손씨가 상서롭지 못한 것이라 여기고 성곽 밖에 버리라고 하고, 공자에게 사람을 보내 고하여 말하였다. "노루처럼 생기고 뿔이 있는 짐승이 무엇입니까?" 공자는 가서 보고는 말하였다. "기린(麒麟)이다. 어찌 여기까지 왔을까? 어찌 여기까지 왔을까?" 소매를 뒤집어 얼굴을 닦으니 눈물이 옷깃을 모두 적셨다. 숙손씨는 이 말을 듣고 기린을 가져 오도록 하였다.

자공이 물었다. "선생님께서는 어찌하여 우셨습니까?" 공자가 말하였다.

"기린의 출현은 성군(聖君)이 장차 출현한다는 상서로운 일이지만 그 때가 아닌데 나타나 해를 입었으니 나는 그 때문에 상심한 것이다."

原文

叔孫氏之車士曰子鉏商[1)], 採薪於大野[2)], 獲麟[3)]焉, 折其前左足, 載以歸. 叔孫以爲不祥, 棄之於郭外[4)]. 使人告孔子曰: "有麕[5)]而角者, 何也?" 孔子往觀之, 曰: "麟也. 胡爲來哉? 胡爲來哉?"反袂[6)]拭面, 涕泣沾衿[7)]. 叔孫聞之, 然後取之.

子貢問曰: "夫子何泣爾?" 孔子曰: "麟之至, 爲明王也. 出非其時而見害[8)], 吾是以傷焉."

注釋

1) **叔孫氏之車士曰子鉏商**: 왕숙의 주에, "거사(車士)는 수레를 모는 사람으로 '子'는 성(姓)이다."고 했다. 일설에는 자서(子鉏)가 씨(氏), 상(商)이 이름이라 했다. 이 기록은 『좌전』애공(哀公) 14년, 『공양전(公羊傳)』애공 14년, 『공총자(孔叢子)』「기문(記問)」에도 보인다. 2) **采薪於大野**: 왕숙의 주에, "『춘추』경문(經文) 노 애공 14년에, '서쪽에 수렵을 나갔다가 기린을 잡았다[西狩獲麟]'고 했고, 전(傳)에, '西狩大野'라고 하였다. 이제 이를 '대야(大野)에서 나무를 하다'라고 했는데, 만약 거사(車士) 자서상(子鉏商)이 수렵하는 사람이 아니라면, 나무를 구하다[采薪]가 서쪽에서 기린을 잡았다는 것이다."고 했다. 린(麟)은 상서로운 동물로써 보이는대로 수렵하였다. 때문에 『춘추』경문(經文)에 '西狩獲麟'이라 적었던 것이다."고 했다. 대야(大野)는 대야택(大野澤)으로 지금의 산동 거야(巨野) 북쪽에 있었다. 3) **獲麟**: 획(獲)은 『좌전』정공(定公) 9년 공소(孔疏)에, "『춘추』에 획(獲)이라 쓴 것은 단지 사로잡았다는 것이다. 사로잡았다 이외는 오직 획린(獲麟)이 있을 뿐이다."라고 하였다. 또 양백준(楊伯峻)의 주에, "일반 기물(器物)을 얻었을 때는 『춘추』경문에 '得' 자를 썼고, 생물을 얻었을 경우에는 '획(獲)'이라 하였다."고 했다. 린(麟)은 기린(麒麟)이다. 옛사람들은 인수(仁獸)로 여겼는데, 성인(聖人)이 장차 출현한다는 상서(祥瑞)이다. 4) **棄之於郭外**: 왕숙의 주에, "『傳』에 이르기를, '산림수택을 관장하는 우인(虞人)에게 주었다'고 하여 성곽 밖에 버려 우인에게 주려 한 것이다."고 했다. 5) **균(麕)**: 노루. 6) **메(袂)**: 옷소매. 7) **涕泣沾衿**: 체(涕)는 눈물을 흘리다. 금(衿)은 '금(襟)'과 같다. 옷깃.

17 애공문정哀公問政

序說

이 편은 두 부분을 포괄하고 있다. 첫 번째 부분은 노애공이 질문한 위정지도(爲政之道)에 대한 공자의 대답을 기록하였고, 두 번째 부분은 마지막 한 구절이 공자가 제자 재아(宰我)가 질문한 귀신지의(鬼神之義)에 대답한 것을 기록하고 있다. 따라서 첫 번째 부분의 첫 구절이 "애공(哀公)이 공자에게 정치를 묻기를"로 되어 있었으므로 '애공문정(哀公問政)'을 편명으로 한 것이다.

첫 번째 부분에서 공자는 자신의 치국안민(治國安民)에 관한 주장을 밝혔는데, 공자는 "득인(得人)-수신(修身)-강인(講仁) 이 삼자의 관계를 굳건히 하여 임금[國君]이 자신의 수양을 강화해야 한다는 중요성을 강조하였다. 공자는 임금의 고결한 인격을 위정(爲政)의 기초로 하여 천하의 '달도(達道)'이던지 아니면 천하의 국가를 다스리는 '구경(九經)이던지 모두 이를 출발점으로 해야 한다고 여김으로써 공자의 '위정이덕(爲政以德)'의 사상을 구현하였다.

두 번째 부분에서 공자는 소박한 언어로 '귀(鬼)'와 '신(神)'에 대하여 설명하였는데, 이는 당시 사회에서 유행하던 관점과는 달랐다. 공자는 그밖에 초자연적인 귀신 관념의 내원을 분명하게 분석하여 귀신을 이용한 통치는 백성으로 하여금 "聽且速"하게 하는 좋은 방법으로 이용함을 지적하였는데 이는 곧 후세사람들이 말하는 '神道設敎'의 통치방법이었다.

애공이 위정지도(爲政之道)를 묻는 부분은 『예기』「중용(中庸)」에도 보이는데, 이 둘을 서로 비교하여 살펴보면 『예기』「중용」의 말이 간단하고 세련되었음을 발견할 수 있어서 마치 내용을 고치거나 윤색한 것 같다. 이러한 전환은 전한 시기의 정치적 분위기를 분명히 하는 것이다. 예를 들면 이 편에서 '爲政在於得人'이라 한 것을 『예기』「중용」에는 '爲政在仁'이라 하였는데, 전자는 어진 이의 중요성을 강조하였고, 후자는 오히려 통치자의 중요성을 강조하였다. 이 편의 '其爵能'을 『예기』「중용」에서는 '尊其位'라 하였고, '篤親親', '敬大臣', '子百姓', '来百工' 등 몇 구절은 각각 '勸親親', '勸大臣', '勸百姓', '勸百工' 등으로 바뀌었는데 이는 모두 전한 정권의 고도의 통일과 봉건전제주의가 점차 강화되고 있다는 특징을 반영하는 것이었다. 이 편 중의 '擧廢邦'이 『예기』「중용」에는 '擧廢國'으로 고쳐졌는데 이는 분명 한 고조(漢高祖)의 이름을 피휘(避諱)한 것이다. 『예기』「중용」이 『공자가어』「애공문정(哀公問政)」보다 늦음을 분명하고도 쉽게 알 수 있다.

재아(宰我)가 귀신의 의(義)를 묻는 부분은 『예기』「제의(祭義)」에도 보인다. 이 두 편을 대조하며 읽어보면 마찬가지로 『예기』가 한유(漢儒)의 상상과 발휘를 거쳤음을 발견할 수 있다. 이는 다음의 몇 가지 방면에서 볼 수 있다.

가장 먼저, 이 편에 기록된 재아가 질문을 하면서 사용한 '敢問焉' 등의 글자가 남아 있는데 『예기』에는 없다. 우리들은 이같은 글자가 바로 당시의 글로 표현하는 습관이었을 것이라 생각한다. 『논어』는 공자를 연구하는 1차 자료인데, 그 중 제자들이 공자에게 질문을 하면서 대부분 '何如', '何謂也', '如之何', '請問之', '敢問' 등의 형식을 사용하고 있는데, 특히 '敢問'의 출현 비율이 비교적 높다. 예컨대 『논어』「선진(先進)」에, "季路問事鬼神. 子曰: '未能事人, 焉能事鬼?' 曰: '敢問死.' 曰: '未知生, 焉知死?'", 「안연(颜渊)」에, "樊迟從游於舞雩之下, 曰: '敢問崇德、修慝、辨惑.'", 「자로(子路)」에 기재된 자공(子

貢)의 네 차례 질문에서도 두 차례나 '敢問'을 사용하여 시작하고 있다. 이 편에 기록된 것이 당시 공자와 제자간의 대화 말투를 더욱 진실하게 간직하고 있을 것이다.

다음으로, 이 편의 귀신에 대한 해석이 더욱 소박한데 예컨대 이 편에는 "曰: 夫生必死, 死必歸土, 此謂鬼; 魄氣歸天, 此謂神" 등의 구절이 있는데, 『예기』에는 많은 수식(修飾)적 성분을 더하고 있다. 그 중에는 예컨대, "其氣發揚於上爲昭明, 焄蒿悽愴, 此百物之精也, 神之著也. 鄭玄注曰: '焄', 謂香臭也, '蒿'謂氣蒸出貌也."라고 하였는데 이는 후세인들이 『공자가어』에 기록된 내용을 상상하여 가공했을 가능성이 크다.

셋째, 이 편에 실려 있는 "明命鬼神, 以爲民之則"이 『예기』에서는 "明命鬼神, 以爲黔首則"으로 바뀌어 있고, 『논어』에 '民'이라는 글자가 48회 출현하여 '백성'의 의미로 쓰인 것이 42회인데, '검수(黔首)는 오히려 진한시기에 통용되던 칭호였다. 이를 통해 『공자가어』에 실려 있는 것이 더욱 원시적이고 소박한 것임을 알 수 있다.

17-1

노나라 애공(哀公)이 공자에게 정치에 대해서 묻자, 공자가 대답하였다. "문왕(文王)과 무왕(武王)의 위정지도(爲政之道)가 지금까지도 방판(方版)과 죽간(竹簡)에 기록되어 있습니다. 만약 문왕이나 무왕 같은 사람이 있다면 그 위정지도가 시행될 수 있을 것이고, 그와 같은 사람이 없다면 그 위정지도가 사라지게 될 것입니다. 하늘의 도는 만물을 빨리 성장시키고, 사람의 도는 정치를 신속하게 일으키며, 땅의 도는 수목을 빠르게 재목이 되게 합니다. 위정(爲政)이란 포로(蒲盧)와 같은 것이니 비를 만나야 비로소 빠르게 성장하는 것입니다. 때문에 위정(爲政)의 관건은 올바른 사람을 얻는데 있고, 어진 사람을 얻는 것은 위정자의 수신(修身)에 달려 있습니다. 수신의 도리는 인애(仁愛)의 마음을 세우는데 있습니다. 인(仁)이란 사람과 사람 간의 상호 친애(親愛)이고 자신의 친인(親人)을 사랑하는 것을 가장 중요하게 여깁니다. 의(義)는 사람과 사람 간의 관계의 처리가 합당한 것으로 어진 사람을 존경하는 것을 가장 중요하게 여깁니다. 자신의 친인(親人)을 친애하는 데에는 차별이 있고, 어진 사람을 존경하는 데에도 등차(等差)가 있습니다. 예(禮)는 바로 이러한 친친(親親), 존존(尊尊)의 등차 가운데 생겨난 것입니다. 예란 정치의 근본입니다. 때문에 군자(君子)는 수신(修身)하지 않으면 안됩니다. 자신의 수양을 강화하고자 한다면 자신의 부모를 잘 섬기지 않으면 안 되고, 부모를 잘 섬기고자 한다면 다른 사람의 인품을 분명하게 가리지 않으면 안 되며, 다른 사람의 인품을 분명히 가리자면 하늘이 행하는 도리를 분명하게 알아야 합니다. 천하에 통하는 대도(大道)에는 다섯 가지가 있는데, 이 대도를 실행하기 위해 갖추어야 할 품덕으로는 세 가지가 있습니다. 군신지도(君臣之道), 부자지도(父子之道), 부부지도(夫婦之道), 형제지도(兄弟之道), 붕우지도(朋友之道) 이 다섯 가지는 천하에 통행하는 대도(大道)입니다. 지(智), 인(仁), 용(勇) 이 세 가지는 천하에 행해지는 미덕(美德)입니다. 이들 대도와 미덕을 행하는 방법은 단지 한 가지입니다. 그것은 바로 성실하게 하는 것입니다. 어떤 사람은 날 때부터 알고, 어떤 사람은 배워서 알며, 어떤 사람은 곤란함을 겪고 나서야 압니다. 이들 도리를 알고 나면 그들은 하나입니다. 어떤 사람은 편안한 마음으로 이들 도리를 실천하고, 어떤 사람은 이익으로 여겨 실천하며, 어떤 사람은 억지로 실천합니다. 그들의 실천이 성공한 뒤에는 그들은 모두 하나입니다."

애공이 말하였다. "그대의 말씀이 아름답기가 지극합니다. 과인은 진실로 고루(固陋)하여 이들을 이루어낼 수 없을 것입니다." 공자가 말하였다. "배우기를 좋아하는 사람은 이미 지혜가 있는 것에 가깝고, 미덕을 실현하고자 노력하는 사람은 이미 인애(仁愛)에 가까우며, 부끄러움을 아는 사람은 이미 용감함에 가깝습니다. 이 세 가지를 알면 어떻게 자신의 수양을 강화해야 하는지를 알게 되고, 자신의 수양을 어떻게 강화해야 하는지를 알면 어떻게 다른 사람을 다스려야 하는지를 알게 되고, 다른 사람을 어떻게 다스리는지를 알면 천하와 국가의 대사(大事)를 완성할 수 있을 것입니다."

原文

哀公問政於孔子. 孔子對曰: "文武[1)]之政, 布[2)]在方[3)]策[4)]. 其人存, 則其政擧[5)], 其人亡, 則其政息[6)]. 天道敏[7)]生, 人道敏政, 地道敏樹[8)]. 夫政者, 猶蒲盧[9)]也, 待化以成, 故爲政在於得人. 取人以身[10)], 修道以仁. 仁者, 人也[11)], 親親[12)]爲大; 義者, 宜也, 尊賢爲大. 親親之殺[13)], 尊賢之等, 禮所以生也. 禮者, 政之本也. 是以君子不可以不修身. 思修身, 不可以不事親[14)]; 思事親, 不可以不知人[15)]; 思知人, 不可以不知天[16)]. 天下之達[17)]道有五, 其所以行之者三, 曰, 君臣也、父子也、夫婦也、昆弟[18)]也、朋友也. 五者, 天下之達道. 智、仁、勇三者, 天下之達德也. 所以行之[19)]者一[20)]也. 或生而知之, 或學而知之, 或困而知之[21)], 及其知之, 一也. 或安而行之, 或利而行之, 或勉强而行之, 及其成功, 一也."

公曰: "子之言, 美矣至矣! 寡人實固, 不足以成之也." 孔子曰: "好學近乎智, 力行近乎仁, 知恥近乎勇. 知斯三者, 則知所以修身; 知所以修身, 則知所以治人; 知所以治人, 則能成天下國家者矣."

注釋

1) **文武**: 주나라 문왕(文王)과 무왕(武王)을 가리킨다. 2) **布**: 싣다. 기재하다. 3) **方**: 왕숙의 주에, "방(方)은 판(版)이다."고 했다. 고대에 글을 쓰는데 사용한 목판(木板). 『의례(儀禮)』「빙례(聘禮)」에, "백 명이 안되는 사람이 방(方)에 썼다."고 했다. 4) **策**: '冊'과 같다. 고대에는 죽편(竹片)이나 목편(木片)을 사용하여 사실을 기록하고 글을 썼는데 이를 편집한 것을 책(策)이라 했다.『의예』「빙례」에, "백 명 이상이 책(策)에 썼다."고 했고, 정현(鄭玄)의 주에, "책(策)은 간(簡)이다."고 했다. 5) **擧**: 시행(施行). 6) **息**: 멸하다. 그만두다. 7) **敏**: 매우 빠르다. 민첩하다. 『서(書)』「대우모(大禹謨)」에,

"백성이 덕에 속히 교화될 것이다[民敏德]"의 채침(蔡沈) 집전(集傳)에, "민(敏)은 속(速)이다."고 했다. 『시(詩)』「대아(大雅)·문왕(文王)」에, "은나라 선비 중에 아름답고 민첩한 자들이[殷士膚敏]"의 모전(毛傳)에, "부(膚)는 미(美), 민(敏)은 질(疾)이다"고 했다. 8) **樹**: 생장(生長)하다. 동사(動詞). 9) **蒲盧**: 왕숙의 주에, "포로(蒲盧)는 나나니벌[蜾蠃]이다. 토봉(土蜂)이라 부른다. 나비의 애벌레가 변화하여 된 것으로 자식이라 여겼다. 정치가 백성을 교화한 것과 같다."고 했다. 『중용』주희(朱熹)의 주에, "포로(蒲盧)를 심괄(沈括)은 갈대[蒲葦]라고 여겼다."고 했다. 10) **取人以身**: 위의 구절에 이어 말한 것으로 위정지도(爲政之道)는 어진 사람[賢人]을 얻는데 있고, 어진 사람을 얻는 관건은 위정자의 수신(修身)에 있다. 인(人)은 어진 사람을 가리킨다. 11) **仁者, 人也**: 인(仁)은 바로 사람과 사람 간의 상호 친애(親愛)이다. 12) **親親**: 전자는 동사로 친근하다. 뒤의 것은 명사로 친인(親人). 13) **쇄(殺)**: 감소(減少), 강등(降等). 『주례(周禮)』「지관(地官)·늠인(廩人)」에, "왕에게 조칙을 내려 나라의 쓰임을 줄이려 했다[詔王殺邦用]."라는 구절이 있다. '殺'을 동문본에는 '敎'라고 했다. 14) **事親**: 부모를 섬기다. 15) **知人**: 다른 사람의 인품을 분명히 가리거나 혹은 사람을 잘 파악하여 적당한 임무를 맡기다. 16) **知天**: 하늘이 행하는 도리를 분명하게 함. 본문에서는 구체적으로 "親親之殺, 尊賢之等"의 도리를 가리킨다. 17) **達道**: 천하 고금에 통하는 도리. 18) **昆弟**: 형제. 昆은 兄. 곤제(昆弟)를 연용하면 형과 아우를 가리킨다. 아울러 가깝거나 먼 일족의 형제를 포함하기도 한다. 『이아(爾雅)』「석친(釋親)」에, "아버지의 형제 중 먼저 태어난 사람은 세부(世父), 뒤에 태어난 사람을 숙부(叔父)라 한다."고 했다. 『의례』「상복(喪服)」에, "곤제(昆弟)는 사체(四體)이다. 때문에 곤제의 뜻은 구분이 없다."고 했다. 19) **之**: 앞의 智, 仁, 勇을 가리킨다. 20) **一**: 성실(誠實), 오로지[專一]. 21) **或生而知之, 或學而知之, 或困而知之**: 공자의 이 사상은 『논어』「계씨(季氏)」에도 유사한 서술이 있다. "공자께서 말씀하시기를, 나서 절로 아는 자는 으뜸이요, 배워서 아는 자는 다음이요, 불통하여 배우는 자는 또 그 다음이다. 불통한데도 배우지 않는 자는 백성으로서 가장 못난이가 된다[生而知之者上也; 學而知之者次也; 困而學之, 又其次也; 困而不學, 民斯爲下矣]."

17-2

애공이 물었다. "위정지도(爲政之道)는 다만 이러한 것입니까?" 공자가 말하였다. "대체로 천하 국가를 다스리는 데는 아홉 가지 떳떳한 상규(常規)가 있습니다. 즉, 자신을 수양하고, 어진 사람을 존경하고, 친인(親人)을 친애하고, 대신(大臣)을 공경하고, 군신(群臣)을 긍휼히 하고, 백성을 자기 자식처럼 대하고, 각종 공장(工匠)을 모집하고, 멀리 있는 사람들을 회유하고, 사방의 제후들을 안무(安撫)하는 것입니다. 자신을 수양하면 도가 세워지고, 어진 사람을 존경하면 의혹됨이 없어지고, 친인을 친애하면 제부(諸父)와 형제의 원망이 없게 되며, 대신들을 공경하면 미란(迷亂)됨이 없게 되고, 군신(群臣)을 긍휼히 하면 사인(士人)들의 보답하는 예(禮)가 중해지고, 백성을 자기 자식처럼 대하면 백성들이 더 근면하게 되고, 각종 공장(工匠)을 모집하면 국가의 제물과 기용(器用)이 충족해지고, 멀리 있는 사람들을 회유하면 사방의 백성들이 모두 귀부(歸附)하고, 사방의 제후들을 안무하면 천하가 모두 두려워 할 것입니다."

原文

公曰: "政其盡此而已乎?" 孔子曰: "凡爲[1]天下國家有九經[2], 曰, 修身也、尊賢也、親親也、敬大臣也、體[3]群臣也、子[4]庶民也、來[5]百工[6]也、柔[7]遠人也、懷[8]諸侯也. 夫修身則道立, 尊賢則不惑, 親親則諸父[9]、兄弟不怨, 敬大臣則不眩[10], 體群臣則士之報禮重, 子庶民則百姓勸[11], 來百工則財用足, 柔遠人則四方歸之, 懷諸侯則天下畏之."

注釋

1) 爲: 다스리다. 2) 經: 상도(常道), 규범(規範). 『맹자』「진심(盡心)하」에, "군자(君子)는 상도(常道)로 돌아갈 뿐이다. 상도가 바로 잡히면 서민들에게서도 선한 기풍이 일어난다[反經而已矣; 經正則庶民興]."고 했다. 3) 體: 나의 처지를 다른 사람의 입장에 가설하여 생각함. 예컨대, 체념(體念), 체량(體諒), 체휼(體恤), 체찰(體察). 4) 子: 동사. ~를 아들로 여기다. 아들처럼 아끼다. 5) 來: 부르다, 모집하다. 6) 百工: 각종 공장(工匠)을 가리킴. 『논어』「자장(子張)」, "백공(百工)이 시장에 거처함으로 그 일을 이룬다."고 했다. 그 밖에 백공(百工)은 두 가지 뜻이 있는데 고대의 관을 총칭하는 즉 백관(百官)을 말한다고도 하고, 오로지 군사와 관련한 건축과 제조를 주관하는 관

을 가리키기도 한다. 7) 柔: 안무(安撫)하다. 회유하다. 우대하다. 『서경』「요전(堯典)」에, "멀리 있는 자들을 안정시키고 가까이 있는 자들을 길들이다[柔遠能邇]"의 공전(孔傳)에, "유(柔)는 안(安)이다. ……멀리 있는 자를 안정시켜야 비로소 가까이 있는 자들을 안정시킬 수 있다는 말이다[言安遠乃能安近]."이라 했다. 8) 懷: 안무(安撫)하다. 『좌전』희공(僖公) 7년: "멀리 있는 자를 덕으로써 안정시킨다[懷遠以德]."라 했다. 9) 諸父: 백부(伯父), 숙부(叔父)를 가리킨다. 10) 현(眩): 아찔하다, 현혹하다. 『영구경(靈樞經)』「위기편(衛氣篇)」에, "횡경막 윗부분이 허하면 어지럽다[上虛則眩]."고 했는데, 미란(迷亂), 미혹(迷惑)의 뜻으로도 쓰인다. 『한서(漢書)』「원제기(元帝紀)」에, "속유(俗儒)들은 시의(時宜)에 통달하지 못하고는 옛 것만 옳고 지금 것은 그르다고 말하길 좋아하며 사람들로 하여금 명분과 실제에 미혹되게 하였다."고 했다. 11) 勸: 근면하다, 노력하다.

17-3

애공이 말하였다. "어떻게 하면 됩니까?" 공자가 말하였다. "재계(齋戒)를 견지하고, 의표(儀表)를 가지런히 하면서 예의에 맞지 않는 것은 하지 않는 것이 자신을 수양하는 가장 좋은 방법입니다. 참소하는 말을 물리치고 여색을 멀리하며 재물을 천(賤)하게 여기고 덕행을 중시여기는 것이 어진 사람을 존중하는 가장 좋은 방법입니다. 능력 있는 친인(親人)에게 관작(官爵)을 주고 녹봉을 후하게 내려 그들과 좋고 나쁜 일을 같이 하는 것은 진심으로 친인을 대하는 가장 좋은 방법입니다. 관직을 풍성하게 하고 그들에게 지휘를 받도록 하는 것은 대신을 공경(恭敬)하는 가장 좋은 방법입니다. 충신지사(忠信之士)에게 후한 녹을 주는 것은 사인(士人)을 권하는 가장 좋은 방법입니다. 적절한 시기에 백성을 사역(使役)하고 세금을 가볍게 하는 것은 백성을 자식처럼 사랑하는 가장 좋은 표현입니다. 공장(工匠)에게는 날마다 검사하고 달마다 살펴 관에서 지급하는 봉록을 그 실적에 맞게 하는 것은 각종 공장을 불러 모으는 가장 좋은 방법입니다. 멀리서 온 손님을 열정으로 맞이하고 보내며 선행을 장려하고 약자를 동정하는 것은 먼 지역에 사는 백성을 안무하는 가장 좋은 방법입니다. 끊어진 세가(世家)는 이어주고 없어진 나라는 일으켜주며 반란을 평정하고 위태로운 곳은 잡아주고 각지의 제후들이 때에 맞춰 조빙하게 하면서 내려주는 예물을 많게 하고 받는 예물을 적게 하는 것은 각지의 제후들을 안무하는 가장 좋은 방법입니다. 천하국가를 다스리는 데는 아홉 가지 상규(常規)가 있고 시행하는 방법은 단지 진심으로 오로지 하는 것뿐입니다. 대체로 무슨 일이든지 사전에 미리 준비하면 성공할 수 있지만 그렇지 않으면 실패하고, 말을 하기 전에 준비가 잘되어 있으면 유창하여 막힘이 없고, 일을 하기 전에 준비가 잘되어 있으면 곤란함을 느끼지 않으며, 행동하기 이전에 준비가 잘되어 있으면 실수로 내심 불안한 일이 없고, 일하는 원칙이 결정되기 이전에 준비가 잘되어 있으면 통하지 않는 곳이 없게 되는 것입니다. 아랫자리에 있으면서 윗사람의 신임을 얻지 못하면 백성을 제대로 다스릴 수 없습니다. 윗사람의 신임을 얻는 데도 일정한 방법이 있으니 친구에게 믿음을 받지 못하면 윗사람에게도 신임을 얻지 못하는 것입니다. 친구에게 신임을 받는 데도 일정한 방법이 있으니 부모에게 효순(孝順)하지 않으면 친구에게 믿음을 얻을 수 없습니다. 부모에게 효순하는 데도 일정한 방법이 있으니 그것은 자신을 되돌아보기를 성실히 하지 않으면 부모에게 효순을 다할 수 없는 것입니다. 자신을 성실하게 하는 데도 일정한 방법이 있으니 착한 본성을 분명하게 드러내지 않으면 자신을 성실하게 할 수 없습니다. 성실함이란 하늘의 최고 준칙[道]이고, 성실의 요구에 따라 성실함을 실현하는 것은 사람이 일을 대하는 준칙입니다. 무릇 성실하게 되면 억지로 하지 않아도 이치에 맞게 행할 수 있고, 생각지 않아도 일이 이루어지게 되며 모든 것이 저절로 도에 맞아 나가게 되는 것이니, 이것이 성인(聖人)이 심성을 평정하게 하는 원인인 것입니다. 성실하게 한다는 것은 선한 것만을 선택하여 굳게 지니고 게을리 하지 않는 것입니다."

原文

公曰: “爲之奈何?” 孔子曰: “齊[1]潔盛服, 非禮不動, 所以修身也; 去讒遠色, 賤財而貴德[2], 所以尊賢也; 爵[3]其能, 重其祿, 同其好惡, 所以篤[4]親親也; 官盛任使[5], 所以敬大臣也; 忠信重祿[6], 所以勸士也; 時使薄斂, 所以子[7]百姓也; 日省月考[8], 旣廩稱事[9], 所以來百工也; 送往迎來, 嘉善而矜不能[10], 所以綏[11]遠人也; 繼絶世, 擧廢邦[12], 治亂持危[13], 朝聘以時[14], 厚往而薄來[15], 所以懷諸侯也. 治天下國家有九經, 其所以行之者一也. 凡事豫[16]則立, 不豫則廢[17], 言前定則不跲[18], 跲躓事前定則不困, 行前定則不疚[19], 道前定則不窮[20]. 在下位不獲於上[21], 民弗[22]可得而治矣; 獲於上有道, 不信於友, 不獲於上矣; 信於友有道, 不順於親, 不信於友矣; 順於親有道, 反諸身不誠, 不順於親矣; 誠身有道, 不明於善, 不誠於身矣. 誠[23]者, 天之至[24]道也; 誠之[25]者, 人之道也. 夫誠, 弗勉而中, 不思而得, 從容中[26]道, 聖人之所以體定[27]也; 誠之者, 擇善而固執[28]之者也.”

注釋

1) **齊**: ‘재(齋)’와 같다. 재계(齋戒)의 뜻이다. 『예기』「제의(祭義)」에, “재계한지 3일이 되어야 재계하는 바를 볼 수 있다[齊三日, 乃見其所爲齋者].”라 했다. 사고본과 동문본에는 ‘齋’로 되어 있다. 2) **去讒遠色, 賤財而貴德**: 쓸데없는 시비(是非)를 논하는 참언(讒言)은 버리고, 미색(美色)을 멀리 한다. 去는 버리다. 참(讒)은 참언. 여기서는 아첨하는 사람을 가리킨다. ‘재(財)’가 사고본과 동문본에는 ‘利’로 되어 있다. 3) **爵**: 칭찬과 장려로 작위를 주다. 4) **篤**: 심후(深厚)하다. 여기서는 동사로 쓰였다. 두텁게 하다. 가중하다. 5) **官盛任使**: 왕숙의 주에, “관직을 풍성하게 하고 그 책임을 맡기다.”고 했다. ‘官盛’은 관속이 많다. ‘任使’는 각기 책임을 맡기다. 6) **忠信重祿**: 왕숙의 주에, “충신자(忠信者)에게 중록(重祿)을 준다.”고 했다. 충신지사(忠信之士)에게 후한 녹(祿)을 준다는 뜻이다. 7) **子**: 사고본에는 ‘勸’으로 되어 있다. 8) **日省月考**: 매일 검사하고 매월 살피다. 성(省)은 검사하다, 살피다. 『역』「관괘(觀卦)·상전(象傳)」에, “선왕이 이러한 상을 보고서 지방을 살피고 백성을 관찰하여 가르침을 베푼다[先王以省方觀民設敎].”라 했고, 『논어』「학이(學而)」에, “나는 매일 세 차례 자신을 살핀다.”

고 했다. 9) **既廩稱事**: 왕숙의 주에, "관에서 지급하는 식량의 많고 적음(寡, 사고본에는 '福'이라 되어있으나 잘못이다)은 그 일에 맞게 한다."고 했다. 백공(百工)에게 봉록을 지급할 때는 그들의 근무성적에 맞게 준다는 뜻이다. 기름(既廩)은 희름(餼廩)과 같다. 일상생활에 필요한 자료, 봉급이다. 『관자(管子)』「문(問)」에, "사사(死事)의 적음으로 그 희름(餼廩)이 어떠한지를 물었다."고 했고, 윤지장(尹知章)의 주에, "희(餼)는 생식(生食), 름(廩)는 미속(米粟)의 종류"라고 했다. '기름(既廩)'이 사고본과 동문본에는 '희름(餼廩)'으로 되어 있다. 10) **嘉善而矜不能**: 착한 행동을 장려하고 능력이 낮은 사람을 동정한다. 긍(矜)은 불쌍히 여김. 동정(同情)하다. 11) **수(綏)**: 편안하다. 안무(安撫)하다. 『시』「소아(小雅)·원앙(鴛鴦)」에, "복록으로 편안히 하다[福祿綏之]." 라고 하였는데, '수(綏)' 자는 옛날 서신(書信)의 끝에 평안을 기원하는 좋은 말이다. 예컨대 대수(台綏), 근수(近綏)라고 쓰는 것이 그것이다. 12) **繼絕世, 擧廢邦**: 계(繼)는 계승하다, 잇게 하다. 절세(絕世)는 이미 봉록이 중단된 가족의 세계(世系). 거(擧)는 임용(任用), 부흥(復興)이다. 폐방(廢邦)은 이미 멸망된 방국(邦國)이다. 고례(古禮)에 천자는 국(國)을 멸하지 않고 제후는 성(姓)을 멸하지 않으며 그 후예로 하여금 계승하게 하고 제사를 잇도록 하였다. 『논어』「요왈(堯曰)」에도 공자의 "없어진 나라를 일으키고 끊어진 세대를 이어주고 숨은 사람을 들어 쓰니 천하 백성의 마음이 주나라로 돌아갔다[興滅國, 繼絕世, 擧逸民, 天下之民歸心焉]."고 한 말을 싣고 있다. 13) **治亂持危**: 반란을 평정하고 위태로운 것을 잡아주다. 지(持)는 부지(扶持)하다. 구해주다. 14) **朝聘以時**: 때에 따라 조빙(朝聘)하다. 『예기』「왕제(王制)」에, "제후들은 천자에게, 매년 한 차례 소빙(小聘), 삼년에 한 차례 대빙(大聘), 오년에 한차례 조(朝)한다."고 했다. 고대에 제후들이 직접 천자를 조견(朝見)하는 것을 '조(朝)'라고 하였고, 대부들을 파견하는 것을 '빙(聘)'이라 하였다. 춘추시대에는 제후국들 간에 사신을 방문하게 하는 것을 마찬가지로 '빙'이라고 했다. 15) **厚往而薄來**: 제후들에게 내려주는 예물을 풍부하게, 제후들에게서 받는 공부(貢賦)는 적게 받는 것을 뜻한다. 16) **豫**: '예(預)'와 같다. 일이 있기 전에 미리 준비하는 것. 『순자(荀子)』「대략(大略)」에, "근심이 있기 전에 걱정하는 것을 예(豫)라 한다. 그렇게 한다면 화(禍)가 발생하지 않는다."고 했다. 17) **廢**: 실패하다. 18) **겁(跲)**: 막히다. 장애가 있다. 『예기』「중용(中庸)」에, "말을 미리 정하면 막히지 않는다."고 했고, 공영달(孔穎達)의 소(疏)에, "말을 하기 전에 미리 생각을 정한 후 하면 말이 유행하게 되고 넘어지거나 엎어지지 않는다."고 했다. 질(躓)은 걸려 넘어지다. 궐(蹶)은 넘어지다, 엎어지다. 19) **구(疚)**: 우려(憂慮), 실수로 내심 불안하다. 『시』「소아(小雅)·채미(采薇)」에, "마음에 근심하기를 심히 병들게 하지만[憂心孔疚]."이라 했고, 『논어』「안연(顔淵)」에, "안으로 반성하여 병 되는 것이 없으면 무엇을 근심하고 무엇을 두려워하겠느냐(內省不疚, 夫何憂何懼)?"라고 하였다. 동문본에는 '疾'로 되어 있다. 20) 窮: 곤궁하여 통하지 않다. 곤궁하다, 난처하다. 『논어』「위영공(衛靈公」에, "군자도 역시 궁함이 있습니까(君子亦有窮乎)?"라고 하였다. 21) 不獲於上: 상급자의 믿음을 얻을 수 없다. 22) 弗: 불(不). 23) 誠: 진실(真實), 진성(真誠). 24) 至: 사고본과 동문본에는 없다. 25) 誠之: 성(誠)의 요구에 따라 함. 성(誠)을 실현함. 26) 中: 맞다. 부합(符合)하다. 27) 體: 품성(稟性), 심성(心性). 사고본과 동문본에는 '정체(定體)라고 하였다. 28) 固執: 굳게 지니고 게으르지 아니하다.

17-4

애공이 말하였다. "그대의 과인에 대한 가르침은 모두 구비되었습니다. 감히 여쭙건대 그 시작은 어디서부터 해야 합니까?" 공자가 말하였다. "인애(仁愛)하는 관념을 세우는 데는 자신의 친인(親人)을 친애하는 것으로부터 시작해야 합니다. 이는 백성을 화목하게 가르치기 위함입니다. 경애하는 관념을 세우는 데는 어른을 공경하는 데서부터 시작해야 합니다. 이는 백성을 순종하도록 가르치기 위함입니다. 자애와 화목으로 가르치면 백성들은 친인(親人)을 효성있게 부양함을 귀하게 여길 것이며, 다른 사람을 공경하도록 가르치면 백성들은 명령에 따르는 것을 즐겁게 여길 것입니다. 백성들이 이미 부모에게 효도하고 또 명령에 따르는 것을 즐겁게 여긴다면 이러한 교화방법을 확대하여 천하를 다스린다 할지라도 이루지 못할 일이 없을 것입니다." 애공이 말하였다. "과인은 이미 이들 가르침을 들었으나 실천하지 못하고 죄나 허물만 얻을까 두렵습니다."

原文

公曰: "子之教寡人備[1]矣, 敢問行之所始." 孔子曰: "立愛自親始[2], 教民睦也; 立敬自長始[3], 教民順也; 教之慈睦, 而民貴有親; 教以敬, 而民貴用命. 民旣孝於親, 又順以聽命, 措[4]諸天下, 無所不可." 公曰: "寡人旣得聞此言也, 懼不能果[5]行而獲罪咎."

▎注釋

1) 備: 완비(完備)하다, 상비(詳備)하다. 『시』「주송(周頌) · 유고(有瞽)」에, "갖추어 연주하다[卽備乃奏]."고 했다. 2) 立愛自親始: 인애(仁愛)의 관념을 세우는 것은 '親親'으로부터 시작된다. 3) 立敬自長始: 경애(敬愛)의 관념을 세우는 것은 '尊賢'으로부터 시작된다. 4) 措: 두다. 여기서는 치리(治理)의 뜻이다. 『논어』「자로(子路)」에, "형벌이 맞지 아니하면 백성이 손과 발을 둘 바가 없게 된다(刑罰不中則民無所措手足)."고 했다. 5) 果: 일을 이루다. 이러한 뜻을 말할 때에는 때때로 '不果', '未果'처럼 부정사와 함께 쓰인다.

17-5

재아(宰我)가 공자에게 여쭈었다. "저는 귀(鬼)와 신(神)의 이름만 들었지 오히려 무엇을 말하는지 모릅니다. 감히 여쭙습니다." 공자가 말하였다. "사람이 태어나면 곧 기(氣)와 백(魄)이 있다. 기는 사람에게 충만한 것이 밖으로 드러나는 표현형식이고, 백(魄)은 귀(鬼)에게 충만한 것이 밖으로 드러나는 표현형식이다. 무릇 사람은 태어남이 있으면 반드시 죽음도 있게 마련이다. 죽은 후에는 반드시 땅으로 돌아가게 마련인데 이를 일러 귀(鬼)라 하며, 혼기(魂氣)는 하늘로 돌아가게 되는데 이를 일러 신(神)이라 한다. 귀와 신을 합해서 제사 지내는 것은 교화의 극치이다. 뼈와 살은 땅 속에서 썩어 들의 흙으로 변하지만 그 기는 위로 발양(發揚)하는 것이니 이것이 신(神)으로 나타나는 것이다. 성인께서는 만물의 정기에 의거하여 지고무상의 명칭을 제정하고 분명하게 이를 귀신(鬼神)이라 칭하여 백성들이 믿고 받드는 준칙으로 삼았다. 그것으로도 부족하다 여겨 궁실을 짓고 먼 조상과 가까운 조상의 종묘를 건립하여 봄과 가을 두 차례 제사를 올리면서 원근(遠近), 친소(親疏)의 관계를 구별함으로써 백성들에게 원고(遠古)를 추억하고, 시작을 생각하도록 가르쳐 자신이 어디에서 왔는지를 감히 잊지 않도록 하였다. 백성들의 복종은 바로 이 근본에 대한 인식에서 시작될 뿐만 아니라 신속하게 가르치는 명(命)을 따르게 하였다. 기(氣)와 백(魄)의 도리로써 민중을 가르치고, 기와 백을 받들어 귀와 신 두 명칭으로 하는 방법이 확정된 이후 또 이에 상응하는 두 가지 예절을 제정하여 기와 백에 제사를 지내 보답하였다. 새벽 종묘에 제사 올리는 일을 제정하고 소나 양의 희생물의 창자 기름을 태워 흠향하도록 하여 제사를 지내 기(氣) 즉 신(神)에 보답하였다. 그리고 난 후 음식을 바치는 예를 거행하여 서(黍)와 직(稷)을 올리고, 폐(肺)와 간(肝)을 바치고 다시 향주(香酒)를 바침으로써 제사를 지내 백(魄) 즉 귀(鬼)에게 보답하였다. 이렇게 하는 것은 백성들이 근본을 배양하고 본원(本源)으로 다시 돌아가도록 하며, 인애를 숭상하고 상하가 모두 서로 친애하도록 가르치기 위함으로써 이렇게 함으로써 예 또한 지극함에 도달한다. 군자는 원고(遠古)를 추억하고, 시작을 생각하도록 가르쳐 자신의 생명이 어디에서 유래하였는지를 잊지 않기 때문에 조상에게 경의를 표하고, 그 감정을 펴고 있는 힘을 다하여 일을 하고 감히 온 몸과 마음을 다하지 않을 수 없는 것을 큰 교화(敎化)라고 이른다. 옛날 주나라 문왕(文王)이 제사를 지낼 때에 부모의 신령을 받들어 모시기를 마치 살아 있는 부모를 받들어 섬기는 듯 하였고 죽은 사람을 생각할 때는 살고자 하지 않는 듯 애통해 하였다. 부모의 기일(忌日)에는 반드시 슬퍼하였고 부모의 이름을 부르면 마치 부모를 뵙듯 하여 제사 때의 표현이 충경(忠敬)이라 부를 만 하였다. 제사 때 간절하게 돌아가신 부모를 생각하는 것이 마치 부모가 좋아하던 습관을 보는 듯 하였다. 제사에서 부모의 얼굴 모습을 보고자 한 사람은 오직 문왕이었을 것이다. 『시』에 이르기를 '밤이 새도록 잠을 이루지 못하며 두 분 부모를 생각하노라'고 하였으니 이는 문왕을 두고 한 것이 아니겠느냐? 제사를 지낸 다음 날은 밤이 새도록 잠을 자지 않고 부모를 생각하여 제사를 지낼 때 부모의 신령을 모셔와 공경하게 제수를 바치고 제사 후에는 또 생각하기를 그치지 않았다. 제사를 지내는 날에는 즐거움과 슬픔이 반반인데, 돌아가신 부모에게 제사를 흠향하게 하는 것이 자연히 즐거운 것이지만, 돌아가신 부모의 신령이 왔다가 다시 떠날 것이기에 제사를 모두 마친 후 다시 슬픔에 빠지는 것이다. 이것이 효자의 정(情)으로서 문왕이 능히 이를 해내었던 것이다."

原文

宰我問於孔子曰: "吾聞鬼神之名, 而不知所謂, 敢問焉." 孔子曰: "人生有氣有魄[1], 氣者, 神之盛也[2]; 魄者, 鬼之盛也[3]. 夫[4]生必死, 死必歸土, 此謂鬼, 魂氣歸天, 此謂神, 合鬼與神而享之, 教之至也[5]. 骨肉弊[6]於下, 化爲野土, 其氣發揚於上者, 此神之著也[7]. 聖人因物之精, 制爲之極[8], 明命鬼神, 以爲民之則[9], 而猶以是爲未足也, 故築爲宮室, 設爲宗祧[10], 春秋祭祀, 以別親疏, 教民反古復始, 不敢忘其所由生也. 衆人服自此, 聽且速焉[11], 教以二端[12], 二端旣立, 報以二禮[13]: 建設朝事[14], 燔燎羶薌[15], 所以報氣也; 薦[16]黍稷, 羞[17]肺肝, 可以郁鬯[18], 所以報魄也. 此教民修本, 反始、崇愛, 上下用情, 禮之至也[19]. 君子反古復始, 不忘其所由生, 是以致其敬, 發其情, 竭力從事, 不敢不自盡[20]也. 此之謂大教. 昔者, 文王之祭也, 事死如事生, 思死而不欲生, 忌日[21]則必哀, 稱諱[22]則如見親, 祀之忠也. 思之深, 如見親之所愛. 祭欲見親之[23]顏色者, 其唯文王與! 『詩』云: '明發不寐, 有懷二人[24],' 則文王之謂與! 祭之明日, 明發不寐, 有懷二人, 敬而致之, 又從而思之. 祭之日, 樂與哀半, 饗之必樂, 已至必哀[25], 孝子之情也, 文王爲能得之矣."

注釋

1) 魄: 원래는 '魂'으로 되어 있었으나 사고본과 동문본, 『예기』에 근거하여 고쳤다. 2) 氣者, 神之盛也: 왕숙의 주에, "정기(精氣)는 인신(人神)의 성(盛)함이다."고 했다. '神'이 원래는 '人'으로 되어 있었으나 사고본과 동문본에 근거하여 고쳤다. 3) 魄者, 鬼之盛也: 원래는 이 여섯 글자가 없었으나 『예기』에 근거하여 보완하였다. 4) 夫:

사고본과 동문본에는 '衆'으로 되어 있다. 5) **合鬼與神而享之, 教之至也**: 왕숙의 주에, "신(神)과 귀(鬼)를 합하여 이를 섬기는 것은 효도의 지극함이다. 효는 교화에서 비롯되는 것이다."고 했다. 향(享)은 제사를 바치다.『시』「소아(小雅)·초자(楚茨)」에, "이것을 바치며 제사하여[以享以祀]."라고 하였다. 6) **폐(弊)**: 넘어지다, 나쁘다. 사고본에는 '폐(斃)'라고 되어 있다. 7) **其氣發揚於上者, 此神之著也**: '저(著)는 분명하다, 드러나다. 사고본과 동문본에는 '發', '者' 두 글자가 없다. 8) **制爲之極**: 왕숙의 주에, "극(極)은 중(中)이다. 중법(中法)을 만들다."고 했다. 極은 표준, 준칙.『서』「홍범(洪範)」에, "임금이 극(極)이 된다."라고 했다. 9) **明命鬼神, 以爲民之則**: 왕숙의 주에, "명명(明命)은 '이름을 받들다[尊名]'와 같다. 백성으로 하여금 그들의 조상을 섬기도록 하였다."고 했다. 10) **宗祧**: 왕숙의 주에, "종(宗)은 종묘(宗廟)이고, 조(祧)는 원조(遠祖)의 묘(廟)이다. 천자에게는 특별히 두 조(祧)가 있고, 제후들은 시조를 조(祧)라고 하였다."고 했다.『예기』「제법(祭法)」에, "원조(遠祖)의 묘(廟)을 조(祧)라 한다."고 했고, 손희단(孫希旦)의 집해(集解)에, "대체로 고조(高祖)의 부(父)나 고조의 조(祖)의 묘(廟)를 이른다. 원조(遠祖)라는 것은 그 대수(代數)가 멀어 장차 천위(遷位)하는 것을 말한다."고 했다. 11) **衆人服自此, 聽且速焉**: 聽은 왕숙의 주에, "청(聽)은 '교령(教令)을 신중히 함을 이른다."고 했다. 순종하다, 따르다. 사고본과 동문본에는 '衆人'을 '衆之'라고 하였고, '聽' 자 앞에 '故' 자가 있었다. 12) **二端**: 왕숙의 주에, "이단(二端)은 기(氣)와 백(魄)이다."고 했다. 13) **二禮**: 왕숙의 주에, "이례(二禮)는 서(黍)와 직(稷)을 바치는 것이다."고 했다. 14) **建設朝事**: 왕숙의 주에, "날고기[腥]를 올리는 때이다."고 했다. 새벽 종묘에 제사를 올리는 일을 가리킨다. 15) **번료전향(燔燎羶薌)**: 왕숙의 주에, "쑥을 태워 제사에 쓸 기름을 취하여 양이나 소의 기름에 탄 것을 이른다."고 했다. 전(羶)은 전(膻)의 다른 글씨이다. 전(膻)은 양(羊) 뱃속의 기름[脂膏]이다. 손희단(孫希旦)『예기집해(禮記集解)』에, "전향(膻薌)은 소나 양의 창자 기름이다. 양의 기름을 전(膻), 소의 기름을 향(薌)이라 이른다."고 했다. 16) **천(薦)**: 바치다, 올리다.『논어』「향당(鄕黨)」에, "임금이 날고기를 주시면 반드시 익혀서 올리시고[君賜腥, 必熟而薦之]."라고 했다. 하안(何晏)의 집해(集解)에, "그 선조(先祖)에게 올리다."고 했다. 17) **수(羞)**: 원래는 명사로써 맛있는 음식을 가리킨다. 여기서는 동사로 사용되어 음식을 바친다로 쓰였다.『주례(周禮)』「천관(天官)·포인(庖人)」에, "왕의 찬거리를 제공하는 것은 맛있는 음식을 바치는 것이다."라 했고, 정현(鄭玄)의 주에, "물품을 갖추는 것을 천(薦), 매우 맛있는 음식을 수(羞)라 한다."고 했다. 사고본과 동문본에는 '修'라 하였는데, 여기서는『예기』에 근거하였다. 18) **所以報氣也; 薦黍稷, 羞肺肝, 加以鬱鬯**: 원래는 이 열 다섯 글자가 없었으나 사고본과 동문본,『예기』에 근거하여 더하였다. 욱창(鬱鬯)은 왕숙의 주에, "욱(鬱)은 향초(香草), 창(鬯)은 술통[준(樽)]이다."고 했다. 욱창(鬱鬯)은 즉 향초를 이용해 담근 술로 제사에 강신(降神)할 때 사용한다. 19) **此教民修本、反始、崇愛, 上下用情, 禮之至也**: 왕숙의 주에, "백성은 그들의 태생을 잊지 않은 후에 서로 친애한다. 상하는 존비(尊卑)를 이르고, 용정(用情)이란 친한 것을 이른다."고 했다. 20) **自盡**: 힘을 다하여 함을 자각한다. 21) **忌日**: 부모가 돌아가신 날을 가리킨다. 이 날이 되면 음주와 가악(歌樂)을 금한다. 22) **휘(諱)**: 선왕(先王)이나 선조(先祖) 혹 부모의 이름. 『예기』「왕제(王制)」에, 휘오(諱惡)를 받든다"라 했고, 정현의 주에, "휘(諱)는 선왕(先王)의 이름이다."고 했다. 『곡례(曲禮)상』에, "남의 집 문에 들어가면 그 집안의 휘(諱)를 묻는다"라 했고 공소(孔疏)에, "휘(諱)는 주인의 돌아가신 조부와 부친의 이름이다."고 했다. 23) **之**: 원래는 없었는데, 사고본과 동문본에 근거하여 보왕하였다. 24) **明發不寐, 有懷二人**: 이 말은 『시』「소아(小雅)·소완(小宛)」에 나온다. 왕숙의 주에, "이 시를 이용하여 문왕(文王)에 비유하였다. 두 사람이란 부모를 이른다."고 했다. 명발(明發)은 하늘이 밝아오며 새벽빛이 드러나는 것을 말한다. 유회(有懷)는 '우회(又懷)'와 같다. 또 생각난다. 25) **已至必哀**: 왕숙의 주에, "이지(已至)는 제사를 지내는 일이 모두 끝났음을 이르고, 부모님께서 제대로 흠향하였는지 모르기 때문에 슬픈 것이다."

공자가어통해

권 5

18 안회顔回

序說

이 편의 기술(記述)은 모두 안회(顔回)와 관계가 있다. 그 중에는 안회의 사적(事迹)과 안회의 언론 및 안회와 공자 그리고 공자의 제자, 노나라 대부 등과의 문답 등이 포함되어 있다. 때문에 '안회'를 편명으로 한 것이다.

이 편은 모두 12개의 절(節)을 내용으로 하고 있는데, 각 절이 연관되어 있지는 않지만 모두 다른 방면에서 안회의 사람됨과 사상적 주장을 반영하고 있다. 첫째, 안회의 총민(聰敏)함은 다른 사람을 뛰어 넘는다. 이것으로 저것을 유추하여 어떤 사정들의 결과를 미리 알 수 있었다. 이 때문에 그의 총명함과 지혜는 모두 공자의 칭찬을 받았다. 둘째, 안회는 공자에게 각 방면의 문제들에 대하여 질문하였다. 이 방면의 문제내용이 비교적 간단하지만 차지하는 비율은 적지 않았다. 예컨대 완미한 인격은 당연히 어떠한 덕행을 구비해야 하는가, 장문중(臧文仲)과 장무중(臧武仲)은 서로 비교하여 누가 더 현명한가, 군자는 당연히 어떠한 품격을 갖추어야 하는가, 어떤 행위가 소인(小人)이 하는 짓인가, 군자와 유사한 소인의 말을 어떻게 구분하는가, 친구 간에는 어떻게 대하여야 하는가 등등이 그것이다. 셋째, 안회의 논설 혹은 안회와 다른 사람과의 토론 문제는 그 내용이 모두 사람들의 처세와 관련이 있는 것들이다.

다른 전적(典籍)의 기재 중에 안회는 수양을 중시하고, 인애성신(仁愛誠

信)하고, 허심호학(虛心好學)하며, 덕행이 출중하여 공자나 동문 제자들을 막론하고 그들은 안회의 원대한 지향(志向)과 뛰어난 덕행에 대하여 입을 모아 칭찬하였다. 『공자가어』에 실려 있는 내용 가운데 안회는 당연히 마찬가지로 공자의 제자들 가운데 덕과 재주를 겸비하고 깊이 존중 받는 핵심인물이었다. 예컨대 「육본(六本)」, 「재액(在厄)」, 「제자행(弟子行)」 등 편에는 모두 유사한 내용이 실려 있다. 여러 제자 중에 안회는 가장 공자의 사랑과 신뢰를 받았고, 그의 인덕(仁德) 역시 동문의 많은 사람들에게 영향을 줌으로써 공자 문하의 제자들로 하여금 더욱 긴밀하게 단결토록 하였음으로 공자는 "나에게 안회가 있어 문인들이 더욱 친했다."고 말하였다. 안회가 공자의 사랑을 받은 것은 특히 그의 인애성신(仁愛誠信)에 있었다. 공자가 말하기를, "나는 안회가 인(仁)하다고 믿은 지 오래다[吾信回之爲仁久矣].", "내가 안회를 믿어온 것은 다만 오늘 뿐만이 아니다[吾之信回也, 非待今日也].", "안회의 미더움은 나보다 낫다[回之信, 賢於某]."라고 하였는데, 이러한 언급과 「안회」편의 기재는 모두 서로 호응하는 것들이었다.

우리는 이 편과 『공자가어』의 각 편의 내용을 연계하여 안회의 정치적 포부와 이상적 신념을 볼 수 있다. 「치사(致思)」편에 있는 공자와 공자 제자들의 '농산(農山)에서 뜻을 말하다'는 내용이 있어서 안회가 지향한 것이 덕교풍행(德教風行), 군신동심(君臣同心), 상하협조(上下協調), 가인(家人)이 만족해하는 안정과 화해(和諧)의 사회였고, 이러한 사회 가운데 사람마다 인의(仁義)를 이야기하고, 모든 이가 규구(規矩)를 말하며, 구방성곽(溝防城郭)이 없고 나아가 전쟁의 걱정이 없는 것이었음을 알 수 있다. 안회의 이상이 당시에는 자연히 실현하기 어려운 것이었지만 그는 여전히 노력하여 쟁취하기를 희망하였고, 실현하기 어렵다는 이유로 세상의 흐름을 그대로 따르지는 않았으며 더욱 무도(無道)한 세상에 물들지 않았다. 이 점에서는 공자와 안회가 완전히 일치하였다.

『한비자(韓非子)』「현학(顯學)」의 내용에 보면 공자가 죽은 후 "유(儒)가 여덟로 나뉘었다."고 했는데, 그 중에 '안씨지유(颜氏之儒)'가 있었다. 어떤 학자는 유가(儒家) 팔씨(八氏)는 공자 이후 공문(孔門) 후학들이 정통을 다투는 싸움 중에 앞서거니 뒤서거니 출현하면서 진실로 공자를 계승한다고 자처 하였던 강력한 8대(大) 가(家)라고 여겼다. 공자의 문하 중에 안(顏)을 성으로 하는 제자 8명을 확인할 수 있는데, '안씨지유(顏氏之儒)' 중에서 '안씨'가 누구를 가리키는가? 어떤 사람은 반드시 안회를 가리키는 것은 아니라고 여겼다. 실제로 '안씨지유'가 공자 문하 후학들의 정통적 지위를 다투는 과정에서의 산물이라고 한다면 그들은 반드시 스승으로 받들던 사람이 공자에게 학습하며 공헌한 바를 강조하였을 것이다. 공문(孔門) 4과(科) 중 안회는 '덕행'과(科)의 제일 앞에 배열되었는데 그는 도덕으로 이름이 난 사람이었다. 따라서 그의 학설은 당연히 인의도덕(仁義道德)이라는 주제와 멀리 떨어질 수 없었다. 공자가 안회를 크게 칭찬한 것도 주로 그의 고결한 덕행이었는데, 이 편을 통하여 우리들은 이 점을 더욱 잘 인식할 수 있다. 우리들은 '안씨지유'가 추존한 사람이 안회 말고 다른 사람일 가능성은 없다고 생각한다.

듣건대, 계속하여 공포(公布)되는 『상해박물관전국초죽서(上海博物館戰國楚竹書)』중에는 「안연(顏淵)」1편이 있다. 어떤 학자는 심지어 말하기를 상해박물관의 죽간에는 "안회의 학문이 다시 세상에 알려질 수 있다."고 하였다. 안회의 학문에 대한 연구에 「안회」편은 우리들에게 일정한 학술 정보를 줄 수 있을 것이다. 이 편에 대한 진지한 연구를 진행한다면 반드시 상해박물관 죽간의 「안연」편에 대한 연구에 도움이 될 것이고 '안자지학(顏子之學)' 혹은 '안씨지유'에 대한 인식에 도움이 될 것이다.(楊朝明, 「『孔子家語』「颜回」篇與"颜氏之儒"」, 『山東師大學報』2002年, "齊魯文化研究專刊": 收入楊朝明, 『儒家文獻與早期儒學研究』, 齊魯書社, 2002年版. 참조)

18-1

노나라 정공(定公)이 안회(顔回)에게 물었다. "그대 또한 동야필(東野畢)이 말을 잘 몬다는 말을 들었는가?" 안회가 대답하였다. "잘 몰기는 합니다. 그렇지만 그 말은 장차 틀림없이 달아나 버리고 말 것입니다." 정공은 불쾌한 표정을 지으며 좌우에 있던 사람들에게 말하였다. "군자도 사람을 모함하는군." 안회가 물러갔다.

3일 후 말 키우는 것을 관장하는 관리가 정공에게 와서 보고하였다. "동야필의 말이 달아났는데 양쪽 끝에 있는 말 두 필은 도망가고, 가운데 말 두 필만이 마굿간으로 돌아왔다고 합니다." 정공은 이 말을 듣고 자리를 뛰어 넘어 일어나서 급히 수레를 보내 안회를 불러 오도록 하였다. 안회가 이르자 정공이 물었다. "지난 날 내가 그대에게 동야필의 말 모는 것을 물었을 때 그대는 잘 몰기는 하지만 그 말은 틀림없이 달아나 버릴 것이라고 대답했는데, 무엇에 근거하여 그것을 미리 알았는지 모르겠소." 안회가 대답하였다. "나는 위정(爲政)의 도리에 근거하여 이를 알았습니다. 옛날 순임금[帝舜]은 백성 부리기를 잘하고, 조보(造父)는 말 부리기를 잘했습니다. 순은 그 백성들의 힘을 궁한데 까지 몰고 가지는 않았으며, 조보는 그 말의 힘을 궁함에 이르도록 하지는 않았습니다. 때문에 순에게는 도망가는 백성이 없었으며, 조보에게는 달아나는 말이 없었습니다. 지금 동야필의 말 모는 법을 보니 말 위에 올라 고삐를 잡고 재갈을 물리는 것은 정확하고, 말이 걷고 뛰고 달리게 하는 것은 이치에 맞게 하지만, 험한 곳을 지나 먼 길을 달리게 하여 말의 힘이 이미 다하였는데도 그는 여전히 말에게 그침 없이 달리게만 요구하고 있었습니다. 저는 이런 사정에 근거하여 알게 된 것입니다."

정공이 말하였다. "훌륭하오! 진실로 그대의 말과 같습니다. 그대의 말은 의의가 매우 크니 조금만 더 말씀해 주시기를 원하오." 안회가 말하였다. "제가 듣기로 새가 궁하면 사람을 쪼아대고, 짐승이 궁하면 사람을 습격하며, 사람이 궁하면 거짓말을 하게 되고, 말이 궁하면 달아난다고 하였습니다. 옛날부터 오늘에 이르기까지 그 아랫사람을 궁하게 하면서 위험에 처해지지 않는 자는 없는 법입니다." 정공은 기뻐하며 이 일을 공자에게 고하였다. 공자가 대답하였다. "무릇 안회가 훌륭하다 여김을 받는 것은 바로 이러한 일 때문입니다. 이 일은 찬미할 만하지 않겠습니까?"

原文

魯定公問於顔回[1)]曰: "子亦聞東野畢[2)]之善禦乎?" 對曰: "善則善矣. 雖然[3)], 其馬將必佚[4)]." 定公色不悅, 謂左右曰: "君子固有誣人也." 顔回退.

後三日, 牧[5)]來訴之曰: "東野畢之馬佚, 兩驂曳 兩服入於廐[6)]." 公聞之, 越席而起, 促駕召顔回. 回至, 公曰: "前日寡人[7)]問吾子8)以東野畢之禦, 而子曰善則善矣, 其馬將佚, 不識吾子奚以知之?" 顔回對曰: "以政知之. 昔者, 帝舜[9)]巧於使民, 造父[10)]巧於使馬. 舜不窮其民力, 造父不窮其馬力, 是以舜無佚民, 造父無佚馬. 今東野畢之禦也, 升馬執轡, 禦體正矣[11)]; 步驟馳騁, 朝禮畢矣[12)]; 歷險致遠, 馬力盡矣, 然而猶乃求馬不已. 臣以此知之."

公曰: "善! 誠若吾子之言也, 吾子之言, 其義大矣, 願少進[13)]乎." 顔回曰: "臣聞之鳥窮則啄, 獸窮則攫[14)], 人窮則詐, 馬窮則佚, 自古及今, 未有窮其下而能無危者也." 公悅, 遂以告孔子. 孔子對曰: "夫其所以爲顔回者, 此之類也, 豈足多[15)]哉."

注釋

1) **魯定公問於顔回**: 정공(定公)시기에 공자는 노나라 사구(司寇)에 임명된 적이 있다. 이 기록은 『순자』「정공(哀公)」, 『한시외전(韓詩外傳)』권2, 『신서(新序)』「잡사(雜事)5」에도 보인다. 2) **東野畢**: 춘추시대 사람. 성은 동야(東野), 이름이 필(畢)이다. 3) **雖然**: 비록 이와 같더라도. 수(雖)는 비록, 연(然)은 이와 같다. 4) **佚**: '일(逸)'과 같다. 달아나다. 숨다. 5) **牧**: 말 키우는 것을 관장하는 관리. 6) **兩驂曳, 兩服入於廐**: 양참

(兩驂), 양복(兩服)은 고대에는 수레 하나를 네 마리 말이 끌었는데, 그 중 가운데 두 마리를 양복이라 하고, 양쪽 끝 두 마리를 양참이라 불렀다. 예(曳)는 뛰어넘다, 초과하다. 여기서는 '도망하다'를 가리킨다. 구(廐)는 마굿간. 7) **寡人**: 고대 제후들이 아랫사람에게 대할 때의 자칭. 『맹자』「양혜왕(梁惠王)상」주희(朱熹)의 주에, "과인(寡人)은 제후의 자칭으로 덕이 적은 사람이라는 말이다."고 했다. 8) **吾子**: 다른 사람에 대한 비교적 친절한 칭호. 『의례(儀禮)』「사관례(士冠禮)」정현(鄭玄)의 주에, "오자(吾子)는 상친지사(相親之辭)."라고 했다. 9) **帝舜**: 전설 중의 부계씨족사회 후기의 부락 연맹의 영수(領袖)이다. 성은 요(姚), 이름은 중화(重華), 유우씨(有虞氏)이고 우순(虞舜)이라고도 칭한다. 후세 사람들은 그를 오제(五帝)의 하나로 배열하여 제순(帝舜)이라고도 칭한다. 10) **造父**: 인명(人名)으로 고대의 말을 잘 몰았던 사람인데, 주 목왕(周穆王)의 총애를 받아 조성(趙城)에 봉해졌고, 후에 조(趙)를 씨로 삼았다. 보(父)는 고대 남자에 대한 미칭(美稱)이다. 11) **升馬執轡, 銜體正矣**: 비(轡)는 희생(犧牲)의 입을 묶어 끄는 고삐. 함(銜)은 고대 말을 제어하는 철이나 청동으로 만든 재갈로서 마작자(馬嚼子)라고도 칭한다. 체(體)는 물질이 존재하는 상태. 12) **步驟馳騁, 朝禮畢矣**: 보취(步驟)에서 보(步)는 천천히 가는 것, 취(驟)는 빨리 가는 것을 가리킨다. 치빙(馳騁)은 말을 빨리 몰아 가는 것. 조례(朝禮)는 조리(調理)이다. 왕숙의 주에, "말을 걷게 하고, 빨리 가게 하고, 달리게 하는 것은 예(禮)를 다하는 의(儀)이다."고 했는데 잘못이 있다. 13) **進**: 바치다, 올리다. 여기서는 '이야기하다'의 의미이다. 14) 확(攫): 탈취(奪取)하다. 15) **多**: 받들어 존중하다. 찬미하다.

18-2

공자가 위(衛)나라에 있을 때였다. 아직 날이 어둑한 새벽에 일어났을 때 안회가 곁에 모시고 있었고, 우는 사람의 소리를 들었는데 그 소리가 매우 애처로웠다. 공자가 말하였다. "안회야, 너는 이 울음소리가 무엇 때문에 저렇게 슬픈지 아느냐?" 안회가 대답했다. "저는 이 울음소리가 단지 사람이 죽어 우는 것만이 아니라 생이별까지 해서 우는 소리라고 생각합니다." 공자가 말하였다. "어찌 그런 줄 아느냐?" 안회가 대답하였다. "제가 들건대, 환산(桓山)의 새가 새끼 네 마리를 낳았는데 이윽고 날개가 다 자라자 사방을 향해 흩어져 날아가려 하더랍니다. 이에 어미새는 슬프게 울며 네 마리 새끼를 보내 주었는데 그 슬픈 소리가 이와 같았다는 것입니다. 이는 이제 헤어지면 다시는 만나지 못할 것임을 말한 것입니다. 저는 이로써 그 울음소리가 비슷하여 알게 된 것입니다." 공자가 사람을 시켜 그 우는 자에게 물어보도록 하였더니 과연 대답하기를, "이제 아비가 죽었는데 집이 가난하여 자식을 팔아서 장사를 치르게 되었습니다. 아들과도 길이 이별하게 된 것이랍니다."고 하였다. 공자가 말하였다. "안회는 소리를 잘 식별하는구나."

原文

孔子在衛, 昧旦晨興[1)], 顔回侍側, 聞哭者之聲甚哀. 子曰: "回, 汝知此何所哭乎?" 對曰: "回以此哭聲, 非但爲死者而已, 又有生離別者也." 子曰: "何以知之?" 對曰: "回聞桓山之鳥, 生四子焉, 羽翼旣成, 將分於四海, 其母悲鳴而送之, 哀聲有似於此, 謂其往而不返也. 回竊以音類[2)]知之." 孔子使人問哭者, 果曰: "父死家貧, 賣子以葬, 與之長決[3)]." 子曰: "回也, 善於識音矣."

注釋

1) **昧旦晨興**: 매단(昧旦)은 여명(黎明). 통틀 무렵. 매(昧)는 어둡다. 단(旦)은 밝다. 흥(興)은 일어나다. 이 기록은 『설원(說苑)』「변물(辨物)」에도 보인다. 2) **類**: 비슷하다. 3) **決**: '결(訣)'과 같다. 이별하다.

18-3

안회가 공자에게 물었다. "이미 완전무결한 사람의 덕행은 어떠해야 합니까?" 공자가 말하였다. "사람 본성의 이치에 통달하고, 갖가지 사물의 변화를 잘 알며, 각종 사물이 드러났다 사라졌다 하는 연고를 알고, 풍운이 변화하는 근원을 잘 살핀다. 이렇게 되면 완전무결한 사람이라 칭할 수 있을 것이다. 이미 완전무결한 사람이 되었으면서 다시 인의예악(仁義禮樂)으로 교화를 시행한다면 그것이 완전무결한 사람의 덕행인 것이다. 추측하기 어려운 음양 변화의 본질을 밝혀내는데 이르는 것이야말로 바로 덕행의 정점(頂點)에 도달한 것이다."

原文

顔回問於孔子曰: "成人[1)]之行若何?" 子曰: "達於情性[2)]之理, 通於物類[3)]之變, 知幽明[4)]之故, 睹遊氣之原[5)]. 若此可謂成人矣. 旣能成人, 而又加之以仁義禮樂, 成人之行也. 若乃窮神知禮[6)], 德之盛[7)]也."

注釋

1) **成人**: 완전무결한 사람. 이 기록은 『설원(說苑)』「변물(辨物)」에도 보인다. 2) **情性**: 본성(本性). 3) **物類**: 만물(萬物), 갖가지 물질. 4) **幽明**: 『역(易)』「계사(繫辭)상」왕필(王弼)의 주에, "유명(幽明)은 유형(有形)과 무형(無形)의 상(象)이다."고 했다. 대체로 '유형적과 무형적' 또는 '겉으로 드러나는 것과 드러나지 않는 것의' 사물을 가리킨다. 5) **睹遊氣之原**: 도(睹)는 조사하다. 통찰하다. 유기(遊氣)는 떠도는 운기(雲氣). 6) **若乃窮神知禮**: 약내(若乃)는 '至於'이다. 신(神)는 『역』「계사(繫辭)상」에, "음양불측(陰陽不測)한 것을 신(神)이라 이른다."고 했다. 기이하여 추측하기 어려운 것을 가리킨다. 왕숙(王肅)의 주에, "'예'는 마땅히 '화(化)'가 되어야 한다."라 했다. 7) **盛**: 정점(頂點), 극점(極點).

18-4

안회가 공자에게 물었다. "장문중(臧文仲)과 장무중(臧武仲)을 비교한다면 누가 어진 사람입니까?" 공자가 말하였다. "무중이 더 어진 사람이다." 안회가 말하였다. "무중이 세상 사람들에 의해 성인(聖人)이라 불리지만 자신은 오히려 죄를 면치 못하였으니 이는 그의 지혜가 칭찬 받을 만하지 않다는 것을 말해주고, 그는 병법과 정전(征戰)을 담론하기 좋아하였지만 오히려 주(邾)나라에서 참패하여 예기(銳氣)가 꺾였으니 이는 그의 지혜가 이름에 걸맞지 않다는 것을 말해줍니다. 장문중은 비록 그 몸은 죽었을지언정 그의 말이 불후(不朽)하였으니 어찌 어질지 않은 곳이 있겠습니까?" 공자가 말하였다. "몸은 죽었어도 그가 한 말이 세상에 전해지고 있으니 이것이 바로 장문중이 장문중이 될 수 있는 원인인 것이다. 그러나 그는 어질지 못한 일을 세 가지 한 적이 있고, 지혜롭지 못한 일이 세 가지가 있으니 이것이 장무중에게 미치지 못하는 바이다."

안회가 말하였다. "어떤 일인지 제게 들려주실 수 있습니까?" 공자가 말하였다. "전금(展禽)이 어진 줄 알면서도 낮은 지위에 두었고, 육관(六關)을 설치하여 세금을 징수하였으며, 자신의 첩으로 하여금 부들자리를 짜서 판매하게 하였으니 이것이 세 가지 어질지 못한 일이다. 점복에 사용하는 거북을 위해 호화로운 장소를 마련하고, 순서를 거꾸로 하는 제사를 그대로 두었으며, 국인(國人)으로 하여금 해조(海鳥)를 제사 지내게 하였으니 이것이 세 가지 지혜롭지 못한 일이다. 장무중은 제(齊)나라에 있을 때 제나라에 장차 화란(禍亂)이 일어날 것임을 예감하였기 때문에 제나라가 주는 토지도 받지 않아 그 화를 피했으니, 이는 지혜롭다고 하여도 하기 어려운 일이다. 장무중의 이같은 지혜가 노나라에 의해 받아들여지지 않은 것에는 오히려 그 원인이 있었다. 일을 하면서 순리대로 하지 않았고, 그 시행하는 바가 인애의 도에 맞지 않았다. 『하서(夏書)』에 이르기를, '이것을 생각하였으면 오직 마음을 이곳에 두고, 일을 순리대로 하고 인애의 도에 맞게 하라.'"고 하였다.

原文

顏回問於孔子曰: "臧文仲[1], 武仲[2]孰賢?" 孔子曰: "武仲賢哉!" 顏回曰: "武仲世稱聖人, 而身不免於罪[3], 是智不足稱也; 好言兵討, 而挫銳於邾[4], 是智不足名也. 夫文仲其身雖歿, 而言不朽, 惡有未賢[5]?"

孔子曰: “身殁言立, 所以爲文仲也.然猶有不仁者三, 不智者三, 是則不及武仲也.”

回曰: “可得聞乎?” 孔子曰: “下展禽[6], 置六關[7], 妾織蒲[8], 三不仁; 設虛器[9], 縱逆祀[10], 祠海鳥[11], 三不智. 武仲在齊, 齊將有禍, 不受其田, 以避其難, 是智之難也[12]. 夫臧文仲之智而不容於魯, 抑有由焉, 作而不順, 施而不恕也夫[13].『夏書』曰: ‘念玆在玆, 順事恕施[14].’”

▌注釋

1) 臧文仲: 춘추시대 노나라의 유명한 대부. 장손씨(臧孫氏)이고 이름은 진(辰), 시호를 ‘문(文)’이라 했다. 장공(莊公), 민공(閔公), 희공(僖公), 문공(文公) 사대(四代)의 국군(國君)에게서 벼슬하였는데, 입언(立言으로 세상에 널리 알려졌다. 노나라의 정치와 외교 모두에 대하여 상당히 큰 영향을 미쳤다. 이 기록은『좌전』문공(文公) 2년, 양공(襄公) 23년에도 보인다. 2) 武仲: 장무중(臧武仲)으로 장문중(臧文仲)의 손자이고, 이름은 흘(紇)이다. 노나라 사구(司寇)을 지낸 적이 있고, 봉읍으로 방(防)을 받았다. 일를 잘 처리하고 견문이 넓고 박식한 것으로 유명하여 당시에는 ‘성인(聖人)’이라는 명예가 있었다. 3) 武仲世稱聖人, 而身不免於罪: 왕숙의 주에, “무중(武仲)은 계씨를 위하여 적자(嫡子)를 폐하고 서자(庶子)를 세웠다가 맹씨(孟氏)에게 참소되어 제(齊)나라로 도망했다.”고 했다. 무중은 한 때의 의기(意氣)를 믿고 계무자(季武子)가 장자(長子)를 폐하고 유자(幼子)를 세운 것을 도와 공자 흘(紇)을 계씨의 계승자로 세웠으므로 계손공서(季孫公鉏)에게 죄를 지었다. 그는 평소 무중과 사이가 좋지 않던 맹손씨와 연합하여 무중과 적이 되었다. 노(魯) 양공(襄公) 23년(B.C.550) 에 맹손씨가 무중이 장차 반란을 일으킬 것이라 모함하자 계무자(季武子)가 이를 사실이라고 믿고 장씨(臧氏)에게 공격을 명하여 무중은 먼저 주(邾)나라로 달아났다가 후일 제(齊)나라로 도망하였다. 4) 好言兵討, 而挫銳於邾: 왕숙의 주에, “무중(武仲)이 주(邾)와의 전투에서 패하자, 국인(國人)들이 노래하기를, ‘우리의 소자(小子) 난쟁이 유[侏儒]가 주(邾)나라에게 패하게 만들었네.’라고 하였다.” 노나라 양공(襄公) 4년(B.C.569)에 주(邾), 거(莒)가 연합하여 증(鄫)나라를 침범하자 무중이 군대를 거느리고 주(邾)나라를 공격하여 증나라의 포위를 풀려고 하였는데 생각지도 않게 호태(狐駘: 지금의 등주(滕州) 서남(西南))에서 참패했다. 노나라 군대는 상처를 입거나 죽은 자가 막중하여 상복이 부족할 지경이었다. 이에 국인(國人)들의 원한을 불러 일으켜 도처에 ‘난장이 무중(武仲: 키가 왜소함)이 우리를 주나라에게 패하게 했다’는 노래를

퍼뜨렸다. 5) **而言不朽, 惡有未賢**: 고인(古人)들은 죽어서도 불후할 수 있는 세 종류의 사람이 있다고 여겼다. "가장 위로는 입덕(立德), 그 다음에는 입공(立功), 그 다음이 입언(立言)."(『좌전』양공(襄公) 24년)이라 했다. 왕숙의 주에, "불후의 말을 세웠기 때문에 현(賢)이라 여긴 것이다."고 했다. 6) **下展禽**: 전금(展禽)으로 하여금 낮은 지위에 있게 하였다. 전씨(展氏)이고 이름은 획(獲), 자(字)가 금(禽)이다. 혹 버드나무 아래에 거주하였다고 하고 혹은 유하(柳下)에 식읍을 받았다고 하였다. 죽은 후에 그의 처자가 사적으로 시호를 '혜(惠)'라고 하였다. 사서(史書)에서는 '유하혜(柳下惠)' 혹은 유하계(柳下季)'라고도 칭한다. 왕숙의 주에, "전금(展禽) 유하혜(柳下惠)가 어진줄을 알면서도 낮은 지위에 두어 조정에 세우지 않았다."고 했다. 7) **置六關**: 왕숙의 주에, "육관(六關)은 관(關)의 이름이다. 노나라에는 본래 이 관(關)이 없었는데 문중(文仲)이 이를 설치하고 세금을 받았다. 때문에 세상에서는 불인(不仁)하다고 했다. 『좌전』에, '육관을 폐하였다.'고 한 것은 틀렸다."고 했다. 8) **妾織蒲**: 왕숙의 주에, "포(蒲)는 부들자리이다. 문중(文仲)이 국가를 위한다는 것은 탐리(貪利)에 있음을 말한 것이다."고 했다. 9) **設虛器**: 점치는 거북을 준 호화로운 장소. 왕숙의 주에, "채(蔡)에 있을 때 채에는 천자가 점을 칠 때 사용하는 거북을 지니고 있었는데 문중의 소유가 아니었다. 때문에 허기(虛器)라고 부른 것이다."고 했는데, 그 주(注)가 정확하지 않다. 허(虛)는 처소이고 장소이다. 기(器)는 기구(器具)이다. 여기서는 점복에 사용하는 큰 거북을 가리킨다. 10) **縱逆祀**: 왕숙의 주에, "하보불기(夏父弗忌)가 종인(宗人: 宗은 원래 '宋'이라 잘못되어 있었는데, 사고본 등을 참고하여 고쳤다.)이 되어 희공(僖公)의 위패를 민공(閔公)의 위에 두려하였는데 문중이 그냥 두고 제지하지 않았다."고 하였다. 11) **祠海鳥**: 왕숙의 주에, "해조(海鳥)가 노나라 동문(東門) 위에 날아와 움직이지 않았다. 문중(文仲)은 무지(無知)하여 국인(國人)들로 하여금 제사지내게 하였다. 이는 무지한 것이다."고 했다. 12) **不受其田, 以避其難, 是智之難也**: 왕숙의 주에, "무중(武仲)이 제(齊)나라로 달아났을 때, 제나라 장공(莊公)이 그에게 토지를 주려고 하자 무중이 장공에게 장차 변란이 있음을 알고 사양하고 받지 않았다."고 하였다. 13) **抑有由焉, 作而不順, 施而不恕**: 왕숙의 주에, "불순(不順), 불서(不恕)는 적자(嫡子)를 폐하고 서자(庶子)를 세운 것으로 무중(武仲)이 그렇게 하였던 것은 계씨(季氏)를 위하고자 함이었다."고 했다. 억(抑)은 발어사(發語詞). 서(恕)는 유가(儒家)가 제창하는 윤리사상으로 인애(仁愛)하는 마음으로 사람을 대하는 것이다. 14) **念茲在茲, 順事恕施**: 왕숙의 주에, "이제(今: 사고본에는 '念'으로 되어 있다.) 평상시에 하듯 일은 순리대로 하되 서(恕)를 베풀어야 한다."고 했다. 마땅히 『일서(逸書)』의 글이 된다. 서시(恕施)란 일체를 인애의 도에 맞게 한다.

18-5

안회가 군자에 대하여 묻자 공자가 말하였다. "남을 사랑하는 마음은 인덕(仁德)에 가깝고, 일을 헤아려 행함은 지혜에 가까우며, 자신을 너무 중히 여기지 않고, 다른 사람을 너무 가볍게 여기지 않는 것이 군자이니라." 안회가 말하였다. "군자보다 한 등급 못한 사람은 어떠한지 감히 묻습니다." 공자가 말하였다. "배우지 않고도 행하며, 생각지 않고도 얻는 것이라. 제자들아! 이에 힘쓸지니라."

原文

顔回問[1]君子. 孔子曰: "愛近仁, 度近智[2], 爲己不重[3], 爲人不輕, 君子也夫." 回曰: "敢問其次." 子曰: "弗學而行, 弗思而得. 小子[4]勉之."

注釋

1) **問**: 이 글자 후에 원래는 '於' 자가 있었는데 사고본과 동문본에 근거하여 삭제했다. 2) **度近智**: 왕숙의 주에, "일을 헤아려 행함은 지혜에 가깝다."고 했다. 도(度)는 계산하다, 계획을 꾸미다. 3) **爲己不重**: 왕숙의 주에, "중히 여기지 않음은 남을 위해서이다."라 하였다. 4) 小子: 옛날 선생님이 학생을 부를 때 사용하는 호칭.

18-6

중손하기(仲孫何忌)가 안회에게 물었다. "어진 사람은 한마디의 말에도 반드시 인덕(仁德)과 지혜의 시행에 유익함이 있어야 한다고 하니 들려주실 수 있습니까?" 안회가 말하였다. "지혜에 유익함이 있어야 한다는 것을 한 마디 말로 한다면 '예(預)' 자만 한 것이 없고, 인덕에 유익함이 있어야 한다는 것을 한 마디 말로 한다면 '서(恕)' 자만 한 것이 없습니다. 무릇 해서는 안 될 바를 알면 당연히 해야 할 바를 알게 되는 것입니다."

原文

仲孫何忌[1]問於顏回曰: "仁者一言而必有益於仁智, 可得聞乎?" 回曰: "一言而有益於智, 莫如預; 一言而有益於仁, 莫如恕. 夫知其所不可由[2], 斯知所由矣."

注釋

1) 仲孫何忌: 맹의자(孟懿子)이다. 어릴 적 공자에게서 예(禮)를 배웠다. 후일 계위(繼位)하여 경(卿)이 되었다. 2) 由: 하다, 종사하다.

18-7

안회가 소인(小人)에 대하여 묻자 공자가 말하였다. "다른 사람의 착한 일을 헐뜯는 것을 자신이 말 잘하는 것으로 여기고, 다른 사람을 모함하고 속이고 교활한 짓을 하는 것을 자신이 지혜로운 것으로 여기며, 남이 허물 있는 것을 다행으로 여기고, 배우는 일을 부끄럽게 여기면서도 능력이 없는 사람을 조롱하는 자가 바로 소인이란다."

原文

顏回問小人. 孔子曰: "毁[1]人之善以爲辯, 狡訐[2]懷詐以爲智, 幸人之有過, 恥學而羞不能, 小人也."

注釋

1) 毁: 헐뜯다. 2) 교알(狡訐): 모함하다. 알(訐)은 다른 사람의 단점을 공격하거나 다른 사람의 비밀을 들춰내냄.

18-8

안회가 자로(子路)에게 말하였다. "힘이 덕보다 더 세면서 제대로 죽음을 맞이한 자가 많지 않다. 어찌 삼가지 않을 수 있겠는가?" 공자가 안회에게 말하였다. "사람이면 누구나 이러한 도리가 정확하다는 것을 알지만 이를 응용하는 사람이 없고, 실천하는 사람이 없는 것은 무엇 때문인가? 이러한 도리를 듣는 사람이 어찌 날마다 깊이 생각하지 않는가?"

原文

顔回問子路曰: "力猛於德而得其死者鮮[1]矣, 盍[2]愼諸焉." 孔子謂顔回曰: "人莫不知此道之美, 而莫之禦[3]也, 莫之爲也, 何居? 爲聞者盍日思也夫[4]."

注釋

1) 鮮: 적다. 많지 않다. 2) 합(盍): 어찌 ~하지 않느냐? 3) 禦: 사용하다. 응용하다. 왕숙의 주에, "어(禦)는 대(待)와 같다."고 했는데, 정확하지 않은 것 같다. 5) 爲聞者盍日思也夫: 왕숙의 주에, "들려준다[爲聞]는 것은 '매일 들으면서도 어찌 후에 말하지 않는가' 하는 뜻이다."라고 하였다.

18-9

안회가 공자에게 물었다. "소인의 말에도 군자의 말과 같은 것이 있사오니 자세히 살펴보지 않을 수 없습니다." 공자가 말하였다. "군자는 행동으로 말하고 소인은 혀로 말한다. 때문에 군자는 도의를 실행하는 데 있어서 서로 비판하지만 다른 방면에서는 서로 아끼고, 소인은 화란(禍亂)을 일으킴에 있어서는 서로 아끼지만 다른 방면에서는 서로 미워한다."

原文

顔回問於孔子曰: "小人之言有同乎君子者, 不可不察也." 孔子曰: "君子以行言, 小人以舌言. 故君子於爲義之上相疾也, 退而相愛[1]; 小人於爲亂之上相愛也, 退而相惡."

注釋

1) **君子爲於義之上相疾也, 退而相愛**: 왕숙의 주에, : "서로 비판하다[相病]는 것은 서로 권하여 그들로 하여금 인의를 하는 것을 신속히 하고자 하려는 것이다."라고 했다. 원래 '於' 자가 없었으나 사고본과 동문본에 근거하여 보완하였다. 2) **小人於爲亂之上相愛也, 退而相惡**: 오(惡)는 미워하다, 모함하다. 왕숙의 주에, "난을 일으키는 것을 서로 즐기기 때문에 서로 아낀다[相愛]라고 한 것이다. 소인의 정을 오래 친할 수 없다."고 했다.

18-10

안회가 친구간의 교제는 어떻게 해야 하는지를 묻자 공자가 말하였다. "군자는 친구에 대하여 그 마음에 반드시 잘못이 있으면 '몰랐다'고 할 수 없는데 이것이 비로소 어진 사람인 것이다. 그들은 지난날의 은덕을 잊지 않으며 오래된 원망을 염두에 두지 않으니 얼마나 어진 것인가."

原文

顔回問朋友之際[1]如何. 孔子曰: "君子之於朋友也, 心必有非焉, 而弗能謂 '吾不知', 其仁人也. 不忘久[2]德, 不思久怨, 仁矣夫."

注釋

1) **際**: 사이, 피차지간(彼此之間). 2) **久**: 옛, 이왕, 원래.

18-11

숙손무숙(叔孫武叔)이 안회를 방문하자 안회가 "빈객의 예로 대접하라"고 분부하였다. 무숙은 다른 사람의 허물을 많이 이야기하면서 자기 멋대로 평론하였다. 이 때문에 안회가 말하였다. "본래 그대는 자신을 낮추어 이곳을 찾아왔으니 당연히 저에게서 무언가를 얻어 가시려 한 것이겠지요. 제가 선생님[공자]께 듣기에, '다른 사람의 잘못을 말한다고 하여 자기가 훌륭해지는 것이 아니고, 다른 사람의 바르지 못한 것을 말한다고 하여 자기가 바르게 되는 것도 아니다.'고 하셨습니다. 때문에 군자는 당연히 자신의 잘못을 비판할 일이지 다른 사람의 잘못을 비판해서는 안 됩니다."

原文

叔孫武叔見於顔回[1], 回曰: "賓[2]之". 武叔多稱人之過, 而己評論之. 顔回曰: "固子之來辱[3]也, 宜有得於回焉. 吾聞諸孔子[4]曰: '言人之惡[5], 非所以美己; 言人之枉, 非所以正己.' 故君子攻其惡, 無攻人惡."

注釋

1) **叔孫武叔見於顔回**: 숙손무숙(叔孫武叔)은 노나라 경대부(卿大夫)로써 숙손씨(叔孫氏)이고 이름이 주구(州仇)이다. '見' 자 뒤에 원래 '未仕' 두 글자가 있었지만 잘못 더해진 글자이기 때문에 삭제하였다. 2) **賓**: 빈객(賓客)의 예로 대하다. 3) **辱**: 겸사(謙詞). 4) **吾聞諸孔子**: 원래는 '聞' 자 뒤에 '知' 자가 잘못 더해져 있었지만 사고본과 동문본에 근거하여 삭제하였다. '저(諸)'는 '之於'의 합음(合音)이다. 5) **惡**: 잘못.

18-12

안회가 자공(子貢)에게 말하였다. "선생님께 들으니, '자신은 예제를 준수하지 않으면서 다른 사람에게는 준수할 것을 요구하고, 자신은 덕행을 지키지 않으면서 다른 사람에게는 지킬 것을 요구하는 것은 변란을 일으킬 수 있다.'고 하셨습니다. 선생님의 말씀을 생각하지 않을 수 없습니다."

原文

顔回謂子貢曰: "吾聞諸夫子: '身不用禮而望[1]禮於人, 身不用德而望德於人, 亂也.' 夫子之言, 不可不思也."

注釋

1) **望**: 기대하고 바라다.

19 자로초견子路初見

序說

이 편은 공자와 제자들과의 대화 및 공자의 사적을 기록하고 있다. 첫 문장에서 자로가 공자와 서로 만나는 사정을 기록하고 있는데 대체로 이것이 자로와 공자가 처음 만나는 것이므로 '자로초견(子路初見)'을 편명으로 한 것이다.

이 편의 기록은 공자가 학습이나 사람됨을 위해 어떻게 처세해야 하는가 등에 대하여 제자들을 가르치거나, 공자 개인의 행위가 일에 대처할 때 보이는 규범을 다루거나, 공자의 사람을 알아봄[識人]과 상사(相士) 등 방면에서의 태도와 준칙을 나타내고 있다. 공자는 학습을 중시하여 "군자는 배우지 않으면 안된다"고 지적하였다. 제자들에 대한 가르침에서도 '의인(依仁)', '입례(立禮)'와 '문질빈빈(文質彬彬)'의 군자 표준에 근거하여 품덕(品德) 수양의 내외가 조화롭게 통일됨을 추구하였다. 공자의 제자들에 대한 인식과 평가 또한 전방위적이었다. 이 편에 기재된 공자의 담대자우(澹台子羽)와 재아(宰我)에 대한 평가 역시 이와 같았다. 공자는 이같이 제자들을 가르쳤을 뿐만 아니라 스스로의 행동에 있어서도 예의(禮義)를 준수하였다. 예컨대 애공(哀公)이 복숭아와 기장밥을 하사하였을 때 공자는 이러한 기회를 빌려 자신의 행동을 이용하여 사람들의 '교화에 방해가 되고[防於教]', '의리에 해가 되는[害於義]' 행동을 바로잡았다.

공자가 관리를 지낸 시간은 길지 않았다. 그러나 그가 정치를 하던 기간에 적지 않은 정치적 업적을 얻었다. 이 편에는 공자가 노나라 사구(司寇)를 지낼 때 자신을 낮추어 여러 차례 강자(康子)를 만났던 일을 적고 있다. 공자는 개인의 영욕에 마음을 두지 않고 정사(政事)를 가장 중요하게 여겨 혼란하고 간단한 법조차 준수하지 않는 사회현상을 대하면서 위정자는 당연히 용기있게 직시하고 적극 대응해야 한다고 여겼다. 공자의 이상적 인격의 경계는 '인(仁)'이었지만, 그는 '인(仁)'이 쉽게 도달한 수 있는 것이라 여기지는 않았다. 공자는 신하로써 충간(忠諫)은 당연히 시세(時勢)를 잘 살펴야 하고 죽음을 무릅쓰고 하는 간언과 같지만 결과가 반드시 같지는 않았다. 공자가 노나라의 상(相)이었을 때 군신(君臣)이 주색에 빠져 행동이 거칠었던 국면을 만난 적이 있었다. 노나라는 공자의 조국이었지만 그는 여전히 떠날 수밖에 없었다. 그같은 예악이 붕괴하는 커다란 환경 하에서 공자는 자신의 포부를 펼칠 수가 없었고 단지 여러 나라를 전전하면서 "억지로 여생을 보냈다"

이 편에 기재된 내용이 비록 난잡하고 자질구레한 것이지만 우리들이 공자와 그의 사상을 연구하는 데 오히려 중요한 가치가 있다. 적지 않은 자료들이 다른 문헌에 보임으로 서로 인증할 수 있고 이를 통해 더욱 효과적으로 공자와 초기 유학을 연구할 수 있다.

19-1

자로가 공자를 뵈었을 때, 공자가 말하였다. "너는 무엇을 좋아하느냐?" 자로가 대답하였다. "저는 장검(長劍)을 좋아합니다." 공자가 말하였다. "나는 그것을 묻는 것이 아니다. 너의 재능에다가 다시 배움을 통하여 학문을 더하게 된다면 누가 너를 따라잡을 수 있겠느냐?"

자로가 말하였다. "배움에도 유익함이 있습니까?" 공자가 말하였다. "무릇 임금에게 간언해 주는 신하가 없으면 곧음을 잃게 되고, 사인(士人)에게 가르쳐 주는 친구가 없으면 옳고 그른 것을 판단하기 어렵다. 미쳐 날뛰는 말에게 채찍을 손에서 놓을 수 없고, 활을 사용하자면 활을 바로잡는 틀과 떨어질 수 없으며, 나무도 먹줄을 받은 뒤에라야 비로소 반듯하게 되고, 사람도 간하는 말을 들어야만 비로소 성명(聖明)해 진다. 교육을 받아들이고 학문을 중시하면 일을 함에 순리적으로 성공하지 못하는 것이 어디 있겠느냐? 어진 사람을 헐뜯거나 선비를 미워한다면, 반드시 형법을 범하게 될 것이다. 군자는 배우지 않을 수 없는 것이다."

자로가 말하였다. "남산에 대나무가 있는데 그것은 잡아 주지 않아도 저절로 반듯하게 자라며, 그것을 잘라서 화살로 쓴다면 물소의 가죽도 뚫을 수 있습니다. 이런 것으로 말한다면 꼭 학문을 해야 할 필요가 있습니까?" 공자가 말하였다. "화살을 한 쪽에 깃을 꽂고 다른 한 쪽에 촉을 갈아서 예리하게 한다면 더욱 깊이 박히지 않겠느냐?"

자로는 두 번 절하고 말하였다. "반드시 선생님의 가르침을 받겠습니다."

原文

子路見孔子, 子曰: "汝何好樂[1]?" 對曰: "好長劍." 孔子曰: "吾非此之問也, 徒謂以子之所能, 而加之以學問, 豈可及乎."

子路曰: "學豈益也哉[2]?" 孔子曰: "夫人君而無諫臣則失正, 士而無教友則失聽[3]. 禦狂馬不釋策[4], 操弓不反檠[5]. 木受繩[6]則直, 人受諫則聖, 受學重問, 孰不順哉? 毁仁惡仕, 必近於刑[7]. 君子不可不學."

子路曰: "南山有竹, 不揉[8]自直, 斬而用之, 達於犀革. 以此言之, 何學之有?" 孔子曰: "括[9]而羽之, 鏃[10]而礪之, 其入之不亦深乎."

子路再拜曰: "敬而受教."

注釋

1) 好樂: 애호하다. 좋아하다. 이 기록은 『설원(說苑)』「건본(建本)」에도 보인다. 2) 也哉: 원래는 '哉也'로 되어 있었는데 사고본과 동문본에 근거하여 고쳤다. 3) 士而無教友則失聽: 교우(敎友)는 가르침을 주는 친구를 가리킨다. 실청(失聽)은 시비를 판단할 수 있는 능력을 잃어버리다. 청(聽)은 시비를 살피다. 4) 禦狂馬不釋策: 왕숙의 주에, "미쳐 날뛰는 말을 모는 사람은 채찍을 놓아서는 안된다."고 하였다. 책(策)은 당나귀나 말 등 가축을 부리는데 사용하는 채찍. 5) 操弓不反檠: 왕숙의 주에, "활은 활을 바로 잡는 틀을 반대로 하지 않아야 제대로 잡을 수 있다."고 했다. 경(檠)은 활을 바로 잡는 기구이다. 6) 受繩: 나무재료 위에 먹줄을 사용하여 나무를 곧게 다듬는 것을 가리킨다. 7) 毁仁惡仕, 必近於刑: 왕숙의 주에, "인(仁)을 훼방하고 훼손하는 삶과 사인(士人)을 미워하는 사람은 반드시 형으로 다스려야 한다."고 했다. 士는 원래 사(仕)로 되어 있었는데 사고본과 비요본, 동문본에 근거하여 고쳤다. 8) 유(揉): 굽은 것은 바르게 하고 곧은 것을 굽게 하는 것. 여기서는 바로 잡아 곧게 고치는 것을 가리킨다. 원래는 '柔'로 되어 있었으나 사고본과 비요본, 동문본에 근거하여 고쳤다. 9) 括: '괄(栝)'과 같다. 화살 끝 활을 당기는 곳이다. 10) 鏃: 화살촉. 11) 敬: 존경을 나타내는 대답으로서 감히 태만할 수 없다는 뜻이다. 사고본에는 '敬' 자 앞에 '曰' 자가 없다.

19-2

자로가 출행을 준비하면서 공자에게 작별을 고하자, 공자가 말하였다. "내가 너에게 수레를 선물로 주랴? 몇 마디 말을 해주랴?" 자로가 말하였다. "말씀으로 해주십시오." 공자가 말하였다. "사람이란 강하지 않으면 자립할 수 없고, 노력하지 않으면 성공할 수가 없으며, 충성스럽지 않으면 다른 사람의 친함을 얻을 수 없고, 신용이 없으면 신임을 얻을 수 없으며, 공경하지 않으면 예를 잃어버리게 되는 것이니, 이 다섯 가지만 신중하게 하면 될 것이다."

자로가 말하였다. "저는 종신토록 선생님의 가르침을 받들 것입니다. 감히 여쭙건대 새롭게 친구를 사귀면서 친함을 취하고자 하면 어찌 해야 하고, 말을 적게 하면서 한 말을 모두 실행하려면 어찌 해야 하며, 오래도록 좋은 사인(士人)이 되어 예의(禮儀)를 위반하지 않으려면 어찌 해야 합니까?" 공자가 말하였다. "네가 묻는 바는 내가 방금 말한 다섯 가지 속에 포함되어 있다. 새롭게 친구를 사귀면서 친함을 취하는 것이 곧 충성(忠誠)이고, 말을 적게 하면서 한 말을 실행할 수 있는 것이 곧 신용을 말하는 것이며, 오래도록 좋은 사인이 되어 예의를 위반하지 않는 것이 곧 예를 따르는 것이다."

原文

子路將行, 辭於孔子. 子曰: "贈汝以車乎? 贈汝以言乎?" 子路曰: "請以言." 孔子曰: "不強不達[1], 不勞無功, 不忠無親, 不信無復[2], 不恭失禮. 慎此五者而矣."

子路曰: "由請終身奉之. 敢問親交[3]取親若何? 言寡可行若何? 長爲善士而無犯若何?" 孔子曰: "汝所問, 苞[4]在五者中矣. 親交取親, 其忠也; 言寡可行, 其信乎; 長爲善士而無犯, 其[5]禮也."

注釋

1) 不強不達: 왕숙의 주에, "사람이 강력하지 않으면 스스로 통달할 수 없다."고 했다. 이 기록은 『설원(說苑)』「잡언(雜言)」에도 보인다. 2) 不信無復: 왕숙의 주에, "신용은 의(義)에 가까운 것이므로 믿음을 얻을 수 있다고 말한 것이다. 이제 신용이 없으면 믿음을 얻을 수 없다."고 하였다. 3) 親交: 새롭게 친구를 맺다. 친(親)은 '신(新)'과 같다. 4) 苞: '포(包)'와 같다. 포용하다, 포함하다. 5) 其: 원래는 '於'로 되어 있었으나 『설원(說苑)』에 근거하여 고쳤다.

19-3

공자가 노나라 사구(司寇)가 되어 계강자(季康子)를 만나자 계강자는 기뻐하지 않았다. 공자가 다시 찾아가려 했다.

재여(宰予)가 공자에게 나아가 말하였다. "지난 날 저는 늘 선생님께서 '천자나 제후가 나를 초빙하지 않는다면 나는 직접 찾아가지는 않겠다.'고 하신 말씀을 들었습니다. 이제 선생님께서 사구(司寇) 벼슬을 하신지가 얼마 되지 않았는데 오히려 어려 차례 자신을 굽혀 가면서 찾아가시니 가지 않으면 안 되시는 일입니까?" 공자가 말하였다. "내가 그렇게 말한 적이 있다. 노나라에서는 무리를 지어 서로 업신여기고 무력을 믿고 다른 사람을 능욕하는 현상이 이미 오랫동안 있어 왔지만 유사(有司)는 오히려 다스리지 않으니 나라에 장차 동란이 출현할 것이다. 나를 초빙해 이 관직을 맡겼으니 나로서 할 일이 이보다 더 큰 일이 어디 있겠느냐?"

노나라 사람들이 이를 듣고 말하였다. "성인이 장차 이 나라를 다스리게 되었으니 어찌 우리 스스로 먼저 잘못을 피해 형벌로부터 멀어져야 하지 않겠는가?" 이로부터 나라 안에 다투는 일이 없어졌다. 공자가 재여에게 말하였다. "산을 떠나 10리를 가도 매미소리가 마치 귓가에 들리는 것과 같다. 사회의 혼란한 현상 또한 이와같다. 이 때문에 정사를 다스릴 때 듣고 처리하는 것보다 주동적으로 대응하는 것이 낫다."

原文

孔子爲魯司寇, 見季康子[1], 康子不悅. 孔子又見之.

宰予進曰: "昔予也常聞諸夫子曰, '王公不我聘則弗動.' 今夫子之於司寇也日少[2], 而屈節數矣[3], 不可以已乎?" 孔子曰: "然. 魯國以衆相陵, 以兵相暴之日久矣, 而有司不治, 則將亂也. 其聘我者, 孰大於是哉[4]."

魯人聞之曰: "聖人將治, 何不先自遠刑罰?" 自此之後, 國無爭者. 孔子謂宰予曰: "違山十裏, 蟪蛄之聲, 猶在於耳, 故政事莫如應之[5]."

注釋

1) 季康子: 왕숙의 주에, "당연히 환자(桓子)여야 한다. 강자(康子)가 아니다."라고 했

다. 이 기록은 『설원(說苑)』「정리(政理)」에도 보인다. 2) **於司寇也日少**: 왕숙의 주에, "사구(司寇) 관직을 지낸 기간이 짧다는 것을 일컫는다."고 했다. 3) **屈節數矣**: 왕숙의 주에, "자신을 낮추어 여러 차례 계손씨(季孫氏)를 만난 것을 일컫는다."고 했다. 삭(數)은 여러 차례, 자주. 4) **其聘我者, 孰大於是哉**: 왕숙의 주에, "나를 초빙하여 관직을 맡겨 다스리게 하였으니 어찌 이보다 다시 큰 일이 있겠느냐?"라고 했다. 5) **違山十裏, 蟪蛄之聲, 猶在於耳, 故政事莫如應之**: 왕숙의 주에, "위(違)는 떠나다. 혜고(蟪蛄)는 참매미[蟂蟟]이다. 이 매미의 소리는 산을 떠나 십리를 가도 귓가에 남아 그 소리가 끊이지 않으니 정사(政事)는 모름지기 신중히 들어야 하고 그 연후에 행하여야 한다."고 했다. 혜고(蟪蛄)는 조료(蟂蟟)라고도 하며, 황록색의 매미로써 날개는 흑백색의 무늬가 있고 여름 끝 무렵에는 아침부터 저녁까지 수컷 우는 소리가 끊이지 않는다.

19-4

공자의 형에게 공멸(孔蔑)이란 아들이 있었는데, 복자천(宓子賤)과 함께 벼슬을 하게 되었다. 공자가 공멸에게 가서 물었다. "네가 벼슬한 이후로 얻은 것이 무엇이며 잃은 것이 무엇이냐?" 공멸이 대답하였다. "얻은 것은 하나도 없지만 잃은 것은 세 가지나 있습니다. 임금의 일에만 얽매어 배운 지식을 익힐 수가 없으니 배운 것을 분명하게 이해할 수 없습니다. 봉록이 너무 적어 죽조차도 부모형제에게 나누어줄 수가 없으니 이 때문에 골육 간의 친정(親情)이 날로 소원해졌습니다. 공사(公事)가 대부분 급박하여 시간을 내어 죽은 자를 조문하는 일도 병든 자를 문병하는 일도 하지 못하고 있으니 이 때문에 친구 간의 정도 점차 없어지게 되었습니다. 세 가지 잃었다는 것이 바로 이런 것입니다."

공자는 이 말을 듣고 기쁘게 여기지 않았다. 공자는 복자천에게 가서 공멸에게 물은 말대로 질문하였다. 복자천이 대답하였다. "저는 벼슬한 이후로 잃은 것은 없고 얻은 것이 세 가지가 있습니다. 이전에 외우고 암송하며 배웠던 지식을 지금은 실천하고 있으므로 지식이 더욱 분명해졌습니다. 반은 봉록으로 부모형제들에게 나누어주니 이 때문에 골육간에 친한 정이 더욱 친밀하게 되었습니다. 비록 공사(公事)에 바쁘기는 하지만 그래도 죽은 사람도 조문하고 병든 사람도 위문하게 되니 이 때문에 친구 간의 정도 더욱 두텁게 되었습니다."

공자가 감탄하며 복자천을 칭찬하여 말하였다. "이러한 사람이 정말 군자로다! 노나라에 만약 군자가 없었다면 복자천이 어디에서 이를 배웠겠는가?"

原文

孔子兄子有孔篾[1]者, 與宓子賤偕仕[2]. 孔子往過孔篾, 而問之曰: "自汝之仕, 何得何亡?" 對曰: "未有所得, 而所亡者三, 王事若龍[3], 學焉得習[4], 是學不得明也; 俸祿少饘粥[5]不及親戚[6], 是以[7]骨肉益疏也; 公事多急, 不得弔死問疾, 是朋友之道闕也. 其所亡者三, 卽謂此也."

孔子不悅, 往過子賤, 問如孔篾. 對曰: "自來仕者無所亡, 其有所得者三. 始誦之, 今得而行之, 是學益明也; 俸祿所供, 被及親戚, 是骨肉益親也; 雖有公事, 而兼以弔死問疾, 是朋友篤也."

孔子喟然謂子賤曰: "君子哉若人[8]! 魯無君子者, 則子賤焉取此[9]."

注釋

1) **공멸(孔篾)**: 즉 공충(孔忠)이다. 자(字)는 자멸(子篾). 공자의 형 맹피(孟皮)의 아들이고 공자의 제자이기도 하다. 멸(篾)을 혹은 '멸(蔑)'이라고 쓰기도 한다. 이 기록은 『설원(說苑)』「정리(政理)」에도 보인다. 2) **복자천(宓子賤)**: 즉 복불제(宓不齊)이다. 공자의 제자로서 춘추시대 노나라 사람이다. 해(偕)를 사고본과 동문본에는 '皆'라고 하였다. 3) **王事若龍**: 왕숙의 주에, "용(龍)은 마땅히 섭(聾)이어야 앞뒤 문맥이 맞는다."고 했다. 4) **學焉得習**: 왕숙의 주에, "배웠던 것을 익힐 수가 없음을 말한다."고 하였다. 5) **전죽(饘鬻)**: 죽. 6) **親戚**: 내외 친속(親屬). 여기서는 주로 부모형제를 가리킨다. 7) **以**: 사고본과 동문본에는 없다. 8) **若人**: 왕숙의 주에, "약인(若人)이란 '이러

한 사람'을 말하는 것과 같다."고 했다. 9) 魯無君子者, 則子賤焉取此: 왕숙의 주에, "만약 노나라에 군자가 없었더라면 이 사람이 어찌 이를 배웠겠는가. 노나라에 군자가 있었다는 것을 말한다."고 하였다.

19-5

공자가 애공(哀公)을 모시고 있었는데, 애공은 복숭아[桃]와 기장[黍]을 공자에게 내려 주었다. 애공이 말하였다. "드시지요." 공자는 먼저 기장을 먹은 뒤에 복숭아를 먹었다. 애공의 좌우에 있던 자들이 모두 입을 가리고 웃었다. 애공이 말하였다. "이 기장은 복숭아를 닦는 것이지 먹는 것이 아닙니다."

공자가 대답하였다. "저도 이를 알고 있습니다. 그러나 기장은 오곡 중에 제일로 치는 것으로서 천지와 조상에게 제사를 지낼 때에는 모두 상등의 제품(祭品)으로 올립니다. 과일로는 모두 여섯 가지가 있는데 복숭아는 그 중 가장 낮아 제사를 지낼 때에는 그것을 사용하지 않고 더욱 교례(郊禮)와 종묘에는 올리지 않는 것입니다. 제가 듣건대 군자는 천한 것으로 귀한 것을 닦는다고는 들었으나 귀한 것으로 천한 것을 닦는다고는 듣지 못했습니다. 이제 오곡 중에 가장 제일로 치는 것으로 과일 중에 가장 낮은 것을 닦는다면 이는 존귀한 것으로 낮은 것을 닦는 것이 됩니다. 저는 이런 일이 교화에도 방해가 되고 인의(仁義)에도 해가 되는 것이라 여겼기 때문에 감히 그렇게 하지 못한 것입니다."

애공이 말하였다. "좋은 말씀입니다!"

原文

孔子侍坐於哀公, 賜之桃與黍焉. 哀公曰: "請食[1]." 孔子先食黍而後食桃. 左右皆掩口而笑. 公曰: "黍者所以雪桃[2], 非爲食之也."

孔子對曰: "丘知之矣. 然夫黍者, 五穀之長, 郊禮[3]宗廟以爲上盛[4], 果屬有六而桃爲下, 祭祀不用, 不登郊廟[5]. 丘聞之, 君子以賤雪貴, 不聞以貴雪賤, 今以五穀之長, 雪果之下者, 是從上雪下. 臣以爲妨於敎, 害於義, 故不敢."

公曰: "善哉!"

注釋

1) **請食**: 사고본과 동문본에는 '食' 자가 없다. 이 기록은 『한비자(韓非子)』「외저설좌(外儲說左)하)」에도 보인다. 2) **雪桃**: 복숭아를 닦는 것을 가리키는데 복숭아의 털을 깨끗이 제거하는 것을 말한다. 왕숙의 주에, "설(雪)은 닦다."라고 했다. 3) **郊禮**: 제왕(帝王)이 천지에 제사지내는 대례(大禮)이다. 도성의 남북 교외에서 거행되었으므로 이렇게 칭했다. 4) **盛**: 제사를 지낼 때 예기(禮器)에 담겨진 제품(祭品). 5) **郊廟**: 제왕이 천지에 제사를 지내는 교궁(郊宮)과 조상에게 제사를 지내는 종묘.

19-6

자공이 물었다. "진 영공(陳靈公)이 조정에서 드러내놓고 음란한 짓을 하자 설야(泄冶)가 직언으로 간하다가 죽은 것은 비간(比干)이 간하다가 죽은 것과 같으니 가히 인의(仁義)한 행동이라 이를 수 있습니까?"

공자가 말하였다. "비간은 그의 임금인 주(紂)와 친정(親情)으로는 숙부(叔父)이고 관직으로는 소사(少師)였는데, 충성을 다해 보답해야겠다는 마음은 다만 왕실의 존속을 위하는데 있었다. 때문에 반드시 죽음으로써 충고하였고 자신이 죽은 뒤에라도 주(紂)가 뉘우치고 깨닫기를 바랐으니 그의 본래의 뜻과 정(情)은 모두 인의(仁義)에서 나온 것이었다. 그러나 설야(泄冶)는 영공(靈公)에게 있어서 관직으로 다만 대부였고, 아무런 골육의 친척 관계도 아니었으며 총애를 받아 떠날 수가 없어서 이같이 혼란한 조정에서 벼슬을 하면서 자신의 구구한 한 몸으로 국가의 음란과 혼미함을 바로잡고자 하였으니 죽었다고 해도 아무런 유익함이 없기에 고집스럽다고 일컬을 수 있다. 『시』에 이르기를 '백성들이 간사함이 많으니 홀로 법을 세우다 자신을 해롭게 하지 마라'고 하였으니 이는 설야 같은 경우를 두고 한 말일 것이다."

原文

子貢曰: "陳靈公宣淫於朝[1], 泄冶[2]正諫而殺之, 是與比干諫而死同, 可謂仁乎?"

子曰: "比干於紂, 親則諸父, 官則少師, 忠報之心, 在於宗廟[3]而已, 固必以死爭[4]之, 冀身死之後, 紂將悔寤, 其本志情在於仁者也. 泄冶之於靈公, 位在大夫, 無骨肉之親, 懷寵不去, 仕於亂朝, 以區區之一身, 欲正一國之淫昏, 死而無益, 可謂狷[5]矣. 『詩』云[6]: '民之多僻, 無自立辟[7].' 其泄冶之謂乎."

注釋

1) **陳靈公宣淫於朝**: 왕숙의 주에, "영공(靈公)과 경(卿)이 함께 하희(夏姬)와 음란한 짓을 하다."고 했다. 진 영공(陳靈公)은 춘추시대 진(陳)나라 임금으로 성은 규(嬀), 이름은 평국(平國)으로 15년(B.C.613—599) 간 재위하였다. 그는 공녕(孔寧), 의행보(儀行父)와 함께 대부 하징서(夏徵舒)의 모(母) 하희(夏姬)와 사통하였고 심지어 하희의 옷을 입고 조정에서 서로 희롱하였다. 이 기록은 『좌전』선공(宣公) 9년에도 보인다. 2) **泄冶**: 진나라 대부(大夫). 야(冶)는 원래 '치(治)'로 되어 있었으나 사고본과 비요본, 동문본 및 『좌전』에 근거하여 고쳤다. 3) **宗廟**: 천자, 제후들이 조상에게 제사 지내는 곳으로 여기서는 왕실과 국가를 가리킨다. 4) **爭**: 충고하다. 5) 견(**狷**): 바르고 곧다, 고집하다. 원래는 '연(捐)'으로 되어 있었으나 사고본과 비요본, 동문본에 근거하여 고쳤다. 6) **雲**: 사고본과 동문본에는 '曰'로 되어 있다. 7) **民之多僻, 無自立辟**: 이 말은 『시』「대아(大雅)·판(板)」에 나온다. 벽(僻)은 원래 '벽(辟)'으로 되어 있었는데, 사고본과 비요본, 동문본에 근거하여 고쳤다. 왕숙의 주에, "벽(僻)은 사(邪)이다."고 했다. 벽(辟)은 법, 법도를 가리킨다. 왕숙의 주에, "辟은 法이다."고 했다. 이 주는 원래 없었으나 사고본 등에 근거하여 보완하였다.

19-7

공자가 노나라 임금을 도와 정사를 다스렸다. 제나라 사람들은 노나라가 장차 패자가 될 것을 걱정하여 공자의 정치를 파괴하고자 하였다. 이에 예쁜 여자 80명을 뽑아 화려한 문양의 비단옷을 입히고 용기(容璣) 춤을 추도록 가르쳤다. 그리고 160필의 준마를 골라 노나라 임금에게 함께 보내도록 준비하였다. 제나라가 이들 무녀와 준마들을 노나라 도성 남쪽 높은 문밖에 정렬하였다. 계환자(季桓子)가 편복(便服)으로 갈아입고 가서 여러 차례 보고 장차 이를 받아들이려고 임금께 여기저기 다니며 살피자고 고하고 그를 따라 종일토록 이를 구경하느라 정사에 태만하게 되었다.

자로가 공자에게 말하였다. "선생님께서는 노나라를 떠나셔도 될 것 같습니다." 공자가 말하였다. "노나라에서 이제 곧 교례(郊禮)를 거행하는데, 그 예를 마친 후 제사 때 올린 익힌 고기[膰肉]를 대부들에게 나누어 준다면 예제가 아직 폐기되지 않은 것을 말해주는 것이니 나는 여기 머물러도 될 것이다."

계환자는 제나라에서 보낸 무녀들을 받아들인 후 군신(君臣) 상하가 모두 음란함에 빠져 사흘 동안이나 국정을 돌보지 않았고, 교례를 지낸 후에도 번육(膰肉)을 보내주지 않았다. 공자가 드디어 노나라를 떠나기로 결정하고 성곽 밖의 마을에 유숙하였다. 노나라 악사(樂師) 사이(師已)가 전송하며 말하였다. "선생님께서는 아무런 잘못도 없습니다." 공자가 말하였다. "내가 노래를 해도 되겠는가?" 그리고는 노래를 불렀다. "저 여자들의 입은 사람을 도망치게 할 수 있고, 저 여자들의 요구는 사람을 패망하게 할 수 있다. 한가롭게 스스로 알았네, 억지로 여생을 보내리라는 것을."

原文

孔子相[1)]魯, 齊人患其將霸, 欲敗其政, 乃選好女子八十人, 衣以文飾而舞容璣[2)], 及文馬四十駟[3)], 以遺魯君. 陳女樂, 列文馬於魯城南高門外. 季桓子微服往觀之再三, 將受焉, 告魯君爲周道遊. 觀之終日, 怠於政事.

子路言於孔子曰: "夫子可以行矣." 孔子曰: "魯今且郊, 若致膰[4]於大夫, 則是[5]未廢其常, 吾猶可以止也."

桓子旣受女樂, 君臣淫荒, 三日不聽國政, 郊又不致膰俎, 孔子遂行. 宿於郭屯. 師已[6]送, 曰: "夫子非罪也." 孔子曰: "吾歌可乎?" 歌曰: "彼婦人之口, 可以出走; 彼婦人之請, 可以死敗[7]. 優哉遊哉, 聊以卒歲[8]."

▌注釋

1) 相: 돕다. 보좌하다. 이 기록은 『사기』「공자세가(孔子世家)」에도 보인다. 2) 容璣: 왕숙의 주에, "용기(容璣)는 무곡(舞曲)이다."고 했다. 3) 駟: 왕숙의 주에, "사(駟)는 말 네 필이다."고 했다. 고대에는 말 네 필을 이용하여 수레를 끌도록 하였다. 때문에 말 네 필을 사(駟)라고 부른 것이다. 4) 번(膰): 왕숙의 주에, "번(膰)은 제사 고기이다."고 했다. 『광운(廣韻)』「원운(元韻)」에, "번(膰)은 제사 에 쓴 익힌 고기이다."고 했다. 5) 則是: 원래는 '是則'으로 되어 있었는데 사고본과 동문본에 근거하여 고쳤다. 6) 師已: 노나라의 악사(樂師). 이(已)가 원래 '以'로 되어 있었는데 진본(陳本)에 근거하여 고쳤다. 7) 彼婦人之口, 可以出走; 彼婦人之請, 可以死敗: 왕숙의 주에, "여자들의 요구가 있으면 사람을 죽게 하기에 족하기 때문에 벗어나 달아나야 된다."고 하였다. 8) 優哉遊哉, 聊以卒歲: 왕숙의 주에, "사인(士人)이 불우한 때를 만나면 한가롭게 노닐며 여생을 보내야 한다."고 했다.

▌19-8

담대자우(澹臺子羽)에게는 군자(君子)의 용모가 있었지만 그의 행위는 오히려 그 얼굴만 못하였고, 재아(宰我)에게는 고상하고 우아한 말솜씨가 있었지만 그의 지혜는 오히려 언변만 못하였다. 공자가 말하였다. "속담에 이르기를, '말을 알아보자면 수레를 끌도록 해 보아야 하고, 사인(士人)을 알아보자면 그의 평소 태도를 보아야 한다. 이 준칙은 폐기할 수 없다'고 했다.

용모만 보고 사람을 쓰다가는 담대자우 같은 사람을 고르게 되어 실수하게 되고, 언변만 보고 사람을 쓰게 되면 재아 같은 사람을 고르게 되어 실수하게 된다."

▌原文

淡臺子羽[1]有君子之容, 而行不勝其貌. 宰我有文雅之辭, 而智不充其辯. 孔子曰: "里語[2]云: '相馬以輿, 相士以居, 弗可廢矣.' 以容取人, 則失之子羽; 以辭取人, 則失之宰予."

▌注釋

1) **澹臺子羽**: 즉 담대멸명(澹臺滅明)이다. 공자의 제자. 이 기록은 『한비자』「현학(顯學)」, 『사기』「중니제자열전(仲尼弟子列傳)」에도 보인다. 2) **裏語**: '이언(裏諺)'과 같다. 민간의 속담.

▌19-9

공자가 말하였다. "군자는 자기가 할 수 없는 일이 있으므로 다른 사람을 경외하고, 소인은 자기가 할 수 없는 일이 있으므로 다른 사람을 믿지 않는다. 때문에 군자는 다른 사람의 재능을 증진시키고, 소인은 다른 사람을 억눌러 이기고자 한다."

▌原文

孔子曰: "君子以其所不能[1]畏人, 小人以其所不能不信人. 故君子長[2])人之才, 小人抑人而取勝焉."

▌注釋

1) 不能: 할 수 없는 일. 2) **長**: 증장(增長).

19-10

공명이 수신처세의 방법을 물었다. 공자가 말하였다. "알고도 실행하지 않으면 모르는 것만 못하고, 사람과 친하면서 믿지 않으면 친하지 않느니만 못하다. 즐거운 일이 바야흐로 다가오면 즐거워하되 교만하지 말아야 하고, 환난이 장차 다가오면 대책을 생각하되 염려하지 말아야 한다." 공멸이 말하였다. "이렇게 하면 수신처세의 방법이 되는 것입니까?" 공자가 말하였다. "할 수 없는 일을 해내야 하고, 갖추지 못한 것을 보충하여야 한다. 자기가 할 수 없는 일이라고 하여 다른 사람을 의심해서는 안 되고, 자기가 할 수 있는 일이라고 하여 다른 사람에게 교만해서 안 된다. 종일토록 말을 하더라도 자신에게 염려를 초래하지 않도록 하고, 종일토록 일을 하더라도 자기에게 근심을 초래하지 않도록 해야 한다. 오직 지혜있는 사람이라야 이를 할 수 있다."

原文

孔篾問行己之道[1]. 子曰: "知而弗爲, 莫如勿知; 親而弗信, 莫如勿親. 樂之方至, 樂而勿驕; 患之將至, 思而勿憂." 孔篾曰: "行己乎?" 子曰: "攻其所不能, 補其所不備. 毋以其所不能疑人, 毋以其所能驕人. 終日言, 無遺己[2]之憂; 終日行, 不遺己患. 唯智者有之."

注釋

1) 行己之道: 수신처세(修身處世)의 방법. 이 기록은 『설원(說苑)』「잡언(雜言)」에도 보인다. 2) 己: 이 글자 뒤에 원래 '之' 자가 있었는데 사고본과 비요본, 동문본에 근거하여 삭제하였다.

20 재액在厄

序說

이 편은 공자와 그의 제자가 여러 나라들을 주유(周遊)하는 도중에 진(陈), 채(蔡) 두 나라 국경 사이에 갇혀 어려움을 당하던 때의 정황을 적고 있고, 그들이 그러한 곤경 가운데 어떠한 태도를 보였는가를 쓰고 있다. 때문에 '재액(在厄)'을 편명으로 하였다. 액(厄)은 고통, 위험을 가리킨다.

진, 채 사이에 갇혀 있을 때 일주일 동안 식량이 끊겨 따르던 사람들이 모두 병이 들었지만, 그러한 고통과 위험 중에도 공자는 어려움을 두려워하지 않고 여전히 낙관적인 태도를 지니면서 강송(講誦)을 계속하고 연주와 노래를 그만두지 않았다. 이는 공자의 정치적 이상을 추구하기 위한 굳은 의지의 정신을 나타내는 것이었다. 주의할 만한 것은 이 편에 구현된 공자의 '시(時)' 사상이다. 공자는 "무릇 현군을 만나고 못 만나는 것은 시세에 달린 것이고 현명하고 현명하지 못한 것은 자질에 달린 것이다[夫遇不遇者, 時也; 賢不肖者, 才也]."라고 지적하였는데, 그는 "군자로서 학식이 넓고 지모가 깊더라도 시운을 만나지 못하는 자는 많다[君子博學深謀而不遇時者衆矣]."고 여긴 것은 공자가 도처에서 어려움에 부딪친 것이 "愚顽不化"가 아니고 오히려 자신이 처한 시대에 대하여 심각한 인식을 지니고 있을 설명하는 것이었다. 공자의 제자들은 "선생님의 도는 크고 넓다[夫子之道至大]"라고 인식하였다. 특히 안회는 공자학설이 쓰이지 못하는 것을 "각국 통치자의 치욕"이라고 말하였고, 공자 또한 이에 대하여 찬성을 나타냄으로써 공자는 자신의 사상에 대한 인식을 체현하였다. 자신의 인생이 처한 현실에 대한 사고는 우리들이 공자학설의 본질을 인식하는데 중요한 가치를 지닌다.

몸은 곤경에 처해 있어도 군자는 언제나 수신을 즐겁게 하고 자기의 절조(節操)를 굳게 지킨다. 공자는 "군자는 도를 닦고 덕을 세우다가 곤궁하다해서 절조를 무너뜨리지 않는다[君子修道立德, 不謂窮困而敗節]."라 말하였다. 이 편에 기재된 증자는 헤진 옷을 입고 농사를 짓고 있어도 임금의 상을 받지 않았고, 자공과 안회는 곤경에 처해도 인과 염치를 굳게 고수한 등의 이야기는 모두 이 정신을 구현하는 것으로 이는 당연히 이 편의 주요한 뜻을 나타내는 것이다.

이 편의 내용은 『순자(荀子)』, 『여씨춘추(呂氏春秋)』, 『한시외전(韓詩外傳)』, 『설원(說苑)』 등 각종 문헌에도 보인다. 특히 『사기(史記)』「공자세가(孔子世家)」의 많은 부분에서 이 편에 있는 『가어(家語)』의 많은 자료들을 싣고 있다. 서로 비교하여 살피면 많은 가치있는 학술정보들을 찾을 수 있을 것이다.

20-1

초(楚)나라 소왕(昭王)이 공자를 초빙하자 공자는 그에게 답례하기 위해 초나라로 가기로 했다. 가는 길에 진(陳)나라와 채(蔡)나라를 지나야만 했다. 진, 채 두 나라의 대부가 모여 모의하였다. "공자는 이 시대의 성현(聖賢)으로서 그가 비평하고 지적한 것은 모두 제후국에 존재하는 병폐들이었다. 만약 초나라에서 그를 임용한다면 우리 진, 채 두 나라는 위험해질 것이다." 그리하여 그들은 군사를 보내 공자의 길을 가로 막았다.

공자는 길을 더 가지 못한 채 갇혀 식량이 떨어진 지 7일이 되도록 바깥과는 통할 수 없었고, 나물국조차 먹을 수가 없게 되자 그를 따르던 제자들이 모두 병이 나고 말았다. 그런데도 공자는 더욱 강개한 빛으로 학문을 강의하고 거문고 반주에 맞춰 노래하기를 그치지 않았다. 공자는 자로(子路)를 불러 물었다. "『시』에 이르기를 '무소도 아니고 호랑이도 아닌 것이 저 먼 들판을 쫓아다닌다.'고 하였으니 나의 도가 그릇된 것인가? 어찌 이 지경에 이르렀는가?" 자로가 분해하면서 화난 얼굴빛으로 말하였다. "군자는 곤궁한 일이 없다고 하시더니 선생님께서는 아직 인덕(仁德)이 부족하여 사람들이 우리를 믿지 않고 있는 것인지요? 선생님께서 아직 예지(睿智)가 부족하여 사람들이 우리의 갈 길을 가로 막고 있는 것인지요? 제가 옛날 선생님께 듣기를 '착한 일을 하는 자에게는 하늘이 복을 내려주고, 악한 일을 하는 자에게는 하늘이 화를 내린다고 하셨는데, 이제 선생님께서는 덕행을 쌓으시고 인의(仁義)를 마음에 품고 실천하신 지 오래 되었는데 어찌 이런 곤궁한 지경에 처하게 되었습니까?" 공자가 말하였다. "중유(仲由)야! 너는 아직 모르는구나! 내 너에게 말해 주마. 너는 어진 자는 반드시 남들이 믿는다고 여기는데, 그렇다면 백이(伯夷)와 숙제(叔齊)가 수양산(首陽山)에서 굶어죽지 않았을 것이다. 너는 예지가 있는 사람은 반드시 임용된다고 여기는데, 그렇다면 왕자 비간(比干)이 심장을 가르는 화를 입지 않았을 것이다. 너는 충성스러운 사람은 반드시 보답이 있다고 여기는데, 그렇다면 관용봉(關龍逢)이 형벌로 죽지는 않았을 것이다. 너는 간언하게 되면 반드시 그 임금이 들어준다고 여기는데, 그렇다면 오자서(伍子胥)가 죽임을 당하지 않았을 것이다. 무릇 현명한 군주를 만나고 못만나는 것은 시세(時勢)에 의해 결정되고, 어질거나 어질지 못한 것은 개인의 자질에 달려 있다. 군자로서 학식이 넓고 지모가 깊다 할지라도 시운(時運)을 만나지 못한 사람은 많다. 어찌 나 혼자뿐이겠느냐? 또 지초(芝草)와 난초(蘭草)가 깊은 숲 속에서 알아주는 사람이 없다고 하여 그 향기를 내뿜지 않는 것이 아니듯 군자도 도를 닦고 덕을 세우다가 곤궁에 빠졌다 해서 절조(節操)를 무너뜨리지 않는다. 일을 실행하는 것은 사람이고, 살고 죽는 것은 명(命)이다. 그런 까닭에 진(晉)나라 중이(重耳)는 패자가 되겠다는 웅심(雄心)은 조(曹)나라와 위(衛)나라 두 나라에 도망해 있을 때 생겨났고, 월왕 구천이 패자가 되겠다는 결심은 회계(會稽)에서 고생하던 때 생긴 것이다. 그러므로 아랫자리에 처해서 근심이 없으면 그 사고가 원대해 질 수 없고, 생활이 오랫동안 안일한 사람은 그 뜻하는 바가 넓을 수가 없다. 네가 어찌 그들의 모든 경력을 알겠느냐?" 자로가 밖으로 나갔다.

공자는 자공(子貢)을 불러 그에게 자로에게 한 말과 같은 문제를 물었다. 자공이 말하였다. "선생님의 도는 크고 넓기 때문에 천하 사람들이 모두 받아들일 수는 없는 것입니다. 선생님께서는 어찌 그 주장을 조금 낮추시지 않으십니까?" 공자가 말하였다. "단목사(端木賜)야! 훌륭한 농부가 씨뿌리기를 잘하지만 반드시 수확이 잘되지는 않고, 훌륭한 공장(工匠)이 물건을 정교하게 만들지만 반드시 사람들의 마음에 꼭 맞는 물건을 만들어 내지는 못한다. 군자가 자신의 도를 잘 닦아 주차(主次)가 분명하고 조리가 있더라도 반드시 사람들에게 받아들여지는 것은 아니다. 지금 자신의 도를 잘 닦지도 않으면서 오히려 사람들에게 받아들여지기만을 구하니 단목사야! 너는 뜻하는 바가 넓지 못하고, 너의 이상 또한 고원(高遠)하지 못하구나." 자공이 밖으로 나갔다.

안회가 들어오자 역시 똑같이 물었다. 안회가 말하였다. "선생님의 도는 크고 넓기 때문에 천하 사람들이 모두 받아들일 수 없는 것입니다. 비록 그러하오나 선생님께서는 이 도를 더욱 미루어 행하실 뿐이십니다. 세상 사람들이 임용하지 못함은 각국 통치자의 치욕인데 선생님께서 어찌 근심하십니까? 받아들여지지 않더라도 이렇게 하여야 군자의 본 모습을 보게 되는 것입니다." 공자는 기뻐하며 감탄하여 말하였다. "옳은 말이로다. 안씨(顏氏)의 아들이여! 네가 만일 재물이 많다면 나는 너의 재산관리인이 되겠노라."

▌原文

楚昭王聘孔子, 孔子往拜禮焉, 路出於陳, 蔡. 陳, 蔡大夫相與謀曰: "孔子聖賢, 其所刺譏, 皆中諸侯之病. 若用於楚, 則陳, 蔡危矣." 遂使徒兵距[1]孔子.

孔子不得行, 絶糧七日, 外無所通, 藜羹[2]不充, 從者皆病. 孔子愈慷慨講誦[3], 弦歌不衰. 乃召子路而問焉, 曰: "『詩』云: '匪兕匪虎, 率彼曠野[4]'. 吾道非乎, 奚爲至於此?" 子路愠, 作色而對曰: "君子無所困, 意者夫子未仁與, 人之弗吾信也[5]? 意者夫子未智與, 人之弗吾行也[6]? 且由也昔者聞諸夫子: '爲善者, 天報之以福, 爲不善者, 天報之以禍.' 今夫子積德懷義, 行之久矣, 奚居之窮也?" 子曰: "由未之識也, 吾語汝; 汝以仁者爲必信也, 則伯夷, 叔齊不餓死首陽; 汝以智者爲必用也, 則王子比干不見剖心; 汝以忠者爲必報也, 則關龍逢[7]不見刑; 汝以諫者爲必聽也, 則伍子胥[8]不見殺. 夫遇不遇者, 時也; 賢不肖者, 才[9]也. 君子博學深謀而不遇時者衆矣, 何獨丘哉! 且芝蘭[10]生於深林, 不以無人而不芳. 君子修道立德, 不謂窮困而敗節[11]. 爲之者人也, 生死者命也. 是以晉重耳之有霸心, 生於曹, 衛[12]; 越王勾踐之有霸心, 生於會稽[13]. 故居下而無憂者, 則思不遠; 處身而常逸者, 則志不廣. 庸知其終始乎[14]?" 子路出.

召子貢, 告如子路. 子貢曰: "夫子之道至大, 故天下莫能容夫子, 夫子盍少貶焉?" 子曰: "賜, 良農能稼, 不必能穡[15]; 良工能巧, 不能爲順[16], 君子能修其道, 綱而紀之, 不必其能容. 今不修其道, 而求其容. 賜, 爾志不廣矣, 思不遠矣!" 子貢出.

顔回入, 問亦如之. 顔回曰: "夫子之道至大, 天下莫能容, 雖然, 夫子推而行之, 世不我用, 有國者之醜也, 夫子何病焉? 不容, 然後見君子." 孔子欣然嘆曰: "有是哉, 顔氏之子, 使爾多財[17], 吾爲爾宰[18]."

注釋

1) **距**: '거(拒)'와 같다. 막다. 이 기록은 『순자』「유좌(宥坐)」, 『한시외전』권7, 『사기』「공자세가」, 『설원(說苑)』「잡언(雜言)」에도 보인다. 2) **藜羹**: 명아주 잎으로 끓인 죽. 보잘 것 없는 음식을 가리킨다. 려(藜)는 풀이름인데, 처음 생긴 것은 먹을 수 있다. 려(藜)가 동문본에는 려(黎)로 되어 있다. 3) **誦**: 원래는 빠져 있었으나 사고본과 비요본, 동문본에 근거하여 보완하였다. 4) **匪兕匪虎, 率彼曠野**: 『시』「소아(小雅)·하초불황(何草不黃)」에 나오는 말이다. 왕숙의 주에, "率은 修(사고본과 동문본, 『사기』집해(集解)에는 모두 '순(循)'으로 되어 있다. 이하 같다.)이다. 무소도 아니고 호랑이도 아니면서 저 먼 들판을 다닌다는 말이다"고 했다. 시(兕)는 무소[犀牛]이다. 5) **夫子未仁與, 人之弗吾信也**: 왕숙의 주에, "사람들이 믿지 않으니 어찌 인(仁)의 경지에 이르지 못한 이유 때문인가라고 말한 것이다."고 했다. 6) **夫子未智與, 人之弗吾行也**: 왕숙의 주에, "사람들이 갈 길을 막아 곤궁하게 하는 것을 보면 어찌 지(智)의 경지에 이르지 못한 이유 때문인가라고 말한 것이다."고 했다. 7) **關龍逢**: 하(夏)왕조의 대신. 하나라 걸(桀)왕의 포악하고 음란함을 보고 여러 차례 직간하였다가 갇혀 살해되었다. '봉(逢)'은 원래 '방(逄)'으로 되어 있었으나, 여기서는 비요본과 동문본에 근거하여 고쳤다. 8) **伍子胥**: 춘추시대 오(吳)나라 대부. 이름은 원(員), 자는 자서(子胥). 오왕 부차(夫差)에게 월(越)을 막기 위해 제나라 정벌을 그만두고 화평을 맺기를 권하다가 점차 멀어지게 되어 이후 B.C. 484년 자살을 명받았다. 공자가 陳, 蔡 사이에서 어려움을 겪기 전이다. 혹은 만년에 공자가 오자서가 죽은 이후 그 일을 가지고 '갇혀 고생하였던' 일을 언급한 것이 아닌가 하지만 『사기』에는 백이와 숙제 그리고 비간(比幹)의 일만 있을 뿐, 관룡봉과 오자서은 언급하지 않았다 때문에 이 내용은 공자의 후학들이 보완하여 기록한 것이라 의심된다. 그렇다고 이에 근거하여 이 편은 위작이라 의심할 수는 없다. 9) **才**: '재(材)'와 같다. 자질, 품질. 10) **芝蘭**: 두 가지 향초(香草). 둘을 연용하여 아름다운 덕행이나 환경을 가리킨다. 11) **不謂窮困而敗節**: '爲'가 원래는 '謂'로 되어 있었으나 사고본과 동문본에 근거하여 고쳤고, '敗'가 원래는 '改'로 되어 있었으나 사고본과 동문본에 근거하여 고쳤다. 12) **晉重耳之有霸心, 生於曹衛**: 왕숙의 주에, "중이(重耳)는 진 문공(晉文公)이다. 공자 때에 도망하였다가 조(曹), 위(衛)에서 고생하였다."고 했다. 13) **越王句踐之有霸心, 生於會稽**: 왕숙의 주에, "월왕(越王)이 패자가 되겠다는 마음을 갖게 된 것은 회계(會稽)에서 고생하던 때에 생긴 것이다."고 했다. 14) **庸知其終始乎**: 왕숙의 주에, "용(庸)은 용(用)이다. 너는 어찌 그 일의 시작과 끝을 알 수 있는가. 혹은 진 문공(晉文公), 월왕(越王)의 시기이다."고 했다. 15) **良農能稼, 不必能穡**: 왕숙의 주에, "씨뿌리는 것을 가(稼), 수확하는 것을

색(穡)이라고 한다. 훌륭한 농부가 씨뿌리기를 잘한다고 하여 반드시 수확을 잘할 수는 없다."고 했다. 16) **良工能巧, 不能爲順**: 왕숙의 주에, "훌륭한 공인(工人)이 물건을 잘만든다고 하여 모든 사람의 뜻에 맞게 할 수는 없다."고 했다. 17) **使爾多財**: 이 앞에 원래는 '오역(吾亦)' 두 글자가 있었으나 『사기』와 문장의 의미에 근거하여 삭제하였다. 18) **吾爲爾宰**: 왕숙의 주에, "재(宰)는 재물을 주관하는 사람. 너의 재산 관리인이 되겠다는 뜻과 같다[宰, 主財者. 爲汝主財, 意志同也](사고본에는 '者' 뒤에 '也'자가 있었고, '意志同'은 '言志之同'이라고 되어 있었다. 『사기』집해(集解)는 사고본과 같다.)"

20-2

자로가 공자에게 물었다. "군자에게도 근심이 있습니까?" 공자가 말하였다. "없다. 군자란 수신하며 실천하다가 한 일이 성공하지 못했을 때에는 자신을 위해 했던 일의 뜻을 즐겁게 여기고, 성공하였을 때는 자신이 한 것을 즐겁게 여겨야 한다. 그러므로 군자는 종신토록 즐거움만 있을 뿐 하루도 근심이 없다. 소인은 그렇지 않다. 그가 얻고자 하는 것을 얻지 못하면 그것을 얻지 못할까 걱정하고, 얻게 되면 또 그것을 잃을까 두려워한다. 이 때문에 소인은 종신토록 근심만 있을 뿐 하루도 즐거움이 없다."

原文

子路問於孔子曰: "君子亦有憂乎?" 子曰: "無也 .君子之修行[1]也, 其未得之, 則樂其意; 旣得之, 又樂其治[2], 是以有終身之樂, 無一日之憂. 小人則不然, 其未得也, 患弗得之; 旣得之, 又恐失之. 是以有終身之憂, 無一日之樂也."

注釋

1) **修行**: 수신하며 실천한다. 이 기록은 『순자』「자도(子道)」, 『설원(說苑)』「잡언(雜言)」에도 보인다. 2) **治**: 하다, 작위(作爲).

▮20-3

증자가 오래되어 다 헤진 옷을 입고 노나라에서 농사를 짓고 있었다. 노나라 임금이 이를 듣고 그에게 봉지를 내려주려 하였다. 증자는 굳이 사양하고 받지 않았다. 어떤 사람이 말하였다. "그대가 요구한 것이 아니라 노나라 임금이 스스로 내려 준 것인데 어찌 한사코 사양하십니까?" 증자가 말하였다. "내가 듣건대 다른 사람이 보내온 것을 받는 자는 물건을 보낸 사람을 늘 두려워하게 마련이고, 다른 사람에게 물건을 주는 자는 항상 남에게 교만하게 마련이다. 설사 임금이 하사한 것이므로 나에게 교만하지 않더라도 나로서야 어찌 두려운 마음이 없겠는가?"

공자가 이를 듣고 말하였다. "증삼(曾參)의 말은 그의 기절(氣節)을 보전(保全)하기에 족하다."

▮ 原文

曾子弊衣而耕於魯, 魯君聞之而致邑[1]焉, 曾子固辭不受. 或曰: "非子之求, 君自致之, 奚固辭也?" 曾子曰: "吾聞受人施者常畏人, 與人者常驕人. 縱君有賜, 不我驕也, 吾豈能勿畏乎?"

孔子聞之曰: "參之言, 足以全其節也."

▮ 注釋

1) 致邑: 봉지(封地)를 내려주는 것. 치(致)는 내려 보내다. 하사하다. 이 기록은 『설원(說苑)』「입절(立節)」에도 보인다.

▮20-4

공자가 진(陳), 채(蔡) 두 나라 사이에 갇혀 고생하여 7일 동안이나 따르던 제자들이 먹지 못하였다. 자공이 자신이 가지고 간 재화를 가지고 몰래 포위를 뚫고 나가 시골의 농부에게 양식을 사줄 것을 요구하여 쌀 1석(石)

을 사서 돌아왔다. 그리하여 안회(顔回)와 중유(仲由)가 다 쓰러져 가는 집에서 밥을 지었다. 그런데 마침 까만 재가 솥으로 떨어졌다. 안회는 까만 재가 떨어진 부분의 밥을 퍼서 먹었다.

자공이 우물가에서 안회의 이러한 행동을 보고 밥을 훔쳐 먹는다고 불쾌히 여겼다. 그리고 들어가 공자에게 물었다. "어질고 정직한 사람도 곤궁(困窮)해지면 그가 지켜야 할 절개를 바꾸게 됩니까?" 공자가 말하였다. "지켜야 할 절개를 바꾸었다면 어찌 인의(仁義)하다고 하겠느냐?" 자공이 말하였다. "안회 같은 사람은 절개를 변치 않을 사람입니까?" 공자가 말하였다. "그렇다." 이에 자공은 안회가 밥을 훔쳐 먹은 일을 공자에게 고했다. 공자가 말하였다. "내가 안회를 어질다고 믿은 지가 이미 오래다. 비록 네가 그렇게 이야기해도 나는 안회를 의심하지 않는다. 혹 무슨 이유가 있었으리라. 너는 잠시 가만있거라. 내가 그에게 물어보도록 하마." 공자는 안회를 불러 말하였다. "며칠 전 내가 꿈에 선인(先人)을 만났는데 혹 계시를 내려 나를 보호하려는 것이 아닐까? 네가 짓고 있는 밥이 다 되었으면 가져오너라 내가 제사부터 올려야 겠다." 안회가 말하였다. "방금 밥을 지을 때 까만 재가 밥솥에 떨어졌기에 그대로 두자니 깨끗하지 못하고 버리자니 아까워 제가 그 부분을 퍼서 먹었습니다. 이러한 밥으로는 제사를 지낼 수가 없습니다." 공자는 말하였다. "그렇게 잘했노라. 나 역시 퍼서 먹었을 것이다."

안회가 밖으로 나가자 공자는 제자들을 돌아보면서 말하였다. "내가 안회를 믿어 온 것은 오늘날 시작한 것이 아니다." 제자들이 이로부터 안회에게 더욱 탄복하였다.

原文

孔子厄於陳, 蔡, 從者七日不食. 子貢以所賫貨[1], 竊犯圍而出, 告糴[2]於野人, 得米一石焉, 顔回, 仲由炊之於壞屋之下, 有埃墨[3]墮飯中, 顔回取而食之.

子貢自井望見之, 不悅, 以爲竊食也. 入問孔子曰: "仁人廉士, 窮改節乎?" 孔子曰: "改節卽何稱於仁義哉?" 子貢曰: "若回也, 其不改節乎?" 子曰: "然." 子貢以所飯告孔子. 子曰: "吾信回之爲仁久矣, 雖汝有云, 弗以疑也, 其或者必有故乎? .汝止, 吾將問之." 召顏回曰: "疇昔[4]予夢見先人, 豈或啓佑我哉? 子炊而進飯, 吾將進[5]焉." 對曰: "向有埃墨墮飯中, 欲置之, 則不潔, 欲棄之則可惜, 回卽食之. 不可祭也." 孔子曰: "然乎, 吾亦食之."

顏回出, 孔子顧謂二三子曰: "吾之信回也, 非待今日也." 二三子由此乃服之.

注釋

1) 재화(賫貨): 재(賫)는 가져오다 화(貨)는 재화(財貨). 이 기록은 『여씨춘추(呂氏春秋)』「임교(任教)」에도 보인다. 2) 告糴: 양식을 사들일 것을 청하다. 적(糴)은 양식을 사들이다. 3) 애묵(埃墨): 태울 때 나는 까만 재. 4) 疇昔: 이전, 종전. 주(疇)는 조사로 뜻이 없다. 5) 進: 제사를 지내다.

21 입관 入官

▌序說

입관(入官)은 왕숙(王肅)의 주에, "입관(入官)은 관리가 되어 백성을 다스리는 직업을 이른다."고 했고, 왕빙진(王聘珍)의 『대대례기해고(大戴禮記解詁)』「목록(目錄)」에 이르기를 "입관을 묻는 것은 벼슬하는 도리를 묻는 것이다. 성인이 남면하여 백성들에게 임하는 것을 가지고 고한 것을 넓이를 더욱 확대시켜 나라의 군주가 되어 백성을 자식처럼 사랑하는 것과 다를 것이 없다는 것이 이것이다[問入官者, 問爲仕之道, 聖人告以南面臨民, 恢之彌廣, 君國子民, 不外是也]."라고 했다. 이 편에는 자장(子張)이 공자에게 관리가 되는 도리를 묻고 있고 공자가 알려주는 것을 자장이 그 말을 기록하여 정리한 것으로 이루어져 있다.

자장이 '입관(入官)'하여 어떻게 '몸을 편안히 하고 명예를 얻는'데에 이르는가 하는 문제를 묻자 공자는 매우 상세한 대답을 해 주었는데, 이는 우리들이 공자의 정치사상을 연구하는데 있어서 믿을 만한 자료이다. 이 편에서 공자의 대답 중에는 다섯 가지 방면의 내용이 주로 포함되어 있다.

첫째, 수신(修身)을 종정(從政)의 근본이라 하였다. 공자는 "자기에게 좋은 점이 있다고 하여 독차지하지 말 것이고, 재능이 없는 사람을 가르침을 게을리 하지 말 것이며, 이미 저지른 과오를 다시 범하지 않아야 하고, 실언을 하였거든 뜻을 왜곡하여 자신을 두둔하지 말아야 하며, 좋지 않은 일을 하지 않아야 하고, 해야 할 일은 지체하지 않아야 한다[己有善勿專, 教不能勿怠, 已過勿發, 失言勿掎, 不善勿遂, 行事勿留]." 등 여섯 가지를 지녀야 하고, "원한과 질책[忿怒], 규간(規諫)의 거절[距諫], 오만하고 가볍게 여김[慢易], 태만한 것[怠惰], 사치(奢侈), 전횡과 독재[專獨] 등 여섯 가지 폐단을 제거해야 한다고 여겼다. 관리가 되어서는 곧 "지위가 안정되고 명예를 얻게[安身取譽]"될 수 있어야 하고, 명확하게 "군자가 도덕으로 자신을 배양하여 이치에 맞는 행위를 회복하고, 향리(鄕里)의 속어를 살펴 그것을 실행함[君子修身反道, 察里言而服之]."을 요구해야 하며, 아울러 위정자는 "존귀하더라도 교만해서는 안되어야[貴而莫驕]"함을 훈계하였다. 공자는 수신이 정치를 수행함에 있어서 중요하다는 것을 매우 강조하고 있음을 알 수 있다.

둘째, 관리가 되어 백성을 다스리려면 당연히 백성의 사정을 이해해야 하고, 백성의 사정에 순응하고 이에 근거하여 백성에게 맞는 정책을 제정해야 한다. 당연히 백성의 사정에 근거하여 실제에 적합한 조치를 실행하여야 비로소 "지위도 안정되고 좋은 명성도 얻게 되며 또한 백성들도 스스로 즐거움을 얻게[身安譽至而民得]"할 수 있다. 공자는 실제에 맞지 않는 정책으로 백성을 이끄는 것을 극력 반대하였다. 그와 같이 하면 백성들이 정령(政令)에 불복하고 심지어 증오와 원한이 발생하게 된다고 여겼다.

셋째, 관리가 되어 백성을 다스리려면 백성을 사랑해야 한다. 백성을 관대함으로 대하여야지 가혹하게 대하여는 안 된다. 공자는 "현명한 군주는 반드시 관용으로 백성들을 대하고, 자애로움으로 어루만지[明君必寬裕以容其民, 慈愛優柔之"라고 주장하고 "물이 지나치게 맑으면 물고기가 없게 되고 사람은 너무 살피면 따르는 사람이 없게 된다水至淸則無魚, 人至察則無徒]." 라고 여겼다. 관용(寬容)하면 비로소 "위아래가 서로 친해져서 떠나지 않고, 도덕교화가 유행하여 맺힘이 없을 것이다[上下親而不離, 道化流而不蘊]", "백성을 사랑하면 지위가 안정될 것이고 백성을 미워하면 지위를 잃게 될[愛之則存, 惡之則亡]."수 있다고 했다.

넷째, 위정자는 모든 일에 몸소 모범을 보여 백성들을 위하여 귀감을 세워야 한다. 공자가 보기에 "임금은 백성의 준칙이다[君上者, 民之儀也].", "준칙이 바르지 않으면 백성이 갈 길을 잃는다[儀不正則民失]."라고 보았다. 백성들은 오직 위정자만 보고 따르기 때문에 위정자는 모든 일에 예법에 합당하게 해야 하고 그렇지 않으면 백성들이 방종하게 될 것이며 사회는 혼란하게 된다. 따라서 위정자는 "정령(政令)이 신속하게 실행되게 하려면 자신이 먼저 행하는 것보다 좋은 것이 없으며[欲政之速行也, 莫善乎以身先之]."라고 하였다.

다섯 째, 위정자는 신중하게 좌우를 선택해야 한다. 공자는 인재의 선발을 삼가 신중해야 함은 단지 "정사(政事)를 처리하는 것이 편안해진다[佚於治事]" 뿐만 아니라 명성을 쉽게 얻을 수 있는 것이라 여겼다.

총괄적으로 말해서, 이 정치사상들은 공자가 주장한 "먼저 덕으로 다스리고 나중에 형벌을 쓴다[先德後刑]", "백성을 부릴 때에는 때에 맞게 하고, 백성을 뽑을 때에는 법도에 맞게 한다[使民以時, 取民有度]", "어질고 재능있는 자를 등용한다[舉賢才]" 등 정치사상과 완전히 일치하고, 『논어』에 기록된 공자의 말 "자신이 바르면 영을 내리지 않아도 따르고, 자신이 바르지 못하면 비록 영을 내려도 따르지 않는다[其身正, 不令而從, 其身不正, 雖令不從]"와도 같다.

이 편은 『대대례기(大戴禮記)』「자장문입관(子張問入官)」에도 보이는데, 둘 사이에는 문자상의 개별적 차이만 있을 뿐이다. 이 둘을 대조하여 살펴보면 이 편과 『대대례기(大戴禮記)』「자장문입관(子張問入官)」의 기록 사이에 각기 빠진 부분이 있음을 어렵잖게 발견할 수 있다. 전해 내려오는 과정 중에 이 두 편은 각기 누락되거나 어구의 혼란이 있었으므로 이 둘을 결합하면 이 편의 주지(主旨)를 더욱 잘 파악할 수 있을 것이다. 글자와 내용으로 볼 때 어떤 학자들은 이 편에 나오는 『대대례기』「자장문입관」의 말투가 매우 타당하지 않다고 하였다.

▌21-1

자장(子張)이 벼슬길에 들어서는 일에 대하여 묻자, 공자가 말하였다. "지위를 안정시키고 좋은 명성을 얻는 것은 어렵다." 자장이 말하였다. "그러면 어떻게 해야 합니까?" 공자가 말하였다. "자기에게 좋은 점이 있다고 하여 독차지하지 말 것이고, 재능이 없는 사람을 가르침을 게을리 하지 말 것이며, 이미 저지른 과오를 다시 범하지 않아야 하고, 실언을 하였거든 뜻을 왜곡하여 자신을 두둔하지 말아야 하며, 좋지 않은 일을 하지 않아야 하고, 해야 할 일은 지체하지 않아야 한다. 군자로서 벼슬을 하는데 이 여섯 가지 일을 한다면 자신의 지위도 안정시키고 좋은 명성도 얻을 수 있으며 백성들 또한 정령(政令)에 복종하게 될 것이다. 다시 말해, 원한과 질책은 송사(訟事)가 생기는 원인이고, 규간(規諫)을 거절하는 것은 마음을 닫게 하는 원인이며, 오만하고 가볍게 여기는 것은 예절을 잃는 원인이고, 태만한 것은 시기를 놓치는 원인이며, 사치는 재물을 부족하게 하는 원인이고, 전횡과 독재는 일을 성사시키지 못하는 원인이다. 군자가 벼슬하는데 이 여섯 가지를 버린다면 지위가 안정되고 명예를 얻게 되며 백성들이 정령을 따르게 될 것이다.

▌原文

子張問入官[1)]於孔子. 孔子曰: "安身取譽爲難." 子張曰: "爲之如何?" 孔子曰: "己有善勿專[2)], 敎不能勿怠[3)], 已過勿發[4)], 失言勿掎[5)], 不善勿遂[6)], 行事勿留[7)], 君子入官, 有[8)]此六者, 則身安譽至而政從[9)]矣. 且夫忿數者[10)], 官獄所由生也; 距[11)]諫者, 慮之所以塞也; 慢易者, 禮之所以失也; 怠惰者, 時之所以後也; 奢侈者, 財之所以不足也; 專獨者, 事之所以不成也. 君子入官, 除此六者, 則身安譽至而政從矣.

▌注釋

1) 入官: 왕숙의 주에, "입관(入官)은 관리가 되어 백성을 다스리는 직업을 이른다."고

했다. 2) **己有善勿專**: 왕숙의 주에, "비록 좋은 점이 있으면 당연히 아래 사람과 공유하고 자기만 지닌 것으로 독차지해서는 안 된다."고 하였다. 3) **怠**: 게으르다, 나태하다. 왕숙의 주에, "태(怠)는 게으르다[解]의 의미다."고 했다. 4) **已過勿發**: 왕숙의 주에, "다른 사람이 이미 과오를 저질렀는데 상해(傷害)받은 것이 없다면 들추어내지 않는다."고 했지만 명확하지 않다. 왕빙진(王聘珍)의 『대대례기해고(大戴禮記解詁)』「자장문입관(子張問入官)」에 『모시전(毛詩傳)』을 인용하여 이르기를, "발(發)은 행(行)이다."고 했다. 5) **失言勿掎**: 왕숙의 주에, "다른 사람이 실언(失言)이 있다고 하여 뿔로 끌어당기지 않는다."고 했지만 잘못이다. 기(掎)는 『설문계전(說文系傳)』「수부(手部)」에, "기(掎)는 제(躋)이다."고 했다. 따라서 당연히 '제(躋)' 자의 잘못이다. 뜻은 돌려 말하다, 두둔하다. 6) **不善勿遂**: 왕숙의 주에, "착하지 못한 일이 있으면 이루도록 해서는 안 된다."고 했다. 수(遂)는 성취(成就)이다. 7) **行事勿留**: 왕숙의 주에, "마땅히 해야 할 일은 지체하지 않는다."고 했다. 8) **有**: 사고본과 동문본에는 '自'로 되어 있다. 9) **政從**: 왕숙의 주에, "무리들이 그 정치를 따름으로 가르침에 위배됨이 없다."고 했다. 10) **且夫忿數者**: 차부(且夫)는 '다시 말해'의 뜻. 수(數)는 미워하다, 증오하다. 11) **距**: '거(拒)'와 같다. 거절하다.

21-2

"그러므로 군자가 남면(南面)하여 관직에 임하면 대체로 정직하고 공심(公心)으로 다스려야 하고, 정성스런 생각으로 시기에 맞춰 정령(政令)을 행하며, 행위가 충성되고 언어가 정성스럽고 믿음이 가게 하고, 윤리도덕의 규범을 고찰하고, 좋고 나쁜 것을 살펴서 유리한 것은 받아들이고, 해로운 것은 버려야 하며, 보답을 바라지 않으면 백성들의 정황을 이해할 수 있게 된다. 무릇 군자가 관직에 임하여 천리(天理)를 거역하고 백성을 학대하는 방식으로 백성을 통치해서는 안 되고, 백성들의 말을 범하여서 백성을 굴복하게 하지 말 것이며, 백성을 교활하게 속이는 말로써 백성을 헤아리지 말아야하고, 농사시기를 거스르는 방법으로 백성을 양호(養護)해서는 안되며, 형법을 관대하게 하는 방식으로 백성을 애호해서는 안 된다. 이와 같이 하면 지위도 안정되고 좋은 명성도 얻게 되며 또한 백성들도 스스로 즐거움을 얻게 될 것이다."

▌原文

"故君子南面[1]臨官, 大域[2]之中而公治之, 精智而略行之[3], 合是忠信, 考是大倫, 存是美惡[4], 進是利而除是害, 無求其報焉, 而民之情可得也. 夫臨之無抗民之惡[5], 勝之無犯民之言[6], 量之無佼民之辭[7], 養之無擾於其時, 愛之無寬於刑法[8]. 若此, 則身安譽至而民得也."

▌注釋

1) **南面**: 고대에는 남쪽을 향한 것이 존위(尊位)로 여겨 천자(天子), 제후, 경대부 등 장관이 출현할 때면 반드시 남쪽을 향해 앉는다. 이 말은 왕인지(王引之)의 『경의술문(經義述聞)』과 능정감(淩廷堪)의 『예경석의(禮經釋義)』에 나온다. 2) **大域**: 왕숙의 주에, "대역(大域)은 '고교(辜較)'와 같다."고 했다. 고교(辜較: '辜' 자가 사고본에는 '大'로 되어 있다)는 '대략', '대체로'라는 뜻. 3) **精知而略行之**: 왕숙의 주에, "정성스런 생각으로 시기에 맞춰 행하고 그 요령을 들어 행한다."고 했다. '略行'이란 기회를 보아 행하다. 4) **存是美惡**: '存'은 고찰하다, 살피다. 『대대례기(大戴禮記)』 왕광삼(王廣森)의 보주(補注)에 "存은 찰(察)이다."고 했다. 5) **夫臨之無抗民之惡**: 왕숙의 주에, "백성을 다스림에 항양(抗揚)의 뜻이 없어야 한다."고 했다. 항(抗)은 『주서(周書)』「시법(謚法)」에 이르기를, "하늘을 거역하고 백성을 학대하는 것은 항(抗)이라 한다."고 했다. 6) **勝之無犯民之言**: 왕숙의 주에, "신중함으로 백성을 굴복하게 한다는 것을 백성을 범하지 않음을 말한다."고 했다. 승(勝)은 이(理)로써 굴복하게 한다. 7) **量之無佼民之辭**: 왕숙의 주에, "교(佼)는 주(周)와 같다. 헤아리고 정치를 베풀며 백성을 말로 속이지 않는다."고 했다. 양(量)은 탁(度), 헤아리다. 교(佼)는 교(狡)와 같다. 교활하게 속이다. 8) **愛之無寬於刑法**: 왕숙의 주에, "백성을 사랑한다고 해도 형법을 관대하게 해서는 안된다. 그 사랑을 위엄으로 극복하기 때문에 이루어지지 않음이 없다."고 했다.

▌21-3

"군자가 관리가 되면 보는 바가 자신의 신변 가까운 곳의 일이기 때문에 분명하여 가리워 질 수 없고, 구하는 바가 자신의 가까운 곳에 있기 때문에 힘들이지 않고도 얻을 수 있다. 따라서 통치방식이 간약(簡約)하여 백성을 부리지 않고도 명성을 얻게 된다. 무릇 예의규범은 마음속에 있는 것이기 때문에 예의규범이 자신과 멀리 있지 아니하고 원천(源泉)처럼 고갈되지 않는다. 따라서 천하의 사물은 조금씩 쌓여 이루어진 것이고 근본은 적어지는 것이 아니며 서로 다른 사물은 장단(長短)에 따라 각기 쓰여진다. 군자가 사회에 뜻을 세워 다스림의 이치를 얻으면 정치가 어지럽지 않게 된다. 덕(德)은 마음에 관통하는 것이고, 뜻에 간직되고 표정에도 나타나고 말에도 드러난다. 이같이 하면 지위는 안정되고 명예도 얻게 되며, 백성들은 자연스레 다스려지는 것이다. 이 때문에 관리가 되어 다스리지 못하면 혼란이 발생하고, 혼란이 발생하면 다툼이 이르고, 다툼이 이르면 다시 혼란에 빠지게 된다. 현명한 군주는 반드시 관용으로 백성들을 대하고, 자애로움으로 어루만지므로 백성들은 스스로 즐거움을 얻게 된다."

原文

"君子以臨官, 所見則邇[1], 故明不可蔽也; 所求於邇, 故不勞而得也[2]. 所以治者約, 故不用衆而譽立. 凡法象在內, 故法不遠而源泉不竭[3]. 是以天下積而本不寡[4]. 短長得其量. 人志治而不亂 政. 德貫[5]乎心, 藏乎志[6], 形乎色, 發乎聲. 若此, 而身安譽至, 民鹹自治矣. 是故臨官不治則亂, 亂生則爭之者至, 爭之至, 又於亂[7], 明君必寬裕[8]以容其民, 慈愛優柔[9]之, 而民自得矣."

注釋

1) 所見則邇: 왕숙의 주에, "보는 바가 가깝다는 것은 아주 작은 것을 살필 수 있다는 것을 이른다."고 했다. 이(邇)는 가깝다. 2) 所求於邇, 故不勞而得也: 왕숙의 주에, "구하는 바가 가깝기 때문에 힘들이지 않고 얻는다."고 했다. 3) 凡法象在內, 故法不遠而源泉不竭: 왕숙의 주에, "예의규범은 마음 가까이 존재하는 것이기 때문에 자신과 멀리 떨어져 있지 않고, 원천(源泉)처럼 고갈되지 않는다."고 했다. '법상(法象)'이란 예

의규범에 합당한 의표(儀表), 거지(擧止)을 가리킨다. 4) **天下積而本不寡**: 왕숙의 주에, "천하의 일은 모두 하나씩 쌓여서 이루어진 것이므로 원천(源泉)의 근본과 같이 고갈되지 않고 감소하지 않는다는 것을 말한다."고 했다. 5) **貫**: 관통(貫通). 6) **志**: 왕빙진(王聘珍)의 『대대례기해고(大戴禮記解詁)』「자장문입관子張問入官)」에 인용한 노변(盧辯)의 주에 이르기를, "지(志)는 마음[心]의 곳집[府]이다."고 했다. 7) **亂生則爭之者至, 爭之至, 又於亂**: 왕숙의 주에, "작은 혼란은 다투지만, 다툼이 심하면 다시 대란(大亂)이 이른다."고 했다. 8) **裕**: 동문본에는 '우(祐)'로 되어 있다. 9) **優柔**: 어루만지다, 위로하다.

21-4

"명령을 집행하는 것은 위정(爲政)의 시작이고, 말은 감정을 선도하는 것이다. 좋은 정령(政令)은 집행하기가 용이하고 백성들도 원망을 품지 않으며, 말이 적절하고 이야기가 온화하면 백성들이 변란을 일으키지 않는다. 스스로 법도를 준수하면 백성들이 이를 본받고, 자신이 처리하는 일이 영명(英明)하면 백성들이 드러나게 한다. 만약 자신에게 공급되는 재물을 절제하지 않으면 재물을 생산하는 도리가 쇠미하게 되고, 만족을 모르고 탐하다가 얻지 못하게 되면 좋은 정치적 조처도 훌시된다. 정령에 대하여 엄숙하지 않고 혼란하게 하면 좋은 이야기도 반드시 듣지 않게 되고, 건의에 대하여 자세히 살피고 받아들이면 규간(規諫)하는 사람이 날마다 오게 될 것이다. 좋은 말은 날마다 듣고 착한 행실을 날마다 하게 되기 때문에 임금은 백성의 준칙이고, 정치를 행하는 관리는 백성의 표준이며, 임금을 가까이서 모시는 신하는 중신(衆臣)의 기강이 된다. 때문에 준칙이 바르지 않으면 백성이 갈 길을 잃게 되고, 표준이 바르지 않으면 백성들이 혼란하게 되며, 가까이 모시는 신하가 아첨하게 되면 군신(群臣)들이 간사하게 된다. 그러므로 군주는 이 세 가지 종류의 정황을 신중하게 대하지 않으면 안 된다."

原文

"行者, 政之始也[1]. 說者, 情之導也[2]. 善政行易而民不怨[3], 言調說和則民不變[4]. 法在身則民象之[5], 明在己則民顯[6]之. 若乃供己而不節, 則財利之生者微矣[7]; 貪以不得, 則善政必簡矣[8]; 苟[9]以亂之, 則善言必不聽也 詳以納之, 則規諫日至[10], 言之善者, 在所日聞[11], 行之善者, 在所能爲. 故君上者, 民之儀[12]也; 有司執政者, 民之表也; 邇臣便僻者, 群僕之倫也[13]. 故儀不正則民失, 表不端則百姓亂, 邇臣便僻, 則群臣汙矣[14]. 是以人主不可不敬乎三倫[15]."

注釋

1) **行者, 政之始也**: 왕숙의 주에, "행(行)이 정치의 시작이라는 것은 백성들은 정령(政令)을 따르지 말을 따르지 않는다는 것을 말한다."고 했다. 행(行)이란 정령(政令)의 집행이다. 2) **說者, 情之導也**: 왕숙의 주에, "말은 다만 그 정(情)을 이끈다."고 했다. 3) **善政行易而民不怨**: 왕숙의 주에, "선정(善政)과 정령의 집행을 간단하고 쉽게 하면 백성에게 원망함이 없다."고 했다. '행이(行易)'는 집행을 쉽게 하다. 4) **言調說和則民不變**: 왕숙의 주에, "조(調)는 적(適)이다. 말이 사실과 맞고, 백성들에게 하는 이야기가 온화하면 변하지 않는다."고 했다. 5) **法在身則民象之**: 왕숙의 주에, "법도가 늘 자신에게 있게 하면 백성들이 이를 본받는다."고 했다. '之' 자가 본래 빠져 있었으나 사고본과 동문본에 근거하여 보완하였다. 6) **顯**: 드러나다. 7) **供己而不節, 則財利之生者微矣**: 왕숙의 주에, "자신에게 공급되는 재물에 절제함이 없으면 재물을 생산하는 도리가 쇠미하게 된다."고 했다. 8) **貪以不得, 則善政必簡矣**: 왕숙의 주에, "재물을 탐하다가 얻지 못하면 선정(善政) 조치는 소홀히 되어 소용없이 될 것이라는 것을 말한 것이다."고 했다. 9) **苟**: 소홀하다, 엄숙하지 않다. 10) **詳以納之, 則規諫日至**: 왕숙의 주에, "좋은 말을 받아들이다."고 했다. 11) **言之善者在所日聞**: 왕숙의 주에, "좋은 말을 날마다 들어 그 날 행할 수 있다."고 했다. 12) **儀**: 나무를 세워 사람들에게 의(儀)를 보이는 것, 또 표(表)라고도 한다. 표준, 준칙, 법도 등의 뜻으로 쓰인다. 아래 문장의 '表'와 뜻이 가깝다. 13) **邇臣便僻者, 群僕之倫也**: 왕숙의 주에, "벽(僻)은 '벽(辟)'이어야 한다. 편벽(便辟)은 임금의 좌우에서 일을 집행하는 자이다. 윤(倫)은 기(紀)이다. 중신(衆臣)의 기(紀)이다."고 했다. 14) **邇臣便辟, 則群臣汙矣**: 편벽(便辟)은 아첨하다는 뜻이다. 원래는 '便僻'이었는데 사고본에 근거하여 고쳤다. 편벽(便辟)

과 앞에 보이는 편벽(便僻)은 뜻이 다르다. 오(汚)는 간사(奸邪)하다, 탐오(貪汚). 15) 倫: 유(類).

21-5

"군자가 도덕으로 자신을 배양하여 이치에 맞는 행위를 회복하고, 향리(鄕里)의 속어를 살펴 그것을 실행하면 지위는 안정되고 명예도 얻게 되어 시종 관위(官位)에 있게 된다. 때문에 여자는 반드시 직접 실과 삼(麻)을 가려 취해야 하고, 우수한 공장(工匠)은 반드시 직접 좋은 재료를 가려 취해야 하며, 현명한 군주는 반드시 좌우에 둘 신하를 가려 취해야 한다. 인재를 선택할 때 수고롭게 하면 정사(政事)를 처리하는 것이 편안해진다. 군자가 명예를 갖고자 하면 반드시 좌우에 둘 신하를 조심스럽게 가려 써야 한다. 높은 지위에 있는 사람은 비유하자면 나무에 올라가는 사람이 높이 올라갈수록 떨어질까 두려워하는 것과 같다. 수레를 끄는 여섯 마리 말이 서로 어긋나게 달리게 되는 것은 반드시 사통팔달(四通八達)의 네 거리일 것이고, 백성이 반란을 일으키게 되는 것은 반드시 그 임금이 정치를 어지럽게 하기 때문이다. 높은 지위에 있는 사람은 비록 고귀하고 위엄이 있지만 기댈 곳이 없고, 백성의 지위는 비천하지만 신(神)처럼 미루어 짐작할 수 없다. 백성을 사랑하면 지위가 안정될 것이고 백성을 미워하면 지위를 잃게 될 것이다. 통치자는 반드시 이 같은 문제의 관건을 분명히 알아야 한다. 때문에 관리가 되어 백성을 다스리려면 존귀하더라도 교만해서는 안 되고 부유하더라도 삼가 조심해야 한다. 사물의 근본을 파악하면서도 일의 말절(末節)을 도모할 수 있어야 하고, 옛 일을 잘 처리하면서도 공업(功業)을 세울 수 있으며, 오래도록 관위(官位)에 거해서도 정체되지 않고, 실정에 가까우면서도 멀리까지 이르게 하며, 한 가지 사정을 살피면서도 많은 사물에 융합하여 관통해야 하고, 한 가지 사정을 처리하면서도 다른 사정들이 모두 혼란스럽지 않도록 하는 것은, 자기 스스로를 모든 일의 근본으로 삼기 때문이다."

原文

"君子修身反道, 察裏言而服[1]之, 則身安譽至, 終始在焉. 故夫女子必自擇絲麻, 良工必自擇完材[2], 賢君必自擇左右. 勞於取人, 佚於治事. 君子欲譽, 則必謹其左右. 爲上者, 譬如緣木焉, 務高而畏下滋[3]甚, 六馬之乖離, 必於四達之交衢[4], 萬民之叛道, 必於君上之失政. 上者尊嚴而危, 民者卑賤而神[5], 愛之則存, 惡之則亡. 長民者必明此之要. 故南面臨官, 貴而不驕, 富而能供[6], 有本而能圖末, 修事而能建業[7], 久居[8]而不滯, 情近而暢乎遠, 察一物而貫乎多, 治一物而萬物不能亂者, 以身本者也."

注釋

1) 服: 왕숙의 주에, "복(服)은 행(行)이다."고 했다. 2) 完材: 좋은 재료. '完'은 원래 '모(貌)'로 되어 있었으나 사고본과 비요본, 동문본에 근거하여 고쳤다. 3) 滋: 사고본과 동문본에는 '玆'로 되어 있다. 4) 구(衢): 사통팔달(四通八達)의 도로. 『이아(爾雅)』에 이르기를, "사방으로 도달할 수 있는 것을 일러 구(衢)라 한다."고 했다. 5) 民者卑賤而神: 왕숙의 주에, "임금에게 사랑하는 마음이 있으면 백성이 느끼기 때문에 신(神)과 같다 이른 것이다."고 했지만 정확하지 않다. 왕빙진(王聘珍)『대대례기해고(大戴禮記解詁)』「자장문입관(子張問入官)」의 주에, "신(神)이란 추측할 수 없는 것이다."고 하였다. 즉 신과 같이 미루어 짐작할 수 없다. 6) 供: '恭'과 같다. 공경(恭敬). 왕숙의 주에, "공(供)은 마땅히 '共'이라 해야 한다. 옛날의 공(恭) 자이다."고 했다. 7) 修事而能建業: 왕숙의 주에, "옛 일을 잘 처리하면 임금이 능히 공업(功業)을 세울 수 있다."고 했다. 8) 居: 관위(官位)에 거(居)함.

21-6

"군자는 백성을 다스리는 데 있어 백성들의 본성을 잘 알지 않으면 안

되고 백성의 실정에 밝아야 한다. 그들의 본성을 알고 또 그들의 실정에 익숙한 연후에야 백성들이 비로소 명령에 복종하게 되는 것이다. 때문에 나라가 안정되고 예악이 폐하여지지 않으면 백성들은 군주를 가까이 여겨 공경하고, 정책이 공정하고 이치에 맞으면 백성들은 원망이 없다. 때문에 군자는 백성을 다스리는데 있어서 위에서 도도하게 백성들을 대하여서는 안 되고, 백성들과 관계없는 일을 하도록 그들을 인도해서는 안 되며, 그들이 원하지 않는 일을 하도록 하여 책임을 지우지 않고, 백성들이 할 수 없는 일을 강요해서는 안 된다. 현명한 군왕(君王)의 공업(功業)으로서 그들을 이끌면서, 백성들의 실정에 근거하지 않으면 백성들은 겉으로 무서워하지만 가르침을 받들지는 않는다. 여러 해 동안의 쌓은 업적으로 독실하게 하면서 그들의 실제 능력에 근거하지 않으면 백성들은 물러나 명령에 복종하지 않는다. 만약 백성들이 원하지 않는 일을 책임지게 하고 할 수 없는 일을 강요하면 백성들은 미워하게 되고, 미워하게 되면 옳지 않은 행위가 발생한다."

原文

"君子涖民[1], 不可以不知民之性而達諸民之情. 旣知其性, 又習其情, 然後民乃從命矣. 故世擧[2]則民親之, 政均[3]則民無怨. 故君子涖民, 不臨以高[4], 不導以遠, 不責民之所不爲, 不强民之所不能. 廓之[5]以明王之功, 不因其情, 則民嚴而不迎[6]; 篤[7]之以累年之業, 不因其力, 則民引而不從[8]. 若責民所不爲, 强民所不能, 則民疾, 疾則僻矣."

注釋

1) **涖民**: 치민(治民), 백성을 통치하다. 2) **世擧**: 나라가 안정되고 예악이 폐하여지지 않는다. 『국어(國語)』「진어(晉語)8」, "三代擧之"의 위소(韋昭)의 주에, "擧는 그 예(禮)가 폐하여지지 않는 것을 이른다."고 했다. 3) **政均**: 정책이 공정하고 이치에 맞는다. 4) **不臨以高**: 왕숙의 주에, "거만해서는 안된다[不亢(사고본에는 '抗'으로 되어 있다)揚也]."고 했다. 5) **廓之**: 진본(陳本), 문헌집본(文獻集本), 연산본(燕山本)에 근거하

여 보완하였다. 확(廓)은 개척하다. 6) **民嚴而不迎**: 왕숙의 주에, "영(迎)은 봉(奉)이다. 백성은 윗사람을 무서워하지만 그의 가르침을 받들지는 않는다."고 했다. 엄(嚴)은 두려워하다. 7) **篤**: 확고하다. 8) **民引而不從**: 왕숙의 주에, "인(引)은 홍(弘)이다. 그 힘이 감당할 수 없는 것으로 가르치면 백성은 물러나 그 가르침을 따르지 않는다."고 했다. 인(引)은 수렴하다, 물러나다. 9) **疾則僻矣**: 왕숙의 주에, "백성들이 윗사람을 미워하면 사벽(邪僻)한 마음이 생긴다."고 했다. 벽(僻)은 옳지 않다, 사악하다.

21-7

"옛날 성명(聖明)한 군주가 면류관 앞에 작은 구슬을 드리운 것은 밝은 빛을 가린 것이고, 면류관 양쪽에 끈을 달아 귀를 묶은 것은 듣는 것을 막은 것이다. 물은 지나치게 맑으면 물고기가 없게 되고, 사람은 너무 살피면 따르는 사람이 없게 된다. 백성들이 잘못한 일은 바로 잡되 스스로가 변하게 하고, 너그럽고 부드럽게 백성들을 대하여 스스로 즐거움을 구하도록 하며, 백성을 잘 살피고 헤아려 스스로 적당한 법령제도를 찾도록 한다. 백성들이 작은 죄를 범하면 반드시 그들의 좋은 점을 찾아 그 죄를 용서해 주고, 백성들이 큰 죄를 범하면 반드시 그 원인을 조사하여 인(仁)으로서 그들을 도와야 하며, 만약 죽을 죄를 지었다고 하더라도 그 사람을 살리게 하는 것이 가장 좋은 것이다. 그러므로 위아래가 서로 친해져서 떠나지 않고, 도덕교화가 유행하여 맺힘이 없을 것이다. 때문에 덕행(德行)이 위정(爲政)의 시작인 것이다. 위정이 너그럽고 화목하지 않으면 백성들이 그 가르침을 따르지 않고, 가르침을 따르지 않으면 백성들이 법령의 준수를 익히지 않을 것이며, 법령의 준수를 익히지 않으면 백성들을 복종하게 하여 부릴 수 없게 된다."

原文

"古者聖主冕而前旒[1], 所以蔽明也; 紘紞[2]充耳, 所以掩聰也. 水至清則[3]無魚, 人至察則無徒. 枉而直之, 使自得之; 優而柔之, 使自求之[4]; 揆而度之, 使自索之[5]. 民有小罪[6], 必求其善, 以赦其過; 民有大罪, 必原[7]其故, 以仁輔化; 如有死罪, 其使之生, 則善也. 是以上下親而不離, 道化流而不蘊[8], 故德者, 政之始也. 政不和, 則民不從其教矣; 不從教, 則民不習; 不習, 則不可得而使也."

注釋

1) 류(旒): 고대 제왕의 예모(禮帽) 앞뒤에 드리운 주옥(珠玉)을 면류관 끈. 2) 굉담(紘紞): 굉(紘)은 턱 아래를 매는 모자 끈. 담(紞)은 고대 면류관의 귀막이 끈. 3) 則: 사고본과 동문본에는 '卽'으로 되어 있다. 4) **優而柔之, 使自求之**: 왕숙의 주에, "우(優)는 너그럽다. 유(柔)는 화목하다. 스스로 그 마땅함을 구하게 하는 것이다."라고 했다. 5) **揆而度之, 使自索之**: 왕숙의 주에, "그 법을 잘 살펴 보여줌으로 스스로 찾도록 한다."고 했다. 규(揆)는 헤아리다, 살피다. 6) **罪**: 사고본과 동문본에는 '過'로 되어 있다. 7) **原**: 근원을 탐구하다. 8) **蘊**: 맺히다. 왕숙의 주에, "온(蘊)은 쌓이다."라고 했다.

21-8

"군자가 자신의 말을 다른 사람에게 믿게 하려면 먼저 자신의 마음을 비우는 것보다 좋은 것이 없고, 정령(政令)이 신속하게 실행되게 하려면 자신이 먼저 행하는 것보다 좋은 것이 없으며, 백성들이 자기 명령에 신속하게 복종하게 하려면 이치에 맞는 행위로 다스리는 것보다 좋은 것은 없다. 때문에 강제로 백성을 복종하게 할 수는 있지만 충성과 믿음이 없으면 백성들의 친근함을 얻을 수 없다. 조정 안팎으로 서로 상응하지 않으면 백성들에게 믿음을 얻을 수 없다. 이것이 백성을 다스리는 가장 중요한 도리이며, 벼슬길에 들어서는 가장 중요한 강령이다."

자장은 공자의 말을 듣고 물러나와 곧 이를 기록하였다.

原文

"君子欲言之見信也, 莫善乎先虛其內[1]; 欲政之速行也, 莫善乎以身先之, 欲民之速服也, 莫善乎以道御[2]之. 故雖服必强[3], 自非忠信, 則無可以取親於百姓者矣. 內外不相應, 則無可以[4]取信於庶民者矣. 此治民之至道矣, 入官之大統[5]矣."

子張旣聞孔子斯言, 遂退而記之.

注釋

1) **虛其內**: 왕숙의 주에, "자신의 마음을 비운다는 것은 도에 따라 행하므로써 정욕(情慾)이 없게 한다[虛其內, 謂直道而行, 無情欲('欲'이 원래는 '故'로 되어 있었으나 사고본에 근거하여 고쳤다)也]"고 했다. 2) **禦**: 다스리다. 3) **雖服必強**: 왕숙의 주에, "백성들이 비록 복종한다고 해도 반드시 위엄으로 강제한 것이지 마음으로 복종하는 것은 아니다."고 했다. 4) **庶民**: 평민, 백성. 5) **統**: 요강(要綱), 강령(綱領).

22 곤서困誓

序說

이 편의 이름이 '곤서(困誓)'인데, 곤(困)은 어렵다, 곤란하다의 의미가 있다. 서(誓)는 혹 '철(哲)' 자의 잘못이 아닌가 한다. 『일주서(逸周書)』「상서(商誓)」편의 주우증(朱右曾)의 주에 이르기를, "서(誓)는 철(哲)처럼 읽는다." 고 했고, 「상서(商誓)」중에는 "상의 선대 철왕[商先誓王]", "크신 상의 선대 철왕[肆商先誓]" 등의 구절이 있다. 『황문해(皇門解)』에는 "나라를 소유한 철왕은 백성을 돌보는데에 편안하지 못하다[有國誓王之不綏於恤]"라는 구절이 있는데, 그 중 '서(誓)' 는 '철(哲)' 자의 잘못이다. 『설문(說文)』에, "철(哲)은 지(知)이다."고 했고, 『이아(爾雅)』에, "철(哲)은 지(智)이다."고 했으며, 『서(書)』「이훈(伊訓)」에는 "널리 철인을 구하사[敷求哲人]"라 했는데, 철인(哲人)이란 현명하고 지혜를 지닌 사람이다. 이 편은 대부분 어려움과 곤란한 상황 하에서의 공자의 말과 의론을 기재함으로 공자의 지혜를 표현하고 있다. 따라서 편명을 '곤서(困誓)'라고 한 것이다.

이 편은 모두 10절(節)로 이루어져 있다. 첫째, 자공(子貢)이 학문에 권태를 느끼고 공자에게 가르침을 청하였을 때, 공자는 자공에게 권하며 "배움이란 그칠 수 없는 것[學不可以已]"이라 여겼다. 둘째, 공자는 조간자(趙簡子)가 두주명독(竇犨鳴犢)과 순화(舜華)를 죽였다는 소식을 듣고, "군자는 그 같은 유(類)의 상해를 입는 것을 피한다[君子諱傷其類也]"고 여기고 황하를 건너 진(晉)나라에 들어가려는 계획을 취소하였다. 셋째, 자로(子路)가 공자에게 어떻게 해야 "이름이 효에 걸맞지 못하다(名不稱孝)"는 것을 바꿀 수 있는가라는 질문에 "행실이 닦아지면 이름은 이에 따라 저절로 서게 된다[行修則名自立]"고 여겼다. 넷째, 공자와 그의 제자들이 진(陳), 채(蔡) 사이에서 어려움을 당하였을 때 공자는 "임금은 곤경을 겪어보지 않고서는 왕도를 이룰 수 없고, 열사도 곤경을 겪어보지 않고는 그 행동을 드러낼 수 없다[君不困不成王, 烈士不困行不彰]"고 하는 말로 자신과 제자들을 격려하였다. 다섯째, 공자가 광(匡)에 포위되었을 때 자로(子路)가 싸우고자 했지만 공자가 자로를 저지하며 "선왕의 일을 따라서 하고 옛 법을 좋아한다고 해서 그것을 허물로 삼는 다면 이것은 나의 죄가 아니다[以述先王, 好古法而爲咎者, 則非丘之罪也]"고 여겼다. 여섯째, 공자는 사대부들은 당연히 "신중하게 엎어지고 떨어질 걱정[顚墜之患]", "물에 빠질 걱정[沒溺之患]", "풍파에 대한 걱정[風波之患]"에 대비하여 "자신에게 누를 끼치는[累於身]"일을 피해야 한다. 일곱째, 자공(子貢)이 "남의 아랫 사람[爲人下]"이 된 자가 해야 할 도를 묻자 공자는 남의 아랫 사람으로서의 도리는 "땅과 같다[猶土]"고 여겼다. 여덟째, 공자와 제자들이 정(鄭)나라 동쪽 성문 밖에서 길을 잃고 흩어져 있을 때 정나라 사람들이 공자를 형용하여 "어리둥절하여 상갓집 개와 같다[累然如喪家之狗]"고 하자 공자는 이에 대하여 감탄을 금치 않았다. 아홉째, 공자가 포(蒲) 땅에 포위되었을 때 맹약을 하고 포위를 풀 수 있었다. 공자는 "나에게 맹약을 협박한 것이니 이는 의(義)가 아니었다[要我以盟, 非義也]"고 하고 맹약을 저버리고 위(衛)나라로 갔다. 열째, 공자는 사어(史魚)가 죽어서까지도 위 영공(衛靈公)에게 간한 사실을 높이 평가하였다. 이들은 모두 곤경과 어려움에 직면했을 때의 사실과 말들로서 공자가 정치적 이상을 실현하기 위하여 좌절과 위난을 두려워하지 않고, 곧은 의지를 달리 하지 않고, 성실히 게으르지 않게 정신을 탐색하는 것을 진실하게 반영하는 것들이었다.

이 편의 자료들 역시 기타 전적에 산견되는데 대비하여 볼 때 이 편의 내용과 『순자(荀子)』, 『사기(史記)』「공자세가」의 기재는 완전히 같다. 이는 『공자가어』의 유전(流传) 과정 중 순자(荀子)의 손을 거쳤다는 부분과 일치하고, 태사공 사마천이 『사기』를 지을 때에 『공자가어』를 참고했다는 것을 말해준다. 이 편과 『열자(列子)』, 『한시외전(韓詩外傳)』, 『설원(說苑)』, 『신서(新書)』, 『신서(新序)』 등의 전적의 기재와는 분명한 차이를 보이고 심지어 서로 모순도 보이는데, 이는 후세 사람들이 자신의 생각으로 의미를 해석한 결과이다.

22-1

자공(子貢)이 공자에게 물었다. "저는 학문에 권태를 느끼고 있고 도를 행함에도 곤혹하여 이해가 되지 않으니, 배우는 것을 그만두고 임금을 섬길까 합니다. 괜찮겠습니까?"공자가 말하였다. "『시』에 이르기를 '아침부터 저녁까지 온화하고 공경해야 하고, 일을 행함에 정성으로 해야 한다'고 하였으니 임금을 섬기는 일도 어려운 것이다. 어찌 배우는 것을 그만둘 수 있겠느냐?"

자공이 말하였다. "그렇다면 저는 배우는 것을 그만두고 부모를 섬길까 합니다." 공자가 말하였다. "『시』에 이르기를 '효자의 효심이란 끝이 없나니, 조종(祖宗)이 너에게 영원히 길함을 내려주리라'고 하였으니 부모 섬기는 일도 어려운 것이다. 어찌 배우는 것을 그만둘 수 있겠느냐?"

자공이 말하였다. "그렇다면 저는 배우는 것을 그만두고 처자를 도울까 합니다." 공자가 말하였다. "『시』에 이르기를 '아내에게 모범이 되어 형제에게까지 이르도록 하라. 그런 연후 국가를 다스릴 수 있으리라'고 하였으니 처자를 돕는 일도 어려운 것이다. 어찌 배우는 것을 그만둘 수 있겠느냐?"

자공이 말하였다. "그렇다면 저는 배우는 것을 그만두고 친구를 사귈까 합니다.” 공자가 말하였다. “『시』에 이르기를 ‘친구 간에 서로 이끌어 주는 것, 그 이끌어 줌은 위의(威儀) 로 한다’고 하였으니 친구를 사귀는 일도 어려운 것이다. 어찌 배움을 쉴 수가 있겠느냐?”

자공이 말하였다. “그렇다면 배우는 것을 그만두고 농사를 지을까 합니다.” 공자가 말하였다. “『시』에 이르기를 ‘낮에는 띠를 베고 밤에는 새끼를 꼬아 빨리 지붕을 이으세. 그래야 비로소 백곡의 씨를 뿌리지’라고 하였으니 농사짓는 일도 어려운 것이다. 어찌 배우는 것을 그만둘 수 있겠느냐?”

자공이 말하였다. “그렇다면 저는 배우기를 그만둘 시간이 없는 것이네요.” 공자가 말하였다. “있다. 여기서 저 무덤을 보면 높고도 높고, 그 높은 것을 쳐다보면 마치 산꼭대기 같으며, 그 측면을 살펴보면 격(鬲)과 같다. 이것이 휴식할 때이다.”

자공이 말하였다. “죽음이 정말 위대하군요. 군자를 쉬게 하고 소인을 끝내게 하니 죽음이 정말 위대하군요.”

原文

子貢問於孔子曰: “賜倦於學, 困於道矣, 願息而[1]事君, 可乎?” 孔子曰: “『詩』云: ‘溫恭朝夕, 執事有恪[2].’ 事君之難也, 焉可息哉!”

曰: “然則賜願息而事親.” 孔子曰: “『詩』云: ‘孝子不匱, 永錫爾類[3].’ 事親之難也, 焉可以息哉!”

曰: “然[4]賜請願息於妻子.” 孔子曰: “『詩』云: ‘刑於寡妻, 至於兄弟, 以禦於家邦[5].’ 妻子之難也, 焉可以息哉!”

曰: “然[6]賜願息於朋友.” 孔子曰: “『詩』云: ‘朋友攸攝, 攝以威儀[7].’ 朋友之難也, 焉可以息哉!”

曰: “然則賜願息於耕矣.” 孔子曰: “『詩』云: ‘晝爾於茅, 宵爾索綯, 亟其乘屋, 其始播百穀[8].’ 耕之難也, 焉可以息哉!”

曰: “然則賜將無所息者也.” 孔子曰: “有焉. 自望其廣, 則睪如也[9],

視其高，則塡如也[10)]，察其從，則隔如也[11)]，此其所以息也矣."

子貢曰："大哉乎死也！君子息焉，小人休焉，大哉乎死也！"

注釋

1) 而: 원래는 '於'로 되어 있었으나 사고본과 비요본, 동문본에 근거하여 고쳤다. 이 기록은 『순자』「대략편(大略篇)」, 『한시외전』권8, 『열자(列子)』「천서편(天瑞篇)」에도 보인다. 2) **溫恭朝夕, 執事有恪**: 이 말은 『시』「상송(商頌)·나(那)」에 나온다. 조석(朝夕)은 아침에 임금을 보는 것을 조(朝), 저녁에 임금을 보는 것을 석(夕)이라 각각 이른다. 각(恪)은 삼가다. 공경하다. 왕숙의 주에, "각(恪)은 경(敬)이다."고 했다. 이 기록은 『열자』「천서편」, 『순자』「대략편」, 『한시외전』권8에도 보인다. 3) **孝子不匱, 永錫爾類**: 이 말은 『시』「대아(大雅)·기취(旣醉)」에 나온다. 궤(匱)는 결핍하다, 부족하다. 석(錫)은 '사(賜)'와 같다. 상을 내리다. 왕숙의 주에, "궤(匱)는 갈(竭)이다. 유(類)는 선(善)이다. 효자의 도리는 마르지 않고 착함으로 길이 전하여 영원히 너에게 선도(善道)를 내려 주리라."고 했다. 4) **然**: 사고본과 동문본에는 뒤에 '則' 자가 있다. 5) **刑於寡妻, 至於兄弟, 以禦於家邦**: 이 말은 『시』「대아(大雅)·사제(思齊)」에 나온다. 형(刑)은 법식(法式), 전범(典範). 왕숙의 주에, "형(刑)은 법(法)이다. 과(寡)는 적(適)이고, 어(禦)는 정(正)이다. 문왕(文王)은 바른 법으로 아내를 대하고 동성의 형제에게 이르도록 하여 바름으로 천하의 국가를 다스렸다."고 했다. 6) **然**: 사고본과 동문본에는 뒤에 '則' 자가 있다. 7) **朋友攸攝, 攝以威儀**: 이 말은 『시』「대아·기취」에 나온다. 유(攸)는 동사의 앞에 두어 명사(名詞)적 사조(詞組)를 이루는데, '所'에 상당한다. 섭(攝)은 돕다, 설명하다. 8) **晝爾於茅, 宵爾索綯, 亟其乘屋, 其始播百穀**: 이 말은 『시』「빈풍(豳風)·칠월(七月)」에 나온다. 왕숙의 주에, "소(宵)는 야(夜), 도(綯)는 꼬다[絞]이다. 때에 맞춰 지붕을 잇는 것이다. 극(亟)은 빠르다. 빨리 지붕을 잇고 나서 다시 백곡의 씨를 뿌리자는 것으로 나타내지 않음을 말한다."고 했다. 9) **自望其廣, 則睪如也**: 광(廣)은 '광(壙)'과 같다. 분묘(墳墓)이다. 역(睪)은 '고(皐)'와 같다. 높은 모습이다. 『순자』「대략(大略)」에, "그 무덤을 바라보니 높고 높다[望其壙, 皐如也]."라 하였다. 왕숙의 주에, "광(廣)은 '광(壙)'이라 해야 한다. 역(睪)은 높은 모습으로 크고 높은 무덤이다."고 했다. 10) **視其高, 則塡如也**: 왕숙의 주에, "전(塡)은 꽉 차있는 모습이다. 무덤이 비록 높지만 꽉 차있다."고 했지만 정확하지 않다. 『순자』「대략(大略)」에, "嵮如也."라고 했는데, 전(塡)은 당연히 '嵮'이 잘못된 것이다. '전(巓)'과 같다. 산꼭대기이다. 11) **則隔如也**: 왕숙의 주에, "떨어져 있어서 다시 서로 따를 수 없음을 말한 것이다."고 했으나 정확하지 않다. 『순자』「대략(大略)」에, "력(鬲)과 같다."고 했다.

격(隔)은 '력(鬲)'이 되어야 한다. 력(鬲)은 솥과 같은 찌는 그릇인데 발이 셋 달리고 가운데가 비어 있다.

22-2

공자가 위(衛)나라로 부터 진(晉)나라로 가면서 황하 가에 이르렀을 때 조간자(趙簡子)가 두주명독(竇犨鳴犢)과 순화(舜華)를 죽였다는 소식을 듣고 황하를 마주보며 탄식하여 말하였다. "아름답구나, 황하여. 끝없이 넓도다. 내가 황하를 건너지 못하는 것은 명(命)이로다!" 자공이 빠른 걸음으로 앞으로 나와 말하였다. "감히 묻건대 선생님께서는 무엇 때문에 이렇게 말씀하시는 것입니까?" 공자가 말하였다. "두주명독과 순화는 진(晉)나라의 어진 대부이다. 조간자가 아직 뜻을 얻지 못했을 때에는 이 두 사람의 도움을 받아야 비로소 정치를 할 수 있었다. 그런데 자신이 뜻을 얻자 오히려 그들을 죽여 버렸다. 내가 듣건대 태(胎)를 갈라 어린 생명을 죽이면 기린(麒麟)은 그런 곳의 교외에도 가지 않고, 못물을 말려 물고기를 잡으면 그 못에는 교룡(蛟龍)이 살지 않으며, 둥지를 엎어 버리고 알을 깨뜨리면 그 고을에 봉황이 날아들지 않는다고 하였다. 무엇 때문이겠느냐? 군자가 그 같은 유(類)의 상해를 피하기 위함이다. 새나 짐승도 의롭지 못한 일에 대하여 오히려 피할 줄 알거늘 하물며 사람임에랴?" 그리고 드디어 발길을 돌려 공자는 추(鄒)나라에 가 머무르며 「반조(槃操)」를 지어 그들을 애도하였다.

原文

孔子自衛將入晉, 至河, 聞趙簡子[1]殺竇犨鳴犢及舜華[2], 乃臨河而嘆曰: "美哉水, 洋洋乎, 丘之不濟此, 命也夫." 子貢趍而進曰: "敢問何謂也?" 孔子曰: "竇犨鳴犢, 舜華, 晉之賢大夫也. 趙簡子未得志之時, 須此二人而後從政. 及其已得志也, 而殺之. 丘聞之, 刳胎殺夭[3], 則麒麟[4]不至其郊; 竭澤而漁, 則蛟龍[5]不處其淵; 覆巢破卵, 則凰凰不翔其邑, 何則? 君子違[6]傷其類者也. 鳥獸之於不義尚知避之, 況於人乎?" 遂還, 息於鄹, 作「盤操」[7]以哀之.

注釋

1) **趙簡子**: 즉 조앙(趙鞅)이다. 조무(趙武)의 손자로 진(晉)나라 정공(定公) 때 경(卿)이 었다. 죽고 나서 시호를 '간(簡)'이라 하였다. 이 기록은 『사기』「공자세가」, 『설원(說苑)』「권모(權謀)」, 『공총자(孔叢子)』「기문(記問)」, 『신서(新序)』에 보인다. 2) **竇犨鳴犢及舜華**: 모두 춘추시대 진(晉)나라 대부이다. 두주명독(竇犨鳴犢)은 성은 두(竇), 이름이 주(犨)이고 자(字)가 명독(鳴犢), 혹은 명탁(鳴鐸)이라고도 한다. 3) **刳胎殺夭**: 고(刳)는 가르다[剖]. 요(夭)는 어린 동물. 4) **麒麟**: 고대의 전설 중에 길상을 대표하는 신령스러운 짐승. 모습이 사슴을 닮았고 뿔이 하나, 몸은 비늘로 덮여 있고 꼬리는 소꼬리의 모양이었다. 5) **蛟龍**: 교(蛟)이다. 그 모양이 전설 중의 용과 닮았으므로 그렇게 칭하였다. 마찬가지로 고대의 전설 중의 동물이다. 6) **違**: 왕숙의 주에, "'위(違)'는 '거(去)'이다. '위(違)'는 혹 '휘(諱)'이기도 하다."고 했다. 7) **盤操**: 왕숙의 주에, "반조(盤操)는 거문고 곡명(曲名)이다."고 했다. 조(操)는 원래 '금(琴)'으로 되어 있었으나 사고본과 진본(陳本) 그리고 왕숙의 주에 근거하여 고쳤다.

22-3

자로(子路)가 공자에게 물었다. "여기에 한 사람이 있습니다. 그는 아침 일찍 일어나 밤이 되어야 잠을 자고, 농토에 풀을 베고 경작을 하느라 손발에 굳은살이 박히도록 일을 하여 부모를 봉양하고 있습니다. 그럼에도 효도한다는 칭함이 없는 것은 무엇 때문입니까?" 공자가 말하였다. "생각건대 혹 행동거지가 공경스럽지 않은 것인가? 언사가 유순하지 않은 것인가? 표정이 온화하지 않은 것인가? 옛날 사람이 말하기를 '다른 사람과 자신이 어떤 사실들에서는 상통하는 것이니 너를 속이지 않는다.'고 하였다."

"이제 그 사람이 힘을 다해서 그 부모를 봉양하면서 이 세 가지 잘못이 없는데도 어찌 효자의 명성이 없습니까?"

공자가 말하였다. "중유(仲由)야, 너는 기억해 두어라! 내 너에게 일러주리라. 비록 전국에서 소문난 용사의 기력이 있다 하더라도 자기 몸을 스스로 들 수 없는 것은 그 힘이 모자라서가 아니라 형세가 불가능하기 때문이다. 무릇 안으로 자신의 도덕을 수양하지 않는 것은 자신의 잘못이고, 품행이 좋은데도 명성이 드러나지 않는 것은 친구들의 잘못이다. 품행이 좋으면 명성은 자연히 서게 되는 것이다. 때문에 군자가 집에서는 행위를 돈독하게 하고 밖에서는 어진 친구를 사귄다면 어찌 효도한다는 명성이 없을 수 있겠느냐?"

原文

子路問於孔子曰: "有人於此, 夙興夜寐[1], 耕蕓樹藝[2], 手足胼胝[3], 以養其親, 然而名不稱孝, 何也?" 孔子曰: "意者[4]身不敬與? 辭不順與? 色不悅與? 古之人有言曰, '人與己與, 不汝欺[5].'"

"今盡力養親而無三者之闕[6], 何謂無孝之名乎."

孔子曰: "由, 汝志之! 吾語汝, 雖有國士之力, 而不能自擧其身, 非力之少, 勢不可矣. 夫內行不修, 身之罪也; 行修而名不彰, 友之罪也; 行修而名自立. 故君子入則篤行, 出則交賢, 何謂[7]無孝名乎?"

注釋

1) **夙興夜寐**: 숙(夙)은 이른 아침. 매(寐)는 잠자다. 이 기록은 『순자』「자도(子道)」, 『한시외전(韓詩外傳)』권9에도 보인다. 2) **耕芸樹藝**: 운(芸)은 '운(耘)'고 같다. 풀을 베다. 수(樹)는 심다. 예(藝)는 씨를 뿌리다. 3) **胼胝**: 변지(胼胝)는 손발의 굳은살이다. 4) **意者**: 생각건대. 5) **人與己與, 不汝欺**: 왕숙의 주에, "다른 사람과 자신이 사실 상통하여 서로 속이지 않음을 말한다."고 했다. 『순자』「자도(子道)」편의 "옷을 입히는가, 감싸주는가. 자네를 믿지 못하겠다[衣與繆與, 不女聊]." 구절과 비슷하다. 무(繆)는 얽히다. 준비함을 가리킨다. '女'는 '汝'와 같다. '너'의 뜻. 료(聊)는 의지하다. 의미는, "나에게 입을 옷을 주고 나를 위해 모든 것을 준비하였지만 나를 공경하지 않으면 나는 당신을 의지할 수 없다."이다. 6) **闕**: 결점, 실수. 7) **謂**: '爲'와 같다. 사고본과 동문본에는 '爲'로 되어 있다.

22-4

공자가 진(陳)나라와 채(蔡)나라 사이에서 곤액(困厄)을 당하여 7일 동안이나 식량이 떨어져 제자들은 굶주림으로 병이 났지만 공자는 거문고를 타며 노래를 하고 있었다. 자로가 들어와 보고 말하였다. "선생님께서 노래하시는 것이 예에 부합(符合)한 것입니까?" 공자는 아무런 응답을 하지 않다가 곡조를 다 마치고 나서 말하였다. "중유(仲由)야! 이리 오너라. 내 너에게 일러 주마. 군자가 음악을 좋아하는 것은 교만함을 없애기 위함이고, 소인이 음악을 좋아하는 것은 두려움을 없애기 위함이다. 네가 어느 집 아들이기에 내가 누군 줄도 모르면서 나를 좇아다니고 있느냐?" 자로가 듣고 기뻐서 병기(兵器)를 잡고 춤을 추기 시작하여 세 곡조를 마치고 밖으로 나갔다.

그 이튿날 공자 일행은 곤액에서 벗어났다. 자공이 말고삐를 잡고 말하였다. "우리들이 선생님을 따라서 왔다가 이런 어려움을 만난 것은 잊지 못할 것입니다." 공자가 말하였다. "좋은 말이구나. 무엇 때문이냐? 무릇 진나라와 채나라 사이에서 곤액을 당한 것은 나의 행운이고, 너희들이 나를 따라온 것도 너희들 모두의 행운이다. 내가 듣건대 임금은 곤경을 겪어 보지 않고서는 왕업(王業)을 이룰 수 없고, 열사도 곤경을 겪어 보지 않고는 그들의 품행이 드러낼 수 없다고 했다. 어려움을 당했을 때가 아니면 그들이 발분하고 의지를 굳히는 것을 어찌 알겠는가?"

原文

孔子遭厄[1]於陳, 蔡之間, 絶糧七日, 弟子餒病[2], 孔子弦歌. 子路入見曰: "夫子之歌, 禮乎?"孔子弗應, 曲終而曰: "由, 來! 吾語汝, 君子好樂, 爲無驕也; 小人好樂, 爲無懾[3]也, 其誰之子, 不我知而從我者乎[4]?" 子路悅, 援戚而舞[5], 三終而出.

明日, 免於厄. 子貢執轡曰: "二三子從夫子而遭此難也, 其弗忘矣." 孔子曰: "善, 惡何也[6]? 夫陳, 蔡之間, 丘之幸也. 二三子從丘者, 皆幸也. 吾聞之, 君不困不成王, 烈士[7]不困行不彰. 庸知其非激憤厲志之始於是乎在?"

注釋

1) 액(厄): 곤궁, 재난. 이 기록은 『설원(說苑)』「잡언(雜言)」에도 보인다. 2) 餒病: 기아로 곤궁함에 빠지다. 뇌(餒)는 굶주림. 병(病)은 피로하여 힘이 없음. 3) 攝: 두렵다, 무섭다. 왕숙의 주에, "섭(懾)은 두렵다는 뜻이다."고 했다. 4) 其誰之子, 不我知而從我者乎: 왕숙의 주에, "누구의 아들인데[其誰之子]라는 것은, 누구의 아들은 자로를 이르는 것으로 비록 나를 따르지만 나를 모른다는 것을 말한다."고 했다. 5) 援戚而舞: 원(援)는 당기다, 잡다. 척(戚)은 부(斧)로서 고대 병기(兵器)의 일종이다. 6) 善, 惡何也: 왕숙의 주에, "자공의 말이 좋다는 것이다. '惡何'는 '이는 무엇인가'라는 말이다."고 했다. 7) 烈士: 강직한 사인(士人).

22-5

공자가 송나라에 갔을 때 광(匡) 땅 사람 간자(簡子)가 병사들로 하여금 공자를 포위하게 하였다. 자로가 노하여 창[戟]을 휘두르면서 그들과 싸우겠다고 준비하자 공자가 저지하며 말하였다. "인의(仁義)를 닦는다면서 어찌 세속의 증오와 한을 품는 사람을 면하지 못하고 있느냐? 『시』, 『서』를 강론하지 않고 예악을 익히지 않은 것은 나의 허물이라 하겠지만, 만일 선왕의 일을 따라서 하고 옛 법령제도를 좋아하다가 재앙을 당했다고 한다면 그것은 나의 죄가 아니라 명(命)이로다! 중유(仲由)야, 네가 노래를 불러라, 내가 따라 부르마."

자로는 거문고를 타면서 노래를 부르자 공자가 화답하여 세 곡조를 끝마쳤다. 광 땅 사람들이 무장을 풀고 물러갔다.

原文

孔子之宋, 匡人簡子[1]以甲士圍之. 子路怒, 奮戟[2]將與戰. 孔子止之曰: "惡有修仁義而不免世俗之惡者[3]乎? 夫『詩』,『書』之不講, 禮, 樂之不習, 是丘之過也, 若以述[4]先王, 好古法而爲咎[5]者, 則非丘之罪也. 命之夫[6]. 由[7], 歌, 予和[8]汝."

子路彈琴而歌, 孔子和之, 曲三終, 匡人解甲而罷.

原文

1) **匡人簡子**: 광(匡)은 지명. 춘추시대 송(宋)나라에 속해 있었다. 지금의 하남 수현(睢縣) 서쪽이다. 간자(簡子)에 대해서는 자세히 알 수 없다. 혹 광 땅 사람들의 수령이 아닌가 한다. 이 기록은 『한시외전(韓詩外傳)』권6과 『설원(說苑)』「잡언(雜言)」에도 보인다. 2) **극(戟)**: 고대의 병기(兵器). 과(戈)와 모(矛)를 합쳐 하나로 한 것으로 직접 찌를 수 있고 또 내려칠 수도 있다. 3) **世俗之惡者**: 사고본과 동문본에는 '俗者'라고 되어 있다. 4) **述**: 따르다, ~을 좇다, 계승하다. 5) **구(咎)**: 재화(災禍), 재앙. 6) **命之夫**: 사고본과 동문본에는 '命夫'라고 되어 있다. 7) **由**: 원래는 없었으나 『설원』에 근거하여 보완하였다. 8) **和**: 화답하다. 따라서 노래하다.

22-6

공자가 말하였다. "높은 언덕을 쳐다보지 않고서야 산꼭대기에서 떨어지는 걱정을 알겠으며, 깊은 물에 가까이 가보지 않고서야 어찌 물에 빠지는 걱정을 알 것이고, 큰 바다를 보지 않고서야 어찌 험한 풍파에 대한 걱정을 알겠느냐? 잘못을 하는 원인이 여기에 있지 않겠느냐? 사인(士人)이 이 세 가지를 신중하게 대한다면 자기 몸에 누를 끼치는 일이 없을 것이다."

原文

孔子曰: "不觀高崖, 何以知顚[1]墜之患? 不臨深泉, 何以知沒溺之患? 不觀巨海, 何以知風波之患? 失之者其在此乎[2]? 士愼此三者, 則無累[3]於身矣."

▌注釋

1) 전(顚): '전(巓)'과 같다. 산꼭대기. 이 기록은 『설원(說苑)』「잡언(雜言)」에도 보인다. 2) 失之者其不在此乎: 왕숙의 주에, "이 세 가지 경우가 아니다."고 했다. 원래는 '不' 자가 없었는데 사고본과 동문본, 왕숙의 주에 근거하여 보완하였다. 3) 累: 우환, 치욕, 위난(危難).

22-7

자공이 공자에게 물었다. "저는 이미 사람들에게 겸손하게 하는데도 아직 겸손한 도리를 알지 못합니다. 감히 여쭙습니다." 공자가 말하였다. "사람들에게 겸손한 것은 땅과 같은 것이 아니겠느냐? 깊이 파면 샘물이 솟고, 그 땅에 씨를 뿌리면 백곡이 잘 자라며, 초목도 무성하고 새와 짐승도 잘 자란다. 살아 있는 사람은 그 위에서 활동하고, 죽어서는 그 밑에 묻힌다. 그 공이 많지만 개의치 않고, 그 뜻이 크고 넓어 포용하지 않는 것이 없다. 사람들에게 겸손하자면 당연히 이와 같아야 하는 것이다."

▌原文

子貢問於孔子曰: "賜旣爲人下[1]矣, 而未知爲人下之道, 敢問之." 子曰: "爲人下者, 其猶土乎. 汩[2]之深則出泉, 樹其壤, 則百穀滋焉, 草木植焉, 禽獸育焉, 生則出焉, 死則入焉. 多其功而不意[3], 弘其志而無不容[4], 爲人下者以此也."

▌注釋

1) 下: 겸손하다, 사람됨이 겸허하다. 이 기록은 『순자』「요문(堯問)」, 『한시외전』권7과 『설원(說苑)』「잡언(雜言)」에도 보인다. 2) 골(汩): '골(扫)'과 같다. 파다, 구덩이를 파다. 『순자』「요문」에, "깊이 구덩이를 파야 감천(甘泉)을 얻을 수 있다."고 했고, 왕숙의 주에, "골(汩)은 악(渥)이다."고 했다. 사고본과 동문본에는 모두 '루(淚)'라고 잘못 되어 있다. 3) 多其功而不意: 왕숙의 주에, "공이 비록 많지만 뜻하는 바가 없었다."고 했지만 정확하지 않다. 다(多)는 칭찬하다. 불의(不意)는 개의하지 않다, 마음

에 두지 않다. 4) 弘其志而無不容: 왕숙의 주에, "사람됨이 겸손한 사람은 뜻이 넓어 마치 땅처럼 포용하지 않는 것이 없다."고 했다. 홍(弘)은 크다, 넓다.

22-8

공자가 정(鄭)나라에 가면서 제자들을 잃고 혼자 동쪽 성문 밖에 서 있었다. 어떤 사람이 자공(子貢)에게 일러주었다. "동문 밖에 어떤 사람이 서 있는데 키는 아홉 재[尺] 여섯 치[寸]나 되고 눈 아래 위가 넓은 것이 마치 하수(河水)와 같이 평평하고 길었으며, 이마는 높고 튀어 나왔으며, 머리는 요(堯)와 같고 목은 고요(皐繇)와 같았으며 어깨는 자산(子産)과 같았습니다. 그러나 허리 아래는 우(禹)에 비해 세 치가 적습니다. 이 사람은 지친 모양이 마치 상갓집 개와 같았습니다." 자공이 이를 공자에게 고하자 공자는 흔쾌히 감탄하며 말하였다. "얼굴모습이 중요한 것은 아니지만 상갓집 개와 같다고 하였으니 정말 그렇도다! 정말 그렇도다!"

原文

孔子適鄭, 與弟子相失, 獨立東郭[1]門外. 或人謂子貢曰: "東門外有一人焉, 其長九尺有六寸, 河目隆顙[2], 其頭似堯, 其頸似皐繇, 其肩似子產, 然自腰已[3]下, 不及禹者三寸, 纍然如喪家之狗[4]." 子貢以告, 孔子欣然而嘆曰: "形狀未[5]也, 如喪家之狗, 然乎哉! 然乎哉!"

注釋

1) 郭: 성의 주위에 다시 더한 성벽. 『관자(管子)』「도지(度地)」에, "안을 성(城)이라 하고, 성밖을 곽(郭)이라 한다."고 했다. 이 기록은 『사기』「공자세가」, 『한시외전(韓詩外傳)』권9에도 보인다. 2) 河目隆顙: 왕숙의 주에, "하목(河目)은 상하가 넓고 평평하고 길다. 상(顙)은 양쪽 뺨[頰]이다."고 했다. 협(頰)은 얼굴의 양쪽 측면이기에 왕숙의 주는 정확하지 않다. 상(顙)은 액(額) 즉 이마이다. 3) 已: 사고본에는 '以'로 되어 있

다. 4) 累然如喪家之狗: 왕숙의 주에, "상갓집 개란 주인이 슬프고 정신이 없어 밥을 차려주지 않아 지쳐 뜻을 이루지 못한 것이다. 공자는 난세에 태어나 그 도가 행해지지 않았기 때문에 지쳐 뜻을 이루지 못한 모습이다."고 했다.

22-9

공자가 위(衛)나라에 가는 길에 포(蒲) 땅을 지나가다 마침 공숙씨(公叔氏)가 포 땅에서 위(衛)나라를 배반하고 있어서 공자의 일행을 저지하였다. 공자의 제자 중에 공량유(公良孺)라는 자가 있었는데 사람됨이 어질고 장자(長子)의 풍모를 지니면서 용맹과 힘이 있었다. 그는 자기 개인 소유의 수레 다섯 대를 가지고 공자를 따르고 있었다. 그는 이 상황을 보고 탄식하며 말하였다. "지난 날 내가 선생님을 따라다녔을 때 광(匡) 땅 사람들에게 곤액을 당하였고, 또 송나라에서는 나무까지 베어 우리를 해치려는 일이 있었으며, 지금 또 이렇게 이곳에서 곤란함을 만나니 이는 명(命)이로다! 선생님이 다시 곤란함에 빠지는 것을 보느니 차라리 내 싸우다 죽으리라!" 그리고 칼을 뽑아 들고 여러 사람과 합세하여 곧 전투를 벌일 준비를 하였다. 포 땅 사람들은 겁을 먹고 말하였다. "당신들이 위(衛)나라로 가지 않겠다면 우리는 당신들을 보내 주겠소." 공자와 맹서를 맺고는 동문(東門)으로 나가게 하였다. 공자는 끝내 위나라로 갔다. 자공이 말하였다. "맹서를 어겨도 되는 것입니까?" 공자가 말하였다. "나를 위협하여 맹서를 하게 한 것이니 맞는 행동이 아니었다."

위 영공(衛靈公)이 공자가 온다는 소문을 듣고 기뻐 교외까지 나와 맞이하면서 포 땅을 정벌하는 일을 묻자 공자가 대답하였다. "정벌해도 괜찮습니다." 위 영공이 말하였다. "우리 대부들은 포 땅은 우리나라가 진(晉)나라와 초(楚)나라를 방어하는데 필요하다고 여기는데 토벌하는 것이 불가한 것이 아닐까요?" 공자가 말하였다. "포 땅 남자들은 차라리 죽더라도 반란을 따르기를 원하지 않습니다. 우리가 토벌할 자는 4, 5인에 지나지 않습니다." 위 영공이 말하였다. "좋습니다." 그러나 끝내 포 땅을 토벌하지 않았다.

다른 날 위 영공은 다시 공자와 이야기를 나누었는데 날아가는 기러기 떼를 쳐다보고 얼굴에 불쾌하게 여기는 빛을 보였다. 공자는 이에 위나라를 떠나 버렸다.

原文

孔子適衛, 路出於蒲[1], 會公叔氏[2]以蒲叛衛, 而止之. 孔子弟子有公良儒[3]者, 爲人賢長[4], 有勇力, 以私車五乘從夫子行, 喟然曰: "昔吾從夫子遇難於匡, 又伐樹於宋[5], 今遇困於此, 命也夫! 與其見夫子仍遇於難, 寧我鬥死." 挺劍而合衆, 將與之戰. 蒲人懼, 曰: "苟無適衛, 吾則出子." 以盟孔子, 而出之東門, 孔子遂適衛. 子貢曰: "盟可負乎?" 孔子曰: "要[6]我以盟, 非義也."

衛侯聞孔子之來, 喜而於郊迎之. 問伐蒲, 對曰: "可哉!" 公曰: "吾大夫以爲蒲者, 衛之所以恃[7]晉楚也. 伐之, 無乃不可乎?" 孔子曰: "其男子有死之志[8], 吾之所伐者, 不過四五人[9]矣." 公曰: "善!" 卒不果伐.

他日, 靈公又與夫子語, 見飛鴈過而仰視之, 色不悅. 孔子乃逝.

注釋

1) 蒲: 춘추시대의 위(衛)나라 땅으로 지금의 하남 장원현(長垣縣)이다. 이 기록은 『사기』「공자세가」에도 보인다. 2) 公叔氏: 공손술(公孫戌)이다. 위나라 대부이다. 그의 아버지 발(發)은 헌공(獻公)의 손자이고 어질고 능력있고 청렴하고 깨끗하였다. 시호를 정혜문자(貞惠文子)라고 하였다. 공손술은 부유하고 교만하여 위나라 군주로부터 쫓겨나 후일 노나라로 달아났다. 3) 公良儒: '공량유(公良孺)'라고도 한다. 공자의 제자로 자는 자정(子正)이고 진(陳)나라 사람이다. 사고본과 동문본에는 '공량유(公良孺)'로 되어 있다. 4) 賢長: 어질고 능력이 있으면서 장자(長者)의 풍모를 지님. 5) 伐樹於宋: 왕숙의 주에, "공자와 제자들이 큰 나무 아래에서 예를 행할 때 환퇴(桓

鰌)가 해를 입히기 위해 먼저 그 나무를 베었다."고 했다. 『사기』「공자세가」참고. 6) 要: 위협하다, 강요하다. 7) 시(恃): 방비하다, 막다. 8) 其男子有死之志: 왕숙의 주에, "공숙씨가 포 땅을 가지고 다른 나라에 순종하고자 하였기 때문에 남자들이 죽고자 한 것은 순종하기를 달가워하지 않았기 때문이다."고 했다. 9) 四五人: 왕숙의 주에, "본래 공(公: 본래는 '叔'으로 되어 있었으나 상하 문장에 근거하여 고쳤다)손(公孫)과 함께 배반한 자들이다."고 했다. 10) 逝: 가다, 떠나다. 왕숙의 주에, "서(逝)는 가다." 고 했다.

22-10

위(衛)나라 거백옥(蘧伯玉)은 어진 사람인데도 영공(靈公)은 그를 임용하지 않았고, 미자하(彌子瑕)는 불초한 사람이었음에도 도리어 임용하였다. 사어(史魚)는 여러 차례 간하였지만 영공은 듣지 않았다. 사어가 병으로 장차 죽게 되자 그 아들에게 명하여 말하기를, "내가 위나라 조정에 있으면서 거백옥을 추천하지 못하고 미자하를 물리치지 못하였으니, 이는 내가 신하가 되어 임금을 바로잡지 못하였다. 살아서 그 임금을 바로잡지 못했으니 죽었다고 해서 상례(喪禮)대로 장사 지내지 마라. 내가 죽거든 시체를 창문 밑에 그대로 두고 그것으로 나에 대한 것은 끝내거라."고 했다. 그 아들이 그의 말을 따랐다.

위 영공이 조문을 와서 보고 괴이하게 여겨 그 이유를 물었다. 사어의 아들은 그 아비의 유언을 영공에게 고하였다. 영공은 놀라 얼굴빛이 변하며 말하였다. "이것은 모두 나의 허물이로다." 그리하여 사어의 영구를 빈객의 위치에 놓도록 명령하고, 거백옥을 불러 임용하고, 미자하를 물리쳐 멀리 보내 버렸다.

공자가 이를 듣고 말하였다. "옛날부터 극력으로 임금에게 간하는 자라도 죽은 뒤에는 간하는 것도 그만이었다. 사어처럼 죽어 시신이 되어서까지도 간언을 하여 충성으로 임금을 감동하게 한 자는 없었다. 어찌 정직하다 아니할 수 있겠느냐?"

原文

衛蘧伯玉[1]賢而靈公不用, 彌子瑕[2]不肖, 反任之, 史魚[3]驟[4]諫而不從. 史魚病將卒, 命其子曰: "吾在衛朝, 不能進蘧伯玉, 退彌子瑕, 是吾爲臣不能正君也, 生而不能正君, 則死無以成禮, 我死, 汝置屍牖下[5], 於我畢矣." 其子從之.

靈公弔焉, 怪而問焉. 其子以其父言告公. 公愕然失容, 曰: "是寡人之過也." 於是命之殯[6]於客位. 進蘧伯玉而用之, 退彌子瑕而遠之.

孔子聞之, 曰: "古之列諫[7]之者, 死則已矣, 未有若史魚死而屍諫, 忠感其君者也, 可不[8]謂直乎?"

注釋

1) **蘧伯玉**: 이름이 원(瑗)이고, 위(衛)나라의 어진 대부였다. 『좌전』양공(襄公) 14년, 『좌전』양공 26년의 기록 참조. 이 기록은 『신서(新書)』「태교(胎教)」, 『신서(新序)』「잡사(雜事)1」, 『대대례기(大戴禮記)』「보부(保傅)」와 『한시외전(韓詩外傳)』권7에도 보인다. 2) **彌子瑕**: 위 영공(衛靈公)이 총애하던 대부. 『한비자』「설난(說難)」참조. 3) **史魚**: 사추(史鰌)이다. 자(字)는 자어(子魚)이고 춘추시대 위나라의 대부. 4) **취(驟)**: 자주, 여러 차례. 5) **置屍牖下**: 유(牖)는 창(窓)이다. 왕숙의 주에, "예(禮)에 밥을 창 아래에서 담고, 소렴(小斂)은 호내(戶內)에서, 대렴(大斂)은 동편 층계에서 염[殯]은 객위(客位)에서 한다."고 했다. 6) **빈(殯)**: 영구(靈柩)를 관에 넣다. 7) **列諫**: 극력으로 간(諫)하다. 열(列)은 열(烈)과 같다. 강렬(強烈), 극력(極力).

23 오제덕五帝德

序說

오제(五帝)의 이야기는 유래가 오래되었다. 그러나 그 내용은 오히려 시대마다 달라 적어도 여섯 가지 견해가 존재한다. 이 편에 실린 것은 그 가운데 가장 많이 보이는 일종의 견해이다. 이는 기록상 고전설의 중요한 문헌으로 상고사 및 고대 사상사를 연구하는데 모두 중요한 가치를 지닌다.

재아(宰我)는 황제(黃帝), 전욱(顓頊), 제곡(帝嚳), 제요(帝堯), 제순(帝舜)의 오제와 대우(大禹)의 사실에 대하여 잘 알지 못하였으므로 공자에게 가르침을 구하였고, 공자는 재아에게 그들의 덕행과 사적을 대체로 소개하였다. 공자와 재아의 대화내용에 따르면 이 편은 일곱 부분으로 나눌 수 있다. 첫째, 공자가 재아에게 "황제(黃帝) 300년"의 문제를 대답한 것. 둘째, 전욱의 덕행에 관한 것. 셋째, 제곡의 덕행에 관한 것. 넷째, 요의 덕행에 관한 것. 다섯째, 순의 덕행에 관한 것. 여섯째, 대우(大禹)의 사적에 관한 것이다. 마지막으로 공자는 재아가 오제의 덕의 내용을 이해하지 못할 것이라 여겼는데, 오히려 재아가 이해할 수 있으리라 생각하지 못했음을 적고 있다.

20세기 초 의고사조(疑古思潮)가 일어났을 때 주로 그 공격대상은 삼황오제를 핵심으로 하는 고사전설(古史傳說)체계를 향한 것이었다. 오늘날에는 대다수 사람들이 이미 그러한 극단적인 견해를 버리고 고대전설의 큰 가치를 충분히 인식하고 있다. 고사전설과 문헌기재에 대하여 종합적인 연구를 진행하고 아울러 고고학적 성과와 결합하여 상고(上古)의 역사를 중건하려는 반드시 거쳐할 길을 진행해야 한다.

『대대례기(大戴禮記)』에도 이 편을 수록하고 있는데, 둘 사이에는 약간의 차이가 있으니 참조할 수 있다.

23-1

재아가 공자에게 물었다. "옛날에 제가 영이(榮伊)에게 듣건대 '황제(黃帝)는 300년을 살았다'고 했습니다. 여쭙건대 황제는 사람입니까? 사람이 아닙니까? 어찌 300년이나 살 수 있었습니까?"

공자가 말하였다. "우(禹), 탕(湯), 문(文), 무(武), 주공(周公)의 일도 제대로 이해하지 못하면서 더 오래된 시기의 황제(黃帝)를 묻는 것은 선생조차도 모두 말하기 어려운 까닭 때문 아니냐?"

재아가 말하였다. "상고의 전설은 은미(隱微)한 이야기, 일이 지난 이후의 쟁론, 오래되어 분명하지 못한 뜻을 포함함으로 이들은 모두 군자가 말씀하실 일이 아닌 것입니다. 저의 질문이 고루하였습니다."

공자가 말하였다. "물을 수는 있다. 나도 그 이야기를 대략 들었다. 황제(黃帝)는 소전(少典)의 아들로 이름은 헌원(軒轅)이다. 날 때부터 신령하고 아주 어렸을 때부터 말을 하였으며 어려서는 기민(機敏)하고, 성명(聖明)하고, 단정하고 엄숙하였으며, 돈독하고 성신(誠信)하였고, 자라서는 총명했다. 오행(五行)의 기운을 다스렸고 오량(五量)을 설치하였으며, 모든 백성들을 어루만지고 사방의 정황을 살폈다. 그는 소를 부리고 말을 탈 수 있었으며, 사나운 짐승까지도 길들이게 했다. 염제(炎帝)와 판천(阪泉) 들에서 싸움을 벌여 세 차례나 싸운 뒤에 염제를 이겼다. 비로소 예복을 만들고 그 위에 보불(黼黻)의 아름다운 문양을 수놓았다. 백성을 다스리는 데 있어 천지의 법칙에 순응하였고, 낮과 밤이 바뀌는 까닭을 알았으며, 생사존망의 도리를 통달하였다. 때에 맞춰 온갖 곡식의 씨를 뿌리고 초목의 맛을 감별하였으며, 어질고 두터운 미덕이 조수(鳥獸)와 곤충에게까지도 미치게 했다. 일월(日月)과 성신(星辰)의 변화의 규율을 관찰하고 귀와 눈을 수고로이 하며 마음과 힘을 다하여 물과 불과 재물을 가지고 백성을 양육하였다. 황제 생전에 백성들은 그 은혜를 100년간 받았고, 황제 사후 백성들은 그의 신령을 100년간 경외하였으며, 그 후 백성들이 황제의 가르침을 그대로 따르다가 100년이 지나서 비로소 바꾸었다. 때문에 '황제는 300년을 살았다'고 말한 것이다."

原文

宰我[1]問於孔子曰: "昔者吾聞諸榮伊[2]曰: '黃帝[3]三百年.' 請問黃帝者人也, 抑非人也? 何以能至三百年乎?"

孔子曰: "禹, 湯, 文, 武, 周公, 不可勝以觀也, 而上世黃帝之問, 將謂先生難言之故乎[4]?"

宰我曰: "上世之傳, 隱微之說, 卒采之辯[5], 闇忽[6]之意, 非君子之道者, 則予之問也固矣[7]."

孔子曰: "可也, 吾略聞其說. 黃帝者, 少典[8]之子, 曰軒轅. 生而神靈, 弱而能言, 幼齊[9]叡[10] 莊, 敦[11]敏誠信, 長聰明[12], 治五氣[13], 設五量[14], 撫萬民, 度四方[15], 服牛乘馬, 擾馴猛獸, 以與炎帝[16]戰於阪泉[17]之野, 三戰而後克之. 始垂衣裳, 作爲黼黻[18], 治民以順天地之紀, 知幽明[19]之故, 達生死[20]存亡之說. 播時[21]百穀, 嘗味草木, 仁厚及於鳥獸昆蟲. 考[22]日月星辰, 勞耳目, 勤心力, 用水火財物以生民. 民賴其利, 百年而死; 民畏其神, 百年而亡; 民用其教, 百年而移[23], 故曰'黃帝三百年'."

注釋

1) **宰我**: 재여(宰予)이다. 자(字)는 자아(子我)이고 재아(宰我)라고도 칭한다. 공자의

제자로서 노나라 사람이다. 언어(言語)로 유명하다. 이 기록은 『대대례기』「오제덕(五帝德)」에도 보인다. 2) **榮伊**: 인명(人名). 3) **黃帝**: 헌원씨(軒轅氏)라 불린다. 근원이 희수(姬水)에서 나왔고, 전설중의 고대 제왕으로 후일 화하족(華夏族)의 시조로 받들여졌다. 『사기』「오제본기(五帝本紀)」에 말하기를, "황제(黃帝)는 소전(少典)의 아들이고 성은 공손(公孫), 이름이 헌원(軒轅)이다."고 했다. 4) **禹, 湯, 文, 武, 周公, ...將謂先生難言之故乎**: 왕숙의 주에, "우(禹), 탕(湯) 이하도 제대로 살피지 않았는데 상세(上世)의 황제에 대한 질문을 하는 것은 장차 선생님으로 하여금 말하기 곤란한 것을 묻고자 한 것이다."고 했다. 승(勝)은 진(盡). 5) **卒采之辯**: 왕숙의 주에, "채(采)는 사(事)이고, 변(辯)은 설(說), 졸(卒)은 종(終)이다. 그 일에 대한 이야기이다."고 했다. 일이 끝났는데도 여전히 쟁론한다. 6) **暗忽**: 왕숙의 주에, "암홀(暗忽)은 오래되어도 분명하지 않은 것이다."고 했다. 7) **則予之問也固矣**: 왕숙의 주에, "고루하여 제대로 질문을 못함."이라 했다. 나의 질문이 매우 고루하다는 것을 이른다. 8) **少典**: 원래는 '少昊'로 되어 있었는데 사고본과 동문본 그리고 『대대례기』에 근거하여 고쳤다. 『사기』「오제본기」에도 "황제(黃帝)는 소전(少典)의 아들이다."고 했다. 『사기색은(史記索引)』에 이르기를, "소전(少典)은 제후국의 호칭이지 사람 이름이 아니다."고 했다. 9) **齊**: 빠르다, 신속하다. 10) **睿**: 성명(聖明). 11) **敦**: 후(厚). 12) **聰明**: 보고 듣는 것이 분명하다. 13) **五氣**: 왕숙의 주에, "오행(五行)의 기(氣)이다."고 했다. 14) **五量**: 왕숙의 주에, "오량(五量)은 권형(權衡), 승곡(升斛), 척장(尺丈), 이보(裏步), 십백(十百)이다."고 했다. 15) **度四方**: 왕숙의 주에, "사방을 살펴 안정되게 하였다."고 했다. 16) **炎帝**: 왕숙의 주에, "염제(炎帝)는 신농씨(神農氏)의 후예이다."고 했다. 염제는 열산씨(烈山氏)라 불리우고, 또 신농씨라고도 부른다. 근원이 강수(薑水)에서 나왔고 전설 중의 고대 제왕이다. 17) **阪泉**: 고대의 지명. 일설에는 하북 탁록(涿鹿)의 동남이라 하고, 일설에는 산서 운성해지(運城解池)부근이라 한다. 18) **黼黻**: 왕숙의 주에, "백(白)과 흑(黑)을 보(黼)라 하는데 도끼 문양이고, 흑(黑)과 청(靑)을 불(黻)이라 하는데, 마치 두 가지 문양이 서로 어긋나 있는 것 같은 모양이다."고 했다. 19) **幽明**: 유(幽)는 밤, 명(明)은 낮. 20) **生死**: 사고본과 동문본에는 '死生'으로 되어 있다. 21) **播時**: 계절에 맞춰 파종하다. 파(播)는 뿌리다. 시(時)는 계절. 왕숙의 주에, "시(時)는 시(是)이다."고 했는데 맞지 않다. 22) **考**: 살피다. 23) **移**: 바꾸다, 고치다.

23-2

재아가 말했다. "전욱(顓頊)에 대하여 묻고자 합니다."

공자가 말하였다. "오제(五帝)의 일은 전설로 내려오고 삼왕(三王)의 일은 이미 만들어진 법도가 있다. 너는 하루 동안에 오래된 옛날의 전설을 두루 다 듣고자 하니, 조급하구나, 재여(宰予)야."

재아가 말하였다. "옛날 제가 선생님께 듣기에 '너희들은 물어 볼 말이 있으면 그날을 넘기지 말고 물어 보라' 하였습니다. 때문에 감히 여쭙는 것입니다."

공자가 말하였다. "전욱은 황제(黃帝)의 손자이며 창의(昌意)의 아들로서 이름을 고양(高陽)이라 한다. 그는 깊고도 지모(智謀)가 있었고, 옛것을 널리 알아 오늘에 통달하여 멀리 내다보는 견해가 있었으며, 땅에 따라 적절히 재부(財富)를 생산해 내었고, 시령(時令)에 순응하여 하늘을 모범으로 하였으며, 귀신에 의존하여 적당한지의 여부를 결정하였고, 성정(性情)을 도야하여 민중을 교화하였으며, 순결하고 경건하게 제사를 지내고 사해(四海)를 순행하여 백성을 안정시켰다. 북쪽으로는 유릉(幽陵)에 이르고 남쪽으로는 교지(交阯), 서쪽으로는 유사(流沙), 동쪽으로는 반목(蟠木)에까지 이르렀다. 모든 움직이고 정지되어 있는 생령(生靈), 크고 작은 사물, 해와 달이 비치는 곳이 모두 그에게 복속되지 않은 것이 없었다."

原文

宰我曰: "請問帝顓頊[1)]."

孔子曰: "五帝用說, 三王有度[2)], 汝欲一日遍聞遠古之說, 躁哉! 予也."

宰我曰: "昔予也聞諸夫子曰: '小子毋或宿[3)].'故敢問."

孔子曰: "顓頊, 黃帝之孫, 昌意[4)]之子, 曰高陽. 淵[5)]而有謀, 疏通[6)]以知遠, 養財以任地[7)], 履時以象天[8)], 依鬼神而制義[9)], 治氣性[10)]以敎衆,潔誠以祭祀, 巡四海以寧民. 北至幽陵[11], 南暨交趾[12], 西抵流沙[13], 東極蟠木[14], 動靜之類[15], 小大之物, 日月所照, 莫不底屬[16]."

注釋

1) 전욱(顓頊): 황제(黃帝)의 손자, 고양씨(高陽氏)라 부른다. 전설중의 고대 제왕이다. 『대대례기(大戴禮記)』「제계(帝系)」에, "황제(黃帝)가 창의(昌意)를 낳고, 창의가 고양을 낳았다. 이가 제(帝) 전욱(顓頊)이다."고 했다. 2) **五帝用說 三王有度**: 왕숙의 주에, "오제(五帝)는 매우 오래되었기 때문에 전설을 이용하고, 삼왕(三王)은 가깝기에 법도를 이루었다."고 했다. 3) **毋或宿**: 왕숙의 주에, "당연히 물을 것이 있으면 밤을 넘기지 마라."고 했다. 4) **昌意**: 황제(黃帝)의 아들, 전욱의 아버지. 5) **淵**: 깊다. 6) **疏通**: 옛것을 널리 알고 오늘에도 통달하다. 7) **任地**: 땅에 맡기다[任土]. 땅에 따라 적절하게 한다는 것을 이른다. 8) **履時以象天**: 시령(時令)에 순응하고 하늘을 모범으로 한다. 9) **制義**: 적당한지의 여부를 결정하다. 10) **氣性**: 성정(性情). 11) **幽陵**: 옛 지명, 즉 옛 유주(幽州)이고 지금의 하북성 북부 및 요녕성 서부 일대이다. 12) **交趾**: 지금의 월남 북부. 옛 사람들은 남방의 가장 먼 지역으로 보았는데 후일 한대(漢代)에 교지군(交趾郡)을 설치하였다. 13) **流沙**: 옛 지명, 모래가 바람에 의해 움직인다고 하여 유사(流沙)가 사막 지역을 지칭하게 되었다. 『한서』「지리지(地理志)」에 장액군(張掖郡) 거연현(居延縣) 동북의 거연택(居延澤)을 옛날에는 유사라고 칭했다고 했다. 옛날 사람들은 유사(流沙)라는 명칭을 잘 알지 못하는 광대한 사막지구로 칭했다. 14) 반목(**蟠木**): '부목(扶木)'이라고도 한다. 즉 '부상(扶桑)'이다. 전설에는 신목(神木)이 있어 태양이 그 아래에서 뜬다고 했다. 때문에 부상(扶桑)은 또 일출(日出)의 땅을 가리킨다. 반(蟠)은 사고본에 '번(蹯)'으로 되어 있다. 15) **類**: 원래는 '神'으로 되어 있었으나 사고본과 동문본에 근거하여 고쳤다. 『대대례기』에는 이 구절과 다음 구절을 "動靜之物, 大小之神"이라 하였다. 16) **底屬**: 왕숙의 주에, "저(底)는 평(平)이다. 사방이 모두 평정되어 복속되었다는 것이다."고 했다.

23-3

재아(宰我)가 말하였다. "제곡(帝嚳)에 대하여 묻고자 합니다."

공자가 말하였다. "제곡은 현효(玄枵)의 손자이고 교극(喬極)의 아들로서 이름은 고신(高辛)이라 한다. 나면서부터 신기하고 이상하게 스스로 자기 이름을 말하였다. 널리 백성들에게 이익을 두터이 베풀되 자신을 위해 하지 않았고, 총명하기는 아무리 멀고 아무리 작은 것이라도 살펴 알았으며, 인자하면서도 위엄이 있고 은혜로우면서도 신용이 있었으며 천지의 법칙에 순종하였다. 그는 백성에게 급히 필요한 것이 무엇인지 알았고, 자신을 수양하여 천하의 사람들이 믿고 복종하게 하였으며, 땅에서 나는 재물을 취하여 절도 있게 썼고, 백성을 안무(按撫)하고 가르쳐 그들로 하여금 이익을 받게 하였다. 일월의 운행을 관찰하여 해를 맞이하고 보냈으며 귀신을 이해하여 공경하게 대하였다. 그의 얼굴빛은 온화하고, 덕성은 중후하였으며, 거동은 시기에 맞았고, 복상(服喪)에는 마음을 슬프게 하였다. 춘하추동 사계절동안 천하만물을 양육하고 보호하여 해와 달이 비추는 곳, 비바람이 이르는 곳 모두가 감화를 입지 않은 곳이 없었다."

原文

宰我曰: "請問帝嚳[1]."

孔子曰: "玄枵[2]之孫, 喬極[3]之子, 曰高辛. 生而神異, 自言其名. 博施厚利, 不於其身. 聰以知遠, 明以察微. 仁以[4]威, 惠而信, 以順天地之義. 知民所急, 修身而天下服, 取地之財而節用焉[5], 撫教萬民而誨利[6]之, 歷[7]日月之生朔[8]而迎送之, 明鬼神而敬事之. 其色也和, 其德也重, 其動也時, 其服也哀[9]. 春夏秋冬, 育護天下. 日月所照, 風雨所至, 莫不從化."

注釋

1) **제곡(帝嚳)**: 황제(黃帝)의 증손. 고신씨(高辛氏)라 불렀다. 전설 중의 고대 제왕이다. 『대대례기』「제계(帝系)」에 이르기를, "황제는 현효(玄囂)를 낳고, 현효는 반극(蟠極)을 낳고, 반극은 고신을 낳았는데 그가 제곡(帝嚳)이다."고 했다. 2) **현효(玄枵)**: 황제(黃帝)의 아들. 3) **교극(喬極)**: 황제(黃帝)의 손자. '喬'는 혹 '교(蟜)'라고도 되어 있다. 4) **以**: 사고본과 동문본에는 '而'로 되어 있다. 5) **焉**: 사고본과 동문본에는 '之'

로 되어 있다 6) 회리(誨利): 가르쳐 이익이 되게 하다. 회(誨)는 가르치다. 리(利)는 ~하여금 이익이 되게 하다. 7) 曆: 보다[相], 관찰(觀察). 6) 삭(朔): 농력(農曆) 매월 초1일. 달이 운행하다가 태양과 지구의 중간에 이르면 태양과 동시에 출몰하여 지구에서는 달빛을 볼 수 없는데 이같은 달을 삭(朔)이라 부르고 이 때의 달을 신월(新月)이라 부른다. 8) **其服也哀**: 服은 복상(服喪). 哀는 사고본과 동문본에는 '충(衷)'으로 되어 있고, 『대대례기』에는 '土'로 되어 있다.

23-4

재아가 말하였다. "제요(帝堯)에 대하여 묻고자 합니다."

공자가 말하였다. "요(堯)는 고신씨(高辛氏)의 아들이고 이름은 도당(陶唐)이다. 그의 인후(仁厚)함은 하늘과 같고 그의 지혜는 신과 같았다. 백성들이 그에게 가까이 함이 태양의 따뜻함을 갈망하듯 하였고, 그를 바라봄이 오랜 가뭄에 구름 기다리듯 하였다. 그는 부유하면서도 교만하지 않았고 존귀하면서도 자기 몸을 낮추었다. 그는 백이에게 예를 주관하게 하고, 기(夔)와 용(龍)에게 음악을 주관하게 하였으며, 순(舜)을 적당한 때에 관리가 되게 하여 사시(四時)의 변화를 부지런히 관찰하여 반드시 백성들의 일을 돌보는 것을 우선으로 삼았다. 네 명의 흉악한 죄인을 유배 보내자 천하가 복종하였다. 그는 틀린 말을 하지 않았고, 도덕에 위배되는 일을 하지 않았다. 사해(四海)의 안에 배와 수레가 닿는 곳은 모두 기쁜 마음으로 승복하지 않음이 없었다."

原文

宰我曰: "請問帝堯[1]."

孔子曰: "高辛氏之子, 曰陶唐, 其仁如天, 其智如神. 就[2]之如日, 望之如雲, 富而不驕, 貴而能降. 伯夷[3]典[4]禮, 夔, 龍典樂[5], 舜時而仕, 趨視四時, 務先民始之[6], 流[7]四凶[8]而天下服. 其言不忒[9], 其德不回[10]. 四海之內, 舟輿所及, 莫不夷說[11]."

注釋

1) **堯**: 제곡(帝嚳)의 아들이고, 이름은 방훈(放勳), 도당씨(陶唐氏)라 부르며 전설 중의 고대 제왕이다. 2) **就**: 접근하다, 가까이 하다. 3) **伯夷**: 요(堯)의 신하이다. 『국어(國語)』「정어(鄭語)」에 말하기를, "강(薑)은 백이(伯夷)의 후손이다."고 했다. 4) **典**: 주관하다, 관장하다. 5) **夔, 龍典樂**: 왕숙의 주에, "순(舜)임금 때 기(夔)는 음악을 주관하고, 용(龍)은 납언(納言)을 맡았다. 그러나 요임금 때 용(龍) 역시 음악을 주관하였다."고 했다. 기(夔), 용(龍) 모두 요순 때의 악관(樂官)이다. 6) **務先民始之**: 왕숙의 주에, "백성들의 일을 먼저 힘쓰는 것을 시작으로 삼았다."고 하였다. '先'이 원래는 '元'으로 되어 있었으나 사고본과 동문본, 왕숙의 주에 근거하여 고쳤다. 7) **流**: 유배하다. 즉 범인을 변경 먼 곳으로 쫓아내다. 8) **四凶**: 순(舜)이 유배를 보낸 네 사람. 『상서(尚書)』「순전(舜典)」에 말하기를, "공공(共工)을 유주(幽州)에 유배 보내고 환두(驩兜)를 숭산(崇山)에 유치하고, 삼묘(三苗)를 삼위(三危)에 몰아내고, 계(鯀)를 우산(羽山)에 가두었다.."고 했다. 9) **특(忒)**: 틀리다. 10) **回**: 위배(違背). 11) **夷說**: 왕숙의 주에, "이(夷)는 평심(平心)이다. 설(說)은 고대에는 '열(悅)' 자와 같았다. 기쁜 마음으로 승복하다.

23-5

재아가 말하였다. "제순(帝舜)에 대하여 묻고자 합니다."

공자가 말하였다. "순은 교우(喬牛)의 손자이고, 고수(瞽瞍)의 아들로서 유우(有虞)라고 불렀다. 순의 효도와 우애의 명성은 사방이 모두 알았고, 그는 도기를 만들고 물고기를 잡아 부모를 봉양했다. 그는 너그럽고 온화하며 선량했고, 돈독하고 기민하여 시기(時機)를 제대로 알았으며, 하늘을 두려워하고 백성을 사랑하고, 먼 곳에 있는 사람을 구휼하고 가까이 있는 사람에게 친절히 하였다. 하늘의 명을 받고 아울러 두 아내의 도움을 입었다. 그는 깊고 밝았고 지혜롭고 통달하여 천하의 제왕이 되었다. 그는 22명의 대신을 임명하여 요(堯)의 옛 직위를 따랐고 자신이 모범을 보였다. 당시의 천하는 태평하였고 대지는 수확이 풍성하였으며, 전국을 5년에 한 차례씩 순수(巡狩)하였다. 순은 신하가 되어 30년, 제(帝)가 되어 50년을 재위하다가 순수(巡狩)하던 중 창오(蒼梧)의 들에서 죽어 그곳에 매장하였다."

原文

宰我曰: "請問帝舜[1]."

孔子曰: "喬牛[2]之孫, 瞽瞍[3]之子也, 曰有虞. 舜孝友聞於四方, 陶漁事親[4]. 寬裕而溫良, 敦敏而知時, 畏天而愛民, 恤遠而親近. 承受大命, 依於二女[5], 叡[6]明智通, 爲天下帝, 命二十二臣, 率[7]堯舊職, 躬[8]己而已. 天平地成, 巡狩[9]四海, 五載一始. 三十年在位, 嗣帝五十載[10], 陟方嶽[11], 死於蒼梧[12]之野而葬焉."

注釋

1) 舜: 이름은 중화(重華)이고 유우씨(有虞氏)라 부른다. 전설 중의 고대 제왕이다. 『대대례기』「제계(帝系)」에 이르기를, "전욱(顓頊)이 궁선(窮蟬)을 낳고, 궁선이 경강(敬康)을 낳고 경강이 구망(句芒)을 낳았으며, 구망이 교우(蟜牛)를 낳고, 교우가 고수(瞽瞍)를 낳고 고수가 중화(重華)를 낳았는데 그가 제순(帝舜)이다."고 했다. 『사기』「오제본기(五帝本紀)」에는 이르기를, "궁선(窮蟬)으로부터 제순(帝舜)까지 모두 미천한 서인(庶人)이었다."고 했다. 2) 喬牛: 순(舜)의 조부. 교(喬)는 '교(蟜)'라고도 한다. 3) 고수(瞽瞍): 순의 아버지. 『서(書)』공전(孔傳)에 이르기를, "눈이 없는 것을 고(瞽)라 한다. 순의 부친은 눈이 있어도 좋고 나쁨을 구별하지 못했다. 때문에 당시 사람들이 소경[瞽]이라 불렀다. 수(瞍)라는 글자를 더해 고수라고 불렀다. 수(瞍)는 눈이 없다는 것을 칭한다."고 했다. 4) 陶漁事親: 왕숙의 주에, "도기(陶器)를 만들고 고기를 잡아 부모를 봉양하였다."고 했다. 5) 依於二女: 왕숙의 주에, "요는 순에게 두 딸을 시집보냈고, 순은 모든 거동을 두 여인과 상의하였다."고 했다. 두 여인이란 아황(娥皇), 여영(女英)을 이른다. 6) 예(叡): 깊고 밝다. 7) 率: 따르다. 행하다. 8) 巡狩: 고대에는 제왕이 오년에 한 번 순수(巡狩)를 하는데, 제후가 지키는 곳을 순행하여 조사하는 것을 순수(巡守)라고도 칭했다. 『상서』「순전(舜典)」에, "그 해 2월에 동으로 순수(巡狩)하였다."고 했다. 9) 三十年在位, 嗣帝五十載: 임용된지 30년, 제(帝)의 지위에 있은지 50년을 이른다. 『상서』「순전(舜典)」에 이르기를, "순은 30세에

나아가 30년간 등용되었고 50년 만에 제후국을 순행하다가 죽었다.[舜三十征, 庸三十, 在位五十載, 陟方乃死].”라 했다. 10) **陟方嶽**: 방악(方嶽)에 오르다는 것은 순수(巡狩)를 가리킨다. 『상서』「주관(周官)」에, “또 6년 후 왕은 사계의 순행을 하여 사악에서 치란을 살핀다. 제후는 사악 중 자기가 속하는 산에서 알현한다. 왕은 거기서 파면, 등용을 결정한다[又六年, 王乃時巡, 考制度於四嶽. 諸侯各朝於方嶽, 大明黜陟].” 척(陟)은 높은 곳을 오르다. 방악(方嶽)은 사방의 악(嶽). 악(嶽)은 높고 큰 산. 11) **창오(蒼梧)**: 옛 지명. 구의산(九疑山)이며, 지금의 호남 영원(寧遠) 남부이다.

23-6

재아가 말하였다. “우(禹)에 대하여 묻고자 합니다.”

공자가 말하였다. “그는 고양(高陽)의 손자이고, 곤(鯀)의 아들로서 하후(夏后)라고 불렀다. 그는 민첩하게 일을 완성하고, 덕행에 조금도 어긋남이 없었으며, 인후(仁厚)함은 누구나 가까이 친히 여기고 그 말은 믿을 수 있었다. 그가 한 말은 규장(奎章)이 되었고, 행한 일은 준칙(準則)이 되었다. 그는 부지런하고 게으르지 않았고 공경하고 엄숙하게 기강(紀綱)을 수립하였다. 그의 공업(功業)은 그를 백신(百神)의 장(長)이 되게 하였고, 그의 은혜는 그를 백성의 부모가 되게 하였다. 그는 항상 표준과 준칙에 따라 행하는 일이 사시(四時)에 어긋나지 않게 하였고 사해(四海)의 땅을 차지하였다. 그는 고요(皐繇)와 백익(伯益)을 임명하여 천하를 다스리는 일을 돕게 하고 군대를 일으켜 순종하지 않는 자들을 정벌하여 사방의 백성들로서 감히 복종하지 않는 자가 없었다.”

原文

宰我曰: “請問禹[1].”

孔子曰: “高陽[2]之孫, 鯀[3]之子也, 曰夏后, 敏給克齊[4], 其德不爽[5], 其仁可親, 其吾可信. 聲爲律[6], 身爲度[7], 亹亹穆穆[8], 爲紀爲綱. 其功爲百神之主[9], 其惠爲民父母. 左準繩, 右規矩[10], 履四時[11], 據四海.

任皐繇[12], 伯益[13], 以贊其治, 興六師[14]以征不序[15], 四極[16]之民, 莫敢不服."

注釋

1) **禹**: 이름이 문명(文命)이고 하후씨(夏後氏)라 부른다. 전설 중의 고대 제왕이다. 『대대례기(大戴禮記)』「제계(帝系)」에 이르기를, "전욱(顓頊)이 곤(鯀)을 낳고, 곤이 문명(文命)을 낳았는데 이가 우(禹)이다."고 했다. 『사기』「하본기(夏本紀)」에 이르기를, "우(禹)의 아버지는 곤(鯀)이라 하고, 곤의 아버지를 제전욱(帝顓頊), 전욱의 아버지는 창의(昌意), 창의의 아버지는 황제(黃帝)라 했다. 우(禹)는 황제의 현손(玄孫)이고, 전욱의 손자이다. 우의 증조부 창의와 아버지 곤은 모두 제위에 있지 않았고, 신하였다."고 했다. 2) **高陽**: 전욱(顓頊), 우(禹)의 조부. 3) **곤(鯀)**: 우의 아버지. 요(堯)의 명을 받들어 치수(治水)를 했다. 그는 제방을 쌓는 방법으로 치수를 하여 9년을 했지만 공(功)이 없자 순(舜)에게 우산(羽山)에서 죽임을 당했다. 4) **敏給克齊**: 민급(敏給)은 민첩(敏捷). 극(克)은 능(能). 제(齊)는 '제(濟)'와 같다. 이루다의 뜻. 5) **爽**: 왕숙의 주에, "상(爽)은 특(忒)이다."고 했다. 즉 어긋나다. 6) **律**: 법칙, 규장(規章). 7) **身爲度**: 왕숙의 주에, "자신을 법도로 삼다."고 했다. 자신의 행동을 준칙이 되게 했다는 것을 이른다. 8) **미미목목(亹亹穆穆)**: 미미(亹亹)는 부지런하여 게으르지 않음. 목목(穆穆)은 공경(恭敬), 엄숙(嚴肅). 9) **其功爲百神之主**: 왕숙의 주에, "우(禹)의 치수(治水)로 천하가 평안하게 되고 그 후에 온갖 신[百神]들이 제자리를 찾게 되었다."고 했다. 10) **左準繩 右規矩**: 왕숙의 주에, "좌(左), 우(右)란 항상 사용함을 말한다."고 했다. 준승(準繩)은 표준(標准). 규구(規矩)는 규칙. 규(規), 구(矩)는 모두 도면을 그리는 도구이다. 규(規)는 원형(圓形), 구(矩)는 방형(方形)을 그리는 도구이다. 11) **履四時**: 왕숙의 주에, "행하는 바가 사시(四時)의 적당함을 잃지 않는다."고 했다. 12) **고요(皐繇)**: 순(舜)의 신하로서 형옥(刑獄)을 주관했다. 요(繇)는 요(陶)와 같다. 13) **伯益**: 순(舜), 우(禹) 때의 신하. 순은 그를 우(虞)에 임명하여 산림천택(山林川澤)을 관장하게 하였다. 우 때에 계승인으로 세워졌으나 우가 죽은 후 계(啟)가 백익(伯益)을 살해하고 제위를 차지했다. 혹은 계(啟)가 현명하여 익(益)이 계를 피하자 무리들이 계에게 제위를 계승하도록 했다고도 한다. 14) **六師**: '6군(軍)'을 가리킨다. 군(軍)은 천자가 통솔하는 군대이다. 『상서』「주관(周官)」에, "사마(司馬)가 방정(邦政)을 관장하고 6사(師)를 통솔하여 나라를 평안하게 하였다."고 했다. 15) **不序**: 불순종(不順從). 16) **四極**: 사방의 가장 먼 지방. 극(極)은 꼭대기, 끝. 사고본과 동문본에는 이 뒤에 '之' 자가 없다.

23-7

공자가 말하였다. "재여(宰予)야! 옛 제왕의 공덕이 큰 것은 하늘같고 작은 것은 내가 말한 바인데, 백성들은 모두 매우 기뻐하며 만족하였다. 재여 너는 이러한 도리를 충분히 이해할 만한 사람이 아니다." 재아가 말하였다. "제자인 저 역시 삼가 공경스럽게 가르침을 제대로 깨우칠 수 없습니다."

다른 날 재아는 옛 제왕과 관련한 일을 자공(子貢)에게 말하였고 자공은 이를 공자에게 고하였다. 공자가 말하였다. "내가 겉모습을 가지고 사람을 판단하고자 했지만 담대멸명(澹臺滅明)이 이러한 방법을 고치게 하였고, 내가 말로써 사람을 판단하고자 했지만 재아(宰我)가 이러한 방법을 고치게 하였으며, 내가 얼굴 모습으로 사람을 판단하고자 했지만 자장(子張)이 이러한 방법을 고치게 하였다." 재아는 이 말을 듣고 두려워하여 감히 공자를 뵙지 못하였다.

原文

孔子曰: "予! 大者如天, 小者如言, 民悅至矣. 予也非其人也[1]." 宰我曰: "予也不足以戒敬承矣[2]."

他日, 宰我以語子貢, 子貢以復孔子. 子曰: "吾欲以顏狀[3]取人也, 則於滅明改之[4]矣; 吾欲以言辭[5]取人也, 則於宰我改之矣; 吾欲以容貌取人也, 則於子張改之矣." 宰我聞之, 懼, 弗敢見焉.

注釋

1) **予也非其人也**: 왕숙의 주에, "오제(五帝)의 덕을 밝히기에 부족하다는 것을 말한다."고 했다. 2) **予也不足以戒敬承矣**: 제자인 저 역시 삼가 공경스럽게 가르침을 제대로 깨우칠 수 없다. 3) **顏狀**: 용모(容貌), 겉모습. 4) **之**: 원래는 없었으나 사고본과 진본(陳本) 등에 근거하여 보완하였다. 5) **言辭**: 사고본과 동문본에는 '辭言'으로 되어 있다.

찾아보기

● 편자소개

양조명(杨朝明, Yang Chao Ming, 1962-)

역사학박사. 현재 中國 孔子硏究院 원장으로 재직 중이고, 曲阜師範大學 교수, 박사생 지도교수를 겸하고 있다. 中國先秦史學會 이사, 中國詩經學會 常務이사, 山東省孔子學會 부회장 겸 비서장, 山東周易學會 부회장, 山東歷史學會 부회장으로 활약하고 있고, 中國孔子基金會 학술위원, 『孔子硏究』편찬위원을 겸하고 있다.

곡부사범대학, 華中師範大學, 中國社會科學院硏究生院에서 각기 학사, 석사, 博士學位를 취득하였고, 150여편의 논문을 발표하였으며, 주요저작으로는『九家舊晉書輯本』(校補),『三教慧海 · 儒教名流』,『魯文化史』,『周公事跡硏究』,『儒家文獻與早期儒學硏究』,『出土文獻與儒家學術硏究』,『周公』등이 있고,『儒家文化面面觀』,『新出簡帛文獻注釋論說』,『孔子家語通解』,『孔子的智慧』,『孔子文化15講』,『孔子弟子評傳』등을 주편하였다. 그 외에도『魯國史』,『孔子思想與當代社會』,『中國傳統文化要論』,『山東通史 · 先秦卷』,『齊魯文化通史 · 春秋戰國卷』,『魯國歷史與魯文化探秘』,『中華地域文化集成 · 齊魯文化』,『中國地域文化通覽 · 山東卷』등의 편찬에 참여하였다.

송입림(宋立林, Song Li Lin, 1978-)

山東 夏津人으로 曲阜師範大學에서 학사와 석사 그리고 양조명(楊朝明) 교수를 지도교수로 하여 博士學位를 취득하였다. 이후 곡부사범대학 孔子文化硏究院 副教授, 碩士生導師. 孔子與中國文化硏究室 主任, 曲阜師範大學國學院學術部 副主任, 濟寧周易學會 副會長,『孔子文化硏究』編輯, 洙泗講堂 召集人 등을 맡고 있다.『孔子文化』創辦人, 主編을 역임하였으며, 주로 孔子와 早期儒學, 儒家學術史, 儒家哲學, 帛書易傳 등을 연구하면서『孔子硏究』,『周易硏究』,『文獻』등에 30여편의 논문을 발표하였고, 合著 및 共編으로『孔子的智慧』(人民日報出版社, 2004),『孔子文化15講』(山東人民出版社, 2010),『孔子家語通解』(齊魯書社, 2013) 등이 있다.

● 역자소개

이윤화(李潤和, Lee Yun Hwa, 1952-)

韓國 慶北 軍威에서 출생하여 慶北大學 歷史敎育科와 大學院에서 학사, 석사를 수료하고 臺灣 中國文化大學에서 博士學位를 취득하였다. 박사재학 중에 錢穆교수의 강좌를 수강하였다. 1980년 이후 安東大學 史學科에 재직하고 있으며, 저서로는 『中韓近代史學比較硏究』(社會科學文獻出版社, 1994)가 있다. 譯書로는 『宋季元明理學通錄』(共譯, 1994), 『錢穆선생의 史學名著講義』(2006), 『中國과 日本의 歷史家들』(共譯, 2007), 『史通通釋』(全4卷, 소명출판사, 2012)이 있으며, 논문으로는 「從『宋書』史論看沈約的天命觀與處世觀」, 「王夫之(1619-1692)의 晉·宋 交替期 理解」, 「『讀通鑑論』〈三國〉條 史論에 대하여」등이 있다. 安東大學校 退溪學硏究所 所長, 孔子學院 院長(2012-), 大學院長(2015-)을 역임하였고, 韓國의 魏晉隋唐史學會, 中國史學會 會長을 지낸 바 있으며, 中國孔子硏究院 尼山學者(2016-), 韓國精神文化財團 韓中人文協力委員會 委員長(2015-)을 겸하고 있다. 中國社會科學院 歷史硏究所에서 1年間(1993-1994) 硏究한 적이 있다.

안동대학교공자학원 학술총서

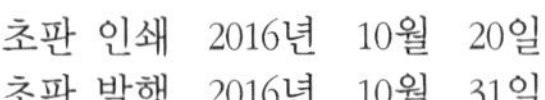

공자가어통해 孔子家語通解 상

초판 인쇄 2016년 10월 20일
초판 발행 2016년 10월 31일

주　　편 | 양조명楊朝明, 송입림宋立林
번　　역 | 이윤화李潤和
펴 낸 이 | 하운근
펴 낸 곳 | 學古房

주　　소 | 경기도 고양시 덕양구 통일로 140 삼송테크노밸리 A동 B224
전　　화 | (02)353-9908 편집부(02)356-9903
팩　　스 | (02)6959-8234
홈페이지 | http://hakgobang.co.kr/
전자우편 | hakgobang@naver.com, hakgobang@chol.com
등록번호 | 제311-1994-000001호

ISBN 978-89-6071-618-6 94150
978-89-6071-591-2 (세트)

값 : 24,000원

이 도서의 국립중앙도서관 출판예정도서목록(CIP)은 서지정보유통지원시스템 홈페이지(http://seoji.nl.go.kr)와 국가자료공동목록시스템(http://www.nl.go.kr/kolisnet)에서 이용하실 수 있습니다.(CIP제어번호: CIP2016024414)